Gottfried Wilhelm Leibniz

Die Theodizee

Gottfried Wilhelm Leibniz: Die Theodizee

»Essais de théodicée sur la bonté de dieu, la liberté de l'homme et l'origine du mal«. Erstdruck: Amsterdam 1710. Erste deutsche Übersetzung von einem Anonymus: Hannover 1720. Der Text folgt der Übersetzung durch Julius Heinrich von Kirchmann von 1879.

Neuausgabe mit einer Biographie des Autors
Herausgegeben von Karl-Maria Guth
Berlin 2017

Der Text dieser Ausgabe folgt:
Gottfried Wilhelm Leibniz: Die Theodicee. Übersetzt von J. H. von Kirchmann, Leipzig: Dürr, 1879 (Philosophische Bibliothek, Bd. 71).

Die Paginierung obiger Ausgabe wird hier als Marginalie zeilengenau mitgeführt.

Umschlaggestaltung von Thomas Schultz-Overhage unter Verwendung des Bildes: Christoph Bernhard Francke, Bildnis des Philosophen Gottfried Wilhelm Freiherr von Leibniz, um 1695

Gesetzt aus der Minion Pro, 11 pt

Verlag: Henricus - Edition Deutsche Klassik GmbH
Mörchinger Str. 33, 14169 Berlin, info@henricus-verlag.de
Druck: Libri Plureos GmbH, Friedensallee 273, 22763 Hamburg

Die Ausgaben der Sammlung Hofenberg basieren auf zuverlässigen Textgrundlagen. Die Seitenkonkordanz zu anerkannten Studienausgaben machen Hofenbergtexte auch in wissenschaftlichem Zusammenhang zitierfähig.

ISBN 978-3-7437-0801-3

Bibliografische Information der Deutschen Nationalbibliothek

Die Deutsche Nationalbibliothek verzeichnet diese Publikation in der Deutschen Nationalbibliografie; detaillierte bibliografische Daten sind im Internet über www.dnb.de abrufbar.

Inhalt

Vorrede 4
Abhandlung über die Uebereinstimmung des Glaubens mit der
    Vernunft 31
Abhandlung über die Güte Gottes, die Freiheit des Menschen
    und den Ursprung des Uebels 87
    1. Theil 87
    2. Theil 152
    3. Theil 258
Anhang I. Kurze Darstellung der Streitfrage, auf förmliche
    Schlüsse zurückgeführt 370
Anhang II. Betrachtungen über das Werk, welches Herr Hobbes
    im Englischen über die Freiheit, die Nothwendigkeit und
    den Zufall veröffentlicht hat 382
Anhang III. Bemerkungen zu der Schrift vom Ursprung des
    Uebels, welche vor kurzem in England erschienen ist 395
Anhang IV. Die Sache Gottes vertheidigt durch die Versöhnung
    seiner Gerechtigkeit mit seinen übrigen Vollkommenheiten
    und mit all seinen Handlungen 437

Vorrede

Zu allen Zeiten hat die grosse Masse der Menschen ihre Gottesverehrung in Formalitäten verlegt; die *wahre Frömmigkeit*, d.h. das Licht und die Tugend ist niemals das Erbtheil der Menge gewesen; darüber darf man sich nicht wundern, denn nichts stimmt mehr zur menschlichen Schwachheit. Das Aeussere drängt sich uns auf; das Innere verlangt dagegen Erwägungen, zu denen nur Wenige sich die Fähigkeit erwerben. Die wahre Frömmigkeit besteht in Grundsätzen und deren thätiger Befolgung; die *Formalitäten der Gottesverehrung* ahmen jener nur nach und sind von zweierlei Art; die einen bestehen in *ceremoniellen Handlungen*, die anderen in *Glaubensformeln*. Die Ceremonien ähneln den tugendhaften Handlungen und die Glaubensformeln sind gleichsam Schatten der Wahrheit und nähern sich mehr oder weniger dem reinen Lichte. Alle diese Formalitäten wären löblich, wenn die, welche sie erfunden haben, sie so eingerichtet hätten, dass sie im Stande wären, das zu bewahren und auszudrücken, wovon sie die Abbilder sind, und wenn die religiösen Ceremonien, und die kirchliche Zucht, so wie die Regeln der Gemeinschaften und die menschlichen Gesetze dem göttlichen Gesetze gleichsam als eine Art Einhegung dienten, welche uns von der Annäherung an das Laster zurückhielte, uns an das Gute gewöhnte und uns mit der Tugend vertraut machte. Dies war das Ziel von *Moses* und von andern guten Gesetzgebern; es war das Ziel der weisen Begründer der religiösen Orden und vor allen das Ziel von Jesus Christus, des göttlichen Stifters der reinsten und aufgeklärtesten Religion. Ebenso verhält es sich mit den Glaubensformularen; man könnte sie zulassen, wenn sie überall mit den Heilswahrheiten übereinstimmten, selbst wenn sie die Wahrheit, um die es sich handelt, auch nicht ganz enthielten. Allein nur zu oft trifft es sich, dass die Gottesverehrung in äusserlichen Handlungen erstickt wird und dass das göttliche Licht durch die Meinungen der Menschen verdunkelt wird.

Die Heiden, welche die Erde vor der Gründung des Christenthums bewohnten, hatten nur *eine* Art von Formalitäten; sie hatten Ceremonien in ihrer Gottesverehrung, aber sie kannten keine Glaubensartikel und sie hatten nie daran gedacht, aus ihrer dogmatischen Gotteslehre Formeln zurecht zu machen. Sie wussten nicht, ob ihre Götter wirkliche Personen oder nur Symbole von Naturmächten, wie von der Sonne, den Planeten und den Elementen waren. Ihre Mysterien bestanden nicht aus schwer verständlichen Glaubenssätzen, sondern nur in gewissen geheimen Verrichtungen, von welchen die weltlichen Leute, d.h. die nicht Eingeweihten, ausgeschlossen waren. Diese Verrichtungen waren oft lächerlich und widersinnig und man musste sie geheim halten, um sie vor Verachtung zu schützen. Die Heiden hatten ihren Aberglauben; sie rühmten sich der Wunder; alles war bei ihnen voll von Orakeln, Vogelschauen, Prophezeihungen und Offenbarungen; die Priester erfanden Zeichen von dem Zorne und von der Liebe der Götter, deren Dolmetscher zu sein sie behaupteten. Sie beabsichtigten, die Geister durch Furcht und Hoffnung in Bezug auf die menschlichen Ereignisse zu leiten; aber die grosse Zukunft eines jenseitigen Lebens war dabei kaum in Aussicht genommen; man gab sich nicht die Mühe, den Menschen wahre Ansichten von Gott und der Seele beizubringen.

Von allen Völkern des Alterthums waren es nur die Hebräer, welche öffentliche Glaubenssätze in ihrer Religion hatten. Abraham und Moses haben den Glauben an einen einzigen Gott begründet, welcher die Quelle alles Guten und der Urheber aller Dinge ist. Die Hebräer sprechen von ihm in einer, der erhabenen Substanz würdigen Weise und man staunt, die Bewohner eines kleinen Stückes der Erde aufgeklärter als den übrigen Theil der Menschheit zu sehen. Die Weisen bei den übrigen Völkern haben vielleicht über Gott mitunter dasselbe ausgesprochen, aber sie sind nicht so glücklich gewesen, dass man ihnen genügend gefolgt wäre und dass ihre Lehre zum Gesetz erhoben worden wäre. Indess hatte Moses die Lehre von der Unsterblichkeit der Seele in seinem Gesetze nicht aufgenommen. Diese Lehre stimmte mit seinen Ansichten, sie ging von Hand zu Hand, aber sie war in keiner gemeinverständlichen Weise anerkannt; erst Jesus lüftete den Schleier und obgleich ohne Macht in seinen Händen, lehrte er doch mit der ganzen Macht eines Gesetzgebers, dass die unsterblichen Seelen in ein anderes Leben übergehen, wo sie den Lohn für ihre Thaten erhalten sollen. Schon Moses hatte gute Vorstellungen von der Grösse und Güte Gottes geäussert, mit denen viele der gebildeten Völker heute übereinstimmen; aber erst Jesus Christus sprach alle daraus sich ergebenden Folgesätze aus und er liess erkennen, dass die göttliche Güte und Gerechtigkeit vollständig aus dem erhelle, was Gott für die Seelen bereite.

Ich will hier nicht auf die übrigen Punkte der christlichen Lehre eingehen, sondern nur zeigen, wie Jesus Christus es erreichte, dass die natürliche Religion zum Gesetz erhoben wurde und sie das Ansehn öffentlicher Glaubenssätze erhielt. Er allein vollbrachte das, was viele Philosophen vergeblich versucht hatten und als die Christen endlich die Oberhand in dem Römischen Reiche erlangt hatten, welches den bessern Theil der bekannten Erde befasste, ward die Religion der Weisen zur Religion der Völker. Auch Mahomed entfernte sich demnächst nicht von diesen grossen Lehrsätzen der natürlichen Religion und seine Anhänger verbreiteten sie unter die entferntesten Völker Asien's und Afrika's, zu denen das Christenthum noch nicht gebracht worden war. Sie zerstörten in vielen Ländern den heidnischen Aberglauben, welcher der wahrhaften Lehre von der Einheit Gottes und der Unsterblichkeit der Seelen entgegenstand.

Es erhellt, dass Jesus Christus in Vollendung dessen, was Moses begonnen, verlangt hat, dass die Gottheit nicht blos der Gegenstand unserer Furcht und Verehrung, sondern auch unserer Liebe und Zuneigung sei. Damit machte er die Menschen schon im Voraus glücklich und gab ihnen einen Vorgeschmack von der kommenden Seligkeit; denn nichts ist angenehmer, als das zu lieben, was der Liebe würdig ist. Die Liebe ist derjenige Gemüthszustand, welcher sich an den Vollkommenheiten des geliebten Gegenstandes erfreut und Gott ist dieser vollkommenste und erfreulichste Gegenstand. Es genügt, um ihn zu lieben, dass man seine Vollkommenheiten betrachte und dies ist leicht, weil wir deren Vorstellungen in uns selbst vorfinden. Die Vollkommenheiten Gottes sind dieselben, wie die unserer Seele, nur dass Gott sie in unbegrenztem Maasse besitzt. Er ist der Ozean, von dem wir nur Tropfen empfangen haben; in Uns wohnt einige Macht, einiges Wissen, einige Güte; aber in Gott sind sie in aller Fülle vorhanden. Die Ordnung, das Ebenmaass, die Uebereinstimmung entzücken uns; die Malerei und die Musik sind Funken davon; aber Gott ist ganz Ordnung, er bewahrt stets die Richtigkeit der Verhältnisse und er bewirkt die allgemeine Uebereinstimmung. Alles Gute ist eine Ausbreitung seiner Strahlen.

Hieraus erhellt, dass die wahre Frömmigkeit und selbst das wahre Glück in der Liebe zu Gott besteht, aber in einer verständigen Liebe, deren Kraft mit Einsicht verbunden ist. Diese Art der Liebe lässt an den guten Handlungen jenes Vergnügen finden, welches der Tugend eine Stütze gewährt und welches indem es alles auf Gott, wie auf den Mittelpunkt bezieht, das Menschliche in das Göttliche überführt. Denn indem man seine Pflicht thut und der Vernunft gehorcht, erfüllt man die Vorschriften der höchsten Vernunft; man richtet alle seine Absichten auf das gemeine Beste, welches von dem Ruhme Gottes nicht verschieden ist. Man findet alsdann, dass nichts den eigenen Interessen mehr entspricht, als die allgemeinen Interessen zu den seinigen zu machen und man sorgt für sich selbst, wenn man mit Freuden den wahren Vortheilen der Menschheit dient. Mag unser Streben Erfolg haben oder nicht, so sind wir doch mit dem, was geschieht, zufrieden, sobald wir uns in den Willen Gottes ergeben und wir wissen, dass das, was er will, das Bessere ist. Aber schon ehe Gott seinen Willen durch die Ereignisse erkennbar macht, trachtet man, ihm entgegen zu kommen, indem man das thut, was seinen Vorschriften am meisten zu entsprechen scheint. Bei einer solchen Gemüthsverfassung, werden wir durch den schlechten Erfolg nicht entmuthigt und beklagen nur unsere Fehler. Trotz der Undankbarkeit der Menschen lassen wir in der Uebung unserer auf das Wohlthun gerichteten Neigungen nicht nach. Unsere Liebe ist demüthig und voll Maass; sie strebt nicht nach der Herrschaft. Gleich aufmerksam auf unsere Fehler, wie auf die Talente Anderer, sind wir immer bereit, unsere Handlungen zu prüfen und die der andern zu entschuldigen und wieder gut zu machen, lediglich um uns selbst zu vervollkommen und Niemandem Unrecht zu thun. Ohne Mildthätigkeit giebt es keine Frömmigkeit und man kann keine aufrichtige Gottesfurcht zeigen, wenn man nicht dienstfertig und wohlthätig ist.

Gute Anlagen, eine vortheilhafte Erziehung, der Verkehr mit frommen und tugendhaften Personen können viel dazu beitragen, dass unsere Seele zu solcher schönen Verfassung gelangt; aber das was sie darin am meisten befestigt, sind die guten Grundsätze. Ich habe es schon gesagt; man muss die Einsicht mit dem Eifer verbinden; die Vervollkommnung unseres Geistes muss der unseres Willens die Vollendung geben. Das tugendhafte Handeln kann ebenso wie das lasterhafte Handeln die Wirkung einer blosen Gewohnheit sein; man kann daran Geschmack finden; wenn aber die Tugend vernünftig ist, wenn sie sich auf Gott, als die höchste Vernunft der Dinge bezieht, so ist sie auf die Erkenntniss gegründet. Man könnte Gott nicht lieben, wenn man seine Vollkommenheiten nicht kennte und diese Kenntniss schliesst die Grundsätze der wahrhaften Frömmigkeit in sich. Das Ziel der wahren Religion soll dahin gehn, dass sie dem Gemüthe der Menschen eingepflanzt werde. Dennoch haben sich sonderbarer Weise die Menschen und die Lehrer der Religion oft weit von diesem Ziele entfernt. Gegen den Willen unseres göttlichen Herrn ist die Andacht oft in Ceremonien umgewandelt und die Lehre mit Formeln überladen worden. Sehr oft waren diese Ceremonien nicht dazu angethan, um die Uebung der Tugend zu stützen; und die Formeln waren oft nicht klar und verständlich. Sollte man es glauben, die Christen haben gemeint gottergeben sein zu können, ohne doch ihren Nächsten zu lieben, und fromm, ohne Gott zu lieben. Ja man hat wohl auch gemeint, seinen Nächsten lieben zu können, ohne ihm nützlich zu sein und Gott zu lieben, ohne ihn zu kennen. Mehrere Jahrhunderte sind verflossen, ohne dass die öffentliche Meinung diesen Mangel bemerkt hat und noch sind grosse Ueberreste von dem Reiche der Finsterniss vorhanden. Man hört oft Leute, die selbst mit dem Unterricht zu thun haben, viel von der Frömmigkeit, von der Hingebung, von der Religion sprechen, aber man findet sie sehr wenig von den göttlichen Vollkommenheiten unterrichtet. Sie haben falsche Vorstellungen von der Güte und Gerechtigkeit des Herrn der Welt; sie bilden sich einen Gott, der weder der Liebe, noch der Nachahmung werth ist.

Dergleichen ist nach meiner Meinung mit gefährlichen Folgen verknüpft, weil es von ausserordentlicher Wichtigkeit ist, dass die unmittelbare Quelle der Frömmigkeit nicht verunreinigt werde. Die alten Irrthümer derer, welche die Gottheit angeklagt und einen schlechten Herrscher aus ihr gemacht haben, sind in unsern Tagen mitunter wieder hervorgesucht worden; man beruft sich auf die unwiderstehliche Macht Gottes, während man vielmehr seine erhabene Güte hätte darlegen sollen; man hat eine despotische Gewalt dahingestellt, wo man sie als eine von der höchsten Weisheit geleitete Macht hätte begreifen sollen. Diese Ansichten, die so grosses Unheil stiften können, werden, so viel ich bemerkt habe, vorzüglich auf die verworrenen Begriffe gestützt, welche man sich von der Freiheit, Nothwendigkeit und dem Schicksal gebildet hat, und ich habe mehr als einmal, wo die Gelegenheit sich dazu bot, zur Feder gegriffen, um diese wichtigen Begriffe deutlicher zu machen. Indess habe ich zuletzt mich genöthigt gesehen, meine Gedanken über all diese, mit einander verknüpften Dinge zu sammeln und dem Publikum mitzutheilen. Dies ist in den *Abhandlun-*

gen geschehen, welche ich hier dem Publikum übergebe und welche *über die Güte Gottes*, über *die Freiheit des Menschen* und *den Ursprung des Bösen* handeln.

Es giebt zwei Labyrinthe, in denen unsere Vernunft sich sehr oft verirrt; das eine betrifft die grosse Frage von der *Freiheit* und der *Nothwendigkeit*, insbesondere in Bezug auf die Hervorbringung und den Ursprung des *Uebels*; das andere besteht in der Behandlung der *Stetigkeit* und der *untheilbaren* Dinge, welche deren Elemente zu sein scheinen und wo die Untersuchung des *Unendlichen* mit hinzutreten muss. Das erste Labyrinth umfasst beinahe das ganze menschliche Geschlecht, während das letzte nur die Philosophen beschäftigt. Vielleicht habe ich ein andermal die Gelegenheit, mich über das letztere auszusprechen und zu zeigen, dass in Folge mangelhaften Verständnisses der Natur der Substanz und des Stoffes, man falsche Sätze aufgestellt hat, die dann zu unübersteiglichen Schwierigkeiten führen, während letztere vielmehr zur Verwerfung jener Sätze benutzt werden sollten. Wenn jedoch die Erkenntniss der Stetigkeit für die philosophische Untersuchung von Wichtigkeit ist, so ist die Erkenntniss der Nothwendigkeit es nicht weniger für das Handeln und sie bildet sammt den mit ihr verknüpften Dingen über die Freiheit des Menschen und die Gerechtigkeit Gottes den Gegenstand dieser Schrift.

Zu allen Zeiten hat die Menschen ein Trugschluss beunruhigt, welchen die Alten *die faule Vernunft* nannten, weil er dahin führt, nichts zu thun oder wenigstens sich um nichts zu kümmern und nur seinen Neigungen zum unmittelbaren Genusse zu folgen. Denn, sagte man, wenn das Zukünftige nothwendig ist, so wird das, was kommen muss, eintreten, gleichviel, was ich auch thun mag. Nun ist das Kommende nothwendig, sagte man, entweder weil die Gottheit alles voraussieht und sie selbst bei Leitung der Dinge dieser Welt es vorausbestimmt hat, oder weil vermöge der Verknüpfung der Dinge alles nothwendig eintritt, alles in Folge der Natur der Wahrheit selbst, die in den Aussprüchen, welche man über die kommenden Ereignisse machen kann, so bestimmt ist, wie es in allen andern Aussprüchen der Fall ist. Denn der Ausspruch an sich muss immer entweder wahr oder falsch sein, wenn man auch nicht immer weiss, welches von beiden er ist. Alle diese bestimmenden Gründe treffen, trotz ihrer anscheinenden Verschiedenheit, gleich Linien in einen Mittelpunkt zusammen; denn es giebt eine Wahrheit für die kommenden Ereignisse, welche durch deren Ursachen voraus bestimmt und indem Gott diese Ursachen angeordnet hat, hat er auch im Voraus die Ereignisse mit bestimmt.

Die falsche Auffassung des Begriffes der Nothwendigkeit, hat in ihrer Anwendung auf das Handeln, zu dem sogenannten *Mohamedanischen Schicksal*, dem Schicksal bei den Türken, Anlass gegeben, weil man von den Türken meint, dass sie den Gefahren nicht aus dem Wege gehen und selbst die Orte nicht verlassen, wo die Pest herrscht und zwar aus Gründen, welche den erwähnten gleichen. Denn das sogenannte *Schicksal bei den Stoikern* war nicht so schwarz, als man es macht; es entband die Menschen nicht von der Sorge für ihre Angelegenheiten, sondern wollte ihnen in Bezug auf die Ereignisse vielmehr nur eine Seelenruhe vermittelst der Betrachtung der Nothwendigkeit einflössen, welche unsere Sorgen und Kummer als nutzlos erscheinen lässt. In diesem Punkte entfernten diese Philosophen sich nicht ganz von der Lehre unseres Herrn, welcher auch von dieser Sorge für den nächsten Tag abräth und sie mit den nutzlosen Anstrengungen vergleicht, durch welche ein Mensch sich abmüht, um seine Körpergrösse zu verlängern.

Allerdings können diese Lehren der Stoiker (und vielleicht auch die von einigen berühmten Philosophen unserer Zeit), welche sich auf diese angebliche Nothwendigkeit beschränken, nur eine erzwungene Ruhe gewähren, während unser Herr erhabenere Gedanken einflösst und uns selbst das Mittel für unsere Zufriedenheit lehrt, indem er uns versichert, dass der allgütige und allweise Gott für alles sorgt und selbst kein Haar auf unserem Kopfe vernachlässigt und wir ihm also voll vertrauen können. Denn, wenn wir ihn zu begreifen vermöchten, so würden wir einsehen, dass wir nichts besseres (in unbeschränktem Sinne für uns) zu wünschen brauchten, als das, was er thut. Dies ist genau so, als wenn man den Menschen sagte: Thut eure Pflichten und seid mit dem, was kommt, zufrieden, nicht blos deshalb, weil ihr der göttlichen Vorsehung oder der Natur der Dinge keinen Widerstand leisten könnt (was allerdings für unsere *Ruhe* zureichen möchte, aber nicht für unsere Zufriedenheit), sondern auch deshalb, weil ihr es mit einem guten Herrn zu thun habt. Man könnte dies das *christliche Schicksal* nennen.

Indess zeigt sich, dass die Mehrzahl der Menschen und selbst der Christen bei ihren Handeln auch etwas Mischung mit dem türkischen

Schicksal eintreten lassen, wenn sie sich dessen auch nicht genügend bewusst sind. Sie verharren allerdings bei offenbaren Gefahren, oder bei sichern und grossen Glücksfällen nicht in Unthätigkeit und Nachlässigkeit; denn sie werden z.B. nicht versäumen, ein einstürzendes Haus zu verlassen oder sich von einem Abgrunde, der auf ihrem Wege sich öffnet, wegzuwenden; sie werden auch in der Erde nach dem Schatz graben, der schon halb entdeckt ist, und nicht warten, bis das Schicksal ihn vollends hervortreten lässt; ist dagegen das Gute oder das Uebel noch entfernt und zweifelhaft und das Schutzmittel beschwerlich oder nicht genehm, so gilt uns die faule Vernunft für gut. Handelt es sich z.B. um die Erhaltung unserer Gesundheit und selbst unseres Lebens vermittelst einer zuträglichen Lebensweise, so entgegnen die Leute, denen man einen solchen Rath giebt, sehr oft, dass unsere Tage gezählt seien und dass es vergeblich sei, gegen das zu kämpfen, was Gott uns bestimmt habe. Dabei ergreifen aber dieselben Leute mit Hast die lächerlichsten Mittel, wenn das vernachlässigte Uebel sich nähert. Ebenso bringt man ähnliche Gründe da hervor, wo das Ueberlegen etwas schwierig wird; z.B. wenn man sich fragt, *quod vitae sectabor iter?* welchen Beruf man wählen solle? oder wenn es sich um eine Heirath handelt, oder um einen Krieg, den man unternehmen soll, oder um eine Schlacht, die es geben wird; denn in allen diesen Fällen werden Manche die Mühe des Ueberlegens zu vermeiden gern geneigt sein, und vorziehen, sich dem Schicksal oder ihrer Neigung zu überlassen, als wenn sie ihre Vernunft nur in jenen leichten Fällen zu gebrauchen hätten. Man wird dann oft wie ein Türke denken (obgleich man dies sehr verkehrter Weise ein Ergeben in die Vorsehung nennt, denn dies passt nur da, wo man das Seinige gethan hat) und man wird die faule Vernunft benutzen, welche sich auf das unvermeidliche Schicksal stützt, um damit sich die Ueberlegung, welche sich gehört, zu ersparen. Man bedenkt nicht, dass wenn ein solcher Einwand gegen den Gebrauch der Vernunft begründet wäre, er immer gelten müsste, mag die Ueberlegung leicht oder schwer sein. Diese Faulheit ist auch zum Theil die Quelle für das abergläubische Handwerk der Wahrsager, auf welches die Leute sich ebenso, wie auf den Stein der Weisen verlassen; denn sie mögen gern einen kurzem Weg, auf dem sie ohne Mühe das Glück erreichen können.

Ich spreche hier nicht von denen, welche ihrem Glück blind vertrauen, weil sie bisher glücklich gewesen sind, als wenn hier etwas Beharrliches bestände. Ihre Folgerungen von dem Vergangenen auf das Kommende sind so wenig begründet, wie die Lehren der Astrologie und andere Voraussagungen. Sie bedenken nicht, dass das Glück seine Ebbe und Fluth hat, *una manca*, wie die Bassette spielenden Italiener es zu nennen pflegen. Sie machen hierbei ihre besonderen Beobachtungen, auf die ich Niemanden rathen möchte, zu fest sich zu verlassen. Indess steigert allerdings ein solches Vertrauen auf das eigene Glück oft den Muth dieser Menschen, insbesondere bei den Soldaten. In Wahrheit macht oft das besondere Glück, was sie sich zuschreiben, wie ja auch Voraussagungen dies oft bewirken, dass das Vorausgesagte eintrifft. So nimmt man ja auch an, dass die Meinung der Mahomedaner vom Schicksal sie entschlossener mache. In dieser Weise haben selbst Irrthümer mitunter ihren Nutzen, indess meist nur insofern, als sie andere Irrthümer verbessern; aber die Wahrheit ist unbedingt mehr werth.

Man treibt jedoch mit dieser vorgeblichen Nothwendigkeit des Schicksals hauptsächlich Missbrauch, um damit seine Laster und sein ausgelassenes Leben zu entschuldigen. Ich habe oft aufgeweckte junge Leute, die als starke Geister sich zeigen wollten, sagen hören, dass es unnütz sei, die Tugend zu predigen, das Laster zu tadeln und auf Lohn zu hoffen oder Strafen zu fürchten, weil man von dem Buche des Schicksals behaupten könne, dass es bei dem, was darin geschrieben stehe, verbleibe und dass unser Verhalten darin nicht das Mindeste andern könne. Deshalb sei es das Beste, seinen Neigungen zu folgen und nur an das sich zu halten, was für die gegenwärtige Zeit uns befriedige. Sie bedenken die sonderbaren Folgerungen nicht, welche an einen solchen Grund sich knüpfen, welcher zu viel beweist, weil er z.B. beweisen dürfte, dass man einen süssen Trank auch dann trinken solle, wenn man wisse, dass er Gift enthalte. Mit demselben Grunde (wenn er ein gültiger wäre) könnte ich auch behaupten, dass wenn es in dem Buche der Parzen geschrieben stehe, dass das Gift jetzt mich tödten oder mir Schaden zufügen werde, dies auch eintreten werde, wenn ich den Trank nicht trinke; und dass wenn dies in diesem Buche nicht geschrieben stehe, es auch nicht geschehen werde, selbst wenn ich das Gift trinken würde. Mithin könnte ich ungestraft meinen Neigungen folgen und das wählen, was angenehm ist, wenn es auch noch so schädlich ist. Indess sind solche Behauptungen eine offenbare Verkehrtheit. Wenn ein solcher Einwurf jene Leute auch ein wenig stutzig macht, so kommen sie doch immer auf ihre Reden zurück, welche sie in mancherlei Weise so lange hin und her wenden, bis man ihnen den Fehler ihres Trugschlusses begreiflich macht. Es ist nämlich falsch, dass das Ereigniss eintrete, gleichviel was man thue; vielmehr tritt es ein, weil man das thut, was dahin führt und wenn das Ereigniss in jenem Buche geschrieben steht, so ist auch die Ursache darin verzeichnet, welche es eintreten macht. Anstatt dass also die Verknüpfung der Wirkungen und Ursachen die Lehre von einer das Handeln beschädigenden Nothwendigkeit bestätigte, dient sie vielmehr zu deren Widerlegung.

Aber auch abgesehen von schlechten Absichten und unsittlichen Neigungen, kann man auch in anderer Weise die bedenklichen Folgen einer solchen Schicksals-Nothwendigkeit einsehen, wenn man bedenkt, dass sie die Freiheit des Willens aufhebt, welche dem sittlichen Handeln so unentbehrlich ist; denn das Gerechte und Ungerechte, das Lob und der Tadel, die Strafe und der Lohn finden auf nothwendige Handlungen keine Anwendung und Niemand ist verbunden, das Unmögliche zu thun oder das unbedingt Nothwendige nicht zu thun. Man wird vielleicht solche Gründe nicht dazu missbrauchen, dass man das Unsittliche begünstigt, allein man wird doch mitunter in Verlegenheit gerathen, wenn man ein Urtheil über fremde Handlungen fällen soll, oder vielmehr wenn man Einwänden begegnen soll, unter denen es auch solche giebt, welche sich auf die Handlungen Gottes beziehen und von denen ich bald sprechen werde. Da die Annahmen einer unüberwindlichen Nothwendigkeit aller Gottlosigkeit die Thür öffnet, sei es in Folge der Straflosigkeit, die man daraus ableiten kann, oder sei es, weil es nutzlos sei, einem, alles mit sich fortreissenden Strome zu widerstehen, so ist es wichtig, dass man auf die verschiedenen Grade der Nothwendigkeit hinweise, um zu zeigen, dass es Grade derselben hier giebt, die unschädlich sind, aber auch andere, die man nicht zulassen kann, wenn man nicht schlechten Folgerungen Raum geben will.

Manche gehen selbst noch weiter und benutzen die Nothwendigkeit nicht blos als Vorwand dafür, dass die Tugend und das Laster weder schaden noch nützen, sondern sie sind sogar so kühn, die Gottheit zur Mitschuldigen ihrer Fehler zu machen. Sie folgen den alten heidnischen Völkern, welche den Göttern die Ursachen ihrer Verbrechen zuschoben, als wenn eine Gottheit sie zu dem Unrechtthun hintriebe.

Die christliche Philosophie, welche besser, als die alte, die Abhängigkeit aller Dinge von den ersten Urheber und dessen Mitwirkung zu allen Handlungen der Geschöpfe erkannt hat, scheint diese Verlegenheit nur zu steigern. Manche kluge Leute sind in unsern Tagen dahin gelangt, dass sie den Geschöpfen alles Handeln absprechen und Herr *Bayle*, welcher ein wenig zu diesen aussergewöhnlichen Ansichten hinneigte, hat sie zur Wiederaufrichtung jenes gefallenen Lehrsatzes von den zwei Prinzipien oder von den zwei Göttern benutzt, einem guten und einem schlechten, als wenn dieser Lehrsatz besser die Schwierigkeiten über den Ursprung des Bösen beseitigte. Indess erkennt er doch im Uebrigen an, dass diese Ansicht sich nicht aufrecht erhalten lasse, und dass der Satz, wonach es nur ein Prinzip giebt, unbestreitbar in der Vernunft *a priori* begründet sei. Aber er will doch daraus folgern, dass unsere Vernunft sich verwirrt, die Einwürfe nicht zu widerlegen vermag und dass man deshalb sich fest an die offenbarten Wahrheiten halten müsse, wonach nur ein Gott besteht, der allweise, allmächtig und allgütig ist. Indess dürften viele seiner Leser in der Ueberzeugung von der Unwiderleglichkeit seiner Einwürfe, sie mindestens für ebenso stark halten, wie die Beweise für die Wahrheit der Religion und daher gefährliche Folgerungen daraus ziehen.

Wenn es auch keine Mitwirkung Gottes bei schlechten Handlungen gäbe, so würde man doch Schwierigkeiten deshalb hier finden, weil er dieselben voraussieht und geschehen lässt, obgleich er sie doch durch seine Allmacht verhindern könnte. Deshalb haben manche Philosophen und selbst manche Theologen ihm lieber die Kenntniss der Einzelheiten in den Dingen abgesprochen, namentlich in den zukünftigen Ereignissen, als dass sie das einräumten, was nach ihrer Meinung seine Güte erschüttern könnte. Die *Socinianer* und namentlich *Conrad Vorstius* neigen zu dieser Ansicht und Thomas Bonartes, der falsche Name eines englischen Jesuiten, eines sehr gelehrten Mannes, welcher ein Buch über *die Uebereinstimmung der Wissenschaft mit dem Glauben* geschrieben hat, über welches ich nachher sprechen werde, scheint auch diese Ansicht zu billigen.

Sie haben offenbar ganz Unrecht, aber nicht minder Andere, welche in der Ueberzeugung, dass nichts ohne den Willen und die Macht Gottes geschehe, ihm Absichten und Handlungen unterschieben, welche so unwürdig des grössten und besten der Wesen sind, dass man behaupten möchte, diese Schriftsteller hätten wirklich den Lehrsatz von der Gerechtigkeit und Güte Gottes aufgegeben. Sie haben angenommen, dass Gott als Herr der Welt, ohne allen Nachtheil für seine Heiligkeit sündigen könne, weil es ihm so gefalle oder um sich an der Bestrafung zu erfreuen und dass er selbst Vergnügen darin finden könne, Unschuldige in Ewigkeit zu betrüben, ohne damit eine Ungerechtigkeit zu begehen, weil Niemand das Recht oder die Macht habe, seine Handlungen zu beaufsichtigen. Manche sind so weit gegangen, zu behaupten, dass Gott wirklich so verfahre und indem sie vorgeben, dass wir in Vergleich zu ihm nur ein Nichts seien, stellen sie uns den Würmern der Erde gleich, welche die Menschen bei ihren Schritten zu zertreten sich nicht scheuen oder überhaupt den Geschöpfen von anderer als unserer Art, die man ohne Bedenken misshandelt.

Selbst Manche, mit guten Gesinnungen, neigen zu solchen Meinungen, weil sie deren Folgen nicht genügend erkennen. Sie sehen nicht ein, dass damit eigentlich die Gerechtigkeit Gottes vernichtet wird; denn was soll man von solch einer Gerechtigkeit denken, die nur ihr Belieben zur Regel nimmt, d.h. wo der Wille nicht mehr durch die Regeln des Guten geleitet wird und sich geradezu dem Schlechten zuwendet; stimmt dies nicht ganz mit der tyrannischen Definition des Thrasimachus bei Plato, welcher das für gerecht erklärte, was dem Mächtigern gefalle. Darauf kommen Alle zurück, welche die Pflichten auf den Zwang gründen und folgeweise die Macht als Maassstab des Rechts aufstellen. Man wird indess so sonderbare Grundsätze, die so wenig geeignet sind, die Menschen durch Nachahmung Gottes gut und liebevoll zu machen, bald aufgeben, wenn man wohl bedacht haben wird, dass ein Gott, der sich an dem Schlechten eines Anderen erfreut, von dem schlechten Prinzip der Manichäer sich nicht unterscheiden würde, vorausgesetzt, dass dieses Prinzip zum alleinigen Herrn der Welt geworden wäre. Deshalb muss man dem wahren Gott Gesinnungen beilegen, die ihn würdig machen, das gute Prinzip zu heissen.

Glücklicherweise bestehen solche übertriebene Lehrsätze unter den Theologen beinah nicht mehr; aber geistvolle Männer, die gern Schwierigkeiten erregen, holen sie wieder hervor. Sie suchen unsere Verlegenheit zu steigern, indem sie die Streitsätze, welche die christliche Theologie hervorgerufen hat, mit den Zeugnissen der Philosophie verbinden. Die Philosophen haben die Fragen der Nothwendigkeit, der Freiheit und vom Ursprung des Uebels erörtert und die Theologen haben diesen Fragen die weiteren über die Erb-Sünde, über die Gnade und die Vorherbestimmung hinzugefügt. Die ursprüngliche Verdorbenheit des Menschengeschlechts, welche von der ersten Sünde gekommen ist, scheint uns eine natürliche Nothwendigkeit zu sündigen aufgelegt zu haben, wenn die Gnade Gottes uns nicht beistehe. Weil aber die Notwendigkeit sich mit der Bestrafung nicht vertrage, so müsse man folgern, dass ein genügender Grund von Gnade allen Menschen hätte mitgetheilt werden sollen; allein dies stimmt nicht recht mit der Erfahrung.

Diese Schwierigkeit ist jedoch gross, vorzüglich in Bezug auf die Bestimmung Gottes über das Heil der Menschen. Es giebt nur wenig Gerettete oder Auserwählte; Gott hat also nicht den beschliessenden Willen, viele zu erwählen und da man einräumt, dass die von ihm Erwählten dies nicht mehr als die andern verdienen und sie im Grunde nicht weniger schlecht, als diese, sind, weil das Gute an ihnen nur von dem ihnen zugefallenen Geschenke Gottes kommt, so ist die Schwierigkeit dadurch nur vergrössert. Wo bleibt da seine Güte? Die Partheilichkeit oder die *Begünstigung einzelner Personen* widerstreitet der Gerechtigkeit und wer ohne Grund seiner Güte Schranken setzt, kann keine genügende Güte besitzen. Allerdings sind die Nicht-Erwählten durch ihre eigenen Fehler verloren; es fehlt ihnen der gute Wille oder der lebendige Glaube; allein es hat doch nur von Gott abgehangen, ihnen diesen Willen und Glauben zu geben. Man macht geltend, dass neben der innern Gnade es gewöhnlich äussere Anlässe sind, welche die Unterschiede unter den Menschen herbeiführen und dass die Erziehung, der Umgang, das Beispiel oft die natürliche Anlage verbessere oder verschlechtere. Wenn nun Gott für die Einen günstige Anlässe entstehen lässt und Andere in Verhältnisse gerathen lässt, die ihr Unglück befördern, sollte man da keinen Grund haben, sich zu erstaunen? Auch genügt es nicht (wie es scheint), dass man mit Einigen sagt, die innere Gnade sei allgemein und gleich für alle; denn dieselben Männer müssen wieder auf die Aussprüche des heiligen Paulus zurückgehen und sagen: *Welche Tiefe!* wenn sie bedenken, wie viele Menschen durch äussere Gnaden so zu sagen ausgezeichnet sind, d.h. durch solche Gnaden, welche auf dem Unterschied der Umstände beruhen, die Gott hat entstellen lassen und über welche die Menschen keine Macht haben, die aber doch einen grossen Einfluss auf das haben, was sich auf ihr Heil bezieht.

Man braucht auch nicht weiter vorgeschritten zu sein, um mit dem heiligen Augustinus zu sagen, dass alle Menschen durch die Sünde Adams in der Verdammniss befasst seien und Gott sie deshalb alle in ihrem Elende lassen könnte; es sei deshalb eine reine Güte, wenn er einige daraus befreie. Denn abgesehen davon, dass es sonderbar ist, wie die Sünde eines Fremden Jemanden zur Verdammniss bringen solle, bleibt immer die Frage, weshalb Gott nicht Alle befreit habe, weshalb er nur den kleinem Theil befreit und weshalb er die Einen vor den Anderen vorziehe. Es ist wahr, dass er deren Herr ist, aber er ist ein guter und gerechter Herr; seine Macht ist zwar unbeschränkt, aber seine Weisheit erlaubt ihm nicht, sie in einer willkürlichen und despotischen Weise zu üben, die in Wahrheit tyrannisch sein würde.

Ueberdem ist der Sündenfall des ersten Menschen nur eingetreten, weil Gott es gestattet hat und Gott kann dessen Gestattung nicht beschlossen haben, ohne dessen Folgen vorhergesehen zu haben, nämlich das Verderben des ganzen Geschlechts der Menschen und der Auswahl einer kleinen Zahl, während alle andern verlassen wurden. Deshalb hilft es nichts, die Schwierigkeit dadurch zu verhüllen, dass man sich auf die schon verdorbene Menge beschränkt; denn man muss trotzdem auch die Kenntniss der Folgen der ersten Sünde mit berücksichtigen, welche Kenntniss dem Beschlusse vorausging, durch welchen Gott diese erste Sünde gestattete und wodurch er gleichzeitig gestattete, dass die Nicht-Auserwählten in die Summe der Verderbniss mit einbegriffen wurden und daraus nicht befreit werden würden; denn Gott und der Weise beschliessen nichts ohne die Folgen zu bedenken.

Ich hoffe alle diese Schwierigkeiten beseitigen zu können, und werde darlegen, dass die *unbedingte Nothwendigkeit*, die man auch die logische oder metaphysische und manchmal auch die geometrische nennt, und die man allein hier zu fürchten hätte, bei den freien Handlungen nicht besteht und dass somit die Freiheit nicht blos dem Zwange, sondern auch der wahren Nothwendigkeit entnommen ist. Ich werde darlegen, dass selbst Gott zwar immer das Beste wählt, aber doch nicht vermöge einer unbedingten Nothwendigkeit handelt und dass die Gesetze über das Angemessene, welche Gott der Natur vorgeschrieben hat, die Mitte zwischen den geometrischen, unbedingt nothwendigen Wahrheiten und den rein willkürlichen Beschlüssen halten, was Herr *Bayle* und andere neuere Philosophen nicht genügend begriffen haben. Ich werde auch darlegen, dass es eine Unentschiedenheit in der Freiheit giebt, weil bei ihr keine unbedingte Nothwendigkeit für die eine oder die andere Seite besteht, aber dass trotzdem niemals eine Unentschiedenheit mit vollkommenem Gleichgewicht der beiden Seiten in ihr besteht. Ich werde auch zeigen, dass bei den freien Handlungen eine vollständige Selbstbestimmung besteht, die über alles bisher begriffene hinaus geht. Ich werde endlich erkennen lassen, dass die bedingte und die moralische Nothwendigkeit, welche bei den freien Handlungen angetroffen werden, nichts Unpassendes enthalten und dass die *faule Vernunft* in Wahrheit ein Trugschluss ist.

Ebenso werde ich in Betreff des Ursprungs des Uebels und seiner Beziehung auf Gott eine Vertheidigung von Gottes Vollkommenheiten bieten, die ebenso seine Heiligkeit, Gerechtigkeit und Güte, wie seine Grösse, seine Macht und seine Unabhängigkeit aufrecht erhält. Ich werde zeigen, wie es möglich ist, dass alles von Gott abhängt, dass seine Mitwirkung bei allen Handlungen der Geschöpfe statt hat, und dass, wenn man will, er sogar die Geschöpfe ununterbrochen erschafft und dass er trotz dem nicht der Urheber der Sünde ist, wobei ich auch zeige, wie man die beraubende Natur des Uebels zu verstehen habe. Ja ich thue noch mehr; ich zeige, dass das Uebel aus einer andern Quelle, als dem Willen Gottes entspringt und dass man deshalb mit Recht von dem moralischen Uebel sagen kann, dass Gott es nicht wolle, sondern nur gestatte. Aber ich zeige auch, und dies ist das allerwichtigste, dass Gott die Sünde und das Elend hat gestatten können, und dass er dazu hat mitwirken und mit beitragen können, ohne Schaden für seine höchste Weisheit und Güte, obgleich er, unbedingt gesprochen, alle diese Uebel hätte vermeiden können.

Und was die Gnade und die Vorherbestimmung anlangt so rechtfertige ich die bedenklichsten Aussprüche, wie z.B. den, dass wir nur durch die vorausgehende Gnade Gottes bekehrt werden und dass wir das Gute nur mit seinem Beistand vollbringen können; feiner dass Gott das Heil aller Menschen will und dass er nur die mit bösen Willen verdammt und dass er allen eine genügende Gnade gewährt, vorausgesetzt, dass sie davon Gebrauch machen wollen, und dass Jesus Christus der Anfang und der Mittelpunkt der Erwählung ist und dass Gott die Erwählten zum Heil bestimmt hat, weil er voraussah dass sie in einem lebendigen Glauben sich der Lehre Jesu Christi anschliessen würden. Allerdings ist es richtig, dass dieser Grund für die Erwählung nicht der letzte Grund ist und dass selbst dieses Voraussehen noch eine Folge seines vorhergegangenen Beschlusses ist; ebenso ist der Glaube ein Geschenk Gottes und Gott hat die Gläubiger aus Gründen eines höheren Beschlusses im voraus bestimmt, welcher die Gnade und die unterstützenden äusseren Umstände in Gemässheit der Tiefe seiner Allweisheit vertheilt.

Da nun einer der ausgezeichnetsten Männer unserer Zeit, dessen Beredtsamkeit so gross, wie sein Scharfsinn ist und welcher grosse Beweise von seiner ausgebreiteten Gelehrsamkeit gegeben hat, in Folge einer Richtung, die ich nicht weiter bezeichnen mag, unternommen hat, alle Schwierigkeiten in dieser Materie, die ich nur im Umriss hier angedeutet habe, zu beseitigen, so habe ich ein vortreffliches Feld um mich zu üben gefunden, indem ich mit ihm in die Einzelheiten eingehe. Ich erkenne an dass Herr *Bayle* (denn man wird leicht bemerken, dass ich ihn meine) den Vortheil ganz auf seiner Seite hat, wenn man nicht auf die tiefere Grundlage der Sache eingeht; aber ich hoffe, dass die nackte Wahrheit (die nach seinem eigenen Anerkenntniss mir zur Seite steht) mich über allen Schmuck der Beredtsamkeit und der Gelehrsamkeit wird siegen lassen, sofern nur diese Wahrheit so, wie es sich gehört, dargelegt wird. Ich hoffe um so mehr, dass mir dies gelingen wird, als ich die Sache Gottes vertrete und als einer der Sätze, die ich vertheidige, dahin lautet, dass Gottes Beistand denen nicht mangelt, denen es nicht an guten Willen fehlt.

Von letzterem glaubt der Verfasser dieser Abhandlung den Beweis durch die Sorgfalt geliefert zu haben welche er auf diesen Gegenstand verwendet hat. Er hat seit seiner Jugend darüber nachgedacht; er hat sie mit mehreren der einsichtigsten Männer dieser Zeit besprochen und er hat sich darüber durch das Studium guter Schriftsteller unterrichtet. Der Erfolg, welchen Gott ihm bei einigen anderen Untersuchungen (nach dem Urtheil mehrerer urtheilsfähiger Richter) gewährt hat, welche von grossem Einfluss auf den vorliegenden Gegenstand sind, lässt ihn wohl mit Recht auf die Aufmerksamkeit derjenigen Leser hoffen, welche die Wahrheit lieben und zu deren Aufsuchung geeignet sind.

Der Verfasser hatte überdem noch besondere und gewichtige Gründe, um die Feder zur Untersuchung dieses Gegenstandes in die Hand zu nehmen. Wiederholt haben ihn dazu die Unterhaltungen veranlasst, welche er darüber mit Gelehrten und Hofleuten in Deutschland und Frankreich und besonders mit einer der bedeutendsten und vollendetsten Fürstin gepflogen hat. Ich habe die Ehre gehabt, dieser Fürstin meine Ansichten über mehrere Stellen des vortrefflichen Wörterbuches des Herrn *Bayle* auseinandersetzen zu können, wo die Vernunft und die Religion als Kämpfer gegen einander auftreten und wo Herr Bayle der Vernunft erst zu schweigen heisst, nachdem er sie zu laut hat sprechen lassen. Er nennt dies den Triumph des Glaubens. Ich habe bereits erklärt, dass ich anderer Ansicht bin; aber ich freue mich, dass ein so grosser Geist mir damit die Gelegenheit verschafft, um diesen eben so wichtigen wie schwierigen Fragen auf den Grund zu gehen. Ich gestehe, dass ich sie seit lange geprüft habe, und dass ich mehreremale Bedenken gehabt, meine Gedanken hierüber zu veröffentlichen, die nur diejenige Erkenntniss Gottes fördern sollen, welche die Frömmigkeit erweckt und die Tugend nährt. Jene Fürstin ermahnte mich indess, diese lang gehegte Absicht auszuführen und manche Freunde thaten dasselbe. Ich war um so mehr versucht, diesen Wünschen nachzugeben als ich in Folge meiner Untersuchungen hoffen konnte, dass die Einsicht und die Kenntnisse des Herrn Bayle mir dabei helfen würden, um den Gegenstand so klar darzulegen, als unserer beider gemeinsamen Sorgfalt möglich sein würde. Indess kamen manche Abhaltungen dazwischen; der Tod der unvergleichlichen Königin war nicht der geringste. Inmittelst geschah es, dass Herr Bayle von ausgezeichneten Männern angegriffen wurde, welche die Untersuchung derselben Fragen unternahmen. Herr Bayle antwortete ihnen ausführlich und immer geistreich. Ich verfolgte diesen Streit und hätte beinah mich selbst hineingemischt. Es kam dies in folgender Weise:

Ich hatte ein neues System veröffentlicht, das mir geeignet schien, die Verbindung zwischen Seele und Körper zu erklären. Es fand selbst bei denen Beifall, welche nicht ganz damit einverstanden waren und viele geschickte Männer versicherten mich, dass sie schon ähnliche Ansichten gehabt, aber zu keiner scharfen Auffassung gelangt seien, ehe sie meine Schrift gelesen gehabt. Herr *Bayle* beurtheilte die Schrift in seinem historischen und kritischen Wörterbuche in dem Artikel: *Rorarius*. Er meinte, dass meine Aufklärungen eine weitere Pflege verdienten; er zeigte deren Nützlichkeit in mehreren Beziehungen und er hob auch die Punkte hervor, wo noch Schwierigkeiten sich ergeben dürften. Ich musste auf solche verbindliche Aeusserungen und solche belehrende Betrachtungen natürlich antworten, und wegen des grösseren Nutzens für mich, veröffentlichte ich einige Erläuterungen in der Gelehrten-Geschichte, Juli 1680. Herr *Bayle* antwortete darauf in der zweiten Ausgabe seines Wörterbuchs. Ich sandte ihm sodann eine Entgegnung, die noch nicht erschienen ist und ich weiss nicht, ob er darauf zum dritten Male geantwortet hat.

Inmittelst hatte Herr Le Clerc in seiner »auserwählten Bibliothek« einen Auszug aus dem »System des Verstandes« des verstorbenen Herrn Cudworth geliefert und darin gewisse formende Naturen erläutert, welche dieser ausgezeichnete Schriftsteller bei der Bildung der Thiere benutzt hatte. Herr Bayle glaubte (man sehe die Fortsetzung seiner »Mancherlei Gedanken«, Kapitel 21, Artikel 11), dass, da diese Naturen des Bewusstseins ermangelten, man durch ihre Annahme den Grund erschüttere, welcher aus der wunderbaren Gestaltung der Dinge darlegt, dass die Welt eine vernünftige Ursache gehabt haben müsse. Herr Clerc entgegnete (Art. 4, Band 5 seiner »ausgewählten Bibliothek«), dass diese Naturen der Leitung durch die göttliche Weisheit bedürften. Herr *Bayle* blieb dabei (Art. 7 der »Gelehrten-Geschichte«, August 1704), dass eine blose Leitung bei einer des Wissens unfähigen Ursache nicht genüge, man müsste sie denn für ein bloses Werkzeug Gottes ansehen, in welchem Falle sie nichts erklären würde. Herr Bayle berührte dabei nebenbei meine Ansicht und dies veranlasste mich, dem berühmten Verfasser der »Gelehrten-Geschichte« einen kleinen Aufsatz zu übersenden, welchen er im Mai 1705 im Artikel 9 veröffentlichte und worin ich zu zeigen suchte, dass in Wahrheit der Mechanismus zur Herstellung der organischen Körper der Thiere genüge, ohne noch besonderer bildender Kräfte zu bedürfen, sofern man zu ihnen die schon ganz organische *Vorausgestaltung* in dem Samen der entstehenden Körper hinzunehme, welcher in den Körpern, aus denen sie entstehen, bis hinauf zu dem ersten Samen enthalten ist. Dies kann nur von dem unendlich mächtigen und unendlich weisen Urheber aller Dinge herrühren, welcher von Anfang an alles in Ordnung erschafft und hier im Voraus jedwede zukünftige Ordnung und Kunst eingerichtet hat. Es giebt kein Chaos in dem Innern der Dinge und der Organismus ist überall in dem Stoffe, dessen Einrichtung von Gott ausgeht; dies wird sich hier um so mehr zeigen, je grössere Fortschritte man in der Anatomie machen wird und man würde sie immer weiter erkennen, selbst, wenn man bis zu dem Unendlichen fortschreiten könnte, wie die Natur dies thut und wenn man die weitere Theilung in unserm Erkennen so fortsetzen könnte, wie die Natur sie in Wirklichkeit fortgesetzt hat.

Da ich zur Erklärung *dieser wunderbaren Bildung der Geschöpfe* eine im Voraus angeordnete Harmonie benutzte, d.h. das nämliche Mittel, dessen ich mich zur Erklärung eines andern Wunders, nämlich *des Verkehrs der Seele mit dem Körper* bedient hatte, worin ich die Einheit und die Fruchtbarkeit der von mir aufgestellten obersten Grundsätze darlegte, so scheint dies Herrn Bayle an mein »System« erinnert zu haben, welches den Grund für diesen Verkehr angiebt und welches er früher geprüft hatte. Er erklärte (in Kap. 180 seiner Antwort auf die Fragen eines Mannes aus der Provinz, Seite 1253, Theil 3), dass nach seiner Ansicht Gott dem Stoffe oder einer andern Ursache keine organisirende Kraft habe verleihen können, ohne ihm nicht auch die Vorstellung oder die Kenntniss der Organisation mitzutheilen und dass er noch nicht glauben könne, dass Gott trotz all seiner Macht über die Natur und seines ganzen Vorauswissens der möglichen Folgen, die Dinge hätte so einrichten können, dass durch die blosen mechanischen Gesetze z.B. ein Schiff in den ihm angewiesenen Hafen gelangen könne, ohne dass es während seiner Fahrt durch irgend einen einsichtigen Aufseher geleitet worden sei. Ich war erstaunt, dass man der Macht Gottes Grenzen setzte, ohne irgend einen Beweis dafür anzuführen und ohne anzudeuten, dass von Seiten des Gegenstandes hier kein Widerspruch und von Seiten Gottes keine Unvollkommenheit zu befürchten sei, obgleich ich in meiner Entgegnung schon gezeigt hatte, dass selbst die Menschen oft Automaten verfertigen und damit etwas Aehnliches herstellen, wie die von der Vernunft ausgehenden Bewegungen und dass schon ein endlicher, aber freilich stärkerer Geist als der unserige selbst das auszuführen vermöchte, was Herr Bayle für etwas der Gottheit Unmögliches erklärt; abgesehen davon, dass Gott im voraus alle Dinge auf einmal geregelt hat und deshalb die Einhaltung des richtigen Weges durch dieses Schiff nicht auffallender erscheint, als der Weg einer Rakete längs der Leine bei einem Feuerwerk, da die ganze Regelung aller Dinge eine vollkommene Harmonie zwischen ihnen durch deren gegenseitige Einwirkung einhält.

Jene Erklärung des Herrn Bayle nöthigte mich zu einer Erwiederung und ich wollte ihm vorhalten, dass wenn man nicht mindestens sagen wolle, Gott selbst bilde die organischen Körper durch ein fortgehendes Wunder oder er habe dies Geistern aufgetragen, deren Macht und

Wissen beinah göttlich wäre, man annehmen müsse, Gott habe die Dinge *im Voraus so geschaffen*, dass die neuen Organismen nur die mechanische Folge einer vorgehenden organischen Einrichtung seien, ebenso wie die Schmetterlinge aus den Seidenwürmern entstehen, bei denen Herr *Swammerdam* gezeigt hat, dass es sich nur um eine Auswickelung handele. Auch hatte ich hinzugefügt, dass gerade die im Voraus geschehene Einrichtung der Pflanzen und Thiere mehr wie alles andere mein System bestätige, wonach zwischen Seele und Körper im Voraus eine Uebereinstimmung eingerichtet sei, und wo der Körper durch seine ursprüngliche Verfassung genöthigt sei, mit Hülfe der äusseren Dinge alles auszuführen, was er in Folge des Willens der Seele thut, ebenso wie die Samen durch ihre ursprüngliche Verfassung in natürlicher Weise die Absichten Gottes durch ein viel grösseres Wunder vollführen, als das ist, welches bewirkt, dass in unserm Körper alles sich in Uebereinstimmung mit den Beschlüssen unseres Willens vollzieht. Da Herr Bayle ganz mit Recht viel mehr Kunst in der Organisation der Thiere findet, als in dem schönsten Gedichte der Welt und in der schönsten Erfindung, deren der menschliche Geist fähig ist, so folgt, dass mein System über den Verkehr zwischen Seele und Körper ebenso leicht fasslich ist, als die gewöhnliche Meinung von der Formation der Thiere, denn meine Meinung (die mir richtig scheint) führt in Wahrheit dahin, dass Gott die Natur wirklich so gemacht hat, dass sie in Folge ihrer Gesetze im Stande ist, Geschöpfe zu erzeugen. Ich erläutere nur diese Meinung und lasse die Möglichkeit derselben durch das Mittel der Vorauseinrichtung nur deutlicher einsehen. Dann braucht man sich nicht mehr darüber zu wundern, dass Gott den Körper so geschaffen hat, dass dieser vermöge seiner eigenen Gesetze die Absichten der vernünftigen Seele ausführen kann; da alles, was die vernünftige Seele dem Körper befehlen kann, weniger schwer ist, als diejenige Organisation, deren Ausführung Gott dem Samen aufgegeben hat. Herr *Bayle* sagt (Antwort auf die Fragen eines Mannes aus der Provinz, Kap. 182, S. 1294), dass es erst seit Kurzem Personen gegeben habe, die eingesehen hätten, dass die Bildung lebendiger Körper kein natürlicher Vorgang sein könne. Ebendasselbe konnte er nach seinen Grundsätzen von dem Verkehr zwischen Seele und Körper sagen, da ja Gott in dem System der Gelegenheitsursachen, welchem dieser Schriftsteller beistimmt, dabei den ganzen Verkehr bewirke. Ich nehme dagegen hier das Uebernatürliche nur für den Anfang der

Dinge an und zwar in Bezug auf die erste Bildung der Thiere, oder in Bezug auf die erste Einrichtung der Uebereinstimmung, welche im Voraus zwischen Seele und Körper angeordnet worden ist. Nachdem dies geschehen, halte ich die gegenwärtige Formation der Geschöpfe und den Verkehr zwischen Seele und Körper für etwas ebenso Natürliches, wie irgend die alltäglichsten Vorgänge der Natur. Es verhält sich hier ziemlich so, wie man über den Instinkt und die wunderbaren Werke der Thiere denkt. Man findet hier Vernunft, aber nicht in den Thieren, sondern in dem, der sie geschaffen hat. Ich stimme deshalb in dieser Hinsicht der gewöhnlichen Meinung bei, nur hoffe ich ihr durch meine Auseinandersetzung mehr Deutlichkeit und Klarheit und selbst eine weitere Ausdehnung gegeben zu haben.

Um nun mein System gegen die neuen Bedenken des Herrn Bayle zu rechtfertigen, wollte ich zur selbigen Zeit ihm die Gedanken mittheilen, die ich seit lange in Bezug auf die Schwierigkeiten gehegt hatte, welche Herr Bayle gegen diejenigen hervorgehoben, welche die Vernunft mit dem Glauben in Bezug auf das Dasein des Uebels zu vereinigen suchten. Es giebt auch wohl in der That wenige Personen, welche sich hier mehr bemüht haben, als ich. Ich hatte kaum nothdürftig lateinische Bücher zu verstehen gelernt, als mir die Gelegenheit wurde, in einer Bibliothek zu blättern; ich sprang von einem Buche zum andern über und da mir die Dinge, welche Nachdenken erforderten, ebenso zusagten, wie die Geschichte und die Fabeln, so ergötzte ich mich an dem Werke des Laurentius Valla gegen Boëthius und an dem Werke Luthers gegen Erasmus, obgleich ich sah, dass sie der Ermässigung bedurften. Ich liess auch die Streitschriften nicht ungelesen, und, neben andern Schriften dieser Art, schienen mir die Verhandlungen über das Gespräch in Monbeillard, welche den Streit wieder angeregt hatten, belehrend. Ich vernachlässigte auch nicht die Aufklärungen unserer Theologen und das Studium ihrer Gegner machte mich nicht unruhig, sondern befestigte mich vielmehr in den gemässigten Aussprüchen der Kirchen des Augsburgischen Bekenntnisses. Auf meinen Reisen hatte ich die Gelegenheit, mit vielen ausgezeichneten Männern aus den entgegengesetzten Parteien mich zu besprechen; z.B. mit Herrn *Peter* v. *Wallenburg*, Suffraganbischof von Mainz; mit Herrn *Peter Ludwig Fabrice*, den ersten Theologen Heidelbergs und endlich mit dem berühmten Herrn *Arnauld*, dem ich sogar ein in meiner Weise abgefasstes lateinisches Gespräch über diesen Gegenstand mittheilte. Es geschah dies um das Jahr 1673, und ich stellte darin schon als Thatsache hin, dass Gott die vollkommenste aller möglichen Welten erwählt habe und dass seine Weisheit ihn bestimmt habe, das mit ihr verbundene Uebel zuzulassen, was aber nicht hindere, dass diese Welt, alles in allem erwogen und überlegt, nicht doch die beste sei, die gewählt werden konnte. Auch habe ich seitdem alle guten Schriftsteller über diesen Gegenstand gelesen und ich habe mich bestrebt, alle jene Kenntnisse mir anzueignen, vermöge deren ich alles beseitigen konnte, was den Gedanken einer in Gott anzuerkennenden höchsten Vollkommenheit hätte verdunkeln können. Ich habe die Schriftsteller der strengsten Art, welche die Nothwendigkeit der Dinge am weitesten ausgedehnt haben, nicht vernachlässigt, wie *Hobbes* und *Spinoza*. Ersterer hat diese unbedingte Nothwendigkeit nicht blos in seinen »Physikalischen Elementen« und sonst aufrecht erhalten, sondern dies auch in einer ausdrücklich gegen den Bischof Bramhall gerichteten Schrift gethan. Spinoza behauptet so ziemlich (wie der alte Peripatetiker *Straton*), dass alles von einer ersten Ursache oder einer ursprünglichen Natur durch eine blinde, ganz geometrische Nothwendigkeit entstanden sei, ohne dass dieses erste Anfangende der Dinge eines Wählens oder einer Güte oder eines Wissens fähig sei.

Ich habe indess, glaube ich, ein Mittel aufgefunden, was das Gegentheil in einer aufklärenden Weise ergiebt und was uns gleichzeitig in das Innere der Dinge einführt. Indem ich neue Entdeckungen über das Wesen der thätigen Kraft und über die Gesetze der Bewegung gemacht habe, zeige ich, dass dieselben keine geometrische Nothwendigkeit an sich haben, wie Spinoza meint und dass sie auch nicht rein willkürliche sind, wie Herr Bayle und einige neuere Philosophen behaupten, sondern dass sie von der *Angemessenheit* abhängen, wie ich schon oben bemerkt habe oder von dem, was ich den Grundsatz des *Besten* nenne und dass man hierin wie in jeder andern Sache die Kennzeichen der ersten Substanz erkennt, deren Werke eine höchste Weisheit darlegen und die vollkommenste Harmonie bilden.

Ich habe auch gezeigt, dass diese Harmonie es ist, welche sowohl das Vergangene mit dem Kommenden, wie das Anwesende mit dem Abwesenden verknüpft. Die erste Art der Verknüpfung eint die Zeiten und die zweite die Orte. Diese letztere zeigt sich in der Einheit von Seele und Leib und überhaupt in dem Verkehr der wahrhaften Substanzen unter sich und mit den stofflichen Erscheinungen. Die erstere findet Statt in der Vorausbildung der organischen Körper oder vielmehr aller Körper, weil überall eine Organisation besteht, wenn auch nicht alle Stoffe organische Körper bilden; so wie ein Teich sehr wohl voller Fische und anderer organischer Körper sein kann, obgleich er selbst kein Geschöpf oder organischer Körper ist, sondern nur eine Masse, welche sie in sich enthält. Indem ich bestrebt war auf solchen Grundlagen, welche in beweisender Form gelegt waren, ein vollständiges Gebäude von obersten Kenntnissen zu errichten, wie sie die reine Vernunft uns erkennen lässt, ein Gebäude, sage ich, in dem alle Theile wohl miteinander verbunden sind und welches die erheblichsten Bedenken der Alten und Neuern beseitigen kann, habe ich mir in Folge dessen auch eine Art System über die menschliche Freiheit und die Mitwirkung Gottes gebildet. Dieses System scheint mir in keiner Weise die Vernunft und den Glauben zu verletzen und ich war geneigt, es Herrn Bayle und denen, die in diesem Streite auf seiner Seite stehen, vorzulegen. Er hat uns aber eben verlassen und der Verlust eines solchen Schriftstellers, dessen Gelehrsamkeit und Scharfsinn ohne Gleichen waren, ist kein geringer. Da jedoch der Gegenstand noch verhandelt wird und gewandte Arbeiter sich daran betheiligen und das Publikum mit Aufmerksamkeit ihnen folgt, so halte ich es für eine passende Gelegenheit, eine Probe von meinen Gedanken zu veröffentlichen.

Es ist vor dem Schluss dieser Vorrede vielleicht zweckmässig, da ich den physischen Einfluss der Seele auf den Körper und des Körpers auf die Seele, d.h. einen Einfluss bestreite, welcher bewirken würde, dass das eine die Gesetze des andern störte, zu bemerken, dass ich doch deshalb die Einheit beider nicht bestreite, welche ein einheitliches Wesen daraus macht, nur ist diese Einheit etwas *Metaphysisches*, welche in den Erscheinungen nichts ändert. Ich habe dies bereits in der Antwort auf das gesagt, was der ehrwürdige Pater von Tournemine, dessen Geist und Kenntniss von einem ungewöhnlichen Grade sind, in den Memoiren von Trévoux mir entgegengestellt hat. Man kann deshalb in einem metaphysischen Sinne sagen, dass die Seele auf den Körper und dieser auf jene einwirkt. Auch ist es richtig, dass die Seele die *Entelechie*, oder das thätige Prinzip ist, während das blos körperliche oder das einfach-stoffliche nur das leidende Prinzip enthält und dass deshalb das thätige Prinzip in der Seele enthalten ist. Ich habe dies bereits wiederholt in der Leipziger Zeitschrift auseinandergesetzt; aber noch bestimmter in meiner Antwort an den Philosophen und

Mathematiker *Sturm* in Altorf, wo ich sogar gezeigt habe, dass wenn in den Körpern nur Leidendes enthalten wäre, ihre verschiedenen Zustände *nicht würden unterschieden werden* können. Ich möchte bei dieser Gelegenheit auch erwähnen, dass ich dem gewandten Verfasser des Werkes über die *Erkenntniss seiner selbst* welcher darin einige Einwürfe gegen mein System der vorauseingerichteten Harmonie erhoben hatte, eine Antwort nach Paris geschickt habe, worin ich gezeigt habe, dass er mir Gedanken beilegt, von denen ich sehr entfernt bin. Auch ein ungenannter Doktor der Sorbonne hat später dasselbe in Betreff eines andern Gegenstandes gethan, und es würden diese Missverständnisse sofort von den Lesern bemerkt worden sein, wenn man die Stellen auf welche man sich stützen zu können meinte, wörtlich angeführt gehabt hätte.

Diese Neigung zu Missverständnissen bei Angabe fremder Gedanken, führt mich auch zu der Bemerkung, dass wenn ich irgendwo gesagt habe, dass der Mensch bei seiner Bekehrung sich der Hülfe der Gnade Gottes bediene, ich damit nur meine, dass er davon durch das Aufhören des überwundenen Widerstandes Nutzen ziehe, aber ohne dass er seinerseits eine Beihülfe leistet; so wie es ja auch keiner Mitwirkung des Eises bedarf, wenn es gebrochen wird; denn die Bekehrung ist das reine Werk der Gnade Gottes, wo der Mensch nur in sofern mitwirkt, als er der Gnade Widerstand leistet. Dieser Widerstand kann nach der Person und den Umständen kleiner oder grösser sein. Auch unterstützen die Umstände mehr oder weniger unsere Aufmerksamkeit und die Bewegungen, welche in unserer Seele enstehen. Das Zusammentreffen aller dieser Dinge, in Verbindung mit der Stärke des Eindrucks und dem Zustande des Wollens bestimmt die Wirkung der Gnade, aber macht alle diese Dinge nicht zu nothwendigen. Ich habe übrigens anderwärts mich genügend darüber ausgesprochen, dass in Bezug auf diese heilsamen Umstände der nicht wiedergeborene Mensch wie todt aufgefasst werden muss und ich stimme ganz dem bei, wie die Theologen des Augsburgischen Bekenntnisses sich über diesen Gegenstand ausgesprochen habe. Indess hindert diese Verderbniss des nicht wiedergeborenen Menschen ihn nicht, an er Ausübung sonstiger wahrhaft sittlicher Tugenden. Er vermag mitunter in dem bürgerlichen Leben gut und in Folge eines guten Grundsatzes zu handeln, und zwar ohne dabei eine böse Absicht zu haben und ohne Einmischung einer wirklichen Sünde. Man wird es mir hoffentlich verzeihen, wenn ich hier von Ansicht des heiligen *Augustin* abweiche, eines unzweifelhaft grossen Mannes mit einem bewunderungswürdigen Geiste; nur scheint er mitunter geneigt, die Sachen auf die Spitze zu treiben, namentlich in der Hitze des Streites. Ich habe alle Achtung vor Menschen welche sich als die Schüler des heiligen *Augustin* bekennen, unter andern auch vor dem verehrten Pater Quesnel, dem würdigen Nachfolger des grossen Arnauld in der Fortsetzung des Streites, den sie mit der berühmtesten Gesellschaft begonnen haben. Ich habe indessen bemerkt, dass bei diesen Streitigkeiten zwischen Männern von grossen Verdiensten (und deren giebt es hier unzweifelhaft in beiden Parteien) die Vernunft auf jeder Seite vorhanden ist, nur dass es bei verschiedenen Punkten der Fall ist und dass sie mehr auf Seiten der Vertheidigung, wie auf Seiten des Angriffs besteht, wenngleich bei der boshaften Natur des menschlichen Herzens die Angriffe den Lesern angenehmer sind, als die Vertheidigungen. Ich hoffe, dass der ehrwürdige Pater Ptolemei, die Zierde seiner Gesellschaft bei der Ausfüllung der Lücken, welche der berühmte Bellarmin gelassen hat, uns über alles dies Aufklärungen geben wir, wie sie von seinem Scharfsinn, von seinen Kenntnissen, und ich wage hinzuzufügen, von seiner Mässigung gehofft werden können. Auch muss man erwarten, dass sich unter den Theologen des Augsburgischen Bekenntnisses ein neuer Chemnitz oder Calixtus erheben wird, wie man ja auch mit Grund erachten kann, dass neue Usseriusse oder Daillé's unter den Reformirten aufleben werden und dass alle an der Beseitigung der Missverständnisse arbeiten werden, mit denen diese Materien belastet sind. Endlich wäre es mir sehr angenehm, wenn die Männer, welche diese Missverständnisse aufdecken wollen, die Einwendungen nachläsen, welche ich in Verbindung mit Antworten in dem kleinen Aufsatz am Ende dieses Buches beigefügt habe und die gleichsam als eine Zusammenfassung desselben dienen sollen. Ich habe da versucht, einigen neuen Einwendungen zuvorzukommen, indem ich z.B. erklärt habe, weshalb ich den vorgehenden und nachfolgenden Willen für vorgängig und abschliessend nach dem Beispiel von Thomas, Scotus und Anderen angenommen habe; ferner wie es möglich sei, dass in dem Ruhme aller Erretteten unvergleichlich mehr Gutes enthalten sei, als Uebel in dem Elend und Verdammten, obgleich letztere die Mehrzahl sind; ferner wie meine Behauptung, dass das Uebel nur als eine unumgängliche Bedingung gestattet worden, nicht in dem Sinne einer Nothwendigkeit zu verstehen sei, sondern in dem Sinne der Angemessenheit; ferner wie die von mir zugelassene Vorausbestimmung immer nur anreizend, aber niemals zwingend ist; ferner wie Gott denen, welche von ihren Einsichten einen guten Gebrauch gemacht haben, neue nothwendige Einsichten nicht versagen werde. Ich lasse dabei andere Aufklärungen unerwähnt, die ich über einige schwierige Fragen zu geben versucht habe, die an mich seit Kurzem gerichtet worden sind. Auch bin ich dem Rathe einiger Freunde gefolgt, welche die Beigabe zweier *Nachträge* für wünschenswerth hielten; der eine betrifft die zwischen Herrn *Hobbes und dem Bischof Bramhall* verhandelte *Streitfrage* über Freiheit und Nothwendigkeit; die andere betrifft das vor Kurzem in England erschienene gelehrte Werk *über den Ursprung des Uebels*.

Ich habe endlich alles auf die Erbauung einzurichten gesucht, und wenn ich für die Neugierde etwas gesorgt habe, so ist es nur geschehen, weil ich glaubte, dass ein Gegenstand, dessen Ernst leicht abschrecken kann, auch der Erheiterung bedürfe. In dieser Rücksicht habe ich das unterhaltende Luftschloss einer gewissen astronomischen Theologie mit aufgenommen, da ich nicht zu fürchten hatte, dass Jemand dadurch irregeführt werden dürfte und ich meinte, die blose Darstellung desselben enthalte auch schon seine Widerlegung. Es sind Erdichtungen behufs Erdichtungen. Anstatt sich vorzustellen, dass die Planeten Sonnen gewesen sind, könnte man vielleicht annehmen, dass sie Massen gewesen, welche in der Sonne geschmolzen und dann herausgestossen worden sind und damit würde die Grundlage dieser hypothetischen Theologie zerstört sein. Die alte Irrlehre von zwei Prinzipien, welche die Orientalen durch die Namen Oromasdes und Arimanius unterscheiden, hat mich zur Erläuterung einer Vermuthung in Betreff der ältesten Geschichte der Völker geführt; denn da hat es den Anschein, dass es die Namen von zwei gleichzeitigen grossen Fürsten gewesen sind, von denen der eine einen Theil von Ober-Asien beherrschte, wo es seitdem mehrere Monarchen dieses Namens gegeben hat und der andere, ein König der Celto-Scythen, welcher in die Staaten jenes einbrach und dessen Namen auch unter den Gottheiten der Germanen vorkommt. Es hat in der That den Anschein, als wenn Zoroaster die Namen dieser Fürsten zu Symbolen unsichtbarer Mächte benutzt hat, da deren Thaten in der Meinung der Asiaten sie jenen Gottheiten gleichstellten. Indess scheint Zardust oder Zoroaster, der zu einem Zeitgenossen des grossen Darius gemacht wird, nach den Berichten arabischer Schriftsteller, welche wohl besser, als die griechischen dies wissen konnten, rücksichtlich einiger Besonderheiten der orientalischen Geschichte, diese beiden Prinzipien nicht als die ganz ersten und unabhängigen genommen zu haben, sondern als abhängig von einem hohem und *einem* Prinzip, und dass er in Uebereinstimmung mit der Schöpfungsgeschichte des Moses angenommen, dass Gott, der keinen Vater hat, alles geschaffen und das Licht von der Finsterniss geschieden habe; dass das Licht seiner ursprünglichen Absicht entsprochen, aber dass die Finsterniss nur als eine Folge gekommen sei, so wie der Schatten dem Körper folgt und dass diese Finsterniss nichts als eine Beraubung ist. Dies würde diesen alten Schriftsteller von den Irrthümern befreien, welche ihm die Griechen zuschreiben. Die Orientalen haben ihn wegen seines grossen Wissens mit dem Mercur oder Hermes der Aegypter und der Griechen verglichen, wie die Nordländer ihren Wodan oder Odin mit demselben Mercur verglichen haben. Die Mittwoch (Mercredi) oder der Tag des Mercur heisst deshalb bei den Nordländern Wodans-Tag, aber bei den Asiaten Zardust-Tag; denn die Türken und Perser nennen ihn Zaraschamba oder Dscarschambe und die aus dem Nord-Osten gekommenen Ungarn Zerda und die Slaven von dem Innern Gross-Russlands bis zu den Lüneburger Wenden nennen ihn Sreda, da die Slaven den Namen auch von den Orientalen empfangen hatten. Diese Bemerkungen werden das Interesse der Wissbegierigen erregen und hoffentlich wird das kleine Gespräch am Ende der Aufsätze gegen Herrn Bayle die Leser befriedigen, welche schwierige aber wichtige Wahrheiten gern in einer leichten und verständlichen Weise dargelegt sehen.

Ich habe mich einer fremden Sprache selbst auf die Gefahr hin, viele Fehler zu machen, bedient, weil der Gegenstand von Andern kürzlich in dieser Sprache behandelt worden ist und er in dieser Sprache mehr von denen gelesen wird, denen ich durch diese kleine Arbeit habe nützlich werden wollen. Hoffentlich werden die Sprachfehler Verzeihung finden; sie fallen nicht blos dem Drucker und dem Abschreiber zur Last, sondern auch der Eile des Verfassers, der viele Störungen zu ertragen hatte. Sollte auch in die Gedanken ein Irrthum sich eingeschlichen haben, so wird der Verfasser der erste sein, welcher ihn berichtigen wird, so wie er des Bessern belehrt sein wird, da er bereits solche Beweise für seine Wahrheitsliebe geliefert hat, dass man hoffentlich diese Worte nicht blos für eine Redensart nehmen wird.

Abhandlung über die Uebereinstimmung des Glaubens mit der Vernunft

1. Ich beginne mit der Vorfrage in Betreff der Uebereinstimmung des Glaubens mit der Vernunft, und des Gebrauchs der Philosophie in der Theologie; denn diese Frage ist von grossem Einfluss auf den Gegenstand meiner Abhandlung und Herr *Bayle* geht überall auf dieselbe zurück. Ich nehme an, dass zwei Wahrheiten sich nicht widersprechen können, dass der Glaube es mit der Wahrheit zu thun, welche Gott auf eine ausserordentliche Weise offenbart hat und dass die Vernunft eine Verknüpfung von Wahrheiten ist und zwar in Vergleich mit dem Glauben, von solchen Wahrheiten, welche der menschliche Geist durch seine Natur ohne Unterstützung vom Licht des Glaubens erreichen konnte. Diese Definition der Vernunft (d.h. von der rechten und wahrhaften Vernunft) hat Manchen überrascht, der gewohnt ist, gegen die in einem unbestimmten Sinne genommene Vernunft zu eifern. Man hat mir entgegnet, dass man niemals eine solche Erklärung von derselben gehört habe; allein diese Gegner haben nie mit Männern verkehrt, welche sich über diese Dinge genau ausdrückten, und doch hat man eingeräumt, dass man die Vernunft in diesem von mir gegebenen Sinne nicht tadeln könne. Uebrigens wird die Vernunft in diesem Sinne auch mitunter der Erfahrung entgegengestellt, da sie in einer Verknüpfung der Wahrheiten besteht und daher berechtigt ist, sie anders als die Erfahrung gethan hat, zu verbinden, um daraus gemischte Schlussfolgerungen zu ziehen. Indess hat die reine und blose Vernunft es im Unterschied von der Erfahrung nur mit Wahrheiten zu thun, welche von den Sinnen unabhängig sind. Man kann auch den Glauben mit der Erfahrung vergleichen, weil der Glaube (rücksichtlich der Gründe, auf die sich seine Wahrheit stützt) von der Erfahrung derer abhängt, welche die Wunder, auf welche die Offenbarung gegründet wird, gesehen haben, so wie von den glaubwürdigen Ueberlieferungen, durch welche die Kenntniss dieser Wunder auf uns gelangt ist; sei es mittelst der Schriften oder mittelst des Berichts derer, die diese Schriften aufbewahrt haben; ohngefähr so wie man sich auf die Erfahrung derer stützt, welche China gesehen haben und auf die Glaubwürdigkeit ihrer Berichte, wenn man an die Wunder glaubt, die von diesem fernen Lande erzählt werden. Ich sehe dabei noch ganz von den Einwirkungen des heiligen Geistes auf unser Inneres ab, welcher die Seelen erfasst, sie überzeugt und zum Guten führt, d.h. zum Glauben und zur Liebe, ohne dass man immer Gründe dafür verlangt.

2. Nun zerfallen die Vernunft-Wahrheiten in zwei Arten. Die eine befasst die ewigen Wahrheiten, welche unbedingt der Art nothwendige sind, dass das Entgegengesetzte einen Widerspruch enthalten würde. Dieser Art sind die Wahrheiten, deren Nothwendigkeit eine logische, metaphysische oder mathematische ist, und die man nicht bestreiten kann, ohne in Widersinnigkeiten zu gerathen. Es giebt aber, als eine zweite Art, auch Wahrheiten, die man *positive* nennen kann, welcher Art die Gesetze sind, welche der Natur zu geben Gott gefallen hat, oder solche, welche von diesen abhängen. Wir lernen sie entweder durch die Erfahrung kennen, d.h. *a posteriori*, oder durch die Vernunft und *a priori*, d.h. durch die Erwägung der Angemessenheit, welche zu deren Wahl veranlasst hat. Diese Angemessenheit hat auch ihre Regeln und Gründe, indess ist es die freie Wahl Gottes und nicht eine geometrische Nothwendigkeit, welche das Angemessene vorziehen lässt und zur Wirklichkeit überführt. Man kann daher sagen, dass die *physische* Nothwendigkeit auf der *moralischen* Nothwendigkeit ruht, d.h. auf einer Auswahl des Weisen, welche seiner Weisheit würdig ist, und dass sowohl die eine, wie die andere von der geometrischen Nothwendigkeit unterschieden werden muss. Diese physische Nothwendigkeit bewirkt die Ordnung in der Natur; sie besteht in den Gesetzen der Bewegung und in einigen andern allgemeinen, die es Gott gefallen hat, den Dingen bei deren Erschaffung zu geben. Gott hat sie daher nicht ohne Grund gegeben; denn er thut nichts aus Eigensinn oder gleichsam zufällig, oder aus einer reinen Gleichgültigkeit. Indess können diese allgemeinen Gründe für das Wohl und die Ordnung, welche zu diesen Gesetzen geführt haben, mitunter durch die stärkeren Gründe einer höhern Ordnung durchbrochen werden.

3. Hieraus erhellt, dass Gott seine Geschöpfe von den ihnen vorgeschriebenen Gesetzen befreien und bei ihnen das hervorbringen kann, wozu ihre Natur nicht hinreicht, indem er ein *Wunder* thut. Wenn die Geschöpfe dadurch zu Vollkommenheiten und Kräften erhoben werden, welche vornehmer sind, als die, zu denen sie durch ihre eigene Natur gelangen können, so nennen die Scholastiker eine solche Kraft eine *gehorchende*, weil das Geschöpf sie durch den Gehorsam erlangt, welchen es dem Befehle dessen leistet, welcher ihm das verleihen kann, was es nicht hat. Indess geben die Scholastiker gewöhnlich solche Beispiele von dieser Kraft, welche ich für unmöglich halte, z.B. wenn sie behaupten, Gott könne den Geschöpfen eine erschaffende Kraft ertheilen. Es kann auch Wunder geben, welche Gott durch den Dienst von Engeln verrichtet; hier werden die Naturgesetze ebensowenig verletzt, wie wenn die Menschen der Natur durch die Kunst nachhelfen, da die Kunst der Engel nur dem höhern Grade nach von der unserigen verschieden ist. Indessen bleibt es immer wahr, dass der Gesetzgeber von den Naturgesetzen Ausnahmen gewähren kann, während die ewigen Wahrheiten, z.B. die geometrischen, durchaus keine Ausnahme gestatten und daher der Glaube ihnen nicht widersprechen kann. Deshalb ist ein unbesieglicher Einwand gegen die Wahrheit nicht möglich; denn wenn dieser Einwand in einem Schlusse gesteht, der sich auf die Prinzipien oder auf unbestreitbare Thatsachen stützt, und aus einer Verkettung ewiger Wahrheiten besteht, so ist der gefolgerte Schlusssatz gewiss und unabwendbar und das ihm Entgegengesetzte muss falsch sein, sonst könnten zwei sich widersprechende Sätze zugleich wahr sein. Ist aber der Einwand nicht so beweisbar, so führt er nur zu einem wahrscheinlichen Satz, welcher gegen den Glauben nichts vermag, da man anerkennt, dass die Geheimnisse der Religion den Erscheinungen widersprechen können. Nun erklärt Herr Bayle in der nach seinem Tode erschienenen Antwort an Herrn Le Clerc, wie er nicht behaupte, dass es Schlussfolgerungen gegen die Glaubenswahrheiten gebe und somit verschwinden alle jene unüberwindlichen Schwierigkeiten und jener angebliche Widerstreit der Vernunft mit dem Glauben.

Hi motus animorum atque haec discrimina tanta
Pulveris exigui jactu compressa quiescunt.

(All diese Bewegung der Geister und diese grossen Gegensätze
Erlöschen und kommen durch den Wurf von ein wenig Staub
    zusammengedrückt zur Ruhe.)

4. Sowohl die protestantischen, wie die römisch-katholischen Theologen stimmen, wenn sie die Sache mit Sorgfalt behandeln, mit diesen von mir aufgestellten Sätzen überein; alles was man gegen die Vernunft sagen kann, trifft nur jene angebliche Vernunft, welche durch falschen Schein verdorben ist und gemissbraucht wird. Es ist ebenso, wie mit den Begriffen von der Gerechtigkeit und Güte Gottes. Man spricht manchmal von ihnen, als wenn man keine Vorstellung und keine Definition von ihnen hätte. Wäre dies wahr, so hätte man keinen Halt, weshalb man Gott solche Eigenschaften beilegen und ihn deren rühmen sollte. Seine Güte und seine Gerechtigkeit unterscheiden sich ebenso, wie seine Weisheit, von der unserigen nur durch ihre unbegrenzt höhere Vollkommenheit, deshalb können die einfachen Begriffe, die nothwendigen Wahrheiten und die beweisbaren Folgerungen der Philosophie der Religion nicht widersprechen. Wenn in der Theologie einige philosophische Grundsätze zurückgewiesen werden, so ist es nur der Fall, weil man ihnen nur eine physikalische, oder moralische Nothwendigkeit zuspricht, die nur das betrifft, was gewöhnlich eintritt und deshalb sich nur auf die Wahrscheinlichkeit stützt, die aber, sofern Gott es für gut findet, auch nicht zutreffen kann.

5. Aus dem Gesagten erhellt, dass die Ausdrücke Derer mitunter an Verwirrung leiden, welche die Philosophie mit der Theologie oder den Glauben mit der Vernunft in Streit bringen. Sie vermengen das *Erklären, Begreifen, Beweisen, Behaupten* mit einander. Selbst Herr Bayle ist, glaube ich trotz seines Scharfsinns, nicht immer frei von dieser Verwechselung. Die Mysterien können so weit erklärt werden, als zum Glauben an sie nöthig ist, aber man kann sie nicht begreifen noch verständlich machen, *wie* sie geschehen. Selbst in der Naturwissenschaft erklärt man mehrere wahrnehmbare Eigenschaften nur bis zu einem gewissen Punkte, aber doch nur in unvollkommener Weise, weil man sie nicht begreift. Ebensowenig können wir mittelst der Vernunft die Mysterien erklären, denn alles, was sich *a priori* oder durch die reine Vernunft beweisen lässt, kann begriffen werden. Wenn wir also an die Mysterien auf Grund der Beweise für die Wahrheit der Religion glauben (die man *Beweggründe des Glaubens* nennt), so bleibt uns nur die Fähigkeit übrig, dass wir sie gegen die Einwürfe *aufrecht erhalten* können. Ohnedem hätte unser Glaube an sie keinen festen Grund; denn alles, was auf eine ernste und schlussgerechte Weise widerlegt werden kann, muss falsch sein. Die Beweise für die Wahrheit der Religion, die nur eine *moralische Gewissheit* gewähren können, würden durch Einwürfe von einer unbedingten Gewissheit

aufgewogen, ja selbst aufgehoben werden, wenn sie *überzeugend und streng beweisend* wären. Dies Wenige könnte mir genügen, um die Schwierigkeiten bei dem Gebrauch der Vernunft und der Philosophie in Bezug auf die Religion zu beseitigen, wenn man es nicht oft mit den Vorurtheilen mancher Personen zu thun hätte. Da jedoch der Gegenstand wichtig und mehrfach sehr verdunkelt worden ist, so dürfte es zweckmässig sein, wenn ich mehr in Einzelnes eingehe.

6. Die Frage nach der *Uebereinstimmung des Glaubens mit der Vernunft* ist von jeher ein grosses Problem gewesen. In den Anfängen der Kirche fügten die christlichen Schriftsteller sich den platonischen Gedanken, die ihnen am geläufigsten waren und damals die meiste Verbreitung hatten. Nach und nach nahm aber Aristoteles die Stelle von Plato ein, als sich der Geschmack an Systemen verbreitete und als selbst die Theologie in Folge der Beschlüsse der allgemeinen Concilien *systematischer* wurde, welche bestimmte und inhaltliche Formeln festgestellt hatten. Der heilige Augustin, Boethius und Cassiodorus im Abendlande, so wie Johannes von Damascus im Morgenlande haben am meisten dazu beigetragen, dass die Theologie die Gestalt einer Wissenschaft erhalten hat, abgesehen von Beda, Alcuin, dem heiligen Anselmus und einigen andern in der Philosophie bewanderten Theologen. Zuletzt traten die Scholastiker auf; die Menge der Klöster liess der Speculation freien Lauf und unterstützt von der Aristotelischen, aus dem Arabischen übersetzten Philosophie gelang es endlich eine Zusammenstellung der Theologie und Philosophie zu machen, in welcher die meisten zweifelhaften Fragen aus dem Eifer hervorgingen, mit dem man sich bemühte, den Glauben mit der Vernunft zu versöhnen. Indess geschah dies nicht überall mit dem wünschenswerthesten Erfolge, da die Theologie durch das Unglück der Zeiten, sowie durch Unwissenheit und Hartnäckigkeit sehr herabgekommen war, und weil die Philosophie neben ihren eigenen grossen Mängeln, noch mit den Mängeln der Theologie belastet war, die ihrerseits wieder von den Folgen ihrer Verbindung mit einer höchst dunkeln und unvollkommenen Philosophie zu leiden hatte. Indess muss man mit dem unvergleichlichen Grotius anerkennen, dass unter dem widerwärtigen Mönchslatein mitunter Gold verhüllt ist. Ich habe deshalb mehrmals gewünscht, dass ein Mann von Fähigkeit, der vermöge seines Amtes das Latein der Scholastiker zu lernen hat, daraus das Beste ausziehen möchte und dass ein zweiter Petavius oder Thomasius in Bezug auf die

Scholastiker dasselbe gethan hätten, was diese beiden gelehrten Männer in Bezug auf die Kirchenväter geleistet haben. Dies wäre eine sehr interessante und wichtige Arbeit für die Kirchengeschichte; sie würde die Dogmengeschichte bis zur *Herstellung der Wissenschaften* befassen (durch welche die Dinge ein anderes Ansehen erhalten haben) und selbst noch darüber hinaus gehen, da selbst auch nach den Tridentinischen Concil viele Dogmen, wie z.B. das von der physischen Vorherbestimmung, von dem mittleren Wissen, von der philosophischen Sünde, von den gegenständlichen Vorbestimmtheiten und von anderen in der speculativen Theologie, so wie selbst Gewissensfälle in der praktischen Theologie lebhaft verhandelt worden sind.

7. Kurz vor diesen Veränderungen und vor der grossen Spaltung der abendländischen Kirche, welche noch jetzt fortdauert, gab es in Italien eine Anzahl Philosophen, welche diese Uebereinstimmung des Glaubens mit der Vernunft, die ich behaupte, bekämpften. Man nannte sie Averroisten, weil sie sich zu einem berühmten arabischen Schriftsteller hielten, welchen man vorzugsweise den Commentator nannte und welcher am meisten unter den Erklärern des Aristoteles von seiner Nation in dessen Sinn eingedrungen zu sein schien. Dieser Commentator behauptete, in Fortführung des von den griechischen Erklärern bereits Gelehrten, dass nach Aristoteles und selbst nach der Vernunft (was beides damals beinah für dasselbe galt) die Unsterblichkeit der Seele nicht bestehen könnte. Seine Gründe sind die folgenden: Nach Aristoteles vergeht das menschliche Geschlecht nicht; wenn also die Seele der Einzelnen nicht untergeht, muss man zur Seelenwanderung gelangen, die dieser Philosoph verworfen hat; oder wenn neue Seelen hinzukommen, so muss man eine unendliche Menge solcher in alle Ewigkeit beharrenden Seelen annehmen. Nun ist aber eine wirkliche Unendlichkeit unmöglich, wie derselbe Aristoteles lehrt; also muss man schliessen, dass die Seelen, d.h. die Formen der organischen Körper mit diesen Körpern untergehen müssen, oder dass dies wenigstens mit der leidenden Vernunft geschehen muss, welche dem Einzelnen eigenthümlich angehört. Es würde also dann nur die thätige Vernunft übrig bleiben, welche allen Menschen gemeinsam ist und welche nach Aristoteles von Aussen in den einzelnen Menschen eintritt und welche überall sich bethätigen muss, wo die Organe dazu geeignet sind, wie der Wind eine Art Musik hervorbringt, wenn er in die dazu eingerichteten Orgelpfeifen eingeblasen wird.

8. Allein es kann wohl nichts schwächeres geben, als diesen Beweis; Aristoteles hat nirgends die Seelenwanderung widerlegt, noch die Ewigkeit des Menschengeschlechts bewiesen und endlich ist es falsch, dass es kein wirkliches Unendliches geben könne. Dessen ungeachtet galt diese Beweisführung bei den Aristotelikern für unwiderleglich und liess sie glauben, dass es unter dem Monde eine gewisse Vernunft gebe und dass die Theilnahme an derselben den thätigen Theil unseres Verstandes bilde. Weniger strenge Anhänger des Aristoteles gingen indess weiter bis zur Annahme einer allgemeinen Seele, welche den Ozean für alle besonderen Seelenbilde; nur diese allgemeine Seele solle als eine selbständige bestehen, während die einzelnen besonderen Seelen entstehen und vergehen. Nach dieser Ansicht entstehen die Seelen der Thiere durch eine gleichsam tropfenweise Absonderung aus diesem Ozean, sobald sie einen Körper treffen, den sie beleben können und bei der Zerstörung des Körpers gehen sie unter, indem sie sich wieder mit dem Ozean der Seelen verbinden, so wie die Flüsse sich im Meere verlieren. Manche glaubten sogar, dass Gott diese allgemeine Seele sei, obgleich Andere annahmen, dass sie untergeordnet und geschaffen sei. Diese schlechte Lehre ist sehr alt und sehr dazu geeignet, die gewöhnliche Lehre zu verdunkeln. Sie ist in den schönen Versen Virgils (Aeneide. VI. Vers 724) ausgesprochen:

»Im Anfange ernährte ein innerer Geist den Himmel und die Erde und die glänzenden Gefilde und den leuchtenden Körper des Mondes und die Titanischen Gestirne; der durch alle Glieder ergossene Geist bewegte die ganze Masse und mischte sich mit dem grossen Körper.«

Und auch anderwärts (Georgica IV. Vers. 221):

»Denn die Gottheit schreitet durch alle Länder und Meere und den tiefen Himmel. Von daher entnimmt ein jedes der Hausthiere, der Heerden, der Männer, aller Arten der wilden Thiere und jedes Geborene sein schwächliches Leben und wenn sie sich auflösen, so muss es dahin zurückgegeben und zurückgebracht werden.«

9. Einige haben die Weltseele Plato's in diesem Sinne aufgefasst; aber die Stoiker haben wahrscheinlich diese gemeinsame Seele angenommen, welche alle andern aufzehrt. Die Anhänger dieser Meinung könnten Monophysiten heissen, weil nach ihnen nur *eine* Seele wahrhaft beharrt. Nach Herrn *Bernier* herrscht diese Meinung beinah allgemein unter den Gelehrten in Persien und in den Staaten des Gross-Mogul; selbst bei den Kabbalisten und Mystikern scheint sie Eingang gefunden zu haben. Ein Deutscher aus Schwaben, welcher vor einigen Jahren zum Judenthum übergetreten war und unter dem Namen »Der deutsche Moses« seine Lehre vortrug, hat, im Anhalt an die Lehre Spinoza's, angenommen, dass Spinoza die alte Kabbala der Hebräer erneuert habe; auch scheint ein Gelehrter, welcher diesen jüdischen Proselyten widerlegt hat, derselben Ansicht gewesen zu sein. Man weiss, dass Spinoza nur *eine* Substanz in der Welt anerkennt, von welcher die einzelnen Seelen nur vorübergehende Zustände bilden. Valentin Weigel, Pastor in Zschopau in Sachsen, ein Mann von Geist, vielleicht von etwas zu viel Geist, obgleich man ihn zu einem Enthusiasten hat machen wollen, war vielleicht auch einigermassen dieser Ansicht; ebenso der sogenannte Johann Angelus, ein Schlesier, welcher eine Anzahl kleiner deutscher, frommer und niedlicher Verse in Gestalt von Epigrammen verfasst hat, die kürzlich wieder aufgelegt worden sind; überhaupt könnte der von den Mystikern gestaltete Gott in diesem schlechten Sinne genommen werden. Schon Gerson hat gegen Ruysbroek, einen Mystiker geschrieben. Seine Absicht war anscheinend gut und seine Ausdrücke kann man entschuldigen, indessen thut man besser, wenn man in einer Weise schreibt, die keiner Entschuldigung bedarf, obgleich ich anerkenne, dass die übertriebene und gleichsam dichterische Ausdrucksweise mehr als die regelmässige zu rühren und zu überreden vermag.

10. Die Vernichtung von allem, was uns zu eigen angehört und die von den Quietisten sehr weit getrieben wird, dürfte bei Manchem auch nur eine verstellte Gottlosigkeit sein, wie das, was man von dem Quietismus des Foe berichtet, dem Gründer einer grossen Sekte in China. Nachdem er 40 Jahre seine Religion gepredigt hatte und sich dem Tode nahe fühlte, erklärte er seinen Schülern, dass er ihnen die Wahrheit unter dem Schleier von Bildern verhüllt habe, und dass alles auf Nichts zurückkomme, welches Nichts das oberste Prinzip der Dinge sei. Dies war, wie es scheint, noch schlimmer, als die Meinung der Averroisten. Beide Lehren können nicht aufrecht erhalten werden und überschreiten die wahren Grenzen. Dennoch haben einige Neuere ohne Bedenken diese allgemeine und *eine* Seele angenommen, welche die andern verschlingt, und sie hat unter den sogenannten starken Geistern nur zu viel Beifall gefunden. Herr von Preissac, ein Soldat und geistvoller Mann, der sich auch mit Philosophie abgegeben, hat sie in seinen Abhandlungen öffentlich aufgerichtet. Das System der *im Voraus eingerichteten Harmonie* kann dieses Uebel am besten heilen, da es zeigt, dass es nothwendige, einfache und unausgedehnte Substanzen giebt, welche durch die ganze Natur verbreitet sind. Diese Substanzen bestehen unabhängig von allen anderen, ausgenommen von Gott und sie sind niemals von jedwedem organischen Körper getrennt. Wenn man meint, dass die Seelen, welche nur Wahrnehmung und Empfindung, aber keine Vernunft haben, sterblich seien, oder dass nur vernünftige Seelen eine Empfindung haben können, so bietet dies den Monophysiten viele Angriffspunkte, da man die Menschen kaum dazu überreden wird, dass die Thiere keine Empfindung haben und, wenn man einmal zugiebt, dass der Empfindungsfähige untergehen könne, so kann die Unsterblichkeit der Seele kaum noch auf die Vernunft gestützt werden.

11. Ich habe dies hier beiläufig erwähnt, weil ich dies in einer Zeit für zweckmässig hielt, wo man nur zu sehr dahin neigt, die natürliche Religion bis auf ihre Fundamente umzustürzen. Ich komme nun zu den Averroisten zurück, welche meinten, ihre Lehre durch die Vernunft begründet zu haben. In Folge dessen erklärten sie die menschliche Seele nach der Philosophie für sterblich, aber dabei versicherten sie, dass sie sich der christlichen Theologie unterwürfen, welche die Seele für unsterblich erklärt. Indess galt diese Unterscheidung für verdächtig, und diese Trennung der Vernunft vom Glauben wurde laut durch die damaligen Prälaten und Doktoren verworfen und im letzten Lateranischen Concil unter Leo X. verdammt. Dabei wurden die Gelehrten ermahnt, an der Beseitigung der Schwierigkeiten zu arbeiten, welche sich zwischen der Theologie und Philosophie zu entspinnen schienen. Indess erhielt sich die Lehre von deren Unverträglichkeit gleichsam *incognito*; Pomponacius wurde derselben verdächtig, obgleich er sich anders erklärte und die Sekte der *Averroisten* erhielt sich durch mündliche Ueberlieferung und man glaubt, dass der zu seiner Zeit berüchtigte Philosoph *Cesar Cremonin* eine Hauptstütze derselben gewesen ist. Der Arzt *Andreas Caesalpinus*, ein verdienstlicher Schriftsteller, der nach Michael Servet der Entdeckung des Blutumlaufs sehr nahe war, wurde von Nicolaus Taurel (in einer Schrift: *Die gefällten Alpen*) beschuldigt, dass er zu diesen Peripatetikern, den Gegnern der Religion, gehöre. Spuren dieser Lehre finden sich auch in dem »*Circulus Pisanus*« des *Claudius Berigard*, eines Schriftstellers, der von Geburt Franzose, nach Italien ging und in Pisa Philosophie lehrte.

Insbesondere ergeben aber die Schriften und Briefe von *Gabriel Naudé*, so wie die *Naudaeana*, dass zur Zeit, wo dieser gelehrte Arzt in Italien war, der Averroismus noch bestand. Die Corpuscular-Philosophie, die bald nachher eingeführt wurde, scheint diese übertriebene Peripatetische Sekte beseitigt oder mit ihr sich gemischt zu haben und manche Atomisten möchten wohl gerne Lehren, wie die der Averroisten aufstellen, wenn die Verhältnisse es gestatteten. Indess wird dieser Missbrauch dem Guten in der Corpuscular-Philosophie keinen Schaden thun, da sie sich sehr gut mit den gründlichen Sätzen Plato's und Aristoteles' verträgt und beide mit der wahren Theologie sich vereinigen lassen.

12. Die Reformatoren, namentlich Luther, haben, wie ich bereits bemerkt, mitunter sich so geäussert, als wenn sie die Philosophie verwürfen und sie als einen Feind des Glaubens betrachteten. Aber richtig aufgefasst, verstand Luther unter Philosophie nur das, was dem gemeinen Lauf der Natur entspricht oder vielleicht sogar das, was man davon in den Schulen lehrte. So sagt er, es sei in der Philosophie, d.h. in der Natur-Ordnung unmöglich, dass das Wort Fleisch werde und er geht zu der Behauptung fort, dass das, was in der Naturwissenschaft wahr sei, in der Moral falsch sein könne. Aristoteles war der Gegenstand seines Zornes und seit dem Jahre 1516, wo er vielleicht noch nicht an die Reform der Kirche dachte, hatte er den Plan, die Philosophie zu reinigen. Indess besänftigte er sich später und gestattete es, dass man in der Apologie des Augsburgischen Bekenntnisses über Aristoteles und dessen Moral sich günstig ausspracht. Der gelehrte und gemässigte Melanchthon stellte kleine Systeme über einzelne Zweige der Philosophie auf, die sich mit den geoffenbarten Wahrheiten vertrugen und für das tägliche Leben von Nutzen sind, so dass sie noch heute des Lesens werth sind. Nach ihm erhob sich Peter von Ramée; seine Philosophie kam sehr in Aufnahme und die Sekte der Ramisten wurde in Deutschland mächtig. Die Protestanten folgten ihr und sie wurde selbst in der Theologie benutzt. Erst als die Corpuscular-Philosophie wieder erweckt wurde, vergass man die des Ramée und das Ansehen der Peripatetiker sank.

13. Trotzdem entfernten sich verschiedene protestantische Theologen so viel sie konnten, von der scholastischen Philosophie, welche bei ihren Gegnern herrschte, ja sie verachteten die Philosophie überhaupt, die ihnen verdächtig war. Zuletzt brach der Streit in Helmstädt durch die Bitterkeit des Daniel Hofmann, eines sonst gewandten Theologen, aus, der bei der Quedlinburger Zusammenkunft sich Ansehn verschafft hatte, wo er mit Tilemann Heschusius sich auf die Seite des Herzogs Julius von Braunschweig gestellt hatte, als dieser die Concordienformel nicht annehmen wollte. Ich weiss nicht, wie der Dr. Hofmann sich gegen die Philosophie ereiferte, anstatt sich auf den Tadel der Missbräuche zu beschränken, welchen die Philosophen mit ihr treiben; er hatte es aber auf den berühmten Johann Caselius abgesehen, welcher von den Fürsten und Gelehrten seiner Zeit geachtet wurde und der Herzog Heinrich Julius von Braunschweig (der Sohn des Herzogs Julius, des Gründers der Universität) unterzog sich selbst der Mühe, die Sache zu untersuchen und verdammte demnächst den Theologen. Seitdem sind noch einige ähnliche kleine Zwiste vorgekommen, es ergab sich aber immer, dass sie auf Missverständnissen beruhten. Der berühmte Professor *Paul Slevogt* in Jena in Thüringen, dessen Abhandlungen, so weit sie noch vorhanden sind, zeigen, wie sehr er in der scholastischen Philosophie und in der Hebräischen Literatur bewandert war, hatte in seiner Jugend unter dem Titel: Pervigilium (Die Nachtwachen), eine kleine Schrift über den Streit des Theologen und des Philosophen, welcher sich auf deren beiderseitige Prinzipien stützt, bei Gelegenheit der Frage veröffentlicht, ob Gott die accidentelle Ursache des Uebels sei. Man ersah indess bald, wie er nur zeigen wollte, dass die Theologen mitunter philosophische Ausdrücke missbrauchen.

14. Gehe ich auf meine Zeit über, so entsinne ich mich, dass als Luis Meyer, ein Arzt in Amsterdam, 1666 anonym die Schrift: Die Philosophie als Auslegerin der heiligen Schrift veröffentlichte (mit Unrecht haben Mehrere sie seinem Freunde Spinoza zugeschrieben), die holländischen Theologen sich erhoben und durch ihre Gegenschriften zu grossen Streitigkeiten unter sich Anlass gaben. Viele meinten, dass die Cartesianer in ihren Widerlegungen des anonymen Philosophen, der Philosophie zu viel zugestanden hätten. Johann von Labadie griff (noch vor seiner Trennung von der reformirten Kirche, die angeblich wegen einiger Missbräuche, die sich in die politische Praxis eingeschlichen hatten und die ihm unerträglich schienen, geschah), die Schrift des Herrn von Wollzogen an und that ihr viel Schaden; von der andern Seite bekämpften Herr Vogelsang, Herr von der Waeyen und einige andere Anti-Coccejaner das Buch ebenfalls mit vieler Bitterkeit; allein der Angeklagte gewann seine Sache auf einer

Synode. Seitdem sprach man in Holland von *theologischen Rationalisten* und *Nicht-Rationalisten*, eine Partei-Unterscheidung, deren Herr Bayle oft erwähnt und wo er sich zuletzt gegen die ersteren entscheidet. Indess hat man wohl die Regeln noch nicht genau aufgestellt, in denen beide Parteien übereinstimmen und in denen es nicht der Fall für die Frage ist, wie weit von der Vernunft bei der Erklärung der heiligen Schrift Gebrauch zu machen ist.

15. Ein ähnlicher Streit scheint noch seit kurzem die Kirchen des Augsburgischen Bekenntnisses zu beunruhigen. Einige Magister auf der Universität Leipzig hielten bei sich Privatvorlesungen für die Studenten, welche angeblich die *heilige Philologie* lernen wollten, wie dies bei dieser und einigen andern Universitäten gebräuchlich ist, wo dieser Zweig des Studiums noch nicht der theologischen Facultät vorbehalten ist. Diese Magister nahmen das Studium der heiligen Schriften und die Uebung der Frömmigkeit strenger, als es ihre Collegen gewöhnt waren. Man sagt, sie hätten manche Dinge übertrieben und sie seien im Verdacht von mehreren Neuerungen in der Lehre gerathen. Man gab ihnen deshalb den Namen der *Pietisten*, als einer neuen Sekte. Dieser Name hat seitdem in Deutschland viel von sich reden gemacht, und ist wohl oder übel auf alle diejenigen angewandt worden, welche man im Verdacht hatte, oder bei denen man wenigstens so that, als hätte man sie im Verdacht des Fanatismus und selbst einer Heuchelei, die sich unter den Schein der Reform verhülle. Da nun einige Zuhörer dieser Magister sich durch ein sehr auffallendes Benehmen bemerklich gemacht hatten, unter andern durch eine Verachtung der Philosophie, von der sie die Lektionshefte verbrannt haben sollten, so glaubte man, dass ihre Lehrer die Philosophie verwürfen; indess rechtfertigten diese sich sehr gut und man konnte sie weder dieses Irrthums, noch der ihnen nachgesagten Ketzereien überführen.

16. Die Frage über den Gebrauch der Philosophie in der Theologie ist unter den Christen viel verhandelt worden und wenn man in das Einzelne einging, hatte man Mühe, sich über die Grenzen dieses Gebrauchs zu vereinigen. Die Mysterien der Dreieinigkeit, der Fleischwendung und des heiligen Abendmahls gaben am meisten Gelegenheit zum Streit. Die neuen Photinianer bekämpften die beiden ersten Mysterien und bedienten sich gewisser philosophischer Sätze, von denen Andreas Kessler, ein Theolog augsburgischen Bekenntnisses einen kurzen Abriss in den Abhandlungen gegeben hat, welche er über die Socinianische Philosophie veröffentlichte. Ueber ihre Metaphysik kann man sich indess besser durch die Socinianische Philosophie, welche der Socinianer Christoph Stegmann verfasst hat, unterrichten; sie ist noch nicht gedruckt, aber ich habe sie in meiner Jugend gesehen und man hat sie mir vor kurzen mitgetheilt.

17. Calovius und Scherzer, welche Schriftsteller beide mit der scholastischen Philosophie genau bekannt sind und einige andere geschickte Theologen haben den Socinianern weitläufig und oft mit Erfolg geantwortet. Man begnügte sich indess mit allgemeinen, etwas oberflächlichen Entgegnungen, wie sie ihnen meistens entgegengestellt wurden und die darauf hinauslaufen, dass ihre Lehren für die Philosophie, aber nicht für die Theologie passten und dass dies ein Fehler jener Gebietsverwechselung sei, welche *metabasis eis allo genos* (Uebergang in anderes Gebiet) heisst, wenn nämlich jemand die Philosophie in dem verwendet, was die Vernunft übersteigt; vielmehr müsse die Philosophie als die Magd und nicht als die Herrin der Theologie in Gemässheit des Titels von dem Buche des Schotten Robert Baronius, *Philosophia Theologiae ancillans*, behandelt werden. Sie sei eine Hagar neben der Sara, die mit ihrem Ismael aus dem Hause gejagt werden müsse, wenn sie die störrische spielen wolle. In diesen Antworten liegt etwas richtiges, allein man könnte einen falschen Gebrauch davon machen, in unpassender Weise die natürlichen Wahrheiten mit den geoffenbarten in Widerstreit bringen und deshalb haben die Gelehrten sich bemüht, das was in den natürlichen oder philosophischen Wahrheiten nothwendig und unbedingt ist von dem zu sondern, was dies nicht ist.

18. Die beiden protestantischen Parteien sind immer einig, wenn es sich um den Krieg gegen die Socinianer handelt und da die Philosophie dieser Sektirer nicht zu der streng begründeten gehört, so sind letztere oft gründlich geschlagen worden. Dagegen haben dieselben Protestanten sich unter einander über das Sakrament des Abendmahls veruneinigt, als die Partei der Reformirten (d.h. derer, welche hier mehr dem Zwingli als dem Calvin folgten) die Theilnahme an dem Körper von Jesus Christus auf eine blos figürliche Stellvertretung zurückzuführen schien, indem sie den Satz der Philosophie benutzten, wonach ein Körper nicht zugleich an zwei Orten sein kann, während die Evangelischen (die sich in einem engeren Sinn so nennen, um sich von den Reformirten zu unterscheiden) sich mehr an den Wortsinn halten und mit Luther annehmen, dass diese Theilnahme eine wirkliche sei und dass hier ein übernatürliches Mysterium bestehe. Sie verwerfen in Wahrheit die Lehre von der Umwandelung der Substanz und halten diese in den Schriftworten nicht für begründet, auch billigen sie eben so wenig die Lehre der Mitumwandelung, oder der Impanation (der Annahme, dass der Körper Jesu *in dem* Brote enthalten sei), was man ihnen nicht zur Last legen kann, da sie den Sinn dieser Auffassung nicht genug kennen; denn sie lassen den Einschluss des Körpers Jesu Christi in das Brot nicht zu und verlangen nicht einmal eine Verbindung des einen mit dem andern; sondern sie verlangen eine Mitbegleitung in der Art, dass beide Substanzen gleichzeitig genossen werden. Sie meinen, dass die gewöhnliche Bedeutung der Worte Jesu Christi bei einer so wichtigen Gelegenheit beibehalten werden müsse, wo es sich um den Ausspruch seines letzten Willens handle. Um diese Auffassung von aller Widersinnigkeit, die uns davon abwendig machen könnte, zu befreien, behaupten sie, dass der philosophische Satz, welcher das Dasein und die Theilnahme der Körper auf einen einzigen Ort beschränkt, nur eine Folge des gewöhnlichen Laufes in der Natur sei. Sie heben damit die Gegenwart des Körpers unseres Heilands im gewöhnlichen Sinne dieses Wortes nicht als eine solche auf, da eine solche dem gefeiertsten Körper angemessen sein könne. Sie nehmen ihre Zuflucht noch nicht zu einer, ich weiss nicht, welcher Ausbreitung von Ubiquität, welche den Körper zerstreuen und nirgends bestehen lassen würde; auch lassen sie nicht die vielfache Verdoppelung einiger Scholastiker zu, als wenn derselbe Körper hier sitzen und dort aufrecht stehen könnte, sondern sie sprechen sich zuletzt so aus, dass es scheint, dass die Meinung Calvins, welche durch die Bekenntnisse mehrerer der Lehre dieses Mannes folgenden Kirchen bestätigt wird, und wonach er eine Theilnahme an der Substanz behauptet, nicht so weit von dem Augsburgischen Bekenntnisse abweicht, als man vielleicht meint. Die Abweichung von letzterem besteht wohl nur darin, dass Calvin für diese Theilnahme den wahren Glauben neben der Aufnahme der Symbole durch den Mund fordert und deshalb die Unwürdigen davon ausschliesst.

19. Hieraus erhellt, dass die Lehre von der wirklichen und substantiellen Theilnahme durch eine richtig aufgefasste Analogie zwischen *der unmittelbaren Wirksamkeit und der Gegenwart* sich aufrecht erhalten lässt (ohne dass man die sonderbaren Meinungen einiger Scholastiker zu Hülfe zu nehmen braucht), und da mehrere Philosophen der Ansicht sind, dass selbst innerhalb der natürlichen Ordnung ein Körper aus der Entfernung unmittelbar auf mehrere von ihm abstehende Körper gleichzeitig einwirken könne, so halten sie dafür, dass um so viel mehr die göttliche Allmacht es bewirken könne, dass ein Körper bei verschiedenen Körpern gleichzeitig gegenwärtig sein könne, da der Uebergang von der unmittelbaren Wirksamkeit zur Gegenwart nicht gross sei und vielleicht das eine von dem andern abhänge. Allerdings haben die neueren Philosophen seit einiger Zeit die unmittelbare natürliche Einwirkung eines Körpers auf einen andern von ihm entfernten verworfen und ich gestehe, dass ich auch dieser Ansicht bin; allein diese Wirkung in die Ferne ist kürzlich durch den ausgezeichneten Herrn Newton in England wieder aufgenommen worden, welcher es als eine natürliche Eigenschaft der Körper hinstellt, dass sie im Verhältniss ihrer Massen und der anziehenden Strahlen die sie erhalten, sich gegenseitig anziehen und zu einander streben. Der berühmte Herr *Locke* hat in seiner Antwort an den Herrn Erzbischof Stillingfleet erklärt, dass er selbst nach Einsicht des Briefes von Herrn Newton das, was er in seinem Versuch über den Verstand in Folge der neueren Ansichten gesagt, zurücknehme, nämlich dass ein Körper unmittelbar auf einander nur durch Berührung seiner Oberfläche und durch Stoss in Folge eigner Bewegung einwirken könne. Herr Locke erkennt an, dass Gott Eigenschaften in den Stoff verlegen könne, die denselben auch in die Ferne wirken lassen. In dieser Weise halten die Theologen des Augsburgischen Bekenntnisses fest, dass ein Körper je nachdem Gott es bestimme, nicht allein unmittelbar auf mehrere von einander entfernte Körper einwirken, sondern dass er auch selbst bei ihnen sein und in einer Weise von ihnen aufgenommen werden könne, ohne dass die örtlichen Abstände und die räumlichen Entfernungen ein Hinderniss abgäben. Wenn diese Wirkung auch über die Kräfte der Natur gehe, so könne man doch nicht zeigen, dass sie die Macht des Schöpfers der Natur übersteige, da dieser leicht die der Natur von ihm gegebenen Gesetze aufheben oder nach seinem Gutfinden in einzelnen Fällen davon befreien könne, wie er ja in derselben Weise das Eisen auf dem Wasser habe schwimmen lassen und die Wirkung des Feuers auf den menschlichen Körper gehemmt habe.

20. Bei Vergleichung des *Rationale Theologicum* von Nicolas Vedelius mit der Widerlegung von Johann Musäus habe ich gefunden, dass diese beiden Schriftsteller, deren einer als Professor in Franecker gestorben ist, nachdem er in Genf gelehrt hatte und der andere zuletzt der erste Theologe in Jena geworden ist, in den Hauptregeln über den Gebrauch der Vernunft sehr übereinstimmen und dass sie nur in der Anwendung dieser Regeln auseinandergehen. Sie sind einverstanden, dass die Offenbarung nicht denjenigen Wahrheiten widersprechen könne, deren Nothwendigkeit die Philosophen eine logische oder metaphysische nennen, d.h. deren Gegensätze einen Widerspruch enthalten würden, sie geben auch beide zu, dass die Offenbarung die Regeln überschreiten könne, deren Nothwendigkeit eine *physische* genannt werde, und welche ihren Grund nur in den Gesetzen haben, welche der Wille Gottes der Natur vorgeschrieben hat. Deshalb bezieht sich die Frage, ob die Gegenwart eines Körpers in mehreren Orten nach der natürlichen Ordnung möglich sei, nur auf die Anwendung jener Regel und man müsste, um diese Frage durch Vernunftschlüsse streng zu entscheiden, genau erklären, worin das Wesen der Körper bestehe. Selbst die Reformirten sind darüber nicht einig; die Cartesianer beschränken sie auf die Ausdehnung, aber ihre Gegner widersprechen und ich glaube, dass selbst Gisbert Voetius, der berühmte Utrechter Theologe, die angebliche Unmöglichkeit des Seins an mehreren Orten bezweifelte.

21. Wenn nun auch die beiden protestantischen Parteien darin einig sind, dass man die erwähnten beiden Nothwendigkeiten, die metaphysische und die physische unterscheiden müsse und dass selbst bei den Mysterien von ersterer keine Ausnahme zugelassen werden könne, so sind sie doch noch nicht genügend über die Auslegungsregeln einig, welche bestimmen, in welchen Fällen man den Buchstaben verlassen könne, wenn man noch nicht sicher ist, ob die Worte den unerlässlichen Wahrheiten widersprechen. Denn sie sind einig, dass man in gewissen Fällen die wirkliche Auslegung verlassen müsse, wenn sie auch nicht zu unbedingt Unmöglichem führt, sofern sie nur im Uebrigen wenig passt. So sind z.B. alle Ausleger einverstanden, dass unser Herr es bildlich meinte, als er sagte, Herodes sei ein Fuchs; und man muss dies annehmen, anstatt mit einigen Fanatikern sich einzubilden, dass Herodes für die Zeit, während die Worte unseres Herrn andauerten, wahrhaft in einen Fuchs verwandelt worden sei. Dies gilt aber nicht auch für die fundamentalen Stellen über die Mysterien, wo man nach den Theologen des Augsburgischen Bekenntnisses sich an

den Wortsinn halten müsse. Da nun diese Frage mehr der Auslegungskunst und nicht eigentlich der Logik angehört, so gehe ich hier um so weniger darauf ein, als sie mit den Streitigkeiten wenig zusammenhängt, welche sich seit kurzem über die Uebereinstimmung des Glaubens mit der Vernunft erhoben haben.

22. Die Theologen aller Parteien, denke ich (die Fanatiker ausgenommen), sind wenigstens darin einig, dass kein Glaubensartikel einen Widerspruch enthalten, noch so genauen Beweisen, wie es die mathematischen sind, widersprechen darf, bei denen das Gegentheil ihres Schlusssatzes *ad absurdum*, d.h. zu einem Widerspruch geführt werden kann. Der heilige Athanasius hat mit Recht über das unverständliche Geschwätz einiger Schriftsteller seiner Zeit gespottet, welche behaupten, Gott habe ohne Leiden gelitten. *Passus est impassibiliter. Welche lächerliche Lehre, die zugleich aufbaut und niederreisst.* Gewisse Schriftsteller haben daher zu schnell eingewendet, dass die heilige Dreieinigkeit dem wichtigen Grundsatz widerspreche, wonach zwei Dinge, welche dieselben mit einem dritten sind, auch unter einander dieselben sind; d.h. wenn A dasselbe ist wie B und wenn C dasselbe ist wie B, so müssen auch A und C unter sich dieselben sein. Denn dieser Grundsatz folgt unmittelbar aus dem Satz des Widerspruchs und ist die Grundlage der ganzen Logik; ohne ihn giebt es keine sicheren Begründungen. Wenn man also sagt, der Vater sei Gott und der Sohn sei Gott und der heilige Geist sei Gott und es dennoch nur einen Gott giebt, obgleich diese drei Personen verschieden sind, so muss das Wort Gott am Anfang dieses Satzes nicht die gleiche Bedeutung, wie am Schlusse haben. In Wahrheit bezeichnet es bald die göttliche Substanz, bald eine Person der Gottheit. Man muss also allgemein sich hüten, die nothwendigen und ewigen Wahrheiten um der Aufrechthaltung eines Mysteriums willen, Preis zu geben, weil man fürchtet, dass die Feinde der Religion daraus ein Recht hernehmen möchten, die Religion und die Mysterien überhaupt herabzuwürdigen.

23. Die Unterscheidung, die man gewöhnlich zwischen dem, was *über die Vernunft geht* und dem, was *gegen die Vernunft geht* zieht, passt gut auch zu der Unterscheidung der beiden Arten von Nothwendigkeit. Denn was *gegen* die Vernunft geht, geht auch gegen die unbedingt gewissen und ausnahmslosen Wahrheiten und das, was *über* die Vernunft geht, widerstreitet nur dem, was man zu erfahren oder zu begreifen gewöhnt ist. Ich wundere mich deshalb, dass Männer von

Geist diese Unterscheidung nicht gelten lassen und dass auch Herr Bayle dazu gehört. Diese Unterscheidung hat sicherlich ihren guten Grund. Eine Wahrheit ist *über* unserer Vernunft, wenn unser Geist (und jeder erschaffene Geist) sie nicht zu verstehen vermag und der Art ist, nach meiner Ansicht, die heilige Dreieinigkeit. Der Art sind die Wunder, die Gott sich allein vorbehalten hat, wie z.B. die Schöpfung; der Art ist die gewählte Ordnung der Welt, welche von der allgemeinen Harmonie und von einer bestimmten gleichzeitigen Kenntniss unendlich vieler Dinge abhängt. Dagegen kann eine Wahrheit niemals gegen die Vernunft sein. Ein Glaubenssatz, der von der Vernunft bekämpft und widerlegt worden ist, kann durchaus nicht für unbegreiflich erklärt werden, vielmehr kann man sagen, dass nichts leichter zu verstehen und nichts offenbarer ist, als seine Widersinnigkeit. Denn ich habe gleich Anfangs gesagt, dass *unter Vernunft* ich hier nicht die Meinungen und das Gerede der Menschen befasse und auch nicht deren Gewohnheit über die Dinge nach dem gewöhnlichen Lauf der Natur zu urtheilen, verstehe, sondern die unverletzliche Verknüpfung der Wahrheiten.

24. Ich muss nun zu der grossen Frage übergehen, welche Herr Bayle seit kurzem zur öffentlichen Diskussion gebracht hat, nämlich ob eine Wahrheit und insbesondere eine Glaubenswahrheit, unwiderleglichen Einwürfen ausgesetzt sein könne. Dieser ausgezeichnete Schriftsteller scheint diese Frage offen zu bejahen. Er citirt bedeutende Theologen seiner Partei und selbst solche von der römisch-katholischen Kirche, welche das von ihm Behauptete zu sagen scheinen und er nennt selbst Philosophen, nach denen sogar philosophische Wahrheiten von ihren Vertheidigern gegen die, wider sie erhobenen Einwürfe nicht würden vertheidigt werden können. Die Lehre von der Vorausbestimmung in der Theologie und die von der Bildung des *Stetigen* in der Philosophie soll von dieser Art sein. Sie sind allerdings die beiden Labyrinthe, welche zu allen Zeiten die Theologen und Philosophen in Athem erhalten haben. Libertus Fromond, ein Theolog von Löwen (ein grosser Freund der Jansenisten, von dem noch nach seinem Tode ein Buch unter dem Titel: Augustinus veröffentlicht worden ist, was sich viel mit der Gnade beschäftigt) der auch ein Buch geschrieben hat, was ausdrücklich lautet: *Labyrinthus de compositione Continui* (das Labyrinth in Zusammensetzung des Stetigen) hat die Schwierigkeiten in beiden Sätzen gut dargelegt und der bekannte Ochin hat das, was er »die *Labyrinthe der Vorausbestimmung*« nennt, sehr gut dargestellt.

25. Diese Schriftsteller haben aber nicht geleugnet, dass man einen Faden in diesem Labyrinthe finden könne; sie haben die Schwierigkeiten hierbei anerkannt, aber sie nicht bis zur Unmöglichkeit gesteigert. Ich für meinen Theil könnte denen nicht beitreten, welche behaupten, dass eine Wahrheit unwiderleglichen Einwürfen unterworfen sein könne; denn ist ein *Einwurf* etwas anderes, als eine Begründung, deren Schlusssatz unserem aufgestellten Satze widerspricht? und ist eine unwiderlegliche Begründung nicht ein voller Beweis? und wie kann man die Gewissheit der Beweisführungen anders erkennen, als dass man die Begründung im Einzelnen prüft, ihre Form und ihren Inhalt, um zu sehen, ob die Form gut ist und weiter, ob jeder Vordersatz entweder zugestanden ist oder durch einen andern Grund von gleicher Kraft bewiesen ist, bis man nur noch zugestandene Vordersätze hat? Giebt es also einen solchen Einwand gegen unsern aufgestellten Satz, so muss man sagen, dass die Falschheit unseres Satzes bewiesen ist und dass wir unmöglich noch genügende Gründe für seinen Beweis haben können; denn sonst gäbe es zugleich zwei gleich wahre sich widersprechende Sätze. Den Beweisen muss man immer weichen, mögen sie auf die Bejahung eines Satzes gerichtet, oder in Form von Einwürfen aufgestellt sein. Es ist unrecht und falsch, wenn man die Beweise der Gegner unter dem Vorwande nicht gelten lassen will, dass sie blos Einwürfe seien; denn der Gegner hat das gleiche Recht und er kann die Namen umstossen, indem er seine Begründung ehrend *Beweise* nennt und die unserigen durch den schimpflichen Namen von *Einwürfen* herabzudrücken sucht.

26. Eine andere Frage ist es, ob wir die Einwürfe, welche man uns machen kann, immer zu prüfen verpflichtet seien und so über unsere Ansicht immer so lange einigermassen zweifelhaft zu bleiben, bis diese Prüfung gemacht worden, ein Zustand, den man *formidinem oppositi* (die Furcht vor dem Entgegengesetzten) nennt. Ich möchte dies nicht annehmen, da man sonst nie zur Gewissheit gelangen könnte und unsere Schlüsse immer nur vorläufige wären. Ich glaube, dass die tüchtigen Geometer sich wenig Sorge um die Einwürfe Scaligers gegen Archimedes und um die von Hobbes gegen Euklid machen werden und zwar weil sie ihrer wohl begriffenen Beweisführungen ganz sicher sind. Indess ist es doch mitunter gut, dass man die Geneigtheit zeigt, gewisse Einwürfe zu prüfen; einmal hilft es die Leute von ihrem Irrthume befreien, ja wir können sogar selbst davon Nutzen ziehen; denn die versteckten Fehlschlüsse enthalten oft eine nützliche Aufklärung und veranlassen die Auflösung beträchtlicher Schwierigkeiten. Deshalb sind mir geistreiche Einwendungen gegen meine Ansichten immer willkommen gewesen, und ich habe sie nie ohne Nutzen geprüft. Zeugniss dessen sind die Einwürfe, welche Herr Bayle anderwärts gegen mein System der vorherbestimmten Harmonie gemacht hat, sowie die Einwürfe des Herrn Arnauld, des Herrn Abt Foucher und des Benedictiner Pater Lamy in Bezug auf denselben Gegenstand. Um indess auf die Hauptfrage zurückzukommen, so folgere ich aus den erwähnten Gründen, dass man auf jeden gegen eine Wahrheit erhobenen Einwurf immer so, wie es sich gehört, antworten kann.

27. Vielleicht nimmt auch Herr Bayle die *unlösbaren Einwürfe* nicht in dem von mir dargelegten Sinne; er wechselt wenigstens in seinen Ausdrücken, denn in der nach seinem Tode erschienenen Antwort an Herrn Le Clerc giebt er nicht zu, dass man gegen die Glaubenswahrheiten Beweise aufstellen könne. Er scheint deshalb die Einwürfe nur in Bezug auf unser gegenwärtiges Wissen für unwiderleglich zu halten und er verzweifelt selbst in dieser Antwort Seite 35 nicht, dass Jemand eines Tages eine bis jetzt unbekannte Auflösung finden könne. Ich werde später noch hierüber sprechen. Nach meiner Meinung, die vielleicht überraschen wird, ist indess diese Auflösung bereits vollständig gefunden. Sie gehört auch nicht zu den schwierigsten, und ein massiger Kopf kann unter genauer und aufmerksamer Benutzung der Regeln der gemeinen Logik auf die schwierigsten Einwürfe gegen die Wahrheit antworten, wenn der Einwurf nur der Vernunft entnommen ist und man ihn für einen Beweis ausgiebt. Wie sehr auch die grosse Menge der Neuern heutzutage die Aristotelische Logik verachtet, so bietet sie doch untrügliche Mittel, um dem Irrthume bei solchen Gelegenheiten zu begegnen; denn man braucht nur den Einwurf in seiner Begründung nach den Regeln zu prüfen und man wird dann immer bemerken können, ob er gegen die Form verstösst, oder ob er sich auf Vordersätze stützt, die noch nicht durch gute Gründe bewiesen sind.

28. Eine ganz andere Sache ist es, wenn es sich nur um *Wahrscheinliches* handelt. Die Kunst nach wahrscheinlichen Regeln zu urteilen, ist noch nicht gehörig entwickelt und unsere Logik ist hier noch unvollkommen, da wir bis jetzt nur die Lehre über die Beurtheilung der Beweise besitzen. Indess reicht diese Lehre hier aus; denn wenn es sich um einen Einwurf der Vernunft gegen einen Glaubensartikel handelt, so macht man sich wegen Einwürfen, die nur bis zur Wahrscheinlichkeit führen, keine Mühe, da alle Welt zugiebt, dass die Mysterien den Schein gegen sich haben und nicht wahrscheinlich sind, sofern man sie nur mit der Vernunft betrachtet; es genügt, dass sie nichts unvernünftiges enthalten, und sie können deshalb nur durch Beweise widerlegt werden.

29. Offenbar muss man die heilige Schrift so verstehen, wenn sie uns sagt, dass die Weisheit Gottes eine Thorheit vor den Menschen sei und wenn der heilige Paulus bemerkt, dass das Evangelium Jesu Christi für die Griechen eine Thorheit und für die Juden ein Aergerniss sei; denn im Grunde kann keine Wahrheit einer andern widersprechen und das Licht der Vernunft ist nicht minder ein Geschenk Gottes, wie das Licht der Offenbarung. Deshalb gilt für die Theologen, die ihr Fach verstehen, es als ausgemacht, dass *glaubwürdige Beweggründe* ein für allemal das Ansehen der heiligen Schrift vor dem Richterstuhle der Vernunft rechtfertigen, damit sodann die Vernunft ihr, wie einem neuen Licht weiche und alle ihre Wahrscheinlichkeiten ihr opfere. Es ist ohngefähr so, als wenn ein neuer, von dem Fürsten abgesandter Vorgesetzter zuvor sein Bestallungs-Patent der Versammlung vorzeigen muss, in welcher er nachher den Vorsitz haben soll. Dahin zielen mehrere gute Bücher über die Wahrheit der Religion, wie z.B. die von Augustinus Steuchus, von Du Plessis-Mornay, oder von Grotius. Denn die christliche Religion muss allerdings Kennzeichen haben, welche den falschen Religionen fehlen; andernfalls würden Zoroaster, Brahma, Somonacodom und Mahomet ebenso glaubwürdig sein, wie Moses und Christus. Auch ist der göttliche Glaube selbst, wenn er einmal in der Seele angezündet ist, etwas mehr, als eine blosse Meinung; er hängt nicht von den Gelegenheiten oder Beweggründen ab, die ihn erweckt haben; er geht über den Verstand und bemächtigt sich des Willens und des Herzens, damit wir mit Eifer und Freuden handeln, wie das Gesetz Gottes es verlangt. Man braucht dann nicht mehr an die Gründe zu denken, und sich durch die Schwierigkeiten von Einwürfen aufhalten zu lassen, welche der Geist sich vorhalten kann.

30. In dieser Weise kann das, was ich von der menschlichen Vernunft gesagt, die man bald überhebt, bald erniedrigt, und zwar oft ohne Regel und Maass, zeigen, wie wenig genau wir verfahren und wie wir selbst an diesen Irrthümern mit schuld sind. Nichts könnte man leichter beenden, als jene Streitigkeiten über die Rechte des Glaubens und der Vernunft, sofern man sich nur der gewöhnlichen Regeln der Logik bedienen und nur mit einiger Aufmerksamkeit seine Begründungen machen will. Statt dessen verwickelt man sich durch scharfe und zweideutige Ausdrücke, die eine gute Gelegenheit zu Deklamationen bieten, um seinen Geist und seine Gelehrsamkeit zur Geltung zu bringen, so dass es scheint, man mag die nackte Wahrheit nicht sehen, weil man vielleicht fürchtet sie werde weniger angenehm als der Irrthum sein, und weil man die Schönheit des Schöpfers aller Dinge nicht kennt, welcher die Quelle der Wahrheit ist.

31. Diese Nachlässigkeit ist ein allgemeiner Fehler des menschlichen Geschlechts, den man dem Einzelnen nicht zur Last legen kann. *Abundamus dulcibus vitiis* (Wir haben Ueberfluss an süssen Lastern) wie Quintilian vom Style des Seneca sagte und wir lieben es, uns zu verirren; die Genauigkeit belästigt uns und die Regeln gelten uns nur für Kindereien. Deshalb weist man die gemeine Logik (obgleich sie ziemlich genügt, um Begründungen, die als gewiss gelten wollen, zu prüfen) den Schülern zu und man bekümmert sich nicht einmal um die Logik, welche den Grad der Wahrscheinlichkeit bestimmen soll und welche bei wichtigen Erwägungen so unentbehrlich ist. So wahr ist es, dass unsere meisten Fehler aus der Verachtung oder dem Mangel der Kunst zu Denken hervorgehen. Denn es giebt nichts unvollkommeneres, als unsere Logik, sobald man über die an sich nothwendigen Gründe hinausgeht; die vorzüglichsten Philosophen unserer Zeit, wie die Verfasser der Kunst zu Denken, der Ermittelung der Wahrheit, oder des Versuchs über den Verstand haben uns noch lange nicht die wahren Mittel gezeigt, welche jene Fähigkeit passend unterstützen, mittelst welcher man die *Wahrscheinlichkeit der Gründe* für das Wahre und Falsche gegen einander abwägen kann. Dabei will ich gar nicht der *Kunst zu erfinden* erwähnen, bei welcher die Erreichung der Wahrheit noch schwerer ist und von der man nur sehr unvollkommene Proben in der Mathematik besitzt.

32. Hauptsächlich mag zu der Meinung des Herrn Bayle, wonach man die Bedenken der Vernunft gegen den Glauben nicht genügend beseitigen könne, beigetragen haben, dass er anscheinend verlangt, Gott müsse in derselben Weise gerechtfertigt werden, wie es geschieht, wenn man einen Angeklagten vor seinem Richter vertheidigt. Er hat nicht bedacht, dass man in den Gerichtshöfen, die oft nicht bis zur Wahrheit vordringen können, genöthigt ist, sich nach den Anzeigen und nach der *Wahrscheinlichkeit* zu entscheiden und noch mehr nach den *Vermutungen* und *frühern Entscheidungen*, obgleich man doch anerkennt, dass die Mysterien, wie schon bemerkt, die Wahrscheinlichkeit nicht für sich haben. So kann nach Herrn Bayle z.B. die Güte Gottes bei seiner Gestattung des Uebels nicht gerechtfertigt werden, weil die Wahrscheinlichkeit gegen denjenigen Menschen spräche, welcher sich in einem dieser Erlaubniss ähnlichen Falle befände. Gott sieht voraus, dass Eva durch die Schlange verführt werden wird, sofern er sie in die Lage bringt, in der sie sich später befunden hat; dennoch hat er sie in diese Lage gebracht. Wenn nun ein Vater oder Vormund so mit seinem Kinde oder seinem Mündel verführe oder ein Freund in Bezug auf eine junge Person, deren Aufführung ihm angeht, so würde der Richter sich nicht mit den Entschuldigungen eines Advokaten beschwichtigen lassen, welcher sagt, dass jener das Uebel nur gestattet, aber weder gethan noch gewollt habe; er würde vielmehr sogar dieses Gestatten für ein Zeichen von böser Absicht nehmen und es als eine Unterlassungssünde ansehen, welche den, welcher dessen überführt ist, zum Mitschuldigen der von einem Andern begangenen Sünde macht.

33. Man muss indess bedenken, dass wenn man das Uebel vorausgesehen, welches man nicht verhindert hat, obgleich man dies leicht hätte bewirken können und obgleich man selbst manches gethan, was es erleichtert hat, deshalb noch nicht *nothwendig* folgt, dass man ein Mitschuldiger sei. Allerdings besteht hier dafür eine starke Vermuthung, welche im gewöhnlichen Leben als Wahrheit gilt; aber bei einer genaueren Erwägung der Thatsachen würde sie zerfallen, wenn wir das Gleiche in Bezug auf Gott annehmen könnten; denn man nennt bei den Juristen dasjenige *Vermuthung*, was für die Wahrheit gilt, im Fall das Gegentheil nicht erwiesen wird; es sagt mehr als Vermuthung im gewöhnlichen Leben, obgleich das Wörterbuch der Akademie deren Verschiedenheit nicht entwickelt hat. Nun kann man unzweifelhaft annehmen, dass man durch diese genaue Erwägung, wenn sie möglich wäre, einsehen würde, wie Gründe, welche gerechter und stärker als die anscheinend dagegen sprechenden, ein weiseres Wesen genöthigt

53

haben können, das Uebel zuzulassen und selbst Dinge zu thun, welche es erleichtert haben. Ich werde später einige Beispiele dafür beibringen.

34. Ich gebe zu, dass nicht leicht ein Vater oder Vormund oder Freund in dem betreffenden Falle dergleichen Gründe haben wird, allein dies ist doch nicht unbedingt unmöglich und ein geschickter Romanschreiber würde vielleicht einen ausserordentlichen Fall auffinden, der selbst in der erwähnten Lage den Mann rechtfertigen würde; aber bei Gott braucht man keine besonderen Gründe sich zu erdenken oder festzustellen, die ihn zur Gestattung des Uebels bestimmt haben; es genügen dazu die allgemeinen Gründe. Man weiss, dass er für die ganze Welt Fürsorge trägt, deren sämmtliche Theile in Verbindung stehen und man muss daher schliessen, dass eine unendliche Menge von Rücksichten bestehen, die zusammen ihn zu dem Urtheil bestimmt haben, dass die Verhinderung gewisser Uebel nicht angemessen sei.

35. Ja man muss anerkennen, dass nothwendig solche wichtige, ja zwingende Gründe bestanden haben, welche die göttliche Weisheit zur Gestattung des Uebels, was uns auffällt, bestimmt haben, und zwar muss man dies gerade deshalb annehmen, weil sie es gestattet hat, da von Gott nur das ausgehen kann, was seiner Güte, Gerechtigkeit und Heiligkeit entspricht. So können wir also aus dem Erfolge (oder *a posteriori*) abnehmen, dass diese Gestattung unumgänglich war, obgleich wir die einzelnen Gründe, welche Gott dafür gehabt haben mag, nicht *(a priori)* darlegen können; so wie ja auch diese Darlegung zu deren Rechtfertigung nicht nöthig ist. Herr Bayle selbst spricht sich hierüber ganz richtig aus (man sehe Antwort auf die Fragen, etc. Kap. 165, Thl. 3, S. 1067). Die Sünde ist in die Welt gekommen, daher hat Gott dies ohne Verletzung seiner Vollkommenheiten gestatten können; *ab actu ad potentiam valet consequentia* (Von der Wirklichkeit gilt der Schluss auf die Möglichkeit). Bei Gott ist diese Schlussfolgerung richtig; er hat es gethan, also hat er wohl gethan, nicht etwa deshalb, weil wir keinen solchen Begriff von der Gerechtigkeit überhaupt haben, der mit dem der göttlichen übereinstimmen könnte; auch nicht deshalb, weil die Gerechtigkeit Gottes andere Regeln hätte, als die, welche die Menschen kennen; sondern weil der hier vorliegende Fall ganz verschieden von denen ist, welche unter den Menschen gewöhnlich vorkommen. Das Recht überhaupt ist dasselbe für Gott und die Menschen, aber die Thatfrage ist in dem Falle hier ganz verschieden.

36. Man kann selbst annehmen oder sich vorstellen (wie ich schon angegeben), dass unter den Menschen manches vorkommt, was dem hier bei Gott stattfindenden Fall ähnelt. Es könnte ja ein Mensch so grosse und starke Beweise von seiner Tugend und Heiligkeit gegeben haben, dass selbst die scheinbarsten Gründe, welche man gegen ihn geltend machen könnte, um ihm ein angebliches Verbrechen, z.B. einen Diebstahl, oder einen Mord zur Last zu legen, verworfen werden und als Verleumdungen falscher Zeugen oder als ein wunderbares Spiel des Zufalls gelten müssten, die mitunter selbst den Unschuldigsten in Verdacht bringen. Es würde also in diesem Falle, wo jeder Andere Gefahr liefe verurtheilt oder zur Tortur gebracht zu werden (je nach dem lokalen Rechte), dieser Mann von seinen Richtern einstimmig freigesprochen werden. Nun könnte man in einem solchen Falle, der zwar selten aber doch nicht unmöglich ist, gewissermassen *sano sensu* (mit gesunden Sinnen) sagen, dass hier ein Streit zwischen der Vernunft und dem Glauben vorliege und dass die Rechtsregeln für diese Person anders, als für die übrigen Menschenlauten. Allein richtig verstanden, würde dies nur erklären, dass alle scheinbaren Vernunftgründe hier dem Glauben weichen, welchen man den Worten und der Rechtlichkeit eines solchen grossen und heiligen Mannes schuldet und dass er hier ein Vorrecht vor den übrigen habe, nicht weil es für ihn ein anderes Recht giebt oder weil man noch nicht einsähe, was die Gerechtigkeit in Bezug auf ihn sei, sondern weil die allgemeinen Regeln der Gerechtigkeit hier nicht dieselbe Anwendung wie anderwärts finden, oder vielmehr, weil sie ihm zu statten kommen und nicht weil sie ihn belasten, indem dieser Mann so wundervolle Eigenschaften besitzt, dass man in Folge einer richtigen Wahrscheinlichkeitslogik seinen Worten mehr als denen vieler Anderer Glauben beimessen muss.

37. Da man sich hier mancherlei mögliche Fälle erdenken darf, könnte man sich da nicht vorstellen, dieser unvergleichliche Mann sei der *Adept* oder Inhaber des Steines der Weisen, der alle Könige der Erde reich machen kann und dass er in Folge dessen täglich ungeheuere Ausgaben mache, um eine Unzahl von Armen zu ernähren und vom Elend zu befreien? Wenn hier nun auch noch so viel Zeugen aufträten oder sonst scheinbare Anhalte, welche beweisen möchten, dass dieser grosse Wohlthäter des Menschengeschlechts einen Diebstahl begangen, würde da nicht doch alle Welt eine solche Anschuldigung belachen, wenn sie auch noch so scheinbar wäre? Nun ist aber Gott an Güte und Macht den Menschen unendlich überlegen und deshalb können selbst die scheinbarsten Gründe sich nicht gegen den Glauben geltend machen, d.h. gegen die Sicherheit oder gegen das Vertrauen auf Gott, mit welchem wir sagen können und sollen, dass Gott alles gemacht habe, wie es Recht ist. Somit sind die Einwürfe nicht unlöslich; sie enthalten nur Vorurtheile oder Wahrscheinlichkeiten, die aber durch unvergleichlich viel stärkere Gründe beseitigt werden. Auch muss man wissen, dass das, was wir Gerechtigkeit nennen, nichts ist in Bezug auf Gott; dass er der unbeschränkte Herr aller Dinge ist und selbst Unschuldige ohne Verletzung der Gerechtigkeit verdammen kann; oder dass die Gerechtigkeit in Bezug auf ihn etwas Willkürliches ist. Allerdings sind dies kühne und gefährliche Aussprüche, zu welchen Manche sich zum Schaden der Eigenschaften Gottes haben hinreissen lassen, da man dann seine Güte und Gerechtigkeit nicht loben könnte und es dann ebenso sein würde, als wenn der böseste Geist, der Fürst der schlechten Geister, das schlechte Prinzip der Manichäer der alleinige Herr der Welt wäre, wie ich schon früher bemerkt habe. Welches Mittel hätte man dann um den wahren Gott von dem falschen Gott des Zoroaster zu unterscheiden, wenn alles von den Einfällen einer willkührlichen Macht abhinge und es für Nichts eine Regel und eine Rücksicht gäbe?

38. Ich brauche also nicht für eine so sonderbare Lehre einzutreten; es genügt, dass wir den Thatbestand nicht genügend kennen, wenn wir auf Wahrscheinlichkeiten antworten sollen, welche die Gerechtigkeit und Güte Gottes in Zweifel zu stellen scheinen und die verschwinden würden, wenn der Thatbestand uns vollständig bekannt würde. Wir brauchen auch nicht der Vernunft zu entsagen um dem Glauben zu folgen; auch nicht die Augen uns auszukratzen, um klar zu sehen, wie die Königin Christine sagte; es genügt den gewöhnlichen Schein zu verwerfen, wenn er gegen die Mysterien geht und dies widerspricht nicht der Vernunft, weil man auch bei natürlichen Dingen sehr oft aus Erfahrung oder aus höheren Gründen von dem Schein zurückkommen muss. Alles dies ist indess nur vorgebracht worden, um den eigentlichen Fehler in diesen Einwürfen und den Missbrauch der Vernunft besser einzusehen; für den vorliegenden Fall, wo man behauptet, dass die Vernunft mit stärkerer Gewalt den Glauben bekämpfe, werde ich später genauer erörtern, wie es sich mit dem Ursprunge des Uebels und der Gestattung der Sünden mit ihren Folgen durch Gott verhält.

39. Für jetzt möchte ich in der Prüfung der wichtigen Frage über den Gebrauch der Vernunft in der Theologie fortfahren und dasjenige in Betracht nehmen, was Herr Bayle an verschiedenen Stellen seiner Schriften darüber gesagt hat. Er hatte sich in seinem historischen und kritischen Wörterbuch vorgesetzt, die Einwürfe der Manichäer und Pyrrhonisten klar zu legen und diese Absicht war von einigen religiösen Eiferern getadelt worden; deshalb fügte er der zweiten Ausgabe seines Wörterbuchs am Schluss eine Abhandlung bei, welche durch Beispiele, durch Autoritäten und mittelst Gründen das Unschuldige und Nützliche seines Verfahrens darlegen sollte. Nach meiner Ueberzeugung können (wie ich schon gesagt) scharfsinnige Einwürfe gegen die Wahrheit sehr nützlich sein; sie steigern das Vertrauen und die Klarheit und geben einsichtigen Männern Gelegenheit, neue Aufklärungen zu ertheilen und die alten mehr zur Geltung zu bringen. Herr Bayle sucht aber einen Nutzen, welcher dem Nutzen einer Darlegung der Macht des Glaubens ganz entgegengesetzt ist, indem er zeigt, dass die von ihm gelehrten Glaubens-Wahrheiten den Angriffen der Vernunft nicht Stand halten können und diese Wahrheiten sich doch in dem Herzen der Gläubigen aufrecht erhalten. Herr Nicolas scheint dies *den Triumph der Autorität Gottes über die menschliche Vernunft* zu nennen, nach den Worten, welche Herr Bayle von ihm in Theil 3 seiner Antwort auf Fragen eines Bewohners der Provinz (Kap. 177, S. 120) anführt. Allein die Vernunft ist so gut ein Geschenk Gottes, wie der Glaube; ihr Kampf wäre deshalb ein Kampf Gottes gegen Gott. Wären die Einwürfe der Vernunft gegen einige Glaubensartikel unwiderleglich, so müssten diese angeblichen Artikel als falsch und nicht offenbart gelten; der Glaube wäre denn eine Chimäre des menschlichen Geistes und sein Triumph gliche den Freudenfeuern, die man nach einer Niederlage anzündet. Von solcher Art ist die Lehre von der Verdammniss der nicht getauften Kinder, welche Herr Nicolas als eine Folge der ersten Sünde angesehen haben will; gleicher Art würde die ewige Verdammniss der Erwachsenen sein, denen das nöthige Licht zur Gewinnung des Heils gefehlt hat.

40. Indess braucht nicht jedermann an den theologischen Erörterungen Theil zu nehmen; Personen, deren Bildung sich wenig mit solchen strengen Untersuchungen verträgt, müssen sich mit der Lehre des

Glaubens begnügen; begegnen sie zufällig einer Schwierigkeit, die ihnen erhebliche Bedenken macht, so dürfen sie ihre Gedanken davon abwenden, indem sie Gott ein Opfer ihrer Wissbegierde bringen, da, wenn man einer Wahrheit sicher ist, man auf die Einwürfe nicht zu hören braucht. Da es viele Leute giebt, deren Glauben schwach und nicht fest genug ist, um dergleichen gefährliche Proben zu überstehen, so sollte man ihnen nicht das reichen, was für sie ein Gift sein kann und wenn man ihnen das, was zu bekannt ist, nicht verbergen kann, so muss man gleich das Gegengift damit verbinden, d.h. man muss versuchen, die Widerlegung des Einwurfs damit zu verbinden und dieselbe durchaus nicht als eine unmögliche bei Seite schieben.

41. Die Stellen, wo vortreffliche Theologen von diesem Triumph des Glaubens sprechen, können und sollen einen Sinn erhalten, welcher mit den von mir zu rechtfertigenden Grundsätzen übereinstimmt. Bei einigen Glaubenssätzen treffen zwei Eigenschaften zusammen, welche sie zum Triumph über die Vernunft befähigen; die eine ist die *Unbegreiflichkeit*, die andere das *wenig Wahrscheinliche* derselben; allein man muss sich wohl in Acht nehmen, die von Herrn Bayle erwähnte dritte Eigenschaft damit zu verbinden und zu sagen, dass das, was man glaube *unbestreitbar* sei, denn das hiesse, die Vernunft ihrerseits in einer Weise triumphiren zu lassen, welche den Glauben zerstören würde. Die Unbegreiflichkeit hindert uns nicht, selbst natürliche Wahrheiten zu glauben; so begreifen wir (wie ich schon bemerkt), die Natur der Gerüche und Geschmäcke nicht und trotzdem sind wir in Folge eines gewissen, den Sinnen schuldigen Glaubens überzeugt, dass diese sinnlichen Eigenschaften in der Natur der Dinge begründet, und das es keine blossen Täuschungen sind.

42. Es giebt auch Fälle, welche gegen die Wahrscheinlichkeit gehen und die man doch, wenn sie gut beglaubigt sind, anerkennt. Es giebt einen kleinen, aus dem Spanischen übernommenen Roman, mit dem Titel: Man soll nicht alles glauben, was man sieht. Welche Lüge hatte mehr den Schein für sich, als die des falschen Martin Guerre, welcher von der Frau und den Verwandten des wahren Guerre als der wahre anerkannt wurde und selbst noch nach Ankunft des letzteren die Richter und Verwandten schwanken liess; dennoch kam endlich die Wahrheit an den Tag. Ebenso ist es mit dem Glauben. Ich habe schon gesagt, dass man der Güte und Gerechtigkeit Gottes nur Scheinbares entgegenstellen kann, was stark gegen einen Menschen sprechen würde, aber was in seiner Anwendung auf Gott zunichte wird, wenn man es gegen die Beweise wägt, welche uns von der unendlichen Vollkommenheit seiner Eigenschaften versichern. In dieser Weise triumphirt der Glaube über die falschen Gründe, durch die gründlichen und höheren Gründe, welche uns ihn haben annehmen lassen; er würde aber nicht triumphiren, wenn die entgegengesetzte Ansicht ebenso starke oder noch stärkere Gründe, wie die, welche das Fundament des Glaubens bilden, für sich hätte, d.h. wenn es unwiderlegliche und streng beweisbare Einwürfe gegen den Glauben gäbe.

43. Auch ist hier die Bemerkung an der Stelle, dass das, was Herr Bayle den *Triumph des Glaubens* nennt, zum Theil ein Triumph der beweisenden Vernunft über die scheinbaren und täuschenden Gründe ist, die man sehr unpassend diesen Beweisen entgegenstellt; denn die Einwürfe der Manichäer widersprechen nicht weniger der natürlichen Religion, als der geoffenbarten Gotteslehre. Selbst wenn man die heilige Schrift diesen Männern preisgäbe und ebenso die Erb-Sünde, die Gnade Gottes in Jesu Christo, die Höllenstrafen und die andern Artikel unsers Glaubens, so hätte man sich ihrer Einwürfe doch noch nicht entledigt; denn man könnte nicht bestreiten, dass es physische Uebel (d.h. Leiden) und moralische Uebel (d.h. Vergehen) giebt und dass das physische Uebel in dieser Welt nicht im Verhältniss zu dem moralischen Uebel vertheilt ist, obgleich doch die Gerechtigkeit dies zu verlangen scheint. So bleibt deshalb auch in der natürlichen Religion die Frage, wie ein einiges, allgütiges, allweises und allmächtiges Prinzip das Uebel habe zulassen und vor allem die Sünde habe gestatten können, und wie es sich habe entschliessen können, die Bösen oft glücklich und die Guten oft unglücklich zu machen.

44. Nun bedürfen wir nicht der geoffenbarten Religion, um zu wissen, dass es ein solches einiges Prinzip aller Dinge giebt, was vollkommen gut und weise ist. Die Vernunft lehrt es uns durch untrügliche Beweise, folglich sind alle von dem Gange der Dinge, bei dem man Unvollkommenheiten bemerkt, entnommenen Einwürfe nur auf einen falschen Schein gestützt. Wären wir im Stande, die allgemeine Harmonie zu erkennen, so würden wir einsehen, dass das, was wir tadeln möchten, mit dem Plane, welcher zur Auswahl der würdigste ist, verknüpft ist; kurz, wir würden *sehen* und nicht blos *glauben*, dass das, was Gott gethan, das beste ist. Ich nenne hier *sehen* das, was man *a priori* durch die Ursachen erkennt und *glauben* das, was man nur aus den Wirkungen schliesst, wenn auch das eine so sicher ist, als das andere. Auch kann man hier das anwenden, was der heilige Paulus (II. Corinther, V. 7) sagt: »Wir wandeln vermöge des Glaubens und nicht vermöge des Wissens«. Da wir wissen, dass die Weisheit Gottes unbeschränkt ist, so urtheilen wir, dass die Uebel, welche wir erdulden, zugelassen sein müssen und wir urtheilen so vermöge der Wirkung selbst, oder *a posteriori*, d.h. weil sie wirklich bestehen. Herr Bayle erkennt dies an und damit hätte er sich begnügen und nicht verlangen sollen, dass man bewirke, dass der falsche Schein aufhöre, welcher dem entgegensteht, denn dies ist ebenso, als wenn man verlangt, dass es keine Träume und keine optischen Täuschungen mehr gebe.

45. Unzweifelhaft ist dieser Glaube und dieses Vertrauen auf Gott, welche uns seine unendliche Güte erkennen lässt und uns für seine Liebe vorbereitet trotz des Scheines von Härte, welche uns entmuthigen können, eine vortreffliche Uebung der christlichen Tugenden, wenn die göttliche Gnade in Jesu Christo diese Gemüthsbewegungen in uns erweckt. Luther hat dies richtig gegen Erasmus geltend gemacht, indem er sagt, es sei der Gipfel der Liebe, den zu lieben, welcher dem Fleisch und Blute so wenig liebenswerth, und gegen die Elenden so hart erscheine und der so schnell verdamme, selbst wegen Uebeln, wo er als deren Ursache oder als Gehülfe denjenigen erscheine, welche sich durch falsche Gründe hätten verblenden lassen. Man kann daher sagen, dass der Triumph der wahren und durch die göttliche Gnade aufgeklärten Vernunft zugleich der Triumph des Glaubens und der Liebe ist.

46. Herr Bayle scheint dies ganz anders aufgefasst zu haben; er erklärt sich gegen die Vernunft, wo es genügt, deren Missbrauch zu tadeln. Er zitirt die Worte Cotta's bei Cicero, der sogar behauptet, dass wenn die Vernunft ein Geschenk der Götter sei, die Vorsehung deshalb getadelt werden müsste, weil die Vernunft uns nur zum Schaden gereiche. Herr Bayle glaubt auch, dass die menschliche Vernunft ein zerstörendes und kein erbauendes Prinzip sei (Wörterbuch, S. 2026, Col. 2); sie sei eine Läuferin, welche nicht Halt machen könne und eine zweite Penelope, die ihr eigenes Werk zerstöre.

»*Destruit, aedificat, mutat quadrata rotundis.*«

(Sie zerstört, baut auf und verwandelt das eckige in das runde.)

(Antwort auf die Fragen etc. Thl. 3, S. 723.) Allein er bemüht sich hauptsächlich damit, dass er eine Menge von Autoritäten über einander häuft, um zu zeigen, dass die Theologen aller Parteien den Gebrauch der Vernunft ebenso wie er selbst verwerfen und den Glanz derselben, welcher gegen die Religion geht, nur steigern, um sie durch eine einfache Verleugnung dem Glauben zu opfern, indem sie nur auf den Schlusssatz der gegen sie gerichteten Beweisführung antworten. Er beginnt mit dem Neuen Testament. Jesus Christus begnügte sich, wie Herr Bayle geltend macht, mit dem Spruch: *Folget mir nach* (Lucas V. 27, IX. 59). Die Apostel sagten: *Glaube und du wirst gerettet sein* (Apostelgeschichte XVI. 3). Der heilige Paulus gesteht, dass *seine Lehre dunkel sei* (I. Corinth. XIII. 12); *dass man davon nichts begreifen könne*, wenn Gott nicht eine geistige Einsicht mittheile; ohnedem gelte sie für Thorheit (I. Corinth. II. 14). Er ermahnt die Gläubigen, *sich gegen die Philosophie wohl vorzusehen* (I. Corinth. II. 8), und die Angriffe dieser Wissenschaft zu vermeiden, welche Manche zu Ungläubigen gemacht habe.

47. In Betreff der Kirchenväter verweist Herr Bayle uns an die von Herrn v. Launcy gemachte Sammlung ihrer Aussprüche gegen den Gebrauch der Philosophie und Vernunft (*De varia Aristotelis Fortuna*, Kap. 2) und vorzüglich auf die von Herrn Arnauld (gegen Mallet) gesammelten Aussprüche des heiligen Augustin, welche dahin führen, dass die Rathschläge Gottes undurchdringlich seien; dass sie deshalb nicht weniger gerecht seien, weil wir sie nicht verstehen; dass die Philosophie ein tiefer Abgrund sei, dessen Boden man nicht erreichen könne, ohne sich der Gefahr auszusetzen, in einen Abgrund zu stürzen; dass man ohne Verwegenheit das nicht erforschen könne, was Gott habe verborgen halten wollen; dass seine Wahrheit nur gerecht sein könne; dass Viele, welche diese unbegreifliche Tiefe hätten rechtfertigen wollen, in leere Phantasien und in Meinungen voll Irrthum und Verwirrung verfallen seien.

48. Ebenso hätten die Scholastiker gesprochen. Herr Bayle erwähnt eines schönen Ausspruchs des Cardinals Cajetan (I part. Sum. qu. 22. art. 4) in diesem Sinne: »Unser Geist«, sagt dieser, »findet Ruhe, nicht bei der Gewissheit der erkannten Wahrheit, sondern bei der unerforschlichen Tiefe der verborgenen Wahrheit. So sagt der heilige Gregorius, dass wer nur von der Gottheit das glaubt, was er mit seinem Geistermessen kann, nach der Idee Gottes verlange. Man kann vielleicht manches von dem bestreiten, was wir wissen oder von dem wir sehen, dass es der Unveränderlichkeit, der Wirksamkeit, der Gewissheit, der allumfassenden Natur Gottes zukomme, indess giebt es hier wohl ein Geheimniss, entweder bei dem Verhältniss Gottes zu dem Ereigniss, oder bei dem, was das Ereigniss selbst mit Gottes Voraussicht verknüpft. Indem ich also erwäge, dass der Verstand unserer Seele nur das Auge einer Eule ist, finde ich seine Ruhe nur in seinem Nicht-Wissen. Es ist sowohl für den katholischen Glauben wie für den philosophischen Glauben besser, unsere Blindheit einzugestehen, als das für gewiss zu erklären, was unsern Geist doch nicht beruhigt, weil nur die wirkliche Gewissheit ihn beruhigt. Ich will deshalb allen jenen gelehrten Doktoren nicht Ueberschätzung vorwerfen, welche mit ihrem Stottern so viel sie konnten die Unveränderlichkeit und die oberste und ewige Wirksamkeit der Einsicht, des Willens und der Macht Gottes durch die Unfehlbarkeit seiner Wahl und das Verhältniss Gottes zu allen Ereignissen verständlich zu machen gesucht haben. Alles dies schwächt nicht meine Vermuthung, dass es eine Tiefe giebt, die uns verborgen ist.«

Diese Stelle bei Cajetan ist um so bemerkenswerther, als er wohl fähig war, die Sache zu erschöpfen.

49. Die Schrift *Luther's* gegen *Erasmus* ist voll lebhafter Aeusserungen gegen die, welche geoffenbarte Wahrheiten dem Richterstuhl der Vernunft unterwerfen wollen. *Calvin* spricht oft in denselben Tone gegen die neugierige Kühnheit derer, welche in die Rathschläge Gottes eindringen wollen. Er erklärt in seinem Buche über die Vorherbestimmung, dass Gott *gerechte Ursachen* für Verwerfung eines Theils der Menschen gehabt, dass wir sie aber *nicht kennen*. Endlich zitirt Herr Bayle auch mehrere Neuere, die sich in demselben Sinne ausgesprochen haben (Antwort auf die Fragen etc. Kap. 160 u. f.).

50. Indess beweisen alle diese Aussprüche und eine Unzahl ähnlicher nicht, dass die Einwürfe gegen den Glauben so unlösbar sind, als Herr Bayle es annimmt. Allerdings sind die Rathschläge Gottes undurchdringlich, aber es giebt keine unwiderleglichen Einwürfe aus denen man schliessen könnte, dass sie ungerecht seien. Was bei Gott als Ungerechtigkeit und in dem Glauben als Thorheit erscheint, ist nur Schein. Die berühmte Stelle Tertullian's (*de carne Christi*; vom Fleisch Christi), »dass Gottes Sohn gestorben, *ist zu glauben, weil es widersinnig ist* und dass er begraben, wieder auferstanden, *ist gewiss, weil es un-*

möglich ist, ist nur ein Spott, der von dem *Schein* der Widersinnigkeit zu verstehen ist.« Aehnliche Stellen enthält die Schrift Luther's über den knechtischen Willen, z.B. in Kapitel 174, wo er sagt: »Wenn es dir gefällt, dass Gott die Unwürdigen krönt, so darf es dir nicht missfallen, wenn er die straft, welche es nicht verdienen.« Dies will, auf einen gemässigteren Ausdruck zurückgeführt, sagen: Wenn man es billige, dass Gott ewigen Ruhm denen gewährt, die nicht besser als die anderen sind, so darf man es auch nicht missbilligen, wenn er die verlässt, welche nicht schlechter als die anderen sind. Um zu erkennen, dass Luther hier nur von der *anscheinenden* Ungerechtigkeit spricht, denke man nur an die Worte Luthers in derselben Schrift: »In allem Uebrigen erkennen wir in Gott eine erhabene Majestät; nur bei seiner Gerechtigkeit wagen wir Einwendungen und wir wollen nicht recht *(tantisper)* glauben, dass er gerecht sei, obgleich er uns verspricht, dass die Zeit kommen werde, wo sein Ruhm offenbar und alle Menschen anerkennen werden, dass er gerecht gewesen ist und noch ist«.

51. Auch zeigt sich, dass die Kirchenväter bei ihren Erörterungen die Vernunft nicht einfach verworfen haben. Bei ihrem Kampfe gegen die Heiden, bemühen sie sich in der Regel mit der Darlegung, dass das Heidenthum der Vernunft widerspreche und dass die christliche Religion auch von dieser Seite den Vortheil für sich habe. *Origenes* hat dem Celsus gezeigt, wie vernünftig das Christenthum ist und weshalb trotzdem die Mehrheit der Christen ohne Prüfung glauben sollen. Celsus hatte über das Verhalten der Christen gespottet, »die«, wie er sagt, »weder Gründe hören, noch selbst von dem was sie glauben, Gründe geben wollen und sich begnügen zu sagen: Prüfet nicht, sondern glaubt; oder auch: Euer Glaube wird euch erretten; und es ist ihr Grundsatz, dass die Weisheit dieser Welt vom Uebel sei.«

52. Origenes antwortet darauf als ein kluger Mann (Buch I. Kap. 2) und den Grundsätzen gemäss, die ich oben aufgestellt habe. Die Vernunft sei nämlich dem Christenthum durchaus nicht entgegen, diene ihm vielmehr zur Grundlage und bewirke, dass diejenigen es annehmen, welche diese Prüfung vornehmen können. Allein nur Wenige seien dazu fähig und deshalb genüge im Allgemeinen das göttliche Geschenk eines einfachen Glaubens, welcher zum Guten führt. »Wenn es möglich wäre«, sagt er, »dass alle Menschen von ihren täglichen Geschäften abliessen und sich dem Studium und Nachdenken hingäben, so bedürfte es keines andern Mittels, damit sie die christliche

Religion annähmen. Denn, ohne dass ich Jemand verletzen will« (er deutet damit an, dass die heidnische Religion eine Thorheit sei, will es aber nicht ausdrücklich sagen), »wird man in ihr nicht weniger Gedankenstrenge, wie anderwärts finden; sowohl in der Erörterung ihrer Glaubenssätze, wie bei der Erläuterung der räthselhaften Aussprüche ihrer Propheten und bei der Erläuterung der evangelischen Gleichnisse und unzähliger anderer Dinge, die sich ereignet haben oder symbolisch angeordnet worden sind. Allein da die Nothdurft des Lebens und die Schwäche der Menschen nur einer kleinen Zahl gestattet, sich dem Studium zuzuwenden, so konnte man zum Nutzen aller übrigen Menschen kein besseres Mittel auffinden, als das, was nach Jesus Christus zur Bekehrung der Völker angewendet werden sollte. Ich möchte wohl, dass man in Bezug auf die grosse Zahl derer, welche glauben, und dadurch sich vor den Lockungen des Lasters geschützt haben, in welche sie früher versunken waren, sagte, ob es besser sei, in dieser Art seine Sitten geändert und sein Leben gebessert zu haben, indem man ohne Prüfung glaubt, dass die Sünden bestraft und die guten Handlungen belohnt werden, oder ob man so lange mit seiner Bekehrung zu warten habe, bis man die Lehre nicht blos glaubt, sondern sorgfältig deren Fundamente geprüft haben werde? Sicherlich würden bei Einhaltung des letzteren Verfahrens nur Wenige dahin gelangen, wohin ein einfacher und unbewaffneter Glaube führt, vielmehr würde die Mehrzahl in ihren Lastern verharrt haben.«

53. Herr *Bayle* versteht diese Worte (in seiner Erläuterung der manichäischen Einwürfe, welche dem Schluss der zweiten Ausgabe seines Wörterbuchs beigefügt sind), wo Origenes andeutet, dass die Religion die Probe der Untersuchung ihrer Dogmen bestehen werde, in dem Sinne, als wenn dieselben sich nicht auf die Philosophie bezögen, sondern nur auf die Genauigkeit, mit welcher man das Ansehen und den wahren Sinn der heiligen Schrift feststelle. Allein nichts bestätigt diese Einschränkung; Origenes schrieb gegen einen Philosophen, welcher sich einer solchen Einschränkung nicht gefügt haben würde; vielmehr scheint dieser Kirchenvater haben zeigen wollen, dass man bei den Christen ebenso genau, wie bei den Stoikern und einigen andern Philosophen sei, welche ihre Lehre bald auf die Vernunft, bald auf die Autoritäten stützten, wie z.B. Chrysipp, welcher seine Philosophie sogar in den Symbolen des heidnischen Alterthums erkannte.

54. Celsus macht an derselben Stelle den Christen noch einen andern Vorhalt; er sagt: »Wenn sie sich für gewöhnlich in ihr: ›Prüfet nicht, sondern glaubt‹ einschliessen, so müssen sie mir wenigstens die Dinge nennen, die ich glauben soll.« Hierin hat er ohne Zweifel recht; es geht gegen die, welche sagen, Gott sei gut und gerecht und die dabei doch behaupten, dass wir keinen Begriff von der Güte und Gerechtigkeit hätten, die wir ihm beilegen. Allein man darf nicht immer das, was ich »adäquate Begriffe« nenne, verlangen, deren Inhalt ganz herausgehoben ist; denn selbst die sinnlichen Eigenschaften, wie die Hitze, das Licht, die Süssigkeit können uns nicht einmal solche adäquate Begriffe bieten. Ich gebe daher zu, dass die Mysterien zwar eine Erläuterung erhalten können, aber dass diese unvollkommen bleibt. Es genügt, wenn wir eine analoge Einsicht in ein Mysterium haben, wie z.B. in die Dreieinigkeit und in die Fleischwerdung, damit wir bei deren Annahme nicht Worte ohne allen Sinn aussprechen; aber die Erklärung braucht nicht so weit zu gehen, als wir wünschen, d.h. dass sie bis zu deren Begreifung oder bis zu dem *Wie* ginge.

55. Es ist deshalb auffallend, dass Herr Bayle den Richterstuhl der *gemeinen Begriffe* ablehnt (im 3. Thl. seiner Antwort auf die Fragen etc. S. 1063 und 1140), als wenn man die Idee der Güte nicht zu Rathe ziehen dürfte, wenn man den Manichäern antwortet, während, er selbst sich in seinem Wörterbuch ganz anders ausgedrückt hatte. Nothwendig müssen doch die, welche über die Frage streiten, ob es nur *ein*, durchaus gutes Prinzip, oder ob es zwei Prinzipien, ein gutes und ein böses gebe, über den Sinn von gut und böse einig sein. Wir verstehen, was unter Verbindung gemeint ist, wenn man zu uns von der Verbindung eines Körpers mit einem Körper spricht, oder von der einer Substanz mit ihrem Accidenz, oder eines Subjekts mit seinem Prädikat, oder eines Ortes mit dem Beweglichen, oder einer Thätigkeit mit ihrer Kraft; wir verstehen es auch einigermassen, wenn wir von der Verbindung der Seele mit dem Körper sprechen, um daraus *eine* Person zu bilden. Denn wenn ich auch nicht behaupte, dass die Seele die Gesetze des Körpers ändere, noch der Körper die der Seele, ich vielmehr zur Vermeidung dieser Störung die vorausbestimmte Harmonie eingeführt habe, so beharre ich doch bei der Zulassung einer wahren Verbindung der Seele mit dem Körper, welche daraus ein Unterliegendes macht. Diese Verbindung ist metaphysisch, während eine Verbindung durch Einfluss physisch sein würde. Sprechen wir aber von der Verbindung des Wortes Gottes mit der menschlichen Natur, so müssen wir uns mit einer analogen Kenntniss begnügen, wie sie die Vergleichung der Verbindung der Seele mit dem Körper uns zu geben vermag und wir müssen uns zuletzt damit begnügen, dass die Fleischwerdung die engste Verbindung bezeichnet, welche zwischen Schöpfer und Geschöpf bestehen kann, und weiter brauchen wir nicht zu gehen.

56. Dasselbe gilt für andere Mysterien, wo masshaltende Köpfe immer eine Erklärung finden werden, die zum Glauben genügt und nie eine, wie sie zum begreifen nöthig ist. Es genügt uns ein gewisses *Was* (*ti esti*); aber das *Wie* (*pôs*) überschreitet unsern Verstand und ist uns nicht nöthig. Man kann Erklärungen von den Mysterien geben, die hier und dort Verbreitung finden, wie die Königin von Schweden in einer Schaumünze über die von ihr niedergelegte Krone sagte: *Non mi bisogna e non mi basta.* (Ich brauche sie nicht und sie genügt mir nicht).

Wir haben auch nicht nöthig (wie ich schon gesagt), die Mysterien *a priori* zu beweisen oder den Grund von ihnen anzugeben; es genügt uns, dass die Sache sich so verhält (*to hoti*), wenn wir auch das Warum (*to dioti*) nicht kennen, was Gott sich vorbehalten hat. Die Verse, welche Scaliger hierüber gedichtet, sind schön und berühmt:

> Suche nicht neugierig nach den Ursachen von Allem,
> Und welche Kraft den Büchern der Propheten gegeben worden,
> Die vom Himmel gekommen und voll ist von dem wahrhaftigen
>   Gotte;
> Noch wage einzubrechen in das mit dem Schleier des heiligen
>   Schweigens,
> Bedeckte, sondern gehe schamhaft vorüber.
> Der Wille, das nicht-zu-wissen, was der beste Herr,
> Nicht-lehren will, ist die gelehrte Unwissenheit.

Herr Bayle, der sie berichtet (Antwort etc., Theil 3, S. 1055) vermuthet wohl richtig, das Scaliger sie bei Gelegenheit der Streitigkeiten zwischen Arminius und Gomarus gemacht hat. Ich glaube dass Herr Bayle sie aus dem Kopfe citirt hat, denn er sagt »vom Himmel geweiht«, statt »vom Himmel gekommen«; dagegen ist es ein offenbarer

Druckfehler, wenn es heisst *prudenter* statt *pudenter* (klug statt schamhaft), d.h. bescheiden, was der Vers fordert.

57. Der in diesen Versen enthaltene Rath ist der beste, den man geben kann und Herr Bayle sagt ganz richtig (S. 729), »dass die, welche meinen, dass das Verhalten Gottes zur Sünde und deren Folgen, der Art sei, wie sie es zu rechtfertigen nicht vermögen, sich ihren Gegnern auf Gnade und Ungnade überliefern«. Man braucht indess hier nicht zwei sehr verschiedene Dinge mit einander zu verbinden, das: eine Sache rechtfertigen und sie gegen die Einwürfe aufrecht erhalten; wie er in dem thut, was er gleich beifügt: »Sie müssen ihrem Gegner überall folgen, wohin er sie führen will, ja sie würden beschämt zurückweichen und um Pardon bitten, wenn sie einräumten, dass unser Geist für die volle Auflösung aller Einwürfe eines Philosophen zu schwach sei«.

58. Es scheint, als wenn hier nach Herrn Bayle das: rechtfertigen weniger sei, als das: auf die Einwürfe antworten, weil er dem, der das erstere unternähme, droht, dass er dann auch zum zweiten verpflichtet sei. Allein ganz im Gegentheil braucht der Vertheidiger (*respondens*, der Antwortende) seinen Satz nicht zu rechtfertigen, wohl aber hat er den Einwürfen des Gegners Genüge zu leisten. Ein Vertheidiger in Processen braucht (in der Regel) sein Recht nicht zu beweisen oder seine Besitztitel im voraus anzugeben, aber er hat auf die Gründe des Klägers zu antworten und ich habe mich zehnfach gewundert, dass ein so genauer und scharfsinniger Mann, wie Herr Bayle, hier so oft Dinge vermengt, die so verschieden sind wie die drei Thätigkeiten der Vernunft, das Begreifen, das Beweisen und das Antworten auf Einwürfe; als wenn bei dem Gebrauch der Vernunft in der Theologie das eine so viel gälte, wie das andere. So sagt er in den nach seinem Tode erschienenen Unterhaltungen S. 73: »Herr Bayle hat kein Princip mehr betont, als das, wonach die Unbegreiflichkeit eines Glaubenssatzes und die Unwiderleglichkeit der dagegen vorgebrachten Einwürfe keinen zulässigen Grund für dessen Verwerfung abgiebt.« Dies mag für die *Unbegreiflichkeit* gelten, aber nicht für die *Unwiderleglichkeit*. Denn das hiesse so viel, als dass ein unwiderleglicher Einwurf gegen einen Satz kein zulässiger Grund für dessen Verwerfung sei; denn welchen andern Grund für eine solche Verwerfung könnte es geben, wenn ein unwiderleglicher Einwurf es nicht sein sollte? Welches Mittel hätte man dann, um falsche verkehrte Meinungen zu widerlegen?

59. Es wird hier die Bemerkung an ihrer Stelle sein, dass ein Beweis *a priori* den betreffenden Satz aus einem genügenden Grunde rechtfertigt und wer solche Gründe genau und genügend aufzustellen vermag, ist fähig, den Satz zu begreifen. Schon die scholastischen Theologen haben Raymond Lullius deshalb getadelt, als er die Dreieinigkeit durch die Philosophie beweisen wollte. Diese Absicht zeigt sich in seinen Werken und als Bartholomäus Keckermann, ein angesehener reformirter Schriftsteller, einen ähnlichen Versuch bei demselben Mysterium machte, so traf ihn der gleiche Tadel von einigen neueren Theologen. Man wird deshalb denjenigen tadeln, welcher dieses Mysterium begründen und begreiflich machen will, aber man wird den loben, welcher sich bemüht, es gegen die Einwürfe der Gegner aufrecht zu erhalten.

60. Ich habe schon gesagt, dass die Theologen zwischen dem unterscheiden, was *über* der Vernunft und dem, was *gegen* die Vernunft ist; es gilt ihnen das als *über* der Vernunft, was man nicht begreifen kann und wofür man den Grund nicht angeben kann. Dagegen wird jeder Satz *gegen* die Vernunft sein, welcher durch unwiderlegliche Gründe bekämpft werden kann, oder dessen Gegentheil auf genaue und zuverlässige Weise bewiesen werden kann. Sie erkennen deshalb an, dass die Mysterien *über* der Vernunft sind, aber sie geben nicht zu, dass sie *gegen* dieselbe sind. Der englische Verfasser einer scharfsinnigen, aber gemissbilligten Schrift mit dem Titel: Das Christenthum ist kein Mysterium, hat diese Unterscheidung nicht wollen gelten lassen, allein es scheint, dass er ihr keinen Schaden gethan hat. Auch Herr Bayle ist mit dieser angenommenen Unterscheidung nicht einverstanden; er sagt (Thl. 3 der Antwort auf die Fragen etc. Kap. 158), indem er zunächst (S. 998) mit Herrn Saurin die zwei Sätze unterscheidet: »Alle Glaubenssätze des Christenthums vertragen sich mit der Vernunft«, und »die menschliche Vernunft weiss, dass sie sich mit der Vernunft vertragen«, dass er den ersten annähme, aber nicht den zweiten. Ich bin derselben Ansicht, wenn man unter den Worten: »dass ein Glaubenssatz sich mit der Vernunft vertrage« versteht, dass sich ein Grund dafür angeben lasse, oder das *Wie* durch die Vernunft erklärt werden könne; denn Gott vermag dies unzweifelhaft, aber nicht wir. Indess müssen nach meiner Ansicht beide Sätze zugegeben werden, wenn man unter dem »Wissen, dass ein Glaubenssatz sich mit der Vernunft vertrage«, meint, dass wir nöthigenfalls zeigen können, dass kein Widerspruch zwischen diesem Glaubenssatz und der Vernunft bestehe und dass die Einwürfe derer, welche behaupten, dass dieser Glaubenssatz etwas Widersinniges sei, sich abweisen lassen.

61. Herr Bayle erklärt sich hier in ungenügender Weise. Er erkennt ganz richtig an, dass unsere Mysterien der höchsten und allgemeinen Vernunft entsprechen, wie sie in dem göttlichen Geiste enthalten sei, oder der Vernunft überhaupt; allein er bestreitet, dass sie dem Theile der Vernunft entsprechen, deren der Mensch zur Beurtheilung der Dinge sich bedient. Indess ist doch dieser Theil ein Geschenk Gottes und er besteht in dem natürlichen Licht, welches uns mitten in der Verderbniss geblieben ist. Dieser Theil stimmt mit dem Ganzen und unterscheidet sich von der Vernunft bei Gott nur wie der Tropfen Wasser vom Ozean, oder vielmehr wie das Endliche vom Unendlichen. Deshalb können die Mysterien die menschliche Vernunft übersteigen, aber sie können ihr nicht widersprechen. Man kann hier nicht einem Theile widersprechen, ohne dem Ganzen zu widersprechen: Was *einem* Lehrsatz des Euklides widerspricht, widerspricht dem ganzen Werke des Euklides. Das, was in uns den Mysterien entgegen ist, ist nicht die Vernunft, noch das natürliche Licht, d.h. die Verknüpfung der Wahrheiten, sondern dies ist die Verderbniss, der Irrthum, das Vorurtheil, die Finsterniss.

62. Herrn Bayle genügt (S. 1002) die Meinung von Josua Stegmann und von Herrn Turretin, zwei protestantischen Theologen, nicht, nach denen die Mysterien nur der verderbten Vernunft widersprechen. Er fragt spöttisch, ob man unter der rechten Vernunft vielleicht die eines orthodoxen Theologen und unter der verderbten Vernunft vielleicht die eines Ketzers verstehe und er entgegnet, dass die Erkenntniss des Mysteriums der Dreieinigkeit in der Seele Luther's nicht grösser gewesen, als in der Seele Socin's. Indessen ist, wie Herr Descartes richtig bemerkt, der gesunde Sinn Allen zu Theil geworden und es werden daher mit demselben sowohl die Orthodoxen wie die Ketzer begabt sein. Die rechte Vernunft ist eine Verknüpfung der Wahrheiten und die verdorbene Vernunft mischt Vorurtheile und Leidenschaften ein. Um die eine von der andern zu unterscheiden, braucht man nur ordentlich vorzuschreiten, keinen Satz ohne Beweis zuzulassen und keinen Beweis anzunehmen, welcher sich nicht mit den bekanntesten Regeln der Logik in Uebereinstimmung befindet. In Sachen der Vernunft braucht man kein anderes Kennzeichen, noch einen andern

Schiedsrichter. Nur weil man dies nicht beachtet, hat man den Skeptikern Raum verschafft, so dass selbst in der Theologie Franz Veron und einige Andere, welche den Kampf gegen die Protestanten bis zur Hinterlist getrieben haben, sich blind dem Skepticismus ergeben haben, um zu zeigen, dass man sich nothwendig einem äussern untrüglichen Richter unterwerfen müsse, wobei sie allerdings die Billigung einsichtiger Männer, selbst von ihrer Partei nicht gefunden haben; denn Calixtus und Daillé haben darüber verdientermassen gespottet und Bellarmin hat ganz anders geurtheilt.

63. Ich komme nun zu dem, was Herr Bayle über die fragliche Unterscheidung sagt (S. 999): »Es scheint mir«, sagt er, »dass sich in der berüchtigten Unterscheidung eine Zweideutigkeit eingeschlichen hat, die man zwischen dem, was über die Vernunft, und dem, was gegen die Vernunft ist, macht. Man sagt gewöhnlich, dass die Mysterien über der Vernunft sind, aber nicht gegen die Vernunft. Ich glaube nämlich, dass man dem Worte: Vernunft in dem ersten Satze nicht denselben Sinn, wie in dem zweiten beilegt; in dem ersten versteht man darunter die Vernunft des Menschen oder die Vernunft *in concreto*, und in dem zweiten die Vernunft überhaupt, oder die Vernunft *in abstracto*. Denn nähme man an, dass man in beiden darunter die Vernunft überhaupt oder die höchste Vernunft, die allgemeine Vernunft, wie sie in Gott ist, versteht, so ist es gleich wahr, dass die Mysterien der Evangelien weder über noch gegen die Vernunft sind; versteht man aber in beiden Sätzen darunter die menschliche Vernunft, so kann ich die Richtigkeit dieser Unterscheidung nicht einsehen, denn selbst die strengsten Orthodoxen gestehen, dass wir die Uebereinstimmung unserer Mysterien mit den Sätzen der Philosophie nicht kennen. Deshalb scheinen sie uns mit unserer Vernunft nicht übereinzustimmen und was damit nicht übereinstimmt, scheint uns gegen unsere Vernunft zu sein, ebenso wie das, was mit der Wahrheit nicht übereinstimmt, uns gegen die Wahrheit erscheint. Weshalb soll man also nicht ebenso sagen, dass die Mysterien gegen unsere schwache Vernunft sind, als dass sie über unsere schwache Vernunft sind.« Ich antworte, wie ich schon gethan habe, dass die Vernunft hier die Verknüpfung der Wahrheiten ist, die man durch das natürliche Licht kennt, und in diesem Sinne ist die angenommene Unterscheidung wahr und ohne Zweideutigkeit. Die Mysterien übersteigen unsere Vernunft, weil sie Wahrheiten enthalten, welche in dieser Verknüpfung nicht begreiflich sind, aber sie sind nicht gegen die Vernunft und widersprechen keiner Wahrheit, zu welcher diese Verknüpfung uns führen kann. Es handelt sich deshalb hier nicht um die allgemeine Vernunft, sondern um die unsrige. Auf das, was in Frage steht, ob wir die Uebereinstimmung der Mysterien mit unserer Vernunft kennen, antworte ich, dass wir wenigstens niemals eine Nicht – Uebereinstimmung noch einen Gegensatz zwischen den Mysterien und der Vernunft kennen und da man den angeblichen Gegensatz immer aufheben kann, so wird man, wenn man dies Versöhnung oder Vereinigung des Glaubens mit der Vernunft nennt, sagen müssen, dass wir diese Gleichmässigkeit und diese Uebereinstimmung einsehen können. Soll dagegen die Uebereinstimmung in einer vernünftigen Erklärung des *Wie* bestehen, so kennen wir sie nicht.

64. Herr Bayle entnimmt noch einen sinnreichen Einwurf von einem Beispiel des Gesichtssinnes. Er sagt: »Wenn ein viereckiger Thurm uns aus der Ferne rund erscheint, so bekunden unsere Augen nicht nur, dass sie an diesem Thurme nichts viereckiges bemerken, sondern auch, dass sie eine runde Gestalt wahrnehmen, die mit der viereckigen Gestalt unverträglich ist. Man kann deshalb sagen, dass die Wahrheit, d.h. die viereckige Gestalt, nicht blos über, sondern gegen das Zeugniss unserer schwachen Augen ist.« Man muss hier zugeben, dass diese Bemerkung richtig ist, und obgleich es wahr ist, dass der Schein des Runden lediglich von der Beraubung des Scheines der Ecken kommt, welche die Entfernung verschwinden macht, so bleibt es doch wahr, dass das Runde und das Viereckige entgegengesetzte Dinge sind. Ich entgegne deshalb auf diesen Einwand, dass die Wahrnehmungen der Sinne, selbst wenn sie alles leisten, was von ihnen abhängt, oft der Wahrheit entgegen sind; allein so verhält sich nicht die Fähigkeit zu begründen, wenn sie ihre Pflicht thut, weil eine genaue Begründung nur in einer Verknüpfung von Wahrheiten besteht. Und in Bezug auf den Gesichtssinn, hat man wohl zu erwägen, dass es noch anderen falschen Schein giebt, der nicht von der Schwäche unserer Augen kommt, noch von dem, was durch die Entfernung verschwindet, sondern von der Natur des Sehens selbst, wenn es auch noch so vollkommen ist. Daher kommt es, dass man den Kreis von der Seite wie eine Art Oval sieht, welches die Geometer Ellipse nennen, ja manchmal wie ein Parabel oder Hyperbel bis zur geraden Linie, wie der Ring des Saturns bestätigt.

65. Die *äussern Sinne* täuschen, streng genommen, uns nicht, vielmehr ist es unser *innerer Sinn*, der uns manchmal voreilig macht. Auch bei den Thieren findet man dies, so bellt ein Hund sein Bild im Spiegel an. Bei den Thieren schliessen sich an die Wahrnehmungen weitere Vorstellungen an, die den Begründungen ähneln und die auch bei dem innern Sinn des Menschen vorkommen, wenn er sich nur wahrnehmend verhält. Allein die Thiere thun nichts, was uns glauben lassen könnte, dass sie das besitzen, was man im eigentlichen Sinne eine Ueberlegung nennt, wie ich schon anderwärts gezeigt habe. Wenn nun der Verstand die falsche Annahme des inneren Sinnes benützt und verfolgt (wie z.B. Galilei glaubte, Saturn habe zwei Henkel), so täuscht er sich durch das Urtheil, welches er über die Wirkung der Wahrnehmung fällt und er schliesst daraus mehr, als sie enthält; denn die Wahrnehmungen der Sinne gewähren uns so wenig, wie die Träume die Wahrheit der Dinge. Wir selbst sind es, die wir uns durch den von den Wahrnehmungen gemachten Gebrauch, d.h. durch das daran Angeknüpfte täuschen. Wir lassen uns durch wahrscheinliche Gründe bestimmen und wir neigen zu der Meinung, dass Erscheinungen, die wir oft miteinander verbunden angetroffen haben, es *immer* seien. So trifft es sich oft, dass was ohne Ecken erscheint, auch keine hat und wir glauben deshalb leicht, dass dies sich immer so verhält. Ein solcher Irrthum ist verzeihlich und manchmal unvermeidlich, wenn es auf schnelles Handeln ankommt und man deshalb das Wahrscheinlichste wählen muss; haben wir aber Musse und Zeit zur Sammlung, so fehlen wir, wenn wir das für sicher halten, was es nicht ist. Die Wahrnehmungen sind deshalb oft gegen die Wahrheit, aber unsere Ueberlegungen und Folgerungen sind es niemals, sofern sie genau und den Regeln des Denkens entsprechend, angestellt werden. Verstände man unter *Vernunft* überhaupt die Fähigkeit gut oder schlecht zu überlegen und zu folgern, so könnte sie uns täuschen und würde es auch thun und das was uns unserer Vernunft dann scheint, wäre dann ebenso trügerisch, wie der Schein der Sinne; allein hier handelt es sich um die Verknüpfung von Wahrheiten und um regelmässige Einwürfe und in diesem Sinne ist es unmöglich, dass die Vernunft uns täusche.

60. Man ersieht auch aus allem hier Gesagten, dass Herr Bayle das *Sein zu hoch über die Vernunft* stellt, als wenn es die Unwiderleglichkeit der Einwürfe enthalte; denn nach ihnen (Kap. 130, Antwort etc.

Theil 3, S. 651) kann, »sobald ein Glaubenssatz über die Vernunft geht, die Philosophie denselben weder erklären, noch begreifen, noch auf die Schwierigkeiten, die ihn treffen, entgegnen.« Für das *Begreifen* stimme ich zu, aber ich habe bereits gezeigt, dass die Mysterien einer Erklärung der Worte bedürfen, damit sie nicht leere Laute bleiben (*sine mente, soni*), die nichts bezeichnen und ich habe auch gezeigt, dass man nothwendig *den Einwürfen begegnen könne*, denn sonst müsse der Satz verworfen werden.

67. Er zitirt Theologen, welche die Unlöslichkeit der Einwürfe gegen die Mysterien anscheinend anerkennen, hauptsächlich Luther; aber ich habe schon beim Kap. 12., da wo er sagt, die Philosophie widerspreche der Theologie, darauf geantwortet. Es giebt noch eine andere Stelle (Kap. 246 *de servo arbitrio*), wo Luther sagt, dass die anscheinende Ungerechtigkeit Gottes durch die Gründe bewiesen werde, welche von der Noth der Guten und dem Glücke der Schlechten hergenommen werden; er meint, hier könne weder die Vernunft noch das natürliche Licht etwas darauf entgegnen (*argumentis talibus traducta, quibus nulla ratio aut lumen naturae potest resistere*). Allein aus dem darauf Folgenden ersieht man, dass er dies nur von Denjenigen meint, welche ein jenseitiges Leben nicht kennen, weil er sagt, dass ein kleines Wort des Evangeliums diese Schwierigkeit beseitige, indem es uns lehrt, dass es noch ein anderes Leben giebt, wo der seine Strafen und seinen Lohn empfangen werde, bei dem hier dies nicht geschehen sei. Der Einwurf ist deshalb nichts weniger als unwiderleglich und selbst ohne das Evangelium könnte man auf diese Antwort kommen. Bayle zitirt auch noch (Antwort etc. Thl. 3, S. 652) einen Ausspruch von Martin Chemnitz, welcher Vedelius getadelt und Johann Musäus vertheidigt hat, wo dieser berühmte Theolog klar zu sagen scheint, dass es in dem Worte Gottes Wahrheiten gäbe, die nicht blos über die Vernunft, sondern auch gegen die Vernunft seien; allein man darf diesen Ausspruch nur von den Regeln der Vernunft verstehen, welche mit der Ordnung der Natur übereinstimmen, wie Musäus es ebenfalls annimmt.

68. Indess findet Herr Bayle allerdings einige ihm günstige angesehene Gewährsmänner, von denen Herr Descartes einer der bedeutendsten ist. Dieser grosse Mann sagt geradezu (Thl. I. seiner Prinzipien Art. II): »*dass wir allerdings ohne Mühe uns aus der Schwierigkeit befreien können* (die darin liege, wie man unsere Willensfreiheit mit der

Ordnung der ewigen Vorsehung Gottes vereinigen solle), wenn wir bedenken, dass unser Denken endlich ist und dass das Wissen und die Allmacht Gottes unendlich ist, vermöge derer er nicht allein von Ewigkeit her alles was ist und sein kann, gewusst, sondern auch gewollt hat. Wir haben daher genug Einsicht, um klar und bestimmt zu wissen, dass dieses Wissen und diese Macht in Gott ist; aber wir haben nicht das genügende Wissen, um den Umfang jener so zu begreifen, dass sie die Handlungen der Menschen doch völlig frei und unbestimmt lassen. Jedenfalls darf die Macht und das Wissen Gottes uns nicht an unserm freien Willen zweifeln lassen, denn wir hätten Unrecht, wenn wir das innerlich von uns Wahrgenommene bezweifeln wollten, dessen Sein in uns wir aus Erfahrung kennen, weil wir das nicht begreifen, was wir als seiner Natur nach als unbegreiflich kennen.«

69. Diese Stelle bei Descartes, welche seine Anhänger festhalten, (denen es nur selten beikommt, seine Behauptungen zu bezweifeln), ist mir immer sonderbar vorgekommen. Er begnügt sich nicht zu sagen, dass er für seine Person kein Mittel wisse, um diese beiden Lehrsätze mit einander auszugleichen, sondern es soll dies für das ganze menschliche Geschlecht, ja für alle vernünftigen Geschöpfe gelten. Musste er sich nicht fragen, ob ein unwiderleglicher Einwurf gegen die Wahrheit möglich sei? Denn ein solcher Einwurf ist nur eine nothwendige Verknüpfung anderer Wahrheiten, deren Wahrheit dem als wahr behaupteten Satze entgegen sein würde, so dass es einen Widerspruch zwischen mehreren Wahrheiten gäbe, was der grösste Widersinn sein würde. Auch ist zwar unser Geist endlich und kann das Unendliche nicht begreifen; aber trotz dem hat er Beweise in Bezug auf das Unendliche, deren Stärke oder Schwäche er kennt; und weshalb sollte er diese nicht auch bei den Einwürfen erkennen können? Weil die Macht und Weisheit Gottes unendlich sind und alles befassen, so kann man an deren Ausdehnung nicht zweifeln. Ueberdem verlangt Herr Descartes eine Freiheit, deren man nicht bedarf, wenn man behauptet, dass die menschlichen Willenshandlungen völlig unbestimmbar seien, da dies niemals statt hat. Auch Herr Bayle meint, dass diese innere Erfahrung oder Empfindung von unserer Unabhängigkeit, auf welche Herr Descartes den Beweis für unsere Freiheit stützt, dies nicht beweist, weil aus unserer Unkenntniss der Ursachen, die uns bestimmen, noch nicht folgt, dass wir unabhängig sind. Indess werde ich darüber später an seinem Orte sprechen.

70. Auch gesteht anscheinend Herr Descartes an einer Stelle in seinen Prinzipien, dass man die Schwierigkeiten bei der unendlichen Theilbarkeit der Materie nicht beseitigen könne und doch nimmt er sie an. Arriaga und andere Scholastiker machen ziemlich dasselbe Geständniss; allein wenn sie sich die Mühe gäben, den Einwürfen die richtige Form zu geben, so würden sie sehen, dass die Folgerungen falsch gezogen sind und dass mitunter falsche Vordersätze aufgestellt sind, aus denen die Verlegenheit entspringt. Hier ein Beispiel: Ein gescheidter Mann machte mir eines Tages folgenden Einwurf: Die gerade Linie B A sei durch den Punkt C in zwei Hälften getheilt und der Theil C A ebenso durch den Punkt D und der Theil D A ebenso durch den Punkt E und so fort ohne Ende, so werden alle Hälften, B C, C D, D E u.s.w. zusammen die ganze Linie B A bilden; also muss es eine letzte Hälfte geben, weil die gerade Linie B A in A endigt. Allein diese letzte Hälfte sei etwas unsinniges, weil sie eine Linie ist, die man wieder in zwei Hälften theilen kann; also kann man eine Theilung ohne Ende nicht annehmen. Ich entgegnete ihm, dass man nicht folgern könne, dass es einen letzten Punkt A gebe, da dieser letzte Punkt zu allen Hälften von seiner Seite aus passe. Mein Freund erkannte dies ebenfalls, als er versuchte, diese Folgerung durch einen formellen Vordersatz zu begründen; im Gegentheil folgt daraus, dass die Theilung ohne Ende weiter geht und dass es keine letzte Hälfte giebt. Wenn auch die Linie A B eine begrenzte ist, so folgt daraus nicht, dass ihre Theilbarkeit eine Grenze habe. Dieselbe Verlegenheit zeigt sich bei der Reihe der Zahlen, die ohne Ende fortgeht. Man denkt sich ein Letztes, eine unbegrenzt grosse Zahl, oder ein unendlich Kleines, allein dies sind alles nur Einbildungen. Jede Zahl ist begrenzt und angebbar, ebenso jede Linie, und das unendliche Grosse oder das unendliche Kleine bezeichnen nur Grössen, die man beliebig gross oder klein annehmen kann, um zu zeigen, dass ein Irrthum kleiner ist, als man angenommen hat, d.h. dass kein Irrthum vorhanden ist; oder man versteht unter dem Unendlich-Kleinen den Zustand des Erlöschens oder Beginnens einer Grösse, in Nachahmung schon gebildeter Grössen aufgefasst.

71. Indess wird es gut sein, den Grund zu betrachten, durch welchen Herr Bayle zeigen will, dass man den, von der Vernunft den Mysterien entgegengestellten Einwurf nicht werde widerlegen können. Er findet sich in seinen Aufklärungen über die Manichäer (S. 3143 der zweiten

Ausgabe seines Wörterbuchs), wo er sagt: »Es genügt mir, dass man einstimmig anerkennt, wie die Mysterien des Evangeliums über der Vernunft sind; denn daraus folgt, dass man unmöglich die Bedenken der Philosophie erledigen kann und dass deshalb ein Streit, wo man sich nur des natürlichen Lichts bedient, immer zum Nachtheil der Theologen enden wird und dass sie genöthigt sein werden, zu weichen und sich hinter den Canon des übernatürlichen Lichtes zurückzuziehen.« Ich staune, dass Herr Bayle so allgemein spricht, weil er selbst anerkannt hat, dass das natürliche Licht für die Einheit des höchsten Prinzips und gegen die Manichäer sei und dass die Güte Gottes durch die Vernunft unwiderleglich festgestellt sei. Indessen sehe man, wie er fortfährt:

72. »Offenbar kann die Vernunft niemals das erreichen, was über sie geht. Wenn sie nun Widerlegungen der Einwürfe gegen den Lehrsatz der Dreieinigkeit und der Personen-Einheit gewähren könnte, so wäre dies ein Angriff auf diese beiden Mysterien; sie würde sich über sie stellen und sie würde sie bis in die letzten Zusammenstellungen mit ihren obersten Grundsätzen, oder in die Aussprüche, welche aus den gemeinen Begriffen sich ergeben, verflechten, bis sie zuletzt geschlossen hätte, dass sie sich mit dem natürlichen Licht verträgt. Sie würde somit das, was ihre Kräfte übersteigt, verrichten; sie würde ihre Grenzen überschreiten, was sich ja formell widerspricht. Man muss deshalb anerkennen, dass sie auf ihre eigenen Einwürfe keine Antwort geben kann und dass diese also siegreich bleiben, so lange man nicht auf die Autorität Gottes zurückgeht und auf die Notwendigkeit, seine Einsicht unter den Gehorsam des Glaubens gefangen zu nehmen.« (Ich finde in dieser Begründung keinen Beweis. Man kann das, was über uns ist, *erreichen*, nicht indem man es durchdringt, aber indem man es aufrecht erhält, wie man den Himmel mit dem Gesicht, aber nicht durch Berührung erreichen kann. Auch ist es ebensowenig nöthig, um auf die gegen die Mysterien erhobenen Einwürfe zu antworten, dass man diese Mysterien sich unterwerfe und dass man sie einer Confrontation mit den obersten Grundsätzen, welche sich aus den gemeinen Begriffen entwickeln, unterwerfe. Denn sollte der Antwortende so weit gehen, so müsste es der, welcher die Einwürfe erhebt, zuerst thun. Der Einwurf muss in die Materie eintreten; die Antwort braucht nur Ja oder Nein zu sagen; so dass sie, anstatt zu unterscheiden, streng genommen, nur die Allgemeinheit eines Satzes in dem

Einwurfe zu bestreiten, oder nur dessen Form zu rügen braucht; das eine wie das andere kann geschehen, ohne auf die Materie einzugehen. Wenn mir jemand einen Grund entgegenhält, den er für unwiderleglich hält, so brauche ich nur zu schweigen und ihn zu nöthigen in richtiger Form alle die Aussprüche, welche er behauptet, zu beweisen, wenn sie mir auch wenig zweifelhaft erscheinen. Um zu zweifeln, brauche ich keineswegs in das Innere der Sache einzudringen; im Gegentheil darf ich um so mehr zweifeln, je unwissender ich bin.) Herr Bayle fährt dann so fort:

73. »Versuchen wir, dies deutlicher zu machen. Wenn manche Lehren über die Vernunft gehen, so liegen sie jenseit ihres Vermögens; sie kann sie dann auch nicht anzuweifeln, und wenn sie dies nicht kann, so kann sie dieselben auch nicht bezweifeln.« (Er konnte hier mit dem Begreifen beginnen und sagen, dass die Vernunft das nicht begreifen kann, was über sie geht.) *Wenn sie dieselben nicht begreifen kann, so kann sie darin auch keine Idee finden* (diese Folge gilt nicht; denn um eine Sache zu begreifen, genügt nicht, dass man einige Vorstellungen von ihr habe; man muss diese vielmehr von dem ganzen Inhalte haben und alle diese Vorstellungen müssen klar, bestimmt und adäquat sein. Es giebt tausenderlei Dinge in der Natur, von denen man etwas versteht, aber deshalb begreift man sie nicht. Wir haben einige Vorstellungen von den Lichtstrahlen und man baut darauf bis zu einem gewissen Grade Beweise; allein es bleibt immer ein Rest, der uns zu dem Geständniss nöthigt, dass wir die ganze Natur des Lichtes noch nicht begreifen), »*und ebensowenig einen Grundsatz, welcher eine Lösung bieten kann.*« (Weshalb sollte man nicht sichere Grundsätze auffinden können, die mit dunkeln und verworrenen Vorstellungen vermischt sind?) »und deshalb werden die von der Vernunft erhobenen Einwürfe ohne Widerlegung bleiben.« (Durchaus nicht, da die Schwierigkeit nur auf Seiten dessen liegt, der den Einwurf erhebt. Dieser hat einen festen Grundsatz aufzustellen, aus welchem der Einwurf sich ergiebt, und dies wird ihm um so schwerer werden, je dunkler die Sache ist. Selbst wenn er ihn gefunden hat, wird es noch schwerer sein, einen Widerspruch zwischen diesem Grundsatz und dem Mysterium aufzuzeigen; denn wäre das Mysterium einem offenbaren Grundsatz klar entgegengesetzt, so wäre es kein *dunkles Mysterium*, sondern eine offenbare Widersinnigkeit), »oder was dasselbe ist, man könnte ihm nur mit einer ebenso dunkeln Unterscheidung, wie der angegriffene Satz selbst enthält, entgegentreten.« (Allein man kann sich diese strengen *Unterscheidungen* ersparen und braucht nur einen der Vordersätze oder der Folgerungen zu bestreiten und ist man über den Sinn eines von dem Gegner gebrauchten Ausdrucks zweifelhaft, so braucht man nur dessen Definition von ihm zu verlangen. Man braucht sich deshalb in keine Unkosten zu stecken, um einem Gegner zu antworten, welcher uns einen angeblich unwiderleglichen Einwurf macht. Aber selbst wenn man aus Artigkeit, oder um die Sache abzukürzen, oder weil man sich stark genug fühlt, selbst es über sich nimmt, die in dem Einwurf versteckt enthaltene Zweideutigkeit darzulegen und ihn durch eine Unterscheidung zu beseitigen, so braucht diese Unterscheidung nicht zu etwas Deutlicherem als der aufgestellte Satz selbst, zu führen, weil man das Mysterium selbst nicht aufzuklären braucht.)

74. Herr Bayle fährt dann fort: »Nun ist es gewiss, dass ein auf klare Begriffe gestützter Einwurf gleich siegreich bleibt, mag der Andere darauf nicht antworten, oder eine Antwort geben, die Niemand versteht. Kann wohl der Kampf ein gleicher sein, zwischen Jemand, welcher etwas einwendet, was er und der Andere genau versteht und dem andern, welcher sich nur durch Antworten vertheidigen kann, die weder dieser noch der andere versteht?« Es genügt aber nicht, dass der Einwurf auf klare Begriffe gestützt wird, es muss auch die Anwendung desselben auf den Streitsatz gemacht werden. Wenn ich Jemand nur so antworte, dass ich einen seiner Vordersätze bestreite, damit er ihn beweise, oder einen Schlusssatz, damit er den Schluss in der gehörigen Form aufstelle, so kann man nicht sagen, dass ich nichts oder nichts Verständliches antworte. Wenn ich den zweifelhaften Vordersatz meines Gegners bestreite, so ist dies ebenso verständlich, wie seine Behauptung und wenn ich artigerweise durch eine Unterscheidung mich erkläre, so genügt, dass die von mir gebrauchten Worte überhaupt einen Sinn haben, wie dies auch bei dem Mysterium der Fall ist. Man wird also in meiner Antwort etwas verstehen und es ist nicht nöthig, dass man alles verstehe, was sie enthält, denn sonst würde man auch das Mysterium verstehen.

75. Herr Bayle fährt fort: »Jeder philosophische Streit verlangt, dass die Streitenden über gewisse Definitionen einverstanden sind«, (dies wäre zu wünschen, aber meist bemerkt man dies erst in dem Streite selbst), »dass sie die Schlussregeln anerkennen und die Zeichen, an denen man die falschen Begründungen erkennt. Dann braucht man nur zu prüfen, ob der Streitsatz mittelbar oder unmittelbar mit den beiderseits anerkannten Grundsätzen stimmt oder nicht.« (Dies geschieht durch die Schlüsse dessen, welcher die Einwürfe erhebt.) »Sind die Vordersätze eines Beweises (den der Einwerfende aufgestellt hat) wahr und ist der Schlusssatz richtig gezogen, hat man ferner keine Schlussfigur mit vier Begriffen benutzt und hat man keinen von den, im Kapitel über die Gegensätze oder von den sophistischen Widerlegungen u.s.w. aufgestellten Sätzen verletzt« (kurz, es genügt einen Vordersatz oder einen Schlusssatz zu bestreiten oder endlich einen zweideutigen Ausdruck zu erläutern, oder erläutern zu lassen), »so trägt man den Sieg davon, oder man zeigt, dass der Gegenstand des Streites mit den zugestandenen Grundsätzen in keiner Verbindung steht« (d.h. indem man zeigt, dass der Einwurf nichts beweist und dann gewinnt der, welcher den Streitsatz vertheidigt), »oder indem man den Vertheidiger in Widersinnigkeiten verwickelt« (wenn alle Vordersätze und alle Folgerungen gut bewiesen sind); »nun kann man ihn dahin bringen, indem man ihm zeigt, entweder dass die Folgen seines Streitsatzes das Ja oder das Nein sind oder dass man ihn nöthigt, nur Verständliches zu antworten.« (Dieser letzten Folge kann der Vertheidiger immer ausweichen, weil er keine neuen Sätze aufzustellen braucht.) »Das Ziel solcher Streite soll die Dunkelheiten aufklären und man will zur vollen Gewissheit gelangen.« (Dies ist das Ziel des die Einwürfe Erhebenden, denn er will beweisen, dass das Mysterium falsch sei; aber es ist nicht das Ziel des Vertheidigers, da er durch Zulassung des Mysteriums anerkennt, dass man es nicht beweisen kann.) »Daher kommt es, dass man während des Streites den Sieg bald für den Vertheidiger, bald für den Einwerfenden erwartet, je nachdem die Aufstellungen des einen deutlicher sind, als die des andern.« Dies ist eine Sprache, als wenn der Vertheidiger und sein Gegner beide sich zu schützen hätten, während doch der Vertheidiger einem belagerten Befehlshaber gleicht, der durch seine Werke gedeckt ist und der Angreifende ihn zu besiegen hat. Der Vertheidiger selbst braucht hier keine klaren Beweise zu führen; er sucht solche gar nicht, vielmehr hat sein Gegner dergleichen zu suchen und durch seine Mittel Licht zu machen, damit der Vertheidiger sich nicht mehr in seiner Deckung halten kann.

76. »Endlich meint man, dass der Sieg sich gegen den erkläre, dessen Antworten unverständlich sind« (dies wäre ein sehr zweideutiges Siegezeichen; man müsste dann die Zuhörer fragen, ob sie von dem Gesagten etwas verstehen und deren Meinungen würden oft verschieden lauten. Die Regeln eines logisch-richtigen Streitens verlangen, dass man mit wohl geordneten Gründen vorschreite und dass darauf durch Verneinung oder Unterscheidung geantwortet werde), »*und welcher einräumt, dass sie unverständlich seien.*« Der, welcher die Wahrheit eines Mysteriums vertheidigt, kann einräumen, dass es unbegreiflich ist; genügte dies für seine Niederlage, so hätte es keines Einwurfes bedurft. Eine Wahrheit kann unbegreiflich sein, aber dies braucht nicht so weit zu gehen, dass man gar nichts von ihr versteht. In diesem Falle würde sie das sein, was die alten Schulen Scindapsus oder Blityri (Clemens Alexandr. Strom. 8) nannten, d.h. Worte ohne Sinn. »Man verdammt ihn dann nach den Regeln, nach welchen der Sieg zuerkannt wird und selbst wenn er in dem Nebel, mit dem er sich bedeckt und welcher eine Art Abgrund zwischen ihm und seinen Gegnern bildet, nicht verfolgt werden kann, hält man ihn doch für zu Boden geschlagen und vergleicht ihn mit einem Heere, was nach der verlorenen Schlacht sich der Verfolgung des Siegers nur mit Hülfe der Nacht entzieht.« (Um hier auf das Gleichniss mit einem Gleichniss zu antworten, sage ich, dass der Vertheidiger des Satzes so lange nicht besiegt ist, als er in seinen Laufgräben geschützt ist; wagt er ohne Noth einen Ausfall, so kann er doch immer sich in seine Festung zurückziehen, ohne dass man ihn tadeln kann.)

77. Ich habe die mühsame Zergliederung dieser langen Stelle übernommen, welche alles enthält, was Herr Bayle an stärksten und besten Gründen für seine Ansicht aufstellen konnte; man wird hoffentlich daraus ersehen, wie dieser ausgezeichnete Mann in seinen Ansichten gewechselt hat. Dies trifft sich sehr leicht bei den geistreichsten und scharfsinnigsten Männern, wenn sie ihrem Geist freien Lauf lassen, ohne sich die nöthige Mühe zu geben, ihrer Auffassung auf den Grund zu gehen. Die Einzelheiten, auf welche ich hier eingegangen bin, können als Antwort auf einige andere Begründungen dieser Art dienen, die in den Werken des Herrn Bayle sich zerstreut vorfinden. So sagt er in seiner Antwort auf die Fragen etc. (Thl. 3, S. 685): »Um zu zeigen, dass man die Vernunft und den Glauben in Uebereinstimmung gebracht habe, muss man nicht blos einzelne, dem Glauben günstige philosophische Sätze aufzeigen, sondern auch zeigen, dass die besonderen Sätze, die als mit unserm Katechismus nicht übereinstimmend dargelegt worden sind, in Wahrheit mit demselben in einer Weise übereinstimmen, die man genau begreift.« Ich sehe die Notwendigkeit dessen nicht ein, wenn man nicht verlangt, dass die Begründung bis auf das *Wie* des Mysteriums ausgedehnt werde. Wenn man sich mit der Behauptung seiner Wahrheit begnügt, ohne dass man sie dabei auch begreiflich machen will, so braucht man für den Beweis weder auf allgemeine, noch auf besondere philosophische Sätze zurückzugehen und wenn ein Anderer uns einige philosophische Sätze entgegenstellt, so haben wir nicht klar und deutlich zu beweisen, dass diese Sätze mit dem Glaubensartikel übereinstimmen, sondern unser Gegner hat zu beweisen, dass sie ihm widersprechen.

78. Herr Bayle fährt in dieser Stelle fort: »Dazu brauchen wir eine Antwort, die ebenso offenbar richtig ist, wie der Einwurf.« Ich habe aber schon gezeigt, dass dies durch die Bestreitung der Vordersätze bereits geschieht; übrigens braucht schliesslich der Vertheidiger des Mysteriums nicht immer offenbar richtige Sätze vorzuführen, da der eigentliche Streitsatz über das Mysterium nicht klar erweislich ist. Herr Bayle fügt noch bei: »Wenn es einer Replik und Duplik bedarf, so dürfen wir niemals in Ruhe verharren und nicht meinen, wir hätten unser Ziel erreicht, so lange der Gegner uns ebenso offenbare Einwürfe entgegnet wie unsere Gründe sind.« Allein nicht der Vertheidiger hat Gründe beizubringen; für ihn genügt es, wenn er auf die seines Gegners antwortet.

79. Zum Schluss sagt Herr Bayle: »Wollte man verlangen, dass, wenn der Gegner einen offenbar treffenden Einwurf macht, man ihm nur mit einer Antwort zu dienen brauche, die als möglich hingestellt wird, und die man nicht begreift, so wäre dies ungerecht.« Herr Bayle wiederholt dies in den, nach seinem Tode erschienenen Gesprächen gegen Herrn Jaquelot (S. 69). Ich bin nicht dieser Ansicht. Wäre der Einwurf vollkommen beweisbar, so wäre er siegreich und der Streitsatz widerlegt. Stützt sich aber der Einwurf nur auf den Schein und das was meistentheils Statt hat und will der, welcher ihn aufstellt, daraus einen allgemeinen und gewissen Schlusssatz ziehen, so kann der Vertheidiger des Mysterismus eine blosse Möglichkeit als Einwand benutzen, weil damit genügend gezeigt wird dass das, was der Gegner aus seinen Vordersätzen folgert, weder allgemein noch gewiss ist und der Vertheidiger braucht nur die Möglichkeit seiner Einwendung zu zeigen und nicht einmal ihre Wahrscheinlichkeit. Denn ich habe schon wiederholt gesagt, dass die Mysterien zugestandener Maassen gegen den Schein gehen und der Vertheidiger braucht nicht einmal einen solchen Einwand aufzustellen und thut er es, so ist dies zum Ueberfluss geschehen, oder um seinen Gegner noch mehr zu widerlegen.

80. In der nach Herrn Bayle's Tode veröffentlichten Antwort an Herrn Jaquelot befinden sich noch einige Stellen, die einer näheren Prüfung werth sind: »Man sagt (heisst es dort S. 36, 37), Herr Bayle behaupte in seinem Wörterbuch ganz bestimmt, dass unsere Vernunft in allen Fällen, wo der Gegenstand es gestatte, mehr geschickt zum widerlegen und zerstören sei, als zum beweisen und aufbauen und dass es beinah keinen philosophischen oder theologischen Gegenstand gebe, wo sie nicht grosse Schwierigkeiten veranlasse. Wolle man mit einer Neigung zum Streit ihr so weit als sie zu gehen vermag, folgen, so werde man oft in unangenehme Verlegenheiten gerathen; endlich, dass es ganz sicherliche wahre Lehren gebe, die sie mit unwiderleglichen Angriffen bekämpfe.« Ich glaube indess, dass das hier gegen die Vernunft Vorgebrachte ihr nur zum Vortheil gereicht; zerstört sie einen Lehrsatz, so errichtet sie damit den entgegengesetzten Lehrsatz, und wenn sie anscheinend die beiden einander widersprechenden Lehren verwirft, so verspricht sie uns etwas Tieferes, sofern wir ihr nur folgen, *so weit, als sie gehen kann*, nicht in streitsüchtiger Absicht, sondern mit dem heissen Verlangen, die Wahrheit zu suchen und zu enthüllen, was immer mit einigem erheblichen Erfolge belohnt sein wird.

81. Herr Bayle fährt hier fort: »Man müsse dann über diese Einwürfe lächeln, indem man die engen Grenzen des menschlichen Geistes bedenke.« Ich dagegen glaube, dass man darin vielmehr ein Zeichen von der Kraft des menschlichen Geistes erkennen solle, der ihn in das Innere der Dinge dringen lässt. Es sind dies neue Eröffnungen und so zu sagen, Strahlen des kommenden Tages, welche uns grösseres Licht verheissen, nämlich in den Gegenständen der Philosophie und der natürlichen Religion. Richten sich aber diese Einwürfe gegen den geoffenbarten Glauben, so genügt es, dass man sie zurückweisen kann, sofern dies mit einer gehorsamen und ernsten Gesinnung in der Absicht geschieht, den Ruhm Gottes zu erhalten und zu erhöhen. Gelingt dies in Rücksicht auf seine Gerechtigkeit, so wird seine Grösse uns ebenso erschüttern, wie seine Güte entzücken, die dann durch die Wolken einer scheinbaren Vernunft, welche durch das, was sie erkennt, irregeführt ist, in dem Maasse hervortreten werden, als der Geist durch die wahrhafte Vernunft sich zu dem für uns Unsichtbaren erheben und dessen nicht minder gewiss sein wird.

82. »In dieser Weise« (um mit Herrn Bayle fortzufahren) »wird man die Vernunft nöthigen, ihr Wissen niederzulegen und sich unter den Gehorsam des Glaubens zu begeben. Sie kann und soll dies in Folge einiger ihrer unbestreitbarsten Grundsätze, und indem sie so auf einige ihrer übrigen Lehren verzichtet, wird sie doch fortfahren, dem entsprechend, was sie ist, d.h. der Vernunft entsprechend, thätig zu sein.« Man muss aber wissen, dass die Lehren der Vernunft, auf welche man in diesem Falle verzichten soll, nur solche sind, nach denen man über den Schein oder über den gewöhnlichen Lauf der Dinge urtheilt, was die Vernunft uns auch bei philosophischen Gegenständen gebietet, wenn unwiderlegliche Beweise für das Gegentheil vorliegen. Ist man daher durch Beweise der Güte und Gerechtigkeit Gottes versichert, so legen wir kein Gewicht auf die scheinbare Härte und Ungerechtigkeit, welche wir in dem kleinen uns sichtbaren Theile seines Reichs bemerken. Bis dahin sind wir erleuchtet von *dem Lichte der Natur* und von dem *der Gnade*, aber noch nicht von dem *des Ruhmes*. Hienieden sehen wir die scheinbare Ungerechtigkeit und wir glauben und wissen selbst die Wahrheit von der verborgenen Gerechtigkeit Gottes; aber sehen werden wir diese Gerechtigkeit erst, wenn die Sonne der Gerechtigkeit so wie sie ist, sich zeigen wird.

83. Sicherlich darf man das von Herrn Bayle Gesagte nur von jenen *scheinbaren Sätzen* verstehen, welche den ewigen Wahrheiten weichen müssen, denn er erkennt an, dass die Vernunft nicht wahrhaft dem Glauben entgegen ist. In den, nach seinem Tode erschienenen Gesprächen beklagt er sich (S. 73 gegen Herrn Jaquelot) darüber, dass man ihm vorwerfe, er halte unsere Mysterien für der Vernunft wahrhaft entgegengesetzt und (S. 9 gegen Herrn Le Clerc) über die Behauptung, dass der, welcher anerkenne, eine Lehre sei unwiderleglichen Einwürfen ausgesetzt, auch nothwendig diese Lehre für falsch anerkenne. Indess könnte man dies allerdings behaupten, wenn die Unwiderleglichkeit mehr, als eine blos scheinbare wäre.

84. So wird man vielleicht, nachdem ich so lange mit Herrn Bayle über den Gebrauch der Vernunft mich gestritten, am Schluss der Rechnung finden, dass seine Ansichten im Grunde nicht so weit von den meinigen abweichen, als man nach den Aussprüchen, welche hier in Betracht genommen worden sind, hätte erwarten können. Allerdings scheint er mehrentheils zu bestreiten, dass man auf die Einwürfe der Vernunft gegen den Glauben antworten könne und, um dies zu können, zu verlangen, dass man begreifen müsse, *wie* das Mysterium geschehe und bestehe; allein an anderen Stellen besänftigt er sich und begnügt sich zu sagen, dass er die Lösungen dieser Einwürfe nicht kenne. Ich gebe hier eine sehr bestimmt gefasste Stelle aus den Aufklärungen über die Manichäer am Ende der zweiten Ausgabe seines Wörterbuches. Es heisst da: »Zur volleren Befriedigung der gewissenhaftesten Leser will ich gern hier erklären (so sagt er S. 3148), dass überall da, wo es in meinem Wörterbuch heisst, die und die Einwürfe seien unwiderleglich, ich nicht wünsche, dass man glaube, sie seien es wirklich, sondern sie scheinen nur *mir* unlöslich; daraus kann man aber nichts folgern; ein jeder mag, wenn er will, denken, dass ich so nur in Folge meines geringen Scharfsinnes urtheile.« Ich denke dies indess nicht; ich kenne seinen grossen Scharfsinn genug, aber ich meine, dass, nachdem er seinen Geist angestrengt, um die Einwürfe zu verstärken, ihm nicht genug Aufmerksamkeit für das geblieben ist, was zu ihrer Auflösung dient.

85. Auch gesteht Herr Bayle in der nach seinem Tode erschienenen Schrift gegen Herrn Le Clerc, dass die Einwürfe gegen den Glauben nicht die Kraft von Beweisen hätten; er hält also blos *ad hominem*, oder besser *ad homines*, d.h. mit Rücksicht auf den Zustand, in dem das Geschlecht der Menschen sich befindet, diese Einwürfe für unlösbar und die Materie für unerklärbar. Es findet sich sogar eine Stelle, wo er zu verstehen giebt, wie er nicht verzweifle, dass man selbst in unsern Tagen diese Lösung oder Erklärung werde finden können; sie ist in der genannten Antwort an Herrn Le Clerc (S. 35) enthalten, wo es heisst: »Herr Bayle hat hoffen können, dass seine Arbeit für jene grossen Geister, welche neue Systeme bilden, es zu einer Ehrensache machen werde, eine bisher unbekannte Lösung zu finden.« Er scheint unter dieser Lösung eine Erklärung der Mysterien zu verstehen, die bis zu deren *Wie* geht; indess ist dies nicht nöthig, um auf die Einwürfe zu antworten.

86. Man hat mehrfach unternommen, dieses *Wie* begreiflich zu machen und die Möglichkeit der Mysterien zu beweisen. Ein Schriftsteller, der sich Thomas Bonartes Nordtanus Anglus nennt, hat dies von seiner *Concordia Scientiae cum Fide* behauptet. Es ist ein sinnreiches und gelehrtes, aber in bitterem und verlegenem Tone geschriebenes Buch, was selbst unhaltbare Ansichten aufstellt. Aus der Apologia Cyriakorum des Dominikanermönchs Vincent Baron habe ich ersehen, dass dieses Buch in Rom getadelt worden ist, dass der Verfasser Jesuit gewesen ist und dass die Veröffentlichung desselben Nachtheile für ihn gehabt hat. Der verehrte Pater des Bosses, welcher gegenwärtig in dem Jesuiten-Collegium zu Hildesheim die Theologie vorträgt und dessen seltene Gelehrsamkeit mit hohem Scharfsinn vereinigt ist, welchen er sowohl in der Philosophie wie in der Theologie zeigt, hat mir mitgetheilt, dass der wahre Name von Bonartes Thomas Barton gewesen und dass er nach seinem Austritt aus der Gesellschaft Jesu sich nach Irland zurückgezogen gehabt, wo die Art seines Todes ein günstiges Zeugniss für seine Gesinnungen abgegeben habe. Ich beklage die gewandten Männer, welche durch ihre Arbeiten und ihren Eifer sich Unannehmlichkeiten zuziehen. Aehnliches hat früher Peter Abälard erlebt, ebenso Gilbert von Porrée, Johann Wiclef und in unsern Tagen der Engländer Thomas Albius und einige andere, die sich zu sehr in die Erklärung der Mysterien vertieft hatten.

87. Indess zweifelt der heilige Augustin (so wenig wie Herr Bayle) nicht daran, dass man hienieden die gewünschte Auflösung noch finden werde, nur glaubt dieser heilige Vater, sie sei durch eine ganz besondere Gnade für einen heiligen Mann aufbehalten. Er sagt (zur Genesis, Buch 11, Kap. 4): »Es ist vielleicht eine verborgene Sache, welche für Bessere und Heiligere aufgehalten bleibt, mehr aus Gnade für jenen, wie für die Verdienste dieser.« Luther behält die Erkenntniss des Mysteriums der Erwählung, der himmlischen Akademie vor (in der Schrift von dem knechtischen Willen; K. 114), er sagt: »Dort spendet Gott Gnade und Erbarmen den Unwürdigen; hier spendet er Zorn und Strenge denen, die sie nicht verdient haben; an beiden Stellen zu heftig und unbillig bei den Menschen, aber gerecht und wahr bei sich selbst. Denn wie das gerecht sein soll, dass er Unwürdige krönt, ist jetzt zwar unbegreiflich, aber wir werden es erkennen, wenn wir dorthin kommen, wo man nicht mehr glauben, sondern das Offenbarte mit Augen sehen wird. Wie es daher gerecht sein kann, dass er Unschuldige verdammt, ist zur Zeit unbegreiflich, aber es wird geglaubt, bis der Sohn des Menschen offenbar werden wird.« Es steht zu hoffen, dass Herr Bayle sich jetzt umgeben von diesem Lichte findet, was uns noch mangelt, weil man annehmen kann, dass es ihm nicht am guten Willen gefehlt hat.

Der reine Daphis schaut die Schwelle des ungewohnten Olymp
Und sieht zu seinen Füssen die Wolken und Gestirne.

Virgil.

– Jener schaut, nachdem er mit
Wahrem Licht sich erfüllt, die schweifenden
Sterne und das an den Pol geheftete Gestirn
Und sieht in wie grosser Nacht liegt unser Tag.

Lucian.   96

Abhandlung über die Güte Gottes, die Freiheit des Menschen und den Ursprung des Uebels

Erster Theil

1. Nachdem ich die Rechte des Glaubens und der Vernunft in einer Weise festgestellt habe, welche die Vernunft dem Glauben nützen lässt, anstatt ihm entgegen zu treten, wird sich zeigen, wie beide diese Rechte gebrauchen, um dasjenige aufrecht zu erhalten und zu vereinigen, was das natürliche und das offenbarte Licht uns von Gott und dem Menschen in Bezug auf das Uebel lehren. Man kann die *Schwierigkeiten* in zwei *Klassen* theilen; die einen entspringen aus der Freiheit des Menschen, welche mit der Natur Gottes unverträglich erscheint, während sie doch nothwendig ist, damit der Mensch für schuldig und strafbar gehalten werden kann. Die andere Klasse betrifft das Verhalten Gottes, indem er danach zu sehr an dem Dasein des Uebels Theil zu nehmen scheint; selbst wenn der Mensch frei sein und auch seinen Theil davon auf sich nehmen sollte. Dieses Verhalten scheint mit der göttlichen Güte, Heiligkeit und Gerechtigkeit nicht verträglich, weil Gott an dem physischen und moralischen Uebel mitwirkt, und weil dies bei dem einen wie bei dem andern ebenso physisch, wie moralisch geschieht und weil diese Uebel sich anscheinend sowohl in dem Reiche der Natur, wie in dem der Gnade zeigen und ebenso, ja noch mehr, in dem kommenden und ewigen Leben, als in dem kurzen hienieden.

2. Um diese Schwierigkeiten kurz darzulegen, bedenke man, dass die Freiheit (anscheinend) mit der Vorherbestimmung und Gewissheit sich nicht verträgt, mag diese Freiheit sein, welcher Art sie wolle; trotzdem soll nach der gewöhnlichen Lehre unserer Philosophen die Wahrheit der kommenden zufälligen Ereignisse bestimmt sein. Das Vorauswissen Gottes macht alles Kommende gewiss und bestimmt; ja seine Voraussicht und seine Vorausbestimmung, auf welche das Vorauswissen gegründet erscheint, thut noch mehr, da Gott nicht gleich dem Menschen die Ereignisse mit Gleichgültigkeit betrachten und sein Urtheil anhalten kann, weil alles nur durch die Beschlüsse seines Willens und die Wirksamkeit seiner Macht zum Dasein gelangt.

Selbst wenn man von einer Mitwirkung Gottes absieht, so ist doch in der Ordnung der Natur alles mit einander verknüpft, indem nichts ohne eine Ursache, welche die Wirkung bestimmt, geschehen kann. Dies gilt ebenso für die freiwilligen Handlungen, wie für alles andere. Danach erscheint der Mensch also gezwungen, das Gute und Schlechte zu thun, was er thut und er verdient deshalb weder Strafe noch Belohnung. Die ganze Moral und alle menschliche und göttliche Gerechtigkeit wird dadurch vernichtet.

3. Wollte man aber dem Menschen selbst diese Freiheit zugestehen, mit der er sich zu seinem Schaden schmückt, so würde doch das Verhalten Gottes dem Tadel unterliegen und dieser Tadel durch die anmassliche Unwissenheit der Menschen unterstützt werden, die sich auf Kosten Gottes ganz oder zum Theil von der Schuld befreien möchten. Man behauptet, dass die ganze Realität und sogenannte Substanz der Handlungen, selbst bei der Sünde, ein Werk Gottes sei, weil alle Geschöpfe und all ihr Handeln das in diesem enthaltene Reale von ihm haben. Daraus will man ableiten, dass er nicht allein die physische Ursache des Uebels sei, sondern auch die moralische, weil Gott vollkommen frei handle und alles nur mit vollkommener Kenntniss der Dinge und ihrer möglichen Folgen thue. Es genügt auch nicht, zu sagen, dass Gott sich ein Gesetz gegeben habe, wonach er bei dem Wollen und den Entschlüssen der Menschen mitwirkt, sei es im gewöhnlichen Sinne, sei es nach dem System der gelegentlichen Ursachen; denn einmal scheint es sonderbar, dass er sich ein solches Gesetz gegeben, dessen Folgen ihm bekannt waren; sodann liegt aber die Hauptschwierigkeit darin, dass anscheinend der böse Wille selbst ohne seine Mitwirkung und selbst ohne eine Art Vorherbestimmung von seiner Seite, welche zur Entstehung dieses Wollens im Menschen oder eines andern vernünftigen Geschöpfes beiträgt, nicht zu Stande kommen kann; da ja auch eine Handlung, um schlecht zu sein, nicht minder von Gott abhängt. Daraus will man schliessen, dass Gott alles, das Gute wie das Schlechte, ohne Unterschied bewirkt, sofern man nicht etwa mit den Manichäern zwei Prinzipien, ein gutes und ein schlechtes annehmen möchte. Dazu kommt, dass nach der gemeinsamen Ansicht der Theologen und Philosophen, die Erhaltung der Welt eine fortgehende Schöpfung ist und man deshalb sagen kann, dass der Mensch fortwährend verdorben und sündigend geschaffen werde; ganz abgesehen von den Cartesianern, nach denen Gott der allein

handelnde ist und die Geschöpfe nur die reinen leidenden Werkzeuge sind, eine Ansicht, auf die auch Herr Bayle sich vielfach stützt.

4. Aber selbst wenn Gott bei den Handlungen nur in einer allgemeinen Weise mitwirken oder überhaupt nicht, wenigstens bei den schlechten Handlungen nicht, mitwirken sollte, so genügt doch für die Zurechnung, sagt man, und um Gott zu der moralischen Ursache zu machen, dass ohne seine Erlaubniss nichts geschehen kann. Wenn man auch von dem Sündenfall der Engel absieht, so weiss er doch alles, was geschehen wird, wenn er den Menschen nachdem er ihn geschaffen hat, in solche Verhältnisse bringt, und er hört nicht auf, ihn in solche zu versetzen. Der erste Mensch wird einer Versuchung ausgesetzt, von der Gott weiss, dass er unterliegen werde und dass derselbe dadurch die Ursache von unzähligen schrecklichen Uebeln werden werde und dass durch diese Sünde das ganze menschliche Geschlecht angesteckt und in eine Art von Nothwendigkeit zu sündigen versetzt werden werde, was man die Erbsünde nennt; dass die Welt dadurch in eine arge Verwirrung gebracht werden werde; dass dadurch der Tod und die Krankheiten über sie gebracht werden mit Tausend anderlei Unglück und Elend, welches regelmässig die Guten, wie die Schlechten trifft; dass selbst die Bosheit hienieden herrschen und die Tugend unterdrückt werden werde und dass es damit beinah den Anschein gewinne, als leite keine Vorsehung die Dinge. Indess wird es noch schlimmer, wenn man an das zukünftige Leben denkt, weil es da nur eine kleine Zahl geretteter Menschen geben wird und alle andern in Ewigkeit verderben werden; abgesehen davon, dass diese zum Heil bestimmten Menschen durch eine willkürliche Auswahl aus der verderbten Masse herausgenommen worden sind, mag man dabei sagen, dass Gott bei ihrer Auswahl ihre künftigen guten Handlungen, oder ihren Glauben oder ihre Werke beachte, oder mag man annehmen, dass er ihnen diese guten Eigenschaften und Handlungen gewährt habe, weil er sie zum Heile im Voraus bestimmt habe. Denn wenn auch in dem mildesten System gesagt wird, dass Gott alle Menschen habe erretten wollen, und wenn man auch in den andern, gewöhnlich angenommenen, Systemen anerkennt, dass er seinen Sohn die menschliche Natur habe annehmen lassen, um deren Sünden abzubüssen, so dass alle, die an ihn glauben, lebendig und schliesslich gerettet sein werden, so bleibt doch immer wahr, dass dieser lebendige Glaube ein Geschenk Gottes ist, dass wir für alle guten Werke todt sind, dass eine vorhergehende Gnade selbst bis zu unserem Willen den Antrieb giebt und dass Gott uns das Wollen und das Vollbringen giebt. Mag nun dies durch eine wirksame Gnade allein geschehen, d.h. durch eine innere göttliche Bewegung, welche unsern Willen vollständig zu dem Guten, was wir thun, bestimmt; oder mag es nur eine hinreichende Gnade sein, die aber doch stets antreibt und die durch die innern und äussern Umstände wirksam wird, in denen der Mensch sich befindet oder in die Gott ihn versetzt hat, so muss man immer darauf zurückkommen, dass Gott der letzte Grund des Heils, der Gnade, des Glaubens und der Erwählung in Jesu Christo ist. Selbst wenn die Auswahl die Ursache oder die Folge der Absicht Gottes, den Glauben zu gewähren, ist, so bleibt es doch immer wahr, dass er den Glauben und das Heil austheilt, wie es ihm beliebt ohne dass ein Grund für seine Auswahl sich zeigt, die nur auf eine sehr kleine Zahl von Menschen trifft.

5. Es ist also ein schreckliches Ergebniss dass Gott, indem er seinen einzigen Sohn für die ganze Menschheit hingiebt, und er der einzige Urheber und Herr des Heils der Menschen ist, doch nur so wenige rettet und alle andern seinem Feinde, dem Teufel überlässt, der sie in Ewigkeit quält und ihrem Schöpfer fluchen macht, obgleich doch alle geschaffen worden sind, um seine Güte, seine Gerechtigkeit und übrigen Vollkommenheiten auszubreiten und zu offenbaren. Dies Ereigniss ist um so erschreckender, als alle diese Menschen nur deshalb ewig unglücklich sind, weil Gott ihre Voreltern einer Versuchung ausgesetzt hat von welcher er wusste, dass sie ihr nicht wiederstehen würden; dass diese Sünde den Menschen anhängt und zugerechnet wird, noch ehe ihr Wille sich dabei betheiligt hat, dass diese Erbsünde ihren Willen bestimmt, wirkliche Sünden zu begehen und dass eine Unzahl Menschen, Kinder und Erwachsene, die niemals von Jesus Christus, dem Heiland der Menschheit, haben sprechen hören oder ihn nicht hinreichend verstanden haben, sterben, bevor sie die Hülfe erhalten, um sich von diesem Abgrund der Sünde zurückzuziehen; die zu ewigen Empörern gegen Gott verurtheilt und dem schrecklichsten Elend in Gemeinschaft mit den abscheulichsten der Geschöpfe hingegeben sind, obgleich doch im Grunde diese Menschen nicht schlechter als die andern gewesen sind obgleich vielleicht manche von ihnen weniger schuldig gewesen sind, als jene kleine Zahl der Auserwählten, welche eine Gnade ohne Grund gerettet worden sind und dadurch eine ewige Seligkeit geniessen, die sie nicht verdient haben. – Dies ist eine kurze

Darstellung der Schwierigkeiten, welche Viele gefühlt haben. Herr Bayle gehört zu denen, welche sie am stärken dargestellt, wie sich später ergeben wird, wenn ich seine Aussprüche prüfen werde; für jetzt habe ich wohl alles Wesentliche von diesen Schwierigkeiten angeführt; doch habe ich mich dabei aller Ausdrücke und Uebertreibungen enthalten, die nur Aergerniss erregen könnten, ohne doch diese Einwürfe selbst zu verstärken.

6. Wir wollen nun die Medaille umkehren und das erwägen, was man auf diese Einwürfe antworten kann. Ich muss hier etwas weitläufiger werden, denn man kann wohl in wenig Worten viele Schwierigkeiten häufen, aber zu deren Erörterung bedarf man mehr Raum. Mein Zweck ist, bei den Menschen die falschen Vorstellungen zu beseitigen, wonach Gott ein unbeschränkter Herrscher ist, welcher von seiner Macht einen despotischen Gebrauch macht und welcher wenig geeignet und wenig werth ist, geliebt zu werden. Diese Vorstellungen sind um so schlimmer in Bezug auf Gott, da das Wesen der Frömmigkeit nicht blos darin besteht, dass man ihn fürchtet, sondern auch, dass man ihn über alles liebt und dies ist nur möglich, wenn man seine Vollkommenheiten kennt, welche die Liebe erwecken, die er verdient und welche das Glück derer bildet, die ihn lieben. Wir finden uns dann von einem Eifer erfüllt, welcher ihm gefallen will; wir hoffen dann mit Grund, dass er uns erleuchten wird und dass er selbst uns in der Ausführung dieser Absicht beistehen werde, die nur auf seinen Ruhm und auf das Wohl der Menschen abzielt. Eine so gute Sache gewährt Vertrauen; wenn der Schein gegen uns spricht, so können wir ihm von unserer Seite mit Gründen entgegentreten und ich wage, dem Gegner zu sagen:

Aspice, quam mage sit nostrum penetrabile telum!
(Schaue, wie viel tiefer unser Pfeil dringen werde!)

7. *Gott ist der erste Grund der Dinge*, denn alle beschränkten Dinge, wie alles, was wir sehen und erfahren sind zufällig und haben nichts in sich, was ihr Dasein nothwendig macht, da offenbar die Zeit, der Raum und der Stoff in sich selbst geeint, gleichförmig und dabei, gleichgültig gegen alles andere, auch ganz andere Bewegungen und Gestalten und eine andere Ordnung annehmen konnten. Man muss deshalb den *Grund für das Dasein der Welt*, welches die volle Ansamm-

lung der *zufälligen* Dinge ist, aufsuchen und man muss ihn in derjenigen *Substanz* suchen, *welche den Grund ihres Daseins in sich selbst hat* und deshalb ewig und *nothwendig* ist. Auch muss diese Substanz eine *geistige* sein; denn die daseiende Welt ist zufällig; eine Unzahl anderer Welten war ebenso möglich und verlangt so zu sagen ebenso nach dem Dasein wie jene und deshalb muss die Ursache der Welt auf alle diese möglichen Welten eine Rücksicht oder eine Beziehung zu ihnen, gehabt haben, um eine davon zum Dasein zu bestimmen. Diese Rücksicht oder diese Beziehung einer vorhandenen Substanz zu blossen Möglichkeiten kann nur ein *Verstand* sein, welcher die Vorstellungen von derselben hat, und um eine davon auszuwählen, kann nur die That eines *Willens* sein, der wählt. Die *Macht* dieser Substanz ist es, welche diesen Willen wirksam macht. Diese Macht geht auf das Sein, die Weisheit oder der Verstand auf die Wahrheit und der Wille auf das Gute. Diese verständige Ursache muss auf alle Weise unendlich sein, unbedingt vollkommen in *Macht, Weisheit* und *Güte*, weil sie sich auf alles erstreckt, was möglich ist; und da alles mit einander verknüpft ist, so ist kein Platz da, um von diesen Welten mehr als eine zuzulassen. Der Verstand dieser Substanz ist die Quelle der *Wesentlichkeiten* und der Wille der Ursprung des *Daseins* derselben. Dies ist in wenig Worten der Beweis eines einzigen Gottes und seiner Vollkommenheiten und des Ursprungs der Dinge durch ihn.

8. Nun hat diese höchste Weisheit, verbunden mit einer gleich unendlichen Güte, nur die beste Welt erwählen können; denn so wie ein geringes Uebel eine Art Gut ist, so ist auch ein geringes Gut eine Art Uebel, wenn es ein grösseres Gut verhindert und man könnte an den Handlungen Gottes etwas rügen, wenn er es besser machen konnte. So wie in der Mathematik da, wo es kein *Grösstes* und kein *Kleinstes* giebt und überhaupt nichts bestimmtes, alles gleichmässig sich vollzieht, oder, wo dies nicht angeht, nichts geschieht, so kann man auch von der vollkommenen Weisheit, die nicht minder geregelt ist wie die Mathematik, sagen, dass wenn es nicht eine beste *(optimum)* unter allen möglichen Welten gegeben hätte, Gott keine geschaffen haben würde. Ich nenne *Welt* die ganze Folge und das ganze Nebeneinandersein aller bestehenden Dinge, damit man nicht sage, dass mehrere Welten zu verschiedenen Zeiten und an verschiedenen Orten hätten bestehen können; vielmehr muss man sie alle zu *einer* Welt zählen, oder wenn man will zu *einem Universum*. Selbst wenn man alle Zeiten und alle Orte ausfüllt, so bleibt es immer wahr, dass man sie auf unendlich verschiedene Art anfüllen konnte, und dass es eine Unzahl möglicher Welten giebt, von denen Gott die beste wählen musste, weil er nicht anders, als nach der höchsten Vernunft handelt.

9. Wenn ein Gegner auf diesen Beweis nichts antworten kann, so wird er auf den Schlusssatz vielleicht durch einen entgegengesetzten Grund antworten und sagen, dass die Welt vielleicht ohne Sünde und ohne Leiden hätte sein können; allein ich bestreite, dass sie dann die *beste* gewesen sein würde. Denn in jeder der möglichen Welten ist alles verknüpft; wie auch das Universum sein mag, so ist es doch von *einem* Stück, wie ein Ozean; die leiseste Bewegung dehnt ihre Wirkung auf die weiteste Entfernung aus, wenn auch diese Wirkung nach Verhältniss der Entfernung schwächer wird. Gott hat deshalb hier alles im Voraus ein für allemal geregelt und hat die Gebete, die guten und schlechten Handlungen und alles andere vorausgesehen; alles hat *ideal*, vor seinem Dasein zu dem Entschluss beigetragen, welcher für das Dasein aller Dinge gefasst worden ist. Es kann deshalb in dem Universum Nichts unbeschadet seines Wesens (so wenig wie in einer Zahl) geändert werden, oder, wenn man will, unbeschadet seiner numerischen Einzelheit. Wenn daher auch nur das geringste Uebel in der Welt fehlte, was in ihr sich ereignet, so könnte sie nicht mehr diese Welt sein, welche alles zu- und alles abgerechnet, von dem Schöpfer, der sie erwählt hat, als die beste befunden worden ist.

10. Man kann sich allerdings eine Welt ohne Sünde und ohne Elend vorstellen und man könnte aus ihr Sevaramben, wie Romane voller Utopien machen; allein diese Welt würde im Uebrigen der unserigen erheblich nachstehen. Ich kann dies nicht im Einzelnen darlegen; denn wie könnte ich diese zahllosen Welten kennen und darstellen und mit einander vergleichen? Vielmehr muss man mit mir *ab effectu* (von der Wirkung) urtheilen; weil eben Gott diese Welt, so wie sie ist, erwählt hat. Auch wissen wir, dass sehr oft ein Uebel ein Gut bewirkt, was ohne jenes nicht eingetreten sein würde. Oft haben selbst zwei Uebel ein grosses Gut bewirkt:

> *Et si fata volunt, bina venena juvant!*
> (Und wenn das Schicksal es will, so hilft das zwiefache Gift.)

So bringen einige Flüssigkeiten manchmal einen festen Körper hervor, wie Weingeist und Extrakt von Urin, welche van Helmont gemischt hat. Manchmal begeht ein General einen glücklichen Fehler, welcher ihn die Schlacht gewinnen macht und singt man nicht am Osterabend in den katholischen Kirchen:

O! Sicherlich war Adam's Sünde nöthig
Die durch Christi Tod aufgehoben worden!
O glückliche Schuld, welche solchen und so grossen
Erlöser zu haben verdient hat.

11. Die berühmten Prälaten der gallikanischen Kirche, welche an Papst Innocenz XII. gegen das Buch des Kardinals Sfondrati über die Vorherbestimmung geschrieben haben, haben, da sie den Grundsätzen des heiligen Augustin beistimmen, viel Passendes zur Aufklärung dieses wichtigen Punktes gesagt. Der Kardinal scheint den Stand der ungetauft verstorbenen Kinder selbst dem himmlischen Reiche vorzuziehen, weil die Sünde das grösste Uebel sei und diese Kinder frei von aller wirklichen Sünde gestorben seien. Ich werde später mehr darüber sagen. Die Herrn Prälaten haben richtig bemerkt, dass diese Ansicht schlecht begründet sei. Sie sagen, der Apostel (Römer III. 8) missbillige mit Recht, dass man Böses thue, damit Gutes daraus folge, allein man könne es nicht missbilligen, wenn Gott vermöge seiner überragenden Macht aus dem Zulassen der Sünde grössere Güter ableitet, als die, welche vor der Sünde bestanden haben. Deshalb dürfen wir aber nicht Freude an der Sünde haben; möge Gott dies verhüten, sondern wir haben demselben Apostel zu glauben, welcher sagt (Römer V. 20), dass, wo die Sünde im Uebermaass ist, die Gnade noch in höherem Maass gewesen ist und wir erinnern uns, dass wir Jesum Christum selbst in Folge der Sünde erlangt haben. Diese Prälaten wollen also nur festhalten, dass eine Folgeweise der Dinge, in welcher auch die Sünde eintritt, hat besser sein können und wirklich besser gewesen sei, als eine Folgeweise ohne Sünde.

12. Man hat von jeher Vergleiche benutzt, die, vom sinnlichen Vergnügen hergenommen, mit Empfindungen gemischt sind, welche sich dem Schmerze nähern, um erkennen zu lassen, dass es etwas ähnliches auch bei dem geistigem Vergnügen giebt. Ein wenig Scharfes, Herbes oder Bitteres schmeckt oft angenehmer, als Zucker; die

Schatten heben die Farben und selbst eine Dissonanz an der rechten Stelle, lässt die Harmonie mehr hervortreten. Man verlangt nach dem Schrecken, welchen Seiltänzer veranlassen, die im Begriff zu fallen sind und man will, dass die Trauerspiele uns bis zu Thränen rühren. Geniesst man wohl die Gesundheit genug und dankt man Gott genug dafür, wenn man niemals Krank gewesen ist? Und bedarf es nicht meistentheils ein wenig des Schmerzes, um die Lust mehr zu empfinden, d.h. grösser zu machen?

13. Man wird indess sagen, dass die vorhandenen Uebel schwer und in grosser Menge im Vergleich zu den Gütern bestehen; allein man irrt. Nur der Mangel an Aufmerksamkeit vermindert unsere Güter und es bedarf einer Mischung mit einigem Schmerze, damit wir zu dieser Aufmerksamkeit gelangen. Wären wir in der Regel krank und selten gesund, so würden wir dieses grosse Gut wunderbar schätzen und unser Uebel weniger empfinden und ist es trotzdem nicht besser, dass die Gesundheit die Regel ist und die Krankheit selten? Wir haben daher durch unser Denken das zu ergänzen, was unserm Empfinden abgeht, um das Gut der Gesundheit voller zu fühlen. Hätten wir keine Kenntniss von dem zukünftigen Leben, so würden sich wenig Personen finden, welche nicht bei dem Nahen des Todes gern das Leben wieder mit dem Bedingen annähmen, um es mit demselben Werth von Gütern und Schmerzen zu verbringen, namentlich wenn es nicht dieselben Arten bei beiden wären. Man wäre schon mit dem Wechsel zufrieden, ohne einen bessern Zustand, als den verlebten, zu verlangen.

14. Betrachtet man die Gebrechlichkeit des menschlichen Körpers, so bewundert man die Weisheit und Güte des Schöpfers der Natur, welcher ihn so dauerhaft und seinen Zustand so erträglich gemacht hat. Ich wundere mich deshalb nicht, dass die Menschen manchmal krank werden, sondern ich wundere mich, dass sie es so wenig werden und dass sie es nicht immer sind. Deshalb haben wir auch um so mehr die göttliche Kunst in dem Mechanismus der Thiere zu bewundern, deren Maschinen der Schöpfer so zerbrechlich und leicht verderblich gemacht hat und die doch so fähig sind, sich zu erhalten; denn die Natur heilt uns mehr, als die Arznei. Nun ist diese Gebrechlichkeit eine Folge von der Natur der Dinge, wenn man nicht verlangt, dass es diese Art von Geschöpfen, welche Vernunft haben und mit Fleisch und Knochen versehen sind, gar nicht in der Welt geben solle.

Allein dies würde offenbar ein Mangel sein, den einige frühere Philosophen ein *Vacuum formarum*, eine Lücke in der Ordnung der Gestaltungen genannt haben würden.

15. Leute von solcher Gemüthsart, dass sie mit der Natur und ihrer Lage zufrieden sind und sich nicht darüber beklagen, auch wenn sie nicht das beste Loos erhalten haben, möchte ich den Andern vorziehen. Denn abgesehen, dass diese Klagen ohne Grund sind, ist dies in Wahrheit ein Murren gegen die Ordnung der Vorsehung. Man soll sich nicht leicht zu den Unzufriedenen in dem Staat gesellen, in dem man sich befindet und man soll es durchaus nicht in dem Staate Gottes, wo man nicht ohne Unrecht unzufrieden sein kann. Die Bücher über das menschliche Elend, wie das des Papstes Innocenz III., sind nicht eben die nützlichsten; man verdoppelt die Uebel, indem man ihnen Aufmerksamkeit zuwendet, die man vielmehr von ihnen weg den Gütern zuwenden sollte, die jene weit übertreffen. Noch weniger billige ich Bücher, wie das des Abts Esprit von der Unwahrheit der menschlichen Tugenden, von dem man uns kürzlich einen Auszug geliefert hat, da ein solches Buch alles nur von der schlechten Seite auffasst und die Menschen wirklich zu solchen macht, wie es sie schildert.

16. Man muss indess zugestehen, dass es in diesem Leben Unordnungen giebt, die sich besonders bei dem Glücke mancher schlechten Menschen und bei dem Unglück vieler Guten zeigen. Es giebt ein deutsches Sprüchwort, welches selbst den Schlechten den Vorzug giebt, als wären sie die Glücklichsten:

> Je krummer Holz, je bessre Krücke;
> Je ärger Schalk, je grösser Glücke.

Und es wäre wünschenswerth, dass jene Worte des Horaz für uns wahr würden:

> Selten hat den vorschreitenden Schlechten die
> Strafe mit ihrem lahmen Fusse nicht nachgefolgt.

Dennoch kommt es oft vor, wenn auch nicht in der Mehrzahl. Möge der Himmel sich vor den Augen des Universums rechtfertigen und möge man mit Claudianus sagen:

Die Strafe des Rufinus hat endlich von hier
den Aufruhr entfernt und die Götter freigesprochen.

17. Sollte dies indess auch in diesem Leben nicht geschehen, so ist das Heilmittel in jenem Leben schon bereit. Die Religion und selbst die Vernunft sagen es uns und wir dürfen wegen eines kleinen Aufschubes nicht murren, den die höchste Weisheit den Menschen zur Reue zu gestatten, für gut befunden hat. Indess verdoppeln sich hier die Einwürfe von einer andern Seite, wenn man an das Heil und die Verdammniss denkt; weil es sonderbar erscheint, dass selbst in der grossen Zukunft der Ewigkeit das Uebel das Gute überwiegen solle und zwar selbst unter der höchsten Autorität dessen, welcher das höchste Gut ist; indem es viele Berufene geben wird, aber nur wenig Erwählte und Gerettete. Aus einigen Versen von Prudentius (Hymne vor dem Schlafe), welche lauten:

Aber derselbe gnädige Rächer hält seinen
Zorn zurück und lässt wenige der Nicht-
Frommen in Ewigkeit verderben.

ersieht man allerdings, dass man zu seiner Zeit die Zahl der ganz Schlechten und der Verdammniss Verfallenen für sehr gering geglaubt hat, und Einige meinen, man habe damals an eine Mitte zwischen Paradies und Hölle geglaubt und dass derselbe Prudentius so spricht, als wäre er mit dieser Mitte zufrieden. Auch der heilige Gregor von Nyssa neigt dazu und der heilige Hieronymus billigt die Annahmen, dass endlich alle Christen in Gnaden aufgenommen werden würden. Ein Wort des heiligen Paulus, was er selbst für ein mysteriöses ausgiebt, dahin, dass ganz Israel errettet sein werde, hat den Stoff zu vielen Deutungen geliefert. Mehrere fromme und selbst gelehrte aber kühne Personen haben den Ausspruch des Origenes wieder ertönen lassen, wonach das Gute mit der Zeit ganz und überall die Oberhand erlangen werde und wonach alle vernünftigen Geschöpfe zuletzt heilig und selig werden würden, bis zu den gefallenen Engeln. Das Buch des ewigen Evangeliums, was kürzlich deutsch veröffentlicht worden ist und durch ein grosses und gelehrtes Werk, mit dem Titel: *Apokatastasis pantôn* (die Wiederaufrichtung Aller) unterstützt worden ist, hat viel Lärm in Bezug auf dieses grosse Paradoxon veranlasst. Auch Herr Le Clerc hat sich mit Geschick der Sache der Origenisten angenommen, ohne sich jedoch für sie zu erklären.

18. Ein geistreicher Mann, welcher mein Princip der Harmonie bis zu willkürlichen Annahmen ausgedehnt hat, die ich nicht billige, hat sich eine beinah astronomische Theologie zurecht gemacht. Er glaubt, dass die gegenwärtige Unordnung dieser Welt hienieden begonnen habe, als der oberste Engel der Erdkugel, welche damals noch eine Sonne gewesen (d.h. ein von selbstleuchtender Fixstern), mit einigen niedern Engeln seines Bezirks eine Sünde begangen habe, vielleicht weil er sich unpassender Weise gegen den Engel einer grösseren Sonne erhoben hatte, und dass zu derselben Zeit in Folge der vorausbestimmten Harmonie zwischen den Reichen der Natur und der Gnade und folglich durch natürlich gleichzeitig eingetretene Ursachen, die Erdkugel mit Flecken bedeckt, dunkel gemacht und von ihrem Platze vertrieben worden sei. Dadurch sei sie zu einem Irrstern oder Planeten d.h. zu dem Begleiter einer anderen Sonne herabgesunken, vielleicht von der Sonne, deren Vorrang der Engel nicht habe anerkennen wollen. Darin soll der Fall des Teufels bestehen und gegenwärtig soll der Oberste der bösen Engel, welche in der heiligen Schrift der Fürst und selbst der Gott dieser Welt genannt wird, mit den Engeln seines Gefolges jenes vernünftige Geschöpf beneiden, was auf der Oberfläche dieser Erdkugel umherwandelt und was Gott vielleicht erweckt hat, um sich für den Fall jener Engel zu entschädigen und der Teufel mit seinem Gefolge solle sich mühen, es zum Mitschuldigen ihrer Verbrechen und zum Theilnehmer von ihren Leiden zu machen. Da sei nun Jesus Christus gekommen, die Menschen zu erretten; dies sei der ewige Sohn Gottes und insofern auch der einzige Sohn; allein derselbe habe (nach einigen alten Christen und nach dem Urheber dieser Hypothese) sich sofort mit dem Beginn der Dinge in die vortrefflichste Natur unter den Geschöpfen gekleidet, und habe sich, um sie alle zu vervollkommnen, unter sie begeben. Dies sei die zweite Sohn-Werdung, wonach er der Erst-Geborene von aller Kreatur ist. Die Kabbalisten nennen ihn den *Adam Kadmon* (Adam, den Ordner). Er habe sein Zelt vielleicht in der grossen Sonne aufgerichtet, die uns ihr Licht sendet, aber endlich sei er auf unsere Erdkugel gekommen, hier von der Jungfrau geboren worden und habe die menschliche Natur angenommen, um die Menschen von ihrem Feind und dem Seinigen zu erretten. Wenn dann die Zeit des Gerichts sich nahen werde, wo die gegenwärtige Gestalt der Erde sich ihrem Untergange nahe, so werde er in sichtbarer Gestalt wiederkommen, um die Guten auf ihr mit sich zu nehmen und sie vielleicht in die Sonne zu versetzen und um hier die Schlechten sammt den Dämonen, die sie verführt hätten, zu bestrafen. Dann werde die Erde zu brennen anfangen und vielleicht ein Komet werden. Dies Feuer werde viele Ewigkeiten währen, der Schwanz des Kometen werde von dem Rauche gebildet, welcher nach der Offenbarung Johannis unaufhörlich aufsteigen werde und diese Feuersbrunst werde die Hölle oder der zweite Tod sein, von dem die heilige Schrift spreche. Endlich aber werde die Hölle ihre Todten herausgeben, der Tod selbst werde vernichtet werden und die Vernunft und der Friede würden wieder in den Geistern zu regieren beginnen, welche verführt worden wären. Sie würden dann ihr Unrecht empfinden, ihren Schöpfer anbeten und ihn um so mehr zu lieben anfangen, je grösser sie den Abgrund gesehen, aus dem sie hinausträten. Gleichzeitig werde (in Folge der *gleichlaufenden Harmonie* der Reiche der Natur und der Gnade) diese lange und grosse Feuersbrunst die Erde von ihren Flecken gereinigt haben, sie werde wieder eine Sonne werden und ihr oberster Engel werde mit seinem Gefolge von Engeln wieder seinen Platz einnehmen; die verdammten Menschen würden mit zu den guten Engeln gehören; dieser Oberste auf unserer Erde werde dem Messias, dem Haupte der Geschöpfe huldigen und der Ruhm dieses versöhnten Engels werde grösser, als vor seinem Falle sein.

Und unter die Götter nach des Schicksals Gesetz aufgenommen,
Wird unser goldener Apoll in Ewigkeit regieren.

Diese Vision hat mir gefallen und ist eines Origenisten würdig; allein wir brauchen keine solche Hypothesen und Dichtungen, an denen der Witz mehr Antheil hat als die Offenbarung und wo selbst die Vernunft nicht ganz ihre Rechnung findet, da es anscheinend keinen Hauptort in der bekannten Welt giebt, welcher vor andern Anspruch auf den Sitz des Aeltesten der Geschöpfe hätte, wenigstens ist es die Sonne in unserem Systeme nicht.

19. Wenn man daher bei der feststehenden Lehre bleibt, wonach die Zahl der ewig Verdammten viel grösser als die der Geretteten sein wird, so kann man dennoch sagen, dass das Uebel beinah wie nichts in Vergleich zu dem Guten erscheinen werde, sofern man nur die wahre Grösse des Gottes-Staates bedenkt.

Coelius Secundus Curio hat ein kleines Buch über *die Ausdehnung des himmlischen Reiches* geschrieben, was vor Kurzem wieder aufgelegt worden ist; indess hat er die Ausdehnung dieses Himmelreiches noch nicht begriffen. Die Alten hatten nur schwache Vorstellungen von den Werken Gottes und der heilige Augustin war, da ihm die neuen Entdeckungen unbekannt waren, in grosser Verlegenheit, wenn er das Uebergewicht des Uebels entschuldigen sollte. Die Alten hielten nur unsere Erde für bewohnt, und sie fürchteten hier sich sogar vor den Gegenfüsslern; die übrige Welt bestand nach ihnen nur aus einigen leuchtenden Kugeln und krystallinischen Hohlkugeln. Heutzutage muss, welche Grenzen man auch der Welt setzen oder nicht setzen mag, man anerkennen, dass es eine unzählige Menge von Weltkugeln giebt, die ebenso gross, oder noch grösser als unsere Erde sind, die ebenso, wie sie, auf vernünftige Bewohner Anspruch haben, wenn es auch keine Menschen sind. Die Erde ist nur *ein* Planet, einer der sechs Haupttrabanten unserer Sonne und da alle Fixsterne ebenfalls Sonnen sind, so erhellt, wie gering unsere Erde im Verhältniss zur sichtbaren Welt ist, da sie ja nur das Anhängsel *einer* Sonne unter vielen ist. Möglicherweise sind die Sonnen von lauter glücklichen Menschen bewohnt und nichts nöthigt uns zu der Annahme, dass es viele Verdammte gebe, denn wenige Beispiele und wenige Muster genügen für den Nutzen, welche das Gute aus dem Uebel zieht. Da man ferner keinen Grund hat, überall Gestirne anzunehmen, kann da nicht auch ein grösser Raum jenseits der Gestirne bestehen? Mag es der Feuerhimmel sein oder nicht, so kann doch immer dieser ungeheure Raum angefüllt sein von Glück und Ruhm. Man kann ihn sich als den Ozean vorstellen, in den die Ströme aller seligen Geschöpfe einmünden, wenn diese in dem System der Gestirne zu ihrer Vollkommenheit gelangt sein werden. Was bedeutet da unsere Erdkugel und deren Bewohner? Ist sie dann nicht noch unvergleichlich weniger, als ein physischer Punkt, da unsere Erde im Vergleich zu der Entfernung einiger Fixsterne nur wie ein Punkt erscheint. So verliert sich der uns bekannte Theil des Universums beinah in das Nichts im Verhältniss zu dem Theil, den wir nicht kennen und doch mit Grund annehmen können. Da nun alle Uebel, die man mir entgegenhält, nur auf diesem Beinah-

Nichts sich befinden, so können auch diese Uebel ein Beinah-Nichts in Vergleich zu den Gütern des ganzen Universums sein.

20. Ich muss indess auch auf die mehr speculativen und metaphysischen Schwierigkeiten eingehen, die ich erwähnt habe, und welche sich auf die Ursache des Uebels beziehen. Man fragt: Woher kommt das Uebel? *Si Deus est, unde malum? si non est, unde bonum?* (Wenn Gott ist, woher kommt da das Uebel und wenn er nicht ist, woher kommt da das Gute?) Die Alten verlegten die Ursache des Uebels in den Stoff, welchen sie für unerschaffen und von Gott unabhängig annahmen; allein wo sollen wir, die alles Sein von Gott ableiten, die Quelle des Uebels suchen? Die Antwort lautet, dass sie in der idealen Natur des Geschöpfes zu suchen sei, so weit diese Natur in den ewigen Wahrheiten eingeschlossen ist, welche in dem Verstande Gottes unabhängig von seinem Willen, bestehen. Denn man muss bedenken, *dass es in dem Geschöpfe eine ursprüngliche Unvollkommenheit* giebt, und zwar vor der Sünde, weil das Geschöpf wesentlich beschränkt ist; daher kommt es, dass es nicht alles wissen, dass es sich irren und andere Fehler begehen kann. Plato sagt in seinem Timäus, dass die Welt ihren Ursprung in dem Verstande in Verbindung mit der Nothwendigkeit gehabt habe. Andere haben eine Verbindung Gottes mit der Natur angenommen. Man kann in diesen Satz einen guten Sinn legen; Gott wäre der Verstand und die Nothwendigkeit, d.h. die wesentliche Natur der Dinge wäre der Gegenstand für den Verstand, insoweit dieser Gegenstand aus den ewigen Wahrheiten besteht. Indess ist dieser Gegenstand ein innerlicher, innerhalb des göttlichen Verstandes und dort befindet sich nicht blos die ursprüngliche Form des Guten, sondern auch der Ursprung des Uebels. *Diese Region der ewigen Wahrheiten* hat man an die Stelle des Stoffes zu setzen, wenn es sich um Auffindung der Quellen der Dinge handelt. Diese Region ist die ideale Ursache des Uebels (so zu sagen), ebenso wie des Guten; allein, genau gesprochen hat die Formel des Uebels keinen *Effizienten*, da sie in einer Beraubung besteht, wie wir sehen werden, d.h. in dem, was die wirkende Ursache nicht bewirkt. Deshalb pflegen die Scholastiker die Ursache des Uebels eine »*deficiens*« (in einem Mangel bestehend) zu nennen.

21. Man kann das Uebel metaphysisch, physisch und moralisch auffassen. Das *metaphysische Uebel* besteht in der einfachen Unvollkommenheit; das *physische Uebel* in den Schmerzen und das *moralische*

Uebel in der Sünde. Obgleich das physische und moralische Uebel nicht nothwendig sind, so genügt deren Möglichkeit in Folge der ewigen Wahrheiten, und da diese ungeheure Region von Wahrheiten alle Möglichkeiten befasst, so muss es der möglichen Welten unendlich viele geben, und das Uebel muss in mehreren derselben mit eingehen und selbst die beste muss dessen enthalten. Dies ist es, was Gott bestimmt hat, das Uebel zuzulassen.

22. Indess wird man mir entgegnen, weshalb ich von *zulassen* spreche? Thut denn Gott nicht das Uebel und will er es denn nicht? Hier muss erklärt werden, was dieses *zulassen* sei, damit man sehe, wie dieses Wort nicht ohne Grund gebraucht wird. Indess muss vorher die Natur des Willens erklärt werden, welcher seine Grade hat. Im gewöhnlichen Sinne genommen, besteht der Wille in der Neigung, etwas im Verhältniss des darin enthaltenen Guten zu thun. Dieser Wille heisst der *vorgehende*, wenn er in seiner Besonderheit ein Gut für sich nach dessen Güte betrachtet. In diesem Sinne kann man sagen, dass Gott zu allem Guten, so weit es gut ist, neigt, *ad perfectionem simpliciter simplicem* (zur einfachen Vollkommenheit, im einfachen Sinne) nach den Worten der Scholastiker und zwar vermöge eines vorgängigen Willens. Er hat die ernste Neigung alle Menschen zu heiligen und zu erretten, die Sünde auszuschliessen und die Verdammniss zu hindern. Man kann sogar sagen, dass dieser Wille *für sich* (*per se*) ein wirksamer ist, d.h. dass die Wirkung folgen würde, wenn nicht ein stärkerer Grund ihm hinderte; denn dieser Wille geht nicht bis zur letzten Anstrengung *ad summum conatum* (bis zu dem möglichst weiten Versuch), denn sonst würde seine volle Wirkung eintreten, da Gott der Herr aller Dinge ist. Der ganze und untrügliche Erfolg gehört aber nur dem nachfolgenden Willen, wie man ihn nennt. Dieser Wille ist der volle und für ihn gilt die Regel, dass man immer das thun wird, was man kann. Nun ergibt sich dieser nachfolgende, schliessliche und entscheidende Wille aus dem Streite aller vorgängigen Willen, sowohl derer, die zu dem Guten neigen, wie derer, welche das Uebel von sich weisen. Aus diesem Zusammentreffen aller dieser besondern Willen ergibt sich der schliessliche Wille, so wie in der Mechanik die zusammengesetzte Bewegung aus all den treibenden Richtungen, denen ein beweglicher Körper unterliegt, hervorgeht und jeder Richtung genügt, soweit dies mit einem Male zu leisten möglich ist. Es ist, als wenn der Gegenstand sich in diese Richtungen theilte, wie ich einmal in einem Pariser Journale (7. September 1693) bei Darlegung des allgemeinen Gesetzes über die Verbindung der Bewegungen gezeigt habe; und in diesem Sinne kann man auch den vorgängigen Willen einen wirksamen nennen, ja einen mit Erfolg wirksamen.

23. Daraus folgt, dass Gott *vorgehend* das Gute will und *nachfolgend* das Beste, und was das Uebel betrifft, so will Gott das moralische Uebel durchaus nicht, auch will er nicht unbedingt das physische Uebel oder die Schmerzen und deshalb giebt es keine unbedingte Vorausbestimmung zur Verdammniss und von dem physischen Uebel kann man sagen, dass Gott oft es als eine der Schuld zukommende Strafe will und oft auch als ein Mittel für einen Zweck, d.h. um grössere Uebel zu hindern oder um grössere Güter zu erlangen. Die Strafe dient auch zur Besserung und Abschreckung und das Uebel lässt oft das Gute mehr empfinden und trägt auch manchmal zu einer grössern Vervollkommnung des Leidenden bei, wie ja auch der gesäete Same behufs des Keimens einer Art Verderbniss unterliegt; ein schöner Vergleich, dessen auch Jesus Christus selbst sich bedient hat.

24. Was aber das moralische Uebel oder die Sünde anlangt, so kann sie zwar oft auch als Mittel für Gewinnung eines Guts oder Verhinderung eines andern Uebels benutzt werden, allein deshalb wird es kein hinreichender Gegenstand des göttlichen Willens, oder der zulässige Gegenstand des Willens eines Geschöpfes; es kann vielmehr nur zugelassen oder *gestattet* werden, soweit es als eine sichere Folge einer unbedingten Pflicht erscheint in der Weise, dass wenn man nicht die Sünde Anderer gestatten wollte, man selbst seine Pflicht verletzen würde, z.B. wenn ein Offizier, welcher einen wichtigen Punkt bewachen soll, ihn namentlich zur Zeit der Gefahr verliesse, um den Streit zweier Soldaten in der Stadt zu schlichten, die einander tödten wollen.

25. Die Regel, welche sagt, *non esse facienda mala, ut eveniant bona* (man dürfe nicht Böses thun, damit Gutes hervorgehe) und welche ein moralisches Uebel nicht gestattet, um ein physisches Gut zu erlangen, wird damit bestätigt und keineswegs verletzt; ja ich zeige deren Quelle und Sinn. Ich würde es nicht billigen, wenn eine Königin, um angeblich den Staat zu retten, ein Verbrechen beginge, ja nur erlaubte, denn das Verbrechen ist gewiss und das Uebel des Staats zweifelhaft. Ueberdem würde solche Ermächtigung zu Verbrechen, wenn sie zugelassen würde, schlimmer, als der Umsturz manches Landes sein, der auch ohnedem oft genug eintritt und wahrscheinlich mit einem solchen

Mittel, was ihn hindern sollte, nur noch häufiger eintreten würde. Aber in Bezug auf Gott ist nichts zweifelhaft, nichts kann der *Regel des Besten* entgegen sein; sie erleidet keine Ausnahme und gestattet keine Befreiung. In diesem Sinne ist es, dass Gott die Sünde gestattet; denn er würde gegen das verstossen, was er sich selbst, seiner Weisheit, Güte und Vollkommenheit schuldete, wenn er nicht dem grossen Ergebniss aller seiner Willens-Richtungen auf das Gute folgte und wenn er nicht das wählte, was unbedingt das bessere ist, trotz des Uebels der Schuld, welches damit durch die oberste Nothwendigkeit der ewigen Wahrheiten verknüpft ist. Man muss deshalb annehmen, dass Gott *vorgängig* alles Gute an sich will, dass er *nachfolgend* das Beste als einen *Abschluss* will; dass er das Gleichgültige und das physische Uebel manchmal als ein *Mittel* will, aber dass er das moralische Uebel nur auf Grund des *sine qua non* (eines unvermeidlichen Mittels) oder einer hypothetischen Nothwendigkeit gestatten will, welche es mit dem Bessern verknüpft. Deshalb ist der *nachfolgende Wille* Gottes, welcher die Sünde zum Gegenstande hat, nur ein *gestattender*.

26. Es ist auch gut, wenn man bedenkt, dass das moralische Uebel nur deshalb ein grosses Uebel ist, weil es zur Quelle physischer Uebel wird, welche Quelle sich in einem Geschöpfe befindet, was dergleichen Uebel zu bewirken am meisten die Fähigkeit und die Macht hat. Denn in seinem Bereiche ist der böse Wille dasselbe, was das böse Prinzip der Manichäer für das Universum wäre. Die Vernunft, ein Bild der Gottheit, gewährt schlechten Seelen grosse Mittel, um viel Uebles zu bewirken. Der eine Caligula und Nero haben dessen mehr gethan, als ein Erdbeben vermocht hätte. Ein schlechter Mensch erfreut sich an der Zufügung von Schmerzen und dem Zerstören; er findet dazu nur zu viel Gelegenheit. Indem aber Gott dahin neigt, so viel Gutes als möglich hervorzubringen und er dazu alle Macht und alles Wissen hat, so kann unmöglich hier in ihm ein Fehler, eine Schuld oder Sünde sein und wenn er die Sünde gestattet, so ist dies Weisheit und Tugend.

27. Man hat unzweifelhaft die Sünde eines Andern nicht zu hindern, wenn dies, ohne selbst eine Sünde zu begehen, unterlassen werden kann. Indess wird man mir vielleicht einwenden, dass Gott selbst es sei, welcher handle und welcher alles, was real in der Sünde des Geschöpfes enthalten sei, thue. Dies veranlasst mich zu einer genaueren Betrachtung der *physischen Mitwirkung* Gottes bei dem Geschöpfe,

nachdem ich die *moralische Mitwirkung*, welche die meiste Schwierigkeit bot, geprüft habe. Einige haben mit dem berühmten Durand de St. Portien und dem Cardinal Aureolus, einem berühmten Scholastiker geglaubt, dass die Mitwirkung Gottes (ich meine die physische) bei dem Geschöpfe nur eine allgemeine und mittelbare sei; dass Gott nur die Substanzen erschafft und ihnen die nöthigen Kräfte giebt und dass er dann sie handeln lässt und sie nur erhält, ohne ihnen in ihren Handeln beizustehen. Diese Meinung ist indess von den meisten scholastischen Theologen abgewiesen worden und man hat sie wohl auch schon bei Pelagius gemissbilligt. Indess hat ein Capuziner, Namens Ludwig Pereire von Dole, ums Jahr 1630 ein Buch geschrieben, um diese Meinung, wenigstens in Beziehung auf die freien Handlungen wieder zur Geltung zu bringen. Auch einige Neuere neigen zu ihr und Herr Bernier vertheidigt sie in einer Schrift über Freiheit und Willkür. Man wird indess bei Gott nicht angeben können, was *erhalten* sei, ohne auf die gewöhnliche Ansicht zurückzugreifen. Die erhaltende Thätigkeit Gottes muss auf das, was er erhält, so wie es ist und nach dem Zustande, in dem es ist, Beziehung haben, deshalb kann sie nicht allgemeiner oder unbestimmter Natur sein. Diese Allgemeinheiten sind Abstraktionen, die in den wirklichen einzelnen Dingen nicht bestehen und die Erhaltung eines stehenden Menschen ist eine andere, als die eines sitzenden. Dies würde nicht der Fall sein, wenn sie nur in der Verhinderung oder Entfernung einer fremden Ursache, welche das, was man erhalten will, zerstören könnte, bestände. So kommt es wohl bei den Menschen vor, wenn sie etwas erhalten wollen; allein abgesehen davon, dass wir selbst mitunter das, was wir erhalten wollen, zu ernähren genöthigt sind, so besteht die göttliche Erhaltung in dem unmittelbaren stetigen Einfluss, wie ihn die Abhängigkeit der Geschöpfe verlangt. Diese Abhängigkeit besteht nicht allein für die Substanz, sondern auch für die Thätigkeit und man wird sie wohl nicht besser erläutern können, als dass man nach der gemeinsamen Lehre der Theologen und Philosophen sie als eine fortgehende Schöpfung ansieht.

28. Man könnte hiergegen einwenden, dass Gott danach jetzt sündhafte Menschen erschaffe, obgleich er den Menschen doch anfänglich sündenfrei geschaffen habe. Allein dem muss man hier in Bezug auf das Moralische entgegnen, dass Gott in seiner höchsten Weisheit die Beobachtung gewisser Gesetze nicht unterlassen kann und nach den physischen, wie moralischen Regeln zu handeln hat, welche seine

Weisheit ihn hat wählen lassen. Derselbe Grund, welcher ihn zur Schöpfung des unschuldigen, aber des Fallens fähigen Menschen bestimmt hat, lässt ihn den gefallenen wieder schaffen, da in seinem Willen das Kommende wie das Gegenwärtige ist und er die gefassten Beschlüsse nicht zurücknehmen kann.

29. Was aber die physische Mitwirkung anlangt, so muss man hier an der Wahrheit festhalten, die schon bei den Scholastikern so viel Aufsehen gemacht hat, seitdem der heilige Augustin sie ausgesprochen; nämlich dass das Uebel nur eine Beraubung des Seienden ist, während Gottes Handeln nur auf das Positive geht. Diese Antwort gilt zwar in der Ansicht vieler Leute für eine Niederlage und als etwas chimärisches, indess gebe ich hier ein Beispiel, was sie belehren kann.

30. Der berühmte *Keppler* und Herr Descartes nach ihm (in seinen Briefen) haben von der natürlichen Trägheit der Körper gesprochen; diese ist ein vollkommenes Bild und gleichsam das Modell von der ursprünglichen Beschränktheit der Geschöpfe, um zu ersehen, dass die Beraubung die Formel für die Unvollkommenheiten und das Unangemessene bildet, was sich ebenso in seiner Substanz, wie in seinen Handlungen findet. Man setze, dass die Strömung desselben Flusses mehrere Fahrzeuge mit sich führt, die blos in ihrer Ladung verschieden sind; die einen haben Holz, die andern Steine, die einen mehr, die andern weniger geladen. Die schwerer beladenen werden dann langsamer gehen, als die anderen, sofern nämlich der Wind oder die Ruder oder ähnliches ihnen nicht zu Statten kommt. Nun ist es eigentlich nicht ihre Schwere, welche sie aufhält, denn die Gefässe gehen bergab und nicht bergauf, sondern es ist dieselbe Ursache, welche auch die dichteren Körper schwerer macht, d.h. die weniger porös und mehr mit ihrem eigenthümlichen Stoffe angefüllt sind; denn die Lücken oder Poren erhalten nicht dieselbe Bewegung und können deshalb nicht in Rechnung kommen. Es ist also der Stoff selbst, welcher ursprünglich zur Langsamkeit oder zur Beraubung der Geschwindigkeit neigt; er vermindert sie nicht durch sich selbst, wenn er diese Geschwindigkeit schon empfangen hat, denn dies wäre eine Thätigkeit, aber er ermässigt durch seine Aufnahme die Wirkung des Eindrucks, wenn er ihn empfängt. Weil also bei jenem schwerer beladenen Fahrzeug mehr Stoff durch die gleiche Kraft der Strömung bewegt wird, muss es langsamer gehen. Die Erfahrungen über die durch den Stoss erfolgende Bewegung der Körper zeigt, dass man die doppelte Kraft braucht, um einen Körper von gleichem Stoffe aber doppelter Grösse die gleiche Geschwindigkeit zu geben, was nicht sein könnte, wenn der Stoff durchaus gleichgültig für Bewegung und Ruhe wäre und wenn er nicht jene natürliche Trägheit hätte, die ich hier besprochen und welche ihm eine Art Widerstand gegen sein Bewegtwerden giebt. Vergleichen wir nun die Kraft, welche der Strom auf die Schiffsgefässe äussert und ihnen mittheilt, mit der Thätigkeit Gottes, welche das Positive in den Geschöpfen hervorbringt und erhält und ihnen die Vollkommenheit, das Sein und die Kraft gewährt und stellen wir die Trägheit des Stoffes gleich der natürlichen Unvollkommenheit der Geschöpfe und die Langsamkeit des beladenen Schiffes gleich den Mängeln, welche in den Eigenschaften und der Thätigkeit der Geschöpfe bestehen, so wird man diesen Vergleich ganz treffend finden. Der Strom ist die Ursache von der Bewegung des schwereren Schiffes, aber nicht von seinem Zurückbleiben; Gott ist die Ursache von der Vollkommenheit in der Natur und in dem Handeln der Geschöpfe, aber die Beschränktheit der Empfänglichkeit bei dem Geschöpfe ist die Ursache der Mängel in seiner Thätigkeit. So konnten also Plato, der heilige Augustin und die Scholastiker mit Recht sagen, dass Gott die Ursache von dem Realen im Uebel sei, was dessen Positives darstellt, aber nicht von dem Formalen, welches in der Beraubung besteht; so wie man sagen kann, dass der Strom die Ursache des Materiellen in dem Zurückbleiben ist, aber nicht des Formalen, d.h. er ist die Ursache von der Geschwindigkeit des Schiffes überhaupt, aber nicht die Ursache von der Beschränkung derselben. Gott ist so wenig die Ursache der Sünde, wie der Strom die Ursache von dem Zurückbleiben des Schiffes ist. Die Kraft ist in Bezug auf den Stoff dasselbe, wie der Geist in Bezug auf das Fleisch; der Geist ist willig, aber das Fleisch ist schwach und die Geister wirken... *quantum non noxia corpora tardant* (so weit nicht schädliche Körper ihn hemmen).

31. Es besteht deshalb ein ganz gleiches Verhältniss zwischen dieser und jener Handlung Gottes und diesem und jenem Leiden oder Aufnehmen des Geschöpfes, das sich im gewöhnlichen Lauf der Dinge nur nach Massgabe seiner sogenannten Empfänglichkeit verbessert. Wenn man daher sagt, dass das Geschöpf in seinem Sein und Handeln von Gott abhänge und dass selbst die Erhaltung nur eine fortwährende Schöpfung sei, so ist dies nur in so fern richtig, als Gott dem Geschöpf immer gewährt und stetig das in ihm hervorbringt, was Positives,

Gutes und Vollkommenes in ihm enthalten ist, da alles Vollkommene ein von dem Vater des Lichts kommendes Geschenk ist; aber die Unvollkommenheiten und Mängel der Handlungen kommen von den ursprünglichen Schranken, welche das Geschöpf mit dem ersten Beginne seines Seins, aus den idealen Gründen, welche es beschränken, erhalten musste. Gott konnte ihm nicht alles gewähren, ohne es zu einem Gott zu machen; es mussten deshalb verschiedene Abstufungen in der Vollkommenheit der Dinge bestehen und ebenso alle Arten von Beschränkungen.

32. Diese Erwägungen werden auch einigen neuern Philosophen genügen, die Gott selbst zu dem allein Handelnden machen. Es ist richtig, dass das Handeln Gottes allein rein und ohne Mischung dessen ist, was man *Leiden* nennt, allein dies hindert nicht, dass auch das Geschöpf an dem Handeln Theil nimmt, weil das *Handeln des Geschöpfes* eine Modification seiner Substanz ist, die natürlich aus dieser folgt und welche nicht allein eine Veränderung in den Vollkommenheiten einschliesst, welche Gott demselben mitgetheilt hat, sondern auch in den Schranken, welche das Geschöpf hier selbst mitbringt, um das zu sein, was es ist. Daraus erhellt auch, dass es einen wirklichen Unterschied zwischen der Substanz und ihren Modificationen oder Accidenzien giebt, was allerdings gegen die Ansicht einiger Neuere geht, insbesondere gegen die des verstorbenen Herzog von Buckingham, welcher sich darüber in einer kürzlich wieder aufgelegten Abhandlung über die Religion ausgesprochen hat. Das Uebel gleicht also der Finsterniss und nicht blos das Nicht-Wissen, sondern auch der Irrthum und die Freiheit bestehen formaliter in einer Art von Beraubung. Das Folgende ist ein Beispiel für den Irrthum, was ich schon benutzt habe. Ich sehe einen Thurm, der aus der Ferne rund erscheint, obgleich er viereckig ist; der Gedanke, dass der Thurm so ist, wie er scheint, kommt natürlich von dem was ich sehe. Bleibe ich bei diesen Gedanken, so ist das eine Bejahung, ein falsches Urtheil, prüfe ich aber weiter, führt mein Nachdenken mich dahin, dass ich bemerke, wie der Schein mich täuscht, so bin ich von dem Irrthum zurückgekommen. An einem Orte bleiben, oder nicht weiter gehen; eine Bemerkung nicht beachten, dies alles sind Beraubungen.

33. Dasselbe gilt für die Bosheit und den bösen Willen. Der Wille strebt im Allgemeinen nach dem Guten; er soll nach der für uns passenden Vollkommenheit streben und, die höchste Vollkommenheit ist in Gott. Alle Genüsse haben in sich selbst ein gewisses Gefühl der Vollkommenheit; beschränkt man sich aber auf die sinnlichen, oder andere Genüsse, auf Kosten der grossen Güter, z.B. der Gesundheit, der Tugend, der Einigung mit Gott, der Glückseligkeit, so besteht der Mangel in der Beraubung dieser weiteren Bestrebungen. Im Allgemeinen ist die Vollkommenheit etwas Positives, eine unbedingte Realität; der Mangel ist beraubender Art, er kommt von der Beschränkung und er strebt nach neuen Beraubungen. Es ist deshalb ein eben so wahrer, wie alter Ausspruch, *bonum ex causa integra, malum ex quolibet defectu* (das Gute kommt aus einer wirklichen Ursache, das Uebel aus irgend einem Mangel); und desgleichen der, welcher sagt: *malum causam habet non efficientem, sed deficientem* (das Uebel hat keine bewirkende, sondern eine ermangelnde Ursache). Ich hoffe, man wird nach dem Gesagten den Sinn dieser Sätze besser verstehen.

34. Die physische Mitwirkung Gottes und der Geschöpfe, insofern sie mit Willen geschieht, vermehrt ebenfalls die Schwierigkeiten, welche in Bezug auf die Freiheit bestehen. Ich halte dafür, dass unser Wille nicht blos frei ist von dem Zwange, sondern auch von der Nothwendigkeit. Schon Aristoteles hat bemerkt, dass es in der Freiheit zwei Dinge giebt, die Freiwilligkeit und die Wahl; darin besteht unsere Herrschaft über unsere Handlungen. Wenn wir frei handeln, zwingt man uns nicht, wie es geschähe, wenn man uns in einen Abgrund stürzte oder uns von oben nach unten würfe. Man hindert uns, wenn wir überlegen, nicht an der Freiheit des Geistes, wie es geschehen würde, wenn man uns einen Trank eingäbe, der uns des Urtheils beraubte. Es giebt einen Zufall bei tausend Handlungen der Natur, wenn aber in dem Handelnden kein Urtheil besteht, so hat er keine Freiheit; und hätten wir ein Urtheil ohne einen Trieb zum Handeln, so wäre unsere Seele blos Verstand ohne Willen.

35. Man darf indess nicht glauben, dass unsere Freiheit in der Unbestimmtheit oder in einem völligen Gleichgewicht bestehe, so dass man nach der Seite des Ja eben so stark, wie nach der Seite des Nein, oder nach den mehreren Seiten verschiedener Richtungen gleich stark neigen müsste, sofern deren mehrere eingeschlagen werden können. Dieses Gleichgewicht im strengen Sinne ist unmöglich, denn triebe es uns nach A, B und C gleich stark, so könnte es uns nicht gleich stark nach A wie nach Nicht-A hintreiben. Auch widerspricht dieses Gleichgewicht durchaus der Erfahrung; vielmehr wird man, wenn man sich prüft, immer einen Umstand oder einen Grund finden, welcher uns zu der gewählten Seite bestimmt hat; obgleich man sehr oft das nicht bemerkt, was uns bestimmt, wie man ja auch nicht leicht bemerkt, weshalb man bei dem Herausgehen zuerst mit dem rechten oder mit dem linken Fusse durch die Thüre geschritten ist.

30. Doch ich komme zu den Schwierigkeiten. Die Philosophen sind heutzutage darin einstimmig, dass die Wahrheit kommender zufälliger Ereignisse bestimmt sei, d.h. dass die zukünftigen zufälligen Ereignisse kommend sind, oder dass sie sein und eintreten werden; denn es ist eben so gewiss, dass das Zukünftige sein wird, wie dass das Vergangene gewesen ist. So war es schon vor hundert Jahren wahr, dass ich heute schreiben würde, wie es nach hundert Jahren wahr sein wird, dass ich geschrieben habe. So ist das Zufällige, als zukünftiges genommen, nicht minder zufällig und die *Bestimmtheit*, die man *Gewissheit* nennen, wäre, wenn man sie kennte, mit der Zufälligkeit wohl verträglich. Oft nimmt man das Gewisse und das Bestimmte für ein und dasselbe, weil eine bestimmte Wahrheit gekannt sein kann, so dass man sagen kann, die Bestimmtheit sei eine gegenständliche Gewissheit.

37. Diese Bestimmtheit liegt in der Natur der Wahrheit und kann der Freiheit nicht schaden; allein es giebt andere Bestimmtheiten, die man von anderwärts entnimmt und zunächst von dem Vorauswissen Gottes, was Mehrere mit der Freiheit für unverträglich gehalten haben. Sie sagen, dass das, was vorausgesehen sei, in seinem Dasein nicht ausbleiben könne und sie haben hier Recht; allein daraus folgt nicht, dass das Vorausgesehene nothwendig ist; denn die *nothwendige Wahrheit* ist die, deren Gegentheil unmöglich ist oder den Widerspruch enthält. Nun ist aber die Wahrheit, welche sagt, dass ich morgen schreiben werde, nicht von dieser Art; sie ist keineswegs nothwendig. Allein angenommen, dass Gott sie voraussieht, so wird es nothwendig, dass sie eintritt, d.h. die Folge ist nothwendig, d.h. es ist nothwendig, dass sie wirklich wird, weil sie vorausgesehen worden, da Gott sich nicht irren kann. Dies ist das, was man die *hypothetische Nothwendigkeit* nennt. Allein um diese Nothwendigkeit handelt es sich nicht; es wird hier eine *unbedingte Nothwendigkeit* verlangt, um sagen zu können, dass eine Handlung nothwendig sei, dass sie nicht zufällig und nicht die Wirkung einer freien Wahl sei. Auch ist leicht einzusehen, dass das Vorauswissen an sich der Bestimmtheit der Wahrheit kommender zufälliger Dinge nichts hinzusetzt, ausgenommen, dass diese

Bestimmtheit dann gekannt ist; dies vermehrt indess die Bestimmtheit, oder das *Zukünftigsein* (wie man es nennt) dieser Ereignisse, über welches wir bereits einig sind, nicht.

38. Diese Antwort ist ohne Zweifel sehr richtig; man gesteht, dass das Vorauswissen an sich die Wahrheit nicht bestimmter macht. Sie wird vorausgesehen, weil sie bestimmt ist, weil sie wahr ist; aber sie ist nicht wahr, weil sie vorausgesehen wird und darin hat die Kenntniss des Kommenden nichts, was nicht auch in der Kenntniss des Vergangenen und Gegenwärtigen enthalten ist. Indess könnte ein Gegner sagen: Ich gebe zu, dass das Vorauswissen an sich die Wahrheit nicht bestimmter macht, aber die Ursache des Vorauswissens thut es. Denn das Vorauswissen Gottes muss seine Grundlage in der Natur der Dinge haben und da diese Grundlage die Wahrheit zu einer *vorherbestimmten* macht, so verhindert sie damit, dass sie zufällig und frei ist.

39. Diese Schwierigkeit hat die Bildung zweier Parteien veranlasst; die derer, welche für die *Vorherbestimmung* sind und die, welche das *mittlere Wissen* vertheidigen. Die Dominikaner und Augustiner sind für die Vorherbestimmung, die Franziskaner und die neuern Jesuiten sind dagegen für das mittlere Wissen. Diese Parteien sind seit der Mitte des sechzehnten Jahrhunderts und ein wenig später hervorgetreten. *Molina* selbst (welcher vielleicht mit *Fonseca* einer der ersten war, welcher diese Frage in ein System gebracht hat und von dem die Uebrigen Molinisten heissen) sagt in seinem Buche, was er über die Vereinigung der Willensfreiheit mit der Gnade um's Jahr 1570 geschrieben, dass die spanischen Gelehrten (er meint damit hauptsächlich die Thomisten), welche seit 20 Jahren geschrieben hätten, die Vorausbestimmung als für die freien Handlungen nothwendig aufgestellt hätten, weil sie kein anderes Mittel gewusst, um zu erklären, wie Gott ein sicheres Wissen von den kommenden zufälligen Ereignissen haben könne.

40. Er selbst glaubt ein anderes Mittel gefunden zu haben. Er erwägt, dass es dreierlei Gegenstände des göttlichen Wissens gäbe; die möglichen, die wirklichen und die bedingten Ereignisse, welche letztere eintreten, wenn die betreffende Bedingung wirklich wird. Das Wissen des Möglichen nennt er das Wissen *der einfachen Einsicht*; das der Ereignisse, die in dem Gange des Universums wirklich eintreten, nennt er *das Wissen des Schauens (vision)*. So wie es nun ein Mittleres zwischen dem einfach Möglichen und dem reinen und unbedingten Ereigniss giebt, so kann man nach Molina auch ein *mittleres Wissen* zwischen dem des Schauens und dem der Einsicht annehmen. Man führt hierfür das bekannte Beispiel David's an, welcher das göttliche Orakel fragt, ob die Einwohner der Stadt Kegila, in welche er sich einschliessen wollte, ihn dem Saul ausliefern würden, im Fall Saul sie belagern sollte. Gott bejahte dies und David fasste deshalb einen andern Entschluss. Nun meinen einige Vertheidiger dieses mittleren Wissens, dass Gott, bei seinem Voraussehen dessen, was die Menschen freiwillig thun würden, im Fall sie in diese und jene Umstände versetzt würden und bei seinem Wissen, dass sie ihre Freiheit schlecht gebrauchen würden, beschliesse ihnen die Gnade und die günstigen Umstände zu versagen. Dies könne er mit Recht, da ja diese Umstände und diese Hülfen ihnen nichts genützt haben würden. Molina begnügt sich indess, darin im Allgemeinen einen Grund für die Beschlüsse Gottes zu erkennen, die sich auf das gründen, was das freie Geschöpf unter diesen und jenen Umständen gethan haben würde.

41. Ich gehe nicht in alles Einzelne dieser Streitfrage ein; die hier gegebene Probe wird genügen. Einige Aeltere, mit denen der heilige *Augustin* und seine ersten Schüler nicht zufrieden waren, scheinen Ansichten gehabt zu haben, welche denen des Molina sich sehr näherten. Die Thomisten und die welche sich Schüler des heiligen Augustin nennen (ihre Gegner nennen sie aber Jansenisten) bekämpfen aus philosophischen und theologischen Gründen diese Lehre. Einige behaupten, dass jenes mittlere Wissen in dem Wissen der einfachen Einsicht mit enthalten sei; doch geht der Haupteinwurf gegen die Begründung dieses Wissens. Denn welche Grundlage, sagen sie, konnte Gott für sein Wissen dessen haben, was die Kegiliten thun würden. Eine einfache zufällige und freie Handlung habe in sich nichts, was einen Anhalt für ein gewisses Wissen geben könne; man müsste es denn als durch die Beschlüsse Gottes, wie durch die Ursachen, welche von diesen Beschlüssen abhängen, vorher bestimmt auffassen. Deshalb bestehe die für die freien und wirklichen Handlungen vorhandene Schwierigkeit auch für die freien bedingten, d.h. Gott werde sie nur als bedingt durch ihre Ursachen und seine Beschlüsse kennen, welche die ersten Ursachen der Dinge seien und man könne sie nicht davon abtrennen, um ein zufälliges Ereigniss in einer Weise zu kennen, die von der Kenntniss seiner Ursachen unabhängig sei. Deshalb müsse man alles auf die Vorausbestimmung Gottes zurückführen; ein solches mittleres Wissen Gottes werde (sagt man) zu nichts nützen. Auch behaupten die Theologen, welche sich als die Anhänger des heiligen Augustin erklären, dass dieses Vorgehen der Molinisten die Quelle für die Gnade Gottes in die guten Eigenschaften der Menschen verlegen würde, was der Ehre Gottes und der Lehre des heiligen Paulus zuwiderlaufe.

42. Es würde zu lang und ermüdend werden, wenn ich auf die beiderseitigen Repliken und Dupliken eingehen wollte; es wird genügen, wenn ich darlege, wie ich das Wahre in beiden Parteien auffasse. Ich komme zu dem Ende auf mein Prinzip von einer unendlichen Vielheit möglicher Welten zurück, welche in dem Bereiche der ewigen Wahrheiten, d.h. in der göttlichen Einsicht vorgestellt sind, wo alle künftigen bedingten mit befasst sein müssen. Denn der Fall der Belagerung von Kegila gehört zu einer möglichen Welt, *welche nur in alle dem, was mit dieser Annahme verknüpft ist, von der vorhandenen abweicht* und die Vorstellung dieser möglichen Welt enthält alles, was in diesem Fall eintreten würde. Damit haben wir ein Prinzip für das sichere Wissen zukünftiger zufälliger Ereignisse, mögen sie wirklich eintreten, oder nur in einem besondern Fall eintreten müssen. Denn in dem Gebiete des Möglichen werden sie, so wie sie sind, vorgestellt, d.h. als zufällige und freie. Deshalb darf weder das Vorherwissen der zukünftigen zufälligen Ereignisse, noch die Grundlage von der Gewissheit dieses Vorherwissens uns bedenklich machen oder als der Freiheit nachtheilig angesehen werden. Selbst wenn es wahr wäre, dass die zufälligen künftigen freien Handlungen vernünftiger Geschöpfe völlig unabhängig von Gottes Beschlüssen und den äusseren Ursachen seien, würden sie doch vorausgesehen werden können. Denn Gott würde sie in dem Bereiche des Möglichen so wie sie sind, kennen, bevor er beschloss, sie zum Dasein zuzulassen.

43. Wenn indess das *Vorherwissen* Gottes auf die Abhängigkeit oder Unabhängigkeit unserer freien Handlungen ohne Einfluss ist, so ist dies doch nicht auch mit seiner *Vorherbestimmung* der Fall und mit der Folgenreihe der Ursachen, welche nach meiner Ansicht zur Bestimmung des Willens beitragen. Wenn ich daher auch in dem ersten Punkt für die Molinisten bin, so bin ich doch bei dem zweiten für die Anhänger der Vorherbestimmung, nur mit der Einschränkung, dass diese niemals eine nothwendig bestimmende ist. Mit einem Worte, ich meine, der Wille hat immer mehr zu der Seite geneigt, welche er demnächst ergreift, entsprechend dem berühmten Ausspruch: *Astra inclinant, non necessitant* (die Gestirne treiben, aber zwingen nicht), obgleich hier der Fall nicht ganz derselbe ist. Denn das Ereigniss, zu welchen die Gestirne treiben (um mit der Menge zu sprechen, als wenn die Sterndeutung etwas Wahres enthielte), trifft nicht immer ein, während der Wille die Seite, zu der er am meisten neigt, immer erfasst. Auch würden die Gestirne nur einen Theil der Antriebe bilden, die für das Ereigniss zusammentreffen; wenn man aber von dem stärksten Antrieb des Willens spricht, so meint man das Ergebniss aller Antriebe zusammen, ohngefähr wie ich oben von dem nachfolgenden Willen Gottes gesprochen habe, welcher aus allen vorgehenden Willen hervorgeht.

44. Indess bewirkt die objektive Gewissheit oder die Bestimmung keine Nothwendigkeit der bestimmten Wahrheit. Alle Philosophen erkennen dies an, indem sie gestehen, dass die Wahrheit aller zukünftigen zufälligen Ereignisse bestimmt sei und dass sie trotzdem zufällig bleiben; nämlich weil der Fall keinen Widerspruch in sich enthalten würde, wenn der Erfolg nicht einträte; denn darin besteht *das zufällige*. Um dies besser einzusehen, muss man bedenken, dass es zwei grosse Prinzipien für unser Begründen giebt; das eine ist das Prinzip *des Widerspruchs*, wonach von zwei einander entgegengesetzten Sätzen einer wahr sein muss und der andere falsch; das andere ist das Prinzip *des bestimmenden Grundes*, wonach nichts sich ereignet, ohne eine Ursache oder wenigstens einen bestimmten Grund, d.h. ohne Etwas, welches dazu dient, die Begründung *a priori* dafür zu geben, weshalb etwas so und nicht in einer andern Weise besteht. Dieses grosse Prinzip gilt für alle Ereignisse und man wird nie einen entgegengesetzten Fall anführen können; und obgleich diese bestimmten Gründe uns meistentheils nicht vollständig bekannt sind, so sehen wir doch immer ein, dass dergleichen vorhanden sein müssen. Ohne dieses grosse Prinzip könnte man nie das Dasein Gottes beweisen und eine Unzahl von sehr wichtigen und sehr nützlichen Begründungen würden ohne dieses Prinzip für uns verloren sein; auch verträgt es keine Ausnahme, sonst wäre seine Kraft geschwächt. Es giebt auch nichts schwächeres, als jene Systeme, wo alles schwankend und voller Ausnahme ist. Es trifft dies auch nicht das Prinzip, was ich ebenfalls billige, und demgemäss alles auch allgemeinen Regeln geschieht, welche sich einander mehr oder weniger beschränken.

45. Man darf sich deshalb nicht mit einigen Scholastikern, welche etwas auf Chimären eingehen, einbilden, dass die zukünftigen zufälligen freien Handlungen von dieser allgemeinen Regel über die Natur der Dinge ausgenommen seien. Es besteht immer ein überwiegender Grund, welcher den Willen zu seiner Wahl führt und es genügt für seine Freiheit, dass dieser Grund nur *treibt* aber nicht *zwingt*. Dies ist auch die Ansicht der Alten, des Plato, des Aristoteles, des heiligen Augustin. Der Wille wird immer nur durch die Vorstellung des Guten, welche die entgegengesetzten Vorstellungen überwiegt, getrieben; man nimmt dies selbst bei Gott, den guten Engeln und bei den seligen Seelen an und man erkennt trotzdem an, dass sie nicht minder frei seien. Gott unterlässt nicht, das Bessere zu wählen; aber er ist nicht gezwungen, dies zu thun und es besteht selbst in dem Gegenstande der Wahl Gottes keine Nothwendigkeit, weil sie unter mehreren möglichen geschieht und der Wille nur durch die überwiegende Güte des Gegenstandes bestimmt wird. Es ist dies deshalb kein Mangel bei Gott und den Heiligen; im Gegentheil würde es ein grosser Fehler, oder vielmehr eine offenbare Widersinnigkeit sein, wenn es selbst bei den Menschen hienieden anders wäre und wenn sie ohne treibenden Grund handeln könnten. Deshalb wird man kein Beispiel dieser Art finden und selbst wenn man aus Eigensinn sich entscheidet, um seine Freiheit zu beweisen, so ist das Vergnügen oder der Vortheil, welchen man an einem solchen affektirten Handeln findet, einer der Gründe, die dazu veranlassen.

46. Es besteht deshalb eine Freiheit des Zufälligen oder gewissermassen Gleichgültigen; sofern man unter dem *Gleichgültigen* versteht, dass uns Nichts zu der einen oder der andern Seite zwingt; allein sie ist niemals die Folge eines Gleichgewichts, d.h. wo auf beiden Seiten alles gleich wäre. Eine Unzahl grosser und kleiner, innerer und äusserer Beweggründe treffen in uns zusammen, deren man sich meistentheils nicht bewusst wird, und ich habe schon gesagt, dass bei dem Verlassen eines Zimmers selbst Gründe uns bestimmen, mit einem bestimmten Fusse vorauszugehen, ohne dass wir darauf achten. Denn es giebt nicht überall einen Sclaven, wie in dem Hause des Trimalchio bei Petronius, welcher uns zuruft: Mit dem rechten Fusse voran. Alles von mir Gesagte stimmt auch vollständig mit den Lehren der Philosophen, wonach eine Ursache ohne Geneigtheit zur Thätigkeit, nicht wirken kann; diese Neigung ist es, welche eine Vorherbestimmung enthält, mag der Handelnde sie von aussen empfangen haben oder in Folge dessen, was er selbst vorher gethan hat.

47. Man braucht deshalb auch nicht mit einigen andern Thomisten auf eine neue unmittelbare Vorherbestimmung Gottes zurückzugreifen, welche das freie Geschöpf aus seiner Unbestimmtheit heraustreten macht, und auf einen Beschluss Gottes, es vorher zu bestimmen, vermittelst welchem Gott erkennt, was er thun werde; es genügt, dass das Geschöpf durch seinen vorgehenden Zustand im Voraus bestimmt ist, welcher es mehr zu der einen, wie zu der andern Seite neigen lässt und dass all diese Verbindungen der Handlungen des Geschöpfes und aller Geschöpfe in dem Verstande Gottes vorgestellt und durch das Wissen der einfachen Einsicht desselben gekannt waren, ehe er beschloss, ihnen das Dasein zu gewähren. Hieraus erhellt, dass man das Vorherwissen Gottes rechtfertigen kann, auch ohne das mittlere Wissen der Molinisten und ohne die Vorherbestimmung, wie sie ein Bannés oder ein Alvarez (im Uebrigen sehr gründliche Schriftsteller) gelehrt haben.

48. Die Molinisten waren durch diese falsche Vorstellung eines Gleichgewichts der Antriebe in grosse Verlegenheit gekommen. Man fragte sie nicht blos, wie man möglicherweise dies wissen könne, wozu eine durchaus unbestimmte Ursache sich bestimmen werde, sondern auch, wie es möglich sei, dass eine Bestimmtheit schliesslich daraus hervorgehe, für die es keine Quelle gebe. Denn mit Molina zu sagen, »dies sei eben das Privilegium der freien Ursache«, ist nichts gesagt und heisst so viel, als ihr das Privilegium zu ertheilen, chimärisch zu sein. Man sieht mit Vergnügen, wie diese Molinisten sich um einen Ausgang aus diesem Labyrinth abquälen, aus dem es doch keinen giebt. Einige lehren, es geschehe, bevor der Wille sich wirklich entscheide, um aus diesem Zustand des Gleichgewichts herauszukommen und der Pater Ludwig von Dole citirt in seinem Buche über die Mithülfe Gottes, Molinisten, die mittelst dieser Wendung sich zu helfen suchen, da sie einräumen müssen, dass die Ursache zum Handeln geneigt sein müsse. Allein sie gewinnen damit nichts, als dass sie die Schwierigkeit nur verschieben; da man sie ebenso fragen wird, wie die freie Ursache dazu komme, sich wirklich zu entschliessen. Sie kommen deshalb niemals ohne das Anerkenntniss heraus, dass in dem vorgehenden Zustande des freien Geschöpfes eine vorgehende Bestimmung enthalten sei, welche es dahin neigen macht, dass es sich bestimmt.

49. Deshalb ist auch der Fall mit dem Esel Buridan's zwischen zwei Wiesen, der nach beiden Wiesen getrieben wird, eine Erfindung, die in dem Universum und in der Ordnung der Natur nicht vorkommen kann, obgleich Herr Bayle anderer Ansicht ist. Wäre der Fall möglich, so müsste man allerdings sagen, dass der Esel vor Hunger sterben werde; allein im Grunde trifft die Frage das Unmögliche, es müsste denn Gott ausdrücklich einen solchen Fall hervorbringen. Denn das Universum kann nicht durch eine, den Esel mitten durch, vertikal seiner Länge nach schneidende Ebene getheilt werden, so dass beide Theile einander gleich und ähnlich seien, wie dies bei einer Ellipse und jeder ebenen Figur aus der Zahl der von mir genannten »beiderseitsrechten« mittelst irgend einer durch den Mittelpunkt gehenden Linie geschehen kann. Weder diese Theile des Universums, noch die Eingeweide des Thieres sind einander ähnlich, noch liegen sie gleich zu beiden Seiten dieser vertikalen Ebene. Es wird deshalb immer vieles im und ausserhalb des Esels geben, was, obgleich wir es nicht bemerken, ihn bestimmt, sich mehr nach der einen Seite, wie nach der andern zu wenden. Obgleich der Mensch frei ist, was der Esel nicht ist, so bleibt es doch aus demselben Grunde auch bei dem Menschen wahr, dass der Fall eines vollkommenen Gleichgewichts beider Seiten unmöglich ist und dass ein Engel oder wenigstens Gott immer darlegen könnte, weshalb der Mensch die eine Seite gewählt, indem er eine Ursache oder einen treibenden Grund anzeigen könnte, welche den Menschen die eine Seite hat ergreifen lassen, obgleich dieser Grund oft sehr zusammengesetzt und für uns unbegreiflich sein könnte, weil die Verkettung der mit einander verknüpften Ursachen sehr weit geht.

50. Deshalb beweist auch der von Herrn Descartes angeführte Grund nichts, wo er sich für die Unabhängigkeit unserer freien Handlungen auf ein angebliches lebhaftes inneres Gefühl stützt. Wir können eigentlich unsere Unabhängigkeit nicht fühlen und wir sind uns nicht immer der oft unmerklichen Ursachen bewusst, von denen unser Entschluss abhängt. Es wäre dies ebenso, als wenn man von der Magnetnadel sagte, es mache ihr Vergnügen, sich nach Norden zu richten; denn sie würde glauben, dass dies ohne eine andere Ursache geschehe, weil sie die unmerklichen Bewegungen des magnetischen Stoffes nicht empfindet. Indess werden wir später sehen, in welchem Sinne es wahr ist, dass die menschliche Seele durchaus ihr eigenes natürliches Prinzip für ihre Handlungen ist, welches von ihr selbst abhängt und unabhängig von allen anderen Geschöpfen ist.

51. Was das *Wollen* selbst betrifft, so passt es nicht, es den Gegenstand des freien Willens zu nennen. Wir wollen handeln, richtig gesprochen, und wir wollen nicht wollen, sonst könnte man auch sagen, dass wir den Willen zu wollen haben wollen und dies ginge in's Endlose. Wir folgen auch nicht immer dem letzten Urtheile des praktischen Verstandes, wenn wir uns zu wollen bestimmen, aber wir folgen bei unserem Wollen immer dem Endergebniss aller Antriebe, welche von Seiten der Vernunft, wie der Leidenschaften kommen, und zwar oft ohne ein ausdrückliches Urtheil des Verstandes.

52. Alles ist deshalb im Voraus bei dem Menschen gewiss und bestimmt, wie überall anderwärts und die menschliche Seele ist eine Art *geistiger Automat*, obgleich die zufälligen Handlungen überhaupt und die freien Handlungen insbesondere deshalb nicht nothwendig im Sinne einer unbedingten Nothwendigkeit sind, welche in Wahrheit mit der Zufälligkeit sich nicht vertragen würde. So wird diese Zufälligkeit und Freiheit weder durch die Zukünftigkeit an sich, sei sie auch ganz gewiss, aufgehoben, noch durch die untrügliche Voraussicht Gottes, noch durch die Vorausbestimmung der Ursachen, noch durch die Beschlüsse Gottes. Man erkennt dies in Bezug auf die Zukünftigkeit und Voraussicht an, wie schon dargelegt worden ist und da der Beschluss Gottes lediglich in dem Entschluss besteht, den er, nachdem er alle möglichen Welten verglichen, für die Auswahl der besten fasst, um sie durch das allmächtige Wort *fiat* (es werde) mit all ihrem Inhalt zum Dasein zuzulassen, so erhellt, dass dieser Beschluss in der Verfassung der Dinge nichts ändert und dass er sie ganz in dem Zustande lässt, in dem sie während ihrer reinen Möglichkeit waren, d.h. dass er weder in ihrer Essenz oder Natur, noch selbst in ihren Accidenzen etwas ändert, die bereits vollständig in dem Gedanken dieser möglichen Welt vorgestellt waren. So bleibt das, was zufällig und frei ist, es nicht minder in den Beschlüssen Gottes, wie in seiner Voraussicht.

53. So könnte also selbst Gott (wird man sagen) in dieser Welt nichts ändern? Gewiss kann er für jetzt sie unbeschadet seiner Weisheit nicht ändern, da er diese Welt und was sie enthält, vorausgesehen hat und weil er sogar den Entschluss gefasst hat, sie in's Dasein überzuführen, da er weder sich täuschen, noch etwas bereuen kann und ihm es nicht zukommt, einen unvollkommenen Entschluss zu fassen, der nur einen Theil und nicht das Ganze im Auge hätte. Indem also alles von Anfang ab geregelt ist, so ergiebt dies lediglich die hypothetische Nothwendigkeit, welche Jedermann anerkennt, in Folge deren nach der Voraussicht Gottes oder nach seinem Entschlusse nichts geändert werden kann, und dennoch bleiben die Ereignisse an sich selbst zufällige. Denn [wenn man diese Voraussetzung von der Zukünftigkeit der Sache und von der Voraussicht oder dem Entschlusse Gottes bei Seite lässt, eine Voraussetzung, welche schon bewirkt, dass die Sache eintreten werde und nach welcher man sagen muss: *Unumquodque, quando est, oportet esse, aut unumquodque si quidem erit, oportet futurum esse.* (Jedwedes muss sein, wenn es ist, oder jedwedes muss, wenn es sein wird, ein zukünftiges sein.)] das Ereigniss hat in sich nichts, was es nothwendig machte und welches nicht vorstellen liesse, dass jede andere Sache statt ihrer eintreten könnte. Ebenso treibt nur die Verknüpfung der Ursachen mit ihren Wirkungen die freie Thätigkeit, ohne sie zu zwingen, wie ich dargelegt habe; sie bewirkt deshalb nicht einmal eine hypothetische Nothwendigkeit, wenn man nicht etwas von Aussen damit verbindet, nämlich den Satz selbst, dass der überwiegende Antrieb immer sich verwirklicht.

54. Man wird auch einwenden, dass wenn alles geregelt sei, Gott keine Wunder bewirken könne. Allein man bedenke, dass die in der Welt vorkommenden Wunder auch als eingehüllt und als möglich vorgestellt in dieser, im Zustand der reinen Möglichkeit aufgefassten Welt enthalten waren; und Gott, welcher nachher diese Wunder gethan hat, hat gleich damals beschlossen, sie zu verwirklichen, als er diese Welt erwählt hatte. Man kann noch einwerfen, dass die Gelübde und Gebete, die Verdienste und Verschuldungen, die guten und die schlechten Handlungen dann zu nichts nützen, weil nichts sich ändern könne. Dieser Einwand bringt gemeiniglich am meisten in Verlegenheit, und doch ist er ein reines Sophisma. Diese Gebete und Gelübde, diese guten und schlechten Handlungen, die heute geschehen, waren schon in Gottes Wissen, als er den Entschluss fasste, die Dinge zu regeln. Was in dieser wirklichen Welt geschieht, war schon in der Vorstellung der nur erst möglichen Welt mit ihren Wirkungen und Folgen enthalten; sie waren darin vorgestellt, in ihrer, sei es natürlichen, sei es übernatürlichen Erwirkung der Gnade Gottes, sowohl die Züchtigungen verlangend, wie die Belohnungen; alles so, wie es in dieser wirklichen Welt erfolgt, nachdem Gott sie erwählt hat. Das

Gebet und die gute Handlung waren damals eine *ideale Ursache oder Bedingung*, d.h. ein treibender Grund, welcher zur Gnade Gottes oder zur Belohnung mit verhelfen konnte, wie jene Gebete und guten Handlungen es jetzt in Wirklichkeit thun; und da alles in der Welt weise verknüpft ist, so erhellt, dass Gott in Voraussicht dessen, was frei geschehen werde, danach auch das Uebrige der Dinge im Voraus geregelt hat, oder (was dasselbe ist) er hat diese mögliche Welt gewählt, wo alles in dieser Weise geregelt war.

55. Diese Erwägungen schlagen zugleich das nieder, was die Alten »das faule Sophisma« nannten (*logos argos*) welches beschliesst, nichts zu thun; denn (sagt man) wenn das, was ich erbitte, geschehen soll, so wird es geschehen, auch wenn ich nichts thue und wenn es nicht eintreffen soll, so wird es nie eintreffen, trotz aller Mühe, die ich mir gebe. Man könnte diese Nothwendigkeit, welche man innerhalb der Ereignisse getrennt von ihren Ursachen sich vorstellt, das *Fatum Mahomedanum* nennen, wie ich schon früher gesagt habe, weil die Türken aus einem ähnlichen Grunde angeblich die Orte nicht vermeiden, wo die Pest wüthet. Die Antwort ist indess sehr leicht; da die Wirkung sicher ist, so ist es auch die Ursache, die sie bewirken soll und wenn die Wirkung erfolgt, so geschieht es vermöge einer ihr entsprechenden Ursache. Deshalb wird eure Faulheit vielleicht bewirken, dass ihr nichts von dem Gewünschten erreicht und dass ihr in die Uebel gerathet, die ihr durch ein sorgfältiges Handeln vermieden haben würdet. Man sieht daher, dass die Verknüpfung der Ursachen mit den Wirkungen, anstatt eine unerträgliche Schicksalsnothwendigkeit zu bewirken, vielmehr ein Mittel bietet, sie zu beseitigen. Ein deutsches Sprüchwort sagt, dass der Tod immer eine Ursache haben will, und nichts ist wahrer. Du wirst an dem und dem Tag sterben! (man nehme an, dass dies so sei und dass Gott es voraussieht) gut; ohne Zweifel wird es geschehen, aber nur weil Du das thun wirst, was dahin führt. Ebenso ist es mit den Züchtigungen Gottes, die auch von ihren Ursachen abhängen, und es wird hier an der Stelle sein, jenen berühmten Ausspruch des heiligen Ambrosius zu citiren (in Kap. 1 Evangel. Lucae): Der Herr weiss seinen Ausspruch zu ändern, wenn Du dein Vergehen zu ändern weisst. (*Novit Dominus mutare sententiam, si tu noveris mutare delictum*); welcher Ausspruch nicht von der Missbilligung, sondern von der Androhung zu verstehen ist, wie die, welche Jonas von Seiten Gottes den Niniviten machte. Und jene gemeine Rede, *si* *non prädestinatus, fac ut prädestineris* (wenn es Dir nicht vorher bestimmt ist, so mache, dass es Dir vorher bestimmt werde), darf nicht buchstäblich genommen werden, da ihr wahrer Sinn dahin geht, dass der, welcher an seiner Vorausbestimmung zweifelt, nur das was er soll, zu thun braucht, um der Gnade Gottes theilhaftig zu werden. Das Sophisma, wonach man sich um Nichts sorgen solle, kann manchmal gut sein, um gewisse Leute mit gebeugtem Haupte der Gefahr entgegen gehen zu machen und man erzählt dies besonders von den türkischen Soldaten; indess scheint der Maslach hieran mehr Theil zu haben, als jenes Sophisma, abgesehen davon, dass dieser entschlossene Geist der Türken sich in unsern Tagen sehr verleugnet hat.

56. Ein gelehrter holländischer Arzt, Johann von Bewerwyk, hatte den Einfall über den *Terminus vitae* (die Grenze des Lebens) zu schreiben und die verschiedenen Antworten, Briefe und Ausführungen gelehrter Männer seiner Zeit darüber zu sammeln. Diese Sammlung ist gedruckt worden und man staunt, wenn man sieht, wie oft hier die Meinungen gewechselt haben und wie man eine Frage verwickelt hat, welche bei richtiger Auffassung die leichteste von der Welt ist. Wie kann man sich da wundern, dass es eine grosse Anzahl von Zweifeln giebt, aus denen das menschliche Geschlecht nicht herauskommen kann. Die Wahrheit ist, dass man sich gern verirrt; es ist dies eine Art Spaziergang des Geistes, bei welchem man sich nicht der Aufmerksamkeit, der Ordnung und den Regeln unterwerfen will. Wir sind anscheinend so an das Spiel und Geschwätz gewöhnt, dass wir selbst bis in die ernsthaftesten Beschäftigungen hinein und wenn wir am wenigsten daran denken, mit uns spielen.

57. Ich fürchte, dass in den neulichen Streit zwischen den Theologen des Augsburgischen Bekenntnisses, *de Termino poenitentiae peremtorio* (über den schliesslichen letzten Zeitpunkt für die Reue), welcher so viele Abhandlungen in Deutschland veranlasst hat, auch manche Missverständnisse, wenn auch anderer Art, sich eingeschlichen haben. Die durch das Gesetz vorgeschriebenen Fristen heissen bei den Juristen Fatalia. Man kann gewissermassen sagen, dass der letzte unveränderliche Zeitpunkt für die Reue und Besserung des Menschen, bei Gott bestimmt sei, da bei ihm alles bestimmt ist. Gott weiss, wenn ein Sünder so verhärtet ist, dass nunmehr nichts mehr für ihn zu thun ist; nicht deshalb, weil es nun nicht mehr möglich wäre, dass er Busse thäte, oder weil die zureichende Gnade ihm nach Ablauf einer gewissen Frist versagt sein müsste, da die Gnade es nie an sich fehlen lässt, sondern weil es eine Zeit geben wird, nach deren Ablauf er sich nicht mehr den Wegen des Heiles nähern wird. Allein wir haben niemals sichere Kennzeichen für diese Frist und wir dürfen niemals einen Menschen für unbedingt verdammt halten; dies wäre ein verwegenes Urtheil. Es ist besser, immer noch hoffen zu dürfen und bei dieser Gelegenheit, wie bei tausend anderen, ist unsere Unwissenheit uns nützlich.

Prudens futuri temporis exitum
Caliginosa nocte premit Deus.

(Gott verhüllt weislich den Ausfall
der kommenden Zeit in dunkle Nacht.)

58. Alles Zukünftige ist ohne Zweifel bestimmt, allein da wir dieses Bestimmte und das Vorgesehene und Beschlossene nicht kennen, so sollen wir unsere Pflicht der von Gott empfangenen Vernunft gemäss erfüllen nach den Regeln, die er uns vorgeschrieben hat. Dann sollen wir ruhig im Gemüthe sein und Gott die Sorge für den Erfolg überlassen; denn er wird immer das Beste thun, nicht blos für das Ganze, sondern auch im besonderen für die, welche ihm wahrhaft vertrauen, d.h. eine wahrhafte Frömmigkeit, einen lebendigen Glauben und eine eifrige Liebe haben, die uns nichts von dem versäumen lassen, was bezüglich unserer Pflicht und seines Dienstes von uns abhängt. Wir können Gott allerdings keinen *Dienst leisten*, denn er bedarf nichts, aber in unserer Sprache ist es ein ihm dienen, wenn wir seinen *vermuthlichen Willen* zu erfüllen trachten, indem wir zu dem von uns erkannten Guten beitragen, so weit es uns möglich ist. Wir müssen immer annehmen, dass sein Wille dies verlangt, bis wir aus dem Geschehenen entnehmen, dass Gott stärkere Gründe gehabt habe, wenn sie uns auch vielleicht unbekannt sind, welche ihm das von uns erstrebte Gute haben hinten anstellen lassen gegen ein grösseres, was er sich vorgesetzt hat und was er nicht unterlassen hat, noch unterlassen wird, zu verwirklichen.

59. Ich habe gezeigt, wie die Bethätigung des Willens von dessen Ursachen abhängt, so wie dass diese Abhängigkeit unserer Handlungen für Uns das Angemessenste ist und dass man ohnedem in eine widersinnige und unerträgliche Schicksalsnothwendigkeit gerathen würde, d.h. in das *Fatum Mahomedanum*, welches das schlimmste von Allem ist, weil es die Vorsicht und die Ueberlegung aufhebt. Indess ist es zweckmässig, dass ich zeige, wie diese Abhängigkeit unsern freiwilligen Handlungen im Grunde eine wunderbare Selbstbestimmung in uns nicht verhindert, welche in einem gewissen Sinne die Seele von dem physischen Einfluss aller andern Geschöpfe unabhängig macht. Diese Selbstbestimmung, die bis jetzt wenig gekannt ist, gewährt uns die möglichst grösste Herrschaft über unsere Handlungen und ist eine Folge *des Systems der vorherbestimmten Harmonie*, die ich hier etwas erläutern muss. Die scholastischen Philosophen glaubten, es gebe einen gegenseitigen physischen Einfluss zwischen Seele und Körper, allein seitdem man erkannt hat, dass der Gedanke und der ausgedehnte Stoff keine Verbindung mit einander haben und dass beide erschaffene Dinge sind, welche *toto genere* (der ganzen Gattung nach) sich von einander unterscheiden, so haben mehrere teuere eingesehen, dass es zwischen der Seele und dem Körper keine *physische Mittheilung* giebt, wenn auch die *metaphysische Mittheilung* immer besteht, welche bewirkt, dass die Seele und der Körper dasselbe *Unterliegende* bilden, oder das, was man eine *Person* nennt. Wenn diese physische Mittheilung bestände, so würde in Folge derselben die Seele den Grad der Schnelligkeit und die Richtung einiger in dem Körper enthaltenen Bewegungen verändern und umgekehrt würde der Körper die Folge der Gedanken in der Seele verändern. Allein man wird diese Wirkung aus keiner Vorstellung, die man von dem Körper und von der Seele fasst, entnehmen können, obgleich uns nichts bekannter ist, als unsere Seele, weil sie uns innerlich ist, d.h. an sich selbst innerlich.

60. Herr Descartes hat kapituliren und einen Theil der körperlichen Bewegungen von der Seele abhängig machen wollen. Er meinte eine Regel der Natur zu kennen, welche nach ihm dahin führt, dass immer dieselbe Menge von Bewegung in den Körpern sich erhalte. Er glaubte, dass die Seele dieses Gesetz für die Körper nicht verletzen könne, allein er meinte, dass die Seele dennoch es vermöge, die *Richtungen* der Bewegungen in dem Körper zu ändern, ohngefähr wie ein Reiter sein Pferd, obgleich er ihm keine Kraft einflösst, es doch leitet, indem er dieser Kraft des Pferdes eine beliebige Richtung giebt. Allein da dies mittelst des Zügels, des Gebisses, der Sporen und anderer materiellen

Hülfen geschieht, so lässt sich dies begreifen; dagegen hat die Seele keine Instrumente, deren sie sich zu diesem Zwecke bedienen könnte; es ist also nichts in der Seele und im Körper, d.h. in den Gedanken oder in der Masse, welches diesen Austausch von einem zum andern erklären könnte; kurz, dass die Seele die Menge der Kraft und dass sie die Richtung derselben änderte, sind zwei gleich unerklärliche Vorgänge.

61. Ueberdem hat man seit Descartes zwei wichtige Wahrheiten hier entdeckt; nach der einen ist die Menge der absoluten Kraft, die in Wahrheit sich gleich erhält, verschieden von der Menge der Bewegung, wie ich anderwärts dargelegt habe und nach der andern erhält sich auch dieselbe Richtung in allen Körpern zusammengenommen, welche auf einander in irgend einer Weise des Stosses einwirken. Hätte Herr Descartes diese Regel gekannt, so würde er auch die Richtungen der Körper eben so unabhängig von der Seele, wie die Kräfte der Körper angenommen haben und dies würde ihn wahrscheinlich geradeswegs zur Hypothese der vorausbestimmten Harmonie geführt haben, wie mich diese Regeln dahin geführt haben, indem ich, abgesehen davon, dass der physische Einfluss der einen dieser Substanzen auf die andern unerklärlich ist, erkannt habe, dass die Seele ohne eine gänzliche Störung der Naturgesetze nicht physisch auf ihren Körper wirken kann. Auch habe ich nicht geglaubt, dass man hier auf Philosophen hören könnte, die, trotz ihrer sonstigen Geschicklichkeit, einen Gott, wie bei einer Theater-Maschinerie herbeiholen, um die Entwickelung des Stückes herbeizuführen, indem sie behaupten, dass Gott sich ganz ausdrücklich damit beschäftige, dass er den Körper so bewege, wie die Seele es will, und dass er der Seele solche Vorstellungen gewährt, wie der Körper es verlangt. Dazu kommt, dass dieses System, was man das der *gelegentlichen Ursachen* nennt (weil Gott danach auf die Körper bei Gelegenheit der Seele und umgekehrt wirkt), ein fortwährendes Wunder behufs Herstellung des Verkehrs zwischen den beiden Substanzen einführt und doch die Störung in den für jede dieser beiden Substanzen geltenden Naturgesetzen nicht beseitigt, welche deren, nach der gewöhnlichen Meinung bestehender gegenseitiger Einfluss veranlassen würde.

62. So war ich schon ausserdem im allgemeinen von dem Prinzip der Harmonie überzeugt; und folglich auch von der vorhergegangenen Einrichtung und von der in voraus eingerichteten Harmonie aller

Dinge unter einander, sowohl zwischen der Natur und der Gnade, wie zwischen den Beschlüssen Gottes und unsern von ihm vorausgesehenen Handlungen, und zwischen allen Theilen des Stoffes und selbst zwischen Zukünftigem und Vergangenem, ganz in Uebereinstimmung mit der höchsten Weisheit Gottes, dessen Werke in der möglichst denkbaren Uebereinstimmung stehen. Um so mehr musste ich daher zu diesem Systeme gelangen, welches besagt, dass Gott die Seele gleich anfänglich so geschaffen habe, dass sie sich das hervorbringen und der Reihe nach vorstellen muss, was in dem Körper geschieht und dass auch der Körper der Art geschaffen ist, dass er von selber das thut, was die Seele verlangt. Sonach müssen die Gesetze, welche die Gedanken der Seele in der Ordnung der Endzwecke und nach der Entwickelung der Vorstellungen verknüpfen, Bilder hervorbringen, welche sich begegnen mit den Eindrücken der Körper auf unsere Organe und damit übereinstimmen; und ebenso müssen die Gesetze der Bewegungen in dem Körper, welche sich in der Ordnung der wirkenden Ursachen folgen, sich auch mit den Gedanken der Seele begegnen und der Art mit diesen übereinstimmen, dass der Körper genöthigt ist, zu der Zeit, wo die Seele es will, zu handeln.

63. Auch ist diese Harmonie für die Freiheit nicht blos nicht nachtheilig, sondern ihr durchaus günstig. Herr Jaquelot hat in seinem Buche über die Uebereinstimmung der Vernunft mit dem Glauben sehr gut gezeigt, dass dieses sich so verhält, als wenn jemand, der alles wüsste, was ich den andern Tag meinem Diener befehlen werde, einen Automaten machte, welcher diesem Diener genau gliche und welcher den andern Tag pünktlich das ausführte, was ich ihm befehlen würde. Offenbar würde dies mich nicht hindern, frei alles zu befehlen, was mir gefiele, obgleich die Handlung des mich bedienenden Automaten nichts freies an sich haben würde.

64. Uebrigens hängt nach diesem System alles was in der Seele vorgeht, nur von ihr ab, und da ihr nächstfolgender Zustand nur von ihr und ihrem gegenwärtigen Zustande bestimmt wird, so kann ihr keine grössere Unabhängigkeit, als in diesem Systeme gegeben werden. Allerdings bleibt noch einige Unvollkommenheit in der Verfassung der Seele. Alles, was der Seele begegnet, hängt von ihr ab, allein nicht immer von ihrem Willen; dies wäre zu viel; denn vieles davon wird nicht einmal von ihrem Verstande erkannt, oder genauer gesagt, weil in ihr nicht blos eine Reihe deutlicher Vorstellungen besteht, welche ihr Reich ausmachen, sondern noch eine Folge verworrener Vorstellungen oder Leidenschaften, welche ihre Sclaverei ausmacht. Hierüber darf man sich nicht wundern; die Seele würde eine Gottheit sein, wenn sie nur deutliche Vorstellungen hätte. Dennoch hat sie auch über diese verworrenen Vorstellungen einige Macht, obgleich nur in indirekter Weise; denn wenn sie auch ihre Leidenschaften nicht auf der Stelle ändern kann, so kann sie aus der Ferne mit ausreichendem Erfolg darauf hinarbeiten, ja sich auch neue Leidenschaften und selbst neue Gewohnheiten beibringen. Sie hat selbst über die deutlichen Empfindungen eine ähnliche Gewalt, indem sie indirekt in sich Meinungen und Begehren wecken, oder die Entstehung dieser und jener in sich verhindern und ihr Urtheil anhalten oder geltend machen kann. Wir können im Voraus uns schon die Mittel verschaffen, um uns gelegentlich auf dem schlüpfrigen Pfad voreiliger Urtheile anzuhalten; wir vermögen einen Zwischenfall aufzufinden, welcher uns unsern Entschluss aufschieben lässt, selbst dann, wenn die Sache zum Urtheil reif zu sein scheint, und obgleich unsere Meinungen und unsere Willensakte nicht geradezu von unserem Willen abhängen (wie ich schon bemerkt habe), so lassen sich doch mitunter Massregeln treffen, um das, was man gegenwärtig nicht will, oder nicht glaubt, mit der Zeit zu wollen und selbst zu glauben. Von solcher Tiefe ist der menschliche Geist.

65. Um nämlich die Frage über die *Freiwilligkeit* abzuschliessen, so muss man anerkennen, dass streng aufgefasst die Seele in sich selbst das Prinzip aller ihrer Handlungen und selbst aller ihrer Leidenschaften hat und dass das Gleiche für alle einfachen Substanzen gilt, welche in der ganzen Natur verbreitet sind, obgleich die Freiheit nur in den vernünftigen besteht. Im gewöhnlichen Sinne jedoch und dem Scheine folgend, muss man sagen, dass die Seele gewissermassen von dem Körper und von den Sinneseindrücken abhängig ist, wie man ja sich auch so, wie Ptolemäus und Tycho de Brahe im gewöhnlichen Leben ausdrückt, aber dabei wie Copernikus denkt, wenn es sich um den Aufgang und Untergang der Sonne handelt.

66. Man kann indess dieser gegenseitigen Abhängigkeit des Körpers und der Seele von einander einen wahrhaften und philosophischen Sinn beilegen. Danach hängt die eine Substanz von der andern ideal insofern ab, als der Grund von dem, was in der einen sich zuträgt, in dem aufgezeigt werden kann, was in dem andern besteht. Dies hat schon bei den Beschlüssen Gottes stattgefunden, als Gott im Voraus die Harmonie zwischen beiden geregelt hat, wie ja auch der Automat mit seiner Thätigkeit als Diener, von mir ideal abhängen würde, in Folge des Wissens desjenigen, welcher meine kommenden Befehle voraussieht und danach den Automaten so eingerichtet hat, dass er mich pünktlich den andern Tag in allem bedienen kann. Die Kenntniss meines Willens am nächsten Tage hatte diesen grossen Künstler veranlasst, danach den Automaten zu fertigen; mein Einfluss dabei wäre ein objectiver, seiner ein physischer, da Gott, in so weit als die Seele vollkommen ist und deutliche Vorstellungen hat, den Körper der Seele angepasst hat und im voraus es so eingerichtet hat, dass der Körper getrieben wird, ihre Befehle zu vollführen. So weit aber die Seele unvollkommen ist, und ihre Vorstellungen verworren sind, hat Gott die Seele dem Körper angepasst, so dass die Seele sich durch die Leidenschaften bestimmen lässt, welche aus den körperlichen Eindrücken entstehen. Dies ergiebt dieselbe Wirkung und denselben Anschein, als wenn die eine unmittelbar von der andern abhinge und zwar mittelst eines physischen Einflusses. Diese verworrenen Vorstellungen sind es eigentlich, wodurch die Seele sich die sie umgebenden Körper vorstellt. Dasselbe gilt für alles, was man unter den gegenseitigen Einwirkungen der einfachen Substanzen begreift. Jede gilt als wirksam auf die andere nach dem Maasse ihrer Vollkommenheit; nur geschieht dies blos ideal und nach den Gründen der Dinge, wie sie Gott gleich im Anfang nach der in jedem enthaltenen Vollkommenheit oder Unvollkommenheit zu einander geregelt hat. Dabei bleibt das Handeln und das Erleiden zwischen den Geschöpfen immer wechselseitig, weil ein Theil der Gründe, welche bestimmt das erklären, was geschieht und welche dieses Geschehen zum Dasein gebracht haben, in der einen dieser Substanzen ist, und der andere Theil dieser Gründe in der andern, indem die Vollkommenheiten und Unvollkommenheiten immer gemischt und zwischen beiden getheilt sind. Deshalb schreiben wir der einen Substanz das Handeln, und der andern das Erleiden zu.

67. Welche Abhängigkeit bei den freien Handlungen man nun auch annehmen mag, ja wenn selbst hier eine unbedingte und mathematische Nothwendigkeit bestände (was nicht der Fall ist), so würde doch nicht folgen, dass nicht so viel Freiheit bestände, um die Belohnungen und die Strafen gerecht und vernünftig zu machen. Gewöhnlich nimmt man allerdings an, dass die Nothwendigkeit einer Handlung alles Verdienst und alle Schuld bei derselben aufhebe, desgleichen jedes Recht zu loben und zu tadeln, zu belohnen und zu strafen; allein diese Folgerung ist nicht durch aus richtig. Ich stimme durchaus nicht mit Bradwardin, Wiclef, Hobbes und Spinoza, welche anscheinend diese streng mathematische Nothwendigkeit annahmen, die ich wohl hinreichend und auch deutlicher, wie gewöhnlich, widerlegt zu haben glaube; allein trotzdem muss man immer der Wahrheit die Ehre geben und einem Satze nichts zur Last legen, was nicht aus ihm folgt. Ueberdem beweisen deren Gründe zu viel, weil sie auch die bedingte Nothwendigkeit aufheben und das faule Sophisma rechtfertigen würden, denn die unbedingte Nothwendigkeit der Folge auf die Ursache würde hierbei der untrüglichen Gewissheit einer bedingten Nothwendigkeit nichts hinzufügen.

68. Man muss also *erstens* anerkennen, dass man einen Wüthenden tödten kann, wenn man anders sich gegen ihn nicht vertheidigen kann. Ebenso wird man es erlauben müssen und oft selbst für nöthig anerkennen, dass giftige oder sehr schädliche Thiere getödtet werden, obgleich diese es doch nicht durch ihre Schuld sind.

69. *Zweitens* bestraft man ein Thier, trotzdem, dass ihm die Vernunft und Freiheit fehlt, wenn man glaubt, dass dies es bessern werde; so bestraft man Pferde und Hunde und zwar mit vielem Erfolg. Ebenso helfen uns Belohnungen die Thiere regieren, und wenn ein Thier Hunger hat, so bringt die ihm gereichte Nahrung es zu Handlungen, die man ohnedem nie von ihm erreicht haben würde.

70. *Drittens* wird man die Thiere auch mit dem Tode bestrafen (wo es sich nicht mehr um die Besserung des zu bestrafenden Thieres handelt), wenn dies als Beispiel und zur Abschreckung für die andern dienen und sie von Beschädigungen abhalten kann. Rorarius sagt in seinem Buche über die Vernunft der Thiere, dass man in Afrika die Löwen kreuzige, um die andern Löwen von den Städten und bewohnten Ortschaften abzuhalten und dass er bei seiner Reise durch das Land der Jülicher gesehen, wie man die Wölfe gehängt habe, um die Schäfereien besser zu schützen. In den Dörfern werden die Raubvögel an die Hofthore genagelt, weil man glaubt, dass dann ähnliche Vögel nicht so leicht sich einfinden werden. Alle diese Vornehmen haben ihren guten Grund, wenn sie Nutzen leisten.

71. Weil *viertens* endlich die Erfahrung lehrt, dass die Furcht vor Strafe und die Hoffnung auf Lohn die Menschen vom Bösen abhält und zum Guten antreibt, so könnte man schon dieser Mittel sich mit Fug und Recht bedienen, selbst wenn die Menschen mit Nothwendigkeit handelten, möchte diese Nothwendigkeit sein, welche sie wolle. Man kann einwenden, dass wenn das Uebel und das Gute nothwendig seien, es unnütz sei, Mittel gegen oder für dieselben anzuwenden; allein ich habe bereits die Antwort darauf früher bei dem faulen Sophisma gegeben. Wäre das Gute und das Uebel auch ohne diese Mittel ein Nothwendiges, so wären diese Mittel unnütz, aber dem ist nicht so. Diese Güter und diese Uebel treten nur mit Hülfe der Mittel ein und wenn jene Güter und Uebel nothwendige wären, so würden diese Mittel einen Theil der Ursachen bilden, welche sie nothwendig machten, weil die Erfahrung uns lehrt, dass oft die Furcht oder die Hoffnung das Uebel verhindern und das Gute befördern. Dieser Einwand ist also genau gleichen Inhaltes, wie das faule Sophisma, welches man der Gewissheit ebenso entgegenstellt, wie der Nothwendigkeit kommender Ereignisse. Man kann also sagen, dass diese Einwendungen ebenso gegen die bedingte wie gegen die unbedingte Nothwendigkeit sich richten und dass sie ebensoviel gegen die einen, wie gegen die andern beweisen, d.h. überhaupt nichts beweisen.

72. Der grosse Streit zwischen dem Bischof Bramhall und Herrn Hobbes, welcher begann, als beide in Paris waren und welcher nach ihrer Rückkehr in England fortgeführt wurde, ist in des Hobbes kleineren Schriften in einem Hauptband gesammelt, welcher 1656 in London herausgekommen ist. Diese Schriften sind alle englisch abgefasst und so viel ich weiss, nicht übersetzt und auch in die Sammlung der lateinischen Schriften von Herrn Hobbes nicht aufgenommen worden. Ich hatte jene Schriften gelesen und später wieder durchgesehen und dabei gleich bemerkt, dass Herr Hobbes die unbedingte Nothwendigkeit der Dinge durchaus nicht bewiesen, aber genügend gezeigt hatte, dass die Nothwendigkeit keineswegs alle Regeln der göttlichen und menschlichen Gerechtigkeit umstürzen und die Ausübung dieser Tugend keineswegs ganz verhindern würde.

73. Indess giebt es eine Art Gerechtigkeit und gewisse Belohnungen und Strafen, welche nicht so anwendbar auf diejenigen erscheinen, welche in Folge einer unbedingten Nothwendigkeit ihre Handlungen vollziehen, im Fall es eine solche geben sollte. Dies ist diejenige Gerechtigkeit, welche nicht die Besserung noch das Beispiel, noch selbst die Wiedergutmachung des Uebels zum Ziele hat. Diese Gerechtigkeit beruht nur auf der Angemessenheit, welche eine gewisse Genugthuung in der wegen einer schlechten Handlung zu leistenden Busse verlangt. Die Socinianer und Hobbes mit einigen Andern lassen diese strafende Gerechtigkeit nicht zu, welche eigentlich eine rächende ist und welche Gott sich für viele Fälle vorbehalten hat. Indess gewährt er dieselbe auch denen, welche das Recht zur Leitung Anderer haben und wo er dieselbe vermittelst dieser Personen ausübt, vorausgesetzt, dass sie aus Vernunft und nicht aus Leidenschaft handeln. Die Socinianer meinen, dass für diese Gerechtigkeit der Grund fehle; allein sie stützt sich immer auf eine Angemessenheit, welche, nicht blos den Beleidigten befriedigt, sondern auch die Weisen, welche sie sehen, gleich wie eine gute Musik oder ein gutes Bauwerk die wohlgearteten Gemüther befriedigt. Auch gehört es, da der weise Gesetzgeber gedroht und gleichsam eine Züchtigung versprochen hat, zu seiner Beständigkeit, dass er die Handlung nicht ganz unbestraft lasse, selbst wenn die Strafe Niemandem mehr zur Besserung gereichen sollte. Aber selbst wenn er es nicht versprochen hätte, so genügt es, dass eine Angemessenheit ihn zu solchem Versprechen veranlassen konnte, weil auch der Weise nur das verspricht, was angemessen ist. Man kann sogar sagen, dass es sich hier um eine Art Entschädigung für den Geist handelt, welchen die Unordnung verletzen würde, wenn die Züchtigung ausbliebe, welche dazu dient, die Ordnung wieder herzustellen. Man kann auch noch das zu Rathe ziehen, was Grotius gegen die Socinianer über die Genugthuung von Jesus Christus geschrieben, und was Crellius darauf geantwortet hat.

74. Deshalb dauern die Strafen der Verdammten fort, selbst wenn diese dadurch von dem Bösen nicht mehr abgehalten werden können und deshalb dauert ebenso der Lohn der Seligen fort, wenn er auch denselben nicht mehr zur Stärkung im Guten dienen kann. Man kann indess sagen, dass sich die Verdammten immer neue Schmerzen durch neue Sünden zuziehen und dass die Seligen sich immer neue Freuden durch neue Fortschritte im Guten verschaffen, da beides sich auf das Prinzip der Angemessenheit gründet, vermittelst derer die Dinge so eingerichtet sind, dass die schlechte Handlung sich immer eine Züchtigung zuziehen muss. Man kann auf Grund des Gleichlaufens der beiden Reiche, des Reiches der Endzwecke und des Reiches der wirkenden Ursachen, annehmen, dass Gott in dem Universum eine Verbindung zwischen der Strafe und dem Lohn und der schlechten und guten Handlung eingerichtet hat, wonach das erste immer von dem zweiten angezogen wird und dass die Tugend und das Laster sich ihren Lohn und ihre Strafe in Folge der natürlichen Folge der Dinge selbst bereiten, welches noch eine andere Art vorherbestimmter Harmonie, als die enthält, welche sich in dem Verkehr zwischen Körper und Seele zeigt. Denn zuletzt ist, wie ich schon gesagt habe, alles was Gott thut, harmonisch in Vollkommenheit. Vielleicht könnte diese Angemessenheit in Bezug auf diejenigen wegfallen, welche ohne die wahre Freiheit, welche von der unbedingten Nothwendigkeit ausgenommen ist, handeln und es könnte in diesem Falle die blos bessernde Gerechtigkeit, ohne die rächende genügen. Dies ist die Meinung des berühmten Conring in einer von ihm über das, was recht ist, veröffentlichten Abhandlung. Auch betreffen die Gründe, aus denen Pomponatius in seinem Buche über das Schicksal die Nützlichkeit der Züchtigungen und der Belohnungen, selbst wenn unser Handeln sich lediglich nach einer Schicksalsnothwendigkeit vollzöge, bewiesen hat in der That nur die Besserung und nicht die Genugthuung, *kolasin ou timôrian*. (Die Züchtigung, nicht die Strafe). Ueberdem geschieht es nur des äussern Scheines wegen, dass man die Thiere, welche an gewissen Verbrechen Theil gehabt, tödtet; so wie man ja auch die Häuser der Aufständischen zerstört, um Schrecken zu verbreiten. Also ist dies eine That der bessernden Gerechtigkeit, woran die rächende keinen Theil hat.

75. Indess will ich diese mehr interessante als nothwendige Frage jetzt nicht erörtern, da ich gezeigt habe, dass eine solche Nothwendigkeit bei den freien Handlungen nicht statt hat. Doch ist es immer gut, wenn man zeigt dass die *unvollkommene Freiheit* allein, d. h. die, welche blos dem Zwange nicht unterliegt, zur Begründung derjenigen Art von Züchtigungen und Belohnungen genügen würde, welche nur auf Beseitigung des Uebels und auf Besserung gerichtet sind. Es erhellt hieraus auch, dass jene geistreichen Leute, welche alles für nothwendig erklären, Unrecht haben, wenn sie sagen dass Niemand gelobt oder getadelt, belohnt oder bestraft werden dürfe. Sie sprechen anscheinend nur so, um ihren Scharfsinn geltend zu machen und ihr Vorgeben geht dahin, dass, wenn alles nothwendig ist, dann nichts in unserer Gewalt sei. Allein dieser Vorwand ist nicht begründet; auch die nothwendigen Handlungen würden noch in so weit in unserer Gewalt sein, dass man sie begehen oder unterlassen könnte, wenn die Furcht vor Tadel oder Schmerz und die Hoffnung auf Lob oder Lust unsern Willen dazu bestimmen würden, gleichviel ob sie ihn mit Notwendigkeit dazu bestimmten, oder ob sie ihn dazu bestimmen, indem sie ihm die Freiwilligkeit, die Zufälligkeit und die Freiheit unbeschränkt beliessen. Es würden also selbst dann Lob und Tadel, Lohn und Strafe einen grossen Theil ihres Nutzens behalten wenn eine wahrhafte Nothwendigkeit in unserm Handeln bestände. Wir können ja selbst die natürlichen guten und schlechten Eigenschaften loben und tadeln, an denen der Wille keinen Theil hat, sei es bei einem Diamant oder bei einem Menschen; und der, welcher über Cato von Utica sagte, dass er vermöge seines natürlichen Temperaments gut handle und dass ihm ein anderes Benehmen unmöglich sei, glaubte ihn damit noch mehr zu loben.

76. Die Schwierigkeiten, welche ich bis jetzt zu beseitigen versucht habe, sind beinah alle, sowohl der natürlichen, wie der geoffenbarten Religion gemeinsam; jetzt komme ich aber zu einem offenbarten Satze welcher die Erwähnung und Verwerfung der Menschen in Bezug auf die Einrichtung und die Anwendung der Gnade Gottes rücksichtlich dessen Handlungen des Erbarmens oder der Gerechtigkeit betrifft. Indess habe ich durch die Erledigung der bisherigen Einwendungen mir einen Weg geöffnet, wo ich auch die übrigen beseitigen kann. Dies bestätigt die frühere Bemerkung in § 43 der Einleitung, dass eher ein Streit zwischen den wahren Aussprüchen der natürlichen Theologie und den falschen Behauptungen, wie sie der Schein bietet, besteht als zwischen dem offenbarten Glauben und der Vernunft; denn beinah keines der Bedenken gegen die Offenbarung ist für diese Materie ein neues; jedes entspringt aus denselben Einwürfen, welche man den durch die Vernunft erkannten Wahrheiten entgegenstellen kann.

77. Da indess die Theologen von beinah allen Parteien in dieser Materie über die Vorherbestimmung und die Gnade getheilter Ansichten sind und auf dieselben Einwürfe, je nach ihren verschiedenen Grundsätzen, oft verschiedene Antworten geben, so können nicht wohl die zwischen ihnen bestehenden Unterschiede unerwähnt bleiben. Im Allgemeinen kann man sagen dass die Einen Gott mehr in einer metaphysischen die Andern mehr in einer moralischen Weise auffassen und ich habe schon anderwärts bemerkt, dass die Gegen-Remonstranten das erstere, die Remonstranten das letztere thun. Indessen in richtiger Weise muss man ebenso von der einen Seite die Unabhängigkeit Gottes und die Abhängigkeit der Geschöpfe, wie von der andern Seite die Gerechtigkeit und Güte Gottes festhalten, welche ihn von sich selbst und seinen Willen von seiner Einsicht und Weisheit abhängig machen.

78. Einige geschickte und wohlgesinnte Schriftsteller wollen die Kraft der Gründe beider Hauptparteien darlegen, um sie zu einer gegenseitigen Toleranz zu bestimmen. Sie meinen, dass der ganze Streit auf die Hauptfrage über das Ziel Gottes zurückgehe, welches er hauptsächlich bei Fassung seiner Beschlüsse bezüglich des Menschen gehabt habe; ob er sie blos gefasst habe, um dadurch seinen Ruhm zu offenbaren, indem er seine Eigenschaften zeigte und indem er, um dahin zu gelangen, den grossen Plan der Schöpfung und der Vorsehung gefasst habe, oder ob Gott mehr auf die freiwilligen Bewegungen der vernünftigen Geschöpfe Rücksicht genommen, welche er schaffen wollte, indem er das betrachtete, was sie in den verschiedenen Umständen und Lagen wollen und thun würden, in welche er sie versetzen könnte, um dann einen dem entsprechenden Entschluss zu fassen. Mir scheint, dass die beiden Antworten, welche man auf diese Frage so giebt, als wären sie einander entgegengesetzt, leicht mit einander zu vereinigen sind. Danach wären also beide Parteien im Grunde mit einander einig und es bedürfte keiner Toleranz, wenn es blos auf diese Frage ankäme. In Wahrheit hat Gott, als er die Welt zu schaffen beschloss, nur seine Vollkommenheiten in der wirksamsten und in der seiner Grösse, seiner Weisheit und Güte angemessensten Weise offenbaren wollen; allein gerade deshalb hatte er alles Handeln der Geschöpfe zur Zeit in dem blosen Zustand der Möglichkeit zu erwägen, um den angemessensten Plan zu fassen. Dies Verfahren gleicht dem eines grossen Baumeisters, welcher die Befriedigung oder den Ruhm, einen schönen Palast erbaut zu haben, zum Ziele hat und welcher nun alles erwägt, was zu diesem Bau erforderlich ist, die Gestalt, die Materialien, den Platz, die Lage, die Mittel, die Arbeiter, die Kosten, bevor er einen bestimmten Entschluss fasst; da der Weise bei seinen Plänen das Ziel nicht von den Mitteln trennt und sich kein Ziel vorsetzt, wenn er der Mittel dazu nicht sicher ist.

79. Ich weiss nicht, ob es vielleicht noch Personen giebt, welche in der Meinung, dass Gott der unbeschränkte Herr über alles sei, daraus folgern, dass alles ausserhalb seiner, ihm gleichgültig sei, dass er nur sich bedenke, ohne sich um anderes zu kümmern und dass er so die Einen glücklich, die Andern unglücklich gemacht habe, ohne Grund, ohne Auswahl, ohne Rechtfertigung. Solche Lehre von Gott würde indess ihm seine Weisheit und Güte nehmen. Es genügt, dass Gott sich selbst berücksichtigt und dass er nicht vernachlässigt, was er sich selbst schuldet, um anzunehmen, dass er auch seine Geschöpfe berücksichtigt und dass er sie in einer, der Ordnung am meisten entsprechenden Weise verwendet. Je mehr ein Fürst für seinen Ruhm besorgt ist, um so mehr wird er auf das Glück seiner Unterthanen bedacht sein, selbst wenn er der unbeschränkteste aller Monarchen wäre und seine Unterthanen geborene Sclaven oder Hörige (wie die Juristen sagen) und Leute wären, die aller Willkür unterworfen wären. Selbst Calvin und einige andere der grössten Vertheidiger des unbedingten göttlichen Beschlusses, haben sehr bestimmt erklärte dass Gott für seine Auswahl und die Vertheilung seiner Gnade *grosse und gerechte Gründe* gehabt habe, wenn wir dieselben auch nicht in ihren Einzelheiten kennen. Man muss auch in Liebe anerkennen, dass die strengsten Anhänger der Vorherbestimmung zu viel Vernunft und zu viel Frömmigkeit besitzen, als dass sie diese Ansicht verlassen könnten.

80. Man hat deshalb selbst mit Leuten von nur einiger Vernunft hierüber (wie ich hoffe) keinen Streit zu führen; allein immer wird es unter ihnen viele, Universalisten und Partikularisten genannt, geben je nach dem, was sie über die Gnade und den Willen Gotteslehren. Indess möchte ich glauben, dass wenigstens der hitzige Streit zwischen denselben über die Absicht Gottes, alle Menschen zu erretten und über das davon Abhängige (wenn man davon die Lehre über die *Hülfen*, oder den Beistand der Gnade trennt) mehr die Ausdrücke, als die Sache betrifft. Denn es genügt die Erwägung, dass Gott, wie auch jeder wohlwollende weise Mensch, allem ausführbaren Guten zuneigt und dass diese Neigung mit dem Werthe des Gutes zunimmt und zwar (indem ich die Frage genau und an sich auffasse) vermittelst eines *vorausgehenden Willens*, wie man sagt, der aber nicht immer sich ganz verwirklicht, weil dieser Weise noch viele andere Rücksichten zu nehmen hat. Erst das Ergebniss aller dieser Willensrichtungen zusammen ergiebt, wie ich früher gesagt, den vollen und entscheidenden Willen. Man kann deshalb mit den Alten sehr wohl sagen, dass Gott nach seinem vorgehenden Willen alle Menschen erretten wollte, aber nicht mit seinem nachfolgenden Willen, welcher allein sich immer verwirklicht. Wenn die, welche diesen allgemeinen Willen bestreiten, nicht gestatten wollen, dass diese vorgehende Geneigtheit Wille genannt werde, so bemühen sie sich nur um eine Frage des Namens.

81. Es giebt aber eine ernstere Frage bezüglich der Vorherbestimmung zum ewigen Leben, so wie zu jeder andern von Gott ausgegangenen Bestimmung, nämlich ob diese seine Bestimmung unbedingt ist oder Rücksichten nimmt. Es giebt eine Bestimmung zum Guten und zum Uebel; und da das Uebel entweder ein moralisches oder physisches ist, so stimmen die Theologen aller Parteien darin überein, dass es keine Bestimmung zum moralischen Uebel gebe, d.h. dass Niemand zur Sünde bestimmt sei. Aber in Bezug auf das grösste physische Uebel, d.h. die Verdammniss, kann man zwischen Bestimmung und Vorherbestimmung unterscheiden, weil die Vorherbestimmung eine unbedingte und vorgehende Bestimmung in Betracht der guten und schlechten Handlungen der Betreffenden in sich zu enthalten scheint. So kann man sagen, dass die Verworfenen zur Verdammniss *bestimmt* seien, weil sie als Hartnäckige gekannt seien; aber man kann nicht eben so gut sagen, dass die Verworfenen zur Verdammniss *vorher bestimmt* seien, denn es giebt keine unbedingte Verwerfung, da ihre Grundlage in der vorausgesehenen schliesslichen Hartnäckigkeit besteht.

82. Es giebt allerdings Schriftsteller, welche behaupten, dass Gott zwar sein Erbarmen und seine Gerechtigkeit aus Gründen, die seiner würdig, aber uns unbekannt seien, habe offenbaren wollen und deshalb vor aller Erwägung der Sünde, selbst vor der des Adam, die Einen auserwählt und die Andern verworfen habe und dass er in Folge dieses Beschlusses es für gut befunden habe, die Sünde zuzulassen, um diese beiden Tugenden auszuüben und dass er in Jesu Christo den Einen die Gnade gewährt habe, um sie zu retten und den Andern sie versagt, um sie strafen zu können. Man nennt deshalb diese Schriftsteller Supralapsarii (die über den Sündenfall noch Hinausgreifenden), weil der Beschluss zu strafen nach ihnen der Kenntniss von dem späteren Dasein der Sünde vorausgeht. Indess ist jetzt die verbreitetste Ansicht unter den sogenannten Reformirten, die auch von der Synode zu Dortrecht begünstigt wird, die der Infralapsarier; sie stimmt sehr mit der Ansicht des heiligen Augustinus, welcher sagt, dass Gott aus gerechten, aber uns verborgenen Gründen beschlossen gehabt, die Sünde des Adam und die Verderbniss des menschlichen Geschlechts zuzulassen, und dass sein Erbarmen dann ihn einige aus der verdorbenen Menge habe auswählen lassen, die durch das Verdienst Jesu Christi aus Gnade gerettet werden sollten, während seine Gerechtigkeit ihn die übrigen durch die verdiente Verdammniss habe strafen lassen. Deshalb hiessen bei den Scholastikern nur die Erretteten Prädestinati (Vorherbestimmte) und die Verstossenen Praesciti (Vorhergewusste). Allerdings sprechen einige Infralapsarier und Andere einigemale von der Vorherbestimmung zur Verdammniss nach dem Beispiel von Fulgentius und des heiligen Augustin selbst; sie meinen aber damit nur die Bestimmung und es nützt nichts, über Worte zu streiten, obgleich man deshalb jenen Godescalcus gemisshandelt hat, welcher gegen Ende des neunten Jahrhunderts Aufsehen erregte und den Namen Fulgentius annahm zum Zeichen, dass er diesem Schriftsteller folge.

83. Bezüglich der Bestimmung der Erwählten zum ewigen Leben streiten sich sowohl die Protestanten, wie die Römisch-Katholischen sehr unter einander darüber, ob die Erwählung unbedingt geschehen sei, oder ob sie sich auf die Voraussicht des schliesslichen lebhaften Glaubens gegründet habe. Die Evangelischen, d.h. die dem Augsburgischen Bekenntniss Zugethanen, nehmen das letztere an; sie meinen, dass man nicht auf die verborgenen Ursachen der Erwählung zurückzugehen brauche, da ein offenbarer Grund in der heiligen Schrift, nämlich der Glaube an Jesum Christum angegeben sei; nach ihnen ist die Voraussicht der Ursache auch die Voraussicht der Wirkung. Die sogenannten Reformirten sind anderer Ansicht; sie geben zu, dass das Heil von dem Glauben an Jesus Christus kommt, allein sie sagen, dass die in der Ausführung der Wirkung vorgehende Ursache oft in der Absicht die spätere sei, wie da, wo die Ursache in dem Mittel und die Wirkung in dem Ziele liege. Es fragt sich also, ob der Glaube oder die Erwählung das Frühere in der Absicht Gottes gewesen, d.h. ob Gott mehr die Rettung der Menschen, als sie gläubig zu machen in Absicht gehabt hat.

84. Hieraus erhellt, dass die Entscheidung der Frage theils zwischen den Supralapsariern und Infralapsariern, theils zwischen Letztern und den Evangelischen auf der richtigen Auffassung der Ordnung in den Beschlüssen Gottes beruht. Vielleicht könnte der Streit mit einem Male geschlichtet werden, wenn man sagte, dass bei richtiger Auffassung, alle Beschlüsse Gottes, um die es sich hier handelt, gleichzeitige seien und zwar nicht blos bezüglich der Zeit, was alle Welt annimmt, sondern auch in *Signo rationis* (im Sinne der Begründung) oder in der Ordnung der Natur. Auch hat die Concordienformel hinter einigen Stellen aus Augustin, wirklich in demselben Beschluss der Erwählung das Heil und die zu ihm führenden Mittel zusammengefasst. Um diese Gleichzeitigkeit der Bestimmungen oder Beschlüsse, um die es sich handelt, zu zeigen, muss man auf die Aushülfe zurückgehen, die ich öfters benutzt habe, wonach Gott, bevor er etwas beschlossen, unter andern möglichen Folgen der Dinge auch die in Betracht genommen, welche er später gebilligt hat. In der Vorstellung derselben ist enthalten, dass die ersten Eltern sündigen und ihre Nachkommenschaft verderben, dass Jesus Christus das menschliche Geschlecht wieder kauft und dann einige mit Hülfe verschiedener Gnaden zum schliesslichen Glauben und Heil gelangen und dass andere mit oder ohne solche oder andere Gnaden nicht dahin gelangen, sondern in der Sünde verharren und verdammt werden und dass Gott dieser Folge seine Billigung erst gewährt, nachdem er in all ihre Einzelheiten eingegangen und er also nichts bestimmtes über diejenigen ausspricht, welche gerettet oder verdammt sein werden, bevor er nicht alles erwogen und selbst mit andern möglichen Folgen verglichen hat. Also bezieht sich das, was Gott ausspricht, auf die ganzen Folgen auf einmal, deren Eintreten in das Sein er beschliesst. Um weitere Menschen, oder auf andere Weise zu erretten, hätte er eine ganz andere Reihenfolge überhaupt erwählen müssen, denn in jeder derselben ist alles mit einander verknüpft. Bei dieser Auffassung der Sache, welche die dem Weisen würdigste ist und wo alle Handlungen auf das engste mit einander verknüpft sind, bedarf es nur eines einzigen, alles umfassenden Beschlusses, nämlich eine solche Welt zu schaffen; ein solcher Beschluss umfasst alle einzelnen Beschlüsse, ohne dass dieselben geordnet sind, obgleich man im Uebrigen sagen kann, dass jeder besondere vorhergehende Willensakt, welcher in das ganze Ergebniss eingeht, seinen Werth und seine Ordnung in dem Maasse hat, in welchem dieser Akt dem Guten zuneigt. Indess werden diese vorgehenden Willensakte keine Beschlüsse genannt, weil sie noch nicht unabänderlich sind, da der Erfolg von dem gesammten Ergebniss abhängt. Bei dieser Auffassung laufen alle hier sich erhebenden Schwierigkeiten auf die hinaus, welche ich schon bei Prüfung des Ursprungs des Uebels besprochen und gehoben habe.

85. Es bleibt nur noch eine wichtige Erörterung, welche ihre Schwierigkeiten hat; sie betrifft die Vertheilung der Mittel und Umstände, welche zum Heil und zur Verdammniss beitragen und befasst unter anderem auch die Frage von der Hülfe der Gnade *(de auxiliis gratiae)*, über welche Rom (seit der Versammlung de Auxiliis unter Clemens VIII., wo diese Frage zwischen den Dominikanern und Jesuiten verhandelt wurde) nicht leicht die Veröffentlichung von Büchern gestattete. Alle Welt ist einverstanden, dass Gott vollkommen gut und gerecht ist, dass seine Güte ihm so wenig als nur möglich gestattet zur Schuld der Menschen, und so viel als möglich zu deren Errettung beizutragen (möglich, sage ich, so weit die Ordnung der Dinge es überhaupt gestattet); dass ferner seine Gerechtigkeit ihn hindert, die Unschuldigen zu verdammen und gute Handlungen unbelohnt zu lassen und dass er selbst in den Strafen und Belohnungen ein gerechtes Verhältniss einhält. Indessen erscheint diese Vorstellung, die man von der Güte und Gerechtigkeit Gottes haben soll, nicht genügend in dem, was wir von seinen Handlungen rücksichtlich des Heiles und der Verdammniss der Menschen kennen, und hierin liegen die Schwierigkeiten in Betreff der Sünde und der Mittel dagegen.

86. Die erste Schwierigkeit liegt darin, wie die Seele von der ersten Sünde, welche die Wurzel der wirklichen Sünden ist, habe angesteckt werden können, ohne dass Gott darin ungerecht gehandelt, dass er dieselbe dieser Gefahr ausgesetzt. Diese Schwierigkeit hat drei Ansichten über den Ursprung der Seele selbst veranlasst; nach der *einen* haben die menschlichen Seelen früher in einer anderen Welt oder in einem anderen Leben bestanden, wo sie gesündigt haben und dafür zu dem Gefängniss in dem menschlichen Körper verurtheilt worden sind. Es ist dies eine Platonische Ansicht, welche dem Origenes beigelegt wird und die auch jetzt noch ihre Anhänger hat. Heinrich Morus, ein englischer Gelehrter, hat in einem Buche ausdrücklich etwas dieser Art behauptet. Manche, welche dieses vorgehende Dasein annehmen, sind sogar bis zur Seelenwanderung fortgeschritten. Der jüngere Helmont war dieser Ansicht und auch der scharfsinnige Verfasser der 1678 unter dem Namen Wilhelm Wander veröffentlichten »metaphysischen Gedanken« neigt in seiner Darstellung dazu. – Die *zweite* Ansicht ist die der *Traduction* (Ueberführung), als wenn die Seele der Kinder erzeugt *(per traducem)* (durch einen Ueberführenden) wäre von der Seele, oder den Seelen derer, von denen der Körper der Kinder erzeugt ist. Der heilige Augustin wurde dazu geführt, um die Erb-Sünde besser zu erklären. Diese Lehre wird auch von den meisten der Theologen des Augsburgischen Bekenntnisses festgehalten; indess gilt sie doch nicht allgemein bei denselben, da die Universitäten von Jena, Helmstädt und andere seit lange gegen diese Lehre sind. – Die *dritte* und jetzt am meisten angenommene Ansicht ist die von der *Erzeugung*. Sie wird in den meisten Schulen gelehrt, aber sie hat rücksichtlich der Erbsünde die meiste Schwierigkeit.

87. Mit diesem theologischen Streit über den Ursprung der menschlichen Seele hat sich der philosophische über den *Ursprung der Formen* verknüpft. Aristoteles und seine Schule nennen *Form* das Prinzip der Thätigkeit, was in dem Handelnden enthalten ist. Dieses innerliche Prinzip ist entweder substantiell und heisst, wenn es in einem organischen Körper sich befindet, *Seele*; oder es ist accidentell, wo man es *Beschaffenheit* zu nennen pflegt. Derselbe Philosoph hat auch der Seele den Gattungsnamen der Entelechie oder der Handlung gegeben. Dieses Wort Entelechie kommt von dem griechischen Wort, was vollkommen bedeutet; deshalb drückt es der berühmte Hermolaus Barbarus im Lateinischen wörtlich durch *perfectihabia* (der Vollkommenheitsbesitz) aus, weil die Handlung eine Vollendung der Macht ist. Er hätte jedoch nicht den Teufel deshalb zu befragen brauchen, wie er gethan haben soll, wenn er nur dies erfahren wollte. Ferner nimmt der Philosoph von Stagira zwei Arten von Handlung an, die dauernde und die einander folgende Handlung. Die dauernde oder fortwährende Handlung ist die substantielle oder accidentelle *Form*; die erstere (wie z.B. die Seele) ist durchaus beharrend, wenigstens nach meiner Ansicht, während die accidentelle es nur für eine Zeit ist. Allein die durchaus vorübergehende Handlung, deren Natur eben nicht dauernd ist, besteht in der Thätigkeit selbst. Ich habe anderwärts gezeigt, dass der Begriff der Entelechie nicht ganz zu verachten ist, und dass, wenn sie dauernd ist, sie nicht blos eine einfache wirkliche *Fähigkeit* enthält, sondern auch das, was man Kraft, Aeusserung, Versuch nennen kann, denen die Handlung selbst folgen muss, wenn Nichts sie hindert. Die Fähigkeit ist nur eine *Eigenschaft* oder mitunter ein *Zustand*; dagegen ist die Kraft, wenn sie nicht ein Theil der Substanz selbst ist (d.h. die Kraft, welche nicht *ursprünglich*, sondern abgeleitet ist), eine Bestimmung, welche für sich und von der Substanz trennbar ist. Ich habe auch, wie man denken kann, dargelegt, dass die

Seele eine ursprüngliche Kraft ist, welche durch die abgeleiteten Kräfte oder Eigenschaften modifizirt und verändert wird, und in den einzelnen Handlungen zur Ausübung kommt.

88. Nun haben die Philosophen sich über den Ursprung der substantiellen Formen sehr gequält, denn wenn man sagt, dass das aus der Form und dem Stoff Zusammengesetzte hervorgebracht sei und dass die Form nur mit hervorgebracht sei, so will dies nichts sagen. Die gewöhnliche Meinung war, dass die Formen aus der Macht des Stoffes gezogen worden, was man Eduction (Ausziehung) nennt. Dies war im Ganzen auch noch nichts gesagt, aber man erläuterte es etwas durch den Vergleich mit den Gestalten; so wird die Gestalt einer Bildsäule nur durch Wegnahme des überflüssigen Marmors hervorgebracht. Diese Vergleichung könnte gelten, wenn die Form nur in einer einfachen Begrenzung wie bei der Gestalt bestände. Manche meinten, dass die Formen vom Himmel gekommen und erst nach den Körpern geschaffen werden. Julius Scaliger hat angedeutet, dass die Formen wohl mehr aus der thätigen Macht der wirkenden Ursache hervorgegangen (d.h. aus der Macht Gottes bei der Schöpfung, oder aus der Macht anderer Formen bei der Zeugung), und nicht aus der leidenden Macht des Stoffes; indess ist dies ein Rückgang auf die Traduction, wenn es sich um eine Erzeugung handelt. Daniel Sennert, ein berühmter Arzt und Physiker in Wittenberg, hat diese Ansicht festgehalten, insbesondere für die beseelten Körper, welche sich durch Samen vermehren. Ein gewisser Julius Cesar della Galla, ein in den Niederlanden wohnender Italiener und ein Arzt in Gröningen, Namens Johann Freitag haben sehr heftig sich dem entgegengestellt; indess hat Johann Sperling, Professor in Wittenberg, seinen Meister vertheidigt, weshalb er zuletzt von Johann Zeisold, Professor in Jena, angegriffen wurde, welcher die Erschaffung der menschlichen Seele vertheidigte.

89. Allein die Ueberführung *(traductio)*, wie die Herausziehung *(eductio)* sind beide für den Ursprung der Seele unbrauchbar. Aber nicht so für die accidentellen Formen, da sie nur in Modificationen der Substanz bestehen und ihr Ursprung sich durch die Eduction erklären lässt, d.h. durch die Veränderung der Begrenzungen, wie bei der Entstehung der Gestalten. Allein etwas ganz anderes ist es, wenn es sich um den Ursprung der Substanzen handelt, deren Entstehen und Untergehen gleich schwer zu erklären ist. Sennert und Sperling getrauten sich nicht die Substanz und die Unzerstörbarkeit der

Thierseelen oder anderer ersten Formen anzunehmen, obgleich sie sie für untheilbar und unkörperlich anerkannten. Allein sie verwechselten die Unzerstörbarkeit mit der Unsterblichkeit, unter welcher man bei dem Menschen versteht, dass nicht blos seine Seele, sondern auch seine Persönlichkeit fortbestehe; d.h. wenn man sagt, dass die menschliche Seele unsterblich sei, so lässt man dasjenige fortbestehen, was dieselbe Person ausmacht, und welche damit ihre moralischen Eigenschaften behält, weil ihr *Gewissen* oder das innere rückbezügliche Bewusstsein dessen, was sie ist, bleibt. Nur deshalb kann sie gezüchtigt oder belohnt werden. Aber bei den Thierseelen hat dieser Fortbestand der Persönlichkeit nicht statt; ich nenne sie deshalb lieber unvergänglich, als unsterblich. Dessenungeachtet hat dieses Missverständniss eine starke Folgewidrigkeit anscheinend in der Lehre der Thomisten und anderer tüchtiger Philosophen veranlasst. Sie erkannten die Unkörperlichkeit oder Untheilbarkeit aller Seelen an, ohne doch die Unzerstörbarkeit derselben damit zuzugestehen und zum grossen Nachtheil der Unsterblichkeit der menschlichen Seele. Johannes Scotus, d.h. der Schotte (was früher Iberier, oder »in Irland geboren« bedeutetete), ein berühmter Schriftsteller aus der Zeit von Louis Debonnaire und seiner Söhne, war für den Fortbestand aller Seelen, und es wäre nach meiner Meinung eben so wenig unpassend, wenn man, wie man die Atome des Epikur oder des Gassendi fortbestehen lässt, alle wahrhaft einfachen und untheilbaren Substanzen fortbestehen liesse, welche die einzigen wahren Atome in der Natur sind. Auch Pythagoras kann mit Recht bei Ovid sagen: *Morte carent animae.* (Die Seelen sind vom Tode frei.)

90. Da ich haltbare Grundsätze liebe, mit so wenig Ausnahmen, als möglich, so scheint mir das Folgende in jeder Rücksicht das Haltbarste in dieser wichtigen Frage zu sein. Ich meine, dass die Seelen und überhaupt die einfachen Substanzen nur durch eine Schöpfung anfangen und nur durch eine Vernichtung aufhören können, und da die Bildung organischer beseelter Körper nur unter Annahme einer *vorausgehenden, schon organischen Bildung* erklärlich ist, so folgere ich, dass das, was wir Erzeugung eines Thieres nennen, nur eine Umgestaltung und Vermehrung ist, weil derselbe Körper schon belebt war und weil er dieselbe Seele hatte. Umgekehrt schliesse ich aus der Erhaltung der Seele, wenn sie einmal erschaffen worden, dass auch das Thier erhalten wird und dass der Tod nur scheinbar und nur eine Einhüllung ist, da in der Ordnung der Natur anscheinend es keine ganz vom

Körper getrennte Seelen giebt, und da das, was nicht auf natürliche Weise beginnt, auch nicht durch natürliche Kräfte wieder aufhören kann.

91. Wenn eine so schöne Ordnung und so allgemeine Regeln für die Thiere bestehen, so scheint es nicht vernünftig, dass der Mensch davon ganz ausgeschlossen sein sollte und dass bei ihm alles auf seine Seele Bezügliche nur durch Wunder geschehe. Auch habe ich mehr als einmal gesagt, dass in Folge Gottes Weisheit in seinen Werken alles harmonisch sein müsse und dass die Natur mit der Gnade gleichlaufend sei. Ich glaube deshalb, dass alle Seelen, die einmal menschliche Seelen werden werden, wie auch die der andern Arten von Geschöpfen, in dem Samen und in den Vorfahren bis zu Adam schon bestanden und daher seit Anfang der Dinge immer in der Weise eines organischen Körpers bestanden haben. In diesem Punkte scheinen Herr Swammerdam, der Pater Malebranche, Herr Bayle, Herr Pitcarne, Herr Hartsocker und viele andere gelehrte Männer meine Ansicht zu theilen; auch ist diese Lehre durch die mikroskopischen Beobachtungen des Herrn Leuwenhoek und anderer guter Beobachter genügend bestätigt worden. Aber aus vielen Gründen scheint es mir auch wahrscheinlich, dass sie nur als empfindende oder thierische Seelen bestanden haben, welche mit der Wahrnehmung und Empfindung begabt waren, aber der Vernunft entbehrten und dass sie bis zur Erzeugung des Menschen, dem sie angehören sollten, in diesem Zustande verblieben sind und erst dann die Vernunft erhalten haben, mag es nun ein natürliches Mittel geben, um eine blos fühlende Seele zur Stufe einer vernünftigen Seele zu erheben (was ich mir schwer denken kann) oder mag Gott dieser Seele die Vernunft durch eine besondere That oder (wenn man will) durch eine Art von umleitender Schöpfung verliehen haben, was um so eher annehmbar erscheint, als uns die Offenbarung von vielen andern unmittelbaren Einwirkungen Gottes auf unsere Seelen belehrt. Diese Erklärung dürfte die hier in der Philosophie, wie in der Theologie auftretenden Bedenken beseitigen, weil dann die Schwierigkeit, dass Formen entstehen sollen, ganz verschwindet und weil es der Gerechtigkeit Gottes viel mehr entspricht, wenn man der schon physisch oder seelisch durch Adam's Sünde verdorbenen Seele eine neue Vollkommenheit in der Vernunft verleiht, als wenn man eine vernünftige Seele durch Erschaffung oder sonst wie in einen Körper einführt, in dem sie *moralisch* verdorben werden soll.

92. Wenn nun die Seele einmal unter der Herrschaft der Sünde steht und bereit ist, eine solche wirklich zu begehen, sobald der Mensch im Stande sein wird, seine Vernunft zu gebrauchen, so entsteht die neue Frage, ob eine solche Stimmung eines durch die Taufe nicht wiedergeborenen Menschen zu seiner Verdammniss genüge, selbst wenn er auch nie zur Begehung einer wirklichen Sünde kommen sollte, wie dies ja vorkommen kann und oft vorkommt, wenn der Mensch vor seinem vernünftigen Alter stirbt oder wenn er stumpfsinnig wird, ehe er von seiner Vernunft hat Gebrauch machen können. Man meint, dass der heilige Gregorius von Nazianz es bestreite (Rede über die Taufe); aber der heilige Augustin ist für die Bejahung und behauptet, dass die Erbsünde allein genüge, um die Flammen der Hölle zu verdienen, obgleich dieser Ausspruch sehr hart ist, um nichts schlimmeres zu sagen. Wenn ich hier von der Verdammniss und der Hölle spreche, so verstehe ich darunter Schmerzen und nicht blos die einfache Beraubung der Glückseligkeit; ich verstehe darunter die sinnliche Strafe *(pönam sensus)* und nicht allein die Strafe des Verlustes *(pönam damni)*. Gregor von Rimini, General der Augustiner, ist mit einigen Andern dem Augustinus gefolgt, gegen die von den Schülern seiner Zeit angenommene Meinung; er hiess deshalb der Henker der Kinder, *tortor infantum*. Die Scholastiker haben ihnen, anstatt sie in die Flammen der Hölle zu schicken, einen besonderen Rand angewiesen, wo sie nicht leiden und nur durch die Beraubung des beseligenden Schauens bestraft werden. Auch die Offenbarungen der heiligen Brigitta (wie sie heissen), welche in Rom sehr geschätzt werden, sprechen für diese Annahme. Salmeron und Molina und vor ihnen Ambrosius Catharin und Andere bewilligen ihnen eine gewisse natürliche Seligkeit und der Cardinal Sfondrat, ein gelehrter und frommer Mann, billigt dies und ist zuletzt so weit gegangen, dass er ihren Zustand als den einer glücklichen Unschuld dem Zustande eines geretteten Sünders vorzieht, wie aus seinem *Nodus praedestinationis solutus* (der gelöste Knoten in der Vorherbestimmung) hervorgeht. Indess scheint dies ein wenig zu viel zu sein. Es ist richtig, dass eine gehörig aufgeklärte Seele nicht sündigen wird, selbst wenn sie damit alle mögliche Lust erlangen könnte; allein der Fall wo man zwischen der Sünde und der wahrhaften Seligkeit zu wählen hat, ist ein chimärischer Fall und die Erlangung der Seligkeit (wenn auch erst nach der Busse) ist mehr werth, als ihrer für immer beraubt zu bleiben.

93. Viele französische Prälaten und Theologen entfernen sich gern von Molina und halten sich zu dem heiligen Augustin und zu der Ansicht dieses grossen Mannes, welcher die in dem Alter der Unschuld und vor der Taufe Verstorbenen zu den ewigen Flammen verdammt. Dies erhellt aus dem oben genannten Briefe, welchen fünf hohe Prälaten an den Papst Innocenz XII. gegen das Buch des Cardinal Sfondrat richteten, welches nach dessen Tode herausgekommen ist. Sie wagten aber nicht, die Lehre von der blos beraubenden Strafe der ungetauft gestorbenen Kinder zu verdammen, da Thomas von Aquino und andere bedeutende Männer dies gebilligt hatten. Ich spreche nicht von denen, die man von einer Seite Jansenisten und von der andern Schüler des heiligen Augustin nennt, denn sie erklären sich unbedingt und stark für die Ansicht dieses Kirchenvaters. Allein diese Ansicht ist weder in der Vernunft noch in der Schrift hinreichend begründet und von einer erschreckenden Härte. Herr Nicolas entschuldigt sie schlecht in seinem Buche über die Einheit der Kirche, was gegen Herrn Jurien gerichtet ist, obgleich Herr Bayle in seiner Antwort auf die Fragen etc. Thl. 3, Kap. 178 diesem beitritt. Herr Nicolas entschuldigt sie damit, dass auch noch andere Lehrsätze der christlichen Religion hart erscheinen. Allein einmal darf man ohne Beweis dergleichen Lehrsätze nicht vermehren, und dann sind diese andern von Herrn Nicolas angegebenen Lehrsätze über die Erbsünde und die Ewigkeit der Höllenstrafen nur scheinbar hart und ungerecht, während die Verdammniss der ohne wirkliche Sünde und ohne Wiedergeburt verstorbenen Kinder in Wahrheit hart sein würde, da es eine Verdammniss wahrhaft Unschuldiger sein würde. Ich glaube deshalb, dass die Partei, welche diese Ansicht festhält, niemals voll die Oberhand, selbst in der römischen Kirche, erhalten wird. Die evangelischen Theologen pflegen über diesen Gegenstand sehr gemässigt sich auszudrücken, indem sie diese Seelen dem Urtheil und der Gnade ihres Schöpfers anheimgeben. Auch kennen wir nicht alle Wege, deren Gott in ausserordentlicher Weise sich zur Erleuchtung der Seelen bedienen kann.

94. Man kann sagen, dass die, welche blos auf Grund der Erbsünde verdammen, und folglich auch die ungetauften oder ausserhalb des Bandes mit Christus gebliebenen Kinder verdammen, die Neigung des Menschen und das Vorherwissen Gottes, ohne es zu bemerken, benutzen, obgleich sie im Uebrigen beides nicht annehmen. Sie wollen nicht, dass Gott seine Gnade denen versage, von denen er voraussieht, dass sie derselben widerstehen werden und ebensowenig dass dieses Voraussehen und diese Neigung die Ursache der Verdammniss dieser Personen sei und doch behaupten sie, dass die aus der Erbsünde hervorgegangene Neigung, wo Gott voraussieht, dass in Folge deren das Kind sofort sündigen werde, wenn es zur Vernunft gelangt sein werde, genüge, um das Kind schon im Voraus zu verdammen. Die, welche das eine behaupten und das andere verwerfen, bewahren nicht die Uebereinstimmung und die Verknüpfung in ihren Lehrsätzen.

95. Die Schwierigkeiten bei denen, welche zum vernünftigen Alter kommen, sind kaum geringer, im Fall diese sich in die Sünde stürzen und der Neigung ihrer verdorbenen Natur folgen, sofern sie die Hülfe der Gnade erhalten, um an dem Rande des Abgrundes anzuhalten, oder um aus dem Abgrund, in den sie gestürzt, sich wieder herauszuhelfen. Denn es scheint hart, sie für das zu verdammen, was zu thun sie nicht die Macht zu hindern hatten. Diejenigen, welche schon die der Unterscheidung unfähigen Kinder verdammen, haben allerdings auch bei den Erwachsenen kein Bedenken und man möchte sagen, dass sie sich durch den Gedanken an die Leiden der Menschen verhärtet haben. Allein dies ist bei den übrigen Gelehrten nicht der Fall und ich trete ganz denen bei, welche allen Menschen eine zur Befreiung von der Sünde hinreichende Gnade bewilligen, sofern sie nur zur Benutzung derselben geneigt sind und sie nicht freiwillig verwerfen wollen. Man entgegnet, dass es eine unzählige Menge von Menschen gegeben hat und noch giebt, sowohl unter den civilisirten Völkern, wie unter den rohen, welche nie eine Kenntniss von Gott und Jesu Christo erlangt haben, deren man doch bedürfe, um auf dem gewöhnlichen Wege errettet zu werden. Ohne sie indess mit dem Vorgeben einer blos philosophischen Sünde entschuldigen und ohne selbst an einer blosen beraubenden Strafe festzuhalten, was hier zu erörtern nicht der Ort ist, kann vielmehr die Thatsache bezweifelt werden; denn wir wissen nicht, ob sie nicht gewöhnliche oder ausserordentliche Hülfen empfangen, die uns nur unbekannt sind. Der Grundsatz: *Quod facienti quod in se est, non denegatur gratia necessaria* (wer das, was an ihm liegt, thut, dem wird die nöthige Gnade nicht versagt) hat für mich eine ewige Wahrheit. Thomas von Aquino, der Erzbischof Bradwardin und Andere haben angedeutet, dass hierbei sich etwas zutrage, was wir nicht wissen. (Thomas Frage 14 über die Wahrheit Artikel 11 zu I und anderwärts. Bradwardin: Ueber den Grund Gottes, nicht weit vom Anfange.) Auch mehrere, selbst in der römischen Kirche sehr anerkannte Theologen haben gelehrt, dass eine aufrichtige That der Liebe Gottes in Bezug auf alle Fälle für das Heil genüge, wenn die Gnade von Jesu Christo diese Liebe bei Gott anregt. Der Pater Franz Xaver antwortete den Japanesen, dass wenn ihre Vorfahren ihr natürliches Licht gut gebraucht hätten, so werde Gott denselben die für ihre Rettung nöthige Gnade gewährt haben und der Bischof von Genf Franz von Sales billigt vollständig diese Antwort. (Buch 4: Von der Liebe Gottes, Kap. 3.)

96. Dies habe ich früher dem geschätzten Herrn Pelisson entgegnet und ihm gezeigt, dass die römische Kirche weiter geht, als die Protestanten und dass erstere die, welche ausser Gemeinschaft, ja selbst ausserhalb des Christenthums stehen, nicht unbedingt verdammt und sie nicht nach dem ausdrücklichen Glauben misst. Herr Pelisson hat dies in seiner sehr verbindlichen Antwort eigentlich nicht widerlegt, die in dem vierten Theile seiner »Betrachtungen« stellt und mit welcher er, mir zu Ehren, mein Schreiben mit hat abdrucken lassen. Ich gab ihm damals das zur Erwägung, was ein berühmter portugiesischer Theologe, Namens Johann Payva Andradius, der zum trientinischen Concil abgesandt war, während dieses Concils gegen Chemnitz geschrieben hat. Gegenwärtig brauche ich nur den Jesuiten Pater Spee, einen der ausgezeichnetsten Männer dieser Gesellschaft, zu nennen, welcher ebenfalls dieser allgemeinen Ansicht über die Wirksamkeit der göttlichen Liebe ist, wie aus der Vorrede zu dem schönen Buche erhellt, welches er in deutscher Sprache über die christlichen Tugenden verfasst hat. Er spricht davon, wie von einem sehr wichtigen frommen Geheimniss und ergeht sich sehr bestimmt über die Kraft der göttlichen Liebe, wodurch sie auch ohne Dazwischenkunft der katholischen Sakramente die Sünde unwirksam machen kann, vorausgesetzt, dass sie nicht verachtet werde, da dies mit dieser Liebe sich nicht mehr vertragen würde. Eine sehr hohe Person von einem so erhabenen Charakter, als man ihn in der römischen Kirche finden kann, hat mir die erste Mittheilung davon gemacht. Der Pater Spee stammte (nebenbei gesagt) aus einer vornehmen westfälischen Familie und er ist in dem Geruch eines Heiligen verstorben, wie der Herr bezeugt, welcher dieses Buch in Cöln mit Genehmigung seiner Oberen veröffentlicht hat.

97. Die Schrift dieses vortrefflichen Mannes muss noch jetzt Personen von Kenntnissen und Verstand von Werth sein, da er der Verfasser des Buches ist, was den Titel führt: *Cautio criminalis circa processus contra sagas* (die criminelle Kaution bei Prozessen gegen die Hexen), was viel Aufsehen gemacht und in mehrere Sprachen übersetzt worden ist. Der Kurfürst von Mainz, Johann Philipp von Schönborn, der Onkel des gegenwärtigen Erzbischofs, welcher ruhmvoll in den Fussstapfen seines würdigen Vorgängers wandelt, hat mir erzählt, dass dieser Pater sich in Franken befand, als man dort mit Wuth alle angeblichen Hexen verbrannte; derselbe habe mehrere bis zu dem Scheiterhaufen begleitet und aus ihren Geständnissen und den über sie gemachten Ermittelungen erkannt, dass sie ganz unschuldig gewesen. Der Pater sei davon so gerührt gewesen, dass er trotz der damals mit der Verkündung der Wahrheit verknüpften Gefahren sich doch zur Abfassung dieses Werkes entschlossen habe (ohne jedoch sich zu nennen). Dasselbe erregte grosses Aufsehen und belehrte in diesem Punkte den Kurfürsten, der damals noch einfacher Kanonikus war, dann Bischof von Würzburg wurde und endlich auch Erzbischof von Mainz. Er untersagte sofort bei Antritt seiner Regierung alle diese Scheiterhaufen und ihm folgten der Herzog von Braunschweig und später die meisten Fürsten und Staaten Deutschlands.

98. Diese Abschweifung war vielleicht am Ort, weil dieser Schriftsteller es verdient, mehr bekannt zu werden. Ich komme jetzt auf den Gegenstand zurück und füge noch hinzu, dass ich annehme, wie heute eine Kenntniss Jesu Christi dem Fleische noch zum Heile nöthig ist, da dies in der That das sicherste Mittel der Belehrung ist und man kann daher sagen, dass Gott diese Kenntniss allen verleihen wird, welche das thun, was menschlicher Weise von ihnen abhängt, selbst wenn es von Gott durch ein Wunder geschehen müsste. Auch können wir nicht wissen, was bei dem Nahen des Todes in den Seelen vorgeht. Wenn selbst mehrere gelehrte und bedeutende Theologen daran festhalten, dass die Kinder eine Art Glauben durch die Taufe empfangen, obgleich sie sich dessen später nicht mehr entsinnen, wenn man sie darüber befragt, weshalb sollte man da nicht behaupten können, dass etwas Aehnliches, ja selbst Bestimmteres auch bei den Sterbenden geschehen könne, die wir nach ihrem Tode überdem nicht mehr befragen können. Es stehen daher Gott unzählige Wege offen, auf denen er seiner Güte Genüge leisten kann und alles, was wir dagegen einwenden können, läuft nur darauf hinaus, dass wir die Wege, die er benutzt, nicht kennen, was aber nicht als ein gültiger Einwurf gelten kann.

99. Ich komme zu denen, welchen zwar nicht die Macht fehlt, sich zu bessern, aber der gute Wille; sie verdienen offenbar keine Entschuldigung, aber es verbleibt auch hier immer eine grosse Schwierigkeit in Bezug auf Gott, weil es ja nur von ihm abhängt, ihnen diesen guten Willen zu verleihen. Er ist der Herr über das Wollen; die Herzen der Könige und der übrigen Menschen sind in seiner Hand. Die heilige Schrift geht sogar so weit, dass sie sagt, Gott verhärte manchmal die Bösen, um in deren Bestrafung seine Macht zu zeigen. Diese Verhärtung darf indess nicht so verstanden werden, als wenn Gott solchen Menschen in ausserordentlicher Weise eine Art von Gegen-Gnade einflösste, d.h. einen Widerwillen gegen das Gute oder selbst eine Neigung zum Bösen, wie die von ihm gewährte Gnade eine Neigung zum Guten ist; vielmehr hat Gott in Anbetracht der Reihe der Dinge, die er eingerichtet hat, es aus hohem Gründen für angemessen befunden, zu erlauben, dass z.B. Pharao sich in *Umständen* befand, welche seine Bosheit steigerten und die göttliche Weisheit hat aus diesem Uebel ein Gutes ableiten wollen.

100. So läuft das Ganze oft auf die *Umstände* hinaus, die einen Theil der Verknüpfung der Dinge ausmachen. Es giebt unzählige Beispiele von kleinen Umständen, welche der Besserung oder der Verschlimmerung dienen. Nichts ist so bekannt, wie das *Tolle, Lege* (Nimm und lies), welchen Ruf der heilige Augustin aus einem Nachbarhause hörte, als er überlegte, welche Partei er bei den in Sekten getheilten Christen ergreifen solle, indem er sich sagte: *Quod vitae sectabor iter?* (Welchen Lebensweg soll ich einschlagen?). Dieser Ruf liess ihn auf's Gerathewohl die vor ihm liegende heilige Schrift aufschlagen und das lesen, was ihm vor die Augen kam. Es waren Worte, die ihn zu dem Entschluss brachten, die Manichäer zu verlassen. Der gute Herr Stenonis, ein Däne, Titularbischof von Titianopolis apostolischer Vikar (wie man sagt) für Hannover und Umgegend zu der Zeit, wo der regierende Herzog noch dem römischen Glauben angehörte, sagt uns, dass ihm etwas Aehnliches geschehen sei. Er war ein grosser Anatomiker und stark in der Naturkenntniss; allein leider verliess er diese Richtung und wurde aus einem grossen Naturforscher ein mittelmässiger Theolog. Er wollte von den Wundern der Natur gar nichts mehr hören und es bedurfte eines besondern Befehls des Papstes *in virtute sanctae obedientiae* (auf Grund heiligen Gehorsams), um die Beobachtungen von ihm zu erhalten, um welche Herr Thevenot ihn bat. So erzählte er, dass das, was ihn viel mit bestimmt habe, der römischen Kirche sich zuzuwenden, die Stimme einer Dame in Florenz gewesen sei, welche ihm aus einem Fenster zugerufen habe: »Mein Herr, gehen Sie nicht auf dieser Seite, sondern auf der andern.« Diese Stimme erschütterte mich (sagte er) weil ich gerade da über die Religion nachdachte. Diese Dame wusste, dass er jemand in ihrem Hause suchte und weil sie sah, dass er nach einem anderen zuging, so wollte sie ihm die Wohnung seines Freundes zeigen.

101. Der Jesuitenpater Johann Davidius hat ein Buch mit dem Titel: *Veridicus Christianus* (der wahrsprechende Christ) geschrieben, was eine Art von Bücherspiel ist. Man kann nach dem Vorgange des: *Tolle Lege* des heiligen Augustin die Stellen oft auf's Gerathewohl herausgreifen, wie bei einem Andachtsspiele. Indess tragen die zufälligen Umstände, in die wir ohne unsern Willen gerathen, nur zu viel zu dem bei, was dem Menschen das Heil gewährt oder nimmt. Man denke sich ein Paar polnische Zwillinge; der eine wird von den Tartaren geraubt, an die Türken verkauft, zum Abfall von seinem Glauben gebracht, in die Gottlosigkeit gestürzt und er stirbt in Verzweiflung; der andere wird glücklicherweise gerettet, geräth in gute Hände, wo er gehörig unterrichtet wird; und von den grossen Wahrheiten der Religion tief ergriffen, übt er die Tugenden, welche sie empfiehlt und stirbt mit den Gesinnungen eines guten Christen. Man wird das Unglück des ersteren beklagen, den vielleicht nur ein kleiner Umstand daran gehindert hat, sich ebenso, wie sein Bruder zu retten und man erschrickt, dass ein so kleiner Zufall über sein Schicksal für alle Ewigkeit entscheiden soll.

102. Man sagt vielleicht, dass Gott durch sein mittleres Wissen vorausgesehen, dass der erstere, auch wenn er in Polen geblieben wäre, ebenso schlecht und verdammlich geworden sein würde und es mag mitunter sich treffen, dass so etwas wirklich stattfindet. Aber wird man dergleichen als eine allgemeine Regel hinstellen und behaupten, dass auch nicht einer unter den zur Verdammniss bestimmten Heiden gerettet worden sein würde, wenn er unter die Christen gekommen wäre? Hiesse dies nicht unserm Herrn widersprechen, welcher sagt, dass Tyrus und Sodom seine Prophezeihungen mehr gewürdigt haben würden, als Capernaum, wenn sie das Glück gehabt hätten, sie zu hören?

103. Aber selbst wenn man den Gebrauch des mittleren Wissens gegen allen Anschein hier gestatten wollte, so setzt dasselbe doch immer voraus, dass Gott erwäge, was der Mensch in diesen und jenen Umständen thun werde und es bleibt immer wahr, dass Gott ihn in heilbringendere Umstände hätte versetzen und ihm innere oder äussere Hülfen hätte gewähren können, welche selbst den grössten Vorrath von Bosheit hätten besiegen können, der sich in solchen Seelen befindet. Man sage nicht, dass Gott dazu keine Verpflichtung habe, denn dies genügt nicht; es müssten vielmehr die erheblichsten Gründe ihn daran verhindern, Allen seine volle Güte zukommen zu lassen; also muss es hier eine Wahl geben, aber ich meine, dass man den Grund dazu nicht durchaus in der guten oder schlechten Anlage der Menschen zu suchen habe; denn wenn man mit Einigen annimmt, dass Gott bei seiner Wahl des Welt-Planes, welcher das meiste Gute erzeugt, aber welcher die Sünde und die Verdammniss mit enthält, durch seine Weisheit zur Auswahl der besten Naturen bestimmt worden ist, um sie zum Gegenstand seiner Gnade zu machen, so scheint die Gnade Gottes dann nicht genügend freiwillig, und der Mensch müsste sich dann selbst durch eine Art von angeborenem Verdienst auszeichnen; eine Annahme, die von den Grundsätzen des heiligen Paulus und selbst von denen der allerhöchsten Vernunft sehr abweichend erscheint.

104. Es ist allerdings richtig, dass bei Gott Gründe für seine Wahl bestehen und dass dabei auch der Gegenstand derselben, d.h. die Natur des Menschen beachtet werden muss, allein diese Wahl dürfte wohl keinen für uns begreiflichen oder userm Stolze schmeichelnden Regeln unterliegen. Einige berühmte Theologen meinen, dass Gott denen, von welchen er voraussieht, dass sie weniger Widerstand leisten werden, mehr Gnade oder in eine günstigere Weise gewähre und dass er die übrigen ihrem Eigenwillen überlasse. Es mag sich wohl so verhalten und diese Aushülfe entfernt sich unter denen, wonach der Mensch sich selbst durch das Vortheilhafte in seinem Naturell auszeichnet, am meisten von der Lehre des Pelagius. Indess möchte ich aus ihr keine allgemeine Regel machen, und zuletzt ist wohl, damit wir nicht Grund haben uns zu rühmen, nöthig, dass die Gründe für die Auswahl Gottes uns unbekannt bleiben. Sie sind auch zu mannigfaltig, um von uns gekannt zu sein und möglicherweise zeigt Gott mitunter die Macht seiner Gnade dadurch, dass sie den hartnäckigsten Widerstand überwindet, damit Niemand zu verzweifeln, aber auch Niemand sich zu überschätzen brauche. Der heilige Paulus scheint diesen Gedanken gehabt zu haben, indem er sich selbst in dieser Rücksicht als Beispiel hinstellt. Gott, sagte er, hat sich meiner erbarmt, um ein grosses Beispiel von seiner Geduld zu geben.

105. Vielleicht sind alle Menschen im Grunde gleich schlecht und sie können sich deshalb durch ihr gutes oder weniger schlechtes Naturell von einander nicht unterscheiden; aber sie sind nicht alle in gleicher Weise schlecht, da zwischen den Seelen, wie die vorherbestimmte Harmonie ergiebt, eine ursprüngliche individuelle Verschiedenheit besteht. Die einen neigen mehr oder weniger zu einem bestimmten Gut oder zu einem bestimmten Uebel, oder zu deren Gegentheilen, alles nach ihren natürlichen Zuständen; aber der allgemeine Plan für das Universum, welchen Gott aus hohem Gründen gewählt hat, macht, dass die Menschen sich in verschiedenen Umständen befinden und dass die, welche die für ihr Naturell günstigsten treffen, in leichterer Weise, weniger schlecht, und die tugendhaftesten und glücklichsten werden; jedoch immer durch den Beistand der Eindrücke der inneren Gnade, welche Gott damit verbindet. Manchmal gelingt dies im Laufe des menschlichen Lebens selbst einem ausgezeichneten Naturell weniger, weil der erforderliche Kulturzustand oder die Gelegenheit fehlt. Man kann sagen, dass die Menschen nicht nach ihrer Vorzüglichkeit erwählt und geordnet werden, sondern nach der Angemessenheit, in der sie sich zu Gottes Plan befinden, wie man ja auch einen weniger guten Stein zu einem Bau oder einer Einrichtung benutzt, weil er gerade in eine gewisse Lücke passt.

106. Indess zeigen alle diese Versuche, Gründe für einen Gegenstand aufzufinden, wo man sich nicht an bestimmte Hypothesen fest zu halten braucht, dass es tausenderlei Mittel giebt, um das Verhalten Gottes zu rechtfertigen. Alles Unpassende, was wir sehen, alle Schwierigkeiten, die man sich machen kann, sind kein Hinderniss, in vernünftiger Weise zu glauben, wenn man es nicht auch ausserdem in beweisbarer Weise wüsste, wie ich schon dargelegt und wie es später sich noch mehr ergeben wird, dass es nichts so erhabenes giebt, wie die Weisheit Gottes, nichts so reines, wie seine Heiligkeit und nichts so unermessliches, wie seine Güte.

Zweiter Theil

107. Bis hier habe ich mich auf eine ausführliche und deutliche Darstellung der ganzen hier in Frage stellenden Materie beschränkt, und wenn ich auch noch nicht von den Einwürfen des Herrn Bayle im besondern gesprochen habe, so habe ich doch gesucht, denselben zuvorzukommen und die Mittel für die Erledigung derselben zu bieten. Allein da ich unternommen habe, ihnen im einzelnen entgegenzutreten, weil vielleicht einzelne Punkte noch eine grössere Erläuterung bedürfen und überdem seine Einwürfe voll Geist und Gelehrsamkeit sind und diese Streitfragen in ein viel helleres Licht setzen können, so wird es gut sein, wenn ich die Haupteinwürfe zusammenstelle, welche sich in seinen Werken zerstreut vorfinden und daran meine Widerlegungen anknüpfe. Ich habe gleich im Beginn gesagt, »dass Gott bei dem moralischen und physischen Uebel mitwirkt und zwar bei dem einen und dem andern in moralischer und physischer Weise und dass auch der Mensch hierbei physisch und moralisch in einer freien und thätigen Weise mitwirkt, welche ihn tadelns- und strafwürdig macht.« Ich habe auch gezeigt, dass jeder dieser Punkte seine Schwierigkeiten hat; die grösste liegt aber darin, dass Gott an dem moralischen Uebel in moralischer Weise mitwirkt, d.h. an der Sünde, ohne doch deren Urheber oder ein Mitschuldiger dabei zu sein.

108. Er thut es, indem er es gerechter Weise *zulässt* und indem er uns in seiner Weisheit zum Guten *leitet*, wie ich es in einer genügend verständlichen Weise dargelegt haben dürfte. Aber da gerade hier Herr Bayle es unternimmt, diejenigen zu Boden zu schlagen, welche behaupten, dass der Glaube nichts enthalte, was sich mit der Vernunft nicht vertrüge, so habe ich auch gerade hier zu zeigen, dass meine Sätze von einem Wall geschützt sind, und selbst von Gründen, welche dem stärksten Feuer seiner Batterien widerstehen können, um bei seinem Gleichniss stehen zu bleiben. Seine Angriffe gegen mich finden sich in Kap. 144 seiner Antwort auf die Fragen etc. (Theil III. S. 812), wo er die theologische Lehre in sieben Sätze zusammenfasst und ihr neunzehn philosophische Sätze entgegenstellt, gleich so vielen schweren Kanonen, um einen Riss in meinen Wall zu schiessen. Ich beginne mit den theologischen Sätzen.

109. I. »Gott«, sagt er, »das ewige, nothwendige, unendlich gute, heilige, weise und mächtige Wesen besitzt von aller Ewigkeit einen Ruhm und eine Seligkeit, welche niemals sich vermehren noch vermindern kann.« Dieser Satz des Herrn Bayle ist ebenso philosophisch, wie theologisch. Wenn man sagt, Gott besitze einen Ruhm, wenn er allein ist, so hängt dies von der Bedeutung dieses Wortes ab. Man kann mit Einigen sagen, dass der Ruhm in der Genugthuung bestehe, welche sich aus der Kenntniss der eigenen Vollkommenheiten ergebe und in diesem Sinne besitzt Gott diesen Ruhm immer; besteht aber der Ruhm darin, dass die Andern davon Kenntniss erhalten, so kann man sagen, dass Gott diesen Ruhm nur erwirbt, wenn er sich vernünftigen Geschöpfen zu erkennen giebt, obgleich es richtig ist, dass Gott dadurch kein neues Gut erlangt, sondern dass vielmehr die vernünftigen Geschöpfe darin ein Gut empfangen, wenn sie den Ruhm Gottes, so wie es sich gehört, erfassen.

110. II. »Er entschloss sich frei zur Erschaffung von Geschöpfen und er wählte unter einer unendlichen Zahl möglicher Wesen, die, welche ihm gefielen, um ihnen das Dasein zu geben und das Universum zu bilden, während er alle andern in ihrem Nichts beliess.« Auch dieser Satz stimmt ganz, wie der vorige, mit dem Theile der Philosophie, welchen man natürliche Theologie nennt. Man muss hier ein wenig die Worte hervorheben, dass Gott diejenigen möglichen Wesen auswählt, *welche ihm gefielen*. Denn wenn ich sage, *dies gefällt mir*, so ist das so viel, als wenn ich sage, ich finde dies gut. Daher ist es die ideale Güte des Gegenstandes, welche gefällt und welche ihn unter vielen andern wählen lässt, die nicht, oder doch weniger gefallen, d.h. die weniger von der Güte enthalten, welche mich bestimmt. Nun können Gott nur die wahren Güter gefallen und deshalb ist das, was Gott am meisten gefällt, auch das Beste.

111. III. »Da die menschliche Natur zu den Wesen gehörte, welche Gott erschaffen wollte, so schuf er einen Mann und eine Frau und gewährte ihnen neben anderer Gunst den freien Willen, so dass sie ihm gehorchen konnten; aber er bedrohte sie mit dem Tode, im Fall sie seinem ihnen gegebenen Befehle nicht gehorchten, nach welchem sie sich einer gewissen Frucht enthalten sollten.« Dieser Satz ist zum Theil offenbar und kann ohne Bedenken angenommen werden, im Fall *der freie Wille* richtig so aufgefasst wird, wie ich ihn erläutert habe.

112. IV. »Dennoch assen sie davon und wurden von da ab sie selbst und ihre ganze Nachkommenschaft zu dem Elend dieses Lebens, zum zeitlichen Tode und ewiger Verdammniss verurtheilt, auch einer solchen Neigung zur Sünde unterworfen, dass sie sich derselben beinah ohne Aufhören und Ende überlassen.« Man hat Grund zur Annahme, dass die verbotene Handlung durch sich selbst diese schlimmen Folgen in Gemässheit einer natürlichen Wirkung herbeiführte und dass deshalb und nicht blos rein willkürlich Gott es ihnen verboten hatte; ähnlich wie man den kleinen Kindern die Messer verbietet. Der berühmte Fludd oder de *Fluctibus*, ein Engländer, schrieb einmal ein Buch, *de Vita, Morte et Resurrectione* (über Leben, Tod und Auferstehung) unter dem Namen R. Otreb, worin er behauptete, dass die Frucht des verbotenen Baumes ein Gift gewesen sei; doch kann ich in diese Einzelheiten nicht eingehen. Es genügt, dass Gott eine schädliche Sache verboten hat; man darf deshalb nicht annehmen, dass Gott hier einfach den Gesetzgeber gespielt habe, welcher ein rein positives Gesetz erlässt, oder einen Richter, welcher rein willkürlich eine Strafe auferlegt und vollzieht, ohne alle Verbindung zwischen dem Uebel der Schuld und dem Uebel der Strafe. Auch braucht man sich nicht vorzustellen, dass Gott deshalb in seinem gerechten Zorn ganz ausdrücklich durch eine ausserordentliche That und um zu strafen eine Verderbniss in die menschliche Seele und den menschlichen Körper gelegt habe, ohngefähr so, wie die Athener den Verurtheilten den Schierlingssaft trinken liessen. Herr Bayle fasst es aber so auf; er spricht, als wenn die ursprüngliche Verderbniss in die Seele des ersten Menschen durch einen Befehl und eine Thätigkeit Gottes gelegt worden. Deshalb macht er den Einwurf (Antwort auf die Fragen etc. Kap. 178, S. 1218, Thl. III.): »dass die Vernunft einen Monarchen nicht lieben werde, welcher Jemand sammt seinen Nachkommen als Züchtigung dahin verurtheilt, dass er immer zum Aufstand geneigt sein solle;« vielmehr trifft diese Züchtigung auf natürliche Weise die Schlechten, ohne Befehl eines Gesetzgebers und sie finden Geschmack am Bösen. Wenn die Trunkenbolde als eine natürliche in dem Körper vorgehende Folge Kinder erzeugten, die demselben Laster zuneigten, so würde dies eine Strafe ihrer Voreltern, aber keine gesetzlich verordnete Strafe sein. Etwas ähnlich verhält es sich mit den Folgen der Sünde des ersten Menschen, da die Betrachtung der göttlichen Weisheit uns glauben lässt, dass das Reich der Natur dem der Gnade dient und dass Gott als Baumeister alles so gemacht hat, wie es Gott, als Monarchen betrachtet, angemessen schien. Wir kennen weder die Natur der verbotenen Frucht, noch die Natur der That und ihrer Wirkungen genug, um über das Einzelne des Vorganges urtheilen zu können; danach ist man es Gott schuldig, anzunehmen, dass sie etwas anderes, als was die Maler uns darstellen, enthalten hat.

113. V. »Es hat Gott in seiner grenzenlosen Barmherzigkeit gefallen, eine kleine Anzahl Menschen von dieser Verdammniss zu befreien. Indem er sie während dieses Lebens der Verderbniss der Sünde und dem Elend ausgesetzt liess, hat er ihnen doch eine Hülfe gewährt, durch welche sie die Seligkeit des Paradieses erlangen, welche nie enden wird.« Früher haben Mehrere bezweifelt, ob die Zahl der Verdammten so gross sei, als man gewöhnlich annimmt, wie ich schon früher bemerkt habe; sie haben anscheinend noch eine Art Mittelzustand zwischen der ewigen Verdammniss und vollkommenen Seligkeit angenommen. Indess bedarf es dessen nicht, es genügt, dass wir uns an die Ansicht der Kirche halten, wo dieser Satz des Herrn Bayle nach den Grundsätzen der hinreichenden Gnade verstanden wird, welche allen Menschen gewährt ist, sofern sie nur den guten Willen haben. Obgleich Herr Bayle selbst der entgegengesetzten Ansicht ist, hat er doch (wie er am Rande bemerkt) die Ausdrücke vermeiden wollen, welche nicht zu dem System passen, nach welchem die Beschlüsse Gottes seiner Voraussicht der zufälligen Ereignisse nachfolgen.

114. VI. »Gott hat von Ewigkeit alles was sich ereignen wird, vorausgesehen; er hat alle Dinge geregelt; jedes an seinen Platz gestellt; er leitet und regiert ohne Unterbrechung nach seinem Gefallen, so dass nichts ohne seine Erlaubniss, oder gegen seinen Willen geschieht und dass er alles, wie es ihm gefällt und so weit und so oft es ihm gefällt, verhindern kann, was ihm nicht gut erscheint, also auch die Sünde, die ihn von allem am meisten verletzt und die er am meisten verabscheut; auch kann er in jeder Seele alle Gedanken, die ihm gefallen, erzeugen.«

Dieser Satz ist noch rein philosophisch, d.h. durch das Licht der natürlichen Vernunft erkennbar. Auch ist es wohl absichtlich, dass während der Satz II. sich auf das »*was Gott gefällt*« stützt, der Satz hier auf das »*was ihm gut scheint*«, d.h. auf das gestützt wird, was Gott zu thun für gut findet. Er kann vermeiden oder beseitigen *wie ihm gut scheint*, alles was *ihm nicht gefällt*; allein man muss bedenken, dass manche Gegenstände, von denen er sich abwendet, wie gewisse Uebel und vor allem die Sünde, welche sein vorgehender Wille abgewiesen hat, durch seinen nachfolgenden oder entscheidenden Willen nur so weit haben verworfen werden können, als es die Regel des Besten gestattet, welches der Weiseste, nachdem er alles in Rechnung genommen, zu wählen hatte. Wenn man sagt, *dass die Sünde Gott am meisten beleidige und dass er sie am meisten verabscheue*, so ist dies eine menschliche Art zu sprechen. Denn eigentlich kann Gott nicht beleidigt werden, d.h. verletzt, belästigt, beunruhigt oder erzürnt werden; dagegen *verabscheut* er das Bestehende nicht, vorausgesetzt, dass, etwas verabscheuen, bedeutet: eine Sache mit Widerwillen betrachten, oder in einer Weise, die uns anekelt, uns schmerzt, uns beängstigt; denn Gott kann weder Kummer, noch Schmerzen, noch Unbequemlichkeiten erleiden; vielmehr ist er stets vollkommen zufrieden und wohl auf. Indessen sind jene Ausdrücke in ihrem wahren Sinne wohl begründet. Die höchste Güte Gottes lässt seinen vorgehenden Willen jedes Uebel abweisen und das moralische am meisten; sie lässt es nur aus höheren, unüberwindlichen Gründen und mit solchen Verbesserungen zu, welche dessen üble Folgen mit Vortheil gut machen. Es ist auch richtig, dass Gott in jeder menschlichen Seele alle von ihm gebilligte Gedanken hervorrufen kann; allein dies wäre eine Handlungsweise durch Wunder in einem höheren Maasse, als sein Plan, welcher der möglichst beste erwählte ist, gestattet.

115. VII. »Gott bietet seine Gnade Leuten an, vom denen er weiss, dass sie dieselbe nicht annehmen wollen und sollen und die sich dadurch strafbarer machen sollen, als sie ohne dieses Erbieten gewesen wären. Er erklärt ihnen, dass er deren Annahme lebhaft wünscht und er giebt ihnen nicht die Gnade, obgleich er weiss, dass sie sie annehmen würden.« Es ist richtig, dass diese Leute durch ihre Abweisung strafbarer werden, als wenn ihnen nichts angeboten worden wäre und dass Gott dies weiss; allein es ist besser, dass Gott das Verbrechen gestatte, als dass er in einer Weise handele, welche ihn selbst tadelnswerth machen und dahin führen würde, dass diese Schlechten einigen Grund sich zu beklagen hätten, weil sie sagen könnten, dass sie es nicht besser hätten machen können, wenn sie auch wollten oder gewollt hätten. Gott will, dass sie seine Gnade, deren sie fähig sind, empfangen und dass sie sie annehmen und er will insbesondere ihnen die Gnaden geben, von denen er voraussieht, dass sie sie annehmen würden, allein immer mit einem nur vorgängigen, abgesonderten oder besondern Willen, dessen Ausführung in dem allgemeinen Plan der Dinge nicht immer ausgeführt werden kann. Auch dieser Satz wird nicht minder von der Philosophie, wie von der Offenbarung aufgestellt, ebenso wie drei andere von den bisher aufgestellten sieben, da nur der dritte, vierte und fünfte Satz der Offenbarung bedürfen.

116. Ich lasse jetzt die 17 philosophischen Sätze folgen, welche Herr Bayle den vorstehenden 7 theologischen entgegenstellt.

I. »Da das unendlich vollkommene Wesen in sich selbst einen Ruhm und eine Seligkeit besitzt, die niemals vermindert oder vermehrt werden kann, so hat allein seine Güte es bestimmt, dies Universum zu schaffen. Weder der Ehrgeiz, noch Lob, noch das eigennützige Motiv, seine Seligkeit und seinen Ruhm zu vermehren haben dabei mitgewirkt.«

Dieser Satz ist ganz gut; das Lob Gottes hilft ihm nichts, aber wohl den Menschen, welche ihn loben und er hat ihr Gutes gewollt. Indess ist es, wenn man sagt, dass *Gottes Güte allein* ihn zur Erschaffung dieses Universums bestimmt habe, gut, hinzuzufügen, dass seine **Güte** ihn *vorhergehend* bestimmt habe, alles mögliche Gute hervorzubringen; aber dass seine **Weisheit** dabei die Auswahl getroffen und die Ursache davon gewesen, dass er *nachfolgend* die beste erwählt habe und dass seine **Macht** ihm das Mittel gewährt, den grossen gefassten Plan wirklich auszuführen.

117. II. »Die Güte des unendlich vollkommenen Wesens ist unendlich und sie würde nicht unendlich gross sein, wenn man eine grössere als die seine sich vorstellen könnte. Diese Bestimmung der Unendlichkeit haftet auch allen seinen andern Vollkommenheiten an, seiner Liebe zur Tugend, seinem Hasse des Lasters u.s.w., sie müssen die grössten sein, die man sich vorstellen kann«. [Man sehe Herrn Jurien in den drei ersten Abschnitten seines »Urtheils über die Methoden«, wo »er sich stets auf diesen Satz, als einen obersten Grundsatz stützt. Man sehe auch bei Herrn Wittichius in seiner *Providentia Dei*, Nr. 12 die Worte des heiligen Augustin, Buch I Ueber die christliche Lehre Kap. 7.«: *Cum cogitatur Deus, ita cogitetur ut aliquid, quo nihil melius sit atque sublimius.* (Wenn Gott vorgestellt wird, geschehe es als ein Wesen, über welches es kein besseres und höheres giebt.) Und bald darauf: *Nec quisquam inveniri potest, qui hoc Deum credat esse, quo* *melius aliquid est.* (Niemand kann sich Gott so vorstellen, dass er meint, es gebe noch etwas Besseres, als Gott.)]

Dieser Satz ist ganz der meine, und ich folgere daraus, dass Gott das möglichst Beste thut; sonst wäre die Ausübung seiner Güte beschränkt und damit seine *Güte* selbst, wenn sie ihn nicht dahin triebe und wenn ihm der gute Wille fehlte; oder es hiesse seine *Weisheit* und seine *Macht* beschränken, wenn ihm die Kenntnisse fehlten, um das Beste zu erkennen und die Mittel dazu aufzufinden, oder wenn ihm die nöthigen Kräfte zur Anwendung dieser Mittel abgingen. Dennoch ist der Satz von der Unendlichkeit von Gottes Liebe zur Tugend und von seinem Hasse des Lasters zweideutig. Wäre dies unbedingt und ohne Beschränkung in der Ausübung richtig, so würde es kein Laster in der Welt geben. Vielmehr ist zwar jede Vollkommenheit Gottes an sich unendlich, aber sie wird nur nach Verhältniss des Gegenstandes und so ausgeübt, wie die Natur der Dinge es mit sich bringt. Deshalb überwiegt bei ihm die Liebe zu dem Bessern im Ganzen alle andern Neigungen und einzelnen Verabscheuungen; nur diese Liebe allein ist unendlich, da Gott durch Nichts gehindert werden kann, sich für das Beste zu entscheiden; und wenn also ein Laster mit dem möglichst besten Plane verknüpft ist, so gestattet Gott dasselbe.

118. III. »Da eine unendliche Güte den Schöpfer bei Erschaffung der Welt geleitet hat, so sind alle Kennzeichen des Wissens, der Geschicklichkeit, der Macht und Grösse, welche in seinem Werke hervortreten zum Glück der vernünftigen Geschöpfe bestimmt. Er hat gewollt, dass die Menschen seine Vollkommenheiten nur deshalb kennen lernen, damit diese Art von Geschöpfen ihr Glück in der Erkenntniss, Bewunderung und Liebe des höchsten Wesens fänden.«

Dieser Satz scheint mir nicht bestimmt genug. Ich gebe zu, dass das Glück der vernünftigen Geschöpfe den Haupttheil in den Absichten Gottes bildet, da sie ihm am meisten ähneln, aber ich sehe nicht ein, wie man zeigen will, dass dies sein einziges Ziel gewesen sei. Das Reich der Natur muss allerdings dem Reiche der Gnade dienen; allein in dem grossen Plane Gottes ist alles mit einander verknüpft und deshalb wird auch das Reich der Gnade in gewisser Weise dem Reiche der Natur angepasst sein, so dass dieses die möglichste Ordnung und Schönheit sich erhält, um die Verbindung beider zu der möglichst vollkommensten zu machen. Man kann deshalb nicht annehmen, dass Gott um einiger moralischen Uebel willen die ganze Ordnung der

Natur umstosse. Jede Vollkommenheit und jede Unvollkommenheit in den Geschöpfen hat ihren Preis, aber nichts hat einen unendlichen Preis. Deshalb übersteigt das moralische und physische Gute und Uebel der vernünftigen Geschöpfe nicht in unendlicher Weise das blos metaphysische Gute und Uebel, d.h. das, was zur Vollkommenheit der übrigen Geschöpfe gehört, obgleich dies doch der Fall sein müsste, wenn der obige Satz in voller Strenge wahr wäre. Als Gott dem Propheten Jonas erklärte, weshalb er den Bewohnern von Ninive verziehen habe, so berührte er selbst die Rücksicht auf die Thiere, welche bei der Zerstörung dieser grossen Stadt mit untergegangen sein würden. Nichts ist vor Gott unbedingt verächtlich oder schätzenswerth. Der Missbrauch oder die übertriebene Ausdehnung des hier vorliegenden Satzes scheint zum Theil die Schwierigkeiten veranlasst zu haben, die Herr Bayle hier aufstellt. Es ist gewiss, dass ein Mensch bei Gott mehr bedeutet, als ein Löwe, dennoch dürfte es zweifelhaft sein, ob Gott *einen* Menschen dem ganzen Löwengeschlecht in jeder Beziehung voranstellen würde; aber selbst wenn dies der Fall wäre, so folgte noch nicht, dass der Vortheil einer bestimmten Anzahl von Menschen die allgemeine Unordnung unter einer unzähligen Anzahl von Geschöpfen überwiegen müsse. Solche Meinung wäre noch ein Ueberbleibsel des alten, so verrufenen Satzes, wonach alles nur für den Menschen geschehen ist.

119. IV. »Die Wohlthaten, welche Gott den, der Glückseligkeit fähigen Geschöpfen erzeigt, sollen nur deren Glück befördern. Gott gestattet deshalb nicht, dass sie zu deren Unglück benutzt werden, und wenn der schlechte Gebrauch, welchen sie davon machen, sie in's Verderben führen könnte, so würde er ihnen sichere Mittel für einen blos guten Gebrauch derselben gewährt haben, da ohnedem es keine wirklichen Wohlthaten sein würden und Gottes Güte dann geringer sein würde, als man sie bei einem andern Wohlthäter sich vorstellen könnte. (Ich meine, bei einer Ursache, die mit ihren Geschenken zugleich die sichere Geschicklichkeit, sich ihrer gut zu bedienen, gewähren würde.)«

Hier sehen wir schon den Missbrauch, oder die schlimme Wirkung des vorherigen Satzes. Es ist im strengen Sinne nicht richtig (obgleich es so scheint) dass die von Gott den des Glückes fähigen Geschöpfen mitgetheilten Wohlthaten, nur ihr Glück bezwecken. Alles ist in der Natur verknüpft, und wenn ein geschickter Künstler, oder Baumeister, oder Maschinenmeister oder Staatsmann dieselbe Sache zu verschiedenen Zwecken benutzen, wenn sie aus einem Stein zwei Trinkschalen machen, sobald dies sich bequem ausführen lässt, so kann man von Gott sagen, dass er, dessen Weisheit und Macht vollkommen sind, es immer so macht. Es gehört dahin die Ersparniss an Raum, an Zeit, an der Lage, an dem Stoffe, welche gewissermassen seine Unkosten sind. Deshalb hat Gott bei seiner Vornahme mehr als *einen* Gesichtspunkt. Das Glück *aller* seiner vernünftigen Geschöpfe ist einer seiner Gesichtspunkte, aber es hat nicht sein ganzes Ziel und selbst nicht sein letztes Ziel. Deshalb kann das Unglück einiger dieser Geschöpfe als eine Nebenfolge eintreten und als eine Wirkung von andern grössern Gütern, wie ich schon früher gesagt habe und wie Herr Bayle auch in gewisser Beziehung anerkannt hat. Die Güter als solche, an sich selbst genommen, sind der Gegenstand des vorgehenden Willens Gottes. Gott wird so viel Vernunft und Kenntniss in dem Universum hervorbringen, als sein Plan gestattet. Man kann sich ein Mittleres zwischen einem vorgehenden, reinen und ursprünglichen Willen und einem nachfolgenden und abschliessenden Willen vorstellen. Der *vorgehende, ursprüngliche Wille* hat jedes Gut und jedes Uebel für sich zum Gegenstande, als gelöst aus aller Verbindung mit andern; dieser Wille will das Gute erreichen und das Uebel hindern; der *mittlere* Wille geht auf Verbindungen, wie wenn man ein Gut an ein Uebel heftet. Dieser Wille wird sich einer solchen Verbindung zuneigen, wenn das Gute das Uebel übersteigt; dagegen ergiebt sich der *schliessliche und entscheidende Wille* aus der Erwägung aller Güter und aller Uebel, die dabei zu berücksichtigen sind; er ergiebt sich also aus einer alles umfassenden Verbindung. Deshalb muss der mittlere Wille zwar in Beziehung auf einen vorgehenden, reinen und anfänglichen Willen gewissermassen als ein nachfolgender angesehen werden, aber in Bezug auf den schliesslichen und entscheidenden Willen nur als ein vorgehender. Gott giebt dem menschlichen Geschlecht die Vernunft, es entstehen daraus mitfolgende Uebel. Sein vorgehender reiner Wille will die Vernunft als ein grosses Gut und zur Verhinderung der betreffenden Uebel gewähren; aber wenn es sich um die Uebel handelt, welche dieses Geschenk, was Gott uns mit der Vernunft gemacht hat, begleiten, so wird ein solches Zusammengesetzte, was aus der Verbindung der Vernunft mit diesen Uebeln hervorgeht, der Gegenstand des mittleren Willens Gottes werden und derselbe wird, je nachdem dabei das Gute oder das Uebel überwiegt, dahin streben, dieses Zusammengesetzte hervorzubringen oder zu hindern. Ja selbst wenn die Vernunft den Menschen mehr Uebles als Gutes bereitete (was ich jedoch nicht einräume) in welchem Falle der mittlere Wille Gottes sie in dieser Verbindung zurückweisen würde, könnte es doch sein, dass die Vernunft bei den Menschen trotz deren üblen Folgen für sie doch der Vollkommenheit des Universums mehr entspräche und deshalb würde der schliessliche Wille oder der Entschluss Gottes, welcher aus sämmtlichen Erwägungen hervorgeht, doch dahin gehen, dem Menschen die Vernunft zu verleihen. Weit entfernt, deshalb tadelnswerth zu sein, würde Gott es vielmehr sein, wenn er nicht so handelte. So tritt das Uebel oder die Mischung vom Gutem und Uebeln, wo letzteres überwiegt, nur als Mitfolge ein, weil es mit grösseren Gütern ausserhalb dieser Mischung verknüpft ist. Deshalb darf diese Mischung oder diese Zusammensetzung nicht als eine Gnade oder als ein von Gott uns gewährtes Geschenk aufgefasst werden; aber das damit vermischte Gute wird allerdings nicht aufhören, ein solches Geschenk zu sein. Solcher Art ist also das Geschenk der Vernunft für die, welche davon einen schlechten Gebrauch machen. Sie bleibt immer an sich ein Gut; aber die Verbindung dieses Gutes mit den aus dessen Missbrauch hervorgehenden Uebeln ist in Bezug auf die dadurch unglücklich Gewordenen kein Gut; es tritt da nur ein als Mitfolge, weil es für das Universum ein grösseres Gut bewirkt, und dies hat sicherlich Gott bestimmt, die Vernunft auch denen zu gewähren, welche daraus ein Werkzeug für ihr Unglück machen; oder um genauer nach meinem System zu sprechen: Gott fand unter den möglichen Wesen auch einige vernünftige Geschöpfe, welche ihre Vernunft missbrauchen und hat so diesen Uebeln ein Dasein gewährt, welche in dem möglichst besten Universum enthalten sind. So erklärt es sich, dass Gott Güter gewährt, welche durch den Fehler der Menschen sich in Uebel verwandeln. Oft geschieht dies als gerechte Strafe für den Missbrauch, den sie von seiner Gnade gemacht haben. Aloysius Novarinus hat ein Buch über die *verborgenen Wohlthaten* Gottes geschrieben; man könnte auch eins über die *verborgenen Strafen* Gottes schreiben; hier passt das Wort von Claudian bei einigen:

Tolluntur in altum,
Ut lapsu graviere ruant.

(Sie werden hoch erhoben, damit sie
mit einem um so schwereren Fall herabstürzen.)

Sollte Gott ein Gut nicht geben, von dem er weiss, dass ein böser Wille es missbrauchen wird, während der allgemeine Plan der Dinge dessen Gewährung fordert? oder sollte er Mittel gewähren, die es sicher verhindern, im Widerspruch mit dieser allgemeinen Ordnung, so wäre dies (wie ich schon gesagt) so viel, als dass Gott selbst sich tadelnswerth machen sollte, damit der Mensch es nicht werde. Der Einwurf, den man hier macht, dass solche Güte Gottes geringer sei, als die eines andern Wohlthäters, der ein nützlicheres Geschenk gewähre, erwägt nicht, dass die Güte eines Wohlthäters sich nicht blos nach einer einzelnen Wohlthat bemisst. Oft ist das Geschenk eines Privatmannes grösser, als das eines Fürsten, aber die sämmtlichen Geschenke jenes werden geringer sein, als die sämmtlichen des Fürsten. Deshalb könnte man die von Gott gewährten Geschenke nur schätzen, wenn man deren ganze Ausdehnung mit Bezug auf das ganze Universum in Betracht nähme. Endlich könnte man sagen, dass Geschenke, bei denen man voraussieht dass sie schaden, nur die Geschenke eines Feindes seien; *echthrôn dôra adôra*. (Geschenke der Feinde sind keine Geschenke.)

Hostibus eveniant talia dona meis.

(Meine Feinde mögen solche Geschenke bekommen.)

Allein dies gilt nur, wenn bei dem Geschenkgeber eine Bosheit oder Schuld besteht, wie es bei dem Eutrapelos der Fall war, von dem Horaz spricht, welcher Leuten Gutes that, um ihnen die Mittel zu ihrem Untergang zu gewähren. Dessen Absicht war schlecht, aber die Absicht Gottes kann nicht besser sein, als sie ist. Sollte denn sein System verdorben werden? sollte es denn in dem Universum weniger Schönheit, weniger Vollkommenheit, weniger Vernunft geben, weil es darin Leute giebt, welche die Vernunft missbrauchen? Hier gelten jene bekannten Regeln: *Abusus non tollit usum*. (Der Missbrauch hebt den Gebrauch nicht auf.) Es giebt einen *scandalum datum et scandalum acceptum*. (Es giebt ein gegebenes und ein genommenes Aergerniss.)

120. V. »Ein Wesen, was Böses bewirken will, kann recht wohl seine Feinde mit herrlichen Geschenken überhäufen, sofern es weiss, dass sie davon einen ihnen verderblichen Gebrauch machen werden. Es entspricht deshalb einem unendlich guten Wesen nicht, den Geschöpfen einen freien Willen zu verleihen, von denen es sicher weiss, dass sie davon einen Gebrauch machen werden, der sie unglücklich macht. Wenn es also ihnen einen freien Willen geben will, so verbindet es damit auch das Geschick, denselben immer zweckmässig zu gebrauchen und es gestattet ihnen nicht, bei irgend einer Gelegenheit dieses Geschick nicht in Ausübung zu bringen. Hätte dieses Wesen daher kein sicheres Mittel für einen festen guten Gebrauch dieses freien Willens, so wird es eher diese Fälligkeit ihnen nehmen, als zulassen, dass sie zur Ursache ihres Unglücks werde. Dies ist um so offenbarer, als der freie Wille eine Gnade ist, welche Gott selbst für sie ausgewählt hat, ohne dass die Geschöpfe es verlangt haben. Gott ist deshalb für das Unglück, welches dieser freie Wille ihnen bringen kann, mehr verantwortlich, als wenn er denselben ihnen nur auf ihre dringenden Bitten gewährt hätte.«

Hier muss das am Schluss des vorgehenden Satzes Gesagte wiederholt werden, da es zur Beseitigung des gegenwärtigen Satzes genügt. Auch geht man immer von der falschen im dritten Satze aufgestellten Annahme aus, wonach das Glück der Geschöpfe, das ausschliessliche Ziel Gottes gewesen sein soll. Wäre dies der Fall gewesen, so gäbe es vielleicht keine Sünde, kein Unglück, selbst nicht als blose Mitfolge. Gott hätte dann eine solche Folge von Möglichkeiten gewählt, welche alle diese Uebel ausgeschlossen hätte. Gott würde aber es dann an dem haben ermangeln lassen, was er dem Universum schuldete, d.h. an dem, was er sich selbst schuldete. Gäbe es nur Geister, so fehlte denselben die nothwendige Verbindung, die Ordnung der Zeit und des Raumes. Diese Ordnung erfordert den Stoff, die Bewegung mit ihren Gesetzen. Wenn man sie auf die möglichst beste Weise mit den Geistern verbindet, so wird man auf unsere Welt zurückkommen. Betrachtet man die Dinge nicht im Grossen, so findet man tausenderlei Dinge, die nicht so gemacht worden sind, wie es sein sollte. Verlangt man, dass Gott den vernünftigen Geschöpfen nicht den freien Willen gebe, so verlangt man, dass überhaupt solche Geschöpfe nicht sein sollen und verlangt man, dass Gott sie an dem Missbrauch dieses freien Willens hindern solle, so verlangt man, dass es nur solche Geschöpfe ganz allein gebe mit dem, was rein für sie eingerichtet wäre. Hätte Gott es nur auf diese Geschöpfe abgesehen, so hätte er sie unzweifelhaft gehindert, sich in das Verderben zu stürzen. Doch kann man in gewissem Sinne selbst sagen, dass Gott diesen Geschöpfen das Geschick gegeben habe, wonach sie ihren freien Willen immer gut gebrauchen können, denn in dem natürlichen Licht der Vernunft ist dieses Geschick enthalten; man braucht nur immer den Willen zu haben, gut zu handeln; allein den Geschöpfen fehlt oft das Mittel, sich diesen schuldigen Willen zu geben und oft fehlt ihnen selbst der Wille, sich der Mittel zu bedienen, welche mittelbar einen guten Willen herbeiführen, wie ich schon wiederholt bemerkt habe. Man muss diesen Mangel einräumen und anerkennen, dass Gott die Geschöpfe vielleicht davon hätte ausnehmen können, weil anscheinend nichts hindert, dass es Geschöpfe gebe, die ihrer Natur nach immer einen guten Willen haben. Aber ich entgegne, dass es nicht nothwendig und dass es nicht ausführbar gewesen ist, dass alle vernünftigen Geschöpfe eine so grosse Vollkommenheit besässen, welche sie der Gottheit so nahe brächte. Vielleicht könnte dies wohl durch eine besondere Gnade geschehen; aber selbst wenn dies der Fall wäre, sollte da Gott in Bezug auf die vernünftigen Geschöpfe durch lauter Wunder gehandelt haben? Es gäbe nichts weniger Vernünftiges, als solche fortlaufende Wunder. Es giebt Abstufungen unter den Geschöpfen; die allgemeine Ordnung verlangt es, und es scheint der Ordnung der göttlichen Regierung ganz zu entsprechen, dass die grosse Bevorzugung und die Befestigung in dem Guten leichter denen, welche einen guten Willen haben, gewährt werde, wo sie in einem unvollkommeneren Zustande und in einem Zustande des Kampfes und der Pilgerschaft sich befinden; *in Ecclesia militante, in statu viatorum.* (Innerhalb einer kämpfenden Kirche, in einem Zustande von Wanderern.) Selbst die guten Engel sind nicht so geschaffen worden, dass sie nicht sündigen konnten. Ich will indess damit nicht bestreiten, dass es nicht auch Geschöpfe giebt, die als höchst glücklich geboren sind, oder die vermöge ihrer Natur nicht sündigen können, und welche heilig sind. Manche geben dieses Vorrecht vielleicht der heiligen Jungfrau; auch die römische Kirche stellt dieselbe heut zu Tage über die Engel. Indess genügt es uns, dass das Universum sehr gross und sehr mannichfaltig ist; es zeigt von wenig Wissen, wenn man es beschränken wollte. – Aber, sagt Herr Bayle, Gott hat doch den freien Willen Geschöpfen gewährt, welche sündigen können, ohne dass sie ihn um diese Gnade gebeten haben, und der, welcher ein solches Geschenk macht, ist für das Unglück mehr verantwortlich, was es denen bereitet, die sich dessen bedienen, als wenn er es nur auf ihre dringenden Bitten gewährt hätte. Allein die dringenden Bitten haben bei Gott keine Bedeutung; er weiss besser, als wir, was wir brauchen und er gewährt uns, was mit dem Ganzen sich verträgt. Nach Herrn Bayle scheint der freie Wille hier nur in der Fähigkeit zu sündigen zu bestehen und doch erkennt er anderwärts an, dass Gott und die Heiligen auch ohne diese Fähigkeit frei seien. Mag dem sein, wie ihm wolle, so habe ich schon gezeigt, dass Gott bei Ausführung dessen, was seine Weisheit und seine Güte zusammen verlangen, für das Uebel, welches er zulässt, nicht verantwortlich ist. Selbst die Menschen sind, wenn sie ihre Pflicht thun, für die Ereignisse nicht verantwortlich, gleich viel, ob sie dieselben voraussehen oder nicht.

121. VI. »Es ist ein ebenso sicheres Mittel, einem Menschen das Leben zu nehmen, wenn man ihm eine seidene Schnur giebt, von der man sicher weiss, dass er sie freiwillig benutzen wird, um sich zu erhängen, als wenn man ihn durch einen Dritten erdolchen lässt. Man verlangt nach seinem Tode bei dem ersten Verfahren ebenso sehr, als wenn man das andere anwendet; ja im ersteren Falle geschieht es in boshafterer Absicht, weil man demselben die ganze Mühe und Schuld seines Unterganges zuzuschieben sucht.«

Die Schriftsteller, welche von den Pflichten handeln *(de Officiis)*, wie Cicero, der heilige Ambrosius, Grotius, Opalenius, Sharrok, Rachelius, Pufendorf und ebenso die Casuistiker, lehren, dass es Fälle gebe, wo man das, was man zur Verwahrung erhalten habe, nicht zurückzugeben brauche. So wird man z.B. einen Dolch nicht zurückgeben, wenn man weiss, dass der Niederleger damit Jemand erstechen will. Gesetzt, ich hätte den Feuerbrand in meinen Händen, mit dem die Mutter des Meleager ihn tödten will, oder den verzauberten Wurfspiess, den Cephalus ohne sein Wissen gebrauchte, um seine Procris zu tödten, oder die Pferde des Theseus, welche seinen Sohn Hippolyt zerrissen; würden mir diese Dinge abverlangt, so hätte ich, wenn ich den Gebrauch kennte, der davon gemacht werden sollte, das Recht sie zu verweigern. Aber wie, wenn der ordentliche Richter mich zur Zurückgabe verurtheilte, weil ich ihm nicht beweisen könnte, welche schlimme Folgen daraus nach meiner Kenntniss dies haben werde? Z.B. wenn Apollo mir die Weissagungskunst, wie der Cassandra verliehen hätte, mit dem Beding, dass ich keinen Glauben finden sollte? Ich müsste dann diese Dinge zurückgeben, da ich mich dessen ohne mein Verderben, nicht entziehen könnte. In dieser Weise wäre ich genöthigt, zu dem Uebel mit beizutragen. Oder ein anderes Beispiel: Jupiter verspricht der Semele, oder die Sonne dem Phaeton, oder Cupido der Psyche, ihr die Bitte, welche sie stellen werde, zu erfüllen. Sie schwören bei dem Styx:

Di, cujus jurare timent et fallere Numen.

(Ein Wesen, bei dem selbst die Götter sich scheuen zu schwören und es zu täuschen.)

Man möchte die halb gehörte Bitte hemmen, aber zu spät:

Voluit Deus ora loquentis
Opprimere; exierat jam vox properata sub auras.

(Gott wollte die Bitten des Sprechenden
Hemmen; aber das beschleunigte Wort war schon in die Lüfte erschallt.)

Man möchte den Bittenden, nachdem er gesprochen, davon abbringen und ihm, leider vergebliche, Vorstellungen machen; allein man wird gedrängt; es wird gesagt:

Thust Du Schwüre, um sie nicht zu halten?

Das Gesetz des Styx ist unverletzlich; man muss sich unterwerfen. Hat man gefehlt, als man schwur, so wird man noch mehr fehlen, wenn man das Geschworene nicht hält; man muss das Versprochene gewähren, so verderblich es auch für den Bittenden sein wird, denn es würde mir verderblich werden, wenn ich meinen Schwur nicht hielte.

Die Lehre dieser Fabeln will wohl andeuten, dass die höchste Noth uns nöthigen kann, dem Uebel nachzugeben. Gott kennt allerdings keinen Richter, welcher ihn nöthigen könnte das zu geben, was zum Unheil führt; er fürchtet nicht, wie Jupiter, den Styx; allein seine eigne Weisheit ist der höchste Richter, den er finden kann; ihre Entscheidungen unterliegen keiner Berufung, es sind die Beschlüsse des Schicksals. Die ewigen Wahrheiten, die Gegenstände seiner Weisheit, sind unverletzlicher als der Styx. Diese Gesetze, dieser Richter zwingen nicht; sie sind stärker, weil sie überzeugen. Die Weisheit zeigt Gott nur die bestmöglichste Ausübung seiner Güte; das daraus hervorgehende Uebel ist die unvermeidliche Folge des Bessern. Ich füge noch das Schlagendere hinzu: »Das Uebel erlauben in der Weise, wie Gott es thut, ist die grösste Güte.«

Si mala sustulerat, non erat ille bonus.

(Hätte er das Uebel aufgehoben, so wäre er kein Guter gewesen.)

Es ist also nur ein Querkopf, der hiernach noch behaupten kann, dass es boshafter sei, wenn man Jemand die ganze Mühe und die ganze Schuld seines Verderbens belasse. Wenn Gott dieses thut, so gehörte jenem diese Schuld schon vor seinem Dasein; sie war dann in Gottes Wissen vor dem Beschluss Gottes, der sie in das Sein treten liess, nur eine rein-mög liche. Kann sie da unterlassen oder einem Andern zugewendet werden? Damit ist alles gesagt.

122. VII. »Ein wirklicher Wohlthäter giebt schnell und wartet damit nicht, bis die, welche er liebt, lange deshalb gelitten haben, weil er ihnen das vorenthalten, was er ihnen leicht und ohne Unbequemlichkeit gewähren konnte. Wenn er wegen seiner beschränkten Kraft das Gute nicht ohne Erregung von Schmerzen oder ohne sonst eine Unbequemlichkeit gewähren kann, so fügt er sich dem (man sehe das geschichtliche und kritische Wörterbuch. II. Ausgabe, S. 2261); aber nur ungern und er benutzt niemals diese Art Gutes zu thun, wenn er das Gute so thun kann, dass seine Gunst mit keinem Uebel vermischt wird. Wenn der Nutzen, welcher aus zu erduldenden Uebeln hervorgeht, ebenso leicht aus einem reinen Gut, als wie aus diesen Uebeln gewonnen werden kann, so wird er den geraden Weg des reinen Guts einschlagen und nicht den Umweg, welcher durch Uebel zum Guten führt. Wenn er Reichthümer und Ehren auf Menschen häuft, so geschieht es nicht, damit die, welche sie geniessen, bei deren Verlust um so härter betrübt werden, indem sie an diese Genüsse gewöhnt waren und damit sie dadurch unglücklicher werden, als die, welche diese Vortheile niemals gehabt haben. Nur ein boshaftes Wesen würde um diesen Preis Güter auf Personen häufen, die es am meisten hasst. Man vergleiche damit die Stelle bei Aristoteles, in seiner Rhetorik, Buch I, Kap. 23: *hoion ei doiê an tis tini, hina aphelomenos, lypêsê, hothen kai tout' eirêtai.* Das heisst: Gleichwie wenn Jemand einem Anderen etwas giebt, damit er diesem (nachher) durch die Beraubung desselben Schmerz bereite. Daher auch jenes Sprichwort:

> Grosse Güter giebt Gott Vielen nicht als Freund,
> Sondern um durch deren Beraubung ihnen grössern Schmerz zu bereiten.«

191

Alle diese Einwürfe drehen sich um denselben Scheingrund; sie verändern und verstecken das thatsächliche und sagen die Dinge nur halb. Gott sorgt für das Menschengeschlecht, er liebt es, er will ihm wohl; nichts ist sicherer, als dies. Trotzdem lässt er die Menschen fallen, er lässt sie oft untergehen, er gewährt ihnen Güter, welche zu ihrem Verderben ausschlagen und wenn er Jemand glücklich macht, so geschieht es, nachdem dieser lange gelitten hat; wo bleibt da seine Liebe, wo seine Güte, ja, wo bleibt da seine Macht? Allein dies sind eitle Einwürfe, welche die Hauptsache unterdrücken und verhüllen, dass es Gott ist, von dem man spricht; vielmehr scheinen sie von einer Mutter, einem Vormund, einem Erzieher zu sprechen, der nur für die Erziehung, die Erhaltung und das Glück der einzelnen betreffenden Person zu sorgen hat und der seine Pflichten vernachlässigt. Gott aber sorgt für das Universum, er vernachlässigt Nichts, er wählt unbedingt das Beste. Wenn Jemand damit böse und unglücklich wird, so gehörte es zu ihm, so zu sein. Man sagt, Gott hätte das Glück Allen verleihen können, ohne irgend eine Unbequemlichkeit, denn Gott vermöge alles. Aber ist er auch verpflichtet dazu? Gerade weil er es nicht thut, ist dies ein Zeichen, dass er ganz anders zu handeln hatte. Wenn man folgert, dass es entweder zu bedauern sei und aus Mangel an Macht geschehe, wenn er die Menschen nicht glücklich macht und er das Gute nicht sofort und frei vom Uebel gewährt; oder, dass er das Gute nur aus Mangel an gutem Willen nicht rein und genug gewähre, so heisst dies, unsern Gott mit dem Gotte des Herodot vergleichen, der voll Neid ist oder mit dem bösen Geist des Dichters, dessen Verse Aristoteles anzieht und die ich oben übersetzt habe, welcher Güter nur austheilt, damit er durch deren Wegnahme um so mehr Schmerzen bereite. Dies ist ein Spiel mit Gott durch ununterbrochene Gleichstellung desselben mit menschlichen Zuständen; das heisst ihn als einen Menschen darstellen, der sich ganz einem bestimmten Geschäft hingiebt, welcher seine Güte nur den ihm bekannten Dingen zuwendet und dem entweder die Fälligkeit oder der gute Wille fehlt. Gott hat aber keinen Mangel daran; er könnte das Gute, was wir erwünschen, gewähren; ja er will es, für sich allein genommen; aber er ist dazu nicht verbunden auf Kosten anderer grösserer Güter, welche sich dem entgegenstellen. Uebrigens braucht man sich darüber nicht zu beklagen, dass man gewöhnlich nur durch viele Leiden, und indem man das Kreuz Jesu Christi trägt, zum Heil gelangt. Diese Uebel machen die Erwählten zu Nachfolgern ihres Herrn und vermehren ihr Glück.

123. VIII. »Der grösste und wahrhafteste Ruhm, welchen ein Herr über Andere erwerben kann besteht darin, dass er unter denselben die Tugend, die Ordnung, den Frieden, die Zufriedenheit aufrecht erhält. Der Ruhm, welcher ihm aus deren Unglück erwächst, ist nur ein falscher Ruhm.«

Wenn wir den Staat Gottes kennten, so würden wir sehen, dass es der vollkommenste ist, der erdacht werden kann; dass Glück und Tugend so viel darin bestehen, als nach dem Gesetz des Besseren möglich ist; dass die Sünde und das Unglück (welche gänzlich aus der Ordnung der Dinge auszuschliessen, Gründe der höchsten Ordnung nicht gestatteten) im Vergleich zum Guten beinah verschwinden und selbst zur Hervorbringung grösserer Güter dienen. Da also diese Uebel in's Dasein treten mussten, so mussten auch Einzelne denselben unterworfen werden und wir sind diese Einzelnen. Wären es Andere, bliebe da nicht doch derselbe Schein des Hebels? Oder würden nicht vielmehr diese Andern die seien, die man mit »Wir« bezeichnet. Wenn für Gott einiger Ruhm aus dem Uebel deshalb folgt, weil er es zum Mittel für ein grösseres Gut gemacht, so sollte er diesen Ruhm daraus ziehen. Es ist deshalb dieser Ruhm kein falscher Ruhm, wie etwa der eines Fürsten, der seinen Staat umstürzte, um die Ehre von dessen Wiederherstellung sich zu erwerben.

124. IX. »Die grösste Liebe zur Tugend, welche dieser Herr beweisen könnte, wäre, wenn er es vermöchte, die, dass diese Tugend immer und ohne Mischung mit dem Laster geübt würde. Wenn er diesen Vortheil seinen Unterthanen leicht verschaffen könnte und er doch gestattete, dass das Laster sein Haupt erhöbe, nur um es, nachdem er es lange zugelassen, dann strafen zu können, so wäre seine Liebe zur Tugend nicht die grösstmöglichste und daher nicht unendlich.«

Ich bin noch nicht bis zur Hälfte der 19 Einwürfe gekommen und schon bin ich es müde, immer die nämliche Sache zu widerlegen und darauf zu antworten. Herr Bayle vervielfacht ohne Noth seine angeblichen, meinen Sätzen entgegengestellten Einwürfe. So wie man die mit einander verknüpften Dinge sondert, die Theile von dem Ganzen trennt, das menschliche Geschlecht von dem Universum und die einzelnen Eigenschaften Gottes von einander, die Macht von der Weisheit löst, darf man sagen, *Gott kann es machen*, dass die Tugend in der Welt sich mit dem Laster nicht vermischt und dass Gott dies selbst *leicht* bewirken kann. Aber weil er das Laster zulässt, so muss die Ordnung des Universum, welche sich als die vorzüglichere gegen jeden andern Plan gezeigt, dies verlangt haben. Man muss annehmen, dass eine andere Einrichtung nicht gestattet gewesen, weil es damit nicht besser gemacht werden konnte. Es ist dies eine bedingte, moralische Nothwendigkeit, die der Freiheit Gottes nicht widerspricht, sondern die Wirkung seiner Wahl ist. *Quae ratione contraria sunt, ea nec fieri posse a sapienti credendum est.* (Das der Vernunft Widersprechende kann, wie man annehmen muss, selbst von dem Weisen nicht geschehen.) Man entgegnet hier, dass Gottes Liebe zur Tugend daher nicht die grösste, welche man sich vorstellen könne, sei; dass sie keine unendliche sei. Darauf habe ich schon bei Nr. II. geantwortet und gesagt, dass die Liebe Gottes zu den erschaffenen Dingen dem Werthe derselben entspreche. Die Tugend ist die edelste Eigenschaft der geschaffenen Dinge, allein sie ist nicht die alleinige gute Eigenschaft; es giebt deren noch zahllose andere, welche die Zuneigung Gottes auf sich ziehen. Aus allen diesen Neigungen geht das möglichst viele Gute hervor; gäbe es nur die Tugend, so gäbe es auch nur vernünftige Geschöpfe und daher weniger Gutes. Midas hielt sich für weniger reich, als er nur Gold hatte; die Weisheit verlangt auch die Mannichfaltigkeit. Die blose Vervielfältigung *einer* Sache wäre ein Ueberfluss und die Armuth. Tausend gut eingebundene Virgile in seiner Bibliothek zu haben, immer die Arien aus der Oper Cadmus und Hermione zu singen, alles Porzellan zu zerbrechen, um nur Tassen von Gold zu haben, nur Knöpfe aus Diamanten zu tragen, nur Rebhühner zu essen, nur Wein aus Ungarn oder Schiras zu trinken, wäre dies vernünftig? Die Natur hat der Thiere, der Pflanzen, der leblosen Körper bedurft.

In diesen von Gott geschaffenen vernunftlosen Dingen giebt es Wunderbares zur Uebung der Vernunft. Was sollte ein einsichtiges Geschöpf machen, wenn es keine Dinge gäbe, denen die Einsicht abgeht? An was sollte es denken, wenn es keine Bewegung, keinen Stoff, kein Sinnesorgan gäbe? Hätte es nur deutliche Gedanken, so wäre es ein Gott und seine Weisheit ohne Schranken. Dies ist *eine* Folge meiner Erwägungen. Erst sobald es eine Mischung verworrener Gedanken giebt, sind die Sinne, ist der Stoff da; denn alle jene verworrenen Gedanken kommen aus der Beziehung aller Dinge untereinander, je nach der Dauer und der Ausdehnung. Deshalb giebt es nach meiner Philosophie kein vernünftiges Geschöpf ohne irgend einen organischen Körper und keinen, von dem Stoff ganz losgelösten, erschaffenen Geist. Diese organischen Körper wechseln aber nicht minder in ihrer Vollkommenheit, wie die Geister, denen sie angehören. Da es also nach Gottes Weisheit einer körperlichen Welt bedarf, einer Welt von Substanzen, die des Wahrnehmens, aber nicht der Vernunft fähig sind; da endlich von allen Dingen das gewählt werden musste, was zusammen die beste Wirkung erzielte und das Laster nur durch diese Thür mit in die Welt eingetreten ist, so würde Gott nicht vollkommen gut, nicht vollkommen weise gewesen sein, wenn er es ausgeschlossen hätte.

125. X. »Der grösste Hass gegen das Laster besteht nicht darin, dass man es lange Zeit herrschen lässt und dann es straft, sondern dass man es vor seiner Geburt erstickt, d.h. hindert, dass es sich irgendwo zeige. Wenn z.B. ein König seine Finanzen in so gute Ordnung brächte, dass nie eine Unterschlagung geschehen könnte, so würde er gegen die Ungerechtigkeit der Einwohner mehr Hass beweisen, als wenn er sie erst bestrafte, nachdem er gelitten, dass sie sich mit dem Blute des Volkes mästeten.«

Das ist immer dieselbe Rede; eine ganze volle Vermenschlichung Gottes. Einem König soll in der Regel nichts so sehr angelegen sein, als seine Unterthanen vor Unterdrückung zu schützen. Eine der wichtigsten Obliegenheiten für ihn ist die Ordnung seiner Finanzen. Dennoch muss er zu Zeiten das Laster und Unordnungen gestatten. Er muss z.B. einen grossen Krieg beginnen, oder er hat sich schon erschöpft, er kann keine Generale finden, er muss die schonen, welche er hat und welche ein grosses Ansehen bei den Soldaten geniessen, einen Braccio, einen Sforza, einen Wallenstein; das Geld fehlt für die dringendsten Bedürfnisse; der König muss sich an die grossen Finanzleute wenden, welche einen gesicherten Credit geniessen und er muss gleichzeitig gegen ihre Unterschlagungen nachsichtig sein. Allerdings ist diese unglückliche Nothwendigkeit meist die Folge von vorausgegangenen Fehlern, allein dies ist bei Gott nicht ebenso; er braucht Niemand, er macht keine Fehler, er thut immer das Beste. Man kann nicht einmal wünschen, dass die Sachen besser gingen, sofern man sie versteht, und es wäre eine Sünde für den Schöpfer aller Dinge, wenn er das darin enthaltene Böse daraus entfernen wollte. Dieser Zustand einer vollkommenen Regierung, wo man das möglichst Gute will und thut, wo selbst das Uebel nur dem grösseren Gute dient, kann der mit dem Staate eines Fürsten verglichen werden, dessen Geschäfte im Verfall sind und der sich hilft, so gut er kann? oder mit dem eines Fürsten, welcher die Unterdrückung begünstigt, um sie nachher zu bestrafen und der sich freut, wenn er die Kleinen am Bettelstab und die Grossen auf dem Schaffot sieht?

126. XI. »Ein Gebieter, welcher sich für die Tugend und das Wohl seiner Unterthanen interessirt, sorgt auf alle mögliche Weise dafür, dass seine Gesetze nicht verletzt werden; ist er genöthigt, seine Unterthanen für ihren Ungehorsam zu züchtigen, so thut er es so, dass die Strafe sie von der Hinneigung zum Bösen heilt und in ihrer Seele wieder eine feste und beharrliche Neigung zum Guten herstellt. Er ist weit entfernt von der Absicht, durch die Strafe ihrer Fehler ihre Neigungen zum Bösen immer mehr zu stärken.«

Um die Menschen zu bessern, that Gott alles, was sich gehört und selbst alles, was von seiner Seite, unbeschadet dessen, was sich gehört, geschehen kann. Das gewöhnlichste Ziel der Strafe ist die Besserung; aber es ist nicht das einzige, noch das, was Gott sich immer vorsetzt. Ich habe dies schon früher bemerkt. Die Erbsünde, welche die Menschen zum Bösen hinneigen macht, ist nicht eine blose Strafe der ersten Sünde, sie ist vielmehr eine natürliche Folge derselben. Ich habe auch, bei meiner Erwiderung auf den vierten theologischen Satz, dieses angedeutet. Es ist wie mit der Trunkenheit, die eine Strafe des übermässigen Trinkens ist; und gleichzeitig ist sie auch eine natürliche Folge, die zu neuen Sünden antreibt.

127. XII. »Wenn man das Uebel zulässt, was man verhindern kann, so sorgt man sich nicht darum, ob es geschieht oder nicht geschieht, ja es ist eher ein Wunsch, dass es geschehe.«

Durchaus nicht. Wie oft lassen Menschen Uebel zu, die sie bei Anwendung aller ihrer Kraft nach dieser Seite hin, verhindern könnten? Aber andere und wichtigere Sorgen hindern sie daran. Man wird sich selten zu einer Verbesserung der umlaufenden schlechten Münzen entschliessen, wenn man in einen grossen Krieg verwickelt ist. Das, was das englische Parlament in dieser Beziehung noch vor dem Frieden von Ryswick that, wird mehr gelobt, als nachgeahmt werden. Kann man daraus folgern, dass der Staat sich um diese Unordnung nicht kümmere, ja dass er sie wünsche. Gott hat nun noch einen stärkeren und seiner würdigeren Grund, wenn er die Uebel gestattet. Er zieht nicht allein daraus grössere Güter, sondern er findet sie auch mit den grössten aller möglichen Güter verknüpft. Es wäre also ein Fehler, wenn er jene nicht gestatten wollte.

128. XIII. »Es ist ein grosser Fehler der Regierenden, wenn sie sich um das Dasein oder Nicht-Dasein der Unordnung in ihrem Staate nicht kümmern. Der Fehler ist noch grösser, wenn sie dieselbe wollen, ja wünschen. Wenn sie auf geheimen und mittelbaren, aber untrüglichen Wegen eine Empörung in ihrem Staate erregten, welche ihn dem Untergange nahe brächte, um dadurch sich Ruhm zu verschaffen, indem sie zeigen, dass sie den zur Rettung eines grossen dem Untergange nahen Reichs nöthigen Muth und Verstand besitzen, so wäre dies höchst verdammenswerth. Wenn sie aber diese Empörung erregten, weil nur dadurch das gänzliche Verderben ihrer Unterthanen gehemmt und nur dadurch das Glück ihrer Völker auf neuen Grundlagen und für mehrere Jahrhunderte befestigt werden könnte, so müsste man diese unglückliche Nothkeit beklagen (man sehe was hierüber auf Seite 84, 86, 140 über die Gewalt der Nothwendigkeit gesagt worden), zu der sie genöthigt worden sind und sie für den davon gemachten Gebrauch loben.«

Dieser und mehrere andere hier aufgestellte Sätze sind auf die Regierung Gottes nicht anwendbar. Einmal ist es nur ein sehr kleiner Theil seines Reichs, von dem man uns die Unordnung vorhält und dann ist es falsch, dass er sich um diese Uebel nicht kümmere, sie wünsche, sie entstehen lasse, um des Ruhmes ihrer Beseitigung willen. Gott will die Ordnung und das Gute; aber mitunter ist das, was in einem Theile Unordnung ist, Ordnung im Ganzen. Ich habe schon jene Rechtsregel angeführt: *Incivile est, nisi tota lege inspecta judicare.* (Es ist unrecht, wenn man ohne Einsicht des ganzen Gesetzes entscheidet.) Die Gestattung der Uebel kommt von einer Art moralischer Nothwendigkeit; Gott ist dazu durch seine Weisheit und seine Güte genöthigt; *diese Nothwendigkeit ist eine glückliche*, während die, in welcher sich der Fürst im obigen Satze befindet, eine unglückliche ist. Sein Staat ist durchaus verdorben, während die Regierung Gottes den möglichst besten Staat ergiebt.

129. XIV. »Die Gestattung eines bestimmten Uebels ist nur dann zulässig, wenn nur dadurch ein grösseres Uebel vermieden werden kann; aber sie ist bei denen nicht entschuldbar, welche ein ganz wirksames Mittel gegen dieses Uebel und gegen alle aus der Unterdrückung jenes sich ergebenden weiteren Uebel in ihren Händen haben.«

Dieser Satz ist wahr, aber er kann nicht gegen die Regierung Gottes geltend gemacht werden. Die höchste Vernunft nöthigt ihn, das Uebel zu gestatten. Wenn Gott nicht das unbedingt und durchaus Beste wählte, so wäre dies ein viel grösseres Uebel, als alle jene besondern Uebel, welche er durch dieses Mittel verhindern könnte. Diese schlechte Wahl würde seine Weisheit und Güte aufheben.

130. XV. »Ein allmächtiges Wesen, was der Schöpfer des Stoffes und der Geister ist, kann mit diesem Stoffe und diesen Geistern alles machen, was es will. Jeden Zustand und jedwede Gestalt kann es diesen Geistern geben. Wenn es daher ein physisches oder moralisches Uebel gestattet, so geschieht es nicht, weil ohnedem ein anderes grösseres physisches oder moralisches Uebel ganz unvermeidlich folgen würde. Alle Gründe für eine Mischung von Uebeln und Gütern, die aus der beschränkten Macht des Wohlthäters gerechtfertigt werden, würde bei diesem Wesen keine Anwendung finden.«

Es ist richtig, dass Gott aus dem Stoffe und den Geistern alles macht, was er will; allein er gleicht einem guten Bildhauer, welcher aus seinem Marmorblock nur das Beste und das, was er für gut hält, machen will. Gott macht aus dem Stoffe die schönste aller möglichen Maschinen; er macht aus den Geistern die schönste aller möglich-denkbaren Regierungen und noch mehr, er errichtet für ihre Vereinigung die vollkommenste aller Harmonien nach dem von mir dargelegten Systeme. Da nun sich das physische und moralische Uebel in diesem vollkommenen Werke vorfinden, so muss man (gegen das was Herr Bayle hier behauptet) annehmen, dass *ohnedem ein noch grösseres Uebel ganz unvermeidlich gewesen sein würde*. Ein so grosses Uebel würde ergeben, dass Gott schlecht gewählt haben würde, wenn er anders, als geschehen, gewählt hätte. Gott ist allerdings allmächtig; allein seine Macht ist unbestimmt in ihrer Richtung und die Güte und Weisheit bestimmen sie gemeinsam, das Beste zu schaffen. Herr Bayle macht noch einen ihm allein zugehörigen Einwurf, welchen er den Ansichten der modernen Cartesianer entnimmt, wonach Gott den Seelen beliebige Gedanken einflössen kann, ohne diese von irgend einer Beziehung zum Körper abhängig zu machen. Dadurch könne man den Seelen eine Menge Uebel ersparen, welche nur von körperlichen Unordnungen herkommen. Hierüber werde ich noch später sprechen, hier möge die Bemerkung genügen, dass Gott kein schlecht in sich verbundenes System voller Dissonanzen aufstellen konnte. Die Natur der Seele ist der Art, dass sie unter andern auch die Körper vorstellt.

131. XVI. »Man ist eben so sehr Ursache eines Ereignisses, wenn man es auf moralischem Wege herbeiführt, wie wenn es auf physischem geschieht. Ein Staatsminister, welcher ohne aus seinem Cabinet herauszutreten, nur durch Benutzung der Leidenschaften bei den Leitern einer Niederträchtigkeit, alle deren Complote zerstört, ist nicht minder der Zerstörer dieser Niederträchtigkeit, als wenn er dies durch einen Handstreich thut.«

Ich kann diesen Satz annehmen. Man legt das Uebel immer moralischen Ursachen zur Last und nicht immer physischen. Wenn ich indess das Unrecht eines Andern nur durch Begehung eines eigenen Unrechts hindern kann, so darf ich es geschehen lassen und ich bin dann nicht Mitschuldiger und nicht die moralische Ursache. Bei Gott würde nun jeder Fehler von ihm für ein Unrecht seinerseits gelten; ja er würde selbst mehr als ein Unrecht sein, weil er die Göttlichkeit zerstörte. Es wäre aber ein grosser Fehler bei ihm, wenn er nicht das Beste erwählte, wie ich schon oft gesagt habe und er würde also in diesem Falle die Sünde nur durch etwas hemmen, was schlechter wäre, als alle Sünde.

132. XVII. »Es ist gleich, ob ich eine nothwendige Ursache oder eine freie Ursache in dem Zeitpunkte aufwende, wo ich letztere als bestimmt erkenne. Wenn ich annehme, dass das Schiesspulver die Kraft sich zu entzünden oder auch nicht zu entzünden hat, wenn das Feuer es berührt und wenn ich sicher weiss, dass es um 8 Uhr des Morgens Willens ist, sich zu entzünden, so bin ich die Ursache seiner Wirkungen, wenn ich das Feuer zu dieser Stunde an es heranbringe, ebenso als wenn ich angenommen hätte, dass, wie es wirklich der Fall ist, es sich hier um eine nothwendige Ursache handelt. Denn für mich wäre es im ersten Falle keine freie Ursache mehr; ich benutzte das Pulver in dem Zeitpunkte, wo es durch seine eigene Wahl sich in der Nothwendigkeit befindet. Es ist unmöglich, dass ein Wesen frei oder nicht bestimmt sei in Beziehung auf das, wozu es schon entschlossen ist. Alles, was besteht, besteht nothwendig, wenn es besteht (*to einai to on, hotan ê, kai to mê on mê einai, hotan mê ê, anankê*. Es ist nothwendig, dass das Seiende ist, wenn es ist und dass das Nichtseiende wenn es nicht ist, nicht ist. Aristoteles Hermeneia, Kap. 9. Die Nominalisten haben diesen Satz von Aristoteles angenommen. *Scotus* und mehrere andere Scholastiker scheinen ihn zu verwerfen, allein im Grunde laufen ihre Unterscheidungen auf dasselbe hinaus. Man sehe die Jesuiten von Coimbra über diese Stelle bei Aristoteles, S. 880 u. f.)«

Auch diesen Satz kann ich annehmen, nur möchte ich einige Ausdrücke ändern. Ich nehme »frei« und »nicht bestimmt« nicht für ein und dasselbe, und ich halte »frei« und »bestimmt« für keine Gegentheile. Eine völlige Unbestimmtheit im Sinne eines völligen Gleichgewichts ist bei dem Menschen nicht vorhanden; es besteht immer ein Uebergewicht bei einer Neigung und man neigt deshalb nach einer Seite mehr als nach der andern; allein man ist niemals zu der Wahl, die man trifft, gezwungen, in dem Sinne einer unbedingten und metaphysischen Nothwendigkeit, da man anerkennen muss, dass Gott und der Weise durch eine *moralische* Nothwendigkeit zu dem bessern bestimmt werden. Man muss auch anerkennen, dass man zu der Wahl durch eine bedingte Nothwendigkeit gezwungen wird, wenn man wirklich wählt, und selbst schon vorher ist man durch die Wahrheit des Kommenden gezwungen, weil man dann es thun wird. Diese bedingten Nothwendigkeiten schaden nicht. Ich habe schon oben darüber mich ausgesprochen.

133. XVIII. »Wenn ein ganzes Volk sich der Empörung schuldig gemacht hat, so ist es keine genügende Milde, wenn man nur dem hundert-tausendsten Theile desselben verzeiht, und alle Uebrigen, selbst die Kinder an der Mutterbrust zu Tode bringt.«

Man scheint anzunehmen, dass es hunderttausendmal mehr Verdammte als Errettete gebe und dass die ungetauften Kinder zu den ersteren gehören. Ich habe beides bestritten; insbesondere die Verdammniss dieser Kinder. Ich habe schon früher darüber gesprochen. Herr Bayle macht diesen seinen Einwurf auch anderwärts geltend (Antwort auf die Fragen eines Provinzialen. Thl. III. Kap. 178. S. 1223), wo er sagt: »Offenbar muss ein Fürst, welcher sowohl gerecht wie gnädig handeln will, bei einer Stadt, die sich empört hat, sich mit der Bestrafung einer kleinem Zahl von Meuterern genügen lassen und den übrigen allen verzeihen; denn wenn die Zahl der Gezüchtigten zu der der Begnadigten sich wie Tausend zu Eins verhält, so kann er nicht für sanftmüthig, sondern nur für grausam gelten. Sicherlich würde er für einen abscheulichen Tyrann gelten, wenn er Strafen von langer Dauer anwendete und das Blut nur deshalb sparte, weil er meint, dass man den Tod einem elenden Leben vorziehen werde und wenn der Trieb der Rache mehr Antheil an seiner Strenge hätte, als die Absicht durch die beinah allen Aufrührern auferlegte Strafe dem allgemeinen Wohl zu dienen. Man meint, dass die Verbrecher, die man hinrichtet, ihr Verbrechen durch den Verlust ihres Lebens völlig aussühnen, dass das Volk nicht mehr verlangt, und dass es über ungeschickte Henker unwillig wird. Das Volk würde sie steinigen, wenn es wüsste, dass sie aus Absicht wiederholte Hiebe thun; selbst die dabei gegenwärtigen Richter wären nicht ausser Gefahr, wenn man glaubte, dass sie sich an diesem schlechten Spiel der Henker ergötzten und dass sie dieselben unter der Hand dazu veranlasst hätten. Man verstehe dies nicht in strenger Allgemeinheit. In manchen Fällen billigt es das Volk, dass man gewisse Verbrecher am langsamen Feuer sterben lässt, wie Franz I. einige Personen so sterben liess, welche nach den berüchtigten Placaten von 1534 der Ketzerei angeschuldigt waren. Das Volk hatte kein Mitleiden mit Ravaillac, der auf mehrfache Weise fürchterlich gequält wurde. Man sehe den *Mercure Français*. B. I. Blatt 453 u. f. Man sehe auch die Geschichte vom Tode Heinrich IV. von Peter Matthieu und man übersehe nicht, was er über die Richter sagt, welche sich über die von diesem Vatermörder verdiente Strafe beriethen. Endlich ist es im höchsten Maasse notorisch, dass die Fürsten, welche sich nach dem heiligen Paulus richten würden, d.h. alle, welche er zum ewigen Tode verdammt, hinrichten lassen wollten, für Feinde des menschlichen Geschlechts und für Zerstörer der Gesellschaften gelten würden. Unzweifelhaft würden ihre Gesetze, anstatt nach dem Ziele aller Gesetzgeber die Gesellschaft aufrecht zu erhalten, mir ihren gänzlichen Untergang herbeiführen. [Man nehme die Worte des jüngeren Plinius hinzu, der Buch 8 in seinem 22. Briefe sagt: *Mandemus memoriae, quod vir mitissimus, et ob hoc quoque maximus, Phrasea crebro dicere solebat, qui vitia odit, homines odit.* (Ich bringe empfehlend in Erinnerung, was ein höchst milder und deshalb grosser Mann, Phrasea, öfters gesagt hat: ›Wer die Fehler hasst, hasst auch die Menschen.‹)]« Er fügt hinzu, dass man von den Gesetzen Drako's, des atheniensischen Gesetzgebers, sage, dass sie mit Blut, statt mit Tinte geschrieben seien, weil sie alle Verbrechen mit der höchsten Strafe belegten, und weil die Verdammniss eine viel grössere Strafe sei, als der Tod. Allein man bedenke, dass die Verdammniss eine Folge der Sünde ist, und ich antwortete einmal einem Freunde, welcher mir das Missverhältniss zwischen einer ewigen Strafe und einem begrenzten Verbrechen vorhielt, dass hier nichts Unrechtes sei, wenn die Fortdauer der Strafe nur eine weitere Folge von der Fortdauer der Sünde sei, wie ich noch später besprechen werde. Was die Zahl der Verdammten anlangt, so würde, wenn sie bei den Menschen viel grösser, als die der Geretteten sein sollte, dies nicht hindern, dass in dem Universum die glücklichen Geschöpfe an Zahl die unglücklichen weit übertreffen. Das Beispiel eines Fürsten, welcher nur die Häupter der Empörer bestraft und das Beispiel eines Feldherrn, der ein Regiment nur dezimirt, haben hier keine Anwendung. Das eigene Interesse nöthigt den Fürsten und Feldherrn, den Schuldigen zu verzeihen, selbst wenn sie schlecht bleiben sollten; Gott dagegen verzeiht nur denen, die sich bessern; er kann sie herausfinden und diese Strenge entspricht mehr der vollkommenen Gerechtigkeit. Fragt man aber, weshalb Gott nicht Allen das Geschenk der Bekehrung gewährt, so gehört dies zu einer andern Frage, die mit dem Satze hier keine Beziehung hat. Ich habe schon gewissermassen darauf geantwortet, nicht um die Gründe Gottes darzulegen, sondern nur um zu zeigen, dass ihm solche nicht fehlen werden und dass dagegen sich nichts vollgültiges sagen lasse. Wir wissen endlich, dass man manchmal ganze Städte zerstört und die Bewohner über die Klinge springen lässt, um die Uebrigen abzuschrecken. Dergleichen kann einen grossen Krieg oder eine grosse Empörung abkürzen und man spart dadurch Blut, indem man es vergiesst; das ist kein dezimiren. Ich kann allerdings nicht behaupten, dass die Bösen unseres Welttheils so streng bestraft werden, um die Bewohner anderer Himmelskörper in Furcht zu erhalten und zu bessern; allein viele andere Gründe der allgemeinen Harmonie können dieselbe Wirkung hervorbringen, welche wir nicht kennen, weil uns die Ausdehnung des Gottesstaats und die Form der allgemeinen Republik der Geister und der ganze Aufbau der Körper nicht genügend bekannt ist.

134. XIX. »Die Aerzte, welche unter vielen zur Heilung eines Kranken geeigneten Medicinen, von denen sie wissen, dass er mehrere sehr gern einnehmen werde, gerade die auswählen, von der sie wissen, dass der Kranke sie nicht einnehmen wird, haben gut ermahnen und bitten, er solle sie nehmen; man wird doch mit Recht glauben, dass sie keine Lust haben, ihn zu heilen, denn sonst würden sie ihm eine von den guten Arzneien gegeben haben, von denen sie wissen, dass er sie gern hinnimmt. Wissen sie ausserdem, dass die Abweisung der verordneten Arznei die Krankheit erschweren und tödtlich machen werde, so könnte man wohl sagen, dass sie, trotz aller ihrer Ermahnungen, doch den Tod des Kranken wünschen.«

Gott will alle Menschen erretten; d.h. er würde sie erretten, wenn sie selbst ihn nicht daran hinderten und die Annahme seiner Gnade verweigerten und Gott ist weder verpflichtet noch durch seine Vernunft geneigt, den bösen Willen immer zu überwinden. Dennoch thut er dies manchmal, wenn höhere Gründe dies gestatten und wenn sein nachfolgender und beschliessender Wille, der sich aus allen seinen Erwägungen ergiebt, ihn zur Auswahl einer bestimmten Anzahl Menschen veranlasst. Er leistet Allen Hülfe zu ihrer Bekehrung und Beharrlichkeit; diese Hülfe genügt für die, welche den guten Willen haben, aber sie genügt nicht immer zur Verleihung des guten Willens. Die Menschen erlangen diesen guten Willen entweder durch besondere Hülfe oder durch Umstände, welche die allgemeinen Hülfen erfolgreich machen. Gott bietet auch noch Hülfsmittel an, trotzdem dass er weiss, dass man sie abweisen und dadurch sich noch schuldiger machen werde; aber soll denn Gott ungerecht sein, damit der Mensch weniger strafbar sei? Auch kann die Gnade, welche den einen nichts hilft, andern nützen und sie gehört immer zur Vollständigkeit des Planes Gottes, welcher der beste ist, der zu fassen möglich ist. Soll Gott keinen Regen senden, weil einzelne Orte davon Schaden leiden? Soll die Sonne nicht so viel scheinen, als es im allgemeinen nöthig ist, weil einzelne Orte dadurch zu sehr ausgetrocknet werden? Alle jene von Herrn Bayle in seinen Sätzen gegebenen Beispiele von einem Arzt, einem Wohlthäter, einem Staatsminister, einem Fürsten sind nur deshalb schlagend, weil man deren Pflichten kennt sammt dem, was der Gegenstand ihrer Sorgfalt sein kann und soll; sie haben es nur mit *einem* Gegenstande zu thun und sie fehlen hier oft aus Nachlässigkeit oder Bosheit. Der Gegenstand Gottes hat etwas unendliches an sich; seine Sorgfalt umfasst das Universum; was wir davon kennen, ist so viel wie nichts und doch wollen wir seine Weisheit und Güte nach unserm Wissen messen; welche Verwegenheit oder besser, welche Thorheit! Die Einwürfe setzen Falsches voraus; es ist verkehrt, wenn man über das Recht entscheiden will, ohne das Thatsächliche zu kennen. Wenn man mit dem heiligen Paulus ausruft: *O altitudo divitiarum et sapientiae* (Oh, welche Grösse der Reichthümer und der Weisheit), so entsagt man nicht der Vernunft; im Gegentheil, man benutzt die Gründe, welche man kennt; denn sie lehren uns jene Unermesslichkeit Gottes, von welcher der Apostel spricht. Man gesteht damit nur seine Unkenntniss des Thatsächlichen, aber erkennt, ehe man es sieht, dass Gott alles so gut, als möglich macht, in Gemässheit seiner All-Weisheit, welche sein Handeln leitet. Wir haben allerdings schon davon Proben und Ausführungen vor uns, wenn wir etwas in sich ganz Vollendetes und Einzelnes so zu sagen unter Gottes Werken erblicken. Ein solches, so zu sagen von der Hand Gottes gebildetes Ganze ist eine Pflanze, ein Thier, ein Mensch. Wir können die Schönheit und das Kunstvolle seines Baues nicht genug bewundern. Sehen wir dagegen einen zerbrochenen Knochen, ein Stück Fleisch von Thieren, einen Zweig von einer Pflanze, so scheint da nur Unordnung zu sein, wenn nicht ein tüchtiger Anatom sie betrachtet und auch dieser würde darin nichts erkennen, wenn er nicht früher solche Stücke in Verbindung mit dem Ganzen gesehen hätte. So ist es auch mit der Regierung Gottes; das, was wir bis jetzt davon sehen können, ist ein Stück und nicht gross genug, um daran die Schönheit und Ordnung des Ganzen zu erkennen. So führt die Natur der Dinge von selbst dahin, dass diese Ordnung in dem Staate Gottes, den wir hier unten noch nicht sehen, der Gegenstand unseres Glaubens, unserer Hoffnung, unseres Gottvertrauens ist. Giebt es Leute, die hier anders urtheilen, desto schlimmer für sie; sie sind die Unzufriedenen in diesem Staate, der grösser und besser ist, als alle Monarchieen. Sie handeln unrecht, dass sie die Proben, welche er von seiner Weisheit und unendlichen Güte gegeben hat, nicht beachten, womit Gott sich nicht blos als ein bewundernswürdiger, sondern auch liebenswürdig über Alles hinaus zu erkennen giebt.

135. Ich hoffe, dass Alles, was in diesen 19 von mir betrachteten Sätzen des Herrn Bayle enthalten ist, die erforderliche Antwort erhalten haben wird. Es scheint, dass er früher viel über diesen Gegenstand nachgedacht hat und daher das stärkste in diesen Sätzen ausgesprochen hat, was sich über die moralische Ursache des moralischen Uebels sagen liess. Indess finden sich hierüber noch hie und da verschiedene Stellen in seinen Werken, die man nicht gut mit Stillschweigen übergehen kann. Er übertreibt oft die Schwierigkeit, die nach seiner Ansicht besteht, wenn man Gott ganz von der Schuld an der Sünde befreien will. Er bemerkt (Antwort auf die Fragen etc. Kap. 161, S. 1024), dass Molina, im Fall er auch die Freiheit mit dem Vorherwissen vereinigt habe, doch dies nicht in Bezug auf die Verträglichkeit der Güte und Heiligkeit Gottes mit der Sünde gethan habe. Er lobt die Aufrichtigkeit derer, welche offen eingestehen (wie Piscator nach ihm gethan haben soll), dass alles zuletzt auf den Willen Gottes zurückgeführt werden müsse, und welche behaupten, dass Gott nicht aufhören würde, gerecht zu sein, selbst wenn er der Urheber der Sünde wäre und selbst wenn er Unschuldige verdamme. Auf der andern Seite, oder in andern Stellen billigt er, wie es scheint, die Ansichten derer, welche Gottes Güte auf Kosten seiner Grösse retten, wie Plutarch es in seinem Buche gegen die Stoiker thut, wo er sagt: »Es wäre vernünftiger, wenn man mit den Epikuräern anerkennte, dass unzählige Theilchen (oder Atome, die zufällig in einem grenzenlosen Raume herumspringen), durch ihre Kraft die Schwäche Jupiters überwögen und trotz seiner und gegen seinen Willen und seine Natur, viele schlechte und unsinnige Dinge zu Stande brächten, als darin einzustimmen, dass er der Urheber von aller Verwirrung und Schlechtigkeit sei.«

Das was sich hier für die eine oder die andere Partei, für oder gegen die Stoiker und Epikuräer sagen lässt, scheint Herrn Bayle zu dem *epechein* der Pyrrhonianer geführt zu haben, d.h. zur Zurückhaltung des Urtheils in Beziehung auf die Vernunft, sofern der Glaube bei Seite gelegt wird, dem er sich, wie er sagt, offen unterwerfe.

136. Indem er indess seine Begründungen weiter verfolgt, scheint es, als habe er die Aussprüche der Sekte des Monés, eines Ketzers aus dem dritten Jahrhundert des Christenthums, wieder aufwecken und verstärken wollen, oder die eines gewissen Paulus, eines Hauptes der armenischen Manichäer aus dem siebenten Jahrhundert, von dem sie den Namen der Paulianer erhielten. Alle diese Ketzer erneuerten das, was ein alter Philosoph im obern Asien, Namens Zoroaster, gelehrt hatte, wonach es zwei vernünftige Prinzipien aller Dinge, ein gutes und ein böses giebt. Diese Lehre herrscht bei den Indiern, wo noch jetzt viele Leute diesen Irrthum festhalten, der sehr geeignet ist, die menschliche Unwissenheit und Aberglaübigkeit für sich einzunehmen, da selbst in Amerika viele wilde Völker ähnliches angenommen haben, ohne der Philosophie zu bedürfen. Die Slaven hatten (nach Helmold) ihren Zarnebog, d.h. ihren schwarzen Gott. Die Griechen und die Römer hatten trotz ihrer Weisheit einen Vejovis, oder Gegen-Jupiter, der auch Pluto hiess und daneben noch eine Menge böser Gottheiten. Die Göttin Nemesis liebte es, die sehr Glücklichen zu erniedrigen und Herodot deutet an mehreren Stellen an, dass alle Götter nach seiner Ansicht neidisch seien, was indess nicht zu der Lehre von zwei Prinzipien stimmt.

137. Plutarch kennt in seiner Abhandlung über Isis und Osiris keinen ältern Schriftsteller, der dies gelehrt habe, als den Magiker Zoroaster, wie er ihn nennt. Trogus oder Justin macht daraus einen König der Baktrier, welcher von Ninus oder Semiramis besiegt wurde. Er schreibt ihm die Kenntniss der Astronomie und die Erfindung der Magie zu; indess war diese Magie wohl die Religion der Feueranbeter und er hat anscheinend das Licht oder die Wärme als das gute Prinzip aufgefasst; indess fügte er demselben das böse Prinzip hinzu, d.h. die Dunkelheit, die Finsterniss, die Kälte. Plinius erwähnt das Zeugniss eines gewissen Hermippus, eines Auslegers von Zoroaster's Büchern, der ihn zum Schüler eines Azonacus in der Magie macht, im Fall dieser Name nicht den verdorbenen Oromases bezeichnet, über den ich noch sprechen werde, und welchen Plato im Alcibiades zum Vater des Zoroaster macht. Die neueren Orientalen nennen den griechischen Zoroaster Zerdust; er soll dem Mercur entsprechen, weil die Mittwoch (Mercredi) bei einigen Völkern ihren Namen davon erhalten hat. Seine Geschichte und die Zeit, wenn er gelebt hat, ist schwer aufzuklären. Snider setzt ihn 500 Jahr vor der Eroberung Troja's an; die Aelteren nehmen nach den Berichten von Plinius und Plutarch das zehnfache an. Indess setzt ihn der Lydier Xanthus (in der Vorrede des Diogenes Laertius) nicht früher, als 600 Jahr vor dem Feldzug des Xerxes. Plato erklärt an der erwähnten Stelle, wie Herr Bayle bemerkt, dass die Magie des Zoroaster nur in dem Studium der Religion bestanden habe. Herr Hyde sucht in seinem Buche über die Religion der alten Perser diese Magie zu rechtfertigen, und sie nicht nur von dem Verbrechen der Gottlosigkeit rein zu waschen, sondern auch von dem der Abgötterei. Der Feuerkultus bestand bei den Persern und Chaldäern. Man glaubt, dass Abraham ihn bei seinem Abgang von Ur in Chaldäa verlassen habe. Mithra war die Sonne und war auch der Gott der Perser und nach Ovid hat man ihm Pferde geopfert;

> *Placat equo Persis radiis Hyperiona cinctum*
> *Ne detur celeri victima tarda Deo.*

(Perses versöhnte den Strahlenbekränzten Hyperion durch ein Pferd, damit dem schnellen Gotte kein langsam sich bewegendes Opfer gebracht werde.) Indess glaubt Herr Hyde, dass die Perser bei ihrem Gottesdienst die Sonne und das Feuer nur als Symbole der Gottheit benutzten. Vielleicht muss man hier, wie anderwärts, zwischen den Weisen und dem Volke unterscheiden. In den bewundernswerthen Ruinen von Persepolis oder von Tschel-Minar (was 40 Säulen bedeutet) finden sich Reliefs, welche ihre Gebräuche darstellen. Ein holländischer Gesandter hatte sie von einem Maler mit vielen Unkosten abzeichnen lassen, welcher viel Zeit darauf verwendet hatte. Durch irgend einen Zufall kamen diese Zeichnungen in die Hände von Herrn Chardin, den bekannten Reisenden, wie er selbst erzählt und es wäre schade, wenn sie verloren gingen. Diese Ruinen gehören zu den ältesten und schönsten Bauwerken der Erde und ich wundere mich, dass ein so wissbegieriges Zeitalter, wie das unsrige, sich so wenig darum kümmert.

138. Die alten Griechen und die neueren Orientalen stimmen darin überein, dass Zoroaster den guten Gott *Oromazes* genannt habe, oder vielmehr *Oromasdes* und den bösen Gott *Arimanius*. In Erwägung, dass die grossen Fürsten von Hoch-Asien den Namen *Hormisdas* führen, und dass Irmin oder *Hermin* ein Gott oder Heroe der Celtoscythen, d.h. der Germanen gewesen ist, ist mir der Gedanke gekommen, dass dieser Arimanius oder Irmin ein alter grosser Eroberer gewesen sein mag, der von Westen gekommen ist, wie Tchingis Chan und Tamerlan, die von Osten kamen, es später gewesen sind. Ariman würde also von Nordwesten, d.h. von Germanien und Sarmatien gekommen sein; er wild durch die Alanen und Massageten gezogen und in den Staat eines Hormisdias eingefallen sein, welcher ein grosser König in Hoch-Asien war, wie andere Scythen nach dem Bericht des Herodot es zur Zeit des Cyaxares, Königs der Meder gethan haben. Dieser Monarch, welcher civilisirte Völker regiert und sie gegen die Barbaren zu vertheidigen gesucht habe, mag später bei denselben Völkern für den guten Gott gehalten worden sein, während das Haupt der Verwüster zum Symbol des bösen Prinzips geworden, was alles ganz natürlich ist. Nach dieser Mythologie scheinen diese beiden Fürsten lange mit einander gekämpft zu haben, ohne dass einer den andern besiegt hat. So haben sich beide als die beiden Prinzipien erhalten und nach der, dem Zoroaster zugeschriebenen Hypothese, sich in die Herrschaft der Welt getheilt.

139. Es bleibt also nur zu beweisen, dass ein alter Gott oder Heroe der Germanen Hermann, oder Ariman, oder Irmin genannt worden ist. Tacitus berichtet, dass die drei Völker, welche Germanien bildeten, die Ingävonen, die Istävonen und die Herminonen oder Hermionen nach den drei Söhnen des Mannus benannt worden. Mag dies wahr sein oder nicht, so zeigt es doch, dass ein Heroe, Namens Hermin, bestanden hat, von dem die Hermionen, wie dem Tacitus gesagt worden, ihren Namen erhalten hatten. *Herminons, Hermenner, Hermunduri* bezeichnen dasselbe, nämlich Soldaten. Selbst in der spätem Geschichte waren die Arimanni militärische Männer und in dem Lombardischen Recht giebt es ein Leim von Arimandia.

140. Ich habe anderwärts gezeigt, dass anscheinend der Name eines Theils von Germanien dem Ganzen beigelegt worden und dass nach diesem Namen Hermionen oder Hermunduren alle deutschen Völker Hermannen oder Germanen genannt worden sind; denn der Unterschied dieser beiden Worte liegt nur in der Betonung des H. Ebenso unterscheidet sich der Anfangslaut in dem Germani der Römer und dem Hermanos der Spanier oder in dem Gammarus der Lateiner und dem Hummer (einem Seekrebs) der Niederdeutschen. Auch kommt es oft vor, dass der Name eines Theiles einer Nation auf die ganze übertragen wird; so sind alle Germanen von den Franzosen Alemannen genannt worden, obgleich dieser Name nach dem alten Gebrauch nur den Schwaben und Schweizern zukommt. Obgleich Tacitus den Ursprung des Namens Germanen nicht recht gekannt hat, sagt er doch etwas, was diese meine Ansicht unterstützt, indem es nach ihm der Name von etwas Erschreckendem oder Erschrecklichem ist, wie das lateinische *ob metum* (aus Furcht). Es bedeutet nämlich einen Krieger; *Heer, Hari* ist das Heer; davon kommt *Hariban* oder *Ruf des Haro*, d.h. ein allgemeiner Befehl, sich in dem Heere einzufinden, was man in Arriere-Ban verunstaltet hat. Deshalb ist Hariman oder Ariman, German oder Guerremann ein Soldat. Denn so wie Hari, Heer die Armee ist, so bezeichnet *Wehr* die Waffen; wehren, fechten, Kriegführen; das Wort Guerre, Guerra kommt offenbar aus demselben Stamm. Ich habe bereits von dem *feudum Arimandiae* (Lehn in Bezug auf den Heerbann) gesprochene nicht blos die Herminonen oder Germanen bedeuten dasselbe, sondern auch jener alte Herman, der angebliche Sohn von Mannus hat diesen Namen anscheinend erhalten, um ihn damit vorzugsweise als Krieger zu bezeichnen.

141. Indess handelt nicht blos diese Stelle bei Tacitus von diesem Gotte oder Heroen; sicherlich hat es einen solchen bei diesen Völkern gegeben, denn Karl der Grosse hat in der Nähe der Weser die sogenannte Irminsäule angetroffen und zerstört, welche zu Ehren dieses Gottes errichtet worden war. Dies in Verbindung mit der Stelle bei Tacitus zeigt, dass dieselbe nicht dem berühmten Arminius, dem Feind der Römer gegolten hat, sondern der Cultus hat einem grösseren und älteren Heroen gegolten. Arminius hatte zwar den gleichen Namen, wie ja auch heutzutage noch viele Hermann heissen, aber Arminius war nicht gross, nicht glücklich und durch ganz Germanien nicht bekannt genug, um die Ehre eines öffentlichen Cultus zu erlangen, der selbst bei entfernteren Völkern, wie bei den Sachsen bestand, die erst lange nach ihm in das Land der Cherusker gekommen sind. Unser Arminius, welchen die Asiaten für den bösen Gott halten, bestätigt diese meine Meinung; denn in diesen Fragen bestätigt eines das andere auch ohne logischen Cirkel, gegenseitig, sofern ihre Grundlagen sich auf dasselbe Ziel richten.

142. Es ist nicht unwahrscheinlich, dass der *Hermes* (d.h. Mercur) der Griechen derselbe Hermin oder Ariman ist. Er kann der Erfinder oder Beförderer der Künste und eines etwas mehr civilisirten Lebens bei denen seiner Nation und in den Ländern gewesen sein, wo er der Herr war, und dabei konnte er sehr wohl bei seinen Feinden für den Urheber der Unordnung gelten. Wer weiss, ob er nicht bis nach Egypten gekommen ist; auch die Scythen kamen bei der Verfolgung des Sesostris in die Nähe dieses Landes. Theut, Menes und Hermes waren in Egypten bekannt und geehrt. Sie könnten Tuisco, sein Sohn

Mannus und Herman, des Mannus Sohn nach des Tacitus Genealogie sein. Menes gilt für den ältesten König von Egypten; Theut war bei ihnen ein Name für Mercur. Wenigstens ist der Name Theut oder Tuisco, von dem nach Tacitus die Germanen abstammen, und von dem die Teutonen, Tuitsche (d.h. Germanen) noch heute den Namen haben, derselbe mit dem Teutotes, welchen nach Lucian die Gallier verehrten und welchen Cäsar für den Dito Patre oder Pluto genommen hat, weil dessen lateinischer Name dem Namen Theut oder Thiet, Titan, Theodore ähnelt, welcher in alten Zeiten Männer, Völker und auch einen ausgezeichneten Mann (wie das Wort Baron) und endlich einen Prinzen bezeichnete. Es giebt für alle diese Bedeutungen Gewährsmänner, ich darf mich indess nicht dabei aufhalten. Herr Otto Sperling, welcher sich durch mehrere gelehrte Schriften bekannt gemacht und von dem noch mehrere bald erscheinen werden, hat in einer Abhandlung ausdrücklich über den Teutotes, einen celtischen Gott gehandelt. Einige Bemerkungen, die ich ihm darüber mitgetheilt, sind mit seiner Antwort in die literarischen Neuigkeiten vom Baltischen Meer aufgenommen worden. Er verstellt etwas anders als ich jene Stelle bei Lucian:

Teutates, pollensque feris altaribus Hesus   212
El Taramis, Scythicae non mitior ara Dianae.

(Teutates und Hesus mit der Menge seiner wilden Altäre
Und Taramis, der nicht mildere Altar der Scythischen Diana.)

Hesus scheint der Gott des Krieges gewesen zu sein, welchen die Griechen Ares und die alten Deutschen Erich nannten; der Dienstag, Mardi hat noch von ihm den Namen Erich-Tag. Die Laute R und S, welche demselben Organ zugehören, werden leicht vertauscht; z.B. Moor und Moos, Geren und Gesen; Er war und Er was; Fer, Hierro, Eiron, Eisen. Ebenso Papisius, Valesius, Fusius statt Papirius, Valerius, Furius bei den alten Römern. Was Taramis oder vielleicht Taranis anbetrifft, so ist bekannt, dass Taranden Donner bedeutete, oder den Donnergott (den die alten Gelten Tor nannten) bei den westlichen Germanen. Bei den Engländern hat sich daran der Name Thursdag, *jeudi, dies Jovis* erhalten. Die Stelle bei Lucian will also sagen, dass der Altar des Taran, des Gottes der Gelten nicht weniger grausam war, als der der Taurischen Diana; *Taranis aram non mitiorem ara Dianae Scythicae fuisse.*

143. Es ist auch möglich, dass zu einer Zeit abendländische oder celtische Fürsten sich zu Herren von Griechenland, Egypten und einem Theil von Asien gemacht haben und dass deren Cultus sich in diesen Ländern erhalten hat. Wenn man bedenkt, mit welcher Schnelligkeit die Hunnen, die Saracenen und die Tartaren eines grossen Theils von unserm Continent sich bemächtigt haben, so wird man dies weniger wunderbar finden; auch bestätigt es die grosse Zahl von übereinstimmenden Worten in der deutschen und celtischen Sprache. Callimachus scheint in einem Lobgesang auf Apoll anzudeuten, dass die Gelten, welche unter ihrem Brennus oder Anführer den Tempel zu Delphi angriffen, zur Nachkommenschaft der alten Titanen und Riesen gehörten, welche gegen Jupiter und die anderen Götter, d.h. asiatische und griechische Fürsten Krieg führten; ja Jupiter selbst kann vielleicht von Titan oder Theodon abstammen, d.h. von früheren celto-scythischen Fürsten und damit stimmt das, was der verstorbene Abt von Charmoye über die Abkunft der Gelten gesammelt hat, wenngleich manches andere in dem Werke dieses gelehrten Verfassers nicht wahrscheinlich erscheint, namentlich dass er die Germanen nicht zu den Gelten rechnet. Er erinnert sich dabei nicht genügend der Berichte der Alten und er hat die Beziehungen zwischen der alten celtischen und germanischen Sprache nicht genügend gekannt. Also waren die angeblichen Riesen, welche den Himmel stürmen wollten, spätere Gelten, welche der Fährte ihrer Vorfahren nachgingen, und Jupiter, obgleich so zu sagen ihr Verwandter, war genöthigt, sich ihnen zu widersetzen, wie die Westgothen, welche sich unter den Gelten niedergelassen hatten in Gemeinschaft mit den Römern sich den übrigen germanischen und scythischen Völkerschaften entgegenstellten, die ihnen unter der Führung Attila's nachfolgten, welcher damals die scythischen, sarmatischen und germanischen Stämme von den Grenzen Persiens bis zum Rhein beherrschte. Indess hat das Vergnügen, wenn man in den Götter-Mythologien Spuren einer Geschichte fabelhafter Zeiten findet, mich vielleicht zu weit fortgeführt und ich weiss nicht, ob ich mich dabei besser vorgesehen, wie Goropius Becanus, wie Schrick, wie Herr Rudbek und der Abt von Charmoye.

144. Ich kehre zu Zoroaster zurück, welcher uns zu Oromasdes und Arimanus gebracht hat, den Urhebern des Guten und Bösen. Wir wollen annehmen, dass er sie als zwei ewige Prinzipien aufgefasst habe, die einander entgegenstehen, obgleich diese Annahme nicht unzweifelhaft ist. Man glaubt, dass Marcion, der Schüler des Cerdon, dieser Ansicht mit Manes gewesen sei. Herr Bayle erkennt an, dass diese Männer ihre Meinungen nur schwach begründet haben; er meint, dass sie ihren Vortheil nicht genügend erkannt und ihren stärksten Grund, nicht geltend gemacht hätten, nämlich die Schwierigkeit, die Entstehung des Uebels zu erklären. Er meint, ein geschickter Mann von ihrer Seite hätte die Orthodoxen sehr in Verlegenheit bringen können, und anscheinend hat er selbst in Ermangelung eines Andern dieses Geschäft übernommen, was nach dem Urtheil Vieler gar nicht nöthig war. Er sagt in seinem Wörterbuch im Artikel Marcion S. 2039: »Alle von den Christen aufgestellte Hypothesen wenden die gegen sie geführten Hiebe nicht ab; wenn sie thätig vorgingen, würden sie alle triumphiren, aber sie verlieren all ihre Vortheile, wenn sie sich auf Vertheidigung gegen die Angriffe beschränken.« Er gesteht, dass die Dualisten (wie er sie mit Herrn Hyde nennt), d.h. die Vertheidiger zweier Prinzipien sehr bald durch Gründe *a priori* in die Flucht geschlagen sein würden, welche von der Natur Gottes entnommen wären, aber er meint, dass sie ihrerseits triumphiren, wenn man zu den Gründen *a posteriori* greift, die von dem Dasein des Uebels zu entnehmen sind.

145. Er geht hierbei in seinem Wörterbuch beim Artikel: Manichäer S. 2025 in viele Einzelheiten ein, die man zur bessern Aufklärung der Sache näher betrachten muss. Er sagt: »Die sichersten und klarsten Begriffe von Ordnung lehren uns, dass ein Wesen, welches durch sich selbst besteht, welches nothwendig und ewig ist, auch einzig, unendlich, allmächtig und mit jeder Art von Vollkommenheit ausgestattet sein muss.« Diese Begründung hätte wohl etwas ausführlicher sein sollen. Er fährt dann fort: »Man muss jetzt prüfen, ob die Vorgänge in der Natur sich durch die Annahme eines einzigen Prinzips bequem erklären lassen.« Ich habe dies genügend dadurch gethan, dass ich gezeigt, wie in einzelnen Fällen einige Unordnung in einem Theile nothwendig ist zur Erzeugung einer grössern Ordnung im Ganzen. Herr Bayle scheint aber etwas zu viel zu fordern; er will, dass man ihm im Einzelnen zeige, wie das Uebel mit dem besten Plane für das Universum verknüpft sei. Dies wäre eine vollständige Erklärung der Vorgänge; allein ich unternehme dies nicht und bin auch dazu nicht genöthigt, da man zu dem in unserem Zustande Unmöglichen nicht verpflichtet sein kann; es genügt die Erkenntniss, dass ein einzelnes Uebel mit dem für das Ganze Besten sehr wohl verknüpft sein kann. Diese unvollkommene Erklärung, welche eine weitere Aufklärung in jenem Leben gestattet, genügt zur Widerlegung der Einwürfe, wenn auch nicht zum begreifen der Dinge.

146. Herr Bayle fügt hinzu: »Die Himmel und alles Uebrige im Universum predigen den Ruhm, die Macht, die Einheit Gottes.« Hier hätte daraus gefolgert werden sollen, dass dies geschehe (wie ich schon oben bemerkt habe), weil man in diesen Dingen so zu sagen einen ganzen und vereinzelten Gegenstand sieht. Allemal, wenn man ein solches Werk Gottes erblickt, findet man es so vollendet, dass man dessen Kunst und Schönheit bewundern muss. Sieht man aber kein ganzes Werk, sondern nur Stücke und Lappen, so ist es nicht zu verwundern, wenn diese gute Ordnung sich nicht zeigt. Unser Planetensystem stellt ein solches vereinzeltes Werk vor, was, für sich betrachtet vollkommen erscheint; jede Pflanze, jedes Thier, jeder Mensch ist ein solches bis zu einem gewissen Punkte vollkommenes Werk; man sieht in ihm das wunderbare Kunstwerk seines Urhebers; aber das menschliche Geschlecht ist, so weit wir es kennen, doch nur ein Bruchstück, ein kleiner Theil des Staates Gottes oder des Freistaats der Geister. Dieser ist für uns zu ausgedehnt, wir wissen zu wenig von ihm, um seine wunderbare Ordnung erkennen zu können. Herr Bayle sagt: »Der Mensch allein, dieses Meisterwerk seines Schöpfers unter den sichtbaren Dingen, der Mensch allein bietet Anlass zu grossen Einwürfen gegen die Einheit Gottes.« Auch Claudian hat dieselbe Bemerkung gemacht und sein Herz durch die bekannten Verse erleichtert:

Saepe mihi dubiam traxit sententia mentem etc.

(Oft hat der Ausspruch Zweifel in meinem Geiste erregt u.s.w.)

Allein die Harmonie in allem Uebrigen spricht sehr dafür, dass sie auch in der Leitung der Menschen bestehen werde und überhaupt in der Leitung der Geister, wenn wir das Ganze kennten. Man muss über die Werke Gottes so verständig urtheilen, wie Socrates über die des Heraclit es mit den Worten that: »Das was ich davon verstehe, gefällt mir und ich glaube, dass auch das Uebrige mir gefallen würde, wenn ich es verstände.«

147. Es giebt auch noch einen besondern Grund für die scheinbare Unordnung in Betreff des Menschen; er liegt in dem Geschenke der Ebenbildlichkeit Gottes, welches ihm gewährt worden, indem ihm die Vernunft gegeben worden. Gott lässt den Menschen in seinem kleinen Bezirk wirthschaften, *ut Spartam, quam nactus est, ornet.* (Damit er das Sparta, was er erlangt, schmücke.) Gott wirkt dabei nur in verborgener Weise, indem er dem Menschen das Sein, das Leben, die Vernunft gewährt, ohne sich sehen zu lassen. Hier treibt *der freie Wille* sein Spiel und Gott erfreut sich, so zu sagen, an diesen kleinen Göttern, deren Erschaffung er für gut befunden, so wie wir uns an den Thätigkeiten der Kinder erfreuen, die wir unter der Hand bald befördern, bald hemmen, wie es uns gefällt. Der Mensch ist daher ein kleiner Gott in seiner eignen Welt, oder in dem Mikrokosmos, den er nach seiner Weise regiert; er bringt mitunter Wunderbares zu Staude und seine Kunst ahmt oft die Natur nach.

Jupiter in parvo cum cerneret aethera vitro
Risit, et ad Superos talia dicta dedit:
Huccine mortalis progressa potentia, Divi?
Jam meus in fragili luditur orbe labor.
Jura poli, rerumque fidem, legesque Deorum
Cuncta Syracusius transtulit arte Senex
Quid falso insontem tonitru Salmonea miror?
Aemulo naturae est parva reperta manus.

(Als Jupiter im kleinen Glase die Oberwelt schaute
Lachte er und sprach folgendes zu den Göttern:
So weit ist schon die Macht der Sterblichen gelangt?
Schon wird meine Arbeit in dem gebrechlichen Erdkreis verlacht
Die Mächte des Pols, die Zuverlässigkeit der Dinge, die göttlichen
   Gesetze
Das alles hat der Greis von Syracus durch seine Kunst überliefert,
Was wundere ich mich über den unschuldigen Salmoneus mit
   seinem nachgemachten Donner?
Die kleine Hand wetteifert mit der Natur.)

Aber es bleiben auch die grossen Fehler nicht aus, weil der Mensch sich seinen Leidenschaften hingiebt, und Gott ihn seinen Sinnen überlässt; er straft ihn auch deshalb, bald wie ein Vater oder Lehrer, der die Kinder übt und züchtigt, bald wie ein gerechter Richter, welcher diejenigen bestraft, die ihn verlassen und das Uebel kommt meist davon, dass diese verschiedenen verständigen Wesen oder deren kleine Welten sich unter einander stossen. Der Mensch befindet sich dabei übel, so weit er Unrecht hat; allein Gott verwendet in wunderbarer Kunst alle Mängel dieser kleinen Welten zum grössten Schmuck seiner grossen Welt, gleich den perspektivischen Erfindungen, wo gewisse schöne Zeichnungen nur wie Verwirrungen sich zeigen, bis man sie von der richtigen Stelle aus betrachtet, oder bis man sie durch ein besonderes Glas oder einen Spiegel sieht. Indem man sie richtigstellt und benutzt, werden sie zur Zierde eines Zimmers. So vereinigt sich auch das scheinbar Unschöne unsrer kleinen Welten, zu Schönheiten in der grossen und nichts von ihnen steht der Einheit eines allgemeinen, unendlich vollkommenen Prinzips entgegen; vielmehr steigern sie die Bewunderung seiner Weisheit, welche das Uebel zum Mittel des grösseren Guten macht.

148. Herr Bayle fährt fort: »Dass der Mensch böse und unglücklich sei; dass es überall Gefängnisse und Krankenhäuser gebe; dass die Geschichte nur eine Sammlung von Verbrechen und Unglück des menschlichen Geschlechts sei.« – Hier dürfte die Sache etwas übertrieben sein; es giebt im menschlichen Leben unvergleichlich mehr Gutes als Schlimmes, wie es ja auch unvergleichlich mehr Wohnhäuser wie Gefängnisse giebt. In Bezug auf Tugend und Laster besteht ein gewisses Mittelmaass. Schon Machiavell hat gesagt, dass es nur wenig sehr gute und sehr schlechte Menschen gebe und dies mache deshalb grosse Unternehmungen misslingen. Jene Ansicht ist eine falsche Auffassung der Geschichtsschreiber, die sich mehr an das Schlechte, wie an das Gute halten. Das Hauptziel der Geschichte ist, wie das der Dichtkunst, durch Beispiele die Klugheit und Tugend zu lehren, das Laster in seiner Abscheulichkeit zu zeigen und was dazu treibt oder dient, es zu vermeiden.

149. Herr Bayle gesteht, »dass man überall physisches und moralisches Gute antreffe, sowie einzelne Beispiele von Tugend und von Glück und dass dies die Schwierigkeit ausmache. Denn gäbe es (sagt er) nur Böse und Unglückliche, so brauchte man nicht die Annähme von zwei Prinzipien zu Hülfe zu nehmen.« Ich bewundere die grosse Hinneigung dieses ausgezeichneten Mannes zu diesen zwei Prinzipien und staune, dass er nicht erwogen hat, wie der Roman des menschlichen Lebens, welcher die allgemeine Geschichte des menschlichen Geschlechts bildet, in der göttlichen Vernunft neben unendlich vielen andern vorgebildet bestanden hat und dass Gott nur deshalb dessen Dasein beschlossen hat, weil diese Reihe von Vorgängen am meisten mit den übrigen Dingen zur Hervorbringung des Besten übereinstimmte. Diese scheinbaren Mängel der ganzen Welt, diese Flecken an einer Sonne, von welcher die unsrige nur ein Strahl ist, erhöhen nur ihre Schönheit, statt sie zu mindern und tragen dazu bei, weil sie ein grösseres Gut hervorbringen. Es giebt in Wahrheit zwei Prinzipien, aber sie sind beide in Gott, nämlich sein *Wissen* und sein *Wollen*. Das Wissen bietet das Prinzip des Schlechten, ohne deshalb befleckt oder schlecht zu sein; es stellt die Naturen vor, wie sie in den ewigen Wahrheiten bestehen; es enthält in sich den Grund, weshalb das Uebel zugelassen worden, ist, während das Wollen nur auf das Gute gellt. Man muss auch noch ein drittes Prinzip hinzufügen, die Macht; sie geht selbst dem Wissen und dem Wollen vor, allein sie handelt so, wie das eine es zeigt und das andre es verlangt.

150. Einige (wie Campanella) haben diese drei Vollkommenheiten Gottes die ersten Primordialitäten genannt. Mehrere haben sogar darin eine geheime Beziehung auf die Dreieinigkeit gefunden; die Macht soll sich auf den Vater beziehen, d.h. auf die Göttlichkeit; die Weisheit auf das ewige Wort, welches *logos* bei den erhabendsten der Evangelisten heisst; der Wille oder die Liebe auf den heiligen Geist. Beinah alle Bezeichnungen und Vergleiche, welche von der Natur der verständigen Substanz entlehnt werden, haben diese Richtung.

151. Hätte Herr Bayle das hier über die Prinzipien der Dinge Gesagte beachtet, so hätte er seine eigenen Fragen auch beantworten können oder er würde wenigstens in seinen Fragen nicht fortgefahren sein, wie er es mit der folgenden thut: »Wenn der Mensch das Werk eines einzigen, allheiligen und allmächtigen Prinzips ist, wie kann er da der Krankheiten, der Kälte, der Hitze, dem Hunger, dem Durst, den Schmerzen, dem Kummer ausgesetzt sein? wie kann er dann so viele üble Neigungen haben? so viele Verbrechen begehen? Wie kann die höchste Heiligkeit ein unglückliches Geschöpf herstellen? Wird die Allmacht in Verbindung mit der unendlichen Güte ihr Werk nicht vielmehr mit Gütern überhäufen und nicht alles beseitigen, was es verletzen und betrüben könnte?« – Prudentius hat dieselbe Schwierigkeit in seiner Hamartigenie behandelt:

Si non vult Deus esse malum, cur non vetat? inquit;
Non refert auctor fuerit, factorve malorum
Anne opera in vitium sceleris pulcherrima verti
Cum possit prohibere, sinat? Quod si velit omnes
Innocuos agere Omnipotens, ne sancta voluntas
Degeneret; facto nec se manus inquinet ullo?
Condidit ergo malum Dominus, quod spectat ab alto,
Et patitur, fierique probat, tanquam ipse creârit.
Ipse creavit enim, quod si discludere possit
Non abolet, longoque sinit grassarier usu.

(Wenn Gott will, dass das Uebel nicht sei, weshalb verbietet er es nicht? Es ist gleich, ob er der Urheber und Bewirker der Uebel ist, oder ob er es zulässt, dass seine schönsten Werke sich verbrecherischen Lastern zuwenden, da er es doch verhindern kann? Denn, wenn der Allmächtige will, so kann er Alle unschädlich werden lassen, damit der heilige Wille nicht entarte und die Hand sich mit keiner That besudle? Der Herr also, der von der Höhe herabschaut, hat das Böse bereitet; er lässt es zu und billigt dessen Vollbringen, als hätte er es selbst vollbracht. Auch hat er es selbst vollbracht, wenn er das, was er abwenden konnte, nicht beseitigte, sondern durch lange Hebung zur Erstarkung gelangen lässt.)

Indess habe ich schon genügend hierauf geantwortet. Der Mensch ist selbst die Quelle seiner Uebel; so wie er ist, war er in der göttlichen Vorstellung. Aus unnachlassbaren Gründen der Weisheit hat Gott beschlossen, dass der Mensch als solcher zum Dasein gelangen sollte. Herr Bayle hätte vielleicht diesen Ursprung des Uebels, wie ich ihn aufstelle, bemerkt, wenn er hierbei die Weisheit Gottes mit seiner Macht, seiner Güte und seiner Heiligkeit in Verbindung gebracht hätte. Ich füge noch im Vorbeigehen hinzu, dass seine *Weisheit* nur der höchste Grad seiner Güte ist, wie das ihr entgegengesetzte Verbrechen das schlimmste unter den Uebeln ist.

152. Herr Bayle lässt den griechischen Philosophen Melissos, als den Vertheidiger eines einzigen Prinzips (und vielleicht selbst der

Einzigkeit der Substanz) mit Zoroaster, als den ersten Begründer des Dualismus kämpfen. Zoroaster gesteht, dass die Annahme des Melissos mit der Ordnung und den Gründen *a priori* mehr übereinstimmt, aber er bestreitet, dass sie der Erfahrung oder den Gründen *a posteriori* entspricht. Er sagt; »Ich übertreffe Dich in der Erklärung der Erscheinungen, was das Hauptkennzeichen eines guten Systems ist.« Allein meines Erachtens ist es keine so gute Erklärung einer Erscheinung, wenn man derselben ein ausdrückliches Prinzip zuweist, wie z.B. dem Bösen ein böses Prinzip, der Kälte ein kaltes Prinzip; es giebt nichts leichteres, nichts glätteres, als ein solches Verfahren. Es ist ziemlich ebenso, als wenn man sagt, die Peripatetiker überträfen die modernen Mathematiker in der Erklärung der Erscheinungen bei den Gestirnen, indem sie denselben einen ausdrücklichen Verstand beilegen, welcher sie leitet. Allerdings ist damit leicht zu verstehen, weshalb die Planeten ihre Bahnen so genau einhalten, während es vieler geometrischer Kenntnisse und Ueberlegungen bedarf, um zu erkennen, dass die nach der Sonne zu treibende Schwere der Planeten in Verbindung mit einem sie fortführenden Wirbel oder mit deren eigner Triebkraft, zu der elliptischen Bewegung des Keppler führen kann, welche mit den Erscheinungen so gut übereinstimmt. Ein der tiefem Erwägungen unfähiger Mensch wird hier gleich den Peripatetikern zustimmen und unsere Mathematiker als Träumer behandeln. Ein alter Anhänger von Galen wird es ebenso mit den scholastischen geheimen Kräften machen; er wird eine solche Kraft für die Bereitung des Speichels, eine andere für die Bereitung des Speisesaftes und eine andere für das Blut annehmen und jeder die entsprechende Thätigkeit zuweisen. Er wird glauben, damit Wunder was geleistet zu haben und über die angeblichen Chimären der Neuern spotten, welche die Vorgänge in den thierischen Körper mechanisch erklären wollen.

153. Die Erklärung des Uebels aus einem Prinzip, *per principium maleficum*, ist von derselben Art. Das Uebel bedarf dessen so wenig, wie die Kälte und der Frost. Es giebt kein *primum frigidum* (erstes Kalte) und kein Prinzip der Finsterniss. Auch das Uebel kommt nur von einer Beraubung; das Positive kommt darin nur als mitbegleitend vor, wie das Thätige bei der Kälte. Man sieht, dass das Wasser bei seinem Gefrieren eine eiserne Hohlkugel, in welche es eingeschlossen ist, zersprengen kann; trotzdem besteht die Kälte in einer gewissen Beraubung der Kraft; die Kälte entsteht nur aus einer Abnahme der

Bewegung, welche die Theile des Flüssigen von einander entfernt hält. Wenn diese entfernende Bewegung im Wasser durch die Kälte abnimmt, so verbinden sich die Theilchen der in dem Wasser verborgenen zusammengepressten Lüfte, und wenn sie grösser geworden, sind sie mehr im Stande durch ihre Federkraft nach Aussen zu wirken; denn der Widerstand, welchem die Oberfläche der Lufttheilchen im Wasser begegnet und welcher sich deren Ausdehnung entgegenstellt, ist viel geringer und deshalb ist die Wirkung der Luft in grossen Ballen viel grösser als in kleinen, wenn auch diese kleinen Theilchen zusammen eben so viel Masse ergeben sollten, wie die grossen. Die Widerstände, d.h. die Oberflächen wachsen im quadratischen Verhältniss und die Kraft, d.h. der Inhalt oder die Erfüllung der zusammengedrückten Luftkugeln wachsen im cubischen Verhältniss ihrer Durchmesser. Somit enthält die Beraubung nur *nebenbei* eine Thätigkeit und Kraft. Ich habe schon früher gezeigt, wie die Beraubung den Irrthum und die Bosheit zu verursachen vermag, und wie Gott bestimmt worden ist, sie zuzulassen, ohne dass selbst etwas von Bosheit in ihm enthalten ist. Das Uebel kommt von der Beraubung; das Positive und die Thätigkeit entstehen daraus nebenbei, wie die Kraft sich aus der Kälte erzeugt.

154. Was Herr Bayle die Paulinianer S. 2323 sagen lässt, ist nicht schlussgerecht, nämlich dass der freie Wille von zwei Prinzipien kommen solle, damit er sich eben so zum Guten, wie zum Bösen wenden könne. Vielmehr ist der Wille in sich einfach und er müsste deshalb eher von einem Prinzip kommen, was keines von jenen beiden ist, wenn diese Auffassung richtig wäre. Der freie Wille geht vielmehr auf das Gute und wenn er auf das Böse trifft, so ist dies nur nebenbei, indem das Böse unter dem Guten verborgen und gleichsam verhüllt ist. Die Worte, welche Ovid die Medea sagen lässt:

Video meliora proboque;
Deteriora sequor.

(Ich sehe und billige das Bessere,
aber folge dem Schlechteren.)

bedeuten, dass das Sittlich-Gute von dem Angenehm-Guten überwunden wird, indem letzteres die Seele tiefer bewegt, wenn sie von den Leidenschaften aufgeregt ist.

155. Schliesslich giebt Herr Bayle dem Melissos eine treffende Antwort, die er aber ein wenig später bekämpft. Seine Worte S. 2025 lauten: »Wenn Melissos auf die Begriffe der Ordnung achtet, so wird er zugeben, dass der Mensch, als Gott ihn schuf, nicht schlecht war; er wird sagen, dass er eine glückliche Lage von Gott empfangen, dass er aber nicht der Leuchte des Gewissens gefolgt sei, die ihn nach der Absicht seines Schöpfers auf den Weg der Tugend geleiten sollte; er sei schlecht geworden und habe es verdient, dass der allgütige Gott ihn die Wirkung seines Zornes empfinden liess. Daher ist nicht Gott die Ursache des moralischen Uebels, aber wohl des physischen Uebels, nämlich von der Strafe des moralischen Uebels, welche Strafe sich mit dem allguten Prinzip sehr wohl verträgt und nur aus einer seiner Eigenschaften folgt, nämlich aus seiner Gerechtigkeit, die ihm eben so wesentlich zukommt, wie seine Güte. Diese Antwort, die vernünftigste die Melissos geben könnte, ist im Gründe schön und gründlich, aber sie kann doch durch etwas noch schöneres und blendenderes bekämpft werden. Zoroaster entgegnet nämlich, dass das allgütige Prinzip den Menschen nicht blos frei von dem wirklichen Uebel, sondern auch frei von der Neigung zum Uebel hätte schaffen sollen. Gott habe die Sünde mit all ihren Folgen vorausgesehen und hätte sie deshalb hindern sollen; er hätte den Menschen zu dem moralischen Guten bestimmen sollen und ihm die Kraft, dem Verbrechen sich zuzuwenden, nicht lassen sollen.« So weit Herr Bayle. Dergleichen ist zwar leicht zu sagen, aber es ist unter Befolgung der Regeln der Ordnung nicht ausführbar und hätte ohne fortwährende Wunder nicht verwirklicht werden können. Die Unwissenheit, der Irrthum, die Bosheit folgen ganz natürlich auf einander in den Wesen, die, wie wir geschaffen sind; sollte deshalb diese Gattung in dem Universum ganz fehlen? Ich meine, sie ist zu wichtig, trotz all ihrer Schwächen, als dass Gott sie hätte beseitigen können.

156. Herr Bayle setzt in dem Artikel Pauliniaper in seinem Wörterbuch das in dem Artikel: Manichäer begonnene fort. Nach ihm (S. 2330, Buchstabe: H.) scheinen die Orthodoxen zwei erste Prinzipien anzunehmen, da sie den Teufel zum Urheber der Sünde machen. Herr Becker, ein früherer Prediger in Amsterdam und Verfasser eines, die bezauberte Welt, betitelten Buches, hat diesen Gedanken benutzt, um zu zeigen, dass man dem Teufel nicht eine Macht und ein Ansehen zutheilen dürfe, die ihn Gott gleich stellten. Darin hat er Recht; aber er geht in seinen Folgerungen zu weit. Der Verfasser des Buches: *apokatastasis pantôn* (Aller Abfall) meint, dass, wenn der Teufel niemals besiegt und seiner Macht beraubt worden wäre, wenn er seine Beute immer festhielte, wenn der Titel eines Unbesieglichen ihm gebühre, dies dem Ruhme Gottes schaden würde. Indess wäre es ein trauriger Vortheil, die, welche man verführt hat, immer festzuhalten, damit man immer mit ihnen gemeinsam die Strafe erleide. Was aber die Ursache des Uebels anlangt, so ist allerdings der Teufel der Urheber der Sünde; allein der Ursprung der Sünde liegt weiter zurück und in der ursprünglichen Unvollkommenheit der Geschöpfe, wodurch sie fähig sind, zu sündigen und in Folge des Laufes der Dinge treten Umstände ein, welche machen, dass diese Fähigkeit sich in wirkliches Handeln umsetzt.

157. Die Teufel waren vor ihrem Fall Engel, wie die übrigen und ihr Führer war wohl einer der vornehmsten, obgleich die Schrift sich darüber nicht bestimmt auslässt. Die Stelle in der Offenbarung Johannis, welche von dem Kampfe mit dem Drachen wie von einer Vision spricht, lässt viele Zweifel bestehen und macht einen Gegenstand, von dem die übrigen heiligen Verfasser beinah nicht sprechen, nicht klar. Es ist hier nicht der Ort, dies näher zu erörtern, indess dürfte die gewöhnliche Meinung mit dem heiligen Text auch am meisten übereinstimmen. Herr Bayle prüft einige Aeusserungen des heiligen Basilius, des Lactanz und Anderer über den Ursprung des Uebels; allein sie beschäftigen sich mehr mit dem physischen Uebel, ich werde deshalb später darauf zurück kommen und hier nur in der Prüfung der Schwierigkeiten in Betreff der moralischen Ursache des Uebels fortfahren, welche sich an mehreren Stellen in den Werken unseres gewandten Schriftstellers vorfinden.

158. Er kämpft gegen die Zulassung dieses Uebels; er möchte, dass man einräume, Gott wolle es. Er führt die Worte Calvin's an (Ueber die Genesis Kap. 3): »Manche finden daran einen Anstoss, wenn man sagt Gott habe es gewollt. Allein ist wohl das Gestatten etwas Anderes, als ein Wollen bei dem, der es verbieten kann, oder vielmehr der die Sache in seiner Gewalt hat?« Herr Bayle erläutert diese Worte Calvin's und die vorgehenden so, als wenn er einräumte, dass Gott den Sündenfall Adam's gewollt habe, zwar nicht insofern, als es ein Verbrechen gewesen, aber doch in einer andern, uns unbekannten Auffassung. Er führt die etwas nachgiebigen Casuistiker an, wonach ein Sohn den Tod seines Vaters insoweit wünschen darf, als dieser Tod ein Gut für dessen Erben sei (Antwort auf die Fragen etc. Kap. 147, S. 850). Indess sagt Calvin nach meiner Ansicht nur, Gott habe aus einem uns unbekannten Grunde den Fall des Menschen gewollt. Im Grunde sind diese Unterscheidungen ohne Werth, wenn es sich um den entscheidenden Willen, d.h. um einen Beschluss handelt; denn man will die Handlung in ihrer ganzen Beschaffenheit, wenn es richtig ist, dass man sie wolle. Ist sie aber ein Verbrechen, so kann Gott nur ihre Gestattung wollen; das Verbrechen ist weder Ziel noch Mittel, sondern nur eine Bedingung *sine qua non* (ohne welche der Erfolg unmöglich ist); deshalb ist es nicht der Gegenstand eines direkten Willens, wie ich schon früher dargelegt habe. Gott kann es nicht hindern, ohne gegen das zu handeln, was geschehen soll, ohne etwas zu thun, was schlimmer, als die menschlichen Verbrechen ist und ohne die Regel des Besten zu verletzen, was, wie ich schon gesagt, die Göttlichkeit selbst zerstören würde. Gott ist deshalb durch eine moralische, in ihm selbst enthaltene Nothwendigkeit verpflichtet, das moralische Uebel bei den Geschöpfen zuzulassen. Es ist dies genau der Fall, wo der Wille eines Weisen nur erlaubender Natur ist. Wie ich gesagt, Gott ist genöthigt die Verbrechen Anderer zu gestatten, da er sie ohne Verstoss gegen das, was er sich selbst schuldig ist, nicht hindern kann.

159. »Aber« (sagt Herr Bayle S. 853) »unter allen unzähligen Plänen hat es Gott gefallen, den zu wählen, wo Adam sündigen soll, und er hat diesen Plan vor allen andern vorgezogen und durch seinen Beschluss zu dem gemacht, welcher sich verwirklichen soll.« Ganz gut; dies ist ganz das, was ich behaupte; nur muss man es von den, das ganze Universum umfassenden Erwägungen verstehen. Herr Bayle fügt hinzu: »Man kann also niemals begreiflich machen, dass Gott das Sündigen von Adam und Eva nie gewollt habe; denn er hat ja alle die andern Pläne, wo sie nicht gesündigt hätten, verworfen.« Allein die Sache ist im Allgemeinen sehr wohl nach dem von mir Gesagten zu begreifen. Dieser das ganze Universum betreffende Plan ist der beste; Gott konnte also von dessen Wahl sich nicht befreien, ohne einen Fehler zu begehen, vielmehr gestattete er, anstatt dass er einen Fehler beginge, was für ihn durchaus nicht angeht, den Fehler oder die Sünde des Menschen, welche in diesem Plan mit enthalten ist.

160. Herr Jacquelot und andere bedeutende Männer trennen sich nicht von meiner Ansicht; jener sagt S. 186 seiner Abhandlung über die Zusammenstimmung des Glaubens mit der Vernunft: »Die, welche durch diese Schwierigkeit in Verlegenheit geriethen, scheinen einen zu beschränkten Gesichtspunkt zu nehmen und wollen alle Absichten Gottes auf ihre eigenen Interessen zurückführen. Als Gott die Welt schuf, hatte er nur sich selbst und seinen Ruhm im Auge; hätten wir also die Kenntniss von allen Geschöpfen, von deren mannichfachen Verbindungen und deren verschiedenen Beziehungen, so würden wir ohne Schwierigkeiten begreifen, dass die Welt vollkommen der Allweisheit des Allmächtigen entspricht.« Er sagt dann weiter (S. 232): »Nimmt man als unmöglich an, dass Gott den schlechten Gebrauch der Willensfreiheit nicht hemmen konnte, ohne diese selbst zu vernichten so wird man einsehen, dass, wenn seine Weisheit und sein Ruhm ihn bestimmt haben, freie Geschöpfe zu bilden, dieser mächtige Grund ihn über die schlimmen Folgen hinwegheben musste, die diese Freiheit nach sich ziehen werde.« – Ich habe dies noch deutlicher durch den *Grund des Besten* und durch die *moralische Nothwendigkeit* darzulegen gesucht, mit welcher Gott diese Wahl trotz der damit verbundenen Sünde einiger Geschöpfe treffen musste. Ich glaube diese Schwierigkeit bis auf die Wurzel beseitigt zu haben; doch wende ich sehr gern, um die Materie mehr aufzuklären, mein Prinzip der Lösung auf die besondern Schwierigkeiten des Herrn Bayle an.

161. Eine davon fasst er in folgende Worte (Kap. 148, S. 856): »Entspräche es wohl der Güte eines Fürsten, wenn er 1) hundert Boten so viel Geld, wie zu einer Reise von zweihundert Stunden nöthig ist, giebt? und wenn er 2) allen eine Belohnung versagt, welche die Reise ohne etwas zu borgen vollenden würden, aber alle mit Gefängniss bedroht, die mit ihrem Gelde nicht ausgekommen sind? und wenn er 3) hundert Personen auswählt, von denen er sicher weiss, dass nur zwei von ihnen die Belohnung sich verdienen werden, während die anderen 98 auf dem Wege einen Spieler oder sonst etwas treffen werden, was ihnen Kosten verursacht und was der Fürst selbst an bestimmten Stellen ihres Weges hergerichtet hat? und wenn er dann 4) diese 98 Boten sofort nach deren Rückkunft einsperren lässt? Ist es nicht ganz klar, dass hier der Fürst nicht die mindeste Güte diesen erwiesen, sondern dass er ihnen nicht die ausgesetzte Belohnung, sondern das Gefängniss bestimmt hat? Sie haben es verdient. Gut, aber der, welcher gewollt, dass sie es verdient, oder der sie auf den Weg geführt, wo sie es sicherlich verdienen mussten, kann man den wohl gütig nennen, weil er die beiden anderen belohnen werde?«

Aus diesem Grunde würde er unzweifelhaft nicht den Titel eines Gütigen verdienen; allein es können andere Umstände mit hinzukommen, welche ihn des Lobes würdig machen dürften, dass er sich dieses Mittels bediente, um diese Leute kennen zu lernen und eine Auswahl unter ihnen zu treffen. Auch Gideon bedient sich einiger ausserordentlicher Mittel, um die tapfersten und festesten unter seinen Soldaten auszuwählen. Selbst wenn der Fürst schon die Gemüthsart Aller kennen sollte, könnte er sie nicht doch auf diese Probe stellen, damit auch die übrigen sie kennen lernten? Wenn auch diese Gründe nicht auf Gott passen, so zeigen sie doch, wie eine solche Handlung bei einem Fürsten deshalb verkehrt erscheinen kann, weil man sie von den Umständen loslöst, die ihren Grund erkennen lassen. Deshalb muss man um so mehr bei Gott annehmen, dass er gut gehandelt habe und dass wir das einsehen würden, wenn wir das Ganze seines Handelns kennten.

162. Herr Descartes hat in einem Briefe an die Prinzess Elisabeth (Bd. 1. Brief 10) einen andern Vergleich benutzt, um die Freiheit der Menschen mit der Allmacht Gottes zu vereinigen. »Er nimmt an, dass ein Monarch die Duelle verboten habe. Er weiss dabei gewiss, dass zwei Edelleute sich schlagen werden, wenn sie sich treffen und er trifft solche Massregeln, dass sie sich begegnen müssen. Dies geschieht auch und sie schlagen sich; ihr Ungehorsam gegen das Gesetz ist eine Folge ihres freien Willens und sie sind deshalb strafbar. Was nun«, fährt er fort, »ein König in Bezug auf einzelne Handlungen seiner Unterthanen thun kann, thut Gott mit seinem unendlichen Vorauswissen und seiner Allmacht untrüglich, in Bezug auf alle Handlungen der Menschen. Ehe er uns in diese Welt gesetzt hat, hat er genau alle Neigungen unseres Willens gekannt; er selbst hat sie uns gegeben; auch ist er es, welcher alle Dinge ausserhalb unserer so eingerichtet hat, dass die und die Gegenstände sich unseren Sinnen zu dieser und dieser Zeit vorstellen werden und er hat gewusst, dass in Folge dessen unser freier Wille uns zu dieser und dieser Handlung bestimmen werde, folglich hat er dies gewollt; aber er hat uns dazu nicht zwingen wollen. So wie man nun bei jenem Könige zwei verschiedene Grade von Willen unterscheiden kann, einen, wonach er gewollt, dass diese Edelleute sich schlagen, weil er es so eingerichtet, dass sie sich treffen mussten und einen zweiten, wonach er es nicht gewollt hat, weil er die Duelle verboten hat, so unterscheiden die Theologen auch in Gott einen unbedingten und unabhängigen Willen, vermöge dessen er will, dass alle Dinge sich so zutragen, wie sie sich zutragen und einen andern bezüglichen, welcher das Verdienst oder die Schuld der Menschen betrifft und vermöge dessen er will, dass man seinen Gesetzen gehorche.« (Descartes, Brief 10, Bd. I, S. 51. 52. Damit vergleiche man, was Herr Arnaud, Bd. II, S. 288 und nach seinen Betrachtungen über das System von Malebranche in Bezug auf den vorgehenden und nachfolgenden Willen Gottes von Thomas von Aquino berichtet.)

163. Herr Bayle entgegnet nun hierauf das Folgende. (Antwort auf die Fragen etc. Kap. 154, S. 943). »Dieser grosse Philosoph ist, wie mir scheint, in grossem Irrthume. In diesem Monarchen hat kein Grad des Willens, weder ein kleiner, noch grosser, dahin bestanden, dass diese beiden Edelleute dem Gesetze gehorchen und sich nicht schlagen sollten. Er wollte vollständig und ausschliesslich, dass sie sich schlügen. Dies würde sie zwar nicht schuldlos machen, denn sie folgten nur ihrer Leidenschaft, sie wussten nicht, dass sie dem Willen ihres Fürsten gemäss handelten; aber der Fürst würde doch in Wahrheit die Ursache ihres Kampfes sein und er konnte ihn sogar nicht vollständiger wünschen, selbst wenn er ihnen den Willen dazu eingeflösst oder den Befehl dazu gegeben hätte. Man nehme zwei Fürsten, welche beide wünschen, dass ihr erstgeborner Sohn sich vergifte. Der eine zwingt den Sohn, der andere begnügt sich, heimlich seinem Sohne einen solchen Kummer zu bereiten, von dem er sicher weiss, dass der Sohn sich deshalb vergiften werde. Kann man da zweifeln, dass der Wille des letztem weniger vollständig sei, als der Wille des ersten? Also nimmt Herr Descartes einen falschen Thatbestand an und löst die Schwierigkeit nicht.«

164. Ich muss gestehen, dass Herr Descartes etwas roh über den Willen Gottes in Bezug auf das Uebel spricht, da nach seinen Worten Gott nicht blos gewusst hat, dass unser freier Wille zu dieser und jener Handlung uns bestimmen werde, sondern auch, *dass er dies gewollt habe*, obgleich er uns deshalb nicht habe dazu zwingen wollen. Aehnlich hart spricht er im 8. Briefe von demselben Willen, indem er sagt, dass kein Gedanke in den Geist eines Menschen eintrete, von dem Gott nicht *wolle* und seit aller Ewigkeit gewollt habe, dass er darin eintrete. Selbst Calvin hat sich nie härter ausgedrückt und alle diese Worte sind nur entschuldbar, wenn man sie von einem gestattenden Willen versteht. Die Lösung des Herrn Descartes kommt auf die Unterscheidung, zwischen den Willen des Zeichens und den Willen des ihm Wohlgefälligen *(inter voluntatem signi et beneplaciti)* zurück, welche die Neuem den Worten nach von den Scholastikern entlehnt, aber der sie einen, bei den Alten nicht geläufigen Sinn untergelegt haben. Es ist richtig, dass Gott etwas befehlen kann, ohne zu wollen, dass es geschehe, wie er z.B. dem Abraham befiehlt, seinen Sohn zu opfern, er wollte den Gehorsam, aber nicht die That. Wenn aber Gott die tugendhafte Handlung befiehlt und die Sünde verbietet, so will er wahrhaft, was er befiehlt, aber nur mit einem vorgehenden Willen, wie ich es wiederholt auseinandergesetzt habe.

165. Der Vergleich des Herrn Descartes ist also nicht genügend, indess kann er es werden. Man muss den Thatbestand ein wenig ändern und einen Grund aufstellen, welcher den Fürsten nöthigte, die Begegnung der beiden Feinde herbeizuführen oder zu gestatten; z.B. müssten sie beide sich bei der Armee oder in einer andern unbedingt nöthigen Verrichtung befinden, was der Fürst selbst ohne Gefahr für seinen Staat nicht hindern konnte, z.B. wenn die Abwesenheit des einen oder andern es ermöglichte, dass eine Anzahl Leute seiner Armee hätten davonlaufen können, oder wenn sie die Unzufriedenheit der Soldaten oder sonst eine grosse Unordnung veranlasst haben würde. In solchem Falle kann man sagen, dass der Fürst das Duell nicht wolle; er weiss es, aber dennoch lässt er es nur zu, denn er will lieber die Sünde eines Andern zulassen, als selbst eine begehen. Mit dieser Berichtigung ist das Beispiel brauchbar, nur muss man dabei den Unterschied zwischen Gott und einem Fürsten festhalten. Der Fürst ist in Folge seiner zu geringen Macht zu diesem Gestatten genöthigt; ein mächtiger Monarch hätte vielleicht alle diese Rücksichten nicht zu nehmen brauchen; aber Gott, welcher alles, was möglich ist, thun kann, gestattet die Sünde nur, weil es jedem, wer es auch sei, unmöglich ist, es besser zu machen. Die Handlung des Fürsten geschieht vielleicht mit Schmerz und Bedauern. Dieser Schmerz kommt von seiner Ohnmacht, die er empfindet; darin besteht sein Missfallen. Gott kann aber dergleichen Gefühle nicht haben und hat auch keinen Grund

230

dazu; er ist sich seiner unbeschränkten Vollkommenheit bewusst, ja man kann sagen, dass selbst die Unvollkommenheit der Geschöpfe, als solche, sich in Beziehung auf das Ganze für ihn in eine Vollkommenheit umwandelt und dem Schöpfer zu einer Vermehrung seines Ruhmes wird. Was will man mehr verlangen, wenn man eine unbeschränkte Weisheit besitzt und ebenso mächtig, wie weise ist? Wenn man alles kann und wenn man das beste hat?

166. Hat man dies begriffen, so dürfte man vollständig gegen die stärksten und erbittertsten Einwürfe gerüstet sein. Ich habe diese Einwürfe nicht verschwiegen; indess giebt es einige, die ich nur berühre, weil sie zu hässlich sind. Die Remonstranten und Herr Bayle (Antwort auf die Fragen etc. Kap. 152, S. 919, Thl. III.) führen den heiligen Augustin an, welcher sagt: *crudelem esse misericordiam, velle aliquem miserum esse, ut ejus miserearis* (es sei eine grausame Barmherzigkeit, wenn man wollte, dass jemand elend werde, um sich seiner zu erbarmen). Man zitirt in demselben Sinne die Stelle bei Seneca in seiner Schrift über die Wohlthätigkeit. Buch VI, Kap. 36. 37. Man dürfte dies wohl mit Recht denen entgegenstellen, welche meinen, dass Gott die Sünde nur deshalb zugelassen habe, um eine Gelegenheit für die Ausübung seiner strafenden Gerechtigkeit gegen die Mehrzahl der Menschen und seiner Barmherzigkeit gegen die kleine Zahl der Auserwählten zu haben. Allein man muss annehmen, dass Gott seiner viel würdigere und in Bezug auf die Menschen tiefere Gründe für die Zulassung der Sünde gehabt habe. Man hat auch eine Vergleichung des Verfahrens Gottes mit dem des Caligula gewagt, welcher seine Verordnungen mit so kleiner Schrift schreiben und so hoch anschlagen liess, dass man sie nicht lesen konnte; oder man hat es mit dem Verfahren einer Mutter verglichen, welche die Ehre ihrer Tochter für die Erlangung besonderer Ziele Preis giebt; oder mit dem der Königin Katharina von Medicis, welche die Mitschuldige der Liebesabenteuer ihrer Kammerfrauen gewesen sein soll, um die Intriguen der Grossen zu erfahren; ja selbst mit dem des Tiberius, welcher, durch einen ausnahmsweisen Dienst des Henkers, es dahin brachte, dass das Gesetz, welches verbot, die gewöhnliche Todesstrafe gegen eine reine Jungfrau zu vollstrecken, bei der Tochter des Sejan nicht zur Anwendung kam. Diese letzte Vergleichung rührt von Peter Bertius, damals ein Arminianer, her, der aber später zur römisch-katholischen Religion übergetreten ist. Man hat daraus einen empörenden Vergleich zwischen Gott und Tiberius gezogen, welcher von Magister Andreas Caroli in seinen *Memorabilia ecclesiastica* des letzten Jahrhunderts in ganzer Ausführlichkeit mitgetheilt ist, wie Herr Bayle sagt. Bertius hat ihn gegen die Gomaristen benutzt. Meines Erachtens passen dergleichen Beweisführungen gegen die, welche die Gerechtigkeit in Bezug auf Gott nur als eine Sache der Willkühr darstellen, oder nach denen Gott eine despotische Macht hat, vermöge deren er selbst Unschuldige verdammen kann oder endlich gegen die, welche behaupten, dass das Gute nicht der Beweggrund für seine Handlungen sei.

167. Um dieselbe Zeit erschien eine sinnreiche Satyre auf die Gomaristen unter dem Titel: *Fur prädestinatus*, der vorherbestimmte Dieb, wo ein zum Galgen verurtheilter Dieb vorgeführt wird, welcher die Schuld von allem Schlechten, was er gethan, Gott zuschreibt, und welcher sich zum Heil für vorbestimmt hält, trotz seiner schlechten Handlungen und welcher diesen seinen Glauben für ausreichend hält und welcher durch Gründe *ad hominem* (gemeinverständliche) einen gegenremonstrantischen Geistlichen, der ihn zum Tode vorbereiten soll, widerlegt. Zuletzt wird dieser Dieb durch einen alten Pastor bekehrt, der wegen seinem Arminianismus abgesetzt worden war, und welchen der Gefangenwärter aus Mitleiden für den Dieb und für die Schwäche des Geistlichen in seine Zelle geführt hatte. Es erging eine Antwort auf diese Satyre, allein solche Antworten machen nie so viel Glück, wie die Satyren selbst. Herr Bayle sagt (Antwort auf die Fragen etc. Kap. 154, Thl. III, S. 938), dass die Schrift in England zur Zeit Cromwells gedruckt worden und Herr Bayle scheint nicht gewusst zu haben, dass sie nur eine Uebersetzung des älteren flamländischen Originals gewesen ist. Er bemerkt, dass der Dr. Georg Kendal eine Widerlegung derselben in Oxford 1657 unter dem Titel: *Fur pro tribunali* (Der Dieb vor Gericht) veröffentlicht habe und dass das Zwiegespräch darin mit aufgenommen sei. Dieses Gespräch nimmt unrichtiger Weise an, dass die Gegenremonstranten Gott zur Ursache des Uebels machen und eine Art von Vorherbestimmung nach Art des Mohammedanismus lehren, wonach es gleichgültig sei, ob man gut oder böse handelt und wo die Meinung, vorherbestimmt zu sein, genüge, dass man es wirklich sei. Sie hüten sich zwar, so weit zu gehen; indess giebt es allerdings unter ihnen einige Supralapsarier und Andere, die sich über die Gerechtigkeit Gottes, so wie über die Grundlagen der Frömmigkeit und der menschlichen Moral schwer richtig ausdrücken können, weil sie einen Despotismus in Gott annehmen und von dem Menschen verlangen, er solle ohne Grund von seiner Erwählung überzeugt sein, was allerdings zu gefährlichen Folgen führt. Aber alle, welche anerkennen, dass Gott den Plan verwirklicht hat, welcher der beste von allen möglichen über das Universum gewesen, und dass Gott den Menschen in diesem Plane von einer solchen Art antrifft, dass er durch die ursprüngliche Unvollkommenheit der Geschöpfe zum Missbrauch seines freien Willens und zum Verfall in das Elend neigt und dass Gott die Sünde und das Elend so weit hemmt, als die Vollkommenheit des Universums, die nur ein Ausfluss seiner Vollkommenheit ist, es gestattet; alle diese, sage ich, erkennen deutlich, dass Gottes Absicht die richtigste und heilsamste von der Welt ist, dass die Geschöpfe allein die Schuld tragen, dass ihre ursprüngliche Beschränkung oder Unvollkommenheit die Quelle ihrer Bösartigkeit ist, dass ihr böser Wille die alleinige Ursache ihres Elendes ist, dass man zum Heil nicht vorbestimmt sein kann, ohne es auch zur Heiligkeit der Kinder Gottes zu sein, und dass die ganze Hoffnung, die man auf seine Erwählung setzen kann, nur auf den guten Willen sich stützen kann, den man der Gnade Gottes entgegenbringt.

168. Man stellt *meiner Darlegung der moralischen Ursachen des moralischen Uebels* auch *metaphysische Erwägungen* entgegen; dieselben beunruhigen mich jedoch weniger, nachdem ich die auf *moralische Gründe gestützten Einwürfe* beseitigt habe, welche am stärksten wirken. Diese metaphysischen Erwägungen betreffen die Natur des *Möglichen* und des *Nothwendigen*; sie richten sich gegen die von mir gelegte Grundlage, wodurch Gott von allen möglichen Welten die beste ausgewählt hat. Es hat Philosophen gegeben, nach denen nur das als möglich gilt, was sich wirklich ereignet. Es sind dieselben, welche geglaubt oder vermocht haben zu glauben, dass alles unbedingt nothwendig ist. Manche haben dies angenommen, weil sie eine rohe und blinde Nothwendigkeit in der Ursache annehmen, welche die Dinge verwirklicht hat; dies sind gerade die, welche ich noch am meisten zu bekämpfen habe. Andere täuschen sich nur dadurch, dass sie die Worte falsch gebrauchen. Sie verwechseln die moralische Nothwendigkeit mit der metaphysischen; sie meinen, weil Gott nur das Beste thun könne, so fehle ihm die Freiheit und sie geben daher den Dingen jene Nothwendigkeit, welche die Philosophen und Theologen zu vermeiden suchen. Mit diesen Schriftstellern besteht nur ein Wortstreit, sofern sie mir zugestehen, dass Gott das Beste wählt und thut. Andere gehen aber weiter und meinen, Gott hätte es besser machen können. Dieser Gedanke ist unzulässig; er hebt zwar die Weisheit und die Güte bei Gott nicht ganz so auf, wie die Vertreter der blinden Nothwendigkeit es thun; aber er setzt diesen Eigenschaften Grenzen und greift deshalb die höchste Vollkommenheit an.

169. Die Frage über die Möglichkeit der Dinge, die nicht eintreten, ist schon von den Alten geprüft worden. Schon Epikur scheint um die Freiheit zu bewahren und eine unbedingte Nothwendigkeit zu vermeiden, wie Aristoteles berichtet, behauptet zu haben, dass die kommenden zufälligen Ereignisse keiner bestimmten Wahrheit fällig seien. Denn wenn es gestern wahr war, dass ich heute schreiben würde, so konnte dies nicht ermangeln einzutreffen, es war daher schon nothwendig und aus demselben Grunde war es dies von aller Ewigkeit her. Also wäre alles, was eintritt, nothwendig und könnte unmöglich anderes sich ereignen; allein da dies nicht der Fall ist, so folgt nach ihm, dass die zukünftigen Ereignisse von keiner bestimmten Wahrheit sind. Um diesen Ausspruch aufrecht zu erhalten, ging Epikur bis zur Leugnung des ersten und wichtigsten Grundsatzes der Vernunft-Wahrheiten, wonach jede Aussage entweder wahr oder falsch ist. Denn man trieb diese Behauptung in folgender Weise auf die Spitze: »Sie leugnen, dass es gestern wahr gewesen, dass ich heute schreiben würde; also war es falsch.« Da nun der einfache Verstand dies nicht zugeben kann, so muss er sagen, dass es weder wahr, noch falsch gewesen. Danach bedarf es keiner Widerlegung mehr und Chrysipp konnte sich die Mühe ersparen, den grossen Satz des Widerspruchs zu bestätigen, wie Cicero in seinem Buche über das Fatum berichtet, wo es heisst: »*Contendit omnes nervos Chrysippus, ut persuadent omne Axiôma aut verum esse aut falsum. Ut enim Epicurus veretur ne, si hoc concesserit, concedendum sit, fato fieri quaecumque fiant; si enim alterum ex aeternitate verum sit, esse id etiam certum; si certum etiam necessarium; ita et necessitatem et fatum confirmari putet, sic Chrysippus metuit, ne non, si non obtinuerit, omne quod enuncietur, aut verum esse, aut falsum, omnia fato fieri possint ex causis aeternis rerum futurarum*« (»Chrysipp bietet all seine Kräfte auf, um zu zeigen, dass jeder Ausspruch entweder wahr oder falsch sei. Schon Epikur fürchtete, dass wenn er dies einräume, er auch einräumen müsse, dass alles, was geschehe, nach Schicksalsbestimmung geschehe. Wenn nämlich eines von beiden seit Ewigkeit wahr sei, so sei es auch gewiss, und wenn gewiss, auch nothwendig und so werde die Nothwendigkeit und das Schicksal bestätigt. So fürchtet auch Chrysipp, dass, wenn er nicht erlangt, dass jeder Ausspruch wahr oder falsch sei, dann auch nicht alles Zukünftige nach ewigen Ursachen mit Schicksalsnothwendigkeit geschehen könne.) Herr Bayle bemerkt hierzu (Wörterbuch, Artikel Epikur. Thl. III, S. 1141), dass weder der eine noch der andere dieser beiden Philosophen (Epikur und Chrysipp) eingesehen, dass die Wahrheit des Satzes: *Jeder Ausspruch ist entweder wahr oder falsch* nicht von dem, was man Fatum nennt, bedingt sei. Dieser Satz könne deshalb auch nicht zum Beweis für das Dasein des Fatums benutzt werden, wie Chrysipp wolle und Epikur fürchte. Chrysipp konnte, ohne sich zu schaden, nicht zugeben, dass es Sätze gebe, die weder wahr noch falsch sind; aber durch Aufstellung des Gegentheils gewann er nichts; denn es bleibt, mag es freie Ursachen geben oder nicht, gleich wahr, dass der Satz: *Der Grossmogul wird morgen auf die Jagd gehen* entweder wahr oder falsch ist. Man hat mit Recht den Ausspruch des Tiresias für lächerlich gehalten, dass alles, was er sagen werde, eintreffen oder nicht eintreffen werde, weil der grosse Apoll ihm die Macht zu prophezeien verliehen habe. Wenn es, obgleich unmöglich, keinen Gott gäbe, so würde es doch gewiss bleiben, dass alles, was der grösste Narr in der Welt voraussagen würde, entweder eintreffen oder nicht eintreffen werde. Darauf haben weder Chrysipp noch Epikur geachtet.« Cicero hat in seiner Schrift über die Natur der Götter, Buch I, sehr richtig über die Ausweichungen der Epikureer gesagt (wie Herr Bayle am Ende der obigen Seite bemerkt), dass es weniger beschämend sei, wenn man eingestehe, dass man seinem Gegner nicht antworten könne, als wenn man mit solchen Antworten sich heraushelfen wolle. Trotzdem werden wir finden, dass Herr Bayle selbst das Gewisse mit dem Nothwendigen verwechselt hat, wenn er behauptet, dass die Wahl des Besten die Dinge zu nothwendigen mache.

170. Ich komme nun zur Möglichkeit der Dinge, die nicht wirklich werden und ich gebe die eignen Worte des Herrn Bayle, obgleich sie ein wenig in's Breite gehen. Er sagt darüber in seinem Wörterbuch (Artikel Chrysipp, Buchstabe P. S. 929): »Der berüchtigte Streit über die möglichen und nothwendigen Dinge ist aus der Lehre der Stoiker über das Schicksal entsprungen. Es handelte sich darum, ob unter den Dingen, die niemals gewesen sind und niemals sein werden, es auch mögliche Dinge gebe, oder ob alles, was nicht ist, was nicht gewesen ist und was nicht sein wird, zu dem Unmöglichen gehöre. Ein berühmter Dialektiker aus der Schule der Megariker, Namens Diodoros, verneinte die erste und bejahte die zweite dieser Fragen, allein Chrysipp bekämpfte ihn mit aller Macht. Cicero sagt an zwei Stellen (in Brief 4, Buch 3 *ad familiares*): Du musst wissen, dass ich in Bezug auf die möglichen Dinge dem Diodor beistimme. Deshalb wisse, dass wenn du kommen willst, es nothwendig ist, dass du kommst. Siehe daher, welche Entscheidung dir besser gefällt, ob die des Chrysipp, oder die, welche unser Diodoros aufstellt (ein Stoiker, der lange bei Cicero gelebt hatte), welcher die Entscheidung des Chrysipp nicht verdauen konnte. – Diese Stelle ist einem Briefe entnommen, welchen Cicero an Varro schrieb. Ausführlicher behandelt er die ganze Frage in dem kleinen Buche über das Fatum, aus dem ich einige Stellen anführen will. Er sagt dort: Gieb acht, Chrysippus, dass du deine Behauptung, über welche du mit dem gewandten Dialektiker Diodoros in Streit befangen bist, nicht aufgiebst. Alles falsche, was man von der Zukunft sagt, kann nicht eintreten; aber, du Chrysipp giebst dies nicht zu und gerade darüber streitest du am heftigsten mit Diodorus. Denn dieser behauptet, dass nur das geschehen könne, was entweder wahr ist, oder wahr werden wird und alles Zukünftige müsse nothwendig geschehen und was nicht geschehen werde, dies sei auch nicht möglich. Du dagegen sagst, dass auch das, was nicht geschehen wird, möglich sei, z.B. dass diese Gemme zerbrochen werden könne, wenn dies auch niemals geschehen werde und dass es nicht nothwendig gewesen sei, das Cypselus zu Corinth regiere, wenn dies auch tausend Jahr vorher von dem Orakel Apollo's verkündet worden.... Diodor behauptet dagegen, dass nur das geschehen könne, was entweder wahr sei oder wahr werden werde, welche Stelle die Frage betrifft, dass nichts geschehe, was nicht nothwendig geschehen müsse, und alles was geschehen kann, sei entweder schon oder werde geschehen und das Kommende könne so wenig, wie das bereits Geschehene aus Wahrem in Falsches verwandelt werden, vielmehr sei bei dem Geschehenen die Unveränderlichkeit augenfällig, während bei manchem Kommenden dies nur nicht so scheine, weil es noch nicht wahrnehmbar sei. So sei z.B. bei jemand, der an einer tödtlichen Krankheit leide, es wahr, dass er an dieser Krankheit sterben werde; wenn aber dasselbe in wahrhafter Weise von jemandem gesagt werde, bei dem die Krankheit nicht so gefährlich erscheine, so werde dennoch auch dessen Tod eintreten. Deshalb kann auch in dem Kommenden keine Veränderung aus dem Wahren in das Falsche geschehen. – Cicero giebt hier genügend zu verstehen, dass Chrysipp bei dieser Erörterung sich oft in Verlegenheit befand und man darf sich darüber nicht wundern, denn die von ihm angenommene Meinung stand in keiner Verknüpfung mit seiner Lehre vom Schicksal und wenn er es gewagt hätte, folgerecht zu verfahren, so hätte er gern die ganze Hypothese von Diodor angenommen. Wir haben trüber gesehen, dass die Freiheit, welche er der Seele zusprach und sein Vergleich mit dem Cylinder ihn nicht hinderten, anzunehmen, dass im Grunde alle Aeusserungen des menschlichen Willens unvermeidliche Folgen des Schicksals seien. Daraus folgt, dass alles, was nicht geschieht, unmöglich ist und dass nur dasjenige möglich ist, was wirklich geschieht. Plutarch schlägt ihn in seiner Schrift über die Stoiker S. 1053, 1054 darnieder, sowohl in diesem Punkte, als in Bezug auf seinen Streit mit Diodor und hält ihm vor, dass seine Meinung über die Möglichkeit, der Lehre vom Fatum geradezu widerspreche. Indess haben die berühmtesten Stoiker über diese Frage geschrieben, ohne denselben Weg einzuhalten. Arrian (bei Epiktet Buch 2, Kap. 29 p. n. 166) nennt deren vier, den Chrysipp, den Kleanthes, den Archidamus und den Antipater. Er behandelt diesen Streit sehr verächtlich und Herr Menege brauchte ihn nicht als einen der Schriftsteller anzuführen, welcher von der Schrift des Chrysippus *peri dynatôn* anerkennend sich geäussert habe (Herr Menege sagt im Laertes Buch I, Kap. 7, S. 341: Er wird ehrenvoll bei Arrian erwähnt); denn offenbar sollen die Worte: *gegrapse de kai Chrysippos thaumastôs* u.s.w. (über diese Dinge schrieb Chrysipp Wunderbares) an dieser Stelle kein Lob sein, wie aus dem, was vorhergeht und nachfolgt erhellt. Dionys von Halicarnass erwähnt in seiner Schrift über die Stellung der Worte Kap. 17 p. n. 11 zweier Abhandlungen von Chrysipp, wo er unter einem Titel, der anderes verspricht, vieles aus dem Gebiete der Logiker verhandelt hat. Das Werk hatte den Titel: *Peri tês syntaxeôs tôn tou logou merôn* (über die Stellung der Redetheile); es handelte aber nur von den wahren und falschen, von den möglichen und unmöglichen, von den zufälligen, von den zweifelhaften Sätzen u.s.w., ein Gegenstand, den unsere Scholastiker wieder viel durchgearbeitet und verfeinert haben. Man halte fest, dass Chrysipp anerkannte, dass die vergangenen Dinge wahrhaft nothwendig seien, was Kleanthes nicht hatte zugeben wollen. (Arrian am angeführten Ort p. m. 165.) *Ou pan parelêlythos alêthes anankaion esti, kathaper hoi peri Kleandron pheresthai dokousi.* (Nicht alles vergangene Wahre ist nothwendig, wie die Anhänger des Kleanth annehmen.) Wir haben früher (S. 562, Col. 2) gesehen, dass Abälard einen Satz, welcher dem des Diodorus ähnelte, gelehrt hat. Ich glaube, dass die Stoiker den möglichen Dingen eine grössere Ausdehnung zu geben unternahmen, als den kommenden Dingen, um die hässlichen und abstossenden Folgerungen zu mildern, welche man aus ihrem Satz über das Schicksal ableitete.«

Es scheint, dass Cicero in seinem Briefe an Varro in der hier angeführten Stelle die Folgen der Ansicht des Diodor nicht genügend übersehen hat, da er sie vorzüglicher findet. Er stellt die Meinungen der Schriftsteller in seinem Buche über das Fatum recht gut dar; allein leider hat er nicht immer die von denselben benützten Gründe angegeben. Plutarch wundert sich in seiner Abhandlung über die Widersprüche bei den Stoikern und ebenso Herr Bayle, dass Chrysipp der Ansicht des Diodor nicht zugestimmt habe, weil er die Schicksalsnothwendigkeit begünstige. Allein Chrysipp und selbst sein Lehrer Kleanth waren hierbei vernünftiger, als man denkt, wie wir später sehen werden. Es ist die Frage, ob das Vergangene nothwendiger ist, als das Kommende. Kleanth behauptete es. Man behauptete, dass es *ex hypothesi* (bedingt) nothwendig sei, dass das Kommende eintrete, gleich wie es *ex hypothesi* nothwendig sei, dass das Vergangene sich ereignet habe. Allein hier besteht der Unterschied, dass man auf die Vergangenheit nicht einwirken kann; es wäre dies ein Widerspruch; aber auf das Kommende kann man einen Einfluss äussern. Indess ist die bedingte Nothwendigkeit bei beiden die gleiche; das eine *kann* nicht verändert werden, das andere *wird* nicht verändert werden, und nimmt man dies an, so *kann* es auch nicht verändert werden.

171. Der berühmte Peter Abälard hatte eine Ansicht, die sich dem Diodor näherte, als er sagte, dass Gott nicht anders handeln kann, als wie er handelt. Es war der dritte von den 14, aus seinen Werken ausgezogenen Sätzen, welche das Concil von Sens verurtheilte. Man hatte diesen Satz aus dem dritten Buche seiner Einleitung in die Theologie entlehnt, wo er insbesondere über die Macht Gottes handelt. Als Grund giebt er an, dass Gott nicht anders handeln kann, als er will; daher kann er nichts anderes thun, als was er thut, weil nothwendig alles Angemessene wollen muss. Hieraus folgt, dass alles, was Gott nicht thut, nicht angemessen ist, dass er es zu thun, nicht wollen kann und dass er folglich es auch nicht thun kann. Abälard erkennt selbst an, dass diese Meinung ihm eigenthümlich sei, dass beinah Niemand sie theile, dass sie mit der Lehre der Heiligen und der Vernunft unverträglich sei und die Grösse Gottes zu mindern scheine. Es scheint, dass dieser Mann ein wenig zu sehr dahin neigt, anders, wie die Uebrigen zu denken; denn im Gründe war es nur ein Wortstreit, da er den Sinn der Worte änderte. Die Macht und der Wille sind verschiedene Eigenschaften; ebenso sind ihre Gegenstände verschieden; man vermischt beide, wenn man sagt, dass Gott nur das thun könne, was er wolle; vielmehr will er ganz im Gegentheil unter dem mehreren Möglichem nur das, was er als das Beste findet; denn man behandelt das Mögliche als einen Gegenstand seiner Macht und die wirklichen und seienden Dinge als Gegenstände seines beschliessenden Willens. Auch Abälard hat sie so aufgefasst. Er macht sich den Einwurf: Ein Verworfener kann gerettet werden, aber er kann es nicht werden, wenn Gott ihn nicht rettet. Gott *kann* ihn also erretten und folglich *kann* er auch etwas thun, was er nicht thut. Herr Abälard antwortet darauf, dass man wohl sagen könne, dieser Mensch kann in Bezug auf die Möglichkeit der menschlichen Natur gerettet werden, weil diese des Heiles fähig sei, aber dass man nicht sagen könne, Gott könne ihn, in Bezug auf Gott selbst, retten, weil es unmöglich sei, dass Gott etwas thue, was er nicht thun solle. Allein Abälard gesteht, dass man in einem gewissen Sinne, wenn man ohne Einschränkung spricht und die Annahme der Verwerfung bei Seite lässt, sehr wohl sagen könne, dass ein Verworfener gerettet werden könne, und also oft das was Gott nicht thue, doch gethan werden könne. Also hätte er auch so sprechen können, wie alle Andern, welche dies nicht anders meinen, wenn sie sagen, Gott könne diesen Menschen retten und könne etwas thun, was er nicht thut.

172. Auch die vermeintliche Nothwendigkeit des Wiclef, welche das Concil von Costnitz verurtheilte, scheint nur aus diesem Missverständniss entsprungen zu sein. Ich meine, kluge Leute thun der Wahrheit und sich selbst Schaden, wenn sie ohne Grund neue und verletzende Ausdrücke in Anwendung bringen. In unsern Tagen hat der berühmte Herr Hobbes dieselbe Ansicht vertheidigt, nämlich dass das, was nicht eintritt, unmöglich sei. Er beweist es damit, dass es niemals sein kann, dass alle nöthigen Bedingungen zum Entstehen einer Sache, die nicht in's Dasein tritt (*omnia* rei non futurae *requisita*), beisammen sein können, während doch die Sache ohne dieselben nicht wirklich werden könne. Allein wer bemerkt nicht, dass dies nur eine hypothetische Unmöglichkeit beweist? Allerdings kann eine Sache nicht wirklich werden, wenn eine dazu nöthige Bedingung fehlt, allein so gut man sagen kann, dass eine Sache da sein könne, obgleich sie nicht besteht, so kann man auch sagen, dass die nöthigen Bedingungen da sein *können*, obgleich sie nicht da *sind*. Der Grund von Herrn Hobbes lässt deshalb die Sache da, wo sie ist. Die Meinung, welche über Hobbes geherrscht, dass er eine unbedingte Nothwendigkeit aller Dinge lehre, hat ihn sehr in Verruf gebracht und sie würde ihm selbst dann geschadet haben, wenn sie sein einziger Irrthum gewesen wäre.

173. Spinoza ist weiter gegangen; er scheint ausdrücklich eine blinde Nothwendigkeit gelehrt zu haben, da er dem Urheber der Dinge Verstand und Willen abgesprochen hat; das Gute und die Vollkommenheit sollen nur auf uns, nicht auf ihn sich beziehen. Die Lehre Spinoza's ist in diesem Punkte allerdings etwas dunkel, da er Gott das Denken zutheilt, nachdem er ihm den Verstand genommen hat; *cogitationem non intellectum concedit Deo.* (Er gesteht Gott nur das Denken, aber nicht den Verstand zu.) An einzelnen Stellen mildert er sogar seine Aussprüche über die Nothwendigkeit. So weit man ihn jedoch verstehen kann, erkennt er in Gott keine Güte im eigentlichen Sinne; nach ihm bestehen alle Dinge durch die Nothwendigkeit der göttlichen Natur, ohne dass Gott eine Auswahl trifft. Wir wollen uns hier nicht mit der Widerlegung einer so tadelhaften und so dunkeln Lehre unterhalten. Auch die meinige stützt sich auf die Natur des Möglichen, d.h. auf das, was keinen Widerspruch enthält. Schwerlich wird ein Spinozist behaupten, dass alle Romane die man sich ausdenken kann, wirklich bestehen oder bestanden haben oder in irgend einem Theile des Universums noch zur Verwirklichung kommen werden; trotzdem kann man aber nicht leugnen, dass Romane wie die von dem Fräulein v. Scudery oder wie der von der Octavia nicht möglich seien. Ich stelle dem die Worte von Herrn Bayle gegenüber, die mir sehr gefallen, in S. 390; er sagt: »Es setzt heutzutage die Anhänger Spinoza's in grosse Verlegenheit, wenn sie ersehen, dass nach ihrer Hypothese es von aller Ewigkeit ab ebenso unmöglich gewesen ist, dass z.B. Spinoza nicht im Haag sterben sollte, wie es unmöglich ist, dass 2 und 2 gleich 6 seien. Sie erkennen, dass dies eine nothwendige

Folge ihrer Lehre ist und eine Folge, die abschreckt, die empört und welche durch die in ihr enthaltene Unsinnigkeit, die dem natürlichen Sinne geradezu widerspricht, die Geister sich auflehnen macht. Sie sehen es nicht gern, dass man erkennt, wie sie einen so allgemeinen und so klaren Satz, wie den umstossen, dass alles sich Widersprechende unmöglich und alles, was sich nicht widerspricht, möglich ist.«

174. Man kann von Herrn Bayle sagen: *Ubi bene, nemo melius* (Wo er etwas gut gesagt hat, da kann es Niemand besser sagen), obgleich man von ihm nicht auch sagen kann, was man von Origenes sagte, *ubi male, nemo pejus* (Wo er etwas schlecht gesagt hat, kann es Niemand schlechter sagen). Ich will nur hinzufügen, dass das, was man als einen Grundsatz bezeichnet, vielmehr die Definition des *Möglichen* und *Unmöglichen* ist. Indess macht Herr Bayle am Schluss eine Bemerkung, welche das von ihm mit so viel Grunde Gesagte ein wenig verdirbt; es heisst da: »Wo sollte nun hier der Widerspruch sein, wenn Spinoza in Leyden gestorben wäre? Wäre da die Natur weniger vollkommen, weniger weise, weniger mächtig gewesen?« Er verwechselt hier das Unmögliche, was einen Widerspruch enthält, mit dem Unmöglichen, was nicht geschehen kann, weil es sich nicht dazu eignet, gewählt zu werden. Allerdings wäre in solcher Annahme, dass Spinoza in Leyden und nicht im Haag gestorben sei, kein Widerspruch enthalten; es wäre dies durchaus möglich gewesen und die Sache war daher rücksichtlich der *Macht* Gottes gleichgültig; allein man darf sich nicht einbilden, dass irgend ein Ereigniss, sei es auch noch so gering, von der Weisheit und Güte Gottes als gleichgültig behandelt werden könne. Jesus Christus hat in göttlicher Weise wahr gesprochen, dass alles gezählt sei, bis auf die Haare unseres Kopfes. Also gestattete die Weisheit Gottes nicht, dass das von Herrn Bayle erwähnte Ereigniss anders eintrat, als es geschehen *ist*, nicht weil es an sich eher gewählt zu werden verdiente, sondern wegen seiner Verbindung mit der ganzen Folge in dem Universum, welches den Vorzug verdiente. Sagt man, dass das Geschehene kein Interesse für die Weisheit Gottes gehabt und folgert man daraus, dass es nicht nothwendig gewesen, so ist dies eine falsche Annahme, aus der man einen zwar logisch-richtigen, aber unwahren Schluss zieht. Es wird dabei das in Folge einer moralischen Nothwendigkeit Nothwendige verwechselt, d.h. das in Folge der Güte und Weisheit Gottes Nothwendige mit dem metaphysisch Nothwendigen und Sinnlosen, was aus dem in dessen Gegentheile enthaltenen

Widerspruch folgt. In dieser Weise suchte also Spinoza in den Ereignissen eine metaphysische Nothwendigkeit; er glaubte nicht, dass Gott durch seine Güte und seine Vollkommenheit bestimmt werde (welche Eigenschaften dieser Schriftsteller als Chimären in Bezug auf das Universum behandelte), sondern durch die Nothwendigkeit seiner Natur; so wie der Halbkreis nur rechte Winkel in sich enthalten kann, ohne dass er es weiss oder will. Denn Euklid hat gezeigt, dass alle durch zwei gerade Linien eingeschlossenen Winkel, welche von den Endpunkten des Durchmessers nach einem Punkte des Kreis-Umrings gezogen werden nothwendig rechte Winkel sind und dass das Gegentheil einen Widerspruch enthalte.

175. Es giebt Leute, die in das andere Gegentheil gerathen sind; unter dem Vorwand, die göttliche Natur von dem Joch der Nothwendigkeit zu befreien, haben sie dieselbe durchaus unbestimmt, wie ein Gleichgewicht, angenommen. Sie bedachten nicht, dass, so verkehrt die metaphysische Nothwendigkeit für das Handeln Gottes *ad extra* (nach Aussen) ist, um so würdiger die moralische Nothwendigkeit für ihn ist. Es ist das eine glückliche Nothwendigkeit, welche den Weisen zum Guthandeln nöthigt, während die Gleichgültigkeit für das Gute und Schlechte, vielmehr ein Mangel an Güte und Weisheit andeuten würde. Abgesehen davon, dass die Unbestimmtheit an sich, welche den Willen in einem völligen Gleichgewicht hielte, eine Chimäre ist, wie ich früher dargelegt habe, würde sie auch das grosse Prinzip des zureichenden Grundes erschüttern.

176. Die, welche glauben, Gott habe das Gute und das Uebel durch einen willkürlichen Beschluss eingerichtet, gerathen auf den sonderbaren Gedanken einer reinen Gleichgültigkeit und in noch sonderbarere Verkehrtheiten. Sie nehmen Gott den Titel eines guten Gottes; denn weshalb sollte man ihn wegen des von ihm Gethanen loben, wenn er bei einem ganz andern Handeln auch eben so gut gehandelt hätte? Ich habe mich oft gewundert, wie mehrere Theologen der Supralapsarier, z.B. Retorfort, Professor der Theologie in Schottland, welcher schrieb, als die Streitigkeiten mit den Remonstranten am lebhaftesten verhandelt wurden, sich einem so wunderbaren Gedanken haben zuwenden können. Retorfort sagt (in seiner Vertheidigung der Gnade) geradezu, dass für Gott und vor seinem Verbote nichts ungerecht oder moralisch schlecht sei. Folglich wäre es ohne solches Verbot gleichgültig, ob man einem Menschen ermordet, oder aus der Gefahr errettet, ob man Gott liebt oder hasst, ob man ihn lobt oder lästert.

Es giebt nichts unvernünftigeres, als dies; und mag man nun sagen, dass Gott durch ein positives Gesetz das Gute und Schlechte begründet habe, oder dass es zwar Gutes und Schlechtes auch vor seinem Beschlüsse gegeben habe, dem er aber nicht unterworfen sei und dass nichts ihn hindere, ungerecht zu handeln und die Unschuldigen vielleicht zu verdammen, so sagt man ziemlich das Gleiche und entehrt Gott in ziemlich gleichem Maasse. Denn wenn die Gerechtigkeit willkürlich und ohne einen Grund aufgestellt worden ist, wenn Gott durch eine Art Zufall, wie beim Loose, dazu gekommen ist, so kommt seine Güte und seine Weisheit nicht zum Vorschein und es ist hier dann auch nichts, was ihn damit verknüpfte. Und wenn Gott durch einen rein willkürlichen Beschluss ohne allen Grund das, was wir Gerechtigkeit und Güte nennen, aufgerichtet und geschaffen hat, so kann er sie auch wieder abschaffen oder ihre Natur so verändern, dass man sich nicht mehr darauf verlassen kann, Gott werde sie immer erhalten, wie man doch annehmen kann, dass er dies thun werde, wenn man sie als in der Vernunft begründet ansieht. Ziemlich ebenso würde es sein, wenn Gottes Gerechtigkeit von der unseren verschieden wäre, z.B. wenn in seinem Gesetzbuch geschrieben stände, dass es gerecht sei, unschuldige ewig unglücklich zu machen. Auch würde nach dieser Meinung nichts Gott nöthigen, sein Wort zu halten, und es würde nichts uns Sicherheit gewähren, dass es geschehen werde. Denn weshalb sollte das Gesetz der Gerechtigkeit, wonach vernünftige Versprechen gehalten werden müssen, für ihn mehr unverletzlich sein, als alle übrigen?

177. Alle diese Sätze zerstören, obgleich sie unter einander sich ein wenig unterscheiden, nämlich 1) der Satz, dass die Natur der Gerechtigkeit eine willkürliche sei, 2) dass sie zwar bestimmt laute, aber es nicht sicher sei, dass Gott sie einhalten werde und 3) dass die Gerechtigkeit, welche wir kennen, nicht die auch von ihm befolgte sei, ich sage, alle diese Sätze zerstören sowohl das Vertrauen auf Gott, was uns beruhigt, wie die Liebe zu Gott, die uns beglückt. Denn wenn nichts hindert, dass ein solcher Gott die guten Menschen wie ein Tyrann und Feind behandelt und dass er sich an dem, was uns als schlecht gilt; erfreut; weshalb könnte er dann nicht ebenso gut das schlechte Prinzip der Manichäer, wie das alleinige und gute Prinzip der Rechtgläubigen sein? Mindestens wäre er keines von beiden und gleichsam zwischen beiden schwebend, oder er wäre sogar bald das eine, bald das andere. Dies bedeutete eben so viel, als wenn jemand sagte, dass Oromasdes und Arimanius wechselsweise regierten, je nachdem der eine stärker oder gewandter als der andere wäre. Ohngefähr so hat eine Frau Mugalla gesprochen, welche wahrscheinlich gehört hatte, dass früher ihr Volk unter Tschingis Chan und dessen Nachfolgern die Herrschaft über den grössten Theil des Nordens und des Morgenlandes gehabt; sie sagte zuletzt den Moskowiten, als Herr Isbrand vom Chan durch die Länder dieser Tartaren nach China gesendet wurde, dass der Gott der Mugaller aus dem Himmel zwar gejagt sei, aber dass er eines Tages seinen Platz wieder einnehmen werde. Der wahre Gott ist immer sich gleich gleich; selbst die natürliche Religion verlangt, dass er wesentlich so gut und weise, wie stark sei. Es widerspricht kaum mehr der Vernunft und Frömmigkeit, wenn man sagt, Gott handle ohne Wissen, als wenn man ihm ein Wissen zuschreibt, welches die ewigen Kegeln der Güte und der Gerechtigkeit nicht zu seinem Gegenstände hat, oder gar dass er einen Willen habe, welcher auf diese Regeln keine Rücksicht nimmt.

178. Einige Theologen, welche die Rechte Gottes über seine Geschöpfe erörtert haben, haben ihm anscheinend ein Recht ohne Schranken, eine willkürliche und despotische Gewalt zugetheilt. Sie glaubten damit die Gottheit auf den höchsten Punkt der Grösse und Erhabenheit zu stellen, den man sich erdenken könne und die Geschöpfe dadurch so vor ihrem Schöpfer herabzudrücken, dass der Schöpfer durch keine Art von Gesetz seinem Geschöpf gegenüber gebunden sei. Einzelne Stellen bei Twisse, bei Retorfort und anderen Supralapsariern deuten an, dass Gott nicht sündigen könne, was er auch thue, weil er keinem Gesetze unterworfen sei. Selbst Herr Bayle hält diese Lehre für ungeheuerlich und der Heiligkeit Gottes widersprechend (Wörterbuch; Artikel Paulinianer S. 2332 im Anfang); indess glaube ich, dass die Absicht dieser Schriftsteller weniger schlecht gewesen ist, als es scheint. Sie haben wohl unter dem Namen: Recht die *anypeuthynian* gemeint, den Zustand, wo man Niemand für sein Thun verantwortlich ist; aber sie werden nicht geleugnet haben, dass Gott sich dasjenige selbst schuldet, was die Güte und Gerechtigkeit von ihm verlangen. Hierüber mag man die Vertheidigung Calvin's durch Herrn Amyrand einsehen, denn es ist wahr, dass Calvin in dieser Materie streng rechtgläubig ist und nicht zu der Zahl der äussersten Supralapsarier gerechnet werden darf.

179. Wenn also Herr Bayle gewissermassen sagt, dass der heilige Paulus sich aus der Vorherbestimmung nur durch das unbeschränkte Recht Gottes und die Unbegreiflichkeit seiner Wege herausziehe, so muss man noch hinzudenken, dass, wenn man sie begreifen könnte, man finden würde, dass sie der Gerechtigkeit entsprechen, da Gott von seiner Macht keinen andern Gebrauch machen kann. Der heilige Paulus selbst sagt, dass es eine Tiefe sei, aber eine Tiefe der Weisheit *(altitudo sapientiae)* und die Gerechtigkeit ist in der Güte des Weisen mit enthalten. Ich finde, dass Herr Bayle im übrigen sich über die Anwendung meines Begriffes der Güte auf die Handlungen Gottes sehr richtig äussert. Er sagt (Antwort auf die Fragen etc. Kap. 81, S. 139): »Man darf hier nicht behaupten, dass die Güte des unendlichen Wesens nicht denselben Regeln, wie die Güte der Geschöpfe unterworfen sei; denn wenn es an Gott eine Eigenschaft giebt, die man Güte nennen kann, so müssen bei ihr die Merkmale der Güte überhaupt zutreffen, und wenn man die Güte auf ihren allgemeinsten Begriff zurückführt, so findet sich als solcher der Wille Gutes zu thun. Man mag sie in noch so viele Arten und Unterarten eintheilen, wie in die unendliche Güte, in die endliche Güte, in die königliche und in die väterliche Güte, in die des Ehemannes, in die des Herrn, so wird man in jeder als das untrennbare Merkmal den Willen Gutes zu thun finden.«

180. Ich finde auch, dass Herr Bayle sehr gut die Meinung Jener bekämpft, welche behaupten, dass die Güte und Gerechtigkeit nur von der willkürlichen Auswahl Gottes abhängen, und welche meinen, dass wenn Gott durch die Güte der Gegenstände selbst zum Handeln bestimmt worden wäre, er bei seinen Handlungen sich vollständig in der Nothwendigkeit befinden würde, was mit seiner Freiheit sich nicht vertragen würde. Dies ist eine Verwechselung der metaphysischen Nothwendigkeit mit der moralischen. Herr Bayle sagt dagegen (Antwort auf die Fragen etc. Kap. 89, S. 203): »Die Folge dieser Lehre wäre, dass Gott, bevor er sich entschloss, die Welt zu schaffen, in der Tugend nichts besseres als in dem Laster fand und dass seine Gedanken ihm nicht zeigten, dass die Tugend seiner Liebe würdiger sei, als das Laster. Es bliebe dann kein Unterschied zwischen dem natürlichen und dem positiven Recht und es gäbe dann in der Moral nichts Unveränderliches und keine Ausnahme Gestattendes mehr; Gott hätte dann eben so gut verordnen können, dass man lasterhaft werde, wie dass man tugendhaft werde. Man wäre dann nicht sicher, dass eines Tages die Kegeln der Moral aufgehoben würden, wie es mit den Ceremonialgesetzen der Juden geschehen ist. Kurz, dies führt geradesweges zu der Annahme, dass Gott der völlig freie Urheber nicht blos von der Güte, der Tugend, sondern auch von der Wahrheit und dem Wesen der Dinge gewesen ist. Dies ist es, was ein Theil der Cartesianer behauptet und ich gestehe, dass ihre Meinung (man sehe die Fortsetzung der Gedanken über die Kometen S. 554) für gewisse Fälle von einigem Nutzen sein kann; allein viele Gründe sprechen dagegen und es verbinden sich damit so ärgerliche Folgen man sehe jene Fortsetzung Kap. 152, dass beinah jede andere äusserste Ansicht eher ertragen werden kann, als diese. Sie öffnet dem äussersten Pyrrhonismus Thor und Thür, denn man kann dann behaupten, dass der Satz: 3 und 3 machen 6, nur an den Orten und für die Zeit wahr ist, wo es Gott beliebt; dass dieser Satz vielleicht in einigen Theilen der Welt falsch ist und vielleicht auch unter den Menschen im nächsten Jahre; denn alles, was von dem freien Willen Gottes abhängt, kann auf bestimmte Orte und gewisse Zeiten, gleich den jüdischen Ceremonialgesetzen beschränkt werden. Man kann dann diese Folge auf alle Vorschriften der zehn Gebote ausdehnen, wenn die darin gebotenen Handlungen ihrer Natur nach ebenso aller Güte entbehren, wie die darin verbotenen.«

181. Sagt man, dass Gott bei Erschaffung des Menschen so, wie er ist, nicht gekonnt habe, die Frömmigkeit, die Mässigkeit, die Gerechtigkeit und die Keuschheit *nicht* zu verlangen, weil ihm unmöglich die Unordnungen gefallen konnten, welche seine Werke dann zu stören oder umzustürzen drohten, so geht man damit in Wahrheit zur gewöhnlichen Ansicht zurück. Die *Tugenden* sind es nur, weil sie die Vollkommenheit befördern oder weil sie die Unvollkommenheit der Tugendhaften und selbst derer, die mit ihnen zu thun haben, hindern. Sie haben dies vermöge ihrer Natur an sich und vermöge der Natur der vernünftigen Geschöpfe, noch ehe Gott beschloss, letztere zu schaffen. Wollte man anders urtheilen, so wäre dies ebenso, als wenn jemand sagte, dass die Regeln der Angemessenheit und Harmonie für die Musiker rein willkürliche seien, weil sie in der Musik erst dann stattfinden, wenn man sich zum Singen oder zum Spiel eines Instruments entschliesst. Es ist dies aber gerade das Wesentliche einer guten

Musik, denn diese Regeln entsprechen ihr schon in einem idealen Zustande, wo noch Niemand an das Singen denkt, weil man weiss, dass sie sofort, so wie man singt, ihr entsprechen werden. Ebenso entsprechen die Tugenden dem idealen Zustande der vernünftigen Geschöpfe noch bevor Gott beschloss, sie zu erschaffen und gerade deshalb behaupte ich, dass die Tugenden durch ihre Natur gut sind.

182. Herr Bayle hat in seiner »Fortsetzung verschiedener Gedanken und zwar in Kap. 152 ein besonderes Kapitel eingefügt, wo er zeigt, dass die christlichen Doktoren lehren, es gebe Dinge, die noch vor der Zeit, wo Gottes Beschlüsse ergangen, gerecht seien.« Theologen des Augsburgischen Bekenntnisses haben einige Reformirte getadelt, welche anscheinend anderer Meinung gewesen sind und man hat diesen Irrthum als eine Folge des unbedingten Beschlusses angesehen, wo nach dieser Lehre der Wille Gottes von jeder Art von Gründen befreit angenommen wird; *ubi stat pro ratione voluntas*. (Wo der Wille den Grund vertritt.) Allein ich habe schon früher wiederholt gesagt, dass selbst Calvin anerkannt habe, Gottes Beschlüsse stimmten mit der Gerechtigkeit und Weisheit, wenn uns auch die Gründe unbekannt seien, welche diese Uebereinstimmung im Einzelnen darlegten. Deshalb gehen die Regeln der Güte und der Gerechtigkeit den Beschlüssen Gottes zuvor und Herr Bayle citirt an demselben Orte eine Stelle des berühmten Herrn Turetin, welcher zwischen den natürlichen und den positiven göttlichen Gesetzen unterscheidet. Die Gesetze der Moral gehören zu den erstern, die Ceremonial-Regeln zu den letztern. Herr Samuel des Marest, ein berühmter ehemaliger Theologe in Gröningen, und Herr Strimesius, welcher dies noch jetzt in Frankfurt an der Oder ist, haben dasselbe gelehrt und ich glaube unter den Reformirten ist dies die verbreitetste Annahme. Thomas von Aquino und alle Thomisten sind derselben Ansicht mit der grossen Masse der Scholastiker und der römisch-katholischen Theologen. Auch die Casuisten nehmen dies an; ich rechne Grotius zu einen der bedeutendsten derselben und seine Erklärer sind ihm hierin gefolgt. Herr Pufendorf scheint hier anderer Meinung gewesen zu sein und er hat dieselbe gegen den Tadel einiger Theologen aufrecht erhalten wollen, allein er braucht nicht in Anschlag gebracht zu werden, da er in diesen Materien nicht genug vorgeschritten war. Er eifert erschrecklich in seinem *Fecialis divinus* (dem göttlichen Fezialen, eine Art römischer Priester) gegen den unbedingten Beschluss und doch billigt er gerade das

Schlimmere in den Ansichten der Vertheidiger dieses Beschlusses, ohne welches (wie andere Reformirte darlegen) dasselbe noch erträglich wird. Aristoteles ist bei diesem Kapitel der Gerechtigkeit sehr rechtgläubig gewesen und die Scholastiker sind ihm gefolgt. Sie unterscheiden so gut, wie Cicero und die Rechtsgelehrten, zwischen dem ewigen Rechte, welches Alle an allen Orten verpflichtet und dem positiven Recht, was nur für eine gewisse Zeit und gewisse Völker gilt. Ich habe früher mit Vergnügen den Eutyphron von Plato gelesen, worin Socrates diese Wahrheit vertheidigt; auch Herr Bayle erwähnt dieser Stelle.

183. Herr Bayle selbst vertheidigt diese Wahrheit an einer Stelle seiner Schriften mit vielem Eifer und es wird gut sein, wenn ich diese Stelle trotz ihrer Länge hier ganz aufnehme. Sie lautet (Theil II der Fortsetzung der verschiedenen Gedanken, Kap. 152, S. 771 u. f.): »Nach der Lehre unzähliger bedeutender Schriftsteller giebt es in der Natur und dem Wesen gewisser Dinge ein moralisch Gutes und Schlechtes, was dem Beschluss Gottes vorhergeht. Sie beweisen diese Lehre vorzüglich durch die abscheulichen Folgen der entgegengesetzten Lehre. So würde der Satz, dass man Niemand Schaden zufügen solle, zwar eine gute Handlung sein, aber nicht an sich, sondern nur durch eine willkürliche Bestimmung Gottes und es folgte daraus, dass Gott dem Menschen auch ein Gesetz hätte geben können, was in allen seinen Punkten das gerade Gegentheil von den zehn Geboten gewesen wäre. Dies wäre schrecklich; indess giebt es auch einen direkten, der Metaphysik entlehnten Beweis. Unzweifelhaft ist das Dasein Gottes keine Wirkung seines Willens. Er besteht nicht, weil er bestehen will, sondern durch die Nothwendigkeit seiner unendlichen Natur. Seine Macht und sein Wissen bestehen durch dieselbe Nothwendigkeit. Er ist nicht deshalb allmächtig, nicht deshalb allwissend, weil er es so will, sondern weil dies nothwendig mit ihm selbst identische Eigenschaften sind. Das Reich seines Willens bezieht sich nur auf die Ausübung seiner Macht. Er verwirklicht ausserhalb seiner nur das, was er will und lässt alles Uebrige in der reinen Möglichkeit. Deshalb erstreckt sich dieses Reich nur auf das Dasein der Geschöpfe, aber nicht auf deren Wesen. Gott konnte den Stoff, den Menschen, den Kreis erschaffen, oder in dem Nichts belassen, aber er konnte sie nicht erschaffen, ohne deren wesentliche Eigenschaften. Er musste nothwendig den Menschen zu einem vernünftigen Wesen machen und dem Kreise die runde Gestalt geben, weil nach seinen ewigen Ideen, die unabhängig von den Beschlüssen seines freien Willens sind, das Wesen des Menschen in den Eigenschaften des Lebendigen und des Vernünftigen besteht, und die des Kreises in einem Umring, der in allen seinen Theilen gleichweit von seinem Mittelpunkt entfernt ist. Deshalb haben die christlichen Philosophen anerkannt, dass das Wesen der Dinge ewig ist und dass es Sätze von einer ewigen Wahrheit giebt und dass deshalb dieses Wesen der Dinge und die Wahrheit der obersten Grundsätze unveränderlich sind; und dies gilt nicht blos für die obersten theoretischen Grundsätze, sondern auch für die obersten praktischen Grundsätze und für alle Sätze, welche die wahren Definitionen der Geschöpfe enthalten. Diese Wesen, diese Wahrheiten fliessen aus derselben Nothwendigkeit der Natur, wie das Wissen Gottes. So wie also Gott vermöge der Natur der Dinge besteht, allmächtig und allwissend ist, so haben auch durch dieselbe Natur das Dreieck, der Mensch und gewisse Handlungen des Menschen u.s.w. ihre eigenen wesentlichen Bestimmungen. Gott hat von Ewigkeit und mit aller Nothwendigkeit die wesentlichen Beziehungen der Zahlen, die Identität des Subjekts und Prädikats in den Sätzen gekannt, welche das Wesen jedes Dinges ausmachen. Er hat in gleicher Weise gewusst, dass das Wort: Gerecht, eingeschlossen ist in die Sätze, dass man achte, was achtbar ist, dass man seinem dankbar sei, dass man die Verabredungen eines Vertrags zu erfüllen habe und dass dies auch für die andern moralischen Sätze gelte. Man kann daher mit Grund behaupten, dass die Vorschriften des natürlichen Gesetzes die Sittlichkeit und Gerechtigkeit dessen voraussetzen, was sie gebieten, und dass der Mensch sie auch zu befolgen verpflichtet wäre, selbst wenn Gott so nachsichtig gewesen und nichts darüber bestimmt hätte. Man habe Acht, das bitte ich, dass, wenn man im Denken sich auf jenen idealen Zeitpunkt zurückversetzt, wo Gott noch nichts beschlossen hat, man in den Ideen Gottes die moralischen Grundsätze in Ausdrücken findet, welche eine Verpflichtung mit sich führen. Wir begreifen hier diese Grundsätze als feste, welche aus der ewigen und unveränderlichen Ordnung abgeleitet sind; es ist des vernünftigen Geschöpfes würdig, sich mit der Vernunft in Uebereinstimmung zu halten; ein Geschöpf, welches dies thut, ist lobenswerth und es verdient Tadel, wenn es dieses nicht thut. Man wird nicht zu bestreiten wagen, dass diese Wahrheiten dem Menschen eine Pflicht in Bezug auf alle mit der rechten Vernunft übereinstimmenden

Handlungen auferlegen, wie z.B. dass man das Achtenswerthe achten solle, dass man Gutes mit Gutem vergelte, dass man Niemand beschädige, dass man seinen Vater ehre, dass man jedem das gebe, was man ihm schuldet u.s.w. Indem also durch die Natur der Dinge selbst und vor den göttlichen Gesetzen, die Wahrheiten der Moral dem Menschen gewisse Pflichten auferlegen, so konnten Thomas von Aquino und Grotius sagen, dass wenn es auch keinen Gott gäbe, wir doch verpflichtet bleiben würden, uns mit dem natürlichen Gesetz in Uebereinstimmung zu halten. Andere haben gesagt, dass selbst wenn alles, was vernünftig ist, unterginge, die wahren Sätze doch wahr bleiben würden. Cajetan hat behauptet, dass wenn er selbst allein in der Welt übrig bliebe und alle andern Dinge ohne Ausnahme vernichtet wären, doch das Wissen was er von der Natur einer Rose habe, nicht aufhören würde, zu bestehen.«

184. Der verstorbene Jacob Thomasius, ein berühmter Professor in Leipzig, bemerkt in seinen Erläuterungen der philosophischen Regeln von Daniel Stahl, eines Professors in Jena, ganz, richtig, dass es nicht rathsam sei, über Gott ganz hinaus zu gehen und dass man nicht mit einigen Scotisten sagen solle, die ewigen Wahrheiten würden auch dann bestehen, wenn es keine Vernunft, nicht einmal die Gottes gäbe. Denn meines Erachtens ist es der göttliche Verstand, welcher die ewigen Wahrheiten wirklich macht, obgleich Gottes Wille dabei nicht mit Theil nimmt. Alle Wirklichkeit muss in einer bestehenden Sache begründet sein. Ein Atheist kann zwar ein Geometer sein, aber wenn Gott nicht wäre, gäbe es keinen Gegenstand der Geometrie. Ohne Gott gäbe es nicht blos kein Daseiendes, sondern nicht einmal ein Mögliches. Dies hindert aber nicht, dass die, welche die Verbindung aller Dinge unter einander und mit Gott nicht sehen, nicht doch gewisse Wissenschaften verstehen könnten, ohne dass sie deren erste Quelle, die in Gott ist, kennen. Aristoteles hat diese erste Quelle zwar auch nicht gekannt, aber er sagt doch etwas dem sich Annäherndes und Gutes, indem er anerkennt, dass die obersten Grundsätze der besonderen Wissenschaften von einer höheren abhängen, welche die Gründe enthält und diese höhere Wissenschaft müsse das Sein und folglich Gott, die Quelle des Seins zum Gegenstande haben. Herr Dreier in Königsberg hat gut bemerkt, dass die wahre Metaphysik, welche Aristoteles suchte, und welche er *tên zêtoumenên* (die gesuchte) nannte, d.h. sein *desideratum*, die Theologie gewesen sei.

185. Obgleich nun Herr Bayle so vieles Schöne gesagt hat, um zu zeigen, dass die Regeln der Güte und der Gerechtigkeit, so wie die ewigen Wahrheiten überhaupt durch ihre Natur bestehen und nicht durch eine willkürliche Auswahl Gottes, so hat er doch an einer andern Stelle (Fortsetzung der Gedanken etc. Thl. II, Kap. 114 gegen das Ende) sich sehr schwankend hierüber geäussert. Er theilt hier die Ansicht des Descartes und eines Theils seiner Anhänger mit, welche behaupten dass Gott die freie Ursache der Wahrheiten und des Wesens jedes Dinges sei und sagt dann (S. 554): »Ich habe alles mir mögliche für das richtige Verständniss dieses Lehrsatzes und für die Lösung dieser Schwierigkeiten gethan, welche ihn umgeben. Ich gestehe offen, dass ich damit noch nicht ganz zum Ziele gelangt bin; allein ich verliere deshalb nicht den Muth und meine, dass, wie andere Philosophen es in andern Fällen gethan haben, die Zeit mir dieses schöne Paradoxon enthüllen wird. Ich wollte wohl, dass Herr Malebranche dessen Vertheidigung übernommen hätte; allein er hat andere Massregeln getroffen.« Wie ist es möglich, dass die Lust am Zweifel so viel über einen gescheidten Mann vermag, dass er wünscht und hofft zu dem Glauben zu gelangen, dass zwei sich widersprechende Sätze nur deshalb niemals zusammen bestehen können weil Gott es ihnen verboten habe und dass er ihnen hätte befehlen können, sie sollten immer in Gesellschaft mit einander wandern. »Wahrhaftig, ein schönes Paradoxon!« Herr Malebranche hat sehr weislich andre Massregeln genommen.

186. Ich kann selbst nicht glauben, dass es ganz ernstlich die Meinung des Herrn Descartes gewesen, obgleich ein Theil seiner Anhänger es leicht angenommen hat und ihm ganz treulich da gefolgt ist, wo er nur so gethan hat, als wolle er vorwärts gehen. Es scheint dies nur eine seiner Wendungen, seiner philosophischen Listen gewesen zu sein; er behielt sich einen Ausweg vor, wo er entwischen konnte, wie er ja ebenso eine Wendung auffand, um die Bewegung der Erde zu leugnen, während er doch ein Copernikaner im strengsten Sinne war. Ich möchte annehmen, dass er hier eine andere ausserordentliche Weise zu sprechen und zwar die er selbst erfunden, dabei im Sinne gehabt, wonach das Bejahen und Verneinen und überhaupt das innerliche Urtheilen nur Akte des Wollens sein sollen. Durch dieses Kunststück sind die ewigen Wahrheiten, welche bis zu ihm als ein Gegenstand der göttlichen Vernunft gegolten hatten, plötzlich zu einem Gegenstand von Gottes Willen geworden. Nun sind Gottes Willensakte frei, also ist Gott die freie Ursache der Wahrheiten. So erklärt sich die Sache. *Spectatum admissi.* (Sie sind zum Schauen zugelassen.) Eine kleine Aenderung im Sinne der Ausdrücke hat all diesen Lärm veranlasst. Aber selbst wenn die Bejahung der nothwendigen Wahrheiten Willensakte des vollkommensten Geistes sind, so wären sie doch nichts weniger als frei, denn es giebt hier nichts zu wählen. Herr Descartes scheint sich nicht genügend über die Freiheit zu erklären; er scheint einen ungewöhnlichen Begriff von ihr gehabt zu haben, da er sie so weit ausdehnte, dass selbst die Bejahung der nothwendigen Wahrheiten eine freie That Gottes sein solle. Damit wird nur noch das *Wort*: Freiheit beibehalten.

187. Herr Bayle und Andere fassen sie als eine unbestimmte Freiheit auf; Gott hätte danach z.B. die Wahrheiten bei den Zahlen festzustellen gehabt und anzuordnen, dass 3 mal 3 Neun sind, während er auch hätte bestimmen können, dass sie Zehn ausmachten und Herr Bayle fasst daher die Freiheit in einem sonderbaren Sinne auf, als wollte er dadurch, ich weiss nicht welchen Vortheil zu ihrer Vertheidigung gegen die Anhänger des Strato erlangen. Strato war einer der Vorstände der Schule des Aristoteles und der Nachfolger von Theophrast; er behauptete (nach dem Bericht von Cicero), dass die Welt, so wie sie ist, durch die Natur oder durch eine nothwendige, aber des Wissens entbehrende Ursache gemacht worden sei. Ich gebe zu, dass dies geschehen konnte, wenn Gott den Stoff im Voraus so gebildet hätte, dass eine solche Wirkung durch die blosen Gesetze der Bewegung erfolgen konnte. Aber ohne Gott hätte es an jedem Grunde für irgend ein Dasein gefehlt und noch mehr für ein solches bestimmtes Dasein der Dinge; deshalb braucht man das System des Strato nicht zu fürchten.

188. Trotzdem nimmt Herr Bayle die Sache für schwierig; er will keine bildenden und des Wissens ermangelnden Naturen, wie Herr Cudworth und Andere sie aufgestellt hatten, zulassen, damit die modernen Stratoniker, d.h. die Spinozisten, dies sich nicht zu Nutze machten. Deshalb ist er in die Streitigkeiten mit Herrn Le Clerc gerathen. In Folge dieses Irrthums, dass nämlich eine verstandlose Ursache nichts, was von Kunst zeugt, hervorbringen könne, gesteht er mir die Praeformation (Vorausbildung) nicht zu, welche die Organe der Geschöpfe auf natürliche Weise hervorbringt und eben so wenig das System einer von Gott vorausgebildeten Harmonie in den Körpern, wodurch sie nach ihren eigenen Gesetzen den Gedanken und dem

Wollen der Seelen entsprechen. Indess hätte er bedenken sollen, dass diese nicht-verständige Ursache, welche so schöne Dinge in den Körpern und in dem Samen der Pflanzen und Thiere hervorbringt, und welche die Bewegungen der Körper so veranlasst, wie der Wille verlangt, durch Gottes Hände gebildet worden, der unendlich geschickter ist als ein Uhrmacher, welcher doch auch schon Maschinen und Automaten fertigt, welche eben so schöne Wirkungen hervorbringen, als wenn sie Verstand hätten.

189. Um nun auf das zu kommen, was Herr Bayle von den Stratonikern fürchtet, im Fall man Wahrheiten zulässt, die von dem Willen Gottes nicht abhängen, so scheint er zu fürchten, dass jene sich der vollkommenen Regelmässigkeit der ewigen Wahrheiten gegen uns bedienen möchten, da, wenn diese Regelmässigkeit nur eine Folge der Natur und Nothwendigkeit der Dinge sei, die von keinem Wissen geleitet werde, Herr Bayle fürchtet, dass man dann mit Strato folgern könne, auch die Welt sei so regelmässig nur durch eine blinde Nothwendigkeit geworden. Allein darauf lässt sich leicht antworten. In dem Gebiete der ewigen Wahrheiten sind alle möglichen enthalten, also sowohl das regelmässige, wie das unregelmässige; deshalb bedarf es eines Grundes, welcher die Ordnung und die Vernunft vorgezogen hat und dieser Grund kann nur in dem Verstände gefunden werden. Ueberdem bestehen diese Wahrheiten nicht ohne einen Verstand, welcher davon Kenntniss nimmt; denn sie würden nicht bestehen, wenn es keinen göttlichen Verstand gäbe, wo sie sich gleichsam verwirklicht finden. Deshalb erreicht Strato nicht sein Ziel, wonach er das Wissen von dem, was in dem Ursprünge der Dinge enthalten ist, ausschliessen will.

190. Die Schwierigkeit, welche Herr Bayle sich von Seiten Strato's vorgestellt hat, erscheint ein wenig zu spitzfindig und gesucht. Man nennt dies *timere ubi non est timor*. (Fürchten, wo nichts zu fürchten ist.) Er macht sich eine andere Furcht, die eben so wenig Grund hat, nämlich dass Gott einer Art Fatum unterworfen sein würde. Er sagt (S. 555): »Wenn es Sätze von einer ewigen Wahrheit giebt und zwar durch ihre Natur und nicht durch die Einrichtung Gottes, so bestehen sie nicht durch einen freien Beschluss seines Willens, vielmehr, wenn Gott sie als nothwendig wahre gekannt hat, weil sie es durch ihre Natur sind, so haben wir dann eine Art Fatum, dem er unterworfen ist und eine natürliche und unübersteigliche Nothwendigkeit. Auch folgt daraus, dass der göttliche Verstand in der Unendlichkeit seiner Vorstellungen immer und sofort deren vollkommener Uebereinstimmung mit ihren Gegenständen begegnet ist, ohne dass irgend ein Wissen ihn geleitet hat; denn es wäre ein Widerspruch, zu sagen, dass kein vorbildliches Muster Gott als Plan für seine Verstandeshandlungen gedient haben sollte. Man würde dann niemals ewige Ideen und einen ersten Verstand erreichen. Man muss dann sagen, dass eine nothwendig bestehende Natur immer ihren Weg findet, ohne dass man ihn ihr zeigt und wie will man dann die Hartnäckigkeit eines Stratonikers überwinden?«

191. Allein hierauf lässt sich leicht antworten: Dieses angebliche Fatum, welches selbst die Gottheit nöthigt, ist nur die eigne Natur Gottes, sein eigner Verstand, welcher für seine Weisheit und Güte die Regeln bietet. Es ist eine glückliche Nothwendigkeit, ohne die er weder gut noch weise sein würde. Wollte man wohl, dass Gott nicht genöthigt wäre, vollkommen und glücklich zu sein? Ist unser Zustand, wonach wir dem Irrthume ausgesetzt sind, wohl beneidenswerth? Würden wir ihn nicht gern mit der Sündlosigkeit vertauschen, wenn es von uns abhinge? Man muss des Lebens sehr überdrüssig sein, wenn man sich die Freiheit sich zu verderben, wünschen soll und die Gottheit beklagen, dass ihr diese Freiheit mangelt. Herr Bayle selbst benutzt anderwärts diese Gründe gegen die, welche eine übertriebene Freiheit bis zu den Wolken erheben, die sie in dem Willen annehmen, um ihn unabhängig von der Vernunft zu machen.

192. Endlich wundert sich Herr Bayle, »dass der göttliche Verstand in der Unendlichkeit seiner Vorstellungen immer und sofort deren vollkommene Uebereinstimmung mit ihren Gegenständen antrifft, ohne dass ihn doch eine Kenntniss dabei leitete.« Dieser Einwurf will nichts, durchaus nichts sagen; jede bestimmte Vorstellung stimmt durch sich selbst mit ihrem Gegenstande und bei Gott giebt es nur bestimmte Vorstellungen; nur dass der Gegenstand nicht gleich bestellt, aber wenn er in's Dasein treten wird, wird er nach dieser Vorstellung gebildet sein. Auch weiss Herr Bayle sehr wohl, dass der göttliche Verstand keiner Zeit bedarf, um die Verbindung der Dinge zu kennen. Alle Begründungen sind in Gott im höchsten Grade vorhanden und sie halten in seinem Verstände eine Ordnung unter sich ein, ebenso wie in dem unserigen; aber bei ihm ist es nur eine *natürliche Ordnung und Priorität*, während es bei uns eine *zeitliche Priorität* ist. Es ist deshalb nicht wunderbar, dass der, welcher in alle Dinge mit einem Male eindringt, es immer mit dem ersten Male thut und man darf nicht sagen, dass es ihm gelingt, ohne dass ein Wissen ihn leite; im Gegentheil, weil sein Wissen ein vollkommenes ist, sind es auch seine freien Handlungen.

193. Bis hier habe ich gezeigt, dass der Wille Gottes von seiner Weisheit nicht unabhängig ist und man muss sich wundern, dass diese Ausführungen nöthig waren und dass ich für eine so grosse und anerkannte Wahrheit kämpfen musste. Allein es ist beinah eben so wunderbar, dass Manche glauben, Gott beobachte diese Regeln nur halb und er wähle nicht das Beste, obgleich seine Weisheit es ihn erkennen lasse, kurz, dass Gott nach der Meinung mancher Schriftsteller es hätte besser machen können. Dies gleicht dem Irrthum des bekannten Königs Alphons von Castilien, welcher durch einige Kurfürsten zum römischen König erwählt worden war und die Aufstellung der astronomischen Tafeln betrieb, welche seinen Namen führen. Dieser Fürst soll gesagt haben, dass wenn Gott ihn bei Erschaffung der Welt zu Rathe gezogen hätte, er ihm gute Vorschläge gemacht haben würde. Offenbar missfiel ihm das Ptolemäische System, welches damals für das wahre galt und er meinte deshalb, dass man etwas Passenderes hätte machen können, worin er Recht hatte. Hätte er aber das System des Copernikus und die Entdeckungen Keppler's gekannt, mit ihrer jetzigen Vermehrung durch das Gesetz der Schwere der Planeten, so würde er eingesehen haben, dass die Erfindung des wahren Systems bewunderungswürdig ist. Man sieht, es handelte sich auch hier um nichts mehr, noch weniger, als dass Alphons behauptete, man habe es besser machen können und dass sein Ausspruch von aller Welt getadelt worden ist.

194. Indess wagen dennoch Philosophen und Theologen dogmatisch ein ähnliches Urtheil aufrecht zu erhalten und ich habe mich vielmals gewundert, dass kluge und fromme Menschen im Stande waren, die Güte und die Vollkommenheit Gottes als begrenzt anzunehmen. Denn mit der Annahme, dass Gott das Beste kenne, und dass er es herstellen könne, aber dies nicht thue, gesteht man, dass es nur von seinem Willen abhänge, die Welt besser herzustellen, als sie ist; und dies nennt man einen Mangel an Güte. Dies wäre nämlich ein Handeln gegen den schon früher angedeuteten Grundsatz: *Minus bonum habet rationem mali.* (Ein geringeres Gut hat die Natur eines Uebels.) Manche berufen sich auf die Erfahrung, um zu zeigen, dass Gott es hätte besser machen können; allein damit erheben sie sich zu lächerlichen Kritikern seiner Werke. Man muss ihnen das sagen, was man Allen antwortet, welche das Verfahren Gottes kritisiren und welche von derselben Annahme aus, nämlich aus den angeblichen Mängeln der Welt folgern wollen, dass es einen schlechten Gott gebe, oder wenigstens einen, der weder gut noch schlecht sei. Wenn wir, wie der König Alphons urtheilen, so wird man uns, meine ich, antworten: Ihr kennt die Welt erst seit drei Tagen, Ihr seht wenig weiter, als eure Nase reicht und Ihr findet daran zu tadeln; wartet bis ihr sie besser kennt und beobachtet vornehmlich die Theile, welche ein vollständiges Ganze darstellen (wie z.B. die organischen Körper) und ihr werdet da ein Kunstwerk und eine Schönheit antreffen, welche über alle Vorstellung geht. Wir wollen also daraus die Weisheit und Güte des Schöpfers aller Dinge, auch für die Dinge, die wir nicht kennen, annehmen. Wir finden in dieser Welt Manches, was uns nicht gefällt, allein wir müssen wissen, dass sie nicht für uns allein geschaffen ist. Dennoch ist sie für uns eingerichtet, sofern wir weise sind; sie wird sich uns anpassen, wenn wir uns ihr anpassen; wir werden in ihr glücklich sein, wenn wir es sein wollen.

195. Mancher wird sagen, es sei unmöglich, das Beste hervorzubringen, weil es hier kein vollkommenes Geschöpf gebe und es immer möglich bleibe, eines hervorzubringen, welches vollkommener sei. Ich antworte, dass das, was man von einem einzelnen Geschöpf oder von einer einzelnen Substanz sagen kann, welche immer durch eine andere übertroffen werden kann, nicht auf das Universum angewendet werden darf, welches, da es sich auf alle kommende Ewigkeit erstrecken soll, ein Unendliches ist. Ueberdem giebt es eine unendliche Menge von Geschöpfen in dem kleinsten Stück des Stoffes, weil das Continuum (das Stetige) wirklich ohne Ende getheilt werden kann. Und das Unendliche, d.h. die Anhäufung einer unendlichen Menge von Substanzen bildet eigentlich kein Ganzes, so wenig, wie die unendliche Zahl selbst, von der man nicht sagen kann, ob sie gerade oder ungerade ist. Gerade damit kann man diejenigen widerlegen, welche aus der Welt einen Gott machen, oder ihn als die Seele der Welt auffassen; denn die Welt oder das Universum kann nicht wie ein lebendes Wesen oder wie eine Substanz angesehen werden.

196. Es handelt sich also nicht um ein Geschöpf, sondern um das Universum und unser Gegner muss also darlegen, dass ein mögliches Universum besser sein könne, als das andere und zwar für alle möglichen Universa ohne Ende; hierin ist es, wo er sich täuscht und was er nicht beweisen kann. Wäre diese Ansicht die wahre, so würde folgen, dass Gott gar kein Universum hervorgebracht haben würde; denn er kann nicht ohne Vernunft handeln und dies wäre selbst ein Handeln gegen die Vernunft. Es wäre ebenso, als wenn man sich vorstellte, Gott hätte beschlossen, eine stoffliche Kugel zu schaffen, aber ohne dass ein Grund dafür vorhanden wäre, sie von dieser oder einer andern Grösse hervorzubringen. Ein solcher Beschluss wäre nutzlos, er enthält in sich etwas, was seine Verwirklichung hinderte. Etwas anderes wäre, wenn Gott beschlösse, von einem gegebenen Punkt eine gerade Linie bis zu einer andern gegebenen geraden Linie zu ziehen, ohne dass der Winkel zwischen beiden Linien in dem Beschlüsse oder in den Umständen bestimmt wäre, denn in diesem Falle würde diese Bestimmung von der Natur des Falles kommen, die Linie wäre senkrecht und der Winkel ein rechter, weil nur dies ein Bestimmtes und Besonderes wäre. In dieser Weise muss man die Erschaffung der besten aller möglichen Welten auffassen, und zwar um so mehr, als Gott nicht blos beschliesst, eine Welt zu erschaffen, sondern auch die Beste von allen, da er nichts ohne Kenntniss beschliesst und er nicht vereinzelte Beschlüsse fasst, welche nur ein vorgehendes Wollen sein würden, deren Unterschied von wirklichen Beschlüssen ich schon genügend dargelegt habe.

197. Herr Diroys, den ich in Rom kennen gelernt habe, der Theologe des Cardinal von Estrea, hat ein Buch unter dem Titel: Beweise und günstige Urtheile für die christliche Religion, geschrieben, was in Paris 1683 erschienen ist. Herr Bayle (Antworten auf die Fragen etc. Kap. 165, S. 1058, Thl. III.) erwähnt daraus eines Einwurfs, welchen Herr Diroys sich macht und welcher lautet: »Es giebt noch eine Schwierigkeit, deren Erledigung ebenso wichtig ist, wie die bisherigen, weil sie denen viel Sorge macht, welche über das Gute und Schlimme nach Erwägungen urtheilen, welche sich auf die reinsten und erhebendsten Grundsätze stützen. Da Gott nämlich die höchste Weisheit und Güte ist, so meinen sie, er müsse alles so thun, wie weise und tugendhafte Menschen es wünschten und nach den Regeln der Weisheit und Güte, welche Gott ihnen eingeprägt und wie sie selbst zu handeln verpflichtet wären, wenn die Dinge von ihnen abhingen. Indem sie nun sehen, dass die Dinge in der Welt nicht so gut gehen, als es nach ihrer Meinung sein könnte und wie es geschehen würde, wenn sie sich einmischten, so folgern sie, dass Gott, der doch unendlich besser und weiser sei, als sie, oder der vielmehr die Weisheit und Güte selbst sei, sich nicht um die Dinge bekümmere.«

198. Herr Diroys sagt manches Gute hierüber, was ich hier nicht wiederhole, weil ich an mehr als einer Stelle schon genügend auf diesen Einwurf geantwortet habe und darauf meine ganze Abhandlung wesentlich abzielt. Allein er bringt etwas vor, wo ich mit ihm nicht stimmen kann. Er meint, der Einwurf beweise zu viel. Ich muss hier auch dessen eigne Worte mit Herrn Bayle anführen, S. 1059: »Wenn es der Weisheit und Güte nicht entspricht, etwas nicht auf das Beste und Vollkommenste zu thun, so müssen alle Wesen für immer unveränderlich und wesentlich so vollkommen und so gut sein, als es möglich ist, weil es keine Veränderung giebt, als aus einem weniger guten Zustand in einen bessern oder aus einem bessern in einen weniger guten. Nun kann letzteres nicht geschehen, es müsste denn Gott gefallen, nicht das Beste und Vollkommenste zu thun, wenn er es kann; also müssen alle Wesen immer und wesentlich mit einem Wissen und einer Tugend erfüllt sein, die so vollkommen sind, als Gott sie ihnen geben kann. Nun geht alles, was immer und wesentlich so vollkommen ist, als Gott es machen kann, von ihm aus, kurz, ist immer und wesentlich gut, wie er selbst und ist also Gott, wie er selbst. Dahin führt also der Satz, dass es Gottes höchster Gerechtigkeit und Weisheit widerspreche, die Dinge nicht so gut und vollkommen zu machen, als möglich. Denn der wesentlichen Güte ist es wesentlich, alles zu beseitigen, was ihr unbedingt widerspricht. Deshalb muss man es als eine erste Wahrheit in Bezug auf das Verhalten Gottes gegen die Geschöpfe anerkennen, dass es seiner Weisheit und Güte nicht widerspreche, die Dinge weniger vollkommen zu machen, als es geschehen könnte und zu gestatten, dass die von ihm geschaffenen Güter entweder ganz verschwinden oder wechseln und sich ändern, da es Gott nicht widersteht, dass es noch andere Wesen ausser ihm giebt, d.h. Wesen, die das nicht sein könnten, was sie sind, oder das nicht thun könnten, was sie thun, oder das thun könnten, was sie nicht thun.«

199. Herr Bayle hält diese Entgegnung für schwach, aber ich finde, dass das, was er ihr entgegenstellt, gesucht ist. Nach Herrn Bayle sollen die, welche für beide Prinzipien sind, hauptsächlich auf die behauptete unbeschränkte Freiheit Gottes sich stützen; denn wenn er alles, was er vermag, auch hervorbringen müsste, so würde er auch die Sünden und die Schmerzen hervorbringen und dann könnten die Dualisten aus dem Dasein des Uebels nichts gegen die Einheit des Prinzips herleiten, wenn dieses Prinzip ebenso zu dem Uebel, wie zu dem Guten genöthigt wäre. Herr Bayle dehnt hier den Begriff der Freiheit zu weit aus, denn wenn auch Gott unbeschränkt frei ist, so folgt daraus noch nicht, dass er sich in einer völligen Gleichgültigkeit befindet, und wenn er auch zum Handeln neigt, so ist er durch diese Neigung doch noch nicht gezwungen, alles hervorzubringen, was er vermag, vielmehr wird er nur hervorbringen, was er will, da seine Neigung auf das Gute gerichtet ist. Ich trete ihm in der unbeschränkten Freiheit Gottes bei, aber ich verwechsele sie nicht mit der völligen Gleichgültigkeit, so dass er ohne Grund handeln könnte. Herr Diroys erkennt also, dass die Dualisten zu viel verlangen, wenn sie wollen, dass das alleinige gute Prinzip nach ihnen nur Gutes hervorbringe; denn dann müssten sie aus demselben Grunde, wie Herr Diroys sagt, auch verlangen, dass es das grösste Gute hervorbringe, da ein geringeres schon eine Art Uebel ist. Ich meine, die Dualisten haben beim ersten Punkte Unrecht, aber dass sie beim zweiten wohl Recht haben, wo Herr Diroys sie ohne Grund tadelt; oder dass man vielmehr das in einigen Theilen vorhandene Uebel oder weniger Gute mit dem besten Ganzen in Uebereinstimmung bringen kann. Wenn die Dualisten forderten, dass Gott das beste thue, so würden sie nicht zu viel verlangen, aber sie täuschen sich darin, dass sie meinen, dass das Beste für das Ganze frei vom Uebel in seinen Theilen sei und dass deshalb das, was Gott gemacht habe, nicht das Beste sei.

200. Herr Diroys behauptet aber, dass wenn Gott immer das Beste erzeugte, er dann andere Götter erzeugen würde, da sonst jede von ihm erschaffene Substanz nicht die beste und vollkommenste sein würde; hierin aber täuscht er sich, weil er die Ordnung und Verbindung der Dinge übersieht. Wäre jede Substanz für sich vollkommen, so wären sie alle einander ähnlich, was weder angemessen, noch möglich ist. Wären es Götter, so hätten sie nicht hervorgebracht werden können; deshalb enthält das beste System der Dinge keine Götter; es wird immer ein System von Körpern (d.h. Dinge die nach Zeit und Ort geordnet sind) und von Seelen sein, welche sich die Körper vorstellen und sie wahrnehmen und nach denen die Körper zu einem guten Theil geleitet werden. So wie der Plan zu einen Gebäude rücksichtlich des Zweckes, der Kosten, der Umstände der beste sein kann und so wie die Anordnung einiger gestalteten Körper, die man euch bietet, die beste sein kann, die sich auffinden lässt, so kann begreiflicher Weise auch der Aufbau des Universums der beste von allen sein, ohne dass ein Gott daraus zu werden braucht. Die Verbindung und Ordnung der Dinge macht, dass die Körper aller lebenden Wesen und aller Pflanzen aus andern Thieren und andern Pflanzen oder aus andern lebenden organischen Wesen bestehen; deshalb bestellt hier eine Unterordnung und ein Körper, eine Substanz dient der andern, so dass ihre Vollkommenheit nicht die gleiche sein kann.

201. Herr Bayle meint (S. 1063), dass Herr Diroys zwei verschiedene Sätze vermengt habe; einen, wonach Gott alles so thun soll, wie weise und tugendhafte Menschen es wünschten, entsprechend den Kegeln der Weisheit und Güte, welche Gott ihnen eingeflösst hat, und wie sie selbst es zu thun verpflichtet wären, wenn die Dinge von ihnen abhingen und den zweiten, dass es der unbegrenzten Weisheit, und Güte Gottes nicht entspreche, wenn er nicht alles auf das Beste und Vollkommenste thue. Herr Diroys macht, wie Herr Bayle meint, den ersten Satz sich zum Einwurf, aber antwortet nur auf den zweiten. Allein Herr Diroys hat hier wohl recht, da beide Sätze zusammenhängen und der zweite nur eine Folge des ersten ist, indem weniger Gutes thun, als man vermag, ein Mangel an Weisheit oder Gute ist. Das beste sein oder das sein, was von den Tugendhaftesten und Weisesten gewünscht wird, ist dasselbe. Wenn wir den Bau und die Einrichtung des Universum's einsehen könnten, so würden wir finden, dass es so gemacht und geleitet wird, wie es die Weisesten und Tugendhaftesten nur wünschen können, da Gott daran nichts fehlen lassen kann. Indess ist diese Notwendigkeit doch nur eine moralische und ich gebe zu, dass wenn Gott durch eine metaphysische Nothwendigkeit gezwungen wäre, das, was er thut, hervorzubringen, er alles Mögliche oder gar Nichts hervorbringen würde und in diesem Sinne wäre dann die Folgerung des Herrn Bayle ganz richtig. Allein alles Mögliche verträgt sich nicht mit einander in derselben Folge des *einen* Universum's und deshalb wird nicht alles Mögliche hervorgebracht und deshalb ist Gott, metaphysisch gesprochen, nicht zur Erschaffung einer solchen Welt gezwungen. Man kann sagen, dass, sobald Gott beschlossen hat, etwas zu erschaffen, ein Streit unter allen den vielen Möglichen entstellt, welche alle nach dem Dasein verlangen und dass dann die möglichen Dinge, welche in ihrer Verbindung die meiste Realität, die meiste Vollkommenheit, die meiste Vernünftigkeit ergeben, den Sieg davon tragen. Allerdings kann dies nur ein idealer Kampf sein, d.h. nur ein Kampf der Gründe in dem vollkommensten Verstande, welcher nur in der vollkommensten Weise handeln kann und deshalb das Beste wählt. Indess ist Gott durch eine moralische Nothwendigkeit gezwungen, die Sachen so zu schaffen, dass es nicht besser geschehen kann; denn sonst würden nicht blos Andere Anlass zum Tadel des Gemachten haben, sondern, was schlimmer wäre, Gott selbst würde mit seinem Werke nicht zufrieden sein; er würde sich dessen Unvollkommenheiten vorhalten, was der höchsten Glückseligkeit der göttlichen Natur widerspricht. Dieses stete Gefühl seines eignen Fehlers oder seiner eignen Unvollkommenheit würde für ihn eine Quelle unvermeidlichen Kummers werden, wie Herr Bayle bei einer andern Gelegenheit sich ausdrückt (S. 953).

202. In der Begründung des Herrn Diroys wird fälschlich angenommen, dass kein Ding sich ändern könne, als aus einem weniger guten Zustand in einen bessern, oder aus einem bessern in einen weniger guten; macht also Gott das Beste, so könne das Gemachte nicht geändert werden, es würde eine ewige Substanz, ein Gott sein. Allein weshalb sollte ein Gegenstand nicht in der *Art* seiner Güte oder Schlechtigkeit sich ändern können, während der Grad der Güte derselbe bleibt? Bei dem Uebergange von dem Vergnügen an der Musik zu dem Vergnügen an einem Gemälde, oder umgekehrt von der Lust der Augen zu der Lust der Ohren kann ja der Grad der Lust derselbe bleiben, ohne dass der spätere einen andern Vortheil als den der Neuheit hat. Wenn die Quadratur des Kreises zu Stande käme, oder (was dasselbe ist) die Umwandlung des Vierecks in einen Kreis, d.h. wenn der Kreis in einem Viereck von derselben Grösse oder das Viereck in einen Kreis umgewandelt würde, so wäre, unbedingt gesprochen und ohne Beziehung auf einen besonderen Gebrauch davon, schwer zu sagen, ob man dabei verloren oder gewonnen hätte. So kann also das Beste in ein anderes Beste, was nicht besser und nicht schlechter ist, verändert werden und es wird dabei immer eine Ordnung zwischen ihnen bestehen und zwar die möglichst beste Ordnung. Nimmt man die ganze Folge der Dinge, so hat die beste nicht ihres

Gleichen; wohl aber kann ein Theil dieser Folge von einem andern Theile derselben Folge in Gleichheit erreicht werden. Man kann also sagen, dass die ganze Folge der Dinge bis in's Unendliche, die möglichst beste sein kann, obgleich das, was von dem ganzen Universum zu den verschiedenen Zeitpunkten besteht, nicht das beste ist. Folglich könnte das Universum allmählig immer besser werden, wenn die Natur der Dinge der Art ist, dass man das beste nicht mit einem Schlage erreichen könnte. Indess sind dies schwer zu beurtheilende Fragen.

203. Auch Herr Bayle sagt (S. 1064), dass die Frage, ob Gott die Dinge vollkommener, als er gethan, habe machen können, sehr schwierig sei und dass starke Gründe sich für und gegen geltend machen lassen. Indess ist meines Erachtens dies dieselbe Frage, als die, ob Gottes Handlungen der grössten Güte gemäss seien. Es ist sehr auffallend, dass man durch eine geringe Veränderung der Worte das zweifelhaft macht, was, richtig verstanden, das klarste von der Welt ist. Die Gegengründe beweisen nichts, da sie nur auf den Schein von Mängeln sich stützen und Herrn Bayle's Einwurf, wonach das Gesetz des Besten Gott eine wahre metaphysische Notwendigkeit auferlege, ist nur ein Blendwerk, was aus dem Missbrauch der Worte hervorgeht. Herr Bayle ist früher anderer Ansicht gewesen, als er der Ansicht des Herrn Malebranche zustimmte, welcher hier sich der meinigen sehr nähert. Als jedoch Herr Arnaud gegen Herrn Malebranche geschrieben hatte, änderte Herr Bayle seine Meinung und es mag wohl seine Zweifelssucht, welche bei ihm mit den Jahren gestiegen ist, dazu beigetragen haben. Herr Arnaud war unzweifelhaft ein grosser Mann und sein Ausspruch ist von grossem Gewicht; er hat manches Gute gegen Herrn Malebranche gesagt, aber er hatte keinen Grund für seinen Angriff gegen das, was dieser Pater über die Regel des Besten gesagt hat, wo er sich dem von mir Behaupteten nähert.

204. Nachdem der ausgezeichnete Verfasser der »Erforschung der Wahrheit« von der Philosophie zur Theologie übergegangen war, so veröffentlichte er zuletzt eine sehr schöne Abhandlung über die Natur und die Gnade und zeigte darin in seiner Weise (wie Herr Bayle es in seinen Gedanken über die Kometen Kap. 234 erläutert hat), dass die Ereignisse, welche aus der Befolgung allgemeiner Gesetze hervorgehen, nicht der Gegenstand eines besondern Wollens Gottes seien. Es ist richtig, dass wenn man eine Sache will, man auch gewissermassen alles damit nothwendig Verbundene will und deshalb kann Gott die allgemeinen Gesetze nicht wollen, ohne gewissermassen auch alle die besondern Wirkungen zu wollen, die aus ihnen nothwendig hervorgehen müssen, allein es bleibt doch immer wahr, dass man diese besondern Ereignisse nicht um ihrer selbst willen verlangt und dies meint man, wenn man sagt, dass man sie nicht mit einem *besonderen* und *direkten* Willen wolle. Unzweifelhaft hat Gott, als er sich entschloss nach Aussen zu handeln, eine Handlungsweise gewählt, welche des höchsten Wesens vollkommen würdig war, d.h. die unendlich einfach und gleichförmig und doch von einer unendlichen Fruchtbarkeit war. Man kann sich sogar vorstellen, dass diese Art zu handeln, nämlich durch allgemeine Entschlüsse, ihm als die vorzüglichere erschienen ist, obgleich daraus einige überflüssige Ereignisse hervorgehen mussten (und selbst schlechte, wenn man sie für sich betrachtet, wie ich hinzufüge), gegenüber einer mehr zusammengesetzten und regelmässigeren Art, wie dieser Pater meint. Nichts ist passender, als diese Annahme (nach der Meinung des Herrn Bayle, als er seine Gedanken über die Kometen niederschrieb), um Tausende von Schwierigkeiten zu lösen, welche man gegen die göttliche Vorsehung erhebt. Herr Bayle sagt: »Wenn man Gott fragt, weshalb er Dinge gemacht habe, welche den Menschen nur schlechter machen können, so heisst dies so viel, als fragen, weshalb Gott seinen Plan (der nur unendlich schön sein kann) auf den einfachsten und gleichförmigsten Wegen ausgeführt habe und weshalb er nicht durch eine Verbindung von Beschlüssen, die einander fortwährend durchkreuzen, den schlechten Gebrauch der menschlichen Freiheit gehindert habe. Er fügt hinzu, dass die Wunder, welche besondere Willensäusserungen seien, einen Gottes würdigen Zweck haben müssen.«

205. Auf dieser Grundlage macht er gute Bemerkungen (Kap. 231) über die Ungerechtigkeit derer, welche das Glück der Schlechten seltsam finden. Er sagt: »Ich trage kein Bedenken, zu sagen, dass alle, welche das Glück der Schlechten seltsam finden, sehr wenig über die Natur Gottes nachgedacht haben. Sie haben die Verbindlichkeiten einer, alle Dinge regierenden Ursache auf das Maass einer ganz untergeordneten Voraussicht herabgesetzt, was von einem kleinen Geiste zeugt. Hätte etwa Gott, nachdem er freie und nothwendige Ursachen in einer Mischung geschaffen, die unendlich geeignet ist, um die Wunder seiner unendlichen Weisheit heraustreten zu lassen, etwa Gesetze aufstellen sollen, die der Natur der freien Ursachen entsprächen aber so wenig fest wären, dass der kleinste Unfall, welcher einem Menschen begegnete, sie ganz umstiesse und die menschliche Freiheit vernichtete? Der einfache Befehlshaber einer Stadt würde ausgelacht werden, wenn er seine Befehle und Anordnungen änderte, so oft etwa jemand dagegen zu murren beliebte, und Gott, dessen Gesetze ein so allgemeines Gut befassen, dass alles uns Sichtbare nur ein kleines Stuck davon ist, sollte seine Gesetze abändern, weil sie heute diesem und morgen jenem nicht gefallen? weil bald ein Abergläubischer in der falschen Meinung, dass ein Ungeheuer etwas Erschreckliches verkünde, zu einem verbrecherischen Opfer in seinem Irrthum übergeht, bald eine gute Seele, die trotzdem nicht viel sich aus der Tugend macht und nicht glaubt, dass man schon genug gestraft sei, wenn man keine Tugend hat, daran Anstoss nimmt, dass ein schlechter Mensch reich wird und sich einer kräftigen Gesundheit erfreut? Kann man sich wohl eine falschere Vorstellung von einer allgemeinen Vorsehung machen? Alle Welt erkennt, dass das Naturgesetz: Der Starke besiegt den Schwachen, sehr weise gegeben worden und dass es lächerlich sei, wenn man fordern wollte, dass Gott bei dem Fall eines Steines auf eine zerbrechliche Vase, welche die Freude ihres Eigenthümers bildet, dieses Gesetz hier aufheben solle, um jenem Herrn seinen Kummer zu ersparen. Wäre es nicht auch lächerlich, wenn man von Gott verlangen wollte, er sollte dasselbe Gesetz aufheben, damit ein schlechter Mensch sich nicht durch die Plünderung eines guten Menschen bereichere? Je mehr der Schlechte sich über die Mahnungen seines Gewissens und seiner Ehre hinwegsetzt, um so mehr übertrifft er an Kraft den Guten; mischt sich also letzterer hinein, so muss er nach dem Lauf der Natur sich in's Verderben stürzen und wenn beide in Geldgeschäfte sich einlassen, so muss nach demselben Lauf der Natur der Schlechte sich mehr als der Gute bereichern, gerade so, wie ein heftiges Feuer mehr Holz verzehrt, als ein Strohfeuer. Wenn man verlangt, dass ein schlechter Mensch krank werde, so ist dies mitunter ebenso ungerecht, als wenn man verlangt, dass ein fallender Stein ein Glas nicht zerbreche, denn nach der Art, wie seine Organe sich verhalten, können weder die Nahrungsmittel, welche er verzehrt, noch die Luft, die er einathmet nach natürlichen Gesetzen seiner Gesundheit schaden. Deshalb beklagen sich die, welche über seine Gesundheit sich beklagen, darüber, dass Gott seine festgestellten Gesetze nicht verletze. Sie haben dabei um so mehr Unrecht, als durch die Verbindungen und Verkettungen, die allein Gott herrichten kann, es sich oft trifft, dass der Lauf der Natur die Strafe der Sünde herbeiführt.«

206. Es ist sehr schade, dass Herr Bayle so schnell den so glücklich von ihm betretenen Weg verlassen hat, wonach er die Gründe zu Gunsten der Vorsehung geltend macht; es würde ihm viel Frucht gebracht haben; indem er Schönes gesagt, würde er zugleich Gutes gesagt haben. Ich bin mit dem ehrwürdigen Pater Malebranche einverstanden, dass Gott die Dinge in der ihm würdigsten Weise macht; allein ich gehe ein wenig weiter als er, in Bezug auf die *allgemeinen* und *besondern Willenshandlungen*. Da Gott nichts ohne Grund thun kann, selbst wenn er Wunder verrichtet, so folgt, dass er für die einzelnen Ereignisse nur das will, was die Folge einer Wahrheit oder eines allgemeinen Willens ist. Deshalb hat er wohl niemals solches besondere Wollen, wie dieser Pater es meint, d.h. ein *besonderes ursprüngliches* Wollen.

207. Ich glaube, dass selbst die Wunder hierin sich von andern Ereignissen nicht unterscheiden, denn die Gründe einer über der Natur stehenden Ordnung veranlassen deren Bewirkung. Ich möchte deshalb mit diesem Pater nicht sagen, dass Gott von seinen allgemeinen Gesetzen abgehe, so oft die Ordnung es verlange; er thut dies nur um eines andern mehr anwendbaren Gesetzes willen, und dass die Ordnung dies will, dürfte wohl mit der Regel der Ordnung überhaupt übereinstimmen, welche zu den allgemeinen Gesetzen gehört. Das Kennzeichen der Wunder (im strengsten Sinne aufgefasst) ist, dass man sie aus der Natur geschaffener Dinge nicht erklären kann. Wenn daher Gott ein allgemeines Gesetz aufstellte, wonach die Körper einander anzögen, so könnte er dessen Ausführung nur durch fortwährende Wunder erreichen; und wenn Gott wollte, dass die Glieder des menschlichen Körpers sich nach dem Willen der Seele in Gemässheit des Systems der *Gelegenheits-Ursachen* bewegten, so würde auch dieses Gesetz sich nur durch fortwährende Wunder ausführen lassen.

208. Deshalb muss man annehmen, dass Gott unter den nicht unbedingt nothwendigen allgemeinen Regeln die wählt, welche die natürlichsten sind, welche am leichtesten sich rechtfertigen lassen und mittelst derer noch andere Dinge gerechtfertigt werden können. Dies ist offenbar das Schönste und das Gefälligste und wenn das *System der vorherbestimmten Harmonie* nicht schon ausserdem nothwendig wäre, weil es die überflüssigen Wunder beseitigt, so würde Gott es doch gewählt haben, weil es das harmonischste ist. Die Wege Gottes sind die einfachsten und gleichmässigsten, deshalb wählt er Regeln, die sich einander am wenigsten beschränken; sie sind auch die fruchtbarsten in Betracht der *Einfachheit der Wege*; wie man sagt, dass das Hans das beste sei, was man mit einer bestimmten Summe habe bauen können. Man kann selbst diese beiden Bedingungen, die Einfachheit und die Fruchtbarkeit, auf *einen* Vortheil zurückführen, nämlich die möglichste Vollkommenheit hervorzubringen, und deshalb geht das System des Pater Malebranche in diesem Punkte auf das meinige zurück. Denn selbst wenn die Wirkung des seinigen grösser, aber die Wege weniger einfach wären, würde man wohl, alles in allem erwogen und berechnet, sagen können, dass die Wirkung bei diesem Systeme weniger gross sei, indem man nicht blos die Endwirkung, sondern auch die Mittel-Wirkungen dabei in Betracht zu nehmen hat. Denn der Weise handelt möglichst so, dass die *Mittel* in gewisser Weise auch *Zwecke* sind, d.h. wünschenswerth nicht blos um dessen, was sie *leisten*, sondern auch um dessen willen, was sie selbst *sind*. Die verwickelteren Wege brauchen zu viel Platz, zu viel Raum, zu viel Orte, zu viel Zeit, die man besser anwenden könnte.

209. Wenn sonach alles auf die höchste Vollkommenheit hinausläuft, so gelangt man zu meinem Gesetze, des Besten, denn die Vollkommenheit befasst nicht blos das moralische und physische Gute der verständigen Geschöpfe, sondern auch das Gute, was nur metaphysisch ist und was auch die vernunftlosen Dinge der Schöpfung befasst. Daraus folgt, dass das bei den vernünftigen Geschöpfen vorkommende Uebel nur als mitbegleitend vorkommt, nicht vermöge eines nachfolgenden Willens, indem es in dem möglichst besten Plane mit eingeschlossen ist. Das metaphysische Gute, welches alles befasst, ist die Ursache, dass manchmal dem physischen und moralischen Uebel ein Platz gewährt werden muss, wie ich schon wiederholt erklärt habe. Die alten Stoiker scheinen von diesem Systeme nicht weit entfernt gewesen zu sein; selbst Herr Bayle hat es in seinem Wörterbuche bei dem Artikel Chrysipp Buchstabe T. bemerkt und es ist nöthig hier seine Worte anzuführen, um ihm selbst mitunter entgegenzutreten und zu den schönen Gedanken, die er sonst dargeboten hat, zurückzuführen. Er sagt S. 930: »Chrysipp prüfte in seinem Werke über die Vorsehung unter andern Fragen auch die, ob die Natur der Dinge oder die Vorsehung, welche die Welt und das menschliche Geschlecht gemacht hat, auch die Krankheiten, denen die Menschen unterworfen sind, gemacht habe. Er antwortet, dass die Hauptabsicht der Natur die Menschen der Krankheit nicht habe unterwerfen wollen, da dies der Ursache alles Guten nicht anstehen würde; allein indem sie mehrere grosse, gut geordnete und sehr feine Dinge vorbereitete und hervorbrachte, so fand sie, dass daraus auch einiges Unpassende hervorgehe und deshalb sind letztere zwar ihrer ursprünglichen Absicht und ihrem Endziele nicht gemäss gewesen, aber sie haben zu den Folgen des Werkes gehört und sind nur als Folgen hervorgegangen. Um den menschlichen Körper zu bilden, verlangte die feinere Idee und selbst der Nutzen des Werkes, dass der Kopf sich aus einem Gewebe von feinen und lockern Knochen zusammensetze, aber in Folge dessen konnte er den Schlägen nicht widerstehen. Die Natur sorgte für die Gesundheit, allein gleichzeitig musste durch eine Art von Mitfolge die Quelle der Krankheiten geöffnet werden. Ebenso ist es mit der Tugend; die unmittelbare Thätigkeit der Natur, welche sie hat entstehen lassen, bringt durch einen Gegenschlag die Entstellung der Laster hervor.«

273 Ich habe nicht wörtlich übersetzt und will deshalb zu Gunsten derer, welche Latein verstehen, den Text von Aul. Gellius Buch 6, Kap. 1 hersetzen: »*Idem Chrysippus in eodem libro (quarto, peri pronoias* [über die Vorsehung]) *tractat consideratque, dignumque esse id quaeri putat, ei hai tôn anthrôpôn nosoi kata physin gigontai*? (Ob die Krankheiten der Menschen naturgemäss entstehen); *id est naturane ipsa rerum vel providentia, quae compagem hanc mundi et genus hominum fecit, morbos quoque et debilitatem et aegritudines corporum, quas patiuntur homines, fecerit. Existimat autem, non fuisse hoc principale naturae concilium, ut faceret homines morbis obnoxios. Nunquam enim hoc convenisse naturae auctori parentique rerum omnium bonarum. Sed quum multa, inquit, atque magna gigneret, pareretque optissima et utilissima, alia quoque simul agnata sunt incommoda iis ipsis, quae faciebat cohaerantia: eoque non per naturam, sed per sequelas quasdam necessaria facta dicit, quod ipse appellet kata parakolouthêsin. Sicut, inquit, quum corpora hominum natura fingeret, ratio subtilior et utilitas ipsa operis postulavit ut tenuissimis minutisque ossiculis caput compingeret. Sed hanc utilitatem rei majoris alia quaedam incommoditas extrinsecus consecuta est, ut fieret caput tenuiter munitum et ictibus offensionibusque parvis fragile. Proinda morbi quoque et aegritudines partae sunt, dum salus paritur. Sic, Hercle, inquit, dum virtus hominibus per consilium naturae gignitur, vitia ibidem per affinitatem contrariam*

nota sunt.« – Ich meine, ein Heide konnte bei seiner Unwissenheit über den Sünden-Fall des ersten Menschen nichts vernünftigeres sagen; denn wir können diesen Sünden-Fall, welcher die wahre Ursache von unserm Elend ist, nur durch die Offenbarung wissen. Wenn wir noch mehrere ähnliche Auszüge aus den Werken des Chrysipp, oder vielmehr seine Werke selbst hätten, so würden wir eine bessere Vorstellung, als jetzt, von der Schönheit seiner geistigen Anlagen haben.

210. Jetzt wollen wir die Kehrseite der Medaille in dem veränderten Herrn Bayle betrachten. Nachdem er in seiner Antwort auf die Fragen eines Bewohners der Provinz (Kap. 155, S. 992, Thl. III) folgende Worte des Herrn Jaquelot, die ganz nach meinem Geschmack sind, angeführt hat: »Die Ordnung des Universum zu ändern, ist eine unendlich wichtigere Sache als das Glück eines guten Menschen«, so fügt Herr Bayle hinzu: »Diese Worte haben etwas Blendendes; der Pater Malebranche hat sie in das schönste Licht gestellt und einige seiner Leser überredet, dass ein einfaches und sehr fruchtbares System mehr der Weisheit Gottes entspreche, als ein verwickelteres und verhältnissmässig weniger fruchtbares, aber mehr zur Verhinderung von Unregelmässigkeiten geeignetes. Herr Bayle gehört zu denen, welche glaubten, dass Herr Malebranche damit eine wunderbare Lösung gebe (es ist Herr Bayle selbst, der so spricht); aber man kann sich kaum damit abfinden lassen, nachdem man die Bücher des Herrn Arnaud gegen dieses System gelesen hat und die weite und ungeheure Vorstellung des höchst vollkommenen Wesens erwogen hat. Diese Vorstellung lehrt uns, dass es für Gott nichts leichteres giebt, als einen einfachen, fruchtbaren, regelmässigen und zugleich für alle Geschöpfe zusagenden Plan zu befolgen.«

211. Als ich in Frankreich war, theilte ich Herrn Arnaud ein Gespräch mit, was ich über die Ursache des Uebels und die Gerechtigkeit Gottes in lateinischer Sprache verfasst hatte. Dies geschah nicht blos vor dessen Streitigkeiten mit Herrn Malebranche, sondern selbst vor dem Erscheinen von des letztem Werke über die Erforschung der Wahrheit. Der Grundsatz, den ich hier aufrecht erhalte, nämlich dass die Sünde gestattet worden sei, weil sie in dem besten Plane für das Universum schon mit enthalten gewesen, war in jenem schon benutzt worden und Herr Arnaud schien sich damals darüber nicht zu ereifern. Allein der kleine Hader, den er seitdem mit diesem Pater gehabt hat, hat ihn zu einer aufmerksameren Prüfung dieses Gegenstandes und zu einer strengeren Beurtheilung desselben veranlasst. Ich bin jedoch mit der Weise, wie Herr Bayle hier die Sache ausgedrückt hat, nicht ganz zufrieden und ich bin nicht der Meinung, *dass ein verwickelterer, aber weniger fruchtbarer Plan die Unregelmässigkeiten mehr beseitigen könne*. Die Regeln sind das, was der allgemeine Wille verlangt; je mehr man Regeln findet, desto mehr giebt es Regelmässigkeit; die Einfachheit und die Fruchtbarkeit sind das Ziel der Regeln. Man wird mir entgegnen, dass ein sehr einheitliches System ohne Unregelmässigkeiten sein werde. Ich antworte, dass es eine Unregelmässigkeit sein würde, wenn es zu einheitlich wäre; dies würde den Regeln der Harmonie schaden. *Et citharaedus ridetur, corda, qui semper oberrat eadem.* (Auch der Zitherspieler wird ausgelacht, wenn er immer auf derselben Saite herumspielt.) Ich glaube, dass Gott einen einfachen, fruchtbaren und regelmässigen Plan befolgen kann, aber ich glaube nicht, dass der beste und regelmässigste Plan zugleich allen Geschöpfen der behaglichste sein wird und ich schliesse dies *a posteriori*, weil der von Gott erwählte Plan nicht ein solcher ist. Ich habe es aber auch *a priori* durch die aus der Mathematik entlehnten Beispiele dargelegt und ich will noch ein weiteres hier geben. Ein Anhänger des Origenes, welcher verlangt, dass alle vernünftigen Wesen zuletzt glücklich werden, würde dann noch leichter zufriedengestellt werden. Er würde, nach dem Ausspruch des heiligen Paulus über die Leiden dieser Welt, sagen, dass die endlichen Leiden mit einem ewigen Glück nicht verglichen werden können.

212. Das Täuschende in dieser Frage liegt, wie ich schon gesagt habe, darin, dass man meint, dass das, was für das Ganze das Beste ist, auch das möglichst Beste für jeden Theil sein müsse. Man beweist so in der Geometrie, wenn es sich um das *Grösste* und *Kleinste* handelt. Wenn der beabsichtigte Weg von A nach B der möglichst kürzeste ist und dieser Weg über C führt, so muss auch der Weg von A nach G, als ein Theil jenes, der möglichst kürzeste sein. Allein die Folgerung von der Quantität auf die Qualität ist nicht immer richtig, so wenig wie die von der Gleichheit auf die Aehnlichkeit. Denn *gleich* sind die Dinge von derselben Quantität und *ähnlich* sind die, welche sich in der Qualität nicht unterscheiden. Der verstorbene Herr Sturm, ein berühmter Mathematiker in Altdorf, befand sich in seiner Jugend in Holland und veröffentlichte dort ein kleines Buch unter dem Titel: *Euklides Catholicus*. Er versuchte darin genaue und allgemeine Regeln über nichtmathematische Materien aufzustellen und wurde dazu durch den verstorbenen Erhard Weigel ermuthigt, welcher sein Lehrer gewesen war. In diesem Buche überträgt er das, was Euklid von dem Gleichen gesagt hatte, auf das Aehnliche und stellt folgenden Satz auf: *Si similibus addas similia, tota sunt similia.* (Aehnliches zu Aehnlichem hinzugefügt, ergiebt Aehnliches.) Es wurden aber so viele Einschränkungen bei Geltendmachung dieser neuen Regel nothwendig, dass meines Erachtens es besser gewesen wäre, diese Regel gleich mit diesen Beschränkungen aufzustellen, indem man sagt; *Si similibus similia addas similiter tota sunt similia.* (Wenn man Aehnliches zu Aehnlichem in ähnlicher Weise hinzufügt, so sind die Ganzen sich ähnlich.) Auch die Geometer pflegen oft zu fordern *non tantum similia, sed etiam similiter posita.* (Nicht blos Aehnliches, sondern auch ähnlich Hinzugefügtes.)

213. Dieser Unterschied zwischen Quantität und Qualität zeigt sich auch in unserm Falle. Der Theil des kürzesten Weges zwischen zwei Punkten, ist auch der kürzeste Weg zwischen den beiden Enden dieses Theiles; allein der Theil des besten Ganzen ist nicht nothwendig der beste, zu dem man diesen Theil machen könnte; denn der Theil einer schönen Sache ist nicht immer schön, da er auf unregelmässige Weise aus dem Ganzen herausgenommen, oder herausgezogen sein kann. Bestände die Güte und die Schönheit immer in etwas Einförmigen, für sich Bestehenden, wie es bei der Ausdehnung, dem Stoffe, dem Golde, dem Wasser und andern gleichartigen oder ähnlichen Körpern der Fall ist, so müsste man anerkennen, dass der Theil des Guten und Schönen, so schön und gut wie das Ganze sei, weil er dem Ganzen immer gleichen würde; allein dies gilt nicht für Dinge, deren Theile in Beziehung auf einander stehen. Ein aus der Geometrie entlehntes Beispiel wird meine Gedanken deutlicher machen.

214. Es giebt eine Art *Geometrie*, welche Herr Jung in Hamburg, einer der ausgezeichnetsten Männer seiner Zeit, die *empirische* nennt. Sie bedient sich beweisender Erfahrungen und beweist mehrere Lehrsätze von Euklid, insbesondere solche, welche die Gleichheit zweier Figuren betreffen. Die eine Figur wird in Stücke geschnitten und aus der Zusammenstellung dieser Stücke ergiebt sich die andere Figur. Schneidet man in dieser Weise die Vierecke der beiden Seiten eines rechtwinkeligen Dreiecks in die richtigen Stücke und setzt sie gehörig zusammen, so ergiebt sich das Viereck der Hypothenuse. Es ist dies ein empirischer Beweis vom 47. Lehrsatze im ersten Buche des Euklid.

Wenn nun einige von diesen Stücken der beiden kleinem Vierecke verloren gingen, so würde an dem grossen Viereck etwas fehlen und dann würde diese mangelhafte Zusammenstellung anstatt zu gefallen, von auffallender Hässlichkeit sein. Würden die übrig gebliechenen Stücke, welche das mangelhafte Viereck bilden, für sich und ohne Rücksicht auf das grosse Viereck, welches sie bilden sollen, genommen, so könnte man sie ganz anders zusammenstellen und eine leidliche Figur aus denselben bilden. Sobald aber die fehlenden Stücke sich wieder finden würden und die Lücke in der zusammengesetzten Figur ausgefüllt würde, so würde eine schöne und regelmässige Figur daraus hervorgehen, nämlich das ganze grosse Viereck, und dies würde viel schöner sein, als jene leidliche Figur, die man aus den nicht verlorenen Stücken gebildet hätte. Die vollständig zusammengesetzte Figur entspricht nun dem Universum, und die mangelhaft zusammengesetzte Figur entspricht einem Theile desselben, wo man Mängel antrifft, welche der Schöpfer aller Dinge zugelassen hat, weil, wenn er diesen mangelhaften Theil hätte verbessern und daraus eine leidliche Figur bilden wollen, das Ganze nicht mehr so schön gewesen sein würde; denn die Theile des mangelhaften Ganzen hätten, wenn man sie besser zu einer leidlichen Figur zusammengestellt hätte, nicht so benutzt werden können, wie es geschehen musste, wenn man die volle und vollkommene Figur daraus hätte bilden wollen. Thomas von Aquino hat dies eingesehen, als er sagte: »*ad prudentem gubernatorum pertinet, negligere aliquem defectum bonitatis in parte, ut faciat augmentum bonitatis in toto.*« (Es gehört zu einem guten Ordner, dass er einen Mangel an Güte bei einen Theile zulässt, damit die Güte des Ganzen dadurch desto grösser werde.) (*Thomas contra gentiles.* Buch 2, Kap. 71.) Auch Thomas Gataker citirt in seinen Noten zu dem Buche von Marc Aurel (Buch 5, Kap. 8 bei Herrn Bayle) Aussprüche von Schriftstellern, welche besagen, dass die Fehler der Theile oft das Gute des Ganzen sind.

215. Ich kehre zu den Einwendungen des Herrn Bayle zurück. Er nimmt einen Fürsten an (S. 963), welcher eine Stadt bauen lässt. Aus falschem Geschmack hat er es lieber, dass sie das Ansehen von Pracht und einem kühnen und eigenthümlichen Baustyle zeige, als dass ihre Bewohner alle Arten von Bequemlichkeit darin finden. Wenn dieser Fürst aber wahre Seelengrösse hätte, so würde er eine bequeme Bauart einer prächtigen vorziehen. So urtheilt Herr Bayle. Dennoch wird man meines Erachtens unter Umständen die schöne Bauart eines Palastes mit Recht höher stellen, als die Bequemlichkeit einiger Dienstboten. Dagegen würde allerdings die Bauart trotz ihrer Schönheit schlecht sein, wenn sie Krankheiten der Bewohner veranlasste, sofern es nämlich möglich war, eine bessere Bauart zu wählen, welche die Schönheit, die Bequemlichkeit und die Gesundheit zusammen berücksichtigte. Denn allerdings kann es kommen, dass man nicht alle diese Vortheile zusammen haben kann und dass man vorgezogen hat, das Schloss an der Mittagsseite des Gebirges zu bauen, weil, wenn man es auf die gesundere Nordseite gebaut hätte, es einen unerträglichen Baustyl bekommen haben würde.

216. Herr Bayle macht auch noch den Einwand, dass allerdings unsere Gesetzgeber nicht immer solche Bestimmungen auffinden können, die jedem Einzelnen behagen. »*Nulla lex satis commoda omnibus est; id modo quaeritur si majori parti et in summam prodest.* (Cato bei Livius, Buch 34 im Anfange.) (Kein Gesetz genügt allen; es kommt nur darauf an, dass es der Mehrheit und im Ganzen Vortheil bringt.) Indess ist es die beschränkte Einsicht unserer Gesetzgeber, welche sie zu solchen Gesetzen nöthigt, die wenigstens alles in allem genommen mehr nützlich, wie schädlich sind. Allein alles dies passt nicht auf Gott, der in Macht und Wissen ebenso unendlich ist, wie in Güte und wahrhafter Grösse.« – Darauf erwidere ich, dass wenn Gott das möglichst Beste erwählt, man ihm deshalb keine Schranke in seiner Vollkommenheit vorwerfen kann; auch übertrifft im Universum nicht blos das Gute die Uebel, sondern das Uebel dient auch zur Vermehrung des Guten.

217. Herr Bayle sagt auch, dass die Stoiker aus diesem Grundsatze eine Gottlosigkeit abgeleitet haben, indem sie sagten, dass man die Uebel geduldig ertragen müsse, weil sie nothwendig wären, nicht blos zur Gesundheit und Vollständigkeit des Universums, sondern auch zum Glück, zur Vollkommenheit und dem Gedeihen Gottes, welcher es regiere. Dasselbe hat der Kaiser Marc Aurel im 8. Kap., Buch 5 seiner Selbstgespräche gesagt, wo es heisst: »*Duplici ratione diliges oportet, quicquid evenerit tibi; altera quod tibi natum et tibi coordinatum et ad te quodammodo affectum est; altera, quod Universi Gubernatori prosperitatis et consummationis atque adeo permansionis ipsius procurandae* (*tês euêdias kai tês synteleias kai tês symmonês autês*) *ex parte causa est.*« (Aus zwiefachem Gründe hat man das, was einem begegnet, zu lieben; einmal weil es dir angeboren, und dir angemessen und dir gleichsam angeheftet ist und zweitens weil es zum Theil die Ursache des Wohlergehens, und der Vollendung und also der Erhaltung des Regierers des Universums ist.) – Diese Anweisung ist nicht gerade die vernünftigste der von diesem grossen Kaiser gegebenen. Das eine, *diligas oportet* (*stergein chrê*) (Man hat zu lieben) ist nichts werth; ein Gegenstand wird nicht liebenswerth, weil er nothwendig ist und weil er für jemand bestimmt und ihm angeheftet ist; auch hört dies, was ein Uebel für mich ist, nicht auf, es zu sein, weil es ein Gut für meinen Herrn ist, sofern dieses Gut nicht auch mir zu Statten kommt. Zu den in der Welt vorhandenen Gütern gehört auch unter anderem, dass das allgemeine Gut auch wirklich zum besondern Gut derer werde, welche ihren Schöpfer über alles lieben. Aber der Hauptirrthum dieses Kaisers und der Stoiker war, dass sie glaubten, das Gute im Universum müsste Gott selbst Vergnügen gewähren, weil sie Gott als die Weltseele auffassten. Dieser Irrthum ist in meinem Lehrsatz nicht enthalten, Gott ist nach mir, die *intelligentia extramundana* (die ausserweltliche Vernunft), wie Martian Capella sagt, oder vielmehr *supramundana* (die überweltliche). Ausserdem handelt es sich darum, Gutes zu thun, nicht Gutes zu empfangen. *Melius est dare, quam accipere.* (Das Geben ist besser, als das Empfangen.) Gottes Seligkeit ist immer vollkommen und kann weder innerlich noch äusserlich einen Zuwachs erhalten.

218. Ich komme zu dem Haupteinwande, welchen Herr Bayle, nach Herrn Arnaud, mir macht. Er ist verwickelt; sie behaupten, Gott wäre gezwungen und würde aus Zwang handeln, wenn er verpflichtet wäre, das Beste zu schaffen; oder er wäre wenigstens ohnmächtig gewesen, wenn er kein besseres Mittel für den Ausschluss der Sünde und der übrigen Uebel hätte auffinden können. Damit wird in Wahrheit geleugnet, dass das Universum das Beste sei und dass Gott genöthigt sei, sich dem Besten zuzuwenden. Dem habe ich bereits mehrmals begegnet; ich habe gezeigt, dass Gott nicht ermangeln kann, das Beste zu schaffen und dies vorausgesetzt, folgt, dass die Uebel, die wir erleiden, vernünftiger Weise von dem Universum nicht, ausgeschlossen werden konnten, weil sie eben darin vorhanden sind. Indess wollen wir das, was diese beiden ausgezeichneten Männer einwenden, oder vielmehr was Herr Bayle einwendet, in Betracht nehmen; denn Herr Bayle gesteht, dass er die Gründe des Herrn Arnaud benutzt habe.

219. Er sagt in Kap. 151 seiner Antwort auf die Fragen etc. Thl. III, S. 890: »Wäre es wohl möglich, dass eine Natur, deren Güte, Heiligkeit, Weisheit, Wissen und Macht unendlich ist, welche die Tugend über alles liebt, wie die klare und bestimmte Vorstellung von dessen Natur in uns sie kennen lehrt und wie beinah jede Seite der heiligen Schrift es bestätigt, in der Tugend gar kein Mittel habe finden können, was für ihre Zwecke passend und angemessen gewesen wäre? Sollte wohl das Laster allein ihr dieses Mittel geboten haben? Man möchte im Gegentheil glauben, dass nichts dieser Natur genehmer wäre, als die Tugend mit Ausschluss jedes Lasters in ihr Werk aufzunehmen.« – Herr Bayle übertreibt hier die Dinge. Ich gestehe zu, dass einige Laster mit dem besten Plane für das Universum verknüpft sind, allein ich gebe nicht zu, dass Gott in der Tugend kein für seine Zwecke passendes Mittel habe finden können. Dieser Einwurf wäre begründet, wenn es gar keine Tugend gäbe, wenn das Laster überall deren Stelle einnähme. Herr Bayle wird sagen, es genüge, dass das Laster herrsche und dass die Tugend im Vergleich zu ihm nur ein Kleines sei. Allein ich hüte mich, ihm dies einzuräumen und ich glaube wirklich, dass, richtig aufgefasst, es unvergleichlich mehr moralisch Gutes, wie moralisch Schlechtes bei den vernünftigen Geschöpfen giebt, von denen wir überdem nur eine geringe Zahl kennen.

220. Auch ist dieses Uebel in den Menschen nicht so gross, als man vorgiebt; es giebt nur Leute von bösem Gemüth oder Leute, die durch das Unglück etwas Menschenhasser geworden sind, wie der Timon bei Lucian, welcher überall nur Schlechtigkeit antraf, und welche die besten Handlungen durch die Art, wie sie dieselben erklären, vergiften. Ich spreche hier von solchen, welche dies ganz ernstlich meinen, um daraus schlechte Folgerungen zu ziehen, von welchen deren Handlungsweise angesteckt ist; denn Manche thun es auch nur um ihren Scharfsinn zu zeigen. Man hat dies bei Tacitus getadelt, und dies ist es auch, was Herr Descartes (in einem seiner Briefe) gegen das Buch von Hobbes *de Cive* (über den Bürger) einzuwenden hat man hatte damals nur wenige Exemplare davon gedruckt, welche an seine Freunde vertheilt werden sollten; die zweite Ausgabe, die wir besitzen, ist durch Bemerkungen des Verfassers vermehrt worden. Herr Descartes erkennt zwar an, dass dieses Buch von einem gescheidten Manne herrühre, aber er findet doch darin gefährliche Grundsätze und Lehren, weil alle Menschen darin als schlecht angenommen werden oder man ihnen einen Grund giebt, es zu werden. Der verstorbene Herr Jacob Thomasius sagt in seinen schönen Tafeln der praktischen Philosophie, dass das *prôton pseudos*, der Ursprung der Irrthümer dieses Buches des Herrn Hobbes darin liege, dass er den *Statum legalem pro naturali* (den gesetzlichen Zustand für den natürlichen) genommen habe, d.h. dass der verdorbene Zustand für ihn als Maass und Regel gelte, während der der menschlichen Natur am meisten entsprechende Zustand es sei, welchen Aristoteles im Auge gehabt habe. Denn nach Aristoteles ist das *natürlich*, was der vollkommenen Natur einer Sache am meisten entspricht, während Herr Hobbes denjenigen Zustand den natürlichen nennt, welcher am wenigsten Kunst enthält, indem er vielleicht nicht bedenkt, dass die menschliche Natur in ihrer Vollkommenheit die Kunst mit in sich enthält. Indessen wäre dieser Wortstreit über das was natürlich ist, von wenig Erheblichkeit, wenn Aristoteles und Hobbes nicht den Begriff des Naturrechts darauf gestützt hätten und jeder dabei seine Definition festgehalten hätte. Ich habe früher gesagt, dass ich in dem Buche über die Falschheit der menschlichen Tugenden denselben Fehler finde, welchen Herr Descartes in dem Werke von Hobbes über den Bürger gefunden hat.

221. Selbst wenn in dem Menschlichen Geschlecht des Lasters mehr als der Tugend wäre, wie ja auch die Zahl der Verworfenen die der Auserwählten übertreffen soll, so folgt daraus keineswegs, dass das Laster und das Elend die Tugend und das Glück in dem Universum übersteigen; man muss vielmehr das Gegentheil annehmen, weil der Staat Gottes der vollkommenste von allen möglichen Staaten ist, da er von dem grössten und besten aller Monarchen gebildet worden ist und fortwährend geleitet wird. Diese Antwort bestätigt das von mir oben bei der Uebereinstimmung des Glaubens mit der Vernunft Gesagte. Es ist eine der grössten Quellen für die Fehlschlüsse in diesen Einwürfen, dass man das Scheinbare mit dem Wirklichen verwechselt. Ich meine damit nicht unbedingt das Scheinbare, welches aus einer genauen Erwägung der Thatsachen sich ergiebt, sondern das, was aus dem kleinen Umfang unserer Erfahrungen abgeleitet wird. Es ist sehr unvernünftig, wenn man so unvollkommene und so wenig scheinbare Schlüsse den Beweisen der Vernunft und den Offenbarungen des Glaubens entgegenstellt.

222. Schliesslich habe ich schon gesagt, dass die Liebe der Tugend und der Hass des Lasters mit ihrer unbestimmten Richtung auf Verwirklichung der Tagend und Verhinderung des Lasters nichts sind, als der Wille, das Glück aller Menschen zu fördern und ihr Elend zu verhindern. Diese vorgehenden Willen bilden nur einen Theil alles vorgehenden Willens Gottes zusammen, dessen Ergebniss den nachfolgenden Willen oder den Beschluss, das Beste zu schaffen, ergiebt. Durch diesen Beschluss erhält die Liebe zur Tagend und das Glück der vernünftigen Geschöpfe, was an sich unbestimmt ist und so weit geht, als sie vermögen, einige kleine Beschränkungen in Folge der Rücksicht auf das allgemeine Wohl. In diesem Sinne muss man die höchste Liebe Gottes zur Tugend und seinen höchsten Hass des Lasters verstehen, wobei dessenungeachtet einiges Laster gestattet sein darf.

223. Herr Arnaud und Herr Bayle meinen, dass diese Weise, die Dinge zu erklären und einen besten Plan für das Universum unter allen anzunehmen, der von keinem andern übertroffen werden könne, die Macht Gottes beschränke. Herr Arnaud sagt gegen den Pater Malebranche (in seinen Betrachtungen über das neue System der Natur und der Gnade, Thl. II, 385): »Haben Sie *wohl bedacht*, dass Sie mit Annahme solcher Sätze den ersten Artikel der Symbole umstürzen, wonach wir bekennen zu glauben an Gott den allmächtigen Vater?« – Schon vorher hatte Herr Arnaud gesagt (S. 362): »Kann man, ohne sich selbst blind zu machen, behaupten, dass ein solches Verfahren, was nicht ohne diese hässliche Folge sein konnte, wonach die Mehrzahl der Menschen ins Verderben geräth, mehr ein Zeichen der Güte Gottes an sich trüge, als ein anderes Verfahren, was, wenn Gott es befolgt, bewirkt hätte, dass alle Menschen gerettet worden wären?« Und da Herr Jacquelot von den Grundsätzen nicht ablässt, die ich hier geltend gemacht habe, so macht ihm Herr Bayle ähnliche Vorwürfe (Antwort auf die Fragen, Cap. 151, S. 900, Thl. III) und sagt: »Wenn man solchen Erläuterungen beitritt, so muss man den klarsten Begriffen über die Natur des vollkommensten Wesens entsagen. Nach denselben ist diesem alles möglich, was keinen Widerspruch enthält und also auch möglich, Menschen zu retten, die es trotzdem nicht errettet; denn welcher Widerspruch sollte daraus hervorgehen, dass die Zahl der Erwählten grösser wird, als jetzt? Jene Begriffe lehren uns, dass, weil jenes Wesen höchst glücklich ist, es nichts wolle, was es nicht ausführen könne. Wie ist es da zu begreifen, dass es dies nicht könne? Also gebe man nur das Mittel an, wodurch man verstehen kann, dass das Wesen es nicht könne. Wir suchten nach dem Lichte, welches uns aus der Verlegenheit zöge in der wir uns befinden, wenn wir die Vorstellung Gottes mit dem Zustande des Menschengeschlechts vergleichen und man giebt uns Aufklärungen, die uns noch in dichtere Finsterniss hüllen.«

224. Alle diese Einwürfe erlöschen durch die von mir eben gegebene Auseinandersetzung. Ich stimme dem Grundsatz des Herrn Bayle bei; er ist auch der meine, dass alles, was sich nicht widerspricht, möglich ist. Aber für mich, der ich behaupte, dass Gott das möglichst Beste gethan oder dass er es nicht besser machen konnte, als es geschehen ist und wo, mir zu Folge, eine andere Auffassung von seinem Werke seine Güte und Weisheit verletzen würde, wäre es ein Widerspruch, wenn etwas gemacht werden könnte, was in Güte selbst das Beste überträfe. Dann könnte man eben so gut behaupten, dass Gott von einem Punkte zu dem andern eine Linie ziehen könne, die kürzer sei als die gerade Linie zwischen beiden und die, welche dies leugnen, des Umstosses jenes Glaubensartikels beschuldigen, nach welchem wir an Gott den allmächtigen glauben.

225. Die unendliche Menge des Möglichen ist, wenn sie auch noch so gross ist, nicht grösser als die Weisheit Gottes, welche alle Möglichkeiten kennt. Man kann selbst sagen, dass wenn auch die Weisheit Gottes diese Möglichkeit extensiv nicht übertrifft, weil die Gegenstände des Verstandes nicht über das Mögliche hinaus können, welches in einem Sinne nur etwas Vorstellbares ist, sie diese Möglichkeit doch intensiv übertrifft in Folge der in unendlicher Weise unendlichen Verbindungen, welche sie damit bildet und der gleichen Menge von Ueberlegungen, welche sie darüber anstellt. Die Weisheit Gottes begnügt sich nicht blos damit, alle Möglichkeiten zu erfassen, sondern sie durchdringt sie auch, vergleicht sie, wägt die eine gegen die andere ab, um den Grad ihrer Vollkommenheit oder Unvollkommenheit zu prüfen, so wie deren Stärke und Schwäche und deren Gutes und Uebles; sie geht selbst über die endlichen Verbindungen hinaus und macht daraus eine Unendlichkeit von Unendlichkeiten, d.h. eine Unendlichkeit der möglichen Folgen der Universa, deren jede eine Unendlichkeit von Geschöpfen enthält. Dadurch vertheilt die göttliche Weisheit alle Möglichkeiten, von denen sie schon jede einzelne für sich betrachtet hat, in so viele allgemeine Systeme und vergleicht dieselben unter einander. Das Ergebniss aller dieser Vergleiche und Beziehungen ist die Wahl des Besten unter allen diesen möglichen Systemen, welche die Weisheit trifft, um der Güte vollkommen genug zu thun und dies ist gerade der Plan des wirklich vorhandenen Universum's. Alle diese Verrichtungen des göttlichen Verstandes erfolgen, obgleich sie unter sich eine Ordnung und eine Priorität von Natur einhalten, immer zusammen, die aber keine Priorität der Zeit nach ist.

226. Bei einer genauen Betrachtung dieser Dinge wird man hoffentlich eine andere Vorstellung von der Grösse der göttlichen Vollkommenheiten bekommen, vornehmlich von der Güte und Weisheit Gottes, welche diejenigen nicht erfassen können, welche Gott aus Zufall, ohne Anlass oder Ursache handeln lassen. Ich weiss auch nicht, wie meine Gegner einer so seltsamen Annahme ausweichen können, wenigstens wenn sie Gründe der Wahl bei Gott anerkennen und dass diese Gründe aus seiner Güte hervorgehen, wo dann nothwendig folgt, dass das Gewählte den Vorzug der Güte über das hat, was nicht gewählt worden ist, und deshalb das Beste von allem Möglichen ist. Das Beste kann in Güte nicht übertroffen werden und man begrenzt nicht die Macht Gottes, wenn man sagt, dass er das Unmögliche nicht thun kann. Ist es möglich, sagt Herr Bayle, dass es keinen bessern Plan giebt, als den Gott verwirklicht hat? Ich antworte, dass dies sehr möglich und selbst nothwendig wäre, ausgenommen, wenn es keinen bessern giebt, denn sonst würde Gott ihn vorgezogen haben.

227. Ich habe nun wohl genügend dargethan, dass es unter allen möglichen Plänen von dem Universum einen giebt, der besser ist als die übrigen, und dass Gott nicht unterlassen hat, diesen zu wählen. Herr Bayle will aber daraus folgern, dass Gott deshalb nicht frei sei. Seine Worte lauten (Kap. 151, S. 899 der angeführten Schrift): »Ich glaubte mit einem Manne zu streiten, welcher mit mir annimmt, dass die Güte und die Macht Gottes so unendlich ist, wie seine Weisheit und nun sehe ich, dass dieser Mann eigentlich annimmt, die Güte und Macht Gottes sei in sehr enge Grenzen eingeschlossen.« Dieser Punkt ist indess bereits erledigt; ich setze der Macht Gottes keine Grenzen, denn ich erkenne an, dass sie sich *ad maximum, ad omnia* (auf das Grösste und auf Alles) erstreckt, auf alles, was keinen Widerspruch enthält und ich setze auch seiner Güte keine Grenzen, weil sie bis zu dem Besten reicht: *ad optimum*. Herr Bayle fährt jedoch fort: »Es giebt also keine Freiheit in Gott; er ist durch seine Weisheit gezwungen, zu schaffen und zwar gerade ein solches Werk und gezwungen, es gerade auf diesen Wegen zu schaffen. Dies sind drei Zwangszustände, welche ein schlimmeres Fatum als das Stoische ausmachen und die alles unmöglich machen, was nicht in das Gebiet dieses Fatum's fällt. Gott hätte wohl nach diesem Systeme selbst, ehe er seine Beschlüsse gefasst hat, sagen können: Ich kann diesen Menschen nicht erretten und jenen nicht verdammen, *quippe vetor fatis* (das Schicksal verbietet es mir), aber meine Weisheit erlaubt es mir nicht.«

228. Ich antworte, dass es die Güte Gottes ist, welche ihn zur Schöpfung bestimmt, um sich mitzutheilen; dieselbe Güte in Verbindung mit seiner Weisheit bestimmt ihn, das Beste zu erschaffen. Dies befasst alle Folgen, die Wirkung und die Wege. Diese Weisheit bestimmt ihn, ohne ihn zu zwingen, denn sie macht das, was sie nicht wählen lässt, nicht unmöglich. Nennt man dies Fatum, so wird es in einen guten Sinne genommen, welcher der Freiheit nicht widerspricht. Fatum kommt von *fari*, sprechen, aussprechen; es bezeichnet ein Urtheil, einen Beschluss Gottes, das, was seine Weisheit bestimmt. Wenn man sagt, dass *man etwas nicht* thun könne, *blos weil man es nicht wolle*, so ist dies ein Missbrauch der Worte. Der Weise will nur das Gute; ist es da eine Knechtschaft, wenn der Wille der Weisheit gemäss handelt? Kann man weniger Sclave sein, wenn man nach seiner eignen Wahl handelt und dem vollkommensten Grunde folgt? Aristoteles sagt, dass derjenige sich in einer natürlichen Knechtschaft *(natura servus)* befinde, welcher sich nicht selbst benehmen kann und geleitet werden muss. Die Knechtschaft kommt von Aussen, sie treibt zu dem, was missfällt und besonders zu dem, was mit Recht missfällt; fremde Gewalt und unsere eigenen Leidenschaften machen uns zu Sclaven. Gott wird dagegen nie durch einen Gegenstand ausserhalb seiner erregt, er ist auch keinen Leidenschaften in seinem Innern ausgesetzt, und er wird niemals zu etwas ihm missfälligen bestimmt. Herr Bayle scheint also den besten Dingen von der Welt hässliche Namen zu geben und die Begriffe zu verkehren, indem er den bedeutendsten Zustand und die vollkommenste Freiheit Knechtschaft nennt.

229. Kurz vorher (Kap. 151, S. 891) hatte er gesagt: »Wenn die Tugend oder sonst ein Gut den Zwecken des Schöpfers eben so entsprächen, wie das Laster, so würde das Laster nicht vorgezogen worden sein; es muss deshalb das einzige Mittel gewesen sein, dessen der Schöpfer sich bedienen konnte und es ist also ans reiner Nothwendigkeit benutzt worden. Wenn also Gott seinen Ruhm nicht in Folge einer

unbestimmten Freiheit, sondern aus Nothwendigkeit liebt, so muss er auch nothwendig alle die Mittel lieben, ohne welche er seinen Ruhm nicht offenbaren kann. Ist nun das Laster, als Laster, das einzige Mittel zur Erlangung dieses Zieles gewesen, so folgt, dass Gott nothwendig das Laster als solches liebt, was man nicht ohne Schaudern sich vorstellen kann, zumal er uns ganz das Gegentheil geoffenbart hat.« – Herr Bayle bemerkt zugleich, dass einige Doktoren bei den Supralapsariern (wie z.B. Retorfort) bestritten haben, dass Gott die Sünde als solche wolle, während sie zugestehen, dass er erlaubnissweise die Sünde wolle, so weit sie strafbar und verzeihlich sei. Allein Herr Bayle hält ihnen entgegen, dass eine Handlung, nur so weit sie lasterhaft ist, strafbar und verzeihlich sein könne.

230. Herr Bayle legt jedoch den von mir eben mitgetheilten Worten Falsches unter und zieht daraus falsche Folgerungen. Es ist nicht wahr, dass Gott seinen Ruhm nothwendig liebe, wenn man darunter versteht, dass er nothwendig bestimmt wird, sich seinen Ruhm durch die Geschöpfe zu verschaffen. Wäre dies der Fall, so würde er sich diesen Ruhm immer und überall verschaffen. Der Beschluss zur Schöpfung ist ein freier. Gott hat die Richtung auf alles Gute; das Gute und selbst das Beste machen ihn zum Handeln geneigt, aber sie zwingen ihn nicht, denn seine Wahl macht das nicht unmöglich, was von dem Bessern verschieden ist; sie bewirkt nicht, dass das, was Gott unterlässt, einen Widerspruch enthält. Es bestellt daher eine Freiheit in Gott, die nicht allein dem Zwange nicht unterliegt, sondern auch nicht der Nothwendigkeit. Ich meine die metaphysische Nothwendigkeit; denn es ist allerdings eine moralische Nothwendigkeit, dass der Weiseste das Beste zu wählen genöthigt ist. Ebenso verhält es sich mit den Mitteln, welche Gott für die Erlangung seines Ruhmes erwählt. Was die dabei vorkommenden Laster anlangt, so habe ich früher gezeigt, dass sie als Mittel kein Gegenstand seines Beschlusses sind, aber wohl als Bedingung *sine qua non* (ohne die das Ziel nicht zu erreichen ist). Nur deshalb ist das Laster erlaubt. Noch weniger ist man berechtigt zu sagen, dass das Laster das *alleinige Mittel* sei; höchstens wäre es *eines* von den Mitteln, aber eines der geringsten unter einer unendlichen Zahl anderer Mittel.

231. Herr Bayle fährt fort: »Damit kommt auch wieder eine andere hässliche Folge, nämlich die Schicksalsnothwendigkeit aller Dinge. Es stand Gott nicht frei, die Ereignisse in einer andern Weise zu ordnen, weil das von ihm erwählte Mittel, um seinen Ruhm zu offenbaren, allein seiner Weisheit entsprach.« Dieses vermeintliche Schicksal oder diese Nothwendigkeit ist nur moralischer Art, wie ich gezeigt habe; sie berührt die Freiheit nicht, vielmehr setzt sie deren besten Gebrauch voraus und macht die Gegenstände, welche Gott nicht erwählt, zu keinen unmöglichen. Herr Bayle fügt hinzu: »Was wird da aus dem freien Willen des Menschen werden? War es nicht Nothwendigkeit oder Schicksalsbestimmung, dass Adam sündigte? Denn hätte er es nicht gethan, so hätte er den einzigen Plan umgestossen, den Gott nothwendig sich gemacht hatte.« Auch dies ist eine Verdrehung der Worte. Dass Adam frei sündigen werde, hatte Gott unter den möglichen Plänen erkannt und Gott beschloss es, so wie es war, wirklich werden zu lassen; dieser Beschluss ändert nicht die Natur der Dinge; er macht das nicht nothwendig, was an sich zufällig war, noch unmöglich, was möglich war.

232. Herr Bayle fährt fort (S. 892): »Der scharfsinnige Scotus behauptet ganz richtig, dass wenn Gott keine unbestimmte Freiheit habe, auch kein Geschöpf diese Art von Freiheit haben könne.« Ich trete bei, nur darf man unter unbestimmter Freiheit nicht die verstehen, wo kein Grund sie nach der einen oder andern Seite hin neigen macht. Herr Bayle erkennt an (später in Kap. 168, S. 1111), dass die sogenannte *Unbestimmtheit*, die Reize und das vorhergehende Angenehme nicht ausschliesse. Deshalb braucht in der Handlung, welche man frei nennt, nur keine metaphysische Nothwendigkeit enthalten zu sein, d.h. es genügt, wenn man unter mehreren möglichen Richtungen wählt.

233. Herr Bayle fährt weiter fort (in dem genannten Kapitel 157, S. 893): »Wenn Gott nicht durch einen freien Antrieb seiner Güte bestimmt wird, die Welt zu schaffen, sondern zu Gunsten seines Ruhmes, welchen er nothwendig liebt, und den allein er liebt, da er von seiner Substanz nicht verschieden ist, und wenn seine Liebe zu sich selbst sich in der Nothwendigkeit beendet, seinen Ruhm durch das passendste Mittel zu offenbaren und wenn der Sündenfall der Menschen dazu ein Mittel gewesen ist, so ist offenbar dieser Sündenfall mit voller Nothwendigkeit geschehen und es war unmöglich, dass Adam und Eva den Befehlen Gottes gehorchen konnten.« – Immer dieselben Verdrehungen! Die Liebe Gottes, die er zu sich selbst hat, ist ihm wesentlich; dagegen ist dies nicht mit der Liebe zu seinem Ruhme der Fall oder mit dem Wollen sich diesen Ruhm zu verschaffen.

Die Liebe zu sich selbst hat ihn nicht zu äussern Handlungen gezwungen; sie sind freie gewesen und da Gott mehrere Pläne kannte, in denen die ersten Eltern nicht sündigen würden, so war deren Sünde nicht nothwendig. Endlich sage ich wirklich das, was Herr Bayle hier anerkennt, nämlich, *dass Gott durch eine freie Regung seiner Güte sich zur Erschaffung der Welt bestimmt habe*, und ich füge hinzu, dass dieselbe Regung ihn zur Erschaffung der besten Welt bestimmt hat.

234. Dasselbe ist auf das zu antworten, was Herr Bayle in Kap. 165 (S. 1071) sagt: »Das geeignetste Mittel, ein Ziel zu erreichen, ist offenbar nur ein einziges« (ganz richtig, wenigstens für den Fall, wo Gott gewählt hat). »Wenn daher Gott unwiderstehlich bestimmt worden ist, dieses Mittel anzuwenden, so hat er auch nothwendig dieses Mittels sich bedienen müssen.« (Sicherlich ist er dazu veranlasst worden, er ist dazu bestimmt worden, oder vielmehr, er hat sich dazu bestimmt, allein das Sichere ist nicht immer nothwendig, oder durchaus unwiderstehlich; die Sache hätte anders verlaufen können, allein es ist nicht geschehen und dies aus einem Grunde. Gott hat unter den verschiedenen zu treffenden Vornahmen, die alle möglich waren, gewählt, deshalb konnte er, im metaphysischen Sinne, das wählen oder thun, was nicht das Beste war; aber er konnte es im moralischen Sinne nicht. Ein Beispiel aus der Geometrie wird dies erläutern. Der beste Weg von einem Punkte zu dem andern ist [wenn man von den Hindernissen und andern Zufälligkeiten in der Mitte absieht] nur *einer*; es ist der in der kürzesten Linie, welches die gerade ist. Trotzdem giebt es unzählige Wege von dem einen Punkt zu dem andern. Deshalb bin ich nicht gezwungen, die gerade Linie zu gehen, allein sofort, wenn ich das Beste wähle, bin ich zum Gehen auf dieser Linie bestimmt, obgleich es nur eine moralische Nothwendigkeit bei dem Weisen ist und damit fallen die weiteren Schlussfolgerungen.) »Daher hat Gott nur das, was er gethan, thun können und deshalb ist das, was nicht geschehen ist und niemals geschehen wird, unbedingt unmöglich.« – (Diese Folgerungen fallen, sage ich; denn weil es viele Dinge giebt, die niemals geschehen sind und niemals geschehen werden, und die man doch deutlich sich vorstellen kann und die keinen Widerspruch enthalten, so kann man sie nicht für unbedingt unmöglich erklären. Herr Bayle hat dies selbst in einer Stelle gegen die Spinozisten ebenso dargelegt, die ich früher citirt habe und er hat wiederholt anerkannt, dass nur das sich Widersprechende unmöglich ist; hier ändert er aber seine

Schreibweise und seine Worte.) »Deshalb ist das Beharren Adam's in der Unschuld immer unmöglich gewesen; also war sein Fall unbedingt nothwendig, und selbst dem Beschlüsse Gottes vorhergehend, denn es wäre ein Widerspruch, wenn Gott etwas gegen seine Weisheit beschliessen wollte. Es ist im Gründe gleich, ob man sagt: Dies ist für Gott unmöglich, oder ob man sagt: Gott könnte es thun, wenn er wollte, aber er kann es nicht wollen.« – (Dies ist in einem gewissen Sinne eine Verdrehung der Worte wenn man sagt, man kann wollen, man will wollen; die Macht bezieht sich hier auf die Handlungen, welche man will. Indess enthält es keinen Widerspruch, dass Gott eine Sache, die keinen Widerspruch enthält [direkt, oder nur erlaubend], wolle und in diesem Sinne kam man sagen, dass Gott sie wollen *kann*.)

235. Kurz, es handelt sich, wenn man von der Möglichkeit einer Sache spricht, nicht um die Ursachen, welche deren wirkliches Dasein herbeiführen oder hindern sollen; denn sonst verändert man die Bedeutung der Worte und hebt den Unterschied zwischen möglich und wirklich auf. Dies thut Abälard und wohl auch Wiclef nach ihm und sie sind deshalb ohne Noth auf Aussprüche gerathen, die unbequem und anstössig sind. Deshalb verändert man die Frage, wenn man bei der Prüfung, ob eine Sache möglich oder nothwendig sei, die Erwägung über das, was Gott will und wählt, einmischt. Denn Gott wählt unter dem Möglichen, und deshalb ist seine Wahl eine freie und keine erzwungene; gäbe es nur *eine* Möglichkeit, so gäbe es weder eine Wahl noch eine Freiheit.

236. Ich muss auch noch auf die Schlüsse des Herrn Bayle antworten, um keine Einwendung dieses gescheidten Mannes zu übergehen. Sie finden sich im Kap. 151 seiner Antwort auf die Fragen etc. S. 900. 901. Thl. III.

Erster Schluss

»Gott kann nichts wollen, was seiner nothwendigen Liebe zu seiner Weisheit entgegengesetzt ist.«

»Nun ist das Heil *aller* Menschen der nothwendigen Liebe Gottes zu seiner Weisheit entgegengesetzt.«

»Also kann Gott das Heil aller Menschen nicht wollen.«

Der Obersatz ist selbstverständlich, denn man kann etwas nicht, dessen Gegentheil nothwendig ist. Aber den Untersatz kann man nicht zulassen, denn wenn auch Gott seine Weisheit liebt, so bleiben doch die Handlungen, zu denen seine Weisheit ihn veranlasst, freie und ebenso bleiben die Dinge, wozu ihn seine Weisheit nicht veranlasst, immer möglich. Ueberdem hat seine Weisheit ihn veranlasst, das Heil aller Menschen zu wollen, nur nicht mit einem nachfolgenden oder beschliessenden Willen. Da aber dieser nachfolgende Wille nur das Ergebniss des freien vorgehenden Willen ist, so kann auch dieser nicht ermangeln, ein freier zu sein.

Zweiter Schluss

237. »Das der Weisheit Gottes würdigste Werk befasst unter anderem die Sünde aller Menschen und die ewige Verdammniss des grössten Theiles derselben.«

»Nun will Gott nothwendig das seiner Weisheit würdigste Werk.«

»Also will er nothwendig das Werk, was unter anderem auch die Sünde aller Menschen und die Verdammniss des grössten Theiles derselben befasst.«

Ich gebe den Obersatz zu, aber bestreite den Untersatz. Die Beschlüsse Gottes sind immer freie, obgleich Gott dazu immer durch Gründe, welche auf das Gute abzielen, bestimmt wird. Denn ein durch die Weisheit erfolgender moralischer Zwang ist ein Bestimmt-werden durch die Erwägung des Guten, d.h. es ist ein Freisein und also kein metaphysisches Gezwungensein, da nur die metaphysische Nothwendigkeit, wie ich schon oft gesagt, der Freiheit entgegengesetzt ist.

238. Ich will die Schlüsse nicht prüfen, welche Herr Bayle in dem folgenden Kapitel (Kap. 152) dem System der Supralapsarier entgegenstellt, insbesondere dem Vortrag, welchen Theodor von Béze bei dem Zwiegespräch in Montbéliard im Jahre 1586 gehalten hat. Diese Schlüsse des Herrn Bayle leiden beinah an denselben Fehlern, wie die eben geprüften; aber auch das System von Béze genügt mir nicht; überdem hat jenes Gespräch nur die Verbitterung der Parteien gesteigert. Nach Herrn Béze »hat Gott die Welt zu seinem Ruhme geschaffen; sein Ruhm wird nicht erkannt, wenn seine Barmherzigkeit und seine Gerechtigkeit nicht verwirklicht wird. Deshalb hat Gott keine bestimmten Menschen aus bloser Gnade zum ewigen Leben und keine durch gerechtes Urtheil zur ewigen Verdammniss bestimmt. Die Barmherzigkeit setzt Elend, die Gerechtigkeit Schuld voraus (er

konnte hinzufügen, dass auch das Elend Schuld voraussetzt). Indess ist Gott gut, oder die Güte selbst und hat deshalb den Menschen gut und gerecht geschaffen, aber veränderlich, so dass er mit freiem Willen sündigen kann. Der Mensch ist nicht im Fluge oder im Uebermuth gefallen; auch nicht aus Ursachen, die, nach den Manichäern, irgend ein anderer Gott angeordnet hat, sondern in Folge der Vorsehung Gottes, aber immer so, dass Gott in den Fehler nicht mit verwickelt war und nur so, dass der Mensch nicht gezwungen war, zu sündigen.«

239. Dieses System gehört nicht eben zu den besten, welche erdacht worden sind; es ist wenig geeignet, um die Weisheit, die Güte und die Gerechtigkeit Gottes erkennen zu lassen, und glücklicherweise ist es heutzutage aufgegeben. Gäbe es keine tiefen Gründe, welche Gott zu dem Gestatten der Schuld bestimmen konnten, die die Quelle des Elendes ist, so gäbe es weder Schuld noch Elend in der Welt, da die hier angeführten Gründe nicht zureichen. Gott würde seine Barmherzigkeit mehr erkennen lassen, wenn er das Elend verhinderte und mehr seine Gerechtigkeit, wenn er die Schuld verhinderte und mehr die Tugend, wenn er sie belohnte. Man versteht auch nicht, wie der, welcher nicht blos bewirkt, dass ein Mensch fallen kann, sondern auch die Umstände so einrichtet, dass sie helfen ihn fallen zu machen, nicht die Schuld daran trage, wenn keine andern Gründe vorhanden sind, welche ihn dazu nöthigen. Wenn man aber erwägt, dass der vollkommen gute und weise Gott, alle Tugend, Güte und alles Glück hervorzubringen hat, dessen der beste Plan des Universum's fällig ist, und dass ein Uebel in einigen Theilen oft ein grösseres Gut für das Ganze veranlassen kann, so ergiebt sich leicht, wie Gott dem Unglück so hat Raum geben und selbst die Verschuldung so gestatten können, wie es der Fall ist, ohne dass er deshalb getadelt werden kann. Dies ist das einzige Mittel, welches das ergänzt, was allen Systemen fehlt, mögen sie die Beschlüsse ordnen, wie sie wollen. Schon der heilige Augustin hat diese Gedanken begünstigt und man kann von der Eva das sagen, was der Dichter von Mucius Scaevola sagt:

Si non errasset, fecerat illa minus.

(Hätte er nicht geirrt, so hätte er jenes weniger vollbracht.)

240. Ich finde, dass der berühmte englische Prälat, der ein scharfsinniges Buch über den Ursprung des Uebels geschrieben hat, von dem einige Stellen Herr Bayle in dem Thl. II. seiner Antwort auf die Fragen etc. bekämpft hat, zwar einige der Ansichten, die ich hier vertheidigt habe, anscheinend nicht theilt, sondern mitunter auf eine despotische Gewalt zurückgreift, als wenn der Wille Gottes nicht den Regeln der Weisheit über das Gute und Böse folgte, sondern willkürlich bestimmte, dass die und die Dinge für gut oder schlecht gelten sollen und als wenn selbst der Wille der Geschöpfe, so weit er frei ist, nicht deshalb wählte, weil der Gegenstand ihm gut erscheint, sondern weil er sich rein willkürlich ohne Rücksicht auf den Gegenstand bestimmt, so äussert sich doch, sage ich, dieser Bischof an anderen Stellen in einer Weise, die meine Lehre mehr unterstützen, als das in der seinigen, was der meinigen entgegensteht. Er sagt, *dass es besser sei, eine unendlich weise und freie Ursache habe gewählt, als dass sie gar nicht gewählt habe.* Wird damit nicht anerkannt, dass die Güte der Gegenstand und der Grund seiner Wahl ist? In diesem Sinne kann man hier sehr wohl sagen:

Si placuit superos, quaerere plura nefas.

(Wenn es den Göttern gefallen, so ist es Unrecht, noch weiter zu forschen.)

Dritter Theil

241. Somit bin ich endlich der moralischen Ursache des moralischen Uebels entledigt. Das physische Uebel, d.h. die Leiden, das Elend macht weniger Schwierigkeiten, da es eine Folge des moralischen Uebels ist. *Poena est malum passionis, quod infligitur ob malum actionis* (die Strafe ist ein Uebel im Leiden, was verhängt wird wegen eines Uebels im Handeln), nach Grotius. Man leidet, weil man gehandelt hat; man erleidet ein Uebel, weil man ein Uebel gethan hat.

Nostrorum causa malorum
Nos sumus.

(Wir selbst sind die Ursache unserer Leiden.)

Es ist richtig, dass man oft durch schlechtes Handeln Anderer leidet, allein wenn wir an dem Unrecht keinen Antheil haben, so müssen wir sicher annehmen, dass diese Leiden uns ein grösseres Glück bereiten. Die Frage des physischen Uebels, d.h. des Ursprungs der Leiden hat mit der Frage nach dem Ursprunge des metaphysischen Uebels, wofür die Missgeburten und andere scheinbare Unregelmässigkeiten im Universum Beispiele bieten, gemeinsame Schwierigkeiten. Man muss jedoch annehmen, dass auch die Leiden und die Missgeburten zur Ordnung gehören, und es ist gut, wenn man erwägt, dass es nicht allein besser ist, diese Mängel und Missgeburten zuzulassen, als die allgemeinen Gesetze zu verletzen, was Herr Malebranche manchmal geltend macht, sondern auch, dass selbst diese Missgestalten in den Regeln eingeschlossen und den allgemeinen Willensbestimmungen gemäss sind, wenn wir auch nicht im Stande sind, diese Uebereinstimmung klar darzulegen. Auch in der Mathematik zeigen sich manchmal scheinbare Unregelmässigkeiten, welche zuletzt in eine grosse Ordnung auslaufen, wenn man sie bis auf den Grund erkannt hat. Ich habe daher auch schon früher gesagt, dass nach meinen Grundsätzen alle einzelnen Ereignisse ohne Ausnahme Folgen der allgemeinen Willensbestimmungen sind.

242. Es darf nicht auffallen, wenn ich versuche, diese Dinge durch Vergleiche aufzugehen, welche der reinen Mathematik entlehnt sind, wo alles in Ordnung vor sich geht, und wo man Mittel hat, diese Ordnung durch eine scharfe Darlegung aufzuzeigen, welche uns so zu sagen den freudigen Anblick der Ideen Gottes gewährt. Man kann eine anscheinend durchaus unregelmässige Folge oder Reihe von Zahlen aufstellen, wo die einzelnen Zahlen verschiedentlich wachsen und abnehmen, ohne einen Schein von Ordnung und trotzdem wird der, welcher den Schlüssel zu diesen Zahlen kennt und den Ursprung und die Aufstellung dieser Zahlenreihe versteht, eine Regel angeben können, welche, richtig aufgefasst, zeigt, dass die Reihe durchaus regelmässig ist und sogar schöne Eigenthümlichkeiten hat. Noch sichtbarer kann man das bei Linien machen. Eine Linie kann vorwärts oder rückwärts gehen, in die Höhe und in die Tiefe, sich nach aussen und nach innen biegen, abbrechen und andere Veränderungen dieser Art haben, so dass man keinen Vers oder Grund sich darauf machen kann, namentlich wenn man nur einen Theil der Linie betrachtet und doch kann die Gleichung und Construktion derselben gegeben werden, in welcher ein Geometer den Grund und die Uebereinstimmung aller dieser vermeintlichen Unregelmässigkeiten erkennen würde. So hat man auch über die Unregelmässigkeiten der Missgeburten und anderer angeblichen Mängel im Universum zu urtheilen.

243. In diesem Sinne kann man die schönen Worte des Herrn Bernard benutzen (Brief 276 an Eugen III.): *Ordinatissimum est, minus interdum ordinate fieri aliquid*, d.h. es gehört zur Ordnung im Grossen, dass kleine Unordnungen geschehen und man kann sogar sagen, dass diese kleinen Unordnungen nur scheinbar solche im Ganzen seien und dass selbst dieser Schein verschwindet, wenn man das Glück derer beachtet, welche sich auf dem Wege der Ordnung halten.

244. Unter dem Worte: Missgeburten befasse ich noch eine Menge anderer scheinbarer Fehler. Wir kennen beinah nur die Oberfläche unserer Erde und dringen in deren Inneres nicht über einige hundert Lachter ein. Das in dieser Rinde der Erdkugel Gefundene scheint aus einigen grossen Revolutionen herzurühren. Anscheinend hat die Erdkugel einmal in Flammen gestanden und die Felsen, welche die Unterlage dieser Erdrinde bilden, sind die übrig gebliebenen Reihen eines grossen Schmelzprozesses. In deren Eingeweiden finden sich die Metalle und Mineralien, welche denen, die aus unsern Schmelzöfen kommen, sehr ähneln und das ganze Meer kann eine Art von *oleum per deliquium* (ein Oel durch Auflösung) sein, wie das Tartarus-Oel sich in einem feuchten Orte bildet; denn als die Oberfläche der Erde nach der grossen Feuersbrunst sich abgekühlt hatte, fiel die Feuchtigkeit, welche das Feuer in die Luft getrieben hatte, auf die Erde zurück, wusch deren Oberfläche ab und löste und nahm in sich das feste Salz auf, was in der Asche geblieben war und hat endlich jene grosse Höhlung in der Oberfläche unserer Erde ausgefüllt und so den Ozean mit einem salzigen Wasser gebildet.

245. Man muss indess annehmen, dass nach dem Feuer auch die Erde und das Wasser nicht geringere Verwüstungen bewirkt haben. Vielleicht ist die durch die Erkältung entstandene Rinde, welche grosse Höhlungen unter sich hatte, eingebrochen und wir wohnen nur auf deren Ruinen, wie Herr Thomas Burnet, ehemaliger Kaplan des Königs von Grossbritannien richtig bemerkt hat und mehrere Sündfluthen und Ueberschwemmungen haben Niederschläge zurückgelassen, deren gefundene Spuren und Ueberbleibsel zeigen, dass das Meer an Orten gewesen ist, die jetzt weit davon entfernt sind. Indess haben zuletzt diese Revolutionen aufgehört und die Erde hat ihre gegenwärtige Gestalt erhalten. Moses deutet diese grossen Veränderungen mit wenig Worten an; die Trennung des Lichts von der Finsterniss bedeutet die durch das Feuer bewirkte Schmelzung und die Abscheidung des Feuchten von dem Trockenen bezeichnet die Wirkungen der Ueberschwemmungen. Wer sieht aber nicht, dass diese Unordnungen die Dinge zu dem heutigen Zustande geführt haben, dass wir ihnen unsere Reichthümer und Bequemlichkeiten verdanken und dass nur durch diese Mittel die Erde mittelst unsrer Sorgfalt lebensfähig geworden ist? Diese Unordnung ist in Ordnung übergegangen. Die wahren oder scheinbaren Unordnungen, die wir in der Ferne sehen, sind die Flecken der Sonne und der Kometen; wir kennen nur den von ihnen herbeigeführten Nutzen und die hier bestehenden Regeln nicht. Es gab eine Zeit, wo die Planeten für Irrsterne galten, jetzt zeigt sich deren Bewegung regelmässig; vielleicht verhält es sich auch mit den Kometen so; die Nachwelt wird es wissen.

246. Zu den Unordnungen kann die Ungleichheit der Bedingungen nicht gerechnet werden, und Herr Jaquelot fragt ganz richtig diejenigen, welche alles durchaus gleich verlangen, ob denn auch die Felsen mit Blätter und Blumen gekrönt seien, und die Ameisen Pfauen sein sollten? Wenn überall die Gleichheit herrschen sollte, würden die Armen Bittschriften gegen die Reichen, und die Diener gegen die Herrn einreichen. Die Pfeifen einer Orgel dürfen ja auch nicht gleich sein. Herr Bayle wird vielleicht sagen, dass eine Beraubung des Guten etwas von der Unordnung Verschiedenes sei, und ebenso sei die Unordnung bei den leblosen Dingen, welche rein metaphysisch sei, verschieden von der Unordnung bei den vernünftigen Geschöpfen, bei denen sie in dem Unrecht und den Leiden bestehe. Er hat Recht, wenn er sie unterscheidet und ich, wenn ich sie verbinde. Gott vernachlässigt die leblosen Dinge nicht; sie haben kein Gefühl, aber Gott fühlt für sie. Er vernachlässigt die Thiere nicht, sie haben keinen Verstand, aber Gott hat ihn für sie. Er würde sich den geringsten wahrhaften Fehler vorhalten, der in dem Universum bestände, selbst wenn Niemand denselben bemerkte.

247. Herr Bayle billigt anscheinend nicht, dass die in den leblosen Dingen möglichen Unordnungen mit denen verglichen werden, welche den Frieden und das Glück der vernünftigen Geschöpfe stören und dass man die Gestattung des Lasters zum Theil damit begründe, dass Störungen in den Gesetzen der Bewegung vermieden werden sollen. Man könnte nach ihm (Antwort an Herrn Jaquelot, die nach seinem Tode erschienen, S. 183) daraus folgern, »dass Gott die Welt nur erschaffen habe, um seine unendliche Kenntniss der Baukunst und der Mechanik zu zeigen, und dass seine Eigenschaft der Güte und Liebe zur Tugend keinen Antheil an der Einrichtung dieses grossen Werkes gehabt habe. Dieser Gott würde nur auf seine Wissenschaft stolz sein, er würde lieber das ganze menschliche Geschlecht untergehen lassen, als dass er einige Atome schneller oder langsamer gehen liesse, als es die allgemeinen Gesetze verlangen.« – Herr Bayle würde diesen Einwurf nicht erhoben haben, wenn er das System der allgemeinen Harmonie, was ich aufstelle, gekannt hätte, wonach die Herrschaft der wirkenden Ursachen und die der Endursachen mit einander gleich laufen. Gott ist danach nicht blos der beste Monarch, sondern auch der grösste Baumeister; der Stoff ist so geordnet, dass die Gesetze der Bewegung zur bessern Leitung der Geister dienen, und dass somit sich schliesslich ergeben wird, dass Gott das möglichste Gute erlangt hat, wenn man das metaphysische, physische und moralische Gute zusammenrechnet.

248. Aber (wird Herr Bayle sagen) Gott kann doch eine Unzahl von Uebeln durch ein kleines Wunder beseitigen; weshalb thut er dies nicht? Er gewährt doch den gefallenen Menschen so viel Hülfe, während eine kleine solche Hülfe, die er der Eva gewährt hätte, deren Fall gehindert und die Versuchung der Schlange unwirksam gemacht haben würde. Ich habe diese Art von Einwürfen genügend durch die allgemeine Antwort erledigt, dass Gott keine andere Wahl für ein anderes Universum zu treffen hatte, weil er das beste erwählt hat und nur die hierbei unvermeidlichen Wunder gethan hat. Ich habe Herrn Bayle geantwortet, dass Wunder die natürliche Ordnung des Universum's stören; er hat entgegnet, dies sei eine Täuschung; das Wunder bei der Hochzeit in Canaan (zum Beispiel) machte keine andere Aenderung in der Luft des Zimmers, als dass es statt einiger Theilchen Wasser, einige Theilchen Weines in seine Poren aufnahm; allein man muss bedenken, dass wenn einmal der beste Plan für die Dinge gewählt worden, darin nichts geändert werden kann.

249. Was die Wunder anlangt (über welche ich schon früher einiges gesagt habe), so sind sie vielleicht nicht alle von gleicher Art; es scheint deren viele zu geben, welche Gott durch den Dienst unsichtbarer Substanzen, wie der Engel bewirkt. Auch Herr Malebranche glaubt dies, und diese Engel oder Substanzen handeln dabei nach den gewöhnlichen Gesetzen ihrer Natur, indem sie feinere und kräftigere Körper besitzen, als mit denen wir eingreifen können. Dergleichen Wunder sind es nur vergleichsweise und in Bezug auf uns, wie unsere Werke ja auch den Thieren für Wunder gelten würden, wenn sie darüber Bemerkungen zu machen fällig wären. So konnte die Umwandlung des Wassers in Wein eine solche Art Wunder sein. Dagegen übersteigen die Schöpfung, die Fleischwerdung des Sohnes Gottes und einige andere Handlungen Gottes alle Kräfte der Geschöpfe und sind wahrhafte Wunder oder sogar Mysterien. Wenn die Verwandlung des Wassers in Wein zu Canaan ein Wunder ersten Ranges sein sollte, so würde Gott dadurch wegen der allgemeinen Verbindung der Körper den Lauf der Welt geändert haben, oder er hätte selbst wieder wunderbarer Weise diese Verbindung hemmen und die bei dem Wunder nicht betheiligten Körper so wirksam sein lassen, als wäre kein Wunder geschehen, und nach dem vollzogenen Wunder hätte er wieder alles in den dabei betheiligten Körpern in den Stand versetzen müssen, zu dem sie ohne das Wunder gelangt sein würden, wodurch alles wieder in seinen ursprünglichen Lauf gebracht worden wäre. So verlangte dieses Wunder bei dieser Annahme mehr, als es scheint.

250. In Bezug auf das physische Uebel der Geschöpfe, d.h. in Bezug auf ihre Leiden bekämpft Herr Bayle sehr eifrig die, welche das dabei von Gott eingehaltene Verfahren durch besondere Gründe zu rechtfertigen suchen. Ich lasse hier die Leiden der Thiere bei Seite; Herr Bayle hält sich hauptsächlich an die Leiden der Menschen, weil er vielleicht glaubt, dass die Thiere keine Empfindung haben. Mehrere Cartesianer haben gerade durch die Ungerechtigkeit, welche in den Leiden der Thiere liegen würde, beweisen wollen, dass sie nur Maschinen seien, *quoniam sub Deo justo nemo innocens miser est*; weil es unmöglich sei, dass unter einem Herrn, wie Gott, ein Unschuldiger elend sein könne. Dieser Grundsatz ist gut, aber ich glaube nicht, dass man daraus die Gefühlslosigkeit der Thiere folgern kann, weil ich meine, dass, streng genommen, die Empfindung zur Bewirkung des Elends nicht zureicht, wenn sie nicht von Ueberlegung begleitet ist. Auch mit dem Glück verhält es sich so, ohne Ueberlegung giebt es keins.

O fortunatos nimium, sua qui bona norint.

(O die Ueberglücklichen, welche ihre Güter kennen.)

Man wird mit Grund die Schmerzen bei den Thieren nicht bezweifeln können; aber anscheinend sind ihre Freuden und Schmerzen nicht so lebhaft wie bei dem Menschen, denn da sie keine Ueberlegung anstellen können, so sind sie weder für den Kummer, welcher den Schmerz begleitet, noch für die Freude, welche die Lust begleitet, empfänglich. Die Menschen befinden sich manchmal in einem thierähnlichen Zustande, wo sie beinah nur nach ihrem Instinkt und den blos sinnlichen Eindrücken handeln; in solchem Zustande sind ihre Freuden und Schmerzen sehr klein.

251. Doch lassen wir die Thiere und kommen wir zu den vernünftigen Geschöpfen zurück. In Bezug auf sie behandelt Herr Bayle die Frage, ob es mehr physisches Uebel, als physisches Gute in der Welt gebe? (Antwort auf die Fragen etc. Kap. 75, Thl. II.) Um sie richtig beantworten zu können, muss man erklären, worin dieses Gute und dieses Uebel besteht. Ich gebe zu, dass das physische Uebel nichts anderes, als das Missvergnügen ist, und ich begreife darunter den Schmerz, den Kummer und jede andere Art von Unbehagen. Aber besteht das physische Gute nur in dem Vergnügen? Herr Bayle scheint dieser Ansicht zu sein, allein ich meine, dass es auch in einem mittlern Zustand besteht, wie dem der Gesundheit. Man fühlt sich ganz wohl, wenn man keine Schmerzen hat; es ist schon ein Grad von Weisheit, wenn man nicht toll ist.

Sapientia prima est
Stultitia caruisse.

(Die nächste Weisheit ist es,
von Dummheit frei ist zu sein.)

So ist man schon lobenswerth, wenn man mit Recht nicht getadelt werden kann.

Si non culpabor, sat mihi laudis erit.

(Es ist mir schon Lobes genug,
wenn ich nicht getadelt werde.)

Von diesem Standpunkte aus sind alle nicht missfälligen Empfindungen, alle Uebungen unserer Kräfte, die uns nicht beschwerlich fallen und deren Hemmniss für uns unbehaglich wäre, physische Güter, auch wenn sie uns kein Vergnügen machen, da deren Beraubung ein physisches Uebel ist. Auch bemerkt man das Gut der Gesundheit und ähnliches Gute nur, wenn man deren beraubt ist. Auf diesem Standpunkte möchte ich behaupten, dass selbst für dieses Leben die Güter die Uebel und das Angenehme das Unangenehme übertreffen. Herr Descartes hat deshalb ganz Recht, wenn er schreibt (Brief 9, Bd. I), *dass die natürliche Vernunft uns lehre, wir hätten in diesem Leben mehr Güter als Uebel.*

252. Dazu kommt, dass zu häufiges und zu grosses Vergnügen ein grosses Uebel sein würde. Deshalb hat Hippocrates es mit der Epilepsie verglichen und Scoppius thut wohl scheinbar nur so, als wenn er die Sperlinge beneidete, um in seinem gelehrten aber mehr als redseligen Werke angenehm zu schwätzen. Fleischspeisen von starkem Geschmack schaden der Gesundheit und mindern die Feinheit einer ausgebildeten Empfindung. Die körperlichen Vergnügen sind überhaupt eine Art Verschwendung an Geist, obgleich sie bei dem Einen besser, als bei dem Andern wieder gut gemacht werden.

253. Um zu beweisen, dass das Uebel das Gute übersteige, beruft man sich auf Herrn de la Mothe le Vayer (Brief 134), der nicht noch einmal auf die Welt kommen mochte, wenn er dieselbe Rolle wieder spielen müsste, welche die Vorsehung ihm schon jetzt aufgelegt habe. Indess würde man, wie gesagt, wohl den Vorschlag jenes annehmen, welcher wünschte den Faden der Parze wieder anknüpfen zu können, wenn man dabei nur eine neue Rolle bekomme, sollte sie auch nicht besser sein, als die erste. Deshalb folgt aus dem von Herrn de la Mothe le Vayer Gesagten keineswegs, dass er nicht noch einmal nach der gespielten Rolle verlange, sofern sie nur eine neue wäre; in welchem Sinne Herr Bayle es zu verstehn scheint.

254. Die geistigen Freuden sind die reinsten und die nützlichsten, um die Freude lange dauern zu lassen. Cardan war, obschon ein Greis, mit seiner Lage so zufrieden, dass er sich verschwor mit einem jungen, sehr reichen, aber unwissenden Manne nicht tauschen zu wollen. Auch

Herr de la Mothe le Vayer erwähnt dies, ohne es zu tadeln. Das Wissen dürfte Reize haben, welche von denen, die sie nicht empfunden haben, nicht begriffen werden können. Ich verstehe darunter kein bloses Wissen von Thatsachen ohne deren Gründe, sondern ein Wissen wie das des Cardan, der wirklich ein grosser Mann, trotz allen seinen Fehlern, war und ohne diese seines Gleichen nicht gehabt hätte.

Felix qui potuit rerum cognoscere causas?
Ille metus omnes et inexorabile fatum
Subjecit pedibus.

(Glücklich wer die Ursachen der Dinge zu erkennen vermocht hat; er hat jede Furcht und selbst das unerbittliche Schicksal seinen Füssen unterworfen.)

Es ist keine Kleinigkeit mit Gott und der Welt zufrieden zu sein, das nicht zu fürchten, was uns bestimmt ist, und über das sich nicht zu beklagen, was uns begegnet. Die Kenntniss der wahren Prinzipien gewährt uns diesen Vortheil, der ein ganz anderer ist, als der, welchen die Stoiker und Epikuräer aus ihrer Philosophie zogen. So gross wie der Unterschied zwischen der wahren Moral und ihrem Scheine ist, ist der zwischen der Freude und der Geduld; denn die Ruhe jener ist nur auf die Nothwendigkeit gestützt, während die unsrige auf der Vollkommenheit, auf der Schönheit der Dinge, auf unserer eigenen Glückseligkeit beruht.

255. Was soll ich aber über die körperlichen Schmerzen sagen? Können sie nicht so heftig werden, dass sie die Ruhe des Weisen unterbrechen? Aristoteles nimmt dies an, während die Stoiker und selbst die Epikuräer anderer Meinung waren. Herr Descartes hat den Streit dieser Philosophen erneuert; er sagt in dem oben erwähnten Briefe, »dass man selbst unter den traurigsten Vorfällen und den peinigendsten Schmerzen immer zufrieden sein könne, sofern man seine Vernunft zu gebrauchen verstehe.« Herr Bayle sagt darüber (Antwort etc. Thl. III, Kap. 157, S. 991), »*dass dies nichts heisse, als ein Mittel angeben, was beinah Niemand sich bereiten könne.*« Ich halte indess die Sache nicht für unmöglich und die Menschen können mittelst Nachdenkens und Uebung dahin gelangen. Denn wenn ich auch nicht von den wahren Märtyrern und denen die einen übernatürlichen Beistand empfangen haben, sprechen will, so hat es doch auch falsche Märtyrer gegeben, welche jene nachgeahmt haben; jener spanische Sclave, welcher den karthagischen Gouverneur tödtete, um seinen Herrn zu rächen und welcher selbst unter den grössten Qualen grosse Freude darüber bezeigte, kann die Philosophen beschämen. Weshalb sollte man nicht eben so weit, wie dieser gehen. Man kann vom Vortheil wie vom Nachtheil sagen:

Cuivis potest accidere, quod cuiquam potest.

(Was jedem begegnen kann, kann jedem begegnen.)

256. Selbst heutzutage geben uns ganze Nationen, wie die Huronen, die Irokesen, die Galibi's und andere amerikanische Völkerschaften eine gute Lehre hierfür. Man kann nicht ohne Erstaunen lesen, mit welcher Unerschrockenheit und beinah Unempfindlichkeit sie ihren Feinden trotzen, welche sie bei schwachem Feuer braten und stückweise aufzehren. Könnten diese Völker unter Bewahrung ihrer körperlichen Vorzüge und ihres Muthes diese mit unsern Kenntnissen verbinden, so würden sie uns in jeder Art übertreffen.

Extat ut in mediis turris aprica casis.

(Er steht wie ein steiler Thurm inmitten der Hütten.)

Sie würden in Bezug auf uns das sein, was ein Riese gegen einen Zwerg ist, ein Berg gegen einen Hügel.

Quantus Eryx et quantus Athos, gandetque nivali
Vertice se attollens pater Apenninus ad auras.

(So gross wie der Eryx, so gross wie der Athos und der Vater Apenninus, der mit seinem schneeigen Gipfel in die Lüfte sich erhebt.)

257. Alles was in diesen, auf ein höchst sonderbares Ehrgefühl sich steifenden Wilden eine wunderbare Kraft des Körpers und des Gemüths vermag, könnte bei uns durch Erziehung, durch sehr herbe

Kasteiungen, durch eine vorherrschende auf die Vernunft sich gründende Freudigkeit, durch viele Uebung in Bewahrung einer gewissen Geistesgegenwart mitten in den Zerstreuungen und störendsten Eindrücken erreicht werden. Etwas ähnliches berichtet man von den alten Assassinen Unterthanen und Zöglinge des Alten oder vielmehr des Herrn *(Senior)* der Berge. Eine solche Schule (nur für einen bessern Zweck) wäre für unsere Missionäre gut, die nach Japan zurückkehren wollen. Die Gymnosophisten der alten Indier hatten vielleicht auch manches Annähernde, und jener Calanus, welcher, als Schauspiel für Alexander den Grossen, sich lebendig verbrennen liess, war jedenfalls durch die grossen Beispiele seiner Lehrer ermuthigt und durch grosse Leiden darauf geübt worden, den Schmerz nicht zu fürchten. Die Frauen derselben Indier, die noch heute mit den Körpern ihrer Männer verbrannt sein wollen, scheinen auch noch etwas von dem Muthe jener alten Philosophen ihres Landes an sich zu haben. Man wird allerdings nicht so bald einen religiösen Orden gründen, dessen Zweck ist, die Menschen auf einen so hohen Grad von Vollkommenheit zu erheben; solche Leute ständen zu hoch über den übrigen und wären den Mächten zu fürchterlich. Da man nur selten in solche äusserste Lagen kommt, wo man einer so starken Geisteskraft bedarf, so wird man schwerlich dazu auf Kosten unserer ursprünglichen Bequemlichkeiten Anstalt treffen, obgleich man damit unendlich mehr gewinnen, als verlieren würde.

258. Allein schon dieses selbst ist ein Beweis, dass das Gute das Uebel schon jetzt übertrifft, weil man eines so starken Mittels nicht bedarf. Schon Euripides hat gesagt:

Pleiô ta chrêsta tôn kakôn einai brotois.

(Der Güter haben die Sterblichen mehr, als der Uebel.)

Homer und einige andere Dichter waren anderer Meinung und die grosse Menge stimmt ihnen bei, weil das Uebel unsere Aufmerksamkeit mehr als das Gute erregt. Aber auch dies zeigt, dass das Uebel das seltnere ist. Man darf deshalb den Klagen des Plinius nicht zu viel Glauben schenken, welcher die Natur für eine Rabenmutter und den Menschen für das elendeste und eitelste aller Geschöpfe erklärt. Diese beiden Bezeichnungen widersprechen sich; man ist nicht sehr elend, wenn man ganz von sich eingenommen ist. Allerdings verachten die Menschen die menschliche Natur nur zu sehr, wahrscheinlich weil sie keine andern Geschöpfe neben sich sehen, die ihre Eifersucht erregen könnten, aber trotzdem überschätzen sie sich und sind im Einzelnen sehr leicht mit sich zufrieden. Ich trete deshalb Meric Casaubonus bei, welcher in seinen Noten zu dem Xenophanes des Diogenes von Laerte die schönen Gedanken des Euripides lobt und meint, er habe Dinge gesagt, *quae spirant theopneustos pectus* (welche eine gotterfüllte Brust verrathen). Seneca spricht beredt (Buch 4, Kap. 5 über die Wohlthaten etc.) von den Gütern, mit denen die Natur uns überhäuft habe. Herr Bayle stellt ihm in seinem Wörterbuch beim Artikel Xenophanes mehrere Autoritäten entgegen, namentlich die des Dichters Diphilos in der Sammlung des Stobäus, dessen griechische Worte lateinisch wohl so lauten würden:

Fortuna cyathis bibere nos datis jubens
Infundit uno terna pro bono mala.

(Indem das Schicksal uns aus den gegebenen Bechern trinken
  heisst
Giesst sie uns dreifache Uebel ein für das eine Gut.)

259. Herr Bayle meint, dass, wenn es sich hier nur um das Uebel der Schuld, oder um das moralische Uebel bei den Menschen handelte, der Prozess bald zu Gunsten von Plinius entschieden sein und Euripides seine Sache verlieren würde. Dem trete ich nicht entgegen; unsere Laster übertreffen unsere Tugenden; dies ist die Folge der Erbsünde. Indess übertreibt auch hier die Menge die Sache und selbst einige Theologen erniedrigenden Menschen so sehr, dass sie dem Schöpfer der Menschen Unrecht thun. Ich stimme deshalb nicht mit denen, welche glaubten, unserer Religion grosse Ehre zu erweisen, indem sie sagten, dass die Tugenden der Heiden nur *splendida peccata*, glänzende Laster, seien. Es ist dies ein Witz vom heiligen Augustin, der sich nicht auf die heilige Schrift stützt und die Vernunft beleidigt. Indess handelt es sich hier nur um das physische Uebel und Gute und man muss im Einzelnen das Glück und Unglück dieses Lebens mit einander vergleichen. Herr Bayle möchte beinah die Rücksicht der Gesundheit beseitigen; er vergleicht sie mit den in Dunst aufgelösten Körpern, die man, wie z.B. die Luft, nicht fühlt und den Schmerz vergleicht er mit Körpern von grosser Dichtheit, die selbst bei kleinem Umfange schwer wiegen. Allein gerade der Schmerz lässt die Wichtigkeit der Gesundheit erkennen, wenn wir derselben beraubt sind. Ich habe schon gesagt, dass zu viel körperliche Genüsse ein wahres Uebel sein würden und es soll dies auch nicht anders sein; es ist zu wichtig, dass der Geist frei bleibe. Lactantius hatte gesagt (die göttlichen Einrichtungen Buch 3, Kap. 18), die Menschen seien so empfindlich, dass sie sich über das kleinste Uebel beklagen, als wenn es alles genossene Gute aufzehrte. Herr Bayle meint, es genüge, dass die Menschen dieses Gefühl haben, um sie für unglücklich zu halten, weil das Gefühl der Maassstab für das Gute und Uebel sei. Ich entgegne, dass das gegenwärtige Gefühl nichts weniger, als der wahre Maassstab für vergangenes oder kommendes Gute oder Uebel ist. Ich gebe zu, dass man sich übel fühlt, wenn man solche schmerzliche Betrachtungen macht, allein dies hindert nicht, dass man doch vorher sich wohl befunden hat, und dass alles in allem gerechnet das Gute nicht das Uebel übersteigen wird.

260. Ich wundere mich nicht, wenn die Heiden, wenig zufrieden mit ihren Göttern, sich über den Prometheus und Epimetheus beklagt haben, weil sie ein so schwaches Geschöpf, wie den Menschen, geschmiedet hätten und dass sie der Fabel des alten Silen, des Ernährers des Bacchus, zugestimmt haben, welcher von dem König Midas gefangen genommen wurde und als Preis seiner Befreiung demselben jenen angeblich schönen Ausspruch lehrte, das erste und letzte Gut sei, nicht geboren zu werden und das nächste, möglichst schnell aus diesem Leben zu schreiten. (Cicero, Tusculanische Gespräche. Buch I.) Plato glaubte, die Seelen seien in einem glücklicheren Zustande gewesen und mehrere alte Schriftsteller, unter anderem auch Cicero in seiner Tröstung (nach dem Bericht des Lactantius), haben geglaubt, dass die Seelen für ihre Sünden in den Körper wie in ein Gefängniss gesperrt worden seien. Sie geben damit einen Grund für unsere Leiden an und bestätigen ihr Vorurtheil gegen das menschliche Leben; denn es giebt kein schönes Gefängniss. Indess wage ich, abgesehen davon, dass selbst nach diesen Heiden die Uebel dieses Lebens aufgewogen, ja überwogen sein werden durch das Gute des frühern und spätern Lebens, zu sagen, dass wir bei einer unbefangenen Prüfung der Sache finden werden, dass das eine so viel wiegt, wie das andere und dass das Leben gewöhnlich ganz leidlich ist. Verbindet man damit die Beweggründe der Religion, so werden wir mit der von Gott gesetzten Ordnung zufrieden sein. Um richtiger über unsere Güter und Uebel zu urtheilen, lese man Cardanus *de utilitate ex adversis capienda* (über den aus dem Unglück zu ziehenden Nutzen) und Novarini *de occullis Dei beneficiis* (über die verborgenen Wohlthaten Gottes).

261. Herr Bayle bespricht auch das Unglück der Grossen, welche für die glücklichsten Menschen gelten; der stete Gebrauch der guten Seiten ihrer Lage macht sie für das Gute unempfindlich, aber sehr empfindlich für das Uebel. Vielleicht sagt man: desto schlimmer für sie; wenn sie die Vortheile der Natur und des Glücks nicht zu geniessen verstehen, ist das der Fehler der einen oder des andern? Es giebt indess auch weisere Grosse, welche die ihnen von Gott gewährte Gunst besser auszunützen verstehen und selbst aus ihren eignen Fehlern Vortheil ziehen. Herr Bayle beachtet dies nicht; er hört lieber den Plinus, welcher meint, dass der vom Glück um meisten begünstigte Kaiser Augustus wenigstens eben so viel Uebles wie Gutes empfunden habe. Allerdings hat er viel Kummer in seiner Familie erlebt und die Gewissensbisse wegen Zerstörung des Freistaats haben ihn vielleicht gequält; allein er war wohl zu weise, um sich über das Erste zu betrüben und Maecenas hat ihm deutlich dargelegt, wie Rom eines Herrn bedurft habe. Wäre Augustus in diesem Punkte nie bekehrt worden, so würde Virgil nie von einem Verurtheilten gesagt haben:

Vendidit hic auro patriam, Dominum que potentem
Imposuit, fixit leges pretio atque refixit.

(Es hat dieser sein Vaterland für Gold verkauft und einen mächtigen Herrn ihm auferlegt; um Geld gab er Gesetze und nahm sie zurück.)

Augustus würde diese Verse auf sich und Cäsar bezogen haben, die von dem, einem Freistaat gegebenen Herrn sprechen. Aber es scheint, dass er sie sehr wenig auf seine Herrschaft bezogen hat, welche er mit der Freiheit für verträglich und für ein nothwendiges Heilmittel gegen die öffentlichen Uebelstände hielt; wie ja auch die heutigen Fürsten das, was in des Herrn von Cambray Telemach von den getadelten Fürsten vorkommt, nicht auf sich beziehen. Ein jeder glaubt, in seinem guten Rechte zu sein. Tacitus, ein unpartheiischer Schriftsteller, vertheidigt Augustus mit zwei Worten im Anfange seiner Annalen. Augustus hat indess besser als irgend jemand über sein Glück urtheilen können; er scheint zufrieden gestorben zu sein, aus einem Grunde, welcher zeigt, dass er mit seinem Leben zufrieden war; denn im Sterben sagte er einen griechischen Vers zu seinen Freunden, der so viel bedeutet, wie: *Klatscht*, was damals bei dem glücklichen Erfolge eines gut gespielten Schauspiels von einem Schauspieler gesagt zu werden pflegte. Sueton berichtet es:

Dote kroton kai pantes hymeis meta charas ktypêsate.

(Klatscht Beifall und pocht Alle vor Vergnügen.)

262. Aber wenn selbst mehr Uebel wie Gutes dem Menschengeschlecht zugefallen sein sollte, so genügt es doch in Bezug auf Gott, dass es in der ganzen Welt unvergleichlich mehr Gutes wie Uebles giebt. Der Rabbiner Maimonides (dessen Verdienste man nicht genügend anerkennt, wenn man sagt, dass er der erste Rabbiner sei, welcher keine beleidigenden Reden führe) hat über diese Frage von dem Uebergewicht des Guten über das Schlechte in der Welt auch sehr richtig geurtheilt. Er sagt in seinem *Doctor perplexorum* (Der Arzt für Verlegenheiten) (Thl. III, Kap. 12): »In den Seelen schlecht unterrichteter Menschen erheben sich oft Gedanken, wonach sie glauben, dass es mehr Elend als Gutes in der Welt gebe und in den Dichtungen und Gesängen der Heiden wird es oft für ein Wunder genommen, wenn etwas Gutes statt der regelmässigen und steten Uebel, sich ereignet. Auch herrscht dieser Irrthum nicht blos in der Menge, sondern auch die, welche für weise gelten wollen, haben sich ähnlich ausgesprochen. Ein berühmter Schriftsteller, Namens Alrasi, hat in seinen *Sepher Elobuth* oder in seine Gotteslehre unter andern Verkehrtheiten auch die aufgenommen, dass es mehr Uebles als Gutes gebe; wenn man die Erholungen und Freuden, welche der Mensch in Zeiten der Ruhe geniesse, vergleiche mit den Schmerzen, Qualen, Unruhen, Mängeln, Sorgen, Kummer und Betrübniss, mit denen er beladen sei, so werde man finden, dass unser Leben ein grosses Uebel und eine wahre Pein sei, welche uns zur Strafe aufgelegt sei.« Herr Maimonides fügt hinzu, dieser grobe Irrthum komme daher, dass man sich einbilde, die Natur sei nur für die Menschen geschaffen und dass man alles ausserhalb seiner Person für nichts achte. Geht daher etwas gegen den eignen Wunsch, so soll alles in der Welt schlecht gehen.

263. Herr Bayle sagt, dass diese Bemerkung des Maimonides nicht bis zu ihrem Schluss gelange, weil die Frage die sei, ob unter den Menschen das Uebel das Gute überrage? Indess finde ich bei Betrachtung der Worte des Rabbiners, dass die Frage von ihm allgemein aufgefasst ist und dass er diejenigen widerlegen will, welche die Frage durch einen beschränkten Grund entscheiden wollen, der von den Uebeln des Menschengeschlechts abgeleitet wird, als wenn alles nur für den Menschen geschaffen worden sei. Auch der von ihm widerlegte Schriftsteller scheint von dem Guten und Uebeln im Allgemeinen gesprochen zu haben. Maimonides kann mit Recht behaupten, dass, wenn man die Kleinheit des Menschen in Bezug auf des Universum erwäge, sich klar ergebe, dass das Uebergewicht des Uebels, im Fall es bei den Menschen bestände, deshalb nicht auch bei den Engeln, noch bei den Himmelskörpern, noch bei den Elementen und den Mischungen des Leblosen, noch unter mehreren Arten der Thiere zu bestehen brauche. Ich habe anderwärts dargethan, dass wenn auch die Zahl der Verdammten die der Erretteten übersteigen sollte (was jedoch nicht durchaus gewiss ist), man einräumen kann, dass es für das menschliche Geschlecht, so weit wir es kennen, mehr Uebles als Gutes giebt. Allein ich habe zu bedenken gegeben, dass es trotzdem unvergleichlich mehr physisches und moralisches Gutes als Uebles bei den vernünftigen Geschöpfen *überhaupt* geben könne und dass der Staat Gottes, welcher alle diese Geschöpfe befasst, zwar nicht der vollkommenste Zustand sei, aber dass mit Berücksichtigung des metaphysischen Guten und Uebeln, was sich in allen Substanzen, sowohl den beseelten, wie unbeseelten findet und welches in dieser Ausdehnung auch das physische und moralische Gute mit befassen würde, das Universum, so wie es ist, als das beste von allen Systemen anerkannt werden müsse.

264. Schliesslich will Herr Bayle, dass unsere Fehler bei Erwägung unserer Leiden nicht mit in Rechnung genommen werden sollen. Er hat recht, wenn es sich einfach um Abschätzung dieser Leiden handelt; allein nicht, wenn es sich fragt, ob man Gott die Schuld davon geben solle, obgleich dies hauptsächlich die Schwierigkeiten bei Herrn Bayle veranlasst, wenn er die Vernunft oder Erfahrung der Religion entgegenstellt. Ich kenne seine stete Entgegnung, dass das Zurückgehen auf unsern freien Willen nichts sage, weil seine Einwürfe auch beweisen wollen, dass der Missbrauch des freien Willens ebenso auf die Rechnung Gottes gesetzt werden müsse, weil er ihn gestatte und daran einen Antheil gehabt habe. Er stellt es als Regel auf, dass man, um einer Schwierigkeit mehr oder weniger nicht ein System aufgeben dürfe; hauptsächlich macht er dies zu Gunsten der Methode der Strengen und der Lehre der Supralapsarier geltend. Er meint, man könne deren Meinung annehmen, obgleich sie die Schwierigkeiten ungemindert lasse, da auch die übrigen Systeme, wenn sie auch einzelnes davon beseitigten, doch nicht diese sämmtlich lösen könnten. Indess bleibe ich dabei, dass das von mir dargelegte wahrhafte System allen genug thut. Aber selbst wenn dies nicht der Fall wäre, könnte mir diese Regel des Herrn Bayle nicht gefallen und ich würde ein System, was einen grossen Theil der Schwierigkeiten hebt, dem, welches gar nichts leistet, vorziehen. Die Erwägung, dass aus der Schlechtigkeit der Menschen beinah all ihr Unglück hervorgeht, lehrt wenigstens, dass sie kein Recht haben, sich darüber zu beklagen. Keine Gerechtigkeit hat sich über den Ursprung der Bosheit eines Verbrechens zu bemühen, wenn es sich nur um dessen Strafe handelt; etwas anderes ist es, wenn es auf deren Verhinderung ankommt. Man weiss sehr wohl, dass das Temperament, die Erziehung, der Umgang und sogar der Zufall oft viel Antheil daran haben; aber ist der Mensch deshalb weniger strafbar?

265. Es besteht allerdings noch eine andere Schwierigkeit. Wenn Gott auch nicht den Bösen Rechenschaft über ihre Bosheit abzulegen hat, so ist er doch wohl sich selbst und denen, die ihn ehren und lieben, schuldig, sein Vorgehen in Bezug auf die Gestattung des Lasters und Verbrechens zu rechtfertigen. Indess hat Gott dies schon so weit gethan, als es für uns hienieden nöthig ist, denn er hat uns das Licht der Vernunft gegeben und damit das Mittel allen Schwierigkeiten Genüge zu thun. Ich habe dies hoffentlich in dieser Abhandlung gethan und die Sache in dem, dieser Abhandlung vorgehenden Theile so weit aufgeklärt, als es mittelst allgemeiner Gründe möglich ist. Nachdem so die Gestattung der Sünde gerechtfertigt worden, machen die andern Uebel, welche deren Folge sind, keine Schwierigkeit und ich bin berechtigt, mich hier auf das Uebel der Schuld zu beschränken und daraus das Uebel der Strafe zu begründen, wie die heilige Schrift thut und wie es beinah alle Kirchenväter und die Prediger thun; und damit man nicht sage, dass dies nur gut sei für die *predica* (Predigt), so genügt die Erwägung, dass nach den von mir gegebenen Lösungen, diese Methode als die richtigste und gemässeste erscheinen muss. Denn Gott hatte schon vor seinem wirklichen Beschlüsse unter den möglichen Dingen bemerkt, dass der Mensch seine Freiheit missbrauchen und sein Unglück herbeiführen werde; allein er konnte nicht umhin, die Verwirklichung derselben zuzulassen, weil der beste allgemeine Plan dies forderte. Man braucht deshalb nicht mit Herrn Jurien zu sagen, dass man Lehrsätze aufstellen müsse, wie der heilige Augustin und predigen wie Pelagius.

266. Diese Methode, welche das Uebel der Strafe von dem Uebel der Schuld ableitet, wird kaum getadelt werden können und rechtfertigt hauptsäch das grösste physische Uebel, nämlich die Verdammniss. Ernst Sonner, früher Professor der Philosophie in Alttorf (eine in dem Gebiet der freien Reichsstaat Nürnberg errichtete Universität), welcher als ein vorzüglicher Aristoteliker, aber als ein geheimer Socinianer erkannt worden ist, hatte eine kleine Abhandlung unter dem Titel: Beweis gegen die Ewigkeit der Höllenstrafen geschrieben. Sie war auf den abgedroschenen Satz gegründet, dass eine unendliche Strafe in keinem Verhältnisse zu einer endlichen Schuld stehe. Diese anscheinend in Holland gedruckte Schrift wurde mir mitgetheilt und ich antwortete, dass noch etwas zu erwägen sei, was dem seligen Herrn Sonner wohl entgangen sei, nämlich dass es genüge, wenn die Dauer der Schuld die Dauer der Strafe veranlasse. Indem die Verdammten schlecht blieben, könnten sie nicht aus ihrem Elend befreit werden und deshalb brauche man zur Rechtfertigung der Fortdauer ihrer Leiden nicht anzunehmen, dass die Sünde eine unendliche Grosse durch den unendlichen beleidigten Gegenstand, nämlich Gott, angenommen habe, ein Satz, den ich noch nicht genügend geprüft hatte, um ihn geltend zu machen. Ich weiss, dass die gemeine Ansicht der Scholastiker nach dem Meister der Sentenzen dahin geht, dass es in jenem Leben weder Verdienst noch Schuld gebe; allein ich glaube nicht, dass sie für einen Glaubensartikel gelten kann, wenn man sie streng nimmt. Herr Fecht, ein berühmter Theologe in Rostock, hat sie in seinem Buche über den Zustand der Verdammten sehr gut widerlegt. Er sagt (§ 59), diese Lehre sei ganz falsch; Gott könne seine Natur nicht ändern; die Gerechtigkeit sei ihm wesentlich; der Tod habe die Pforte der Gnade geschlossen, aber nicht die der Gerechtigkeit.

267. Mehrere einsichtige Theologen haben die Dauer der Strafen der Verdammten so gerechtfertigt, wie ich es hier gethan. Johann Gebhard, ein berühmter Theologe Augsburgischen Bekenntnisses, bringt (§ 60 seiner theologischen Loci, bei der Stelle über die Hölle) neben andern Gründen auch den, dass die Verdammten stets einen bösen Willen behalten und der Gnade entbehren, die ihn zu einem guten machen könnte. Zacharias Ursinns, ein Heidelberger Theologe, stellt (in seiner Abhandlung über den Glauben) die Frage, weshalb die Sünde eine ewige Strafe verdiene und nachdem er den gewöhnlichen Grund angeführt, dass der Beleidigte ein Unendlicher sei, führt er auch den andern an, *quod non cessante peccato, non potest cessare poena.* (Dass wenn die Sünde nicht aufhöre, auch die Strafe nicht aufhören könne.) Und der Jesuitenpater Drexler sagt in seinem Buche Nicetas, oder die besiegte Unenthaltsamkeit (Buch 2, Kap. 11, § 9): *Nec mirum torquatos semper torqueri, continue blasphemant, et sic, quod semper peccant, semper plectuntur.* (Es kann nicht auffallen, dass die Verdammten eine ewige Strafe leiden, denn sie lästern Gott ohne Unterlass und da sie somit immer sündigen, müssen sie auch immer gestraft werden.) Denselben Grund erwähnt und billigt er in seinem Werke über die Ewigkeit (Buch 2, Kap. 15), indem er sagt: *Sunt qui dicant, nec displicet responsum: Scelerati in locis infernis semper peccant, ideo semper puniuntur.* (Manche sagen, was mir nicht missfällt, dass die Verdammten in der Hölle immerfort sündigen und deshalb immerfort bestraft werden.) Hieraus erhellt, dass diese Ansicht unter den Gelehrten der römischen Kirche sehr verbreitet ist. Er führt allerdings noch einen spitzfindigeren Grund an, welcher dem Papst Gregor dem Grossen entlehnt ist (Buch 4 der Dialektik, Kap. 44), wonach die Verdammten ewig bestraft werden, weil Gott durch eine Art mittleres Wissen vorausgesehen, dass dieselben immer gesündigt haben würden, wenn sie immer auf der Erde leben würden. Indess lässt sich gegen diese Hypothese manches sagen. Herr Fecht führt auch noch mehrere berühmte protestantische Theologen für die Ansicht von Gebhard an, obgleich er auch mehrere nennt, die andrer Ansicht sind.

268. Herr Bayle hat selbst verschiedentlich für mich Stellen von zwei bedeutenden Theologen seiner Partei angeführt, welche sich dem, was ich gesagt, sehr nähern. Herr Jurien meint (S. 379 seines Buchs über die Einheit der Kirche) gegen das Buch des Herrn Nicolas, »dass die Vernunft aussage, dass ein Geschöpf, was nicht aufhöre strafbar zu sein, auch nicht anfhören könne, elend zu sein.« Herr Jaquelot meint in seinem Buche über den Glauben und die Vernunft (S. 220), »dass die Verdammten ewig des Ruhmes der Seligen beraubt bleiben müssen und dass diese Beraubung sehr wohl der Ursprung und die Ursache aller ihrer Leiden vermöge der Erwägungen sein könne, welche diese Geschöpfe über ihre Verbrechen, die sie eines ewigen Glückes beraubt hätten, anstellen würden. Es sei bekannt, welchen peinlichen Aerger, welche Schmerzen der Neid denen bereite, welche der Gitter sich beraubt sehen oder welchen eine grosse Ehre angetragen worden, die sie zurückgewiesen haben, namentlich wenn sie Andere sähen, denen sie gewährt worden.«

Diese Wendung weicht etwas von dem ab, was Herr Jurien gesagt, aber beide stimmen darin überein, dass die Verdammten selbst die Ursache von der Fortdauer ihrer Qualen seien. Auch der Origenist des Herrn Clerc ist nicht ganz anderer Meinung, wenn er in seiner ausgewählten Bibliothek sagt (Thl. 7, S. 341), »Gott, welcher vorausgesehen, dass der Mensch fallen werde, verdammt ihn nicht deshalb, sondern nur weil er, obgleich er sich bessern kann, dies nicht thut, d.h. weil er freiwillig seine schlechten Gewohnheiten bis zu dem Ende seines Lebens beibehält.« Wenn er diese Begründung über dieses Leben hinaus fortsetzt, so wird er die Fortdauer der Strafen der Bösen der Fortdauer ihrer Schuld zuschreiben.

269. Herr Bayle sagt (Antwort etc. Kap. 175, S. 1188), »dass diese Lehre der Origenisten ketzerisch sei, da sie sage, dass die Verdammniss sich nicht blos auf die Sünde stütze, sondern auf die freiwillige Nichtbereuung;« aber ist diese freiwillige Nichtbereuung nicht eine Fortsetzung der Sünde? Indess möchte ich dies nicht einfach deshalb sagen, weil der Mensch sich wieder erheben könne und es nicht thue; vielmehr würde ich hinzufügen, es geschehe deshalb, weil der Mansch nicht die Hülfe der Gnade benutze, um sich wieder zu erheben. Wenn auch nach diesem Leben diese Hülfe aufhören sollte, so bleibt doch in dem Menschen, welcher sündigt, auch nach seiner Verdammniss eine Freiheit, die ihn schuldig macht und eine, wenn auch entfernte Kraft, sich zu erheben, wenn sie auch niemals zu der Erhebung selbst gelangen sollte. Dieser Grad von Freiheit, welche von der Nothwendigkeit, aber nicht von der Gewissheit ausgenommen ist, könne sehr wohl bei den Verdammten ebenso wie bei den Seligen fortbestehen, nur bedürften die Verdammten der Hülfe nicht wie in diesem Leben, denn sie *wissen* dann nur zu sehr, was man hier nur *glauben* soll.

270. Der berühmte Prälat der englischen Kirche, welcher kürzlich ein Buch über den Ursprung des Uebels veröffentlicht hat, zu welchem Herr Bayle Anmerkungen in dem zweiten Theile seiner Antwort auf die Fragen etc. gemacht hat, spricht sehr sinnreich über die Strafen der Verdammten. Mini schildert die Ansichten dieses Prälaten (nach dem Verfasser der Neuigkeiten aus der Republik der Wissenschaften Juni 1703), als wenn er »aus den Verdammten eben so viele Narren machte, die zwar ihr Elend lebhaft empfänden, aber dennoch ihr Verhalten rühmten und lieber dasein, ja so, wie sie seien, dasein wollten, als gar nicht zu sein. Sie lieben ihren Zustand, so elend er auch ist, wie die Menschen im Zorn, die Verliebten, die Ehrgeizigen, die Neidischen sich selbst in dem gefallen, was nur zur Vermehrung ihres Elendes dient. Man nehme hinzu, dass die Gottlosen ihren Geist der Art an falsche Urtheile gewöhnt haben, dass sie gar keine andern fassen können und ohne Unterlass aus einem Irrthume zu dem andern übergehen. So können sie nicht umhin, sich ewig die Dinge zu wünschen, die sie nie erreichen können und deren Entbehrung sie in unbeschreibliche Verzweiflung stürzt, ohne dass die Erfahrung sie jemals klug macht, da sie durch ihre eignen Fehler sich ihren Verstand ganz verdorben und zu jedem gesunden Urtheil unfähig gemacht haben.«

271. Schon die Alten haben angenommen, dass der Teufel freiwillig fern von Gott, mitten in seinen Qualen bleibe und sich durch keine Unterwerfung loskaufen möge. Sie haben einen Einsiedler sich erdichtet, der in seiner Vision von Gott die Zusage erhalten, dass er den Fürsten der bösen Engel wieder aufnehmen wolle, wenn er seine Fehler erkenne, aber dass der Teufel diesen Mittler in einer sonderbaren Weise abgewiesen habe. Wenigstens sind die Theologen meist einverstanden, dass der Teufel und die Verdammten Gott hassen und lästern und ein solches Verhalten muss nothwendig die Fortsetzung ihres Elendes zur Folge haben. Man kann hierüber die gelehrte Abhandlung des Herrn Fecht über den Zustand der Verdammten nachlesen.

212. Es gab Zeiten, wo man es nicht für unmöglich hielt, dass ein Verdammter erlöst werde. Die Geschichte von dem Papst Gregor den Grossen ist bekannt, wonach durch seine Gebete die Seele des Kaisers Trajan aus der Hölle heraufgeholt worden, dessen Güte so gefeiert war, dass man den neuen Kaisern wünschte, den Augustus an Glück und den Trajan an Güte zu übertreffen. Deshalb bemitleidete der heilige Papst den letztem und Gott, sagt man, gab seinen Bitten nach, verbot ihm aber, in Zukunft ähnliche Bitten zu wiederholen. Nach dieser Fabel hatten die Bitten des heiligen Gregor die Kraft der Heilmittel des Aesculap, welcher damit Hippolyt aus der Unterwelt wieder hervorholte, und wenn er mit solchen Bitten fortgefahren wäre, würde Gott darob sich erzürnt haben, wie Jupiter bei Virgil:

At pater omnipotens aliquem indignatus ab umbris
Mortalem infernis ad lumina surgere vitae
Ipse repertorem medicinae talis et artis
Fulmine Phoebigenam Stygias detrusit ad undas.

(Aber der allmächtige Vater in seinem Unwillen, dass ein Sterblicher aus dem unterirdischen Schatten zum Licht des Lebens emporsteige, warf selbst den Erfinder solcher Arznei und Kunst, den Sohn des Phoebos mit seinen Blitze in die Wellen des Styx hinab.)

Godescalcus, ein Mönch des neunten Jahrhunderts, welcher die sämmtlichen Theologen seiner Zeit und selbst die unserer Zeit in Streit miteinander gebracht, wollte dass die Verworfenen Gott bitten sollten, ihre Strafen erträglicher zu machen; allein so lange man lebt, ist man noch nicht verwerten. Die Stelle aus der Messe für die Todten ist verständiger; sie verlangt die Minderung der Strafen der Verdammten und nach der Hypothese, welche ich hier dargelegt habe, hätte sie ihnen einen *bessern Verstand* wünschen sollen. Origenes benutzte die Stelle im 77. Psalm, Vers 10: »Gott wird nicht vergessen, mitleidig zu sein und wird in seinem Zorn nicht all sein Erbarmen unterdrücken.« Der heilige Augustin antwortet (in seinem Enchiridion Kap. 112), es sei möglich, dass die Strafen der Verdammten ewig dauerten und doch gemildert werden könnten. Wenn der Text diesen Sinn hätte, so würde die Minderung ohne Ende fortgehen, was die Dauer anlangt und doch würden sie ein *non plus ultra* (nicht weiter) in Betreff der Grösse der Minderung haben, wie es in der Geometrie asymptotische Figuren giebt, wo eine unendliche Länge immer einen endlichen Abstand einhält. Wenn das Gleichniss mit dem schlechten Reichen den Zustand eines wahrhaft Verdammten bezeichnete, so würden die Hypothesen, wonach die Verdammten so närrisch und schlecht sein sollen, nicht gelten. Allein die Liebe, welche der Reiche zu seinen Brüdern hat, scheint nicht zu dem Grad von Schlechtigkeit zu passen, welchen man bei den Verdammten annimmt. Der heilige Gregor der Grosse (IX. Mor. 39) meint, der Reiche habe gefürchtet, deren Verdammniss könnte die seinige steigern, allein diese Furcht passt nicht recht zu der Sinnesweise eines vollendeten Bösewichts. Bonaveutura sagt in seiner Schrift über den Meister der Sentenzen, dass der böse Reiche gewünscht, die ganze Welt verdammt zu sehen; allein da dies nicht geschehen sollte, so hätte er lieber das Heil für seine Brüder, wie für andere gewünscht. Diese Ansicht hat wenig für sich; vielmehr würde die von ihm gewünschte Sendung des Lazarus zur Errettung vieler Menschen gedient haben und wer sich so sehr an der Verurtheilung Anderer erfreut, dass er eine solche für die ganze Welt wünscht, wird vielleicht die Verurtheilung der Einen mehr als der Andern wünschen, allein abgesehen davon, wird er nicht geneigt sein, auch nur einen zu retten. Wie dem auch sein mag, so bleibt doch all dies Einzelne zweifelhaft, da Gott uns nur das offenbart hat, was nöthig ist, um das grösste allen Unglücks zu fürchten aber nicht das, was nöthig ist, um es zu begreifen.

213. Da es nunmehr gestattet ist, den Missbrauch des freien Willens und den bösen Willen zu benutzen, um andre Uebel damit zu rechtfertigen, nachdem Gottes Zulassung dieses Missbrauchs in überzeugender Weise gerechtfertigt worden, so ist damit auch das gewöhnliche System der Theologen gerechtfertigt und wir können erst nunmehr den Ursprung des Uebels sicher in der Freiheit der Geschöpfe finden. Wir kennen die erste Schlechtigkeit, die des Teufels und seiner Engel; der Teufel sündigt von Anfang an und Gottes Sohn ist erschienen, um die Werke des Teufels zu zerstören; I. Johannis III. 8. Der Teufel ist der Vater der Bosheit, ein Mörder von Anfang an; er hat nicht in der Tugend ausgehalten; Johannis VIII. 44. Deshalb hat Gott der Engel, welche gesündigt haben, nicht geschont, sondern sie mit den Ketten der Finsterniss hinabgestürzt und sie dahin überliefert, um für das Gericht aufbewahrt zu werden; 2. Petri II. 4. Er hat die Engel, welche ihre eigne Wohnung nicht bewahrt haben, in der Dunkelheit in *ewigen* Banden verwahrt (d.h. in dauerhaften) bis zu dem jüngsten Gericht; Jud. V. 6. Man kann hieraus abnehmen, dass der eine dieser Briefe von dem Verfasser des Andern eingesehen worden ist.

274. Es scheint, dass der Verfasser der Offenbarung Johannis das hat aufklären wollen, was die übrigen kanonischen Schriftsteller dunkel gelassen hatten. Er berichtet von einer Schlacht, die im Himmel geschlagen worden zwischen Michael und seinen Engeln und dem Drachen und dessen Engeln. Letztere blieben aber nicht die stärkeren und ihre Stelle war nicht mehr im Himmelreich. Der grosse Drache, die alte Schlange, Teufel oder Satan genannt, welche alle Welt verführt, wurde zur Erde niedergeschleudert und ihre Engel mit ihr; Offenbarung Johannis XII. 7. 8. 9. Wenn man auch diese Erzählung nach der Flucht der Frau in die Wüste stellt und man damit eine der Kirche günstige Revolution hat andeuten wollen, so scheint doch der Verfasser damit gleichzeitig sowohl den alten Sturz des ersten Feindes, wie den neuen Sturz eines neuen Feindes haben bemerklich machen wollen. Die Lüge oder die Bosheit kommt von dem, was dem Teufel eigenthümlich ist, *ek tôn idiôn*, von seinem Wollen, weil es in dem Buche der ewigen Wahrheiten, welches alle Möglichkeiten selbst noch vor dem Beschlüsse Gottes enthielt, geschrieben stand, dass dieses Geschöpf sich freiwillig zum Bösen wenden werde, wenn es geschaffen sein werde. Ebenso verhält es sich mit Eva und Adam; sie haben freiwillig gesündigt, wenn auch der Teufel sie verführt hat. Gott überliefert die Bösen einem verworfenen Sinne, Römer I. 28, indem er sie sich selbst überlässt, indem er ihnen die Gnade versagt, die er ihnen nicht schuldet und die er selbst ihnen zu verweigern hat.

275. Es heisst in der Schrift, dass Gott verhärte; Exod. IV. 21 und VII. 3, Esaias LXIII. 17; dass Gott den Geist der Lüge sende, (I. Könige XXII. 23; eine Wirksamkeit des Irrthums, um der Lüge zu glauben). 2. Thessal. II. 11; dass er den Propheten getäuscht habe, Ezech. XIV. 9; dass er dem Zemei befohlen habe, zu schmähen, 2. Samuel. XVI. 10; dass die Kinder Eli's die Stimme ihres Vaters nicht hören wollten, weil Gott sie zum Sterben bringen wollte, 1. Samuel. II. 25; dass Gott dem Hiob sein Gut genommen, obgleich es durch die Bosheit der Räuber geschehen war, Hiob I. 21; dass er Pharao erweckt habe, um ihm seine Macht zu zeigen, Exod. IX. 16, Rom. IX. 17; dass er einem Töpfer gleiche, welcher ein Gefäss zur Unehre mache, Rom. IX. 21; dass er die Wahrheit den Weisen und Einsichtigen verberge, Matthäus XI. 25; dass er durch Gleichnisse spreche, damit die draussen Stehenden bei ihrem Sehen nichts bemerkten und bei ihrem Hören nichts verständen, weil sie sich sonst bekehren könnten und ihre Sünden ihnen verziehen werden könnten, Marc. IV. 12, Luc. VIII. 10; dass Jesus durch einen unabänderlichen Rathschluss und die Vorsehung Gottes überliefert worden, Apostelgeschichte II. 23; dass Pontius Pilatus und Herodes mit den Heiden und dem Volke Israel das gethan, was die Hand und der Rathschluss Gottes schon vorher bestimmt hatten, Apostelgesch. IV. 27, 28; dass es von dem Ewigen komme, wenn die Feinde ihre Herzen verhärteten, um in Schlachtordnung gegen Israel zu marschiren, damit er sie vernichte, ohne ihnen Gnade zu gewähren, Jos. XI. 20; dass der Ewige mitten über Egypten einen Taumel ergossen und die Bewohner in allen ihren Werken sich habe irren lassen, wie ein betrunkner Mensch, Esaias IX. 14; dass Robeam nicht die Stimme des Volkes gehört, weil dies so durch den Ewigen gefügt worden, I. Könige XII. 15; dass er die Herzen der Egypter veränderte, so dass sie sein Volk hassten, Psalm CV. 25. – Indessen wollen alle diese und ähnliche Ausdrücke nur sagen, dass alles, was Gott gemacht, der Unwissenheit, dem Irrthume, der Bosheit und andern schlechten Handlungen nur als Anlass dient und einen Beitrag gewährt, während Gott es wohl vorhergesehen und sich dessen nur zu seinen Zwecken bedient; denn höhere Gründe seiner vollkommenen Weisheit haben ihn bestimmt, diese Uebel zu gestatten und selbst dabei thätig zu sein. *Sed non sineret bonus fieri male, nisi Omnipotens etiam de malo posset facere bene*, um mit dem heiligen Augustin zu sprechen. (Der Gute würde das Schlechte nicht gestatten, wenn der Allmächtige nicht auch aus dem Schlechten das Gute entstehen lassen könnte.) Indess ist dies schon ausführlicher in dem ersten Theile auseinandergesetzt worden.

277. Gott hat den Menschen nach seinem Bilde geschaffen, Gen. I. 20, er hat ihn aufrecht gemacht, Eccles. VII. 30. Aber er hat ihn auch frei gemacht. Der Mensch hat diese Freiheit gemissbraucht, er ist gefallen, aber es bleibt ihm auch nach seinem Falle noch eine Art von Freiheit. Moses sagt von Seiten Gottes: »Ich nehme heute den Himmel und die Erde zu Zeugen gegen euch, dass ich vor euch das Leben und den Tod gestellt habe, die Segnung und die Verwünschung; wählet also das Leben. Deut. XXX. 19. Also spricht der Ewige; ich stelle euch vor den Weg des Lebens und den Weg des Todes. Jerem. XXI. 8. Er hat dem Menschen die Kraft seines Entschlusses gelassen, indem er ihm seine Befehle und seine Verordnungen gegeben. Wenn Du willst, so kannst Du die Befehle befolgen (oder sie werden Dich schützen). Er hat vor Dich das Feuer und das Wasser hingestellt, damit Du

Deine Hand ausstrecken kannst, wonach Du willst.« Sirach XV. 14. 15. 16. Der gefallene und nicht wiedergeborene Mensch ist unter der Herrschaft der Sünde und des Satans, weil es ihm da gefällt, er ist freiwillig ein Sclave in Folge seiner bösen Gelüste. In dieser Weise ist die Freiheit und die Unfreiheit des Willens ein und dasselbe.

218. »Dass mir Niemand sage, Gott hat mich versucht, denn Niemand wird versucht, wenn er durch seine eignen Gelüste angelockt und geködert wird« (Jacob, I. 14, Und der Satan hilft dazu mit); »er macht den Verstand der Ungläubigen blind.« 2. Cor. IV. 1. Aber der Mensch hat durch seine Begierden sich dem Dämon überliefert; die Lust, welche er am Bösen findet, ist der Angelhaken, an dem er sich fangen lässt. Schon Plato hat es gesagt, und Cicero wiederholt: *Plato voluptatem dicebat escam malorum.* (Plato nannte die Wollust die Lockspeise des Bösen.) Die Gnade stellt ihr ein grösseres Vergnügen entgegen, wie der heilige Augustin sagt. Jedes Vergnügen ist das Gefühl einer Vollkommenheit; man lobt einen Gegenstand in dem Maasse, als man dessen Vollkommenheit empfindet und nichts übertrifft die göttlichen Vollkommenheiten. Daraus folgt, dass die Barmherzigkeit und Liebe Gottes das grösste Vergnügen, was sich denken lässt, in dem Maasse gewähren, als man von diesen Gedanken durchdrungen ist, die dem Menschen allerdings nicht geläufig sind, weil sie mit Dingen beschäftigt und befasst sind, die sich auf ihre Leidenschaften beziehen.

279. Da nun unsere Verderbniss nicht durchaus unbesieglich ist und da wir nicht nothwendig sündigen, selbst wenn wir in der Sclaverei der Sünde sind, so muss man ebenso sagen, dass wir nicht unüberwindlich unterstützt werden, und so wirksam auch die Gnade Gottes sein mag, so kann ihr widerstanden werden. Wenn sie aber in Wahrheit siegreich wird, so ist es im Voraus gewiss und untrüglich, dass man ihren Reizen nachgeben wird, sei es weil sie in sich selbst ihre Kraft hat oder dass in den entsprechenden Umständen das Mittel zu ihrem Triumphe sich findet. Man muss also immer zwischen dem Untrüglichen und dem Nothwendigen unterscheiden.

280. Das System derer, welche sich Schüler des heiligen Augustin nennen, entfernt sich nicht ganz hiervon, sofern man einige hässliche Dinge in den Ausdrücken oder in der Lehre selbst ausscheidet. Bei den Ausdrücken finde ich das vorzüglich bei solchen Worten nöthig, wie *nothwendig oder zufällig, möglich oder unmöglich*, die manchmal

eine Blösse bieten und viel Lärm veranlasst haben; deshalb hat Luther, wie der junge Herr Löscher in einer gelehrten Abhandlung über die Paroxismen des unbedingten Rathschlusses sehr richtig bemerkt, in seinem Buche über die Willensfreiheit gewünscht, ein paasenderes Wort für das, was er ausdrücken wollte, zu finden, als das Wort *Nothwendigkeit*. Im Allgemeinen scheint es richtiger und passender, zu sagen, dass der Gehorsam für die Gebote Gottes immer möglich sei, selbst bei den Nichtwiedergebornen; dass der Gnade immer *Widerstand* geleistet werden könne, selbst von dem heiligsten Wesen und dass die *Freiheit* entnommen sei, nicht blos dem *Zwange*, sondern auch der *Nothwendigkeit*, obgleich sie niemals ohne die untrügliche Gewissheit oder ohne die anreizende Bestimmung sei.

281. Auf der andern Seite könnte man indess in einem gewissen Sinne sagen, dass die *Macht* Gutes zu thun bei gewissen Gelegenheiten oft ganz fehle, selbst dem Gerechten und dass die Sünden oft *nothwendig* seien, selbst bei den Wiedergebornen; dass es manchmal *unmöglich* sei, nicht zu sündigen; dass die Gnade *unwiderstehlich* sei und dass die Freiheit der *Nothwendigkeit* nicht enthoben sei. Allein diese Ausdrücke sind weniger genau und weniger in den Umständen verletzend, in denen wir uns heutzutage befinden; auch sind sie an sich mehr dem Missbrauch ausgesetzt und sie haben ausserdem etwas von der gewöhnlichen Sprachweise im Verkehr an sich, wo die Worte in sehr biegsamen Bedeutungen gebraucht werden. Indess können sie unter Umständen gebraucht werden und nützlich sein und selbst die heiligen Schriften, sowie die heiligen und rechtgläubigen Schriftsteller haben sich der Ausdrücke bald von dieser, bald von jener Seite bedient, ohne dass dadurch ein wirklicher Gegensatz bezeichnet werden soll, so wenig wie zwischen dem heiligen Johannes und dem heiligen Paulus und ohne dass wegen dieser Zweideutigkeit der Ausdrücke nach der einen oder andern Seite ein Irrthum entsteht. Auch hat man sich so an diese verschiedene Art zu sprechen gewöhnt, dass man oft kaum sagen kann, welche Ausdrucksweise die natürlichste und selbst die gebräuchlichste sei *(quis sensus magis naturalis, obvius, intentus)*. Da derselbe Schriftsteller an verschiedenen Stellen von verschiedenen Gesichtspunkten ausgeht und dieselbe Ausdrucksweise bald mehr oder weniger angenommen oder annehmbar wird, bevor oder nachdem ein grosser Mann oder eine Autorität, die man achtet und der man folgt, darüber entschieden hat, so kann man deshalb unter Umständen und zu Zeiten gewisse Ausdrücke entweder billigen oder untersagen, ohne dass dies den Sinn oder den Glauben beschädigt, wenn man auch keine genügende Erläuterung der Worte beifügt.

282. Es ist daher nur nothwendig, dass man diese Unterscheidungen, so wie die von mir oft betonten, zwischen dem Nothwendigen und dem Gewissen und zwischen der metaphysischen und moralischen Nothwendigkeit genau kenne. Ebenso verhält es sich mit der Möglichkeit und Unmöglichkeit, denn das Ereigniss, dessen Gegentheil möglich ist, ist zufällig und das, dessen Gegentheil unmöglich ist, ist nothwendig. Man unterscheidet auch mit Recht zwischen einem nahen und entfernten Können und nach diesen verschiedenen Bedeutungen sagt man, bald dass eine Sache geschehen könne, bald dass sie nicht geschehen könne. Man kann in einem gewissen Sinne sagen, es sei nothwendig, dass die Seligen nicht sündigen, dass die Teufel und die Verdammten sündigen, dass selbst Gott das Beste wähle, dass der Mensch dem folge, was ihn am meisten reizt. Aber diese Nothwendigkeit ist der Zufälligkeit nicht entgegengesetzt; sie gehört nicht zur sogenannten logischen, metaphysischen und geometrischen Nothwendigkeit, deren Gegentheil einen Widerspruch enthält. Herr Nicolas hat mitunter einen nicht übeln Vergleich gezogen. So hält man es für unmöglich, dass ein weiser und ernster Beamter z.B. nackt durch die Strassen laufen werde, um das Lachen zu erregen. Aehnlich ist es mit den Seligen; sie sind noch weniger fähig zu sündigen und die Nothwendigkeit, die sie daran verhindert, ist von derselben Art. Endlich ist der *Wille* wohl ein eben so zweideutiges Wort, wie das Können und die Nothwendigkeit. Denn ich habe schon gezeigt, dass die, welche den Satz aufstellen, dass man nicht ermangele das zu thun, was man wolle, wenn man es kann und die deshalb folgern, Gott wolle nicht das Heil Aller, darunter einen *beschliessenden Willen* verstehen; nur in diesem Sinne kann man den Satz aufrecht erhalten, dass der Weise niemals dasjenige will, von dem er weiss, dass es zu den Dingen gehört, die nicht geschehen können. Man kann statt dessen sagen, wenn man das Wort Wille in einem allgemeinem, mit dem Sprachgebrauch mehr übereinstimmenden Sinne nimmt, dass der Wille des Weisen vorgehend zu allem Guten *geneigt* sei, obgleich er zuletzt *beschliesst*, das Angemessenste zu thun. Deshalb wäre es sehr Unrecht, wenn man bei Gott diese ernste und starke Neigung, alle Menschen zu erretten, welche die heilige Schrift ihm beilegt, nicht annehmen oder ihm sogar eine ursprüngliche Abneigung zutheilen wollte, welche ihn von dem Heile mehrerer abwendete, *odium antecedaneum*. Man muss vielmehr behaupten, dass der Weise alles Gute als solches nach Verhältniss seines Wissens und Könnens erstrebe, aber dass er nur das ausführbar Beste verwirklicht. Wer dies zugiebt und doch Gott den vorgehenden Willen abspricht, alle Menschen zu erretten, irrt nur aus einem Missbrauch der Worte, sofern er nur sonst anerkennt, dass Gott Allen die genügende Hülfe gewährt, um gerettet zu werden, wenn sie den Willen haben, diese Hülfe zu benutzen.

283. Unter den Lehrsätzen, wie sie selbst von den Schülern des heiligen Augustinus festgehalten werden, kann ich mich nicht mit dem von der Verdammniss der nicht wiedergebornen Kinder befreunden, noch überhaupt mit der Verdammniss, welche blos auf der Erbsünde beruht. Ich kann auch nicht glauben, dass Gott diejenigen verdamme, denen das nöthige Licht nicht gewährt worden. Ich möchte mit mehreren Theologen glauben, dass die Menschen mehr Hülfe erhalten, als wir wissen, sollte es auch erst in der Stunde des Todes geschehen. Es scheint mir auch nicht nothwendig, dass bei Allen, die gerettet werden, es immer mittelst einer durch sich selbst wirksamen Gnade und unabhängig von Nebenumständen geschehen sei. Ich halte es auch nicht für nothwendig, alle Tugenden der Heiden für falsch zu erklären, und alle ihre Handlungen für sündhaft, obgleich es richtig ist, dass, was nicht von dem Glauben kommt, oder von der Richtung der Seele auf Gott, von der Sünde angesteckt ist, wenigstens der Möglichkeit nach. Endlich meine ich, dass Gott nicht gleichsam zufällig in Folge eines durchaus unbedingten Beschlusses oder mittelst eines Willens handeln könne, der keine vernünftigen Beweggründe hat. Auch bin ich überzeugt dass er bei der Vertheilung seiner Gnaden durch Gründe oder durch die Natur der Gegenstände bestimmt wird sonst würde er nicht der Weisheit entsprechend handeln, aber ich gebe zu, dass diese Gründe nicht nothwendig mit den guten oder weniger schlechten natürlichen Eigenschaften der Menschen zusammenhängen, als wenn Gott seine Gnaden nur nach diesen guten Eigenschaften vertheile, obgleich ich meine, wie ich schon oben mich erklärt habe, dass diese Eigenschaften wie alle andern Umstände mit in Betracht kommen, da in den Blicken der höchsten Weisheit nichts vernachlässigt werden kann.

284. Bei diesen Punkten und einigen wenigen andern, wo der heilige Augustin sich dunkel ausdrückt, dürfte man sich seinem Systeme anbequemen können; er behauptet, dass aus der Substanz Gottes nur ein Gott hervorgehen könne und dass also das Geschöpf aus Nichts geschaffen sei. (Augustinus über die Freiheit des Willens, I. Kap. 2.) Deshalb ist das Geschöpf unvollkommen, mangelhaft und verführbar. *(De Genes, ad lit.* Kap. 15; *contra epistolam Manichäi,* Kap. 36.) Das Uebel kommt nicht von der Natur, sondern von dem bösen Willen. (Augustinus in dem ganzen Buche über die Natur des Guten.) Gott kann nur das Mögliche befehlen. »*Firmissime creditur Deum justum et bonum impossibilia non potuisse praecipere.* (Es ist ganz fest zu glauben, dass der gerechte und gute Gott das Unmögliche nicht hat gebieten können.) (Das Buch über die Natur und die Gnade, Kap. 13. Kap. 69.) *Nemo peccat in eo, quod caveri non potest.* (Niemand sündigt in solchen Dingen, die man nicht vermeiden kann.) (Buch 3 über den freien Willen, Kap. 16. 17; Buch I. Retractat Kap. 11. 13. 15.«) Unter einem gerechten Gott kann Niemand unglücklich sein, als der, welcher es verdient. (Buch I. Kap. 32.) Der freie Wille könnte die Gebote Gottes ohne den Beistand der Gnade nicht erfüllen. (Brief an Hilar. in Caesaraugusta.) Wir wissen, dass die Gnade nicht nach dem Verdienste vertheilt wird. (Briefe 106. 107. 120.) Der Mensch in seiner Unschuld hatte den nöthigen Beistand um gut zu handeln, wenn er wollte; allein das Wollen hing von dem freien Entschluss ab, »*habebat adjutorium, per quod posset et sine quo non vellet, sed non adjutorium, quo vellet.*« (Er hatte den Beistand zum können und ohne den er nicht wollte, aber er hatte nicht den Beistand zum wollen.) (Das Buch über die Verderbniss, Kap. 11 und Kap. 10. 12.) Gott hat die Engel und die Menschen das versuchen lassen, was sie durch ihren freien Willen vermöchten und demnächst das, was seine Gnade und seine Gerechtigkeit vermag. (Daselbst, Kap. 10. II. 12.) Die Sünde hat den Menschen von Gott abgewendet, um sich den Geschöpfen zuzuwenden. (Lib. I qu. 2 ad Simplicium.) Mit Freuden sündigen ist die Freiheit eines Sclaven. (Enchiridion Kap. 103.) »*Liberum arbitrium usque adeo in peccatore non periit, ut per illud peccent maxime omnes, qui cum delectatione peccant.*« (Der freie Wille ist nicht so weit bei dem Sünder untergegangen, vielmehr sündigen durch diesen Alle, welche mit Lust sündigen.) (Buch 1 an Bonifacius. Kap. 2. 3.)

285. Gott spricht zu Moses: *Ich werde mich dessen erbarmen, wessen ich mich erbarmen werde und ich werde Mitleid mit dem haben, mit wem ich Mitleid haben werde.* (Exodus XXXIII. 19.) Es ist also nicht vom Vollendenden, noch von dem Laufenden, sondern von Gott, welcher die Barmherzigkeit ist. (Römer IX. 15. 16.) Dies hindert nicht, dass Alle, welche guten Willen haben und darin beharren, sollten errettet werden. Aber *Gott giebt ihnen das Wollen und das Vollbringen, er erbarmt sich derer, welcher er will und er verhärtet die, welche er verhärten will.* (Röm. IX. 29.) Und doch sagt der nämliche Apostel, dass *Gott wolle, dass alle Menschen errettet werden und zur Erkenntniss der Wahrheit gelangen.* Ich möchte dies nicht so, wie Augustin es an einigen Stellen thut, auslegen, als wenn es nur solche Errettete gäbe, bei denen Gott das Heil wolle, oder als wenn er wollte erretten, *non singulos generum, sed genera singulorum.* (Als wollte er nicht Einzelne aus den Gattungen, sondern ganze Gattungen von Einzelnen erretten.) Ich möchte vielmehr sagen, dass es keinen giebt, den Gott nicht retten wolle, so weit es die wichtigern Gründe gestatten, in Folge deren Gott nur die erretten kann, welche den ihnen angebotenen Glauben annehmen und sich demselben vermöge der ihnen gewährten Gnade zuwenden, wie es der Unverletzlichkeit des Planes seiner Werke entsprach, welcher der beste war, der gefasst werden konnte.

286. Was die Vorherbestimmung zum Heile anlangt, so enthält sie, nach dem heiligen Augustin, auch die Anordnung der Mittel, welche zu dem Heile führen werden. »*Praedestinatio Sanctorum nihil aliud est, quam praescientia et praeparatio beneficiorum Dei, quibus certissime liberantur, quicunque liberantur.*« (Das Buch über die Perseverantia, Kap. 14.) (Die Vorherbestimmung der Heiligen ist nichts anderes, als das Vorauswissen und die Vorausbereitung der Wohlthaten Gottes, durch welche ganz sicher diejenigen erlöst werden, welche erlöst werden.) Er fasst daher die Vorherbestimmung in diesem Punkte nicht wie einen unbedingten Beschluss auf; es soll nach ihm eine Gnade bestehen, welche von keinem verhärteten Herzen zurückgewiesen werde, weil sie hauptsächlich gegeben werde, um die Härte des Herzens hinwegzunehmen. (Das Buch über die Vorherbestimmung, Kap. 8. Das Buch über die Gnade, Kap. 13. 14.) Indess finde ich nicht, dass der heilige Augustinus stark betone, dass diese Gnade, welche das Herz sich unterwirft, immer durch sich selbst wirksam sei und man könnte wohl, ohne ihn zu verletzen, behaupten, dass derselbe Grad der innern Gnade bei dem Einen siegreich ist, wo die Umstände sie unterstützen, und bei dem Andern nicht.

287. Der Wille steht in Verhältniss zu unserem Sinn für das Gute und folgt dabei dem Guten, was das Uebergewicht hat. »*Si utrumque tantundem diligimus, nihil horum dabimus. Item quod amplius non delectat, secundum id operemur necesse est*« in Kap. 5 an die Gallater. (Wenn man Beides gleich sehr liebt, so wird man keines von Beiden geben. Ebenso müssen wir, wenn etwas nicht mehr ergötzt, nothwendig danach handeln.) Ich habe schon dargelegt, wie wir trotz alle dem in Wahrheit eine grosse Gewalt über unsern Willen haben. Der heilige Augustinus fasst es etwas anders auf und in einer Weise, die nicht sehr weit führt; z.B. wenn er sagt, dass nichts ganz so in unserer Gewalt sei, wie die Thätigkeit unseres Willens, wofür er einen etwas identischen Grund angiebt. Denn, sagt er, diese Thätigkeit ist in dem Augenblick bereit, wo wir wollen. »*Nihil tam in nostra potestate est, quam ipsa voluntas, ea enim mox ut volumus praesto est.*« (Nichts ist so in unserer Gewalt, wie unser Wille, denn sofort, wenn wir wollen, ist er bereit.) (Buch 3 über den freien Willen, Kap. 3. Buch 5 über den Staat Gottes, Kap. 10.) Dies sagt indess nur, dass wir wollen, wenn wir wollen, aber nicht, dass wir das wollen, was wir zu wollen wünschen. Man kann eher mit ihm sagen: *Aut voluntas non est, aut libera dicenda.* (Entweder giebt es keinen Willen, oder er ist ein freier.) (Ueber die Freiheit 3. Kap. 3.) und dass das, welches untrüglich oder sicher den Willen zum Guten führt, seine Freiheit nicht aufhebt. »*Perquam absurdum est, ut ideo dicamus, non pertinere ad voluntatem (libertatem) nostram, quod beati esse volumus, quia id omnino nolle non possumus nescio qua bona constrictione naturae. Nec dicere audemus ideo Deum non voluntatem (libertatem) sed necessitatem habere justitiae, quia non potest velle peccare. Certe Deus ipse numquid quia peccare non potest, ideo liberum arbitrium habere negandus est?*« (Ueber die Natur und die Gnade, Kap. 46. 47. 48. 49.) (Es ist sehr verkehrt, zu behaupten, dass es nicht zu unserm Willen (Freiheit) gehöre, selig zu werden, weil wir dies überhaupt, ich weiss nicht durch welche gute Nöthigung der Natur, nicht zu wollen, nicht vermögen. Und wir wagen auch nicht zu sagen, dass bei Gott nicht der Wille (die Freiheit), sondern der Zwang der Gerechtigkeit bestehe, weil er zu sündigen, nicht wollen könne. Sollte wohl Gott, weil er nicht sündigen kann, deshalb der freie Wille abgesprochen werden?) Augustinus sagt auch sehr richtig, dass

Gott die erste Regung verleihe, aber dass nachher der Mensch auch handle. *Aguntur ut agant, non ut ipsi nihil agant* (Ueber die Verderbniss, Kap. 2.) (Sie werden behandelt, damit sie handeln, nicht damit sie selbst nicht handeln.)

288. Ich habe dargelegt, dass der freie Wille die nächste Ursache für das Uebel der Schuld ist, und folgeweise auch für das Uebel der Strafe; obgleich es richtig ist, dass die ursprüngliche Unvollkommenheit der Geschöpfe, welche in den ewigen Gedanken Gottes vorgestellt ist, die erste und entfernteste Ursache davon ist. Herr Bayle stemmt sich jedoch immer gegen diesen Gebrauch des Wortes »Freiheit des Willens«; er will nicht, dass man ihn als die Ursache des Uebels hinstelle. Man muss seine Einwände hören; indess wird es vorher gut sein, die Natur der Freiheit noch etwas deutlicher darzulegen. Ich habe gezeigt, dass die Freiheit, wie man sie in den theologischen Schulen verlangt, in der *Einsicht* besteht, welche eine bestimmte Kenntniss des Gegenstandes der Ueberlegung einschliesst; ferner in der *Freiwilligkeit*, mit welcher wir uns bestimmen, und endlich in der *Zufälligkeit*, d.h. in dem Ausschluss der metaphysischen oder logischen Nothwendigkeit. Die Einsicht ist gleichsam die Seele der Freiheit und das Uebrige gleichsam der Körper und die Grundlage. Die freie Substanz bestimmt sich durch sich selbst und zwar durch das Motiv des durch den Verstand erkannten Guten, welches sie reizt oder zu sich neigen macht, ohne sie zu zwingen. Alle Bedingungen der Freiheit sind in diesen wenigen Worten befasst. Indess ist es doch gut, wenn ich zeige, dass die Unvollkommenheit in unserm Wissen, in unserer Freiwilligkeit und das unfehlbare Bestimmtwerden, was in unserer Zufälligkeit enthalten ist, weder die Freiheit noch die Zufälligkeit aufhebt.

289. Unser Wissen ist von zweierlei Art, deutlich oder verworren. Das deutliche Wissen findet in dem wahrhaften Vernunftgebrauch statt; dagegen gewähren die Sinne uns nur verworrene Vorstellungen. Wir können sagen, dass wir von der Sclaverei befreit sind, so weit wir mit einem deutlichen Wissen handeln und dass wir den Leidenschaften unterthan sind, so weit unsere Wahrnehmungen verworren sind. In diesem Sinne haben wir nicht die ganze wünschenswerthe Freiheit und wir können mit dem heiligen Augustinus sagen, dass wir, als der Sünde unterthan, nur die Freiheit eines Sclaven haben. Indess auch ein Sclave als solcher hat doch noch die Freiheit der Wahl seinem Zustande entsprechend, obgleich er sich meist in der harten Nothwendigkeit befindet, dass er nur unter zwei Uebeln wählen kann, weil eine ihm überlegene Gewalt ihn nicht zu den Gütern gelangen lässt, die er ersehnt. Was nun die Bande und der Zwang bei den Sclaven bewirken, das geschieht bei uns durch unsere Leidenschaften, deren Gewalt zwar angenehm, aber nicht weniger verderblich ist. In Wahrheit wollen wir nur das Angenehme; aber unglücklicherweise ist das jetzt Angenehme oft ein wahres Uebel, was uns missfallen würde, wenn wir die Augen des Verstandes offen hätten. Deshalb hindert die schlechte Lage des Sclaven und die unsrige nicht unsere freie Wahl (so wenig, wie bei jenem) unter dem uns Angenehmsten, in dem Zustande, in dem wir uns befinden, gemäss unsern gegenwärtigen Kräften und Wissen.

290. Was nun die *Freiwilligkeit* anlangt, so gehört sie zu uns insoweit, als wir in uns den Anfang unsers Handelns haben, wie Aristoteles sehr richtig begriffen hat. Allerdings ziehen uns die äusseren Eindrücke oft von unserm Wege ab und man meint deshalb insgemein, dass wenigstens in dieser Hinsicht ein Theil von den Anfängen unserer Handlungen ausserhalb unserer liege. Auch ist man allerdings genöthigt, sich so auszudrücken, wenn man bei dem gewöhnlichen Sprachgebrauch bleiben will, was auch in einem gewissen Sinne ohne Verletzung der Wahrheit geschehen kann; aber will man sich genau ausdrücken, so erleidet unsere Freiwilligkeit keine Ausnahme und die äussern Dinge haben in der streng philosophischen Sprache keinen physischen Einfluss auf uns.

291. Zum bessern Verständniss bedenke man, dass eine strenge Freiwilligkeit uns mit allen jenen einfachen Substanzen gemein ist und dass diese Freiwilligkeit bei den verständigen oder freien verständigen Substanzen zu einer Herrschaft über ihre Handlungen wird. Am besten erklärt sich dies durch *das System der vorherbestimmten Harmonie*, welches ich bereits seit mehreren Jahren aufgestellt habe. Ich zeige darin, dass von Natur jede einfache Substanz Vorstellungen hat und dass ihre Besonderheit in dem fortwährenden Gesetze besteht, welches die Folge der ihr zugetheilten Vorstellungen bewirkt und welche Vorstellungen die eine aus der andern entstehen, um den der Substanz zugetheilten Körper vorzustellen und mittelst des Körpers das ganze Universum nach dem Gesichtspunkte, welcher dieser einfachen Substanz eigenthümlich ist, ohne dass sie irgend einen physischen Einfluss vom Körper zu empfangen braucht. Ebenso passt sich der Körper von seiner Seite durch seine eignen Gesetze dem Willen der Seele an und er gehorcht ihr deshalb nur so weit, als diese Gesetze ihn dazu bestimmen. Hieraus folgt, dass die Seele in sich selbst eine völlige Freiwilligkeit hat, so dass sie in ihren Handlungen nur von Gott und sich selbst abhängt.

292. Da dieses System früher nicht gekannt war, so hat man nach andern Mitteln zum Ausweg aus diesem Labyrinth gesucht und selbst die Cartesianer sind in der Freiheit des Willens manchen Schwierigkeiten begegnet. Sie halfen sich nicht mehr mit den scholastischen Fälligkeiten, sondern meinten, dass alle Handlungen der Seele durch die Aussendinge je nach den Eindrücken der Sinne bestimmt zu werden scheinen und dass endlich alles in dem Universum durch die Vorsehung Gottes geleitet werde. Daraus entsprang aber der Einwand, dass es also keine Freiheit gebe. Hierauf entgegnete Herr Descartes, dass unsere Vernunft uns allerdings dieser Vorsehung versichere, aber dass wir auch unserer Freiheit durch eine innere Erfahrung, die wir machen, sicher seien; man müsse deshalb beides glauben, wenn man auch keinen Weg absehe, beide zu versöhnen.

293. Das heisst, den Gordischen Knoten durchhauen und auf den Schlusssatz eines Beweises nicht durch dessen Lösung antworten, sondern dadurch, dass man ihm einen entgegengesetzten Beweis entgegenstellt. Allein dies entspricht nicht den Regeln philosophischer Erörterungen. Trotzdem sind die meisten Cartesianer dabei geblieben, obgleich die innere Erfahrung, welche sie anführen, nicht das beweist, was sie behaupten, wie Herr Bayle sehr gut gezeigt hat. Herr Regis (Philosophie, Bd. I. Metaphysik, Buch 2, Thl. 2, Kap. 22) umschreibt die Lehre des Descartes folgendermassen: »Die Mehrzahl der Philosophen haben geirrt, weil die einen die Beziehung zwischen den freien Handlungen der Menschen und der Voraussicht Gottes nicht begreifen konnten und deshalb leugneten, dass Gott die erste wirkende Ursache der freien Willenshandlungen sei, obgleich dies eine Gotteslästerung ist, und weil die Andern die Beziehung zwischen der Wirksamkeit Gottes und den freien Handlungen nicht begreifen konnten und deshalb leugneten, dass die Menschen mit der Freiheit begabt seien, was eine Gottlosigkeit ist. Man findet die Mitte zwischen diesen beiden äussersten Ansichten, wenn man (Ebendaselbst S. 485) sagt, dass man zwar nicht alle Beziehungen zwischen der Freiheit und der Vorsehung Gottes begreifen könne, aber doch sich stets verpflichtet fühle anzuerkennen, dass wir frei und auch von Gott abhängig sind; denn beide

Wahrheiten sind gleich gekannt, die eine durch die Erfahrung, die andere durch die Vernunft, und die Klugheit verlangt, dass man keine Wahrheit, deren man sicher ist, verpasse, weil man nicht alle Beziehungen begreifen könne, die sie mit andern bekannten Wahrheiten hat.«

294. Herr Bayle hat hier an dem Rande richtig bemerkt, »dass diese Ausdrücke des Herrn Regis nicht zeigen, dass wir Beziehungen zwischen den Handlungen des Menschen und der Vorsehung Gottes kennen, welche mit unserer Freiheit unverträglich erschienen.« Er fügt hinzu, es seien dies vorsichtig gefasste Ausdrücke, welche den Stand der Frage nur abschwächen. Er sagt: »Die Schriftsteller meinen, dass die Schwierigkeit blos aus unserm Mangel an Einsicht herkomme, während sie vielmehr sagen sollten, dass sie von der Einsicht komme, die wir haben und die wir (nach der Ansicht des Herrn Bayle) mit unsern Mysterien nicht vereinigen können.« Dies ist es gerade, was ich im Anfang dieses Werkes gesagt habe, nämlich, dass, wenn die Mysterien mit der Vernunft nicht zu vereinen wären und unlösbare Einwürfe bestünden, wir die Mysterien keineswegs für unbegreiflich halten, sondern sie als falsch erkennen müssten; denn es ist richtig, dass es sich hier um kein Mysterium handelt, sondern nur um die natürliche Religion.

295. Indess sehe man, wie Herr Bayle diese inneren Erfahrungen bekämpft, auf welche die Cartesianer die Freiheit stützen, wobei er indess mit Erwägungen beginnt, denen ich nicht beistimmen möchte. Er sagt (Wörterbuch, Art. Helen, Buchstabe: *TD*): »Diejenigen, welche nicht genau prüfen, was in ihrem Innern vorgeht, überreden sich leicht, dass sie frei seien, und dass wenn ihr Wille sich zum Bösen wendet, es ihr eigner Fehler sei und durch eine Wahl geschehe, über welche sie selbst entschieden. Die anders Urtheilenden sind Personen, welche mit Sorgfalt die Anlässe und die Umstände ihrer Handlungen studirt und über den Fortgang der Bewegungen in ihren Seelen viel nachgedacht haben. Diese Personen bezweifeln ihren freien Willen und gehen so weit, dass sie ihre Vernunft und ihren Geist für Sclaven halten, welche der Gewalt nicht widerstehen können, welche sie dahinreisst, wohin sie nicht gehen möchten. Sie waren es vorzüglich, welche Gott für die Ursache ihrer schlechten Handlungen erklärten.«

296. Diese Worte erinnern mich an die des Kanzlers Bacon, welcher sagt, dass die Philosophie halb genossen uns von Gott abführe, aber diejenigen zu ihm zurückführe, welche sich in sie vertiefen. Dasselbe gilt für die, welche über ihre Handlungen nachdenken; anfangs scheint ihnen alles, was man thut, nur auf einen Anstoss von Aussen zu gescheiten; und dass alles, was wir denken, von Aussen durch die Sinne komme und auf die leere Tafel unseres Geistes sich einschreibe, *tanquam in tabula rasa* (wie auf eine abgewischte Tafel). Allein ein tieferes Nachdenken lehrt uns, dass alles (selbst das Empfinden der Leidenschaften) aus dem eignen Grunde komme und zwar mit einer vollen Freiwilligkeit.

297. Dennoch führt Herr Bayle Dichter an, welche unternahmen, die Menschen von ihrer Schuld zu befreien, indem sie alle Fehler auf Gott zurückführten. So spricht die Medea bei Ovid:

Frustra, Medea, repugnas
Nescio quis Deus obstat, ait.

(Vergeblich, o Medea, weigerst Du Dich; ich weiss nicht, welcher Gott mir entgegensteht.)

Und etwas später lässt Ovid sie hinzufügen:

Sed trahit invitam nova vis; aliudque cupido,
Mens aliud suadet; video meliora proboque,
Deteriora sequor.

(Aber eine neue Gewalt zieht mich wider meinen Willen; Anderes fordert die Begierde, Anderes der Verstand; ich sehe und billige das Bessere und folge doch dem Schlechteren.)

Aber man könnte ihm hier Virgil entgegenstellen, bei dem Nisus mit viel mehr Recht sagt:

... Di ne hunc ardorem mentibus addunt
Euryale; an sua cuique Deus fit dira cupido?

(Nicht die Götter geben den Geistern diesen Eifer
Euryalus; wird nicht seine wilde Begierde einen jedem zum
   Gotte?)

298. Herr Wittich scheint geglaubt zu haben, dass unsere Unabhängigkeit wirklich nur scheinbar sei; denn er lässt in seiner Abhandlung *de providentia Dei actuali* (über die wirkliche Vorsehung Gottes) den freien Willen darin bestehen, dass wir bei den, unserer Seele sich darbietenden Dingen in der Art uns zu ihnen verhalten, dass sie bejaht oder verneint, geliebt oder gehasst werden, *ohne dass wir fühlen*, dass eine äussere Gewalt uns dazu bestimme. Er fügt hinzu, dass wir am freisten handeln, wenn Gott selbst unser Wollen veranlasse und dass je mehr die Thätigkeit Gottes in uns wirksam und mächtig sei, wir um so mehr Herren unserer Handlungen seien, »*Quia enim Deus ipsum operatur velle, quo efficatius operatur, eo magis volumus; quod autem, cum volumus, facimus, id maxime habemus in nostra potestate.*« (Denn weil Gott das Wollen selbst bewirkt, so wollen wir um so mehr, je kräftiger er wirkt; und was wir, wenn wir wollen, thun, das haben wir am meisten in unserer Gewalt.) Es ist wahr, dass wenn Gott ein Wollen in uns hervorbringt, er auch eine freie Handlung hervorbringt, allein es handelt sich hier wohl nicht um die allgemeine Ursache, oder um die Hervorbringung des Wollens, die bei dem Menschen stattfindet, so weit er ein Geschaffenes ist; denn das, was an einem solchen Wollen positiv ist, wird in Wahrheit von Gott ununterbrochen durch seine Mitwirkung geschaffen, wie jede andere unbedingte Realität der Dinge. Es handelt sich jedoch hier um die Gründe des Wollens und um die Mittel, deren Gott sich bedient, wenn er uns einen guten Willen verleiht, oder uns gestattet, einen schlechten zu haben. Hier sind es immer *wir*, die den Willen hervorbringen, sei er gut oder schlecht, denn es ist unsere Handlung; allein es sind immer Gründe vorhanden, welche uns zum Handeln bestimmen, ohne deshalb unsere Selbstbestimmung und unsere Freiheit aufzuheben. Die Gnade giebt nur Eindrücke, die zur Erregung des Wollens durch entsprechende Motive beitragen; ein solches Motiv wäre z.B. ein Aufmerken, ein *dic cur hic* (Sage, warum gerade hier), ein vorgängiges Vergnügen. Man sieht deutlich, dass dieses der Freiheit nichts schadet, so wenig, wie ein Freund es thut, welcher einen Rath giebt, oder Beweggründe anführt. Herr Wittich hat deshalb so wenig, wie Herr Bayle die Frage gelöst und das Zurückgreifen auf Gott dient zu nichts.

299. Ich will aber eine andere, viel verständigere Stelle bei demselben Herrn Bayle anführen, wo er das angebliche deutliche Gefühl der Freiheit, welches dieselbe nach den Cartesianern beweisen soll, besser bekämpft. Seine Worte sind wahrhaft voll Geist und der Beachtung werth; sie finden sich in der Antwort auf die Fragen etc. Kap. 140 (Thl. III, S. 761 u. f.). Sie lauten: »Unser deutliches und bestimmtes Gefühl von unserm Dasein, lässt es für uns unbestimmt, ob wir durch uns selbst bestehen oder ob wir unser Dasein von einem Andern empfangen haben. Nur durch Ueberlegung können wir dies bestimmen, d.h. indem wir über unsere Ohnmacht uns, so viel als wir möchten, zu erhalten, nachdenken und über unser Unvermögen, uns von unserer Abhängigkeit von den uns umgebenden Wesen zu befreien u.s.w. Es ist sogar sicher, dass die Heiden (auch von den Socinianern gilt dies, weil sie die Schöpfung leugnen) niemals zur Kenntniss des wahrhaften Satzes gelangt sind, wonach wir aus Nichts geschaffen worden sind und dass wir in jedem Augenblick unseres Daseins aus dem Nichts erhoben werden. Sie haben deshalb fälschlich geglaubt, dass alle Substanzen in der Welt durch sich selbst bestehen und niemals vernichtet werden können; dass sie somit nur in Bezug auf ihre Zustände von andern Dingen abhängen, welche Zustände durch die Thätigkeit einer äusseren Ursache zerstört werden können. Kommt dieser Irrthum nicht offenbar davon, dass wir die schöpferische Thätigkeit, die uns erhält, nicht empfinden und dass wir nur fühlen, dass wir bestehen? und dass wir es in einer Weise fühlen, die uns immer in der Unwissenheit über die Ursache unseres Daseins erhalten würde, wenn nicht ein anderes Licht uns zu Hülfe käme? Man muss also auch sagen, dass die deutliche und bestimmte Empfindung, die wir von unsern Handlungen haben, uns nicht erkennen lässt, ob wir selbst sie uns geben oder ob wir sie von derselben Ursache empfangen, welche uns das Dasein giebt. Man muss die Ueberlegung oder das Nachdenken zu Hülfe nehmen, um dies zu unterscheiden. Nun stelle ich aber fest, dass durch blos philosophisches Nachdenken man nie darüber zu einer begründeten Gewissheit gelangen kann, dass wir die wirkende Ursache unseres Wollens sind; denn bei genauer Prüfung wird jedermann erkennen, dass im Fall wir in Bezug auf den Willen uns blos leidend verhielten, wir die nämlichen Erfahrungsempfindungen haben würden, wie wenn wir glauben frei zu sein. Nehmen wir zum Scherz einmal an, Gott habe die Gesetze für die Einheit der Seele und des Körpers so geregelt, dass alle Zustände in der Seele ohne Ausnahme nothwendig mit einem Dazwischentreten von Zuständen des Gehirns verknüpft seien. Man wird dann begreifen, dass uns nur das begegnen wird, was wir empfinden und es wird dann in der Seele diese Reihe von Gedanken von der Wahrnehmung der sinnlichen Dinge ab eintreten, welche ihr erster Schritt ist bis zu unseren festesten Wollen, welche ihre letzten Schritte sind. In dieser Reihe werden sich befinden das Empfinden von Vorstellungen, von Beziehungen, von Unentschlossenheiten, von Regungen des Willens und von wirklichem Wollen. Denn, mag der Akt des Wollens durch eine äussere Ursache uns eingedrückt sein, oder mögen wir ihn selbst hervorbringen, so bleibt es gleich wahr, dass wir wollen und dass wir fühlen, dass *wir* wollen und da diese äussere Ursache so viel Vergnügen, als sie will, in das Wollen mischen kann, was sie uns einfügt, so werden wir manchmal fühlen können, dass die Akte unseres Wollens uns ausserordentlich gefallen und dass sie uns dahin führen, wohin unsere stärkste Neigung uns treibt. Wir werden dabei keinen Zwang fühlen; man kennt den Satz: *voluntas non potest cogi.* (Der Wille kann nicht erzwungen werden.) Sieht man nicht klar ein, dass ein Wetterhahn, dem man immer plötzlich (aber so, dass das Vorgehen der Natur, oder wenn man will, das Vorgehen eines wirklichen Antriebs mit dem Wunsche, sich zu bewegen, übereinstimmte) die Bewegung nach bestimmten Punkten des Horizontes eingäbe, mit der Lust, sich dahin zu drehen, überzeugt sein würde, dass er sich von selbst drehe, um seinen vorhabenden Wunsch zu erfüllen? Er dürfte natürlich nicht wissen, dass es Winde giebt und dass eine äussere Ursache allein sowohl seine Richtung, wie seine Wünsche wechseln mache. In solch einem Zustande befinden wir uns von Natur; wir wissen nicht, ob nicht eine unsichtbare Ursache es bewirkt, dass wir der Reihe nach von einem Gedanken zu dem andern übergehen. Es ist deshalb natürlich, dass die Menschen von ihrer Selbstbestimmung überzeugt sind. Allein man hat doch zu prüfen, ob sie sich hier nicht eben so täuschen, wie bei unzähligen andern Dingen, welche sie gleichsam instinktmässig behaupten, ohne darüber philosophisch nachgedacht zu haben. Daher die zwei Hypothesen über das, was im Menschen vorgeht; nach der einen ist er nur ein leidendes Wesen, nach der andern hat er thätige Kräfte. Man kann mit Grund die zweite der ersten nicht vorziehen, so lange man sich dabei nur auf das Gefühl zum Beweis berufen kann, denn wir werden gleichstark fühlen, dass wir dies oder jenes wollen, mögen alle einzelnen Wollen unserer Seele durch eine äussere unsichtbare Ursache eingefügt werden, oder mögen wir selbst sie bilden.«

300. Es sind dies treffliche und kräftige Ausführungen gegen die gewöhnlichen Systeme, allein sie treffen nicht das System der vorherbestimmten Harmonie, welches uns weiter führt, als es früher geschehen konnte. Herr Bayle stellt es z.B. als Thatsache hin, »dass unser rein philosophisches Nachdenken uns niemals zu einer wohlbegründeten Gewissheit darüber führen könne, dass wir die wirkende Ursache unserer einzelnen Wollen seien;« allein dies kann ich nicht zugestehen; da mein System unzweifelhaft zeigt, dass im natürlichen Laufe jede Substanz die einzige Ursache aller ihrer Handlungen ist, und dass sie frei ist von jedem physischen Einfluss irgend einer andern Substanz, die gewöhnliche Mithülfe Gottes ausgenommen. Dieses System lässt uns daher erkennen, dass unsere Freiwilligkeit eine wahre ist und nicht blos eine scheinbare, wie Herr Wittich meint. Herr Bayle behauptet auch mit den nämlichen Gründen (Kap. 170, S. 1132), dass wenn es ein astrologisches Fatum gäbe, dasselbe die Freiheit nicht aufheben würde; ich würde es ihm zugeben, wenn die Freiheit nur in einer scheinbaren Freiwilligkeit bestände.

301. Die Freiwilligkeit unserer Handlungen kann daher nicht mehr bezweifelt werden; Aristoteles hat sie gut definirt, wenn er sagt, dass eine Handlung freiwillig sei, wenn ihr Anfang in dem Handelnden enthalten ist. *Spontaneum est, cujus primipium est in agente.* (Freiwillig ist das, dessen Anfang in dem Handelnden ist.) In dieser Weise sind alle unsere Handlungen und unser Wollen von uns abhängig. Allerdings sind wir nicht geradezu die Herrn über unsere Handlungen, obgleich wir deren Ursache sind, denn wir wählen nicht unser Wollen, wie wir unser Handeln durch unser Wollen wählen. Indess haben wir selbst eine gewisse Macht über unser Wollen, weil wir mittelbar dazu beitragen können, dass wir ein andermal das wollen, was wir jetzt wollen möchten, wie ich eben gezeigt habe; dies ist, genau genommen, kein leeres oder bloses Wollen und auch hierdurch haben wir eine besondere und selbst wahrnehmbare Macht über unsere Handlungen und unser Wollen, welche aus einer Verbindung der Freiwilligkeit mit der Einsicht hervorgeht.

302. Bis hier habe ich die beiden Bedingungen der Freiheit auseinandergesetzt, welche Aristoteles behandelt hat, nämlich *die Freiwilligkeit* und *die Einsicht*, welche beide in unsern Ueberlegungen beisammen sind, während die Thiere der zweiten Bedingung entbehren. Die Scholastiker verlangen jedoch noch eine dritte, welche sie die *Unent-*

schiedenheit nennen, und man kann sie allerdings zulassen, wenn dieselbe so viel wie *Zufälligkeit* bedeutet, denn ich habe schon oben gesagt, dass die Freiheit die unbedingte oder metaphysische oder logische Nothwendigkeit von sich ausschliesst. Allein ich habe schon wiederholt erklärt, dass diese Unentschiedenheit, diese Zufälligkeit, diese *Nicht-Nothwendigkeit*, wenn ich so sagen darf, welche ein wesentlicher Bestandtheil der Freiheit ist, nicht hindert, dass man die stärkste Neigung für die Seite habe, die man wählt. Die Freiheit verlangt keineswegs, dass man für die beiden entgegengesetzten Seiten durchaus und gleichmässig gleichgültig sei.

303. Ich lasse daher die Unentschiedenheit in dem Sinne einer *Zufälligkeit* oder *Nicht-Nothwendigkeit* zu, allein ich nehme keine *völlige Gleichgültigkeit* an, wie ich wiederholt gesagt habe und ich glaube, dass man niemals wählt, wenn man völlig gleichgültig ist. Eine solche Wahl wäre ein reiner Zufall, ohne bestimmten, erkennbaren oder verborgenen Grund. Ein solcher Zufall, eine solche unbedingte und wirkliche Zufälligkeit ist eine Chimäre, welche in der Natur nirgends sich findet. Alle Weisen erklären den Zufall nur für einen Schein, wie das Glück; mir die Unkenntniss der Ursachen ist seine Quelle. Gäbe es aber eine solche unbestimmte Unentschiedenheit oder vielmehr, wählte man, ohne etwas, was uns zur Wahl bestimmte, so wäre der Zufall eine Art Wirklichkeit, ähnlich dem, der nach Epikur in dem kleinen Abweg der Atome geschieht, welcher auch ohne Anlass und Grund erfolgen soll. Epikur hatte ihn aufgenommen, um der Nothwendigkeit zu entgehen und Cicero hat ihn mit Recht deshalb verspottet.

304. Mit diesem Abwege verfolgte Epikur einen Zweck; er wollte uns von dem Schicksal befreien; aber es kann nichts Wirkliches der Art in der Natur vorkommen, es ist eine der unmöglichsten Chimären. Herr Bayle widerlegt sie sehr gut, wie wir bald sehen werden und es ist daher auffallend, dass er selbst anderwärts anscheinend etwas diesem angeblichen Abweg Aehnliches zulässt. Denn er sagt über den Esel des Buridan (Wörterbuch, Artikel Buridan, Cit 13), »die, welche die Willensfreiheit im eigentlichen Sinne festhalten, lassen in dem Menschen eine Macht sich zu bestimmen zu, sei es nach rechts oder links, selbst wenn die Beweggründe für beide entgegengesetzte Seiten völlig gleich sind. Denn nach ihnen kann die Seele ohne andern Grund, als nur um ihre Freiheit zu gebrauchen, sagen: ich will lieber dies, wie jenes, wenn ich auch nichts sehe, was mir das eine werthvoller macht, als das andere.«

305. Alle, welche eine eigentliche Willensfreiheit annehmen, werden deshalb Herrn Bayle diese Willens-Bestimmung nicht zugeben, welche von einer unbestimmten Ursache ausgeht. Der heilige Augustinus und die Thomisten halten alles für bestimmt; ihre Gegner nehmen auch ihre Zuflucht zu Umständen, welche unsere Wahl bestimmen. Die Erfahrung spricht durchaus nicht für die Chimäre einer völligen Gleichgültigkeit. Man kann hier dasselbe benutzen, was Herr Bayle die Weise der Cartesianer nannte, welche die Freiheit durch das lebhafte Gefühl unserer Unabhängigkeit beweisen wollten. Denn wenn man auch nicht immer den Grund einer Neigung kennt, die uns unter zwei anscheinend gleichen Seiten wählen lässt, so wird doch immer ein, wenn auch unmerklicher Eindruck bestehen, welcher uns bestimmt. Der blose Wille, seine Freiheit zu gebrauchen, führt zu nichts Besonderem oder zu etwas, was uns zur Wahl des einen oder andern bestimmt.

306. Herr Bayle fährt fort: »Es giebt wenigstens zwei Wege, durch welche der Mensch sich aus den Fesseln des Gleichgewichts befreien kann; der eine, welchen ich schon erwähnt habe, ist, sich mit der angenehmen Vorstellung zu schmeicheln, dass man bei sich der Herr sei und nicht von den Dingen abhänge.« Allein dieser Weg ist verstopft; man mag immer wollen, den Herrn bei sich zu spielen; dies gewährt nichts Bestimmendes und begünstigt die eine Seite nicht mehr, als die andere. Herr Bayle fährt fort; »*Er wird das Folgende vornehmen: Ich will dieses jenem vorziehen, weil es mir beliebt, so zu verfahren.*« *Aber die Worte: weil es mir beliebt, weil dies mein Vergnügen ist*, enthalten schon eine Neigung zu dem *Gegenstand*, welcher gefällt.

307. Er hat daher kein Recht, so fortzufahren: »Dann wäre das, was ihn bestimmte, nicht dem Gegenstände entnommen; der Beweggrund wäre nur den Vorstellungen entnommen, welche die Menschen von ihrer eignen Vollkommenheit oder von ihren natürlichen Fähigkeiten haben. Der zweite Weg wäre der des Zufalls; der kürzere Strohhalm würde entscheiden.« Dieser Weg kann wohl eingeschlagen werden, aber er führt nicht zum Ziele; es ist dies eine Veränderung der Frage, denn dann entscheidet nicht der Mensch; oder wenn man behauptet, dass es immer der Mensch sei, welcher durch das Loos entscheide, so ist der Mensch wenigstens nicht mehr im Gleichgewicht, weil das gezogene Loos es nicht mehr ist und der Mensch sich davon abhängig gemacht hat. Es bestehen in der Natur immer Gründe, welche das, was durch Zufall oder durch das Loos geschieht, verursachen. Ich bin etwas verwundert, dass ein so scharfsinniger Kopf, wie Herr Bayle, hier so von der Sache hat abspringen können. Ich habe anderwärts die wahre Antwort gegeben, welche das Sophisma des Buridan erledigt; nämlich dass der Fall eines vollkommenen Gleichgewichts unmöglich ist; das Universum kann nie in zwei gleiche Theile getheilt sein, so dass alle Eindrücke von dem einen Theile denen vom andern das Gleichgewicht halten.

308. Wir wollen sehen, was Herr Bayle selbst anderwärts gegen die chimärische Unbestimmtheit oder die unbedingte Gleichgültigkeit sagt. Cicero hatte (in seinem Buche über das Fatum) gesagt, dass Carneades etwas scharfsinnigeres, als jenen Abweg der Atome gefunden, indem er die Ursache einer vermeintlichen und völlig unbestimmten Unentschiedenheit in die Willensbewegungen der Seele legte, weil diese keiner äussern Ursache bedürfen, sondern von unserer Natur kommen. Allein Herr Bayle entgegnet (Wörterbuch, Artikel: Epikur, S. 1143): sehr gut, »dass alles, was von der Natur einer Sache komme, bestimmt sei. So bleibe also immer die Bestimmtheit und der Schlupfwinkel des Carneades wolle nichts sagen.«

309. Er zeigt ausserdem (Antwort auf die Fragen etc. Kap. 90, Thl. II, S. 229), »dass eine von diesem angeblichen Gleichgewicht sehr abweichende Freiheit unvergleichlich vortheilhafter sei. Ich meine (sagt er) eine Freiheit, welche immer dem Urtheil des Verstandes folgt, und welche denjenigen Gegenständen nicht widerstehen kann, die als gut gekannt seien. Jedermann giebt zu, dass die klar erkannte Wahrheit die Seele zur Zustimmung zwingt« (vielmehr bestimmt, wenn man nicht die moralische Notwendigkeit meint), »dies lehrt die Erfahrung. Man lehrt stets in den Schulen, dass, so wie das Wahre der Gegenstand des Verstandes, so das Gute der Gegenstand des Willens sei. So wie nun der Verstand nur das bejahen kann, was ihm unter dem Schein der Wahrheit sich zeigt, so kann der Wille nichts lieben, als nur das, was ihm als gut erscheint. Man glaubt niemals das Falsche als solches und man liebt nie das Böse als solches. Es besteht in dem Verstande von Natur eine Zustimmung zum Wahren überhaupt und zu jeder einzelnen klar erkannten Wahrheit. Es besteht in dem Willen von Natur eine Zustimmung zum Guten überhaupt und mehrere Philosophen folgern daraus, dass wir gezwungen sind, die einzelnen Güter zu loben, so wie sie deutlich von uns erkannt sind. Der Verstand hemmt sein Thun nur, wenn die Gegenstände sich blos dunkel darstellen, so dass man zweifelt, ob sie wahr oder falsch seien und Mehrere folgern daraus, dass der Wille nur dann im Gleichgewicht sich erhält, wenn die Seele ungewiss ist, ob der ihr vorgestellte Gegenstand ein Gut für sie sei, aber dass, sobald sie dies bejaht, sie sich nothwendig an dasselbe so lange heftet, bis andere Urtheile des Verstandes sie in anderer Weise bestimmen. Die, welche in dieser Weise die Freiheit erklären, glauben darin einen ausgedehnten Anhalt für Verdienst und Schuld zu finden, weil nach ihnen dieses Urtheil des Verstandes aus der freien Richtung der Seele hervorgehe, wonach sie die Gegenstände prüfen, mit einander vergleichen und danach die Entscheidung treffen will. Ich muss auch erwähnen, dass es sehr gelehrte Männer giebt« (z.B. Bellarmin. Buch 3 über die Gnade und den freien Willen, Kap. 8 und 9 und Cameron in der Antwort auf den Brief des gelehrten Doktor, d.h. des Bischofs), »welche aus sehr dringlichen Gründen behaupten, dass der Wille nothwendig immer der letzte praktische Akt des Verstandes sei.«

310. Ich muss zu dieser Ausführung einige Bemerkungen machen. Eine sehr klare Erkenntniss des Besten *bestimmt* den Willen, aber sie zwingt ihn nicht, streng genommen. Man muss immer zwischen dem Nothwendigen und dem Gewissen oder Untrüglichen unterscheiden, wie ich schon wiederholt bemerkt habe, und die metaphysische Nothwendigkeit von der moralischen unterscheiden. Auch glaube ich, dass nur der Wille Gottes immer dem Urtheile des Verstandes folgt; aber alle verständigen Geschöpfe sind den Leidenschaften unterworfen oder wenigstens den Wahrnehmungen, welche nicht ganz das sind, was ich *adaequate Vorstellungen* nenne. Diese Leidenschaften sind zwar in dem Seligen immer auf das wahre Gute gerichtet, in Folge der Gesetze der Natur und des Systems der in Bezug darauf vorher eingerichteten Dinge, aber diese Richtung findet doch nicht immer in der Weise statt, dass sie eine vollkommene Kenntniss davon erlangen. Es ist mit ihnen, wie mit uns, die wir oft die Gründe für unsere Instinkte nicht verstehen. Die *Engel* und die *Seligen* sind Geschöpfe, wie wir, wo immer einige verworrene Vorstellungen mit deutlichen Kenntnissen gemischt sind. Suarez hat etwas Aehnliches über sie gesagt. Er meint (Abhandlung über das Gebet, Buch I, Kap. II), Gott habe schon im Voraus die Dinge so geordnet, dass ihre Gebete, wenn sie mit voller Hingebung geschehen, sich immer erfüllen. Dies ist eine Probe von einer *vorherbestimmten Harmonie*. Nach meiner Ansicht mischen sich ausser Urtheilen des Verstandes, die uns eine klare Kenntniss gewähren, auch verworrene Sinneswahrnehmungen mit ein, welche Leidenschaften und selbst unmerkliche Neigungen erwecken, die wir nicht immer gewahr werden. Diese Erregungen durchkreuzen oft die Urtheile des praktischen Verstandes.

311. Was nun die Parallele zwischen der Beziehung des Verstandes zum Waliren und der des Willens zum Guten anlangt, so enthält die klare und deutliche Vorstellung einer Wahrheit in ihr selbst thatsächlich die Bejahung dieser Wahrheit und der Verstand ist dadurch gezwungen. Allein sei die Vorstellung des Guten, die man hat, welche sie wolle, so ist doch die Anstrengung zum Handeln in Gemässheit des Urtheils, welche meines Erachtens das Wesen des Willens ausmacht, davon verschieden und da es einer Zeit bedarf, um diese Anstrengung zu ihrer Vollendung zu bringen, so kann sie auch gehemmt und selbst verändert werden mittelst einer neuen Vorstellung oder Neigung, die jener in die Quere kommt, das Denken davon abwendet und selbst den Geist mitunter ein entgegengesetztes Urtheil fällen lässt. Deshalb hat unsere Seele so viel Mittel der erkannten Wahrheit zu widerstehen und deshalb ist der Uebergang vom Denken zum Herzen so lang, namentlich wenn der Verstand zu einen gutem Theile nur in dunklen Gedanken sich bewegt, die das Gefühl wenig erregen, wie ich anderwärts erklärt habe. Das Band zwischen dem Urtheil und dem Willen ist deshalb nicht so nothwendig, als man denken sollte.

312. Herr Bayle fährt sehr gut fort (S. 221): »Es kann also kein Fehler der menschlichen Seele sein, dass sie keine völlige Gleichgültigkeit gegen das Gute überhaupt haben kann; vielmehr wäre diese Gleichgültigkeit ein Missstand, und es wäre eine grosse Unvollkommenheit, wenn man wirklich sagen könnte: Es ist mir gleich, ob ich glücklich oder unglücklich bin; ich bin nicht mehr geneigt, das Gute zu lieben, als wie es zu hassen; ich kann eben so gut das eine, wie das andere thun. Ist es also eine löbliche und nützliche Eigenschaft, dass man dem Guten überhaupt zugeneigt ist, so kann es kein Fehler sein, wenn man sich zu jedem besonderen Guten, was offenbar als für uns gut erkannt worden ist, gezwungen findet; vielmehr scheint es eine nothwendige Folge zu sein, dass wenn die Seele in Bezug auf das Gute überhaupt nicht die völlig unbestimmte Freiheit hat, sie dieselbe auch nicht für die besondern Güter hat, so lange sie mit Gewissheit urtheilt, dass es Güter für sie seien. Was würden wir von einer Seele denken, die nach Fällung eines solchen Urtheils, sich mit Kocht der Stärke rühmte, dass sie diese Güter nicht liebte, oder gar sie hasste und welche sagte: Ich weiss genau, dass es Güter für mich sind; ich habe alle dazu nöthige Einsicht, aber trotzdem will ich sie nicht lieben, ich will sie hassen; mein Entschluss ist gefasst; ich vollziehe ihn, nicht weil ein Grund mich dazu treibt (d.h. ein anderer Grund als blos der, welcher sich stützt auf: *dies gefällt mir* so), sondern weil es mir beliebt, so zu verfahren. Was sollten wir wohl von einer solchen Seele denken? Würden wir sie nicht für unvollkommner und unglücklicher halten, als wenn sie diese Freiheit der Gleichgültigkeit nicht hätte.«

313. »Die Lehre, welche den Willen dem letzten Akte des Verstandes unterwirft, giebt nicht allein einen besseren Begriff von dem Zustand der Seele, sondern sie zeigt auch, dass auf diesem Wege der Mensch leichter dem Glücke zuzuführen ist, als auf dem der Unentschiedenheit. Denn dann genügt es, wenn sein Geist über seine wahren Interessen aufgeklärt wird; dann wird sofort sein Wille sich den von der Vernunft gesprochenen Urtheilen anbequemen. Giebt es dagegen einen Willen, welcher von der Vernunft oder von der Beschaffenheit der genau erkannten Gegenstände unabhängig ist, so wäre der Mensch das unfügsamste von allen Geschöpfen und man wäre nie sicher, dass man ihn bestimmen könne, den bessern Theil zu erwählen. Dann können alle Rathschläge, alle Gründe der Welt sehr nutzlos bleiben; er wird aufgeklärt, er wird überzeugt werden; dessenungeachtet wird sein Wille trotzen und unbeweglich, wie ein Felsen, bleiben. Virgil, Aeneide Buch 6, Vers 470 sagt:

Nec magis incepto vultum sermone movetur
Quam si dura silex aut stet Marpesia cautes.

(Es wird durch die begonnene Rede sein Gesicht nicht mehr
    verändert
Als wie ein harter Stein, oder wie starr der marpesische Fels
    steht.)

Eine Laune, ein reiner Eigensinn wird ihn gegen alle Arten von Gründen verhärten; es wird ihm nicht belieben, das klar erkannte Gute zu loben, er wird sich in dessen Hass gefallen. Finden Sie, mein Herr, dass eine solche Fähigkeit das reichste Geschenk wäre, was Gott dem Menschen hätte machen können und das alleinige Werkzeug unseres Glückes? Wäre es nicht vielmehr ein Hemmniss unseres Glückes? Liegt darin ein Ruhm, dass man sagen kann: Ich habe alle Gründe meiner Vernunft verachtet und ich habe blos aus dem Beweggründe, weil es mir so gefällt, einen ganz andern Weg eingeschlagen? Welcher Kummer würde nicht das Herz zerreissen, wenn der gewählte Weg zum Nachtheil ausschlüge? Eine solche Freiheit würde daher dem Menschen mehr schädlich als nützlich sein, denn der Verstand könnte möglicherweise die Güte eines Gegenstandes nicht so genügend darlegen, um dem Willen die Kraft, ihn zu verwerfen, zu benehmen. Es wäre dann unvergleichlich besser für den Menschen, wenn er immer mit Nothwendigkeit durch das Urtheil des Verstandes bestimmt würde, als dass der Wille dessen Thätigkeit hemmen könnte; der Mensch würde dann viel sicherer und leichter sein Ziel erreichen.«

314. Ich bemerke noch zu dieser Ausführung, dass es sehr wahr ist, wie eine Freiheit von unbestimmbarer Gleichgültigkeit, welche durch keinen Grund bestimmt werden könnte, eben so schädlich, ja abschreckend sein würde, als sie unpraktisch und chimärisch wäre. Ein Mensch, welcher so sich benehmen oder verfahren wollte, als handelte er ohne Beweggrund, würde sicherlich für einen Ueberspannten gehalten werden. Es ist aber auch wahr, dass dergleichen unmöglich ist, wenn man es in der ganzen Strenge der Ausdrücke nimmt. Sobald man ein Beispiel geben will, lässt man davon ab und geräth in den Fall eines Menschen, welcher sich nicht ohne Grund, sondern vielmehr aus einer Neigung, oder einer Leidenschaft, oder nach einem Urtheile bestimmt. Sobald man sagt: »Ich verachte den Ausspruch meiner Vernunft, nur weil es mir so beliebt und weil es mir gefällt, so zu verfahren«, so ist dies eben so viel, als wenn man sagte: Ich ziehe meine Neigung meinem Interesse, mein Belieben meinem Nutzen vor.

315. Man gliche dann einem eigensinnigen Menschen, der sich einbildete, es sei für ihn beschämend, wenn er dem Rathe seiner Freunde und Diener folge und welcher die Befriedigung, ihnen zu widersprechen, dem Nutzen vorzöge, den er aus deren Rath ziehen könnte. Indess kann es kommen, dass selbst ein weiser Mann unregelmässig und gegen sein Interesse handelt, um einen Andern, der ihn zwingen und regieren will, entgegen zu treten, oder um diejenigen irre zu führen, welche sein Benehmen beobachten. Es ist sogar mitunter gut, wenn man dem Brutus in dem Verbergen seiner Pläne nachahmt und selbst den Verrückten spielt, wie David es vor dem König der Philister that.

316. Herr Bayle fügt noch vieles Treffende bei, um zu zeigen, dass ein Handeln gegen das Urtheil des Verstandes eine grosse Unvollkommenheit sein würde. Er bemerkt (S. 225), dass selbst nach den Molinisten, *der Verstand*, welcher *seine* **Obliegenheit** *gut erfülle, das zeige, was das* **Bessere** *sei*. Er lässt Gott (Kap. 91, S. 227) unsern ersten Eltern im Paradiese sagen: »Ich habe euch ein Wissen, die Fähigkeit, über die Dinge zu urtheilen und die volle Gewalt über euern Willen gegeben. Ich werde euch Anweisungen und Befehle ertheilen; aber der freie Wille, den ich euch gewährt, ist von solcher Art, dass ihr (je nach der Gelegenheit) mir gehorchen, oder nicht gehorchen könnt. Man wird euch in Versuchung führen; wenn ihr dann einen guten Gebrauch von eurer Freiheit macht, so werdet ihr glücklich sein und wenn ihr einen schlechten Gebrauch von ihr macht, so werdet ihr unglücklich werden. Ueberlegt euch, ob ihr mich um eine neue Gnade bitten wollt, entweder dahin, dass ich euch gestatte, eure Freiheit zu missbrauchen, wenn ihr mit derselben einen Entschluss fasst, oder dahin, dass ich euch davon abhalte. Ueberlegt es euch wohl, ich gebe euch 24 Stunden Bedenkzeit. – Sehen sie nicht deutlich ein (fügt Herr Bayle hinzu), dass die Vernunft unserer Voreltern, welche durch die Sünde noch nicht verdunkelt war, sie beschliessen liess, Gott als den Gipfel der Gunst, womit er sie beehrt, zu bitten, nicht zu gestatten, dass sie sich in's Verderben durch den schlechten Gebrauch ihrer Kraft brächten? Und wäre Adam, wenn er durch ein falsches Ehrgefühl sich selbst zu leiten, die göttliche Leitung abgelehnt hätte, welche seine Glückseligkeit ihm bewahrt hätte, nicht das Original für die Phaetons und die Icarusse gewesen sein? Er wäre dann beinah so gottlos gewesen, wie der Ajax des Sophokles, welcher ohne den Beistand der Götter siegen wollte und sagte, dass nur die Grossthuer mit solchem Beistand ihre Feinde zur Flucht brächten.«

317. Herr Bayle zeigt auch (Kap. 80), dass man sich nicht minder glücklich schätzt oder vielmehr sich selbst mehr Beifall spendet, weil man von Oben unterstützt worden, als wenn man das Glück seiner eignen Wahl verdankt. Und wenn es glücklich abgeht, dass man einen verworrenen Instinkt der sich plötzlich erhoben, reiflich erwogenen Gründen vorgezogen habe, so fühle man darüber eine ausserordentliche Freude, denn man meint, dass entweder Gott, oder ein Engel oder ein ich weiss nicht was das man sich unter dem schwankenden Namen des *Glücks* vorstellt, uns dazu getrieben habe. So rühmten Sulla und Caesar in Wahrheit sich mehr ihres Glückes, wie ihres eigenen Benehmens. Die Heiden, und besonders deren Dichter (vor allem Homer), Hessen ihre Helden durch Einwirkungen der Götter bestimmt werden. Der Held der Aeneide schreitet nur vorwärts unter der Leitung eines Gottes. Es war ein feines Lob, wenn man den Kaisern sagte, dass sie siegten durch ihre Truppen und durch ihre Götter, welche sie ihren Generalen geliehen hätten. *Te copias, te consilium et tuos praebente Deos*, sagt Horaz. (Indem du die Truppen, den Rathschlag und deine Götter gewährtest.) Die Generale kämpften unter den Auspicien (den Weissagungen aus dem Vogelflug) der Kaiser, als wenn sie nur auf deren Glück sich verliessen, da die Auspicien nicht von den untergeordneten Offizieren gehandhabt werden konnten. Man rühmt sich der Gunst des Himmels, man schätzt es höher, glücklich, als geschickt zu sein. Es giebt keine Menschen, die sich für so glücklich halten, wie die Mystiker, welche glauben, dass sie ruhig sein können, weil Gott in ihnen handelt.

318. Uebrigens, sagt Herr Bayle Kap. 83, »ist ein stoischer Philosoph, welcher alles aus der Schicksalsnothwendigkeit ableitet, für die Freude einer guten Wahl eben so empfindlich, wie andere Leute. Jeder verständige Mensch hat durchaus keinen Gefallen an langen Ueberlegen, nach welchem er erst das beste und sittliche wählt, vielmehr ist es für ihn eine ungemeine Genugthuung, dass er sich so in der Liebe zur Tugend befestigt halten kann, um, ohne nur im geringsten zu zaudern, die Versuchungen abzuweisen. Ein Mann von dem man eine Handlung verlangt, die seiner Pflicht, Ehre und seinem Gewissen widerspricht und welcher auf der Stelle antwortet, dass er dessen nicht fähig sei und der in Wahrheit dazu sich nicht fähig fühlt, ist mehr mit sich zufrieden, als wenn einer sich Zeit zur Ueberlegung ausbäte, und einige Zeit über das, was er thun sollte, schwankte. Man ist oft ärgerlich, dass man über etwas nicht zum Entschluss kommen kann und man wäre froh, wenn der Rath eines Freundes oder eine Hülfe von Oben uns zu einer guten Wahl nöthigte.« Alles dies zeigt uns den Vorzug, welchen ein entschiedenes Urtheil über jene Unentschiedenheit hat, die uns in Ungewissheit lässt. Schliesslich habe ich hinreichend dargelegt, dass nur die Leidenschaft oder die Unwissenheit uns in Ungewissheit halten kann und dass deshalb Gott nie in einer solchen sich befindet. Je mehr man ihm sich nähert, um so vollkommener ist die Freiheit und um so mehr bestimmt sie sich durch das Gute und die Vernunft. Man wird immer die Gemüthsstimmung eines Cato, dem nach Vellejus eine ungerechte Handlung unmöglich war, der eines Menschen vorziehen, welcher schwanken kann.

319. Ich habe mit Vergnügen diese Ausführungen des Herrn Bayle gegen die unbestimmte Unentschiedenheit angeführt und unterstützt, theils um den Gegenstand aufzuklären, theils um ihm selbst entgegenzutreten, theils um zu zeigen, dass er die angebliche, Gott auferlegte Nothwendigkeit nicht beklagen sollte, wonach derselbe das möglichst Beste wählen muss; denn Gott muss entweder in einer unbestimmten Unentschiedenheit und wie es sich trifft handeln, oder er muss aus Eigensinn oder aus einer andern Leidenschaft handeln oder endlich aus einer überwiegenden Neigung der Vernunft folgen, die ihn zum Besten führt. Nun können aber Leidenschaften, welche von der verworrenen Wahrnehmung eines scheinbaren Guten entstehen, bei Gott nicht statt haben, und die unbestimmte Unentschiedenheit ist eine Chimäre; deshalb kann nur der stärkste Vernunftgrund die Wahl Gottes regeln. Es ist eine Unvollkommenheit unserer Freiheit, wonach wir das Schlechte statt des Guten wählen können, so wie auch ein grösseres Uebel statt eines leichtern und ein geringeres Gut statt eines grösseren. Dies kommt von dem Schein des Guten und Schlechten, der uns täuscht, während Gott immer zu dem wahren und grössten Gute neigt, d.h. zu dem unbedingt wahren Guten, dessen Erkenntniss ihm nicht abgeht.

320. Diese falsche Vorstellung von der Freiheit, welche jene sich bilden, die nicht zufrieden sind, sie, ich will nicht sagen vom Zwange, sondern sogar von der Nothwendigkeit auszunehmen, sondern sie auch von der Gewissheit und der Bestimmtheit ausnehmen möchten, d.h. von der Vernunft und der Vollkommenheit, hat einigen Scholastikern gefallen; Männern, die sich oft in ihre Spitzfindigkeiten verwickeln und das Stroh der Ausdrücke für das Korn der Dinge nehmen. Sie bilden sich einen chimärischen Begriff, aus dem sie vermeintlich Nützliches ableiten und den sie durch Künste zu vertheidigen suchen.

Die vollständige Gleichgültigkeit ist solcher Art; bewilligt man sie dem Willen, so giebt man ihm ein Privilegium, dem ähnlich, was einige Cartesianer und Mystiker in der Natur Gottes finden, nämlich die Macht, das Unmögliche zu vollbringen, Unsinniges zu bewirken und zwei sich widersprechende Sätze zu gleichzeitig-wahren zu machen. Soll ein Entschluss aus einer unbedingt-gänzlichen Gleichgültigkeit hervorgehen, so müsste er naturgemäss aus Nichts hervorgehen. Man behauptet, dass dieser Entschluss von Gott nicht komme; er hat deshalb seine Quelle weder in der Seele noch im Körper, noch in den Umständen, weil dies alles als unbestimmt gilt und doch tritt der Entschluss ein; er ist da, ohne Vorbereitung, ohne Antrieb, ohne dass ein Engel und selbst Gott sehen und zeigen kann, wie er entsteht. Dies ist nicht blos ein Hervorgehen aus Nichts, sondern eines durch sich selbst. Diese Lehre führt etwas ebenso Lächerliches ein, wie die erwähnten Abweichungen der Atome von Epikur, nach welchem einer dieser kleinen, gerade ausgehenden Körper plötzlich von seinem Wege abweicht und zwar ohne Grund, blos weil der Wille es verlangt. Und nun halte man fest, dass Epikur dies nur zu Hülfe genommen, um jene angebliche Freiheit als volle Unbestimmtheit sich zu erhalten, deren Chimäre anscheinend sehr alt ist. Man kann mit Recht von ihr sagen: *Chimaeram parit.* (Die Chimäre erzeugt eine neue.)

321. Herr Marchetti hat dies sehr hübsch in seiner gereimten italienischen Uebersetzung des Lucrez dargestellt, die er noch nicht hat veröffentlichen wollen; die Stelle in Buch 2 lautet: »Aber wenn die Anfänge nicht im geringsten von ihrem geraden Wege abweichen, wer sieht da nicht, dass zuletzt all ihre Bewegungen sich wieder vereinen und dass aus dem Alten immer das Neue nach fester Ordnung entsteht, wenn nicht die Anfänge der Bewegung durch ihre Abweichung einen neuen Anfang begründen, welcher den Bund des Schicksals zerreisst und nicht Ursache auf Ursache in's Endlose folgen lässt. Deshalb, sage ich, besteht für die hier Lebenden der freie Wille, durch den wir wandeln, wohin jeden seine Lust führt; wir weichen dadurch ab in unsern Bewegungen und halten weder feste Zeiten noch feste Orte dabei ein, sondern so, wie jeden sein Sinn geleitet. In diesen Dingen herrscht unzweifelhaft der Wille eines Jeden und von ihm erhalten die Glieder ihre Bewegung.«

Es ist komisch, dass ein Mann, wie Epikur, erst die Götter und alle unkörperlichen Substanzen beseitigt und dann sich einbilden kann, der Wille, den er selbst aus Atomen bildet, werde eine Macht über die Atome haben und sie von ihren Wegen abführen können, ohne dass er angeben kann, wie dies möglich sein soll.

322. Carneades hat, ohne auf die Atome zurückzugehen, gleich in der menschlichen Seele den Grund für die vermeintliche Unentschiedenheit finden wollen, indem er das sofort als Grund nahm, wofür Epikur erst den Grund aufsuchte. Carneades gewann damit nichts, nur konnte er die unaufmerksamem Leute leichter dadurch täuschen, indem er das Verkehrte von einer Sache, wo es zu offenbar war, auf eine andere übertrug, wo es leichter zu verhüllen war, d.h. vom Körper auf die Seele; denn die meisten Philosophen haben wenig deutliche Begriffe über die Seele. Epikur setzte sie aus Atomen zusammen und konnte allerdings mit Recht den Ursprung ihrer Bestimmtheit in dem suchen, was er für den Ursprung der Seele selbst hielt. Deshalb haben Cicero und Herr Bayle ihn mit Unrecht so hart getadelt, dagegen den Carneades davon ausgenommen, ja sogar denselben gelobt, obgleich er ebenso unvernünftig ist. Ich begreife nicht, wie der scharfsinnige Herr Bayle sich so sehr mit einer verdeckten Widersinnigkeit hat abfinden lassen können, so dass er dies für die grösst-mögliche That des menschlichen Geistes bei diesem Gegenstand erklärt; als wenn die Seele, der Sitz der Vernunft, wie ein Körper im Stande wäre, zu handeln, ohne dabei durch einen innern oder äussern Grund oder Ursache bestimmt zu werden; oder als wenn der grosse Grundsatz, dass nichts ohne Grund geschieht, sich blos auf die Körper bezöge.

323. Es ist richtig, dass die Form oder die Seele den Vorzug vor dem Stoffe hat; dass sie die Quelle ihres Handelns ist, indem sie in sich den Anfang der Bewegung oder des Wechsels hat; mit einem Wort, dass sie *to autokinêton* ist, wie Plato sie nennt (dass sich selbst Bewegende); während der Stoff nur leidend ist und eines Anstosses bedarf, um thätig zu werden. *Agitur ut agat.* (Er wird bewegt, damit er bewege.) Aber wenn die Seele durch sich selbst thätig ist (wie dies wirklich der Fall ist), so ist sie es eben dadurch, dass sie für das Handeln nicht durchaus gleichgültig sich verhält, wie der Stoff, und dass sie in sich etwas findet, wonach sie sich bestimmt. Nach dem System der vorherbestimmten Harmonie findet die Seele in sich selbst, und in ihrer idealen, ihrem Dasein vorgehenden Natur, die Gründe für ihr Sich-bestimmen und für alles, was sie umgeben wird, geregelt. Dadurch war sie von aller Ewigkeit ab in ihrem Zustande der reinen

Möglichkeit zum freien Handeln so bestimmt, wie sie es dann in der Zeit wirklich ausführt, wenn sie zum Dasein gelangt.

324. Herr Bayle bemerkt selbst ganz richtig, dass die Freiheit des Unbestimmtseins (so, wie man sie zulassen muss) die Neigungen nicht ausschliesse und kein völliges Gleichgewicht verlange (Antwort auf die Fragen etc. Kap. 139, S. 748 u. f.) und dass man die Seele mit einer Wage vergleichen könne, wo die Gründe und Neigungen die Gewichte vorstellen. Man kann nach ihm die Vorgänge bei unsern Entschliessungen in der Weise erklären, dass der menschliche Wille einer Wage in der Kühe gleiche, bei welcher die Gewichte in beiden Wagschalen gleich sind, und die sich immer bald auf diese Seite, bald auf die andere neigt, je nachdem die Schalen belastet werden. Ein neuer Grund macht das Gewicht schwerer; ebenso eine neue Vorstellung, die lebhafter fühlt als die alte; die Frucht vor einer grossen Strafe wiegt schwerer, als das Vergnügen; wenn zwei Leidenschaften sich den Platz streitig machen, so bleibt immer die stärkere der Meister, sofern die andere nicht durch die Vernunft oder eine andere hinzutretende Leidenschaft verstärkt wird. Wenn man die Waaren beim Sturm über Bord wirft, um sich das Leben zu retten, so ist die Handlung, welche die Schulen eine gemischte nennen, eine freiwillige und ohne Zwang; trotzdem siegt die Liebe zum Leben unzweifelhaft über die Liebe zu den Gütern. Der Kummer liegt in der Erinnerung an die verlorenen Güter und man hat um so mehr Mühe, sich zu entscheiden, je mehr die entgegengesetzten Gründe sich gleich stehen, so wie ja auch die Wagschale um so schneller sinkt, je grösser der Unterschied der Gewichte ist.

325. Da man indess oft verschiedene Wege einschlagen kann, so könnte man die Seele anstatt mit einer Wage, eher mit einer Kraft vergleichen, welche gleichzeitig nach mehreren Richtungen treibt, aber nur dahin gelangt, wo es ihr am leichtesten wird, oder wo sie den geringsten Widerstand findet. Wenn z.B. die Luft in einem Glase sehr stark zusammengepresst wird, so zerbricht sie es, um herauszugelangen. Sie drängt nach jedem Punkte des Glases, aber sie wirft sich zuletzt auf den schwächsten. So drängen auch die Neigungen die Seele nach allen Gütern, die sich ihr darbieten; es sind dies die vorhergehenden mehreren Willen, wo dann der aus ihnen sich ergebende nachfolgende Wille sich nach dem bestimmt, was am meisten reizt.

326. Dieses Uebergewicht unter den Neigungen hindert aber nicht, dass der Mensch sein Herr ist, wenn er nur versteht, von seiner Macht Gebrauch zu machen.

Sein Reich ist das der Vernunft; er hat sich nur zeitig für den Widerstand gegen die Leidenschaften vorzubereiten; dann wird er selbst den Sturm der heftigsten hemmen können. Man nehme an, Augustus sei im Begriff den Befehl zur Hinrichtung des Fabius Maximus zu geben und er benutzt den ihm von einem Philosophen gegebenen Rath, das griechische Alphabet herzusagen, bevor er etwas in der Erregung seines Zornes thue. Diese Ueberlegung vermag das Leben des Fabius und den Ruhm des Augustus zu retten. Aber ohne eine glückliche Ueberlegung, die man mitunter einer ganz besondern göttlichen Güte verdankt, oder ohne eine im Voraus erworbene Geschicklichkeit, die, wie bei. Augustus, uns eine der Zeit und dem Orte angemessene Ueberlegung vornehmen lässt, wird die Leidenschaft den Sieg über die Vernunft davon tragen. Der Kutscher ist der Herr der Pferde, wenn er sie lenkt, wie er soll und kann; allein bei Gelegenheiten vernachlässigt er sich und dann muss er eine Zeit lang die Zügel schiessen lassen.

Fertur equis auriga, nec audit currus habenas.

(Der Kutscher wird von den Pferden fortgerissen
und der Wagen folgt nicht den Zügeln.)

327. Man muss anerkennen, dass wir immer genügende Gewalt über unsern Willen haben, allein man denkt nicht immer an deren Anwendung. Dies ergiebt, wie ich wiederholt gesagt, dass die Macht der Seele über ihre Leidenschaften eine Macht ist, die nur in mittelbarer Weise geübt werden kann, ohngefähr wie Bellarmin wollte, dass die Päpste ein Recht über das Zeitliche der Könige haben sollten. In Wahrheit hängen die äusseren Handlungen, so weit sie nicht über unsere Kräfte gehen, unbedingt vom Willen ab, aber die einzelnen Wollen hängen von dem Willen nur mittelst gewisser geschickter Umwege ab, welche uns das Mittel, unsere Entschlüsse aufzuhalten oder zu ändern, gewähren. Wir sind die Herrn bei uns, aber nicht, wie Gott es in der Welt ist, der nur zu sprechen braucht; sondern so, wie ein weiser Fürst es in seinem Staate ist, oder wie es ein guter

Handwerker über seine Dienstboten ist. Herr Bayle fasst es mitunter anders auf, als wenn es eine unbeschränkte Macht wäre, die von jenen Gründen und Mitteln ganz unabhängig wäre, die wir haben müssten, um uns der Freiheit des Willens rühmen zu können. Aber selbst Gott hat eine solche Macht nicht und soll sie in diesem Sinne über sein Wollen nicht haben. Er kann seine Natur nicht ändern und nur nach der Ordnung handeln; wie könnte da der Mensch sich plötzlich umwandeln? Ich habe es schon gesagt; das Reich Gottes, das Reich des Weisen ist das der Vernunft. Indess hat nur Gott stets das wünschenswertheste Wollen und deshalb braucht er keine Macht, um dieses zu ändern.

328. Wenn die Seele die Herrin bei sich ist (sagt Herr Bayle S. 753), so braucht sie nur zu wollen und es werden sofort die Noth und die Pein, welche dem Siege über die Leidenschaft anhängen, verschwinden. Für diese Wirkung würde es nach seiner Meinung genügen, für die Gegenstände der Leidenschaften sich eine Gleichgültigkeit zu geben (S. 758); aber warum thun die Menschen dies nicht (sagt er), wenn sie die Herrn bei sich sind? – Allein dieser Einwurf gleicht dem Falle, wo ich frage, weshalb der Familienvater sich nicht Gold gebe, wenn er es braucht? Er kann es erwerben, aber nur durch Geschicklichkeit, und nicht, wie zu den Zeiten der Feen oder des Königs Midas, durch einen blosen Befehl seines Willens oder durch eine blose Berührung. Man müsste dann nicht blos Herr bei sich sein, sondern Herr von allen Dingen, um alles sich zu geben, was man will, denn man findet nicht alles bei sich. Auch in der Arbeit bei sich muss man es so machen, wie in der Arbeit auf andere Dinge; man muss die Verfassung und die Eigenschaften seines Gegenstandes kennen, und danach seine Thätigkeit einrichten. Man bessert sich deshalb nicht und erwirbt einen bessern Willen nicht in einem Augenblick und durch einen einfachen Akt des Willens.

329. Es ist gut, wenn ich bemerke, dass die Noth und die Pein, welche den Sieg über die Leidenschaften begleiten, bei Manchem sich in Lust verwandeln, in Folge der grossen Zufriedenheit, welche sie in dem lebhaften Gefühl der Kraft ihres Geistes und der göttlichen Gnade finden. Die Aaceticker und wahren Mystiker können davon aus Erfahrung sprechen und selbst ein wahrer Philosoph weiss davon zu erzählen. Man kann diesen glücklichen Zustand erreichen und es ist dies eines der Hauptmittel, deren die Seele sich zur Befestigung ihrer Herrschaft bedienen kann.

330. Während die Scotisten und Molinisten die völlige Unbestimmtheit zu begünstigen scheinen (scheinen, sage ich, denn ich zweifle, ob sie es noch thun werden, wenn sie sie ganz kennen gelernt haben), sind die Thomisten und Anhänger des Augustinus für die Vorherbestimmung. Denn man muss nothwendig das eine oder das andere. Thomas von Aquino ist ein Schriftsteller, welcher alles ernstlich zu behandeln pflegt; der spitzfindige Scotus sucht ihm entgegenzutreten und verdunkelt oft die Sache, statt sie aufzuklären. Die Thomisten folgen gewöhnlich ihrem Meister, und lassen keine Selbstbestimmung der Seele zu, ohne irgend eine Vorherbestimmung, welche dazu beiträgt. Aber die Vorherbestimmung der neueren Thomisten kann nicht gerade die sein, welche man braucht. Durand de Saint Pourçain, welcher oft seine eigenen Meinungen hatte, und welcher gegen die einzelne Beihülfe Gottes war, ist doch für eine gewisse Vorherbestimmung eingetreten und hat angenommen, dass Gott aus dem Zustand der Seele und ihrer Umgebung den Grund der von ihm ausgebenden Bestimmung entnehme.

331. Die alten Stoiker haben hierbei den Thomisten ziemlich nahe gestanden; sie waren sowohl für das Bestimmt-werden, wie gegen die Nothwendigkeit; obgleich man ihnen nachgesagt hat, dass sie alles für nothwendig erklärten. Cicero sagt in seinem Buche über das Fatum, dass Democrit, Heraclid, Empedocles, Aristoteles angenommen hätten, das Schicksal bestimme mit Nothwendigkeit, dass aber Andere dem entgegengetreten (wahrscheinlich meint er Epikur und die Akademiker) und dass Chrysipp einen Mittelweg eingeschlagen. Ich glaube, dass Cicero sich über Aristoteles täuscht, welcher den Zufall und die Freiheit sehr gut erkannt hat und selbst zu weit geht, wenn er sagt (ich glaube aus Unaufmerksamkeit), dass die Sätze über das kommende Zufällige keine bestimmte Wahrheit an sich hätten, in welchem Punkte er mit Recht von den meisten Scholastikern verlassen worden ist. Selbst Cleanthes, der Lehrer von Chrysipp, war nur für die bestimmte Wahrheit der kommenden Ereignisse, aber leugnete deren Nothwendigkeit. Wenn die Scholastiker, welche so richtig von dieser Bestimmtheit der kommenden zufälligen Ereignisse überzeugt waren (z.B. die Patres von Coimbra, die Verfasser eines berühmten Lehrbuchs der Philosophie), die Verbindung der Dinge, wie das System der allgemeinen Harmonie sie darlegt, gekannt hätten, so würden sie eingesehen haben, dass man die vorgehende Gewissheit, oder die Bestimmtheit des Kommenden nicht zugestehen kann, wenn man nicht eine Vorherbestimmung der Sache durch ihre Ursachen und Gründe anerkennt.

332. Cicero hat versucht, den Mittelweg des Chrysipp uns zu erklären; allein Justus Lipsius bemerkt in seiner Philosophie der Stoiker, dass die Stelle bei Cicero verstümmelt sei und dass Aulus Gellius uns die Ansicht des stoischen Philosophen vollständig erhalten habe (Attische Nächte, Buch 6, Kap. 2), welche abgekürzt lautet: Das Schicksal ist die unvermeidliche und ewige Verknüpfung aller Ereignisse. Man entgegnet, dass dann die Willenshandlungen nothwendig wären, und dass die Verbrecher dann zu ihrer That gezwungen seien und daher nicht gestraft werden dürften. Chrysipp antwortet, dass das Schlechte von der ersten Verfassung der Seelen komme, welche ein Theil der durch das Schicksal bestimmten Reihe des Geschehens sei, dass die von Natur gut eingerichteten Seelen den äusseren Ursachen bessern Widerstand leisten, aber dass die, deren natürliche Fehler durch die Zucht nicht verbessert worden, sich verführen liessen. Er unterscheidet dann weiter (nach Cicero) zwischen Haupt- und Nebenursachen und gebraucht das Gleichniss mit einem Cylinder, dessen Beweglichkeit und Schnelligkeit, oder Leichtigkeit der Bewegung hauptsächlich von seiner Gestalt herkomme, während er sich langsamer bewegen würde, wenn er uneben wäre. Trotzdem muss er angestossen werden, und ebenso muss es die Seele durch Gegenstände der Sinne und sie empfängt diese Eindrücke der Verfassung gemäss, in der sie sich befindet.

333. Cicero meint, dass Chrysipp sich so verwickele, dass er wohl oder übel die Nothwendigkeit des Schicksals bestätige. Herr Bayle hat so ziemlich die gleiche Ansicht (Wörterbuch, Artikel Chrysipp, Buchst. H). Er sagt, dass dieser Philosoph aus der Klemme nicht herauskomme, weil der Cylinder nur glatt oder rauh sei, je nachdem der Meister ihn gemacht habe; also werde Gott, die Vorsehung, das Schicksal, die Ursache des Uebels in einer Weise sein, welche dasselbe zu einem nothwendigen mache. Justus Lipsius antwortet, dass nach den Stoikern das Uebel von dem Stoffe komme; das ist (nach meiner Ansicht) so viel, als hätte er gesagt, dass der Stein, auf welchem der Handwerker gearbeitet, manchmal zu grob und ungleich sei, als dass ein guter Cylinder darauf gearbeitet werden könnte. Herr Bayle citirt gegen Chrysipp die Fragmente von Onomäus und Diogenianus, welche Eusebius uns in seiner evangelischen Vorbereitung erhalten hat (Buch 6, Kap. 7 u. 8) und hauptsächlich stützt sich Herr Bayle auf die Widerlegung, welche Plutarch in seinem Buche gegen die Stoiker gegeben und die Herr Bayle in dem Artikel Paulinianer, Buchst. G aufgenommen hat. Allein diese Widerlegung will nicht viel sagen. Plutarch meint, dass es besser wäre, Gott die Macht zu nehmen, als dass man annehme, er gestatte das Uebel; er will nicht zugeben, dass das Uebel das Mittel für ein grösseres Gut sein könne, während ich schon dargelegt habe, dass Gott allmächtig bleiben kann, wenn er auch nicht mehr thun könne, als das Beste zu erschaffen, welches die Gestattung des Uebels mit sich führt. Ich habe bereits wiederholt gezeigt, dass das für einen Theil Unangemessene dennoch zur Vollkommenheit des Ganzen beitragen kann.

334. Chrysipp hatte schon etwas der Art nicht blos in seinem vierten Buche über die Versehung bei Aulus Gellius erwähnt (Buch 6, Kap. 1), wo er sagt, dass das Uebel dazu diene, das Gute zu erkennen (welcher Grund hier nicht zureicht) aber es geschieht von ihm noch besser da, wo er das Gleichniss mit einem Theaterstück benutzt, indem er in seinem 2. Buche über die Natur (wie Plutarch selbst berichtet) sagt, dass mitunter Stellen in einem Lustspiele vorkommen, die an sich nichts taugen, aber trotzdem dem ganzen Gedicht etwas Gefälliges geben. Er nennt diese Stellen Epigramme oder Inschriften. Wir kennen die Natur der alten Comödie nicht genug, um diese Angaben bei Chrysipp ganz zu verstehen, aber da Plutarch im Thatsächlichen ihm Recht giebt, so würde dieses Gleichniss nicht übel gewesen sein. Plutarch antwortet erstens: Die Welt sei nicht wie ein dem Vergnügen dienendes Schauspiel; allein dies ist eine schlechte Antwort, da die Vergleichung blos den Punkt betrifft, dass ein schlechter Theil das Ganze besser machen kann. Er antwortet zweitens, dass diese schlechte Stelle nur ein kleiner Theil der Comödie sei, während das menschliche Leben von Uebeln wimmle. Auch diese Antwort will nichts sagen, weil er bedenken musste, dass was wir kennen, doch nur ein sehr kleiner Theil der ganzen Welt ist.

335. Ich komme indess auf den Cylinder des Chrysipp zurück. Er hat Recht, wenn er sagt, dass das Laster von der ursprünglichen Verfassung einiger Geister herkomme. Man entgegnet ihm, dass aber Gott sie geschaffen habe, und dagegen hat er nur auf die Unvollkommenheit der Natur sich berufen, die es Gott *nicht gestattet*, es besser zu machen.

Diese Erwiderung ist nichts werth, weil der Stoff an sich für jede Form gleichgültig ist und Gott auch ihn geschaffen hat. Das Uebel kommt vielmehr von diesen Formen selbst, aber abstrakt aufgefasst, d.h. nicht von den Ideen Gottes, die er so wenig durch einen Akt seines Willens geschaffen hat, wie die Zahlen und Gestalten und so wenig (mit einem Wort) wie alle möglichen Wesenheiten, die man für ewig und nothwendig halten muss. Denn sie finden sich in der idealen Region des Möglichen, d.h. in dem göttlichen Verstande. Gott ist deshalb nicht der Urheber der Wesenheiten, insofern sie nur Möglichkeiten sind; aber es giebt nichts Wirkliches, dessen Dasein er nicht beschlossen und geschaffen hat. Das Uebel hat er gestattet, weil es in dem besten Plan mit eingehüllt ist, der in der Region des Möglichen sich findet und welchen die höchste Weisheit nicht umhin konnte zu wählen. Dieser Begriff stimmt zugleich mit der Weisheit, der Macht und der Güte Gottes und gestattet den Eintritt des Uebels. Gott giebt den Geschöpfen so viel Vollkommenheit, als das Universum gestattet. Man drechselt den Cylinder, aber das Knorrige, was er in seiner Gestalt hat, setzt der Schnelligkeit seiner Bewegung ihr Maass. Dieser Vergleich des Chrysipp unterscheidet sich nicht von dem meinigen, welcher einem beladenen Kahn entlehnt war, welchen die Strömung des Flusses treibt, aber um so langsamer, je beladener er ist. Beide Vergleiche bezwecken dasselbe und man sieht daraus, dass wenn wir über die Aussprüche der alten Philosophen mehr bekannt wären, wir mehr Vernunft darin finden würden, als wir glauben.

336. Selbst Herr Bayle lobt die Stelle bei Chrysipp (Artik. Chrysipp, Buchst. T), welche Aulus Gellius an demselben Orte bietet, wo dieser Philosoph behauptet, dass das Uebel durch *Mitbegleitung* gekommen sei. Auch dies erklärt sich durch mein System; denn ich habe gezeigt, dass das Uebel, was Gott zugelassen hat, kein Gegenstand seines Wollens gewesen, weder als Zweck, noch als Mittel, sondern nur als Bedingung, weil es in dem Besten mit eingehüllt war. Er hätte erstens hinzufügen müssen, dass durch die freie Wahl Gottes Einiges von dem Möglichen wirklich ist und zweitens, dass auch die vernünftigen Geschöpfe frei handeln, in Folge ihrer ursprünglichen Natur, wie sie bereits in den ewigen Ideen bestand und endlich dass das Gute als Motiv den Willen reizt, aber nicht zwingt.

337. Die Vorzüge der Freiheit, die bei den Geschöpfen besteht, sind ohne Zweifel bei Gott im höchsten Grade vorhanden, allein doch nur, so weit sie wahrhaft Vorzüge sind und nicht eine Unvollkommenheit zur Voraussetzung haben. Denn die Fähigkeit, sich zu täuschen und zu verirren, ist ein Nachtheil und die Herrschaft über die Leidenschaften, ist in Wahrheit ein Vortheil, aber er setzt eine Unvollkommenheit voraus, nämlich die Leidenschaften selbst, deren Gott nicht fällig ist. Scotus hat Recht, wenn er sagt, dass wenn Gott nicht frei und von der Nothwendigkeit entbunden wäre, auch kein Geschöpf es sein würde. Allein Gott kann nicht in irgend einem Punkte unbestimmt sein; er kann weder nicht-wissen noch zweifeln, noch sein Urtheil anhalten; sein Wille ist immer gefasst und er kann nur für das Beste gefasst sein. Gott kann niemals einen ersten einzelnen Willen haben, d.h. der von den Gesetzen und dem allgemeinen Willen unabhängig wäre; ein solcher wäre unvernünftig. Er kann sich nicht über Adam, über Peter, über Judas, über irgend einen Einzelnen bestimmen, ohne einen Grund dafür zu haben und dieser Grund führt nothwendig zu einem allgemeinen Ausspruch. Der Weise handelt immer nach Grundsätzen, immer nach Regeln und nie nach Ausnahmen, ausser wenn die Regeln mit entgegengesetzten Richtungen auf einander treffen, wo die stärkste entscheidet, weil ohnedem sie sich gegenseitig hemmen würden, oder ein Drittes daraus hervorgehen würde. In all diesen Fällen ist es immer wieder eine Regel, welche die Ausnahme für die andere Regel begründet, ohne dass es jemals *ursprüngliche Ausnahmen* bei Demjenigen giebt, welcher immer regelmässig handelt.

338. Wenn gewisse Leute meinen, dass die Erwählung und Verwerfung von Seiten Gottes vermöge einer unbedingten, despotischen Gewalt geschehe, nicht blos ohne scheinbaren Grund, sondern in Wahrheit ohne allen, selbst ohne einen verborgenen Grund, so ist dies eine Ansicht, welche ebenso die Natur der Dinge wie die göttlichen Vollkommenheiten zerstört. Ein solcher unbedingt unbedingter Beschluss (so zu sagen) wäre ohne Zweifel unerträglich; auch Luther wie Calvin waren weit davon entfernt; der erstere meint, das zukünftige Leben werde uns die gerechten Gründe der Auswahl Gottes begreifen lassen und der zweite versichert ausdrücklich, dass diese Gründe gerechte und heilige seien, wenn wir sie auch nicht kennten. Ich habe daher schon die Abhandlung Calvin's über die Vorherbestimmung angeführt, deren eigne Worte lauten: »Gott hatte vor dem Fall Adam's überlegt, was er zu thun habe, und zwar aus Gründen, die uns verborgen sind ... Es bleibt also dabei, dass Gott gerechte Ursachen für die

Verwerfung eines Theiles der Menschen gehabt hat, die wir nur *nicht kennen.*«

339. Diese Wahrheit, dass alles, was Gott thue, vernünftig sei und nicht besser gemacht werden könne, ergreift sogleich alle Gutgesinnten und erzwingt sich gleichsam deren Beistimmung. Trotzdem ist es ein Schicksal der scharfsinnigsten Philosophen, dass sie in der Hitze und dem Fortgange des Streites, ohne daran zu denken, die obersten Grundsätze des gesunden Verstandes zu erschüttern anfangen, weil sie in Worte gehüllt sind, die man missversteht. Wir haben oben gesehen, wie der ausgezeichnete Herrn Bayle mit all seinem Scharfsinn, den von mir erwähnten Satz, welcher eine sichere Folge von der höchsten Vollkommenheit Gottes ist, wiederholt bekämpft. Er hat gemeint, damit die Sache Gottes zu vertheidigen und ihn von einer vermeintlichen Notwendigkeit zu befreien, indem er ihm die Freiheit lässt, wonach er unter mehreren Gütern auch das Geringste wählen kann. Ich habe schon den Herrn Diroys und Andere erwähnt, welche auch von solcher sonderbaren Meinung gewesen sind, die leider zu verbreitet gewesen ist. Ihre Vertheidiger bemerken nicht, dass sie damit Gott eine falsche Freiheit bewahren, oder vielmehr ihm beilegen wollen, welche in der Freiheit unvernünftig zu handeln besteht. Dies heisst, seine Werke verbesserungsbedürftig machen, und versetzt uns in die Unmöglichkeit, etwas vernünftiges für die Gestattung des Uebels zu sagen, ja selbst nur zu hoffen, etwas vernünftiges zu finden.

340. Diese verkehrte Ansicht hat den Ausführungen des Herr Bayle viel geschadet und ihn gehindert, sich aus mancher Verlegenheit zu ziehen. Dies zeigt sich auch bei den Gesetzen für das Reich der Natur. Er hält sie für willkürlich und gleichgültig und wirft ein, dass Gott sein Ziel im Reich der Gnade hätte besser erreichen können, wenn er sich nicht an die Beobachtung dieser Gesetze gehalten hätte und sich öfters eine Abweichung von denselben gestattet hätte, oder wenn er andere gemacht hätte. Er nahm dies vorzüglich für das Gesetz an, welches die Einheit der Seele mit dem Körper bestimmt, da er mit den modernen Cartesianern überzeugt ist, dass die Vorstellungen der sinnlichen Eigenschaften, welche Gott (nach ihnen) der Seele bei Gelegenheit der Bewegungen des Körpers giebt, diese Bewegungen nicht darstellen oder ihnen ähnlich sind. Danach ist es also rein willkürlich, dass Gott uns die Vorstellung der Hitze, der Kälte, des Lichts und anderer, welche wir erfahren, gegeben hat; er hätte uns bei dieser

Gelegenheit auch ganz andre geben können. Ich habe mich oft gewundert, dass so kluge Männer an Gedanken haben Geschmack finden können, die so wenig philosophisch sind und den fundamentalen Grundsätzen der Vernunft widersprechen. Nichts zeigt mehr das Unvollendete eines Philosophen, als wenn er einräumen muss, dass etwas nach seinem System vorgeht, wofür es keinen Grund giebt; dann haben auch die Abweichungen der Atome des Epikur ihr Recht. Mag Gott oder die Natur wirken, so wird diese Wirksamkeit immer ihren Grund haben. Bei der Natur werden diese Gründe entweder aus nothwendigen Wahrheiten oder aus Gesetzen, welche Gott für die vernünftigsten befanden hat, hervorgehen und bei Gott aus der Wahl der höchsten Vernunft, welche sein Handeln bestimmt.

341. Der berühmte Cartesianer Regis hatte in seiner Metaphysik (Thl. 2, Buch 2, Kap. 29) behauptet, dass die Fähigkeiten, welche Gott dem Menschen verliehen, die besten gewesen, die in Gemässheit der Ordnung der Natur Gott habe gewähren können. Er sagt: »Betrachtet man die Macht Gottes und die Natur der Menschen nur an ihnen selbst, so kann man leicht annehmen, dass Gott den Menschen hätte vollkommener machen können; betrachtet man aber die Menschen nicht für sich und getrennt von den übrigen Geschöpfen, sondern als ein Glied des Universum's, und als einen Theil, welcher den allgemeinen Gesetzen der Bewegung unterworfen ist, so wird man anerkennen müssen, dass der Mensch so vollkommen, wie möglich ist.« Er fügt hinzu, dass nach unsern Begriffen Gott kein passenderes Mittel für die Erhaltung unseres Körpers habe anwenden können, als den Schmerz. Herr Regis sagt im Allgemeinen ganz richtig, dass Gott es nicht habe besser machen können, als er es gethan, wenn er auf das ganze Rücksicht genommen. Wenn es auch anscheinend an manchen Orten des Universum's vollkommnere vernünftige Geschöpfe, als die Menschen geben möge, so habe doch Gott Recht gehabt, wenn er alle Arten von Wesen geschaffen habe; die einen vollkommner, als die andern. Es ist vielleicht möglich, dass es irgendwo eine Art von Geschöpfen giebt, die dem Menschen sehr ähnlich sind, welche aber vollkommner als wir sind; ja das menschliche Geschlecht kann mit der Zeit zu einer grössern Vollkommenheit gelangen, als wir uns jetzt vorstellen können. So hindern also die Gesetze der Bewegung nicht die höhere Vollkommenheit der Menschen, aber der Platz, welchen

Gott dem Menschen in Raum und Zeit angewiesen hat, beschränkt die ihm zu ertheilenden Vollkommenheiten.

342. Ich zweifle auch mit Herrn Bayle, ob der Schmerz nöthig gewesen, um den Menschen von der Gefahr zu benachrichtigen; indess geht dieser Schriftsteller zu weit (Antwort auf die Fragen etc. Kap. 77, Thl. 2, S. 104); er meint, eine Lustempfindung könnte dieselbe Wirkung haben und um ein Kind vor der zu grossen Annäherung an das Feuer zu schlitzen, hätte Gott ihm die Empfindungen des Vergnügens nach Massgabe von dessen Entfernung vom Feuer beilegen können. Indess dürfte dieses Mittel nicht wohl für alle Uebel anwendbar sein, wenn man nicht noch Wunder hinzunimmt; es ist mehr in der Ordnung, dass das, was in zu grosser Nähe ein Uebel bewirken würde, bei einer geringen Entfernung ein Vorgefühl des Uebels veranlasse. Indess könnte allerdings dieses Vorgefühl etwas schwächer als der Schmerz sein und gewöhnlich ist dies auch der Fall. Deshalb scheint in der That der Schmerz zur Verminderung der gegenwärtigen Gefahr nicht nothwendig; er pflegt vielmehr als eine Züchtigung dafür zu dienen, dass man sich wirklich mit dem Schlechten eingelassen hat und als eine Ermahnung dies nicht wieder zu thun. Es giebt auch viele schmerzliche Uebel, deren Vermeidung nicht von uns abhängt, und da eine Auflösung des Zusammenhanges unseres Körpers, eine Folge von vielen Zufallen, die uns treffen, sein kann, so ist es natürlich, dass diese Unvollkommenheit des Körpers durch ein Gefühl der Unvollkommenheit in der Seele dargestellt werde. Indess mag es vielleicht lebende Wesen in dem Universum geben, deren Bau so künstlich ist, dass diese Auflösung nur von einem gleichgültigen Gefühle begleitet ist, so wie, wenn man ein angefressenes Glied abschneidet; ja es kann vielleicht mit einer Empfindung von Vergnügen begleitet sein, wie man es bei dem Kratzen empfindet; denn die Unvollkommenheit, welche die Auflösung des Körpers begleitet, könnte dem Gefühle einer grössern Vollkommenheit weichen, welches durch die Stetigkeit des Körpers gehemmt oder aufgehalten wurde, die nun aufhört. Der Körper würde in dieser Hinsicht als eine Art Gefängniss anzusehen sein.

343. Auch hindert nichts, dass es in dem Universum lebende Wesen giebt, welche denen gleichen, die Cyrano de Bergerae in der Sonne antraf, deren Körper eine Art Flüssigkeit war, die aus unzähligen kleinen Thieren bestand, die sich nach den Wünschen des grossen

Thieres ordnen konnten. Letzteres verwandelte sich dadurch momentan, wie es ihm beliebte und die Auflösung des Zusammenhanges schadete ihm so wenig, als ein Ruderschlag dem Meere. Aber zuletzt sind diese Geschöpfe keine Menschen und in unserem Jahrhundert nicht auf unserer Erde und nach dem Plane Gottes konnte hienieden ein vernünftiges Geschöpf mit Fleisch und Knochen nicht fehlen, dessen Bau es für den Schmerz empfänglich macht.

344. Herr Bayle stellt sich dem auch aus einem andern, von mir schon berührten Grunde entgegen. Er hält anscheinend die Vorstellungen der Seele, welche sie in Bezug auf die Empfindungen des Körpers fasst, für willkürlich; also konnte Gott es auch so einrichten, dass die Auflösung des Zusammenhanges uns Vergnügen bereitete. Nach ihm sind selbst die Gesetze der Bewegung willkürlich. Er sagt (Kap. 166, Thl. 3, S. 1080): »Ich möchte wissen, ob Gott durch einen Akt seiner unbestimmten Freiheit die allgemeinen Gesetze über Mittheilung der Bewegung und die besonderen Gesetze für die Verbindung der menschlichen Seele mit einem organischen Körper aufgerichtet hat? In diesem Falle konnte er ganz andere Gesetze aufstellen und ein System annehmen, dessen Folgen weder das moralische, noch das physische Uebel einschlössen. Soll aber Gott durch seine höchste Weisheit zur Aufrichtung der Gesetze, welche er gegeben hat, gezwungen gewesen sein, so haben wir das reine und volle *Fatum* der Stoiker. Die Weisheit hätte Gott einen Weg vorgezeichnet, von dem abzuweichen ihm ebenso unmöglich war, als sich selbst zu vernichten.« – Dieser Einwurf ist schon genügend widerlegt worden; es handelt sich hier nur um eine moralische Nothwendigkeit und es bleibt immer eine glückliche Nothwendigkeit, wenn man gezwungen ist, nach den Regeln der vollkommenen Weisheit zu handeln.

345. Uebrigens scheint mir die Meinung, wonach die Gesetze der Bewegung für willkürliche gehalten werden, nur daher zu kommen, dass man sie nicht gehörig untersucht hat. Man weiss gegenwärtig, dass Herr Descartes in deren Aufstellung sich sehr geirrt hat. Ich habe in beweisender Form dargelegt, dass die Erhaltung der gleichen Menge von Bewegung nicht statt haben kann, aber ich finde, dass dieselbe Menge von Kraft sich erhält, sowohl unbedingt in gerader, wie in mittelbarer Beziehung, sowohl als ganze, wie getheilte. Ich habe meine Grundsätze, die diesen Gegenstand so weit als möglich entwickeln, noch nicht ganz veröffentlicht, aber ich habe sie Freunden mitgetheilt, die darüber zu urtheilen sehr fähig sind, und diesen haben sie sehr gefallen, auch haben diese einige andere Männer von Kenntnissen und anerkanntem Verdienst bekehrt. Ich habe gleichzeitig entdeckt, dass die in der Natur sich thatsächlich findenden Gesetze der Bewegung auch durch die Erfahrung bestätigt werden, dass aber dieselben in Wahrheit nicht so unbedingt beweisbar sind, wie ein geometrischer Lehrsatz; indess ist dies auch nicht nöthig. Sie entspringen nicht gänzlich aus dem Prinzip der Nothwendigkeit, wohl aber aus dem der Vollkommenheit und Ordnung; sie sind eine Wirkung der Wahl und Weisheit Gottes. Ich kann diese Gesetze auf mehrere Arten beweisen, allein ich muss dabei immer etwas voraussetzen, was keine unbedingte geometrische Nothwendigkeit hat. Es sind also diese schönen Gesetze ein wunderbarer Beweis für ein einsichtiges und freies Wesen und ein Beweis gegen das System einer unbedingten und blinden Nothwendigkeit von Straton und Spinoza.

346. Ich glaube, dass man diese Gesetze erklären kann, wenn man annimmt, dass die Wirkung immer der Ursache an Kraft gleich sei, oder was dasselbe ist, dass dieselbe Kraft sich immer erhalte; allein dieser Grundsatz einer höheren Philosophie wird sich nicht geometrisch beweisen lassen. Man kann auch Grundsätze gleicher Natur benutzen, z.B. den, dass die Aktion der Reaktion immer gleich sei. Dieser Grundsatz setzt voraus, dass die Dinge jeder äussern Veränderung widerstreben und er kann weder aus der Ausdehnung noch aus der Undurchdringlichkeit abgeleitet werden; ferner der Grundsatz, dass eine einfache Bewegung dieselben Eigenschaften hat, welche eine zusammengesetzte Bewegung haben könnte, die dieselben Erscheinungen der Uebertragung hervorbrächte. Diese Hypothesen sind sehr annehmbar und es gelingt damit die Erklärung der Gesetze der Bewegung sehr gut; es giebt nichts passenderes, zumal sie sich gegenseitig beggnen; allein es giebt keine unbedingte Nothwendigkeit für deren Annahme, wie dies bei den Regeln der Logik, der Arithmetik und Geometrie statt hat.

347. Wenn man die Gleichgültigkeit des Stoffes für Bewegung oder Ruhe erwägt, so scheint es, dass der grösste Körper in Ruhe durch den kleinsten bewegten Körper ohne Widerstand mitgenommen werden könnte; in solchem Falle gäbe es dann eine Wirkung ohne Gegenwirkung und eine Wirkung die grösser wäre, als ihre Ursache. Es giebt auch keine Nothwendigkeit dafür, dass die Bewegung einer Kugel, die sich frei auf einer glatten Ebene bewegt und zwar mit einer Schnelligkeit gleich A die Eigenschaften der Bewegung einer solchen haben müsse, die weniger schnell sich in einem Schiffe bewegte, was nach derselben Richtung mit dem übrigen Theil der Schnelligkeit führe, um zu bewirken, dass die Kugel, vom Ufer gesehen, sich mit derselben Schnelligkeit A fortbewegte; denn wenn hier auch dieselbe Erscheinung von Schnelligkeit und Richtung mittelst des Schiffes sich ergiebt, so folgt doch nicht, dass dieser Fall *sachlich* dem erstem gleich sei. Indess findet man, dass die Wirkungen des Zusammentreffens von Kugeln in dem Schiff, bei denen die Bewegung einer jeden sich mit der Bewegung des Schiffes verbindet, auch dieselben Erscheinungen zeigen, welche diese Kugeln bei ihrem Zusammentreffen ausserhalb des Schiffes ergeben. Es ist dies interessant, aber man sieht die unbedingte Nothwendigkeit dessen nicht ein. Die vereinte Bewegung in den Richtungen der beiden Seitenlinien des rechtwinkeligen Dreiecks bringt eine Bewegung in der Hypothenuse zu Stande, aber es folgt daraus nicht, dass eine in der Richtung der Hypothenuse bewegte Kugel dieselbe Wirkung hervorbringen muss, wie zwei Kugeln, die zusammen so gross wie jene sind und die sich beide auf den beiden Seitenlinien bewegen; dennoch ist dies wirklich der Fall. Es giebt nichts Passenderes, als diese Thatsache und Gott hat die Gesetze ausgewählt, welche sie hervorbringen, allein man sieht bei denselben keine geometrische Nothwendigkeit. Aber gerade dieses Fehlen der Nothwendigkeit erhebt die Schönheit der Gesetze, welche Gott ausgewählt hat, und bei denen sich mehrere schöne Grundsätze vereinigt zeigen, ohne dass man sagen kann, welcher der ursprünglichere sei.

348. Ich habe auch gezeigt, dass sich hier das schöne *Gesetz der Stetigkeit* beobachten lässt, was ich vielleicht zuerst aufgestellt habe und welches eine Art von Probirstein ist, bei dem die Regeln des Herrn Descartes, Fabig, Pardies, Malebranche und Anderer die Probe nicht bestehen würden, wie ich zum Theil früher in den Neuigkeiten aus der Gelehrten-Republik des Herrn Bayle gezeigt habe. In Folge dieses Gesetzes kann man die Ruhe als eine Bewegung ansehen, die erlischt, nachdem sie stetig abgenommen hat; ebenso die Gleichheit, wie eine erlöschende Ungleichheit, was selbst bei den zwei grössten ungleichen Körpern bei deren stetiger Verminderung eintreten würde, wenn der kleinere seine Grösse beibehält. Es ergiebt sich daraus, dass die allgemeine Regel der ungleichen oder der bewegten Körper, sich auch auf gleiche Körper anwenden lässt, oder auf Körper, von denen einer in Ruhe ist, als wäre dies nur ein einzelner Fall der allgemeinen Regel. Bei den wahrhaften Gesetzen der Bewegung gelingt dies auch; aber nicht bei einigen der Gesetze, welche Herr Descartes und andere gewandte Männer aufgestellt haben, und die schon dadurch sich als unrichtig aufgestellt ergeben, dass man voraussagen kann, dass die Erfahrung sie nicht bestätigen werde.

349. Diese Betrachtungen zeigen deutlich, dass die Naturgesetze, welche die Bewegung regeln, weder gänzlich nothwendig, noch gänzlich willkürlich sind und die demnach zu nehmende Mitte ist, dass sie von der vollkommensten Weisheit ausgewählt sind. Auch zeigt dieses wichtige Beispiel mit den Bewegungsgesetzen auf das deutlichste den grossen Unterschied zwischen den drei Fällen, von denen der erste die *unbedingte* metaphysische oder geometrische *Nothwendigkeit* ist, welche man die *blinde* nennen kann und welche nur von wirkenden Ursachen abhängt; der zweite Fall ist die *moralische Nothwendigkeit*, welche von der freien Wahl der Weisheit in Bezug auf die Zweckursachen herkommt und endlich der dritte Fall, das *durchaus Willkürliche*, was von der Unbestimmtheit oder dem Gleichgewicht abhängt, welches man annimmt, aber was nicht möglich ist, da es immer einen zureichenden Grund entweder in der wirkenden, oder Zweck-Ursache geben muss. Deshalb ist es sehr Unrecht, wenn man das *unbedingt Nothwendige mit dem verwechselt, was durch den Grund des Besten bestimmt ist, oder* wenn man die *von der Vernunft bestimmte Freiheit mit einer unbestimmten Gleichgültigkeit verwechselt.*

350. Dies erledigt auch das Bedenken des Herrn Bayle, welcher fürchtet, dass, wenn Gott immer bestimmt sei, die Natur seiner nicht bedürfte, weil sie dasselbe, was ihm zugeschrieben wird, durch die nothwendige Ordnung der Dinge selbst bewirken könne. Dies wäre richtig, wenn z.B. die Gesetze der Bewegung und alle übrigen ihre Quelle in der geometrischen Nothwendigkeit der wirkenden Ursachen hätten; allein an den letzten Punkten der Untersuchung findet sich, dass man auf etwas zurückgehen muss, was von den Zweck-Ursachen oder dem Angemessenen abhängt. Dies erschüttert auch die scheinbarste Grundlage der Naturphilosophen. Der Doktor Johann Joachim Becher, ein deutscher Arzt, auch durch Bücher über Chemie bekannt, hatte ein Gebet gemacht, welches ihm zweckmässig erschien. Es begann: O heilige Mutter Natur, Du ewige Ordnung der Dinge; und es schloss mit dem Satze, dass diese Natur ihm seine Fehler verzeihen möchte, weil sie selbst deren Ursache sei. Allein wenn man die Natur ohne Einsicht und ohne ein Wählen annimmt, so fehlt das genügende Bestimmende. Herr Becher erwog nicht genug, dass der Urheber der Dinge *(Natura naturans)* gut und weise sein muss, und dass wir schlecht werden können, ohne dass er an unsern Schlechtigkeiten ein Mitschuldiger ist. Wenn ein böser Mensch vorhanden ist, so muss Gott in dem Gebiete des Möglichen die Vorstellung eines solchen angetroffen haben, welcher zur Folge der Dinge gehört und dessen Wahl zur grössten Vollkommenheit des Universum's nöthig war, in welchen die Fehler und Sünden nicht blos bestraft, sondern auch mit Vortheil wieder ausgeglichen werden und zu dem grössten Gute mit beitragen.

351. Indess hat Herr Bayle die freie Wahl Gottes ein wenig zu weit ausgedehnt. Bei seiner Besprechung des Peripatetikers Straton (Antwort auf die Fragen etc. Kap. 180, S. 1239, Thl. 3), welcher behauptete, dass alles aus der Notwendigkeit einer verstandslosen Natur hervorgegangen sei, meint er, dass dieser Philosoph auf die Frage: Weshalb ein Baum nicht die Kraft zur Bildung von Knochen und Adern habe, von seiner Seite hätte fragen sollen: »Weshalb hat der Stoff gerade drei Ausdehnungen, weshalb haben ihm zwei nicht genügt, weshalb hat er deren nicht vier? Und hätte man ihm geantwortet, dass er nicht mehr als drei Ausdehnungen haben könne, so hätte er nach der Ursache dieser Unmöglichkeit fragen können.« Nach dieser Antwort muss man annehmen, Herr Bayle habe gemeint, dass die Zahl der Ausdehnungen des Stoffes von der Wahl Gottes abgehangen habe, so wie es auch von ihm abgehangen, zu machen oder nicht zu machen, dass die Bäume Thiere hervorbrächten. In der That, wir wissen nicht, ob es nicht Planeten oder Erden giebt, welche in einem entfernten Orte der Welt belegen sind und wo die Fabel des Bernacles von Schottland (ein Vogel, der aus Bäumen entstehen sollte) nickt eine Wahrheit ist und ob es nicht sogar Länder giebt, von denen man sagen kann:

populos umbrosa creavit
Fraxinus, et föta viridis puer excidit alno?

(Die schattige Esche hat Völker erzeugt und ein
kräftiger Knabe ist aus der trächtigen Erle hervorgekommen?)

Allein mit den Ausdehnungen des Stoffes verhält es sich nicht ebenso; die Zahl drei ist hier bestimmt, nicht aus dem Grunde des Besten, sondern durch eine geometrische Nothwendigkeit; nur deshalb hat der Geometer beweisen können, dass es nur drei senkrechte Linien auf einander geben könne, welche sich in demselben Punkte schneiden. Man konnte kein besseres Beispiel wählen, um den Unterschied darzulegen, der zwischen der moralischen Nothwendigkeit, welche aus der Wahl des Weisen hervorgeht und der blinden Nothwendigkeit des Strato und der Spinozisten besteht, welche Gott den Verstand und den Willen absprechen, anstatt den Unterschied zwischen dem Grunde für die Gesetze der Bewegung und dem Grunde für die Dreizahl der Ausdehnungen zu bedenken; der erstere besteht in der Wahl des Besten, der zweite in einer blinden und geometrischen Nothwendigkeit.

352. Nachdem ich über die Gesetze der Körper, d.h. über die Kegeln der Bewegung gesprochen, so komme ich nun zu den Gesetzen für die Einheit der Seele und des Körpers. Auch hier glaubt Herr Bayle eine unbestimmte Gleichgültigkeit und etwas durchaus Willkürliches zu finden. Er sagt darüber (in seiner Antwort auf die Fragen etc. Kap. 84, S. 163, Thl. II): »Es ist eine schwierige Frage, ob die Körper ein natürliches Vermögen haben, wonach sie der menschlichen Seele Uebles oder Gutes zufügen können. Sagt man ja, so geräth man in ein fürchterliches Labyrinth; denn da die menschliche Seele eine unkörperliche Substanz ist, so muss man dann sagen, dass die örtliche Bewegung gewisser Körper eine Ursache sei, welche Gedanken in einem Geiste bewirkt, obgleich dies den klarsten Begriffen der Philosophie widerspricht. Sagt man nein, so muss man anerkennen, dass der Einfluss unserer Organe auf unsere Gedanken weder von innern Eigenschaften des Stoffes, noch von den Gesetzen der Bewegung abhängt, sondern nur von einer *willkürlichen Einrichtung* des Schöpfers. Man muss dann zugestehen, dass es lediglich von der Freiheit Gottes abgehangen, diese bestimmten Gedanken unserer Seele mit diesen oder jenen Veränderungen unseres Körpers zu verknüpfen, selbst nachdem er alle Gesetze für die Wirkung der Körper auf einander festgestellt hatte. Es folgt hieraus, dass kein Theil der Materie im Universum durch seine Nachbarschaft uns schaden kann, so weit Gott es nicht will und dass die Erde eben so, wie ein anderer Ort zum Aufenthalt glücklicher Menschen geeignet ist. – Damit ist klar, dass es nicht nöthig ist, den Menschen von der Erde fortzuschaffen um die schlechten Wahlen seiner Freiheit zu verhüten. Gott könnte auf der Erde rücksichtlich aller Willensakte das thun, was er in Bezug auf die guten Werke der Vorherauserwählten thut, wenn er deren Ausführung entweder durch wirksame oder durch zureichende Gnaden bestimmt und welche, ohne der Freiheit Schaden zu thun, immer die Zustimmung der Seele erhalten. Es würde ihm eben so leicht sein, auf der Erde, wie im Himmel die Bestimmung unserer Seele zu einer guten Wahl hervorzubringen.«

353. Ich trete Herrn Bayle darin bei, dass Gott auf dieser Erde eine solche Ordnung der Körper und Seelen einrichten konnte; sei es auf natürlichen Wegen, oder durch ausserordentliche Gnaden und dass es ein ewiges Paradies gewesen sein würde und ein Vorgeschmack des Zustandes der Seligen im Himmel. Auch kann es sehr wohl glücklichere Erdkugeln, als die unsrige geben; aber Gott hat seine guten Gründe dafür gehabt, dass die unsrige so sei, wie sie ist. Um aber zu beweisen, dass ein besserer Zustand möglich gewesen, hätte Herr Bayle nicht auf das System der Gelegenheits-Ursachen zurückzugreifen brauchen, welches voll Wunder und voll Voraussetzungen ist, für welche nach dem eignen Geständniss der Urheber die Gründe fehlten. Dies sind zwei Fehler, welche ein System am weitesten von der wahrhaften Philosophie entfernen. Es muss zunächst auffallen, dass Herr Bayle sich nicht des Systems der vorherbestimmten Harmonie erinnert hat, welches er früher geprüft hatte und sich hier zur rechten Zeit eingestellt hätte. Da indess in diesem Systeme alles verbunden und zusammenstimmend ist, alles aus Gründen hervorgeht und nichts unbestimmt ist, nichts der dreisten Bestimmung einer reinen und vollen Gleichgültigkeit überlassen ist, so hat dies anscheinend dem Herrn Bayle nicht gepasst, der hier ein wenig für diese Unbestimmtheiten eingenommen ist, welche er doch bei andern Gelegenheiten so gut bekämpft hat. Er ging hier leicht von einem Gegentheil zu dem andern über, nicht aus böser Absicht oder gegen seine Ueberzeugung, sondern weil er über die Frage, um die es sich handelt, in seiner Seele noch zu keiner festen Ansicht gelangt war. Er ging auf das ein, was ihm passte, um den Gegner, den er im Sinne hatte, in den Weg zu treten. Er wollte nur die Philosophie in Verlegenheit bringen und die Schwäche unsrer Vernunft darlegen und kaum würde Arcesilaus und Carneades das Für und Wider mit mehr Beredtsamkeit und Geist aufrecht erhalten haben. Indess soll man nicht zweifeln, um zu zweifeln; der Zweifel soll uns nur als das Brett dienen, um zur Wahrheit zu gelangen. Dies habe ich oft dem seligen Herrn Foucher gesagt, bei dem einige Proben zeigten, dass er zu Gunsten der Akademiker es ebenso machen wollte, wie Lipsius und Scoppius für die Stoiker und Herr Gassendi für Epikur es gemacht hatten und wie Herr Dacier auch für Plato einen so guten Anfang gemacht hat. Man darf den wahren Philosophen nicht das vorwerfen können, was der bekannte Herr Casaubonus denen antwortete, welche ihm den Saal der Sarbonne zeigten und ihm sagten, dass man hier seit einigen Jahrhunderten disputirt habe; worauf er sagte: Und was ist das Ergebniss gewesen?

354. Herr Bayle fährt fort (S. 166): »Es ist richtig, dass seitdem die Gesetze der Bewegung so festgestellt worden sind, wie wir sie in der Welt wahrnehmen, es durchaus nothwendig ist, dass ein Hammer, welcher auf eine Nuss schlägt, sie zerbricht; und dass ein auf den Fuss eines Menschen gefallener Stein dort eine Verletzung oder irgend eine Verschiebung der Theile bewirkt. Dies ist aber alles, was aus der Wirkung dieses Steines auf den menschlichen Körper folgen kann. Will man, dass er ausserdem noch ein Gefühl des Schmerzes errege, so muss man noch die Aufstellung eines andern Gesetzbuches annehmen, als das, was die Wirkung und Gegenwirkung zweier Körper auf einander regelt und auf das System der besondern Gesetze über die Einheit der Seele mit gewissen Körpern zurückgehen. Da nun dieses System mit dem andern nicht nothwendig verknüpft ist, so hört die Gleichgültigkeit Gottes in Bezug auf das eine seit der Wahl nicht auf, die er für das andere getroffen hat. Er hat also diese beiden Systeme mit einer vollen Freiheit gegeben, gleich zwei Dingen, die in einer natürlichen Weise nicht wechselseitig aus einander folgen, und es ist daher eine willkürliche Bestimmung, wonach die Verletzungen des Körpers Schmerz in der Seele erregen, welche mit diesem Körper geeint ist. Es hing also nur von Gott ab, ein anderes System dafür zu wählen; er konnte eins wählen, wonach die Verletzungen nur die Vorstellung des Heilmittels erwecken und ein lebhaftes aber angenehmes Begehren es anzuwenden. Er konnte es einrichten, dass alle Körper, die im Begriff waren, den Kopf eines Menschen zu zerbrechen oder ihm das Herz zu durchbohren, die lebhafte Vorstellung der Gefahr erweckten, und diese die Ursache wurde, dass der Körper sich schleunigst aus dem Bereiche des Schlages wegwendete. Dies alles hätte sich ohne

Wunder vollzogen, weil allgemeine Gesetze darüber bestanden hätten. Das uns aus der Erfahrung bekannte System lehrt uns, dass die Bestimmtheit der Bewegung bei gewissen Körpern sich in Folge unsrer Wünsche ändert; deshalb Konnte eine Verbindung unsrer Wünsche mit den Bewegungen gewisser Körper so geschehen, dass die ernährenden Säfte sich in einer Art gestalteten, wobei der gute Zustand unsrer Organe niemals geändert wurde.«

355. Man sieht, dass Herr Bayle meint, alles, was nach allgemeinen Gesetzen geschehe, geschehe ohne Wunder; allein ich habe genügend gezeigt, dass wenn das Gesetz nicht auf Gründen beruht und das Ereigniss nicht durch die Natur der Dinge erklärt werden kann, es nur durch ein Wunder bewirkt werden kann. Hätte z.B. Gott angeordnet, dass die Körper sich im Kreise bewegen sollten, so hätte er fortwährender Wunder oder der Hülfe der Engel bedurft, um diese Bestimmung auszuführen, denn es widerspricht der Natur der Bewegung, nach welcher der Körper von Natur die Kreislinie verlässt und den Weg gerade in der Tangente fortsetzt, wenn ihn nichts zurückhält. Es genügt also auch nicht, dass Gott einfach bestimmt, eine Wunde solle ein angenehmes Gefühl erregen, er muss auch die natürlichen Mittel dazu einrichten. Das wahre Mittel, durch welches Gott bewirkt, dass die Seele die Empfindungen von dem, was in dem Körper vorgeht, habe, kommt von der Natur der Seele, welche die Körper vorstellt und welche im Voraus so gemacht ist, dass die Vorstellungen, welche in ihr die eine aus der andern durch eine natürliche Folge der Gedanken entstehen, den Veränderungen des Körpers entsprechen.

356. Die Vorstellung hat eine natürliche Beziehung auf das, was vorgestellt werden soll. Wenn Gott die runde Gestalt eines Körpers durch die Vorstellung eines Vierecks vorstellen Hesse, so wäre dies eine wenig passende Vorstellung; denn sie enthielte Ecken und Hervorragungen, während in dem Original alles glatt und gleich wäre. Die Vorstellung unterdrückt zwar mitunter einiges in den Gegenständen, aber sie kann nichts hinzuthun, da dies sie nicht vollkommner, sondern falsch machen würde; auch ist die Unterdrückung niemals eine ganze in unsern Wahrnehmungen und wenn auch die Vorstellung verworren ist, so enthält sie doch mehr, als man wahrnimmt. Daher kann man annehmen, dass die Vorstellungen der Hitze, der Kälte, der Farben u.s.w. auch nur die kleinen, in den Organen veranlassten Bewegungen vorstellen, wenn man diese Eigenschaften wahrnimmt, obgleich die Menge und Kleinheit dieser Bewegungen die genaue Vorstellung daran verhindert, z.B. ohngefähr so, wie wir das blau und gelb, was in die Vorstellung eintritt, nicht bemerken, wie dies bei der Verbindung zu Grün geschieht, während das Mikroskop zeigt, dass das erscheinende Grün aus blauen und gelben Theilen zusammengesetzt ist.

357. Es ist richtig, dass derselbe Gegenstand verschieden vorgestellt werden kann; allein immer muss dabei eine genaue Beziehung zwischen der Vorstellung und dem Gegenstande und folglich auch zwischen den verschiedenen Vorstellungen desselben Gegenstandes statt haben. Die perspektivischen Darstellungen von konischen Abschnitten des Kreises zeigen, dass derselbe Kreis als eine Ellipse, als ein Parallel und als eine Hyperbel vorgestellt werden kann, ja selbst durch einen andern Kreis, durch eine gerade Linie und durch einen Punkt. Es giebt nichts verschiedeneres, als diese Gestalten und dennoch besteht eine genaue Beziehung jedes Punktes zu jedem Punkte. Man muss also anerkennen, dass jede Seele sich das Universum nach ihrem Standpunkte vorstellt und zwar durch eine ihr eigenthümliche Beziehung, wobei immer eine vollkommene Uebereinstimmung besteht. Hätte Gott die Trennung der Verbindungen des Körpers durch ein angenehmes Gefühl in der Seele vorstellen lassen wollen, so würde er es auch so eingerichtet haben, dass diese Trennung eine Vollkommenheit im Körper befördert hätte, indem sie ihm eine neue Erleichterung gewählt hätte, wie wenn man von einer Last oder einem Bande befreit wird. Allein diese Art organisirter Körper ist zwar möglich, aber auf unserer Erde nicht vorhanden, welcher ohne Zweifel unzählig viele Erfindungen abgehen, die Gott anderwärts ausgeführt haben kann. Indess genügt es, dass man mit Rücksicht auf die Stelle, welche unsere Erde in dem Universum einnimmt, für sie nichts besseres herstellen kann, als Gott gethan hat. Er bedient sich der von ihm errichteten Naturgesetze in der möglichst besten Weise und (wie Herr Regis es an derselben Stelle auch anerkennt) »die Gesetze, welche Gott in der Natur aufgerichtet hat, sind die vortrefflichsten, die man sich vorstellen kann.«

358. Ich füge hier das bei, was das Journal der Gelehrten vom 16. März 1705 bemerkt und Herr Bayle in das Kap. 162 seiner Antwort auf die Fragen etc. (Thl. 3, S. 1030) aufgenommen hat. Es ist ein Auszug aus einem neuem geistreichen Buche über den Ursprung des Uebels, dass ich bereits erwähnt habe, und es heisst da: »Die von diesem Buche gegebene allgemeine Lösung in Betreff des physischen Uebels geht dahin, dass man das Universum wie ein Werk betrachten müsse, was aus verschiedenen Theilen zusammengesetzt ist, welche ein Ganzes bilden; dass nach den aufgestellten Naturgesetzen einzelne Theile nicht besser sein können, ohne dass andere nicht schlechter würden und ohne dass daraus nicht ein weniger vollkommenes System hervorgehe. Dieses Prinzip (heisst es) ist gut, allein wenn man nichts hinzufügt, erscheint es nicht als zureichend. Weshalb hat denn Gott ein System aufgerichtet, aus dem so vieles Unpassende entsteht? werden peinliche Philosophen sagen. Hätte er nicht andere aufstellen können, ohne solche Mängel? Und, um es offen zu sagen, weshalb bat Gott sich Gesetze vorgeschrieben? Weshalb handelt er nicht ohne allgemeine Gesetze, ganz nach seiner Macht und seiner Güte? Der Verfasser hat die Schwierigkeit nicht bis zu diesem Punkte verfolgt; man könnte wohl bei Sonderung seiner Gedanken darin manches für deren Lösung finden, aber es findet sich bei ihm keine klare Entwickelung hierüber.«

359. Ich möchte glauben, dass der kluge Verfasser dieses Auszuges bei seiner Annahme, dass die Schwierigkeit lösbar sei, etwas in Gedanken gehabt, was meinen Aufstellungen sich nähert. Hätte er sich weiter an diesem Orte aussprechen wollen, so hätte er wahrscheinlich wie Herr Regis geantwortet, dass die von Gott aufgerichteten Gesetze die besten seien, die aufgerichtet werden konnten und er hätte zugleich anerkannt, dass Gott Gesetze aufstellen und nach Regeln verfahren musste, weil aus Gesetzen und Regeln die Schönheit hervorgeht, weil das regellose Handeln ein Handeln ohne Grund wäre und weil Gott seine *ganze Güte hat handeln* lassen, damit die Ausübung seiner Allmacht den Gesetzen seiner Weisheit entsprochen, um den möglichst erreichbar-besten Plan zu verwirklichen; endlich dass das Dasein gewisser einzelnen Unzuträglichkeiten, die uns stören, ein sicheres Zeichen sind, dass jener beste Plan deren Vermeidung nicht gestattete und dass sie zur Vollendung des Ganzen dienen; eine Ansicht, mit welcher Herr Bayle selbst an mehreren Orten übereinstimmt.

360. Nachdem ich so gezeigt habe, dass alles nach bestimmten Gründen geschieht, so wird bei dieser Grundlage das Vorherwissen Gottes keine Schwierigkeit mehr bieten; denn wenn auch diese bestimmenden Gründe nicht zwingen, so gestatten sie doch keine Ungewissheit und gewähren die Voraussicht des Kommenden. Es ist richtig, dass Gott mit *einem* Male die ganze Folge des Universum's will, wenn er sie erwählt und dass er deshalb die Verbindung der Wirkungen mit ihren Ursachen nicht bedarf, um diese Wirkungen vorauszusehen. Allein seine Weisheit liess ihn eine vollkommen gut verknüpfte Folge wählen und so muss er einen Theil der Folge in dem andern sehen. Es ist eine der Regeln meines Systems der allgemeinen Harmonie, *dass die Gegenwart die Zukunft in ihrem Schoosse trägt* und dass der, welcher alles sieht, in dem, was ist, das, was sein wird, sieht. Was noch mehr ist, ich habe in beweisender Form gezeigt, dass Gott in jedem Theile des Universums das Ganze in Folge der vollkommenen Verknüpfung vollständig sieht. Er ist unendlich viel einsichtiger, als Pythagoras, welcher aus dem Maasse von des Herkules Fussspur auf dessen Körpergrösse schloss. Man darf deshalb nicht zweifeln, dass die Wirkungen in bestimmter Weise ihren Ursachen folgen, trotz der Zufälligkeit und selbst der Freiheit, welche sich mit der Gewissheit oder Bestimmtheit wohl vertragen.

361. Durand von St. Portiano hat neben Andern dies sehr wohl bemerkt, wenn er sagt, dass die kommenden zufälligen Ereignisse sich in bestimmter Weise in ihren Ursachen erkennen lassen und dass Gott, der alles wisse, auch alles sehe, was den Willen reizen oder abschrecken könne und darunter auch die Seite, welcher der Wille sich zuwenden werde. Ich könnte noch viele andere Schriftsteller anführen, welche dasselbe gesagt haben und die Vernunft gestattet auch keine andere Auffassung. Auch Herr Jaquelot deutet (Uebereinstimmung etc. S. 318 u. f.), wie Herr Bayle anmerkt (Antwort auf die Fragen etc. Kap. 142, Thl. 3, S. 796), an, dass die Neigungen des menschlichen Herzens und die Lage der Umstände Gott untrüglich die Wahl, welche der Mensch treffen werde, erkennen lassen. Herr Bayle fügt hinzu, dass dies auch einige Molinisten sagen und er verweist auf die, welche in der *Suavis Concordia* des Petrus von Joseph Feuillant S. 579. 580 genannt werden.

362. Die, welche diese Bestimmtheit mit der Nothwendigkeit verwechselt haben, haben behufs deren Bekämpfung Ungeheuer geschmiedet. Um einer vernünftigen Sache aus dem Wege zu gehen, die sie in eine hässliche Maske gesteckt hatten, sind sie in grosse Widersinnigkeiten gerathen. Aus Furcht, eine angebliche Nothwendigkeit zugestehen zu müssen, oder wenigstens eine andere als die, um welche es sich handelt, lassen sie zu, dass etwas sich ereigne ohne Ursache und ohne Grund, was den Abweichungen der Atome gleichkommt, welche

Epikur ohne allen Grund eintreten lässt. Cicero hat in seiner Schrift über die Divination (Vorhersagung) sehr gut erkannt, dass wenn die Ursache eine Wirkung hervorbringen könne, für welche sie völlig gleichgültig wäre, es dann einen wirklichen Zufall und ein wirkliches Glück, ein wahrhaftes zufälliges Ereigniss geben werde, d.h. nicht blos in Bezug auf uns und unsere Unwissenheit, welcher gemäss man sagen kann:

Sed te
Nos facimus, Fortuna, Deam, coeloque locamus.

(Aber Dich, o Fortuna, machen wir zur Göttin und erheben Dich zum Himmel.)

sondern selbst in Bezug auf Gott und die Natur der Dinge; folglich wäre es auch unmöglich, die kommenden Ereignisse dadurch vorauszusehen, dass man die Zukunft nach der Vergangenheit beurtheilt. Er sagt auch an demselben Ort noch sehr richtig: »*Quis potest provideri, quicquam futurum esse, quod neque causam habet ullam, neque notam, cur futurum sit?*« (Wer kann das Kommende voraussehen, welches keine Ursache hat, noch ein Zeichen, weshalb es kommen wird.) Und ein wenig später: »*Nihil est tam contrarium rationi et constantiae, quam fortuna, ut mihi ne in Deum quidem cadere videatur, ut sciat, quid casu et fortuito futurum sit. Si enim scit, certe illud eveniet; si certe eveniet nulla, fortuna est.*« (Nichts ist der Vernunft und der Beständigkeit so entgegen, als das Glück, so dass es selbst nicht geschehen kann, dass Gott das wisse, was aus Zufall oder zufällig gethan wird. Denn wenn er es weiss, so wird es gewiss eintreten und wenn es gewiss eintreten wird, so ist es kein Glück.) *Wenn das Kommende gewiss ist, so giebt es kein Glück.* Allein er fügt ganz falsch hinzu: »*Est autem fortuna; rerum igitur fortuitarum nulla praesensio est.*« Es giebt aber ein Glück, und deshalb kann man die kommenden Dinge nicht vorauswissen. Vielmehr hätte er schliessen sollen, dass, da die Ereignisse bestimmt und vorausgesehen sind, es kein Glück gebe. Allein er spräche dann gegen die Stoiker in der Person eines Akademikers.

363. Die Stoiker leiteten schon aus den Beschlüssen Gottes die Voraussicht der Ereignisse ab; denn Cicero sagt in demselben Buche: »*Sequitur porro, nihil Deos ignorare, quod omnia ab iis sint constituta.*«

(Es folgt weiter, dass die Götter alles wissen, weil alles von ihnen bestimmt worden ist.) Nach meinem System hat Gott, indem er die mögliche Welt gekannt, die er hat schaffen wollen, alles vorausgesehen; so dass man sagen kann, dass das göttliche Wissen des Schauens von dem Wissen der einfachen Einsicht nur darin sich unterscheidet, dass jenem ersten Wissen die Kenntniss des wirklichen Beschlusses noch hinzugefügt ist, diese Folge der Dinge zu wählen, welche die einfache Einsicht schon erkennen liess, aber nur als möglich, und dieser Beschluss macht jetzt das Universum wirklich.

364. Die Socinianer sind also nicht zu entschuldigen, dass sie bei Gott die sichere Kenntniss der kommenden Dinge nicht annehmen, namentlich der kommenden Entschlüsse eines freien Geschöpfes. Denn selbst wenn sie gemeint hätten, dass es eine Freiheit mit gänzlicher Gleichgültigkeit gebe, so dass der Wille ohne Grund wählen könne und also diese Wirkung in ihrer Ursache nicht erkannt werden könnte (was ein grosser Widersinn ist), so hätten sie doch bedenken sollen, dass Gott das Ereigniss in der Vorstellung der möglichen Welt, welche er zu erschaffen beschlossen hat, voraussehen konnte. Allein die Vorstellung, welche sie von Gott haben, ist des Schöpfers der Dinge nicht würdig und entspricht wenig der Geschicklichkeit und dem Geiste, welchen die Schriftsteller dieser Partei oft in einzelnen Erörterungen zeigen. Der Verfasser des Gemäldes des Socinianismus hat nicht ganz Unrecht, wenn er sagt, dass der Gott der Socinianer unwissend, ohnmächtig sei und wie der Gott des Epikur durch die Ereignisse aus der Fassung gebracht werde und von Tag zu Tag lebe, indem er nur vermuthen kann, was die Menschen wollen werden.

365. Alle Schwierigkeiten sind daher hier nur aus einem falschen Begriffe der Zufälligkeit und der Freiheit hervorgegangen, bei denen man eine völlige Unbestimmtheit oder ein Gleichgewicht annehmen zu müssen glaubte; d.h. eingebildete Dinge, von denen es weder einen Begriff noch ein Beispiel giebt, noch jemals geben kann. Wahrscheinlich hat Herr Descartes in seiner Jugend, in dem Collegium de la Fleche von diesen Begriffen etwas in sich aufgenommen und er sagt deshalb (I. Theil seiner Prinzipien Art. 41): »Unser Denken ist beschränkt und das Wissen und die Macht Gottes, durch welche er nicht blos von aller Ewigkeit ab alles gekannt hat, was ist oder was sein kann, sondern es auch gewollt hat, ist unendlich. Wir haben deshalb wohl Einsicht genug, um klar und deutlich zu wissen, dass dieses

Wissen und diese Macht in Gott ist, aber sie genügt nicht, um sie so zu begreifen, dass wir wissen könnten, wie diese Eigenschaften Gottes das menschliche Handeln durchaus frei und unbestimmt lassen.« – Das hieraus sich Ergebende ist schon oben dargelegt worden. *Durchaus frei*, das geht wohl; aber man verdirbt alles, wenn man zufügt: *Durchaus unbestimmt*. Es bedarf keines unendlichen Wissens, um einzusehen, dass das Vorauswissen und die Voraussicht Gottes unserm Handeln die Freiheit lässt, weil sie Gott in seinen Ideen vorausgesehen hat, so wie sie sind, d.h. frei. Und wenn auch Laurentius Valla in seinem Dialoge gegen Boethius (den ich noch genauer besprechen werde) zwar sehr gut die Freiheit mit dem Voraus*wissen* zu versöhnen unternimmt, aber doch deren Versöhnung mit dem Voraus*sehen* nicht zu hoffen wagt, so besteht doch hier keine Schwierigkeit mehr, weil der Beschluss diesem Handeln Dasein zu geben, deren Natur nicht mehr verändert, als das einfache Wissen von derselben. Dagegen giebt es keine Kenntniss, und sei sie noch so unendlich, welche das Wissen und die Voraussicht Gottes mit den aus einer unbestimmten Ursache hervorgehenden Handlung vereinigen kann, d.h. mit einem chimärischen und unmöglichen Dinge. Die Handlungen des Willens sind in zweierlei Art bestimmt; durch das Vorauswissen oder die Voraussicht Gottes und zweitens durch die Verfassung der besondern nächsten Ursache, welche in den Neigungen der Seele besteht. Herr Descartes ging in diesen Punkte mit den Thomisten, allein er schrieb darüber mit seiner gewöhnlichen Vorsicht, um nicht mit einigen andern Theologen in Streit zu gerathen.

366. Herr Bayle berichtet (Antwort auf die Fragen etc. Kap. 442, S. 804, Thl. III), dass der Pater Gibieuf vom Oratorium eine lateinische Abhandlung über die Freiheit Gottes und der Geschöpfe im Jahre 1639 veröffentlicht habe; man erhob sich gegen ihn und zeigte ihm eine Sammlung von 70 Widersprüchen, die man aus dem ersten Buche seiner Schrift ausgezogen hatte, und dass zwanzig Jahre später der Pater Arnat, Beichtvater des Königs von Frankreich, in seinem Buche *de incoacta libertate* (von der ungezwungenen Freiheit) (1654 in Quart in Rom erschienen) ihm das Stillschweigen vorgehalten habe, was jener noch bewahrte. Herr Bayle lügt hinzu: Wer sollte nach dem Zusammenbruch der Congregation *de auxiliis* (über die Hülfen) nicht glauben, dass die Thomisten in Bezug auf die Natur des freien Willens Dinge lehren, welche den Ansichten der Jesuiten ganz entgegen sind?

Wenn man aber die Stellen betrachtet, welche der Pater Arnat aus den Werken der Thomisten ausgezogen hat (in einem Buche mit dem Titel: *Jansenius a Thomistis, Gratiae per se ipsam efficacis defensoribus condemnatus* [Der von den Thomisten, den Vertheidigern der, durch sich selbst wirksamen Gnade verurtheilte Jansenius] gedruckt in Paris 1654 in Quart), so wird man sehen, dass der Streit zwischen diesen beiden Sekten nur um Worte geführt worden ist. Die durch sich selbstwirksame Gnade der Einen belässt der Willensfreiheit gerade so viel Kraft zum Widerstände, als die sich anpassende Gnade der Andern. Herr Bayle meint, dass man auch beinah so viel von dem Jansenius selbst sagen könne. Er war, sagt Herr Bayle, ein fähiger Kopf, von systematischem Geiste und sehr arbeitsam. Er hat an seinem *Augustinus* 22 Jahre gearbeitet. Eine seiner Absichten war, die Jesuiten in Bezug auf den Lehrsatz von der Willensfreiheit zu widerlegen, indess hat man noch nicht feststellen können, ob er die Freiheit der Gleichgültigkeit verwirft oder annimmt. Man kann in seinem Werke unzählige Stellen für und gegen diese Ansicht anführen, wie der Pater Arnat selbst in seinen erwähnten Werke *de incoacta libertate* gezeigt hat. So leicht ist es, Dunkelheit über einen Glaubenssatz zu verbreiten, wie Herr Bayle am Ende dieser Betrachtung sagt. Was Herrn Gibieux anlangt, so wechselt er sehr oft die Bedeutung der Worte, und deshalb erledigt er im Ganzen die Frage nicht, wenn er auch oft gute Sachen sagt.

367. Die Verwirrung kommt allerdings sehr oft nur aus der Zweideutigkeit der Ausdrücke und weil man zu wenig darauf achtet, bestimmte Begriffe zu gewinnen. Daraus entstehen diese ewigen und meistens missverstandenen Streitigkeiten über Nothwendigkeit und Zufälligkeit, über Mögliches und Unmögliches. Allein wenn man begreift, dass die Nothwendigkeit und die Möglichkeit, metaphysisch und streng aufgefasst, einzig von der Frage abhängen, ob der Gegenstand in sich, oder in seinem Gegentheile einen Widerspruch enthalte oder nicht, und wenn man bedenkt, dass die Zufälligkeit sich sehr wohl mit den Reizen und Gründen verträgt, welche zur Bestimmung des Willens beitragen; vorausgesetzt, dass man richtig zwischen Nothwendigkeit und Bestimmtheit oder Gewissheit unterscheidet, zwischen der metaphysischen Nothwendigkeit, welche keine Wahl lässt und nur *einen* Gegenstand als möglich darbietet und zwischen der moralischen Nothwendigkeit, welche den Weisesten nöthigt, das

Beste zu wählen, und vorausgesetzt endlich, dass man sich der Chimäre einer völligen Gleichgültigkeit entschlägt, die sich nur bei den Philosophen und auf dem Papiere findet (denn sie vermögen nicht einmal diesen Begriff in ihrem Kopfe zu fassen, noch dessen Wirklichkeit durch ein Beispiel in den Dingen darzulegen), so wird man leicht aus einem Labyrinth herauskommen, dessen unglücklicher Dädalus der menschliche Geist gewesen ist und welches eine Unmasse von Verwirrung sowohl bei den Alten wie bei den Neuen veranlasst und die Menschen bis zu dem lächerlichen Irrthume des faulen Sophisma's gebracht hat, was sich von dem türkischen Schicksal kaum noch unterscheidet. Ich wundere mich nicht, wenn im Grunde die Thomisten und die Jesuiten und selbst die Molinisten und Jansenisten in dieser Frage mehr übereinstimmen, als man glaubt. Ein Thomist und selbst ein weiser Jansenist wird mit der hohem Bestimmtheit sich begnügen, ohne bis zur Nothwendigkeit zu gehen und geschähe es, so wird der Irrthum vielleicht nur in dem Worte liegen. Ein weiser Molinist wird sich mit einer Unentschiedenheit, als Gegensatz der Nothwendigkeit begnügen, welche aber die überragenden Neigungen nicht ausschliesst.

368. Diese Schwierigkeiten haben indess Herrn Bayle sehr erschüttert und dazu verleitet, dass er sie mehr in ihrer Bedeutung erhöht, als zu lösen versucht hat, obgleich ihm letzteres vielleicht mehr, als irgend Jemand gelungen sein würde, wenn er seinen Geist darauf hätte richten wollen. Er sagt in seinem Wörterbuch, Artikel: Jansenius, Buchst. G, S. 1626 das Folgende darüber: »Jemand hat die Materie der Gnade einen Ozean genannt, der weder Ufer noch Grund habe. Vielleicht hätte er sie besser mit dem Leuchtthurm von Messina vergleichen können, wo man immer Gefahr läuft, während man die eine Klippe vermeiden will, auf die andere zu gerathen.

Dextrum Scylla latus, laevum implacata Charybdis
Obsidet.

(Die rechte Seite hat die Scylla, die linke die unversöhnliche
   Charybdis eingenommen.)

Alles läuft zuletzt darauf hinaus: Hat Adam frei gekündigt? Antwortet man ja, so wird man sagen: Also ist sein Fall nicht vorhergesehen worden. Antwortet man nein, so wird man sagen: Also ist er nicht schuldig. Man mag hundert Bände gegen die eine oder die andere dieser Folgerungen schreiben, und man wird doch einräumen, entweder dass die untrügliche Voraussehung eines zufälligen Ereignisses ein unbegreifliches Mysterium sei, oder dass die Weise, wie ein Geschöpf, was ohne Freiheit handelt, dennoch sündige, unbegreiflich sei.«

369. Ich müsste mich sehr täuschen, wenn diese leiden Unbegreiflichkeiten nicht durch meine Lösungen ganz verschwinden sollten. Wollte Gott, man könnte eben so leicht die Frage beantworten, wie man das Fieber gut heilen könne und wie man die Klippen zweier chronischen Krankheiten vermeiden könne, von denen die eine entstellen kann, wenn man das Fieber nicht heilt und die andere, wenn man es schlecht heilt. Wenn man behauptet, dass ein freies Ereigniss nicht vorausgesehen werden könne, so verwechselt man die Freiheit mit der Unbestimmbarkeit oder mit der vollen Gleichgültigkeit des Gleichgewichts; und wenn man meint, dass der Mangel der Freiheit die Schuld des Menschen aufhebe, so versteht man darunter eine Freiheit, die nicht blos ledig ist der Bestimmbarkeit oder der Gewissheit, sondern auch ledig der Nothwendigkeit und des Zwanges. Hieraus erhellt, dass der alternative Satz nicht richtig gefasst ist, und dass noch ein breiter Durchgang zwischen beiden Klippen besteht. Man kann deshalb antworten, dass Adam frei gesündigt habe und dass Gott in dem möglichen Zustande des Adam ihn dazu sich neigend gesehen habe, welcher Zustand in Folge Gottes Beschlusses die Sünde zu gestatten, wirklich geworden ist. Es ist richtig, dass Adam sich in Folge gewisser überwiegender Reize bestimmt hat, zu sündigen; aber diese Bestimmung hebt weder die Zufälligkeit, noch die Freiheit auf und die sichere Bestimmtheit zu sündigen, welche in einem Menschen besteht, hindert nicht seine Macht, nicht zu sündigen (im unbedingten Sinne) und weil er sündigt, schuldig zu sein und Strafe zu verdienen, um so mehr als diese Strafe ihm und Andern dazu dienen und beitragen kann, sie zu bestimmen, dass sie ein andermal nicht sündigen, wobei ich gar nicht von der rächenden Gerechtigkeit sprechen will, welche über die Entschädigung und die Besserung hinausgeht und in welcher auch nichts besteht, was durch die sichere Bestimmtheit der zufälligen Entschlüsse des Willens erschüttert werden könnte. Im Gegentheil, man kann sagen, dass die Strafen und Belohnungen zum Theil unnütz sein würden und eines ihrer Ziele verfehlen würden, was in der Besserung besteht, wenn jene nicht dazu beitragen könnten, den Willen dazu zu bestimmen, dass er ein andermal es besser macht.

370. Herr Bayle fährt fort: »In Bezug auf die Frage der Freiheit, giebt es nur zwei Seiten, denen man sich zuwenden kann; nach der einen lassen alle bestimmten Ursachen der Seele, welche mit ihr zusammenwirken, die Kraft zu handeln oder nicht zu handeln frei; nach der andern bestimmen sie die Seele in der Art zum handeln, dass sie sich dagegen nicht wehren kann. Für die erstere Seite sind die Molinisten, für die andere die Thomisten, die Jansenisten und die Protestanten der Genfer Confession. Trotzdem haben die Thomisten mit Herz und Mund laut versichert, dass sie keine Jansenisten seien und diese haben mit demselben Eifer behauptet, dass sie in der Frage der Freiheit keine Calvinisten seien. Auf der andern Seite haben die Molinisten behauptet, dass der heilige Augustinus den Jansenismus nicht gelehrt habe. So wollten die Einen nicht zugeben, dass sie mit Leuten, die für Ketzer galten, übereinstimmten und die Andern wollten nicht zugeben, dass sie gegen einen heiligen Lehrer wären, dessen Ansichten immer für rechtgläubig gegolten haben und so haben beide hundertfach geschmeidige Wendungen gemacht u.s.w.«

371. Die beiden Parteien, welche Herr Bayle hier unterscheidet, schliessen eine dritte nicht aus, nach welcher die Seele nicht lediglich vor dem Zusammentreffen *aller bestimmten Ursachen der Seele* bestimmt wird, sondern auch von dem Zustande der Seele selbst und ihren Neigungen, welche sich mit den sinnlichen Eindrücken vermischen und sie steigern oder schwächen. Nur alle Innern und äussern Ursachen zusammen machen, dass die Seele sich sicher bestimmt, aber nicht, dass sie sich nothwendig bestimmt, da es keinen Widerspruch enthält, wenn sie sich anders entschliessen würde, weil der Wille wohl geneigt gemacht, aber nicht gezwungen werden kann. Ich will hier nicht den Unterschied zwischen den Jansenisten und Reformirten bei dieser Frage untersuchen; sie sind vielleicht mit sich selbst nicht immer übereinstimmend, sei es in der Sache oder in den Worten bei einer Frage, wo man sich oft in verwickelte Spitzfindigkeiten verliert. Der Pater Theophilus Raynaud hat in seinem Buche: *Der Calvinismus, eine Religion der wilden Thiere* die Dominikaner treffen wollen, ohne sie zu nennen. Auf der andern Seite werfen die, welche sich für Anhänger des heiligen Augustinus erklärten, den Molinisten Pelagianismus vor, oder wenigstens den Semipelagianismus. Manchmal übertrieb man auch die Sache auf beiden Seiten, indem man die unbestimmte Gleichgültigkeit vertheidigte und dem Menschen zu viel zutheilte, oder indem man lehrte, *determinationem ad unum, secundum qualitatem actus licere, non quoad ejus substantiam* (Die Bestimmung zu etwas, nach der Beschaffenheit der Handlung, ist erlaubt, aber nicht nach deren Substanz), d.h. es bestehe eine Bestimmung zum Bösen bei den Nicht-Wiedergeborenen, als wenn sie nichts thäten, als sündigen. Im Grunde sollte man den Anhängern von Hobbes und Spinoza nicht vorwerfen, dass sie die Freiheit und Zufälligkeit aufheben, denn sie meinen, dass das, was geschieht, das allein Mögliche sei und in Folge einer blinden oder geometrischen Nothwendigkeit geschehen müsse und Hobbes machte alles materiell und unterwarf es nur den mathematischen Gesetzen; Spinoza nahm Gott auch die Einsicht und die Wahl, indem er ihm nur eine blinde Nothwendigkeit liess, aus welcher alles nothwendig hervorgeht. Die Theologen der beiden protestantischen Parteien suchten beide gleich eifrig diese unerträgliche Nothwendigkeit zu widerlegen und die Anhänger der Synode von Dortrecht lehren zwar mitunter, es genüge, wenn die Freiheit dem Zwange enthoben sei, allein die Nothwendigkeit, welche sie ihr lassen, scheint nur eine hypothetische zu sein, oder vielmehr das, was man passender Gewissheit oder Untrüglichkeit nennt. So zeigt sich, dass die Schwierigkeiten sehr oft nur in den Worten liegen. Ich sage dasselbe von den Jansenisten, obgleich ich diese Männer nicht in allem entschuldigen mag.

372. Bei den hebräischen Kabbalisten bedeutete Malcuth oder das Reich, die Letzte der Sephiroth, dass Gott ganz unwiderstehlich regiere, aber sanft und ohne Gewalt, so dass der Mensch meint, er folge seinem Willen, wenn er den Willen Gottes vollführe. Sie sagten, dass Adam's Sünde gewesen sei, *truncatio Malcuth a caeteris plantis* (ein Abhauen des Malcuth von den übrigen Pflanzen), d.h. dass Adam die Letzte der Sephiren abgelöst habe, indem er sich ein Reich in dem Reiche Gottes gebildet und sich eine von Gott unabhängige Freiheit zugetheilt habe; sein Fall habe ihm aber gelehrt, dass die Menschen der Erlösung durch den Messias bedürften. Diese Lehre kann einen guten Sinn erhalten. Aber Spinoza, der in der Kabbala der Schriftsteller seiner Nation bewandert war und nach welchem (Die politische Abhandlung, Kap. 2, Nr. 6) die Menschen, indem sie die Freiheit so verstehen, wie sie es thun, ein Reich in dem Reiche Gottes errichten, hat die Sachen übertrieben. Die Herrschaft Gottes ist bei Spinoza nichts anderes, als die Herrschaft der Nothwendigkeit und zwar einer blinden Nothwendigkeit (wie bei Strato), nach welcher alles aus der göttlichen Natur abfliesst, ohne dass bei Gott eine Wahl besteht und ohne dass die Wahl der Menschen ihn von der Nothwendigkeit befreit. Er fügt hinzu, dass die Menschen behufs Errichtung dessen, was er *imperium in imperio* (eine Herrschaft in der Herrschaft) nennt, sich einbildeten, ihre Seele sei ein unmittelbares Erzeugniss Gottes und könne durch natürliche Ursachen nicht hervorgebracht werden; sie habe auch eine unbedingte Gewalt, sich zu bestimmen, was der Erfahrung widerspricht. Spinoza ist mit Recht gegen eine unbedingte Macht, sich selbst zu bestimmen, d.h. ohne Grund; dies findet nicht einmal bei Gott statt; allein er bat Unrecht, wenn er meint, dass eine Seele und eine einfache Substanz auf natürliche Weise hervorgebracht werden könne. Allerdings ist ihm die Seele anscheinend nur ein vergänglicher Zustand, und wenn er scheinbar sie dauernd und selbst ewig macht, so schiebt er ihr die Idee des Körpers unter, welche ein bloser Begriff ist, und keine wahrhafte und wirkliche Sache.

373. Interessant ist, was Herr Bayle von Herrn Johann Bredenburg, Bürger von Rotterdam, erzählt. (Wörterbuch: Spinoza, Buchst. H, S. 2774.) Derselbe veröffentlichte ein Buch gegen Spinoza unter dem Titel: »*Enervatio Tractatus Theologico-politici, una cum demonstratione geometrico ordine disposita Naturam non esse Deum, cujus effati contrario praedictus Tractatus unice innititur.*« (Die Entkräftigung der theologisch-politischen Abhandlung mit einem geometrisch-geführten Beweise, dass die Natur nicht Gott ist, auf welchen Ausspruch die genannte Abhandlung im Gegentheil gestützt ist.) Man war überrascht, dass ein Mann, der nicht deutlich die Wissenschaften betrieb und nur wenig Studien gemacht hatte (er hatte sein Buch flamländisch geschrieben und dann in das Lateinische übersetzen lassen), so scharfsinnig in die Grundlehren des Spinoza habe eindringen und sie so glücklich umstürzen können, nachdem er sie durch eine ehrliche Auflösung zu einem Zustand zurückgeführt hatte, wo sie mit ihrer ganzen Kraft sich zeigen konnten. Man hat mir erzählt (fügt Herr Bayle hinzu), dass der Verfasser unzählige Male über seine Antwort und den Grundgedanken seines Gegners nachgedacht und zuletzt gefunden habe, man könne diesen Gedanken in einen logischen Beweis umstellen. Er unternahm daher den Beweis, dass für alle Dinge keine andere

Ursache nothwendig besteht, als die Natur und dass sie nach einer unveränderlichen, unvermeidlichen und unwiderruflichen Nothwendigkeit verfährt. Er beobachtete streng die geometrische Methode und nachdem er seinen Beweis aufgebaut hatte, prüfte er ihn von allen erdenklichen Seiten, suchte seine Schwächen zu finden, ohne durch irgend ein Mittel etwas zu dessen Widerlegung, oder nur Schwächung zu finden. Dies machte ihm viel Kummer; mit Seufzen bat er die gewandtesten seiner Freunde um Hülfe in der Aufsuchung der Fehler dieses Beweises. Indess gestattete er nicht gern, dass man davon Abschriften nahm. Franz Cuper, ein Socinianer (er hatte die »aufgedeckten Geheimnisse des Atheismus gegen Spinoza, Rotterdam 1676« in Quart geschrieben), hatte indess eine solche und veröffentlichte sie so, wie sie war, d.h. flamländisch, mit einigen Bemerkungen, worin er den Verfasser des Atheismus beschuldigte. Der Angeschuldigte vertheidigte sich in derselben Sprache. Der sehr geschickte jüdische Arzt Orobio (er war von Herrn Limborch widerlegt worden und hat, so viel ich gehört, in einem nach seinem Tode bekannt gewordenen, aber nicht gedruckten Werke geantwortet) veröffentlichte ein Buch gegen den Beweis des Herrn Bredenburg, mit dem Titel: »Philosophischer Kampf zwischen der göttlichen und natürlichen Wahrheit gegen die Lehre des J. B. Amsterdam 1684.« Auch Herr Aubert de Versé schrieb gegen ihn im selbigen Jahre unter dem Namen: *Latinus Serbattus Sartensis.* Herr Bredenburg verwahrte sich dagegen, und versicherte, dass er von der Willensfreiheit und von der Religion überzeugt sei und wünschte, man möchte ihm ein Mittel angeben, um seinen Beweis zu widerlegen.

314. Ich möchte wohl diesen vermeintlichen Beweis sehen und wissen, ob er zeigen will, dass die ursprüngliche Natur alles hervorbringe, und ohne Wahl und ohne Wissen verfahre. In diesem Falle würde der Beweis Spinozistisch und gefährlich sein. Aber wenn der Beweis vielleicht dahin ginge, dass die göttliche Natur zu dem, was sie hervorbringe, durch ihre Wahl und den Grund des Besten bestimmt werde, so brauchte der Verfasser sich über diese angebliche unveränderliche, unvermeidliche und unwiderrufliche Nothwendigkeit nicht zu betrüben, denn sie ist nur eine moralische, und also glückliche Nothwendigkeit, und, weit entfernt die Religion zu zerstören, versetzt sie die göttliche Vollkommenheit in ihren grössten Glanz.

315. Ich will bei dieser Gelegenheit erwähnen, dass Herr Bayle (S. 2773) der Meinung derer gedenkt, welche das Buch mit dem Titel:

Lucii Antistii Constantis de jure Ecclesiasticorum liber singularis (Das eine Buch von dem Rechte der Geistlichen, verfasst von L. A. Constans), veröffentlicht 1665, dem Spinoza zuschreiben; allein ich habe Grund, daran zu zweifeln, obgleich Herr Colerus auch dieser Meinung ist, welcher uns einen, von ihm selbst verfassten Bericht über das Leben dieses berühmten Juden geliefert hat. Nach den Anfangsbuchstaben L. A. G. möchte ich als Verfasser des Buches den Herrn de la Cour oder van der Hof annehmen, welcher durch die Schriften über die Interessen Holland's und über das politische Gleichgewicht und mehrere andere von ihm verfasste Bücher (wo er sich zum Theil V. D.H. bezeichnet) gegen die Macht des Gouverneurs von Holland bekannt geworden ist. Man hielt diesen Gouverneur damals für eine Gefahr für Holland, da das Andenken an die Unternehmung des Prinzen Wilhelm H. gegen die Stadt Amsterdam noch ganz frisch war. Da die Mehrzahl der Geistlichen in Holland zur Partei des damals noch minorennen Sohnes dieses Prinzen gehörte und man Herrn v. d. Witt und die sogenannte Fraktion Löwenstein in Verdacht hatte, dass sie die Arminianer, die Cartesianer und noch andre, mehr gefürchtete Sekten begünstigten, und da man suchte die Menge gegen sie aufzuhetzen, und zwar nicht ohne Erfolg, wie dies sich später ergab, so war die Veröffentlichung dieses Buches durch Herrn de la Cour sehr natürlich. Allerdings bewahrt man selten die richtige Mitte in Schriften, welche das Interesse einer Partei in die Oeffentlichkeit bringt. Ich bemerke hier im Vorbeigehen, dass eben eine französische Uebersetzung von dem Buche: Das Interesse Hollands von Herrn de la Cour unter dem falschen Titel veröffentlicht worden: Memoiren des Herrn Grosspensionair de Witt, als wenn die Gedanken eines Privatmannes, der allerdings von der Partei des Herrn de Witt und ein fähiger Mann war, der aber nicht die genügende Kenntniss von den öffentlichen Angelegenheiten und auch nicht die Fähigkeit hatte, so zu schreiben, wie es dieser grosse Staatsbeamte vermocht hätte, für das Erzeugniss eines der ersten Männer seiner Zeit gelten könnten.

376. Ich sah bei meiner Rückkehr aus Frankreich, die über England und Holland erfolgte, Herrn de la Cour und Spinoza und ich hörte von ihnen einige hübsche Anekdoten über die damaligen Angelegenheiten. Herr Bayle sagt S. 2770, dass Spinoza das Lateinisch unter einem Arzte, Franz v. d. Ende, lernte und berichtet zugleich nach Herrn Sebastian Kortholt (welcher davon in der Vorrede der zweiten Ausgabe des Buches seines verstorbenen Vaters, *de tribus impostoribus Herberto L. B. de Cherburg, Hobbio et Spinoza* spricht), dass ein Mädchen dem Spinoza das Lateinisch lehrte, die sich nachher mit Herrn Kerkering verheirathete, welcher ihr Schüler zugleich mit Spinoza war. Dazu bemerke ich, dass dieses Mädchen die Tochter des Herrn v. d. Ende war, welche ihren Vater in seinen Lehrstunden unterstützte. V. d. Ende, der sich auch *A finibus* nannte, ging dann nach Paris, wo er Pensionäre in der Vorstadt St. Antoine hielt. Er galt für einen vorzüglichen Lehrer und er sagte mir, als ich zu ihm ging, er wolle wetten, dass seine Zuhörer immer aufmerksam auf seinen Vortrag wären. Er hatte damals auch ein junges Mädchen bei sich, welche lateinisch sprach und auch Beweise in der Geometrie aufstellte. Sie hatte die Gunst des Herrn Arnauld gewonnen und die Jesuiten wurden auf seinen Ruhm eifersüchtig. Allein er verlor bald darauf sein Leben, da er sich an der Verschwörung des Ritters de Rohan betheiligt hatte.

377. Ich glaube wohl hinreichend gezeigt zu haben, dass weder das Vorauswissen, noch das Voraussehen Gottes seiner Gerechtigkeit und Güte oder unserer Freiheit Schaden thut. Es bleibt nun nur noch die Schwierigkeit, welche in der Mittheilnahme Gottes bei den Handlungen der Geschöpfe enthalten ist, welche von noch grösserer Bedeutung für seine Güte in Bezug auf unsere schlechten Handlungen ist und ebenso für unsere Freiheit sowohl in Bezug auf unsere guten wie unsere anderen Handlungen. Herr Bayle macht diese Schwierigkeit mit seinem gewohnten Scharfsinn geltend, ich werde suchen, die von ihm aufgestellten Bedenken zu lösen und dann werde ich im Stande sein, dieses Werk zu schliessen. Ich habe bereits festgestellt, dass die Theilnahme Gottes darin bestehe, dass er uns stets das giebt, was in uns und unsern Handlungen real ist, so weit es die Vollkommenheit einschliesst und dass das, was an ihnen unvollkommen und beschränkt ist, nur eine Folge der vorgängigen Schranken ist, welche den Geschöpfen ursprünglich einwohnen. Da nun jede Handlung eines Geschöpfes eine Veränderung in seinen Zuständen ist, so erhellt, dass die Handlung des Geschöpfes aus der Beziehung zu seinen Schranken oder Verneinungen entspringt, welche es in sich enthält und welche durch diese Veränderung ebenfalls verändert werden.

318. Ich habe schon wiederholt in diesem Werke dargelegt, dass das Uebel eine Folge der Verneinung ist und glaube dies in verständlicher Weise erklärt zu haben. Der heilige Augustinus hat schon diesen

Gedanken geltend gemacht und der heilige Basilius hat in seinem Hexaëmeron. Homil. 2. in ähnlicher Weise gesagt: »dass das Laster keine lebende und beseelte Substanz sei, sondern eine der Tugend entgegengesetzte Erregung der Seele, welche davon komme, dass man das Gute verlässt; man braucht deshalb kein ursprüngliches Böses zu suchen.« Herr Bayle erwähnt dieser Stelle in seinem Wörterbuch (Artikel Paulinianer, Buchst. D, S. 2325) und billigt die Bemerkung des Herrn Pfanner (welchen er einen deutschen Theologen nennt; allein er ist ein Jurist und der Kanzler des Herzogs von Sachsen), welcher den Basilius tadle, weil er nicht einräumen wolle, dass Gott der Urheber des physischen Uebels sei. Gott ist es ohne Zweifel, wenn man das moralische Uebel schon für daseiend annimmt, allein an sich kann man behaupten, dass Gott das physische Uebel nur folgeweise gestattet habe, indem er das moralische Uebel gestattete, welches dessen Quelle ist. Auch die Stoiker scheinen erkannt zu haben, dass das *Sein* im Uebel ausserordentlich klein ist. Die Worte des Epiktet zeigen es: *Sicut aberrandi causa neta non ponitur, sic nec natura mali in mundo existit.* (So wie die Spitzsäule beim Wettlauf nicht aufgerichtet ist, um sie zu verfehlen, so besteht auch in der Welt eine Natur des Bösen nicht.)

379. Man brauchte deshalb nicht auf ein Prinzip des Uebels zurückzugehen, wie der heilige Basilius sehr richtig bemerkt. Ebensowenig braucht man den Ursprung des Uebels in dem Stoffe zu suchen. Die, welche ein Chaos annehmen, ehe Gott die Hand an dasselbe anlegte, haben in diesem die Ursache der Unordnung gesucht. Plato hatte diese Ansicht in seinem Timäus ausgesprochen. Aristoteles hat ihn deshalb getadelt (im 3. Buch über den Himmel, Kap. 2), weil nach dieser Lehre die Unordnung, das Ursprüngliche und Natürliche und die Ordnung *gegen* die Natur eingeführt worden wäre. Anaxagoras hat dies vermieden, indem nach ihm der Stoff ruht, bis Gott ihn bewegt und Aristoteles lobt ihn deshalb in jener Stelle. Nach Plutarch (*De Iside et Osiride* und Abhandlung über die Erzeugung der Seele nach Timaeus) erkannte Plato dem Stoffe eine gewisse Seele oder böswillige Kraft zu, welche gegen Gott sich auflehne; dies wäre ein wirkliches Laster, ein Widerstand gegen die Absichten Gottes. Auch die Stoiker nehmen den Stoff für die Quelle der Mängel, wie Justus Lipsius im ersten Buche seiner Physiologie der Stoiker gezeigt hat.

380. Aristoteles hat mit Recht das Chaos abgelehnt; doch lassen sich die Ansichten Plato's und auch die einiger anderer Schriftsteller, deren Werke verloren gegangen sind, nicht sicher darlegen. Keppler, der ausgezeichnetste moderne Mathematiker, erkennt in dem Stoffe eine Art von Unvollkommenheit an, selbst wenn er keine regellose Bewegung hat; er nennt es die natürliche Trägheit, vermöge deren er der Bewegung Widerstand leistet und eine grössere Masse durch die gleiche Kraft eine geringere Bewegung erhält. Es ist Richtiges in diesen Bemerkungen und ich habe sie oben zu einem Vergleiche dafür benutzt, wie die ursprüngliche Unvollkommenheit der Geschöpfe, der auf das Gute gerichteten That des Schöpfers Grenzen setzt. Allein da der Stoff selbst von Gott geschaffen ist, so kann er nur als ein Vergleich und ein Beispiel dienen, aber nicht selbst die Quelle des Uebels und der Unvollkommenheit sein. Ich habe schon gezeigt, dass diese Quelle in den Formen oder Vorstellungen des Möglichen enthalten ist; denn sie müssen ewig sein, was der Stoff nicht ist, und da Gott alle positive Realität geschaffen hat, welche nicht ewig ist, so hätte er auch die Quelle des Uebels geschaffen, wenn sie nicht vielmehr in der Möglichkeit der Dinge oder Formen bestände, welche allein Gott nicht gemacht hat, weil er nicht der Schöpfer seines eignen Verstandes ist.

381. Wenn nun auch die Quelle des Uebels in den möglichen Formen liegt, welche vor den Willensakten Gottes vorausgehen, so bleibt es doch richtig, dass Gott an dem Uebel durch die Verwirklichung Theil nimmt, womit er diese Formen in den Stoff einführt. Darin liegt die Schwierigkeit, um die es sich hierbei handelt. Durand de St. Portiano, der Cardinal Aureolus, Nicolaus Taurellus, der Pater Louis de Dole, Herr Bernier und einige Andere haben bei Besprechung dieser Mithülfe sie nur als eine allgemeine zulassen wollen, um nicht die Freiheit des Menschen und die Heiligkeit Gottes zu beschädigen. Sie scheinen anzunehmen, dass Gott, nachdem er den Geschöpfen die Kraft zu handeln verliehen, sich begnüge, diese zu erhalten. Auf der andern Seite dehnt Herr Bayle, in Nachfolge einiger neuem Schriftsteller, diese Mithülfe zu weit aus, weil er fürchtet, die Geschöpfe möchten nicht abhängig genug von Gott bleiben; er gellt so weit, dass er den Geschöpfen das Handeln abspricht und nicht einmal den realen unterschied zwischen dem Accidens und der Substanz anerkennt.

382. Er stützt sich hauptsächlich auf die in den Schulen angenommene Lehre, wonach die Erhaltung in einer fortgesetzten Schöpfung besteht. In Folge dieser Lehre besteht anscheinend das Geschöpf niemals, sondern wird immer geboren und stirbt immer, gleich der Zeit der Bewegung und andern zeitlichen Wesen. Plato nahm dies von den stofflichen und wahrnehmbaren Dingen an; sie sind nach ihm in einem steten fliessen; *semper fluunt, nunquam sunt.* (Sie fliessen immer, aber sind niemals.) Allein über die geistigen Substanzen hat er ganz anders geurtheilt; diese gelten Ihm allein als wirklich, worin er nicht ganz Unrecht hatte. Indess trifft die stete Schöpfung alle Geschöpfe ohne Unterschied. Mehrere bedeutende Philosophen haben diese Lehre bekämpft und Herr Bayle berichtet, dass David du Rodon, ein berühmter Philosoph bei den in Genf wohnhaften Franzosen, sie ausdrücklich widerlegt habe. Auch die Arminianer billigen sie nicht, da sie für diese metaphysischen Spitzfindigkeiten nicht sehr eingenommen sind.

383. Zu einer gründlichen Prüfung, ob die Erhaltung eine fortgehende Schöpfung sei, muss man die Gründe erwägen, auf welche diese Lehre gestützt wird. Die Cartesianer benutzen dazu, nach dem Vorgange ihres Meisters, einen Grundsatz, der nicht sehr beweisend ist. Sie sagen; »Da die einzelnen Zeitpunkte keine nothwendige Verbindung mit einander haben, so folgt daraus, dass ich in diesem Augenblicke bin, nicht dass ich auch in dem nächsten sein werde, sofern nicht die Ursache, welche mir das Sein in diesem Augenblicke giebt, es mir auch für den folgenden giebt.« Der Verfasser der Ansicht über die Tafel der Socinianer gebraucht diesen Grund und Herr Bayle (vielleicht ist er der Verfasser dieser Ansicht) erwähnt dessen. (Antwort auf die Fragen etc. Kap. 141, S. 771, Thl. III.) Allerdings folgt in Wahrheit aus meinem Dasein jetzt *nicht nothwendig*, dass ich auch sein werde; allein es folgt dies doch *natürlicher Weise*, nämlich von sich selbst, *per se*, wenn kein Hinderniss eintritt. Dies ist der Unterschied, den man zwischen wesentlich und natürlich ziehen kann; wie ja auch natürlicher Weise eine Bewegung fortdauert, wenn nicht eine neue Ursache sie hemmt, oder ändert; denn wenn die Ursache, welche sie in diesem Augenblick hemmt, keine neue wäre so würde sie die Bewegung schon früher gehemmt haben.

384. Der selige Herr Erhard Weigel, ein bedeutender Mathematiker und Philosoph in Jena, bekannt durch seine *Analysis Euclidea*, seine mathematische Philosophie und einige interessante mechanische Erfindungen, so wie endlich durch die Mühe, welche er sich gegeben hat, um die protestantischen Reichsfürsten zur letzten Reform Deutschlands zu bewegen, deren Erfolg er jedoch nicht erlebt hat; Herr Weigel also sage ich, theilte seinen Freunden einen gewissen Beweis für das Dasein

Gottes mit, welcher im Grunde auf diese fortgehende Schöpfung hinauslief. Er zog gern Vergleiche zwischen dem Rechnen und Begründen, wie seine moralische Arithmetik (*sittliche Zahlenlehre*) zeigt und deshalb sollte die Grundlage seines Beweises jener Anfang der pythagoraeischen Tafel, *Einmal eins ist eins*, sein. Diese wiederholten Eins'en wären die Momente des Daseins der Dinge, deren jedes von Gott abhänge, welcher so zu sagen, alle Dinge ausser ihm jeden Augenblick wieder zum Leben erweckt. Da sie jeden Augenblick zusammenfallen, so brauchen sie immer Jemand, der sie wieder auferstehen lässt, und dies könne nur Gott sein. Allein es bedürfte einer strengern Beweisführung, wenn dies eine Begründung sein sollte. Es hätte bewiesen werden müssen, dass das Geschöpf immer aus dem Nichts hervorgeht und immer dahin zurückfällt und insbesondere müsste gezeigt werden dass das Vorrecht der natürlichen Dauer über einen Augenblick hinaus nur einem nothwendigen Wesen beiwohne. Auch kommen die Schwierigkeiten über die Zusammensetzung des *Stetigen* hinzu, da diese Begründung die Zeit in Augenblicke auflöst, während Andere die Augenblicke und die Punkte nur als einfache Modificationen des Stetigen gelten lassen, d.h. nur als die Enden der Theile, die man hier annehmen kann, aber nicht als die das Stetige *bildenden* Theile. Indess ist hier nicht der Ort, in dieses Labyrinth einzutreten.

385. Das, was man hier sicher behaupten kann, ist, dass das Geschöpf stetig von der göttlichen Wirksamkeit abhänge, und dass es ebenso, wie bei seinem Anfange, auch nach seinem Anfange davon abhänge. Diese Abhängigkeit ergiebt, dass es nicht fortdauernd bestehen würde, wenn Gott nicht fortwährend thätig bliebe, und dass diese Thätigkeit eine freie ist. Denn wäre dieser Ausfluss aus Gott nothwendig, wie die Eigenthümlichkeiten des Kreises, welche aus seinem Wesen entspringen, so müsste man auch annehmen, dass Gott gleich anfangs die Geschöpfe nothwendig geschaffen habe, oder man müsste zeigen, wie aus der einmaligen Erschaffung Gott sich die Nothwendigkeit, sie zu erhalten, auferlegt habe. Nun hindert aber nichts, dass man diese erhaltende Thätigkeit eine Hervorbringung, ja eine Erschaffung nenne, wenn man will; da die Abhängigkeit in der Folge so gross ist, wie im Beginn, und die äusserliche Bezeichnung, wonach sie eine neue sein oder nicht sein soll, deren Natur nicht ändert.

386. Wir wollen also einen solchen Sinn annehmen, dass die Erhaltung eine fortgehende Erschaffung sei und sehen, was Herr Bayle daraus zu folgern scheint (S. 771), nach dem Verfasser der Ansicht über das Gemälde des Socinianismus im Gegensatz zu Herrn Jurieu. Dieser Verfasser sagt: »Hieraus dürfte folgen, dass Gott alles thut und dass in den Geschöpfen weder erste, noch zweite, noch selbst Gelegenheits-Ursachen bestehen, wie man leicht zeigen kann. Denn in dem Augenblicke, wo ich spreche, bin ich so wie ich bin, mit allem, was an mir ist, mit diesem Gedanken, mit dieser Handlung, sitzend oder stehend. Wenn nun Gott mich in diesem Augenblicke, so wie ich bin, erschafft, wie man nach diesem Systeme nothwendig sagen muss, so erschafft er mich mit dieser bestimmten Handlung, dieser Bewegung und diesem Entschlüsse. Man kann nicht sagen, dass Gott mich erst erschaffe und dass er erst nachher meine Bewegungen und Entschlüsse mit mir erschaffe. Dies geht aus zwei Gründen nicht; erstens weil Gott, wenn er mich in diesem Augenblick erschafft oder erhält, dies nicht mit mir, wie mit einem Wesen ohne Form thut, gleich einer Art oder einer Andern logischen Allgemeinheit. Ich bin vielmehr ein Einzelner und er erschafft oder erhält mich als solchen, ganz so wie ich in diesem Augenblick bin, mit allem, was mir anhängt. Zweitens würde, wenn man sagte, dass Gott mich in diesem Augenblicke erschaffe und er nachher meine Handlung mit mir hervorbringe, man nothwendig für dieses Handeln einen zweiten Augenblick annehmen müssen und man hätte also zwei Augenblicke, obgleich man doch nur *einen* angenommen hat. Es ist also nach dieser Hypothese unzweifelhaft, dass die Geschöpfe weder eine Verbindung noch eine Beziehung mit ihren Handeln in einem höheren Grade haben, als sie mit ihrer Hervorbringung im ersten Augenblick der ersten Erschaffung hatten.« – Der Verfasser dieser Schrift zieht daraus sehr schwere Folgerungen, wie man sich vorstellen kann und meint schliesslich, dass man jedem zu Dank verbunden sein müsse, welcher den Anhängern dieser Lehre zeigen könnte, wie sie diese erschreckenden Verkehrtheiten beseitigen könnten.

387. Herr Bayle treibt es noch weiter. Er sagt (S. 775): »*Sie wissen, dass man in den Schulen*« (er citirt Arriaga Disputat. 6. Physik. Abschnitt 9 und vorzüglich in Abschnitt 3) »*beweist, dass das Geschöpf weder die vollständige, noch die theilweise Ursache seiner Erhaltung sei; denn wäre dies der Fall, so würde es schon da sein, ehe es da wäre, was ein Widerspruch ist. Sie wissen, dass man es so beweist. Was sich erhält, handelt; aber was handelt, besteht, und nichts kann* handeln, ehe es nicht sein vollständiges Dasein erlangt hat; wenn also ein Geschöpf selbst sich erhielte, so würde es handeln vor seinem Sein. Dieser Beweis ist nicht auf Wahrscheinlichkeiten gestützt, sondern auf die obersten Grundsätze der Metaphysik; *non entis nulla sunt accidentia; operari sequitur esse* (Von einem Nichtseienden giebt es keine Accidenzen; das Handeln folgt dem Sein), welche so klar sind, wie der Tag. Wir gehen nun weiter. Wenn die Geschöpfe mit Gott zusammen ihre Erhaltung bewirkten (unter Mitwirkung versteht man hier eine thätige und nicht blos die eines leidenden Werkzeugs), so würden sie vor ihrem Dasein schon thätig sein, wie gezeigt worden. Wenn sie ferner mit Gott zusammen die Hervorbringung eines andern Dinges bewirkten, so würden sie auch schon vor ihrem Dasein thätig sein. Also ist es auch unmöglich, dass sie mit Gott zusammen die Hervorbringung eines andern Dinges bewirken (z.B. eine örtliche Bewegung, eine Bejahung, ein Wollen, d.h. ein Seiendes, was wahrhaft unterschieden ist von seiner Substanz, wie man behauptet), ausgenommen ihre eigne Erhaltung. Und da ihre Erhaltung eine fortgehende Erschaffung ist und alle Menschen auf der Welt gestehen müssen, dass sie im ersten Augenblick ihres Daseins mit Gott zusammen nicht wirken können, weder für ihr Dasein, noch um sich irgend eine Beschaffenheit zu geben, da dies ein Handeln vor dem Dasein wäre, (man bemerke, dass Thomas v. Aquino und mehrere andere Scholastiker lehren, dass wenn die Engel im ersten Augenblick ihres Dasein gesündigt hätten, Gott der Urheber der Sünde gewesen sein würde; man sehe den Feuillant Peter vom heiligen Joseph S. 318 u. f. der süssen Concordia der menschlichen Freiheit; dies ist ein Zeichen, dass sie anerkennen, wie ein Geschöpf in dem ersten Augenblicke seines Daseins in keiner Weise irgendwie thätig sein kann) so folgt augenscheinlich, dass sie auch in keinem der folgenden Zeitpunkte mit Gott zusammen thätig sein können, weder um sich selbst, noch eine andere Sache hervorzubringen. Könnten sie dies im zweiten Punkte ihres Daseins, so könnten sie es auch dem ersten Zeitpunkte ihres Daseins.«

388. Ich will nun zeigen, wie man auf diese Ausführungen zu antworten hat. Wir wollen annehmen, dass das Geschöpf in jedem Augenblick von Neuem geschaffen werde; auch soll der Augenblick jedes Frühersein in der Zeit ausschliessen, da er untheilbar ist; aber halten wir fest, dass dies nicht das Frühersein in der Natur ausschliesst, oder das was man das Ehersein *in signo rationis* (im Zeichen der Vernunft) nennt. Die Hervorbringung oder die Handlung, durch welche Gott hervorbringt, ist von Natur vor dem Dasein des Geschöpfes, welches hervorgebracht wird; ebenso ist das Geschöpf an sich, mit seiner Natur und seinen nothwendigen Eigenschaften vor seinen zufälligen Zuständen und seinen Handlungen und trotzdem ist alles das in demselben Zeitpunkte vorhanden. Gott erschafft das Geschöpf entsprechend den Erfordernissen der vorgehenden Zeitpunkte, nach den Gesetzen seiner Weisheit und das Geschöpf handelt entsprechend dieser Natur, welche Gott ihm giebt, indem er es immer erschafft. Die Schranken und Unvollkommenheiten entstehen hier in Folge der Natur des Subjekts, welche die Hervorbringung Gottes einschränkt. Das ist die Folge von der ursprünglichen Unvollkommenheit der Geschöpfe; aber das Laster und das Verbrechen entstehen dabei durch die innere, freie Wirksamkeit des Geschöpfes, so viel es deren in dem Zeitpunkte haben kann, was dann durch die Wiederholung erkennbar wird.

389. Diese Vorgängigkeit der Natur ist ein gebräuchlicher Begriff in der Philosophie; in diesem Sinne sagt man, dass die Beschlüsse Gottes unter sich eine Ordnung einhalten. Und wenn man Gott (und mit Recht) die Erkenntniss der Begründungen und Folgerungen der Geschöpfe in der Weise zutheilt, dass er alle ihre Beweise und alle ihre Schlüsse kennt, und diese sich in ihm in eminenter Weise befinden, so sieht man, dass in den Sätzen und Wahrheiten, die er kennt, eine Ordnung der Natur besteht, ohne irgend eine zeitliche Ordnung oder einen Zwischenraum, in denen er in dieser Kenntniss vorschreitet und von den Vordersätzen zu dem Schlusssatze übergeht.

390. Ich finde in den oben erwähnten Begründungen nichts, dem diese Erwägung nicht Genüge leistet. Wenn Gott eine Sache hervorbringt, so thut er es als eine einzelne und nicht als eine logische Allgemeinheit; dies räume ich ein; aber er erschafft deren Wesen vor deren Zubehör, dessen Natur vor deren Wirksamkeit, gemäss deren Vorgängigkeit in der Natur und *in signo anteriore rationis* (in der Vernunftbedeutung der Vorgängigkeit). Damit sieht man, wie das Geschöpf die wahre Ursache seiner Sünde sein kann und wie die Erhaltung des Geschöpfes durch Gott dem nicht entgegensteht, welche Erhaltung sich nach dem vorgehenden Zustande des Geschöpfes regelt, um den Gesetzen seiner Weisheit Folge zu leisten, trotz der Sünde, welche sofort von dem Geschöpf hervorgebracht wird. Allein richtig ist, dass Gott die Seele im Anfang nicht in einem Zustande geschaffen hat, wo sie sofort mit dem ersten Augenblick gesündigt hätte, wie die Scholastiker richtig bemerkt haben; denn seine Weisheit enthält in ihren Gesetzen nichts, was ihn dahin hätte führen können.

391. Dieses Gesetz der Weisheit bewirkt auch, dass Gott dieselbe Substanz, dieselbe Seele wieder hervorbringt, und dies ist es, was der Abt, welchen Herr Bayle in seinem Wörterbuche anführt (Art.: Pyrrhonismus, Buchst. B, S. 2432) hätte antworten können. Diese Weisheit bewirkt die Verknüpfung der Dinge. Ich gebe daher zu, dass das Geschöpf mit Gott zu seiner Erhaltung nicht mitwirkt (in der Weise, wie die Erhaltung eben erklärt worden ist), allein ich sehe kein Hinderniss, dass es mit Gott nicht in der Hervorbringung von etwas anderem wirksam sein sollte, namentlich von seiner innern Wirksamkeit, wie z.B. von einem Gedanken einem Wollen, da diese Bestimmungen reell von der Substanz verschieden sind.

392. Allein hier falle ich von Neuem in die Hände des Herrn Bayle. Er behauptet, dass es keine solche Accidenzen gäbe, die von der Substanz gesondert wären; er sagt: »Die Gründe, welche die neueren Philosophen zu dem Beweise benutzen, dass die Accidenzen in den *seienden* Dingen nicht wirklich von deren Substanz gesondert seien, sind keine einfachen Schwierigkeiten, es sind Gründe, die niederdrücken und die man nicht zu lösen vermag. Man gab sich die Mühe (sagt er) und suchte sie bei dem Pater Maignan, oder bei dem Pater Malebranche oder bei Herrn Cailli (Professor der Philosophie in Caen) oder in den ›*Accidentia profligata*‹ (niedergeschlagenen Accidenzen) des Pater Saguens, eines Schülers von Pater Maignan, von welchen man einen Auszug in den Neuigkeiten des Gelehrtenstaates, Jena 1702 findet oder wenn man *einen* Schriftsteller für hinreichend nimmt, so nehme man den heiligen Franz Lami, Benediktinermönch, einen der bedeutendsten Cartesianer in Frankreich. In dessen philosophischen Briefen, veröffentlicht 1703 in Trevoux, wird man denjenigen finden, wo er in geometrischer Art beweist, dass Gott die einzige wahre Ursache von allem sei, was wirklich ist.« – Ich möchte wohl alle diese Bücher sehen und was diesen letzten Satz anlangt, so kann er in einem sehr guten Sinne wahr sein; Gott ist die alleinige Hauptursache der reinen und unbedingten Realitäten oder der Vollkommenheiten; *causae secundae agunt in virtute primae.* (Die zweiten Ursachen wirken in Kraft der ersten.) Begreift man aber die Beschränkungen und Beraubungen unter den Realitäten so kann man sagen, dass die zweiten

Ursachen an dem, was beschränkt ist, mitwirken. Ohnedem wäre Gott die Ursache, ja die alleinige Ursache der Sünde.

393. Man hüte sich übrigens die Substanzen mit den Accidenzen zu vermengen, indem man den erschaffenen Substanzen die Thätigkeit nimmt; man geräth dann in den Spinozismus, welcher ein übertriebener Cartesianismus ist. Alles, was nicht handelt, verdient nicht den Namen der Substanz. Wenn die Accidenzen nicht von den Substanzen verschieden sind, wenn die erschaffene Substanz ein in der Zeitfolge seiendes Wesen ist, wie die Bewegung und so wenig, wie seine Accidenzen über den Augenblick hinaus beharrt und nicht sammt seinen Accidenzen (während eines angebbaren Theiles der Zeit) dasselbe bleibt; wenn sie so wenig wirkt, wie eine mathematische Figur oder eine Zahl, weshalb sollte man dann nicht wie Spinoza sagen, dass Gott die alleinige Substanz sei und dass die Geschöpfe nur dessen Accidenzen oder Modificationen seien? Bisher hat man geglaubt, dass die Substanz beharrt und nur die Accidenzen wechseln und ich meine, dass man sich noch immer an diese alte Lehre halten soll, da die dagegen aufgestellten Gründe, die ich gelesen, das Gegentheil nicht beweisen und auch zu viel beweisen.

394. Herr Bayle sagt (S. 779): »Eine der Widersinnigkeiten, welche aus dieser vermeinten Abtrennung hervorgehen, die man zwischen den Substanzen und ihren Accidenzen zulassen will, ist, dass wenn die Geschöpfe die Accidenzen hervorbringen, sie eine schaffende und vernichtende Macht haben müssen. Man könnte dann nicht die geringste Handlung thun, ohne unzählige wirkliche Wesen zu erschaffen und ohne eine Unendlichkeit anderer zu vernichten. Wenn man nur die Zunge bewegt, um zu rufen, oder zu essen, erschafft man so viel Accidenzen, als es Bewegungen von den Theilen der Zunge giebt und man zerstört so viele Accidenzen, als es Theile in den gegessenen Dingen giebt, welche ihre Gestalt verlieren, und zu Speisesaft oder Blut u.s.w. werden.« – Dieser Beweis ist nur ein Schreckbild. Welches Unglück wäre es denn, wenn eine Unzahl von Bewegungen von Gestalten in jedem Augenblick im Universum entstehen und vergehen und selbst in jedem Theile des Universum? Uebrigens kann man zeigen, dass dies so sein muss.

395. Was nun die Erschaffung der Accidenzen anlangt, wer sieht da nicht, dass es keiner schöpferischen Kraft bedarf, um den Ort oder die Gestalt zu wechseln, um ein Quadrat oder ein längliches Viereck oder sonst eine Figur aus dem Bataillon Soldaten bei deren Uebungen zu bilden; so wenig wie es einer solchen bedarf, um eine Bildsäule durch Wegnahme einzelner Stücke aus dem Marmorblock zu formen, oder um eine Gestalt in erhabener Arbeit zu machen, indem man ein Stück Wachs durch Wegnehmen und Zusetzen verändert? Die Hervorbringung der Accidenzen ist niemals eine *Schöpfung* genannt worden, und es ist ein Missbrauch der Worte, wenn man die Welt damit erschrecken will. Gott erzeugt die Substanzen aus nichts und die Substanzen erzeugen ihre Accidenzen durch die Veränderung ihrer Grenzen.

396. In Betreff der Seelen oder substantiellen Formen sagt Herr Bayle mit Recht: »dass für die, welche substantielle Formen annehmen, nichts unbequemer sei, als der Einwurf, dass sie nur durch eine wirkliche Schöpfung hervorgebracht werden können, und dass die Scholastiker Mitleiden erregen, wenn sie dagegen sich zu wahren suchen.« Allein es giebt nichts passenderes für mich und mein System, als diesen Einwurf, weil ich behaupte, dass alle Seelen, Entelechien oder ursprüngliche Formen, substantielle Formen, einfache Substanzen oder Monaden, wie man sie auch nennen mag, auf natürliche Weise weder entstehen noch untergehen können. Die Eigenschaften oder die abgeleiteten Kräfte, oder was man accidentielle Formen nennt, fasse ich nur auf als Modifikationen der ursprünglichen Entelechien, wie die Gestalten nur Modifikationen des Stoffes sind. Deshalb sind diese Modifikationen in einem steten Wechsel befangen, während die einfache Substanz beharrt.

397. Ich habe früher (Abhndl. I, § 86 u. f.) gezeigt, dass die Seelen nicht auf natürliche Weise entstehen können, noch die eine aus der andern hervorgehen kann, vielmehr müssen unsere Seelen entweder erschaffen werden, oder in irgend einer Weise schon vorher bestanden haben. Ich habe sogar einen gewissen Mittelweg zwischen Schöpfung und einem gänzlichen Vorherbestehen gezeigt, indem ich es entsprechend fand zu sagen, dass die Seele, welche in dem Samen seit dem Anfang der Dinge vorherbestanden, nur eine empfindende sei, aber dass sie zu einem hohem Grade, welcher die Vernunft ist, erhoben werde, wenn der Mensch, dem diese Seele angehören solle, empfangen worden und dass der organische Körper, welcher diese Seele von Anfang ab, wenn auch unter vielen Veränderungen immer begleite, bestimmt worden sei, den menschlichen Körper zu bilden. Ich habe auch angenommen, dass man diese Erhebung der blos empfindenden Seele (durch welche sie zu einem wesentlich hohem Grad, d.h. zur Vernunft gelangt) der ausserordentlichen Wirksamkeit Gottes zuschreiben könne. Indess lasse ich lieber das Wunder bei der Erzeugung des Menschen und der übrigen lebenden Wesen bei Seite; dies könnte geschehen, wenn man annimmt, dass in dieser grossen Zahl von Seelen und von Thieren, oder mindestens von organischen lebendigen Körpern, welche sich in dem Samen befinden, diejenigen Seelen, welche bestimmt sind, eines Tages zur menschlichen Natur zu gelangen, allein die Vernunft in sich enthalten, welche eines Tages in ihnen sich zeigen wird und dass blos die organischen Körper vorgebildet und vorbereitet sind, um eines Tages die menschliche Gestalt anzunehmen, und dass die übrigen kleinen Thiere oder lebenden Samenthierchen, in denen nichts der Art vorgebildet ist, wesentlich von jenen verschieden sind und nur untergeordnetes in sich enthalten. Diese Hervorbringung ist eine Art von Ueberführung *(traductio)*, aber sie ist leichter zu behandeln, als die, welche man gewöhnlich lehrt; sie zieht ihre Seele nicht aus einer andern Seele, sondern nur das Beseelte aus dem Beseelten und sie vermindert die vielen Wunder einer neuen Schöpfung, wonach eine neue und reine Seele in einen Körper eintreten soll, der sie verderben soll.

398. Ich bin indess der Meinung des Pater Malebranche, dass die Schöpfung im richtigen Verstande im allgemeinen nicht so schwer zuzulassen ist, als man denken könnte und dass sie gewissermassen in dem Begriffe der Abhängigkeit des Geschöpfes enthalten ist. *Er schreibt* in seinen christlichen Erwägungen (9, Nr. 3): »Was sind doch die Philosophen einfältig und lächerlich? Sie meinen, dass die Schöpfung unmöglich sei, weil sie nicht begreifen, dass die Macht Gottes gross genug ist, um aus Nichts Etwas zu machen. Aber begreifen sie etwa besser, wie die Macht Gottes fähig ist, einen Strohhalm zu bewegen?« Er fügt dem in Nr. 5 noch treffend hinzu: »Wäre der Stoff ungeschaffen, so könnte Gott ihn weder bewegen noch daraus etwas bilden; denn Gott kann den Stoff nicht bewegen, noch mit Weisheit ordnen, wenn er ihn nicht kennt; und Gott kann ihn nicht kennen, wenn er ihm nicht das Sein giebt; er kann sein Wissen nur aus sich selbst entnehmen; in ihm kann nichts wirken, noch ihn aufklären.«

399. Herr Bayle begnügt sich nicht mit der Behauptung, dass wir fortwährend erschaffen werden, sondern besteht auch auf der Behauptung, welche er aus jener ableiten will, dass unsere Seele nicht handeln könne. Seine Worte lauten (Kap. 141, S. 765): »Er kennt den Cartesianismus zu genau (damit ist nämlich ein gewandter Gegner gemeint), um nicht zu wissen, wie ernstlich man in unsern Tagen behauptet hat, dass es kein Geschöpf gebe, welches die Bewegung hervorbringen könne und dass unsere Seele in Bezug auf Empfinden und Vorstellen, auf die Gefühle von Schmerz und Lust ein rein leidendes Ding ist. Wenn man dies nicht auch auf das Wollen ausgedehnt hat, so ist es nur wegen der offenbarten Wahrheiten nicht geschehen, ohnedem würde man die Akte des Wollens ebenso als leidend, wie die des Verstandes genommen haben. Dieselben Gründe, welche beweisen sollen, dass unsere Seele keine Vorstellungen bildet und unsere Organe nicht bewegt, würden auch beweisen, dass sie auch die Akte unsres Wollens, unsrer Liebe nicht hervorbringen kann.« Er hätte auch noch hinzufügen können »und auch nicht unsere lasterhaften Handlungen und Verbrechen.«

400. Indess kann die von Herrn Bayle so gelobte Kraft dieser Beweise doch nicht so gross sein, weil sie sonst zu viel beweisen würden. Sie würden Gott zum Urheber der Sünde machen. Ich erkenne an, dass die Seele ihr Organ nicht durch einen physischen Einfluss bewegen kann, da nach meiner Ansicht der Körper im Voraus so gebildet sein muss, dass er in Zeit und Ort das thut, was dem Willen der Seele entspricht, obgleich es wahr ist, dass die Seele das Prinzip des Wirkens ist. Allein, wenn gesagt wird, dass die Seele ihre Gedanken, ihre Empfindungen, ihr Gefühl von Schmerz und Lust nicht hervorbringe, so sehe ich dafür keinen Grund ab. Nach mir muss jede einfache Substanz (d.h. jede wahrhafte Substanz) die wahrhafte unmittelbare Ursache alles ihres innern Handelns und Leidens sein und streng metaphysisch gesprochen, giebt es kein anderes Handeln und Leiden, als das, welches sie selbst hervorbringt. Die, welche anderer Meinung sind und Gott zum alleinigen Handelnden machen, verwickeln sich ohne Grund in Ausdrücke, aus denen sie sich schwer wieder herausziehen können, ohne die Religion zu erschüttern, abgesehen davon, dass sie die Vernunft unbedingt verwirren.

401. Herr Bayle stützte sich auf Folgendes. Er sagt, dass wir das nicht machen, von dem wir nicht wissen, wie es sich macht. Allein diesen Satz gab ich ihm nicht zu. In seinem Diskurs S. 767 u. f. sagt er ferner: »Es ist höchst auffallend, dass beinah alle Philosophen mit der Menge gemeint haben, dass wir unsere Vorstellungen in thätiger Weise bilden. Eine Ausnahme bilden die Ausleger des Aristoteles, welche einen allgemeinen Verstand angenommen haben, welcher verschieden von unserer Seele, die Ursache unserer Vorstellungen ist; man sehe in dem geschichtlichen und kritischen Wörterbuch die Bemerkung E beim Artikel *Averroes*. Aber wo wäre trotzdem der Mensch zu finden, der nicht einerseits wüsste, dass ihm die Art, wie die Vorstellungen entstehen, gänzlich unbekannt sei und andererseits, dass er nicht zwei Stiche nähen könnte, wenn er nicht wüsste, wie man zu nähen hat? Sollte das Nähen zweier Stiche an sich ein schwierigeres Werk sein, als in seinem Geiste eine Rose zu malen, wenn sie das erstemal ihm vor Augen kommt und ohne dass man je diese Art der Malerei gelernt hat? Erscheint nicht im Gegentheil dieses geistige Bild an sich als ein viel schwierigeres Werk, als die Gestalt, einer Blume auf Leinwand zu zeichnen, was man doch ohne Unterricht nicht würde ausführen können? Wir wissen alle, dass wir mit einem Schlüssel einen Koffer nicht öffnen können, wenn wir die Art seines Gebrauchs nicht kennen und dennoch meinen wir, dass unsere Seele die wirkende Ursache der Bewegung unserer Arme sei, obgleich sie weder den Ort der Nerven kennt, welche diese Bewegung veranlassen sollen, noch wo sie die Lebensgeister hernehmen soll, die in diesen Nerven fliessen sollen. Wir erfahren täglich, dass Vorstellungen, die man gern zurückrufen möchte, sich nicht einstellen und dass sie von selbst kommen, wenn man nicht mehr an sie denkt. Wenn dies uns nicht abhält, uns für die wirkende Ursache dessen zu halten, was soll man da auf den Beweis geben, der sich auf die Empfindung stützt und welcher dem Herrn Jaquelot so überzeugend erscheint? Ist die Macht über unsere Vorstellungen nicht oft viel kürzer, als die über unser Wollen? Eine genaue Rechnung würde zeigen, dass im Lauf unseres Lebens mehr Ansätze zum Wollen, als wirkliche Wollen vorkommen; d.h. mehr Zeugnisse von der Knechtschaft unseres Willens, als von seiner Macht. Wie oft erfährt nicht derselbe Mensch, dass er einen gewissen Willensakt nicht zu Stande bringen würde (z.B. eine That der Liebe für einen Menschen, der ihn eben beleidigt hat; einen Akt der Verachtung des schönen eben von ihm verfertigten Sonetts; einen Akt des Hasses gegen eine Geliebter einen Akt der Billigung für einen lächerlichen Sinnspruch. Ich spreche hier nur von innerlichen Akten, die durch ein ›Ich will‹ geschehen, wie: ich will verachten, ich will billigen u.s.w.), selbst wenn er hundert Goldstücke sofort dafür bekommen könnte, und deren Gewinn man eifrigst wünschte und wo auch der Ehrgeiz noch antrieb, dass man sich durch eine ausgeführte Probe überzeugen wolle, man sei der Herr bei sich selbst?«

402. »Um in wenig Worte die ganze Kraft des Gesagten zusammenzufassen, so bemerke ich, dass Allen, welche die Sache gründlich erwägen, klar ist, wie die wahre, wirkende Ursache eines Geschehens dasselbe kennen und auch wissen muss, wie es hervorgebracht werden muss. Es ist dies nicht nöthig, wenn man nur das Werkzeug dieser Ursache ist, oder die leidende Unterlage seines Handelns, allein nothwendig ist dies Wissen einem wahrhaft Handelnden. Prüft man sich nun genau, so erkennt man bestimmt, dass ohne Erfahrung unsere Seele ebenso wenig weiss, was ein Wollen ist, wie das, was eine Vorstellung ist, und dass auch nach einer langen Erfahrung sie nicht besser weiss, wie das Wollen sich bildet, als sie es wusste, ehe sie noch etwas gewollt hatte. Was folgt daraus anders, als dass sie nicht die wirkende Ursache ihres Wollens sein kann, und auch nicht die wirkende Ursache ihrer Vorstellungen und der Bewegungen der Lebensgeister, welche unsere Arme in Bewegung setzen. (Ich bemerke, dass ich hier die Sache nicht unbedingt damit entscheiden will; es geschieht nur in Bezug auf die Sätze des Einwurfs.)«

403. Hier haben wir somit ein sonderbares Beweisverfahren. Weshalb sollte man wohl nothwendig immer wissen müssen, wie sich das macht, was man macht? Wissen denn das Salz, die Metalle, die Pflanzen, die Thiere und tausend andere belebte oder unbelebte Körper, wie das sich macht, was sie machen? und ist es nöthig, dass sie es wissen? Muss ein Tropfen Oel oder Fett die Geometrie verstehen, um sich über der Oberfläche des Wassers zu verbreiten? Mit dem Nähen der Spitzen ist es eine andere Sache; man handelt da für ein Ziel und muss deshalb die Mittel kennen. Allein wir bilden unsere Vorstellungen nicht weil wir es wollen; sie bilden sich in uns, durch uns, aber nicht in Folge unseres Wollens, sondern in Folge unserer Natur und der der Dinge. So wie die Leibesfrucht sich im Thiere bildet, wie tausend andere Wunder der Natur durch einen gewissen *Instinkt* hervorgebracht werden, welchen Gott hineingelegt hat, d.h. in Folge der *göttlichen Vorausbildung*, welche diese wunderbaren Automaten gemacht hat, um so schöne Wirkungen mechanisch hervorzubringen, so kann man auch annehmen, dass die Seele ein geistiger, noch viel wunderbarerer Automat ist und dass sie in Folge der göttlichen Vorherbildung diese schönen Ideen hervorbringt, an denen unser Wille keinen Antheil hat und die unsere Kunst nicht erreichen kann. Die Wirksamkeit der geistigen Automaten, d.h. der Seelen ist keine mechanische, aber sie enthält in hervorragender Weise das in der Mechanik enthaltene Schöne. Die Bewegungen, welche in dem Körper entwickelt sind, sind in der Seele durch das Vorstellen concentrirt, gleichsam in einer idealen Welt, welche die wirklichen Gesetze der Welt und deren Folgen in sich fasst, nur mit dem Unterschied gegen die ideale vollkommene Welt, welche in Gott ist, dass die meisten Wahrnehmungen in den andern Substanzen nur verworren enthalten sind; denn jede einfache Substanz enthält durch ihre verworrenen Wahrnehmungen oder Empfindungen das Universum in sich und die Folge dieser Wahrnehmungen ist durch die besondere Natur dieser Substanz geregelt, aber in einer Weise, welche immer die ganze alles befassende Natur ausdrückt. Auch strebt jede gegenwärtige Wahrnehmung zu einer neuen Wahrnehmung, wie jede Bewegung, welche jene vorstellt, nach einer weitem Bewegung strebt. Aber es ist unmöglich, dass die Seele ihre ganze Natur deutlich erkenne und bemerke, wie diese unzählige Menge kleiner Wahrnehmungen, die aufeinander gehäuft oder vielmehr concentrirt sind, sich bildet; sie müsste dazu das ganze Universum kennen, welches darin eingehüllt ist, d.h. sie müsste ein Gott sein.

404. Was das leere einzelne *Wollen* anlangt, so besteht es nur aus einer Art sehr unvollkommnen, bedingten einzelnen Wollens. Es besagt: Ich möchte, wenn ich könnte; *liberet, si liceret.* (Ich möchte gern, wenn es anginge.) In dem Fall eines solchen unvollkommenen Wollens, wollen wir eigentlich nicht ein Wollen, sondern ein Können. Deshalb giebt es kein solches bei Gott und man darf es nicht mit dem vorgehenden Wollen verwechseln. Ich habe früher genügend erläutert, dass unsere Macht über den Willen nur in mittelbarer Weise geübt werden kann und dass man unglücklich sein würde, wenn man so sehr Herr seiner selbst wäre, dass man ohne Unterlage, ohne Anlass und ohne Grund wollen könnte. Wenn man sich beklagt, dass eine solche Macht uns fehlt, so redet man wie Plinius, welcher gegen die Macht Gottes Einwendungen macht, weil sie sich nicht vernichten lässt.

405. Ich wollte hier schliessen, nachdem ich alle Einwürfe des Herrn Bayle (wie ich glaube) erledigt habe, welche ich in seinen Werken über diese Frage habe finden können. Allein ich erinnerte mich des

Dialogs des Laurentius Valla über die Freiheit des Willens gegen Boethius, den ich schon erwähnt habe und ich halte es für angemessen, davon einen Abriss zu geben, indem ich die Form des Dialogs beibehalte, um dann da fortzufahren, wo er endet, indem ich dabei die Fiktion, mit der er begonnen hat, beibehalte; weniger um den Gegenstand ergötzlich zu machen, als um mich am Ende meiner Abhandlung in der klarsten und verständlichsten Weise, die mir möglich ist, zu erklären. Dieser Dialog von Valla und seine Bücher über die Lust und das wahre Gut zeigen, dass er nicht weniger Philosoph, wie Humanist war. Diese vier Bücher waren gegen die vier Bücher der Consolatio (Tröstung) des Boethius gerichtet und der Dialog war es gegen das fünfte. Ein gewisser Antonius Glarea, ein Spanier, bittet ihn um eine Aufklärung über die Schwierigkeiten der Freiheit des Willens, der weniger gekannt sei, als er es verdiene, da von ihm die Gerechtigkeit und Ungerechtigkeit, die Strafe und der Lohn in diesem und dem zukünftigen Leben abhänge. Laurentius Valla antwortet ihm, man müsse sich mit einer Unwissenheit trösten, welche die ganze Welt mit uns theile, wie man ja sich auch tröste, dass man keine Flügel habe.

406. *Antonius.* Ich weiss, dass Sie mir diese Flügel, gleich einem zweiten Dädalus, geben können, um aus dem Gefängnisse der Unwissenheit herauszukommen und mich in die Gegend der Wahrheit zu erheben, welche die Heimath der Seelen ist. Die Bücher, welche ich eingesehen, haben mich nicht befriedigt, selbst nicht der berühmte Boethius, welcher die allgemeine Billigung hat. Ich weiss nicht, ob er selbst das, was er über den Verstand Gottes und über die Ewigkeit, welche über der Zeit steht, sagt, richtig verstanden hat. Ich bitte Sie um ihre Meinung, wie das Vorauswissen mit der Freiheit zu vereinigen ist. – *Laurentius.* Ich fürchte viele Personen zu verletzen, wenn ich diesen grossen Mann widerlege. Ich stelle jedoch über diese Furcht die Rücksicht auf die Bitten eines Freundes, vorausgesetzt, dass Sie mir erlauben.... *Antonius.* Was? *Laurentius.* Dass, wenn Sie bei mir zu Mittag gespeist haben werden, Sie von mir nicht verlangen, dass ich Ihnen ein Abendessen gebe; d.h. ich wünsche, dass Sie mit der Lösung der Frage, die Sie mir gestellt haben, zufrieden seien, und mir keine neue stellen.

407. *Antonius.* Ich verspreche es Ihnen. Die Schwierigkeit ist folgende: Wenn Gott den Verrath des Judas vorausgesehen hat, so war es nothwendig, dass Judas verrieth, und es war unmöglich, dass er nicht verrieth. Nun giebt es keine Verpflichtung zu dem Unmöglichen. Er hat also nicht gesündigt und verdiente keine Strafe. Dies zerstört aber die Gerechtigkeit, die Religion und die Furcht vor Gott. *Laurentius.* Gott hat die Sünde vorausgesehen, aber er hat den Menschen nicht gezwungen, sie zu begehen; die Sünde war eine freiwillige. *Antonius.* Dieser Wille war aber nothwendig, weil er vorausgesehen war. *Laurentius.* Wenn mein Wissen nicht bewirkt, dass die vergangenen oder gegenwärtigen Dinge bestellen, so wird mein Vorauswissen auch bei den zukünftigen nicht machen, dass sie wirklich werden.

408. *Antonius.* Diese Vergleichung täuscht; das Gegenwärtige und das Vergangene kann nicht mehr geändert werden; sie sind schon nothwendig; aber das an sich veränderliche Zukünftige wird erst durch die Voraussicht fest und nothwendig. Nehmen wir an, dass ein heidnischer Gott sich rühme, die Zukunft zu kennen; ich werde ihn fragen, ob er wisse, welchen Fuss ich voranstellen werde und dann werde ich das Gegentheil von dem thun, was er vorausgesagt hat. *Laurentius.* Dieser Gott weiss, was Sie thun werden. *Antonius.* Wie kann er es wissen, weil ich das Gegentheil von dem thun werde, was er voraussagt und ich nehme an, dass er das sagt, was er denkt? *Laurentius.* Ihre Annahme ist falsch. Gott wird Ihnen nicht antworten, oder wenn er es thut, so würde die Verehrung, die Sie für ihn hegten, Sie eiligst das thun lassen, was er gesagt hätte; seine Voraussage würde für Sie ein Befehl sein. Allein, wir haben die Frage verändert. Es handelt sich nicht um das, was Gott *voraussagen* wird, sondern um das, was er voraussieht. Wir müssen also auf das Voraus *wissen* zurückkommen und zwischen dem Nothwendigen und Gewissen unterscheiden. Die Unmöglichkeit, dass das Vorausgesehene nicht eintreffe, ist nicht vorhanden, aber es ist sicher, dass es eintreffen wird. Ich *kann* Soldat oder Priester werden, aber ich *werde* es nicht werden.

409. *Antonius.* Hier halte ich Sie fest. Die Kegel der Philosophen verlangt, dass alles was möglich ist, als daseiend angesehen werden kann. Aber wenn das, was Sie für möglich erklären, d.h. ein Ereigniss, verschieden von dem vorausgesehenen, wirklich einträte, so würde Gott getäuscht sein. *Laurentius.* Die Regeln der Philosophen sind für mich keine Orakel; insbesondere ist diese nicht genau gefasst. Die beiden Gegensätze sind oft beide möglich, folgt daraus, dass beide auch zugleich bestehen können? Um deutlicher zu sein, so wollen wir annehmen, dass Sextus Tarquinius im Delphi, wo er das Orakel des Apollo befragt, die Antwort erhält:

Exul inopsque cades irata pulsus ab urbe.

Arm und verbannt von Deinem erzürnten Vaterlande wirst Du das Leben verlieren.

Der junge Mann wird sich beklagen und sagen: Ich habe Dir, o Apoll, ein königliches Geschenk gebracht und Du verkündest mir ein so schreckliches Schicksal? Apoll wird ihm antworten: Dein Geschenk ist mir angenehm und ich thue, was Du verlangst, ich sage Dir, was geschehen wird. Ich weiss das, was kommt, aber ich bewirke es nicht. Beklage Dich bei Jupiter und den Parzen. Sextus würde sich lächerlich machen, wenn er nach Diesem sich noch immer über Apoll beklagen wollte. Habe ich nicht Recht? *Antonius.* Er wird sagen: Ich danke Dir, heiliger Apoll, dass Du mir die Wahrheit entdeckt hast. Aber weshalb ist Jupiter so grausam gegen mich, dass er einem unschuldigen Menschen ein so grausames Geschick bereitet, einem frommen Anbeter der Götter? *Laurentius.* Du ein Unschuldiger? wird Apoll sagen; wisse dass Du stolz sein wirst, dass Du einen Ehebruch begehen wirst, dass Du Dein Vaterland verrathen wirst. Könnte Sextus wohl erwidern: Du bist es, Apollo, der die Ursache davon ist; Du zwingst mich, dies zu thun, da Du es voraussiehst? *Antonius.* Ich gestehe, dass Sextus den Verstand verloren haben würde, wenn er dies erwiderte *Laurentius.* Also kann auch der Verräther Judas sich nicht über das Vorauswissen Gottes beklagen. Dies ist die Lösung Ihrer Frage.

410. *Antonius.* Sie haben mich über meine Erwartungen befriedigt und das geleistet, was Boethius nicht vermocht hat; ich werde Ihnen mein ganzes Leben dafür dankbar sein. *Laurentius.* Lassen Sie uns indess unsere kleine Geschichte noch ein wenig weiter verfolgen. Sextus wird sagen: Nein, Apoll, ich werde das, was Du mir sagst, nicht thun. *Antonius.* Wie wird der Gott sagen, ich würde ja dann ein Lügner sein? Ich wiederhole Dir also, dass Du alles, was ich Dir gesagt, thun wirst. *Laurentius.* Sextus wird vielleicht die Götter bitten, das Schicksal zu ändern, ihm ein besseres Gemüth zu verleihen. *Antonius.* Man wird ihm antworten

Desine fata Deum flecti sperare precando.

(Lass ab, und hoffe nicht das von den Göttern bestimmte
Schicksal durch Flehen abzuwenden.)

Er wird es nicht zu bewirken vermögen, dass das göttliche Vorauswissen ein Lügner werde. Aber was wird Sextus sagen? Wird er nicht in Klagen gegen die Götter ausbrechen? Wird er nicht sagen: Wie! Ich bin also nicht frei? Es steht also nicht in meiner Macht, der Tugend zu folgen? *Laurentius.* Apoll wird ihm vielleicht sagen: Wisse, mein armer Sextus, dass die Götter jedermann so machen, wie er ist. Jupiter hat den Wolf räuberisch, den Hasen furchtsam, den Esel dumm und den Löwen muthig gemacht. Er hat Dir eine böse und unverbesserliche Seele gegeben; Du wirst Deiner Natur gemäss handeln und Jupiter wird mit Dir verfahren, wie es Deine Handlungen verdienen; er hat es bei dem Styx geschworen.

411. *Antonius.* Ich gestehe, dass es mir scheint, als wenn Apoll, indem er sich entschuldigt, Jupiter mehr als den Sextus beschuldigt und Sextus wild ihm antworten: Also verdammt Jupiter in mir sein eignes Verbrechen; er ist der allein Schuldige. Er konnte mich zu einem ganz andern machen; allein so wie er mich gemacht, muss ich handeln; wie er es gewollt. Weshalb also straft er mich? Konnte ich denn seinem Willen widerstehen? *Laurentius.* Ich gestehe, dass ich eben so stocke, wie Sie. Ich habe die Götter auf die Schaubühne eingeführt, Apoll und Jupiter, damit Sie das göttliche Vorauswissen und die göttliche Voraussehung unterschieden und ich habe gezeigt, dass Apoll oder das Vorauswissen der Freiheit nicht schadet, allein ich kann Sie in Betreff der Willensbeschlüsse Jupiter's nicht befriedigen, d.h. über das, was die Voraussicht anordnet. *Antonius.* Sie haben mich aus einem Abgrund gezogen und stürzen mich in einen noch tiefern. *Laurentius.* Denken Sie an unser Abkommen; ich habe Sie zu Mittag essen lassen und Sie verlangen nun auch ein Abendessen.

412. *Antonius.* Jetzt erkenne ich Ihre Feinheit; Sie haben mich getäuscht; dies ist kein ehrlicher Handel. *Laurentius.* Was wollen Sie, dass ich thue? Ich habe Ihnen Wein und Fleisch von meinem Gewächs gegeben, wie es mein kleiner Besitz hergiebt; wollen Sie Nectar und Ambrosia, so wenden Sie sich an die Götter; unter den Menschen findet sich solche Götternahrung nicht. Hören wir den heiligen Paulus,

dieses erwählte Gefäss, was bis zu dem dritten Himmel erhoben, unaussprechbare Worte gehört hat. Er wird Ihnen mit dem Gleichniss des Töpfers antworten, mit der Unbegreiflichkeit der Wege Gottes, mit der Bewunderung der Tiefe seiner Weisheit. Indess ist es gut, dass man nicht fragt, weshalb Gott die Sache vorhersehe, denn dies versteht sich; dies ist, weil es ist; dagegen fragt man, weshalb er es so verordne; warum er Diesen verhärte und mit Jenem Mitleiden habe? Wir kennen seine Gründe dafür nicht, *allein es genügt, dass er sehr gut, sehr weise ist, und wir nehmen deshalb an, dass diese Gründe gut seien*. Und da er auch gerecht ist, so folgt, dass seine Beschlüsse und seine Thätigkeit unsere Freiheit nicht aufheben. Einzelne haben dafür den Grund gesucht; man hat gesagt, dass wir aus einer verdorbenen, unreinen, schmutzigen Masse gebildet seien. Allein Adam und die Engel waren aus Silber und Gold gemacht und haben doch gesündigt. Man ist auch mitunter nach der Wiedergeburt verhärtet. Man muss deshalb noch eine andere Ursache des Uebels suchen und ich zweifle selbst, ob die Engel dieselbe kennen. Sie hören aber nicht auf glücklich zu sein und Gott zu preisen. Boethius hat mehr auf die Antwort der Philosophie als auf die des heiligen Paulus gehört, und deshalb hat er sein Ziel verfehlt. Glauben wir an Jesum Christum; er ist die Tugend und die Weisheit Gottes; er lehrt uns, dass Gott das Heil für Alle wünsche und dass er nicht nach dem Tode des Sünders verlange. Vertrauen wir der göttlichen Barmherzigkeit und machen wir uns derselben durch unsere Eitelkeit und Bosheit nicht unfähig.

413. Dieses Zwiegespräch bei Valla ist schön, obgleich man hie und da ihm nicht beitreten kann; der Hauptfehler desselben ist aber, dass es den Knoten zerschneidet und dass es anscheinend die Vorsehung unter dem Namen von Jupiter verdammt und dieselbe beinah zur Urheberin der Sünde macht. Ich möchte deshalb die kleine Fabel noch etwas weiter fortsetzen. Sextus verlässt den Apoll und Delphi, und geht zu Jupiter nach Dodona. Er opfert und bringt dann seine Klagen vor. Weshalb hast Du, Du grosser Gott, mich verurtheilt, böse und unglücklich zu sein? Aendere mein Schicksal und mein Gemüth oder erkenne Dein Unrecht. *Jupiter* antwortet ihm: Wenn Du Rom entsagen willst, so werden die Parzen Dir ein anderes Geschick weben, Du wirst weise und glücklich werden. *Sextus*. Weshalb soll ich die Hoffnung auf eine Krone aufgeben? kann ich nicht ein guter König werden? *Jupiter*. Nein, Sextus; ich weiss besser, wessen Du bedarfst. Wenn Du nach Rom gehst, bist Du verloren. – Sextus konnte sich zu einem so grossem Opfer nicht entschliessen, verliess den Tempel und überliess sich seinem Schicksal. Der grosse Opferpriester Theodorus, welcher dem Gespräch zwischen Jupiter und Sextus beigewohnt hatte, richtete folgende Worte an Jupiter: Deine Weisheit, grosser Herrscher der Götter, ist anbethungswerth. Du hast diesen Menschen von seinem Unrecht überzeugt; er muss nun sein Unglück seinem bösen Willen zuschreiben und kann kein Wort dagegen sagen. Allein Deine getreuen Verehrer sind erstaunt; sie hätten gern Deine Güte so bewundert wie Deine Grösse; es hing ja von Dir ab, ihm einen andern Willen zu geben. *Jupiter.* Geh' zu meiner Tochter, der Pallas, sie wird Dich belehren über das, was ich zu thun hatte.

414. Theodorus reiste nach Athen; man verordnete ihm, in dem Tempel der Göttin zu schlafen. Im Traume sah er sich in ein unbekanntes Land versetzt, wo ein Pallast von unbegreiflichem Glanz und einer Ungeheuern Grösse stand. Die Göttin Pallas erschien an der Thüre umgeben von den Strahlen einer glänzenden Majestät.

Qualisque videri
Coelicolis et quanta solet.

(Wie sie den Himmelsbewohnern in ihren Eigenschaften und ihrer Grösse zu erscheinen pflegt.)

Sie berührte das Gesicht des Theodorus mit einen Olivenzweig, den sie in der Hand hielt. Damit war er im Stande den göttlichen Glanz der Tochter des Jupiter und von allem, was sie ihm zeigen würde, zu ertragen. Sie sagte: Jupiter, welcher Dich liebt, hat Dich mir zur Belehrung empfohlen. Du siehst hier den *Pallast der Schicksale*, den ich behüte. Er enthält Darstellungen nicht blos von dem was geschieht, sondern auch von allem, was möglich ist. Jupiter hat dieselben vor dem Beginne der jetzigen Welt betrachtet, die möglichen Welten erwogen und die beste von allen ausgewählt. Er besucht manchmal diesen Ort, um in der Zurückrufung der Dinge und an der Erneuerung seiner Wahl sich zu erfreuen, was ihm Vergnügen machen muss. Ich habe nur zu sprechen und wir werden eine ganze Welt sehen, die mein Vater hervorbringen konnte und wo alles dargestellt ist, was man von ihr verlangen kann. Damit Kann man auch wissen, was geschehen würde, wenn die und die Möglichkeit wirklich werden sollte. Wenn die Bedingungen nicht bestimmt genug sein sollten, so würde es so viel verschiedene Welten da geben, als man will, um in verschiedener Weise dieselbe Frage auf so viele Arten, als es möglich ist, zu erledigen. Du hast in Deiner Jugend die Geometrie erlernt, wie alle gut erzogene Griechen. Du weisst daher, dass, wenn die Bedingungen eines verlangten Punktes ihn nicht genügend bestimmen und es deshalb deren unzählige giebt, sie alle in das fallen, was die Geometer einen Ort nennen und dieser Ort (der oft eine Linie ist) ist dann bestimmt. So kannst Du Dir auch eine der Regel entsprechende Reihe von Welten vorstellen, welche alle und zwar ausschliesslich den Fall enthalten, um den es sich handelt und dessen Umstände und Folgen danach sich verschieden gestalten. Wenn Du aber einen Fall setzt, der von der wirklichen Welt nur in einem einzigen bestimmten Umstande und dessen Folgen abweicht, so wird eine bestimmte von jenen Welten Dir antworten. Diese Welten sind alle hier, d.h. als blos vorgestellte. Ich werde Dir welche davon zeigen, in denen sich zwar nicht derselbe Sextus, den Du gesehen hast (dies ist nicht möglich, er trägt immer das, was er sein wird, mit sich) aber ähnliche Sextuse, welche alles, was Du von dem wirklichen Sextus gesehen hast, an sich tragen, aber nicht alles das, was zwar schon in ihm ist, aber nicht bemerkbar wird und folglich auch nicht alles das, was ihm noch begegnen wird. Du wirst also in dieser Welt einen Sextus sehr erhaben und glücklich finden; in einer andern, der mit einem mittlern Zustande zufrieden ist; kurz Sextuse von allen Arten und unzähligen Manieren.

415. Darauf führte die Göttin den Theodorus in eins der Gemächer; als er darin war, war es nicht mehr ein Gemach, sondern eine Welt.

Solemque suum, sua sidera norat.

(Sie hatte ihre Sonne und ihre Gestirne.)

Auf Befehl der Pallas zeigte sich Dodona mit dem Tempel des Jupiter und der heraustretende Sextus. Man hörte ihn sagen, er werde dem Gott gehorchen und er geht nun in eine zwischen zwei Meeren belegene Stadt, die Corinth ähnelt. Er kauft sich hier einen kleinen Garten, bei dessen Bearbeitung er einen Schatz findet und er wird ein reicher, geliebter und geachteter Mann; er stirbt in hohem Alter, von der ganzen Stadt geliebt. Theodorus sah wie mit einem Blick dessen ganzes Leben, als wäre es eine Vorstellung im Theater. In dem Gemach lag ein grosser Band von Schriften und Theodorus fragte, was dies bedeute. Es ist die Geschichte dieser Welt, die wir jetzt vor uns sehen, sagte die Göttin; es ist das Buch ihrer Schicksale. Du hast auf der Stirn des Sextus eine Zahl gesehen, suche in dem Buche die mit dieser Ziffer bezeichnete Stelle. Theodorus that es und fand da die ausführlichere Geschichte des Sextus, als die, welche er im Abriss gesehen hatte. Lege den Finger auf die Zeile, die Du willst, sagte ihm Pallas, und Du wirst da alles im Einzelnen wirklich dargestellt finden, was die Zeile im Groben andeutet. Er gehorchte und es zeigten sich alle Einzelheiten eines Theils von dem Leben des Sextus. Man ging nun in ein anderes Gemach, und siehe, da war eine andere Welt und ein anderer Sextus, der aus dem Tempel trat und entschlossen, dem Jupiter zu gehorchen, nach Thracien ging. Er heirathet hier die Tochter des Königs, welcher keine Kinder weiter hat und wird sein Nachfolger. Er wird von seinen Unterthanen angebetet. Man ging dann noch in andere Gemächer, wo immer neue Scenen gesehen wurden.

416. Die Gemächer erhoben sich über einander in Pyramidenform; sie wurden immer schöner, je mehr man sich der Spitze näherte und enthielten Darstellungen schönerer Welten. In dem höchsten Gemach sah man die Pyramide sich endigen; es war das schönste von allen; denn die Pyramide hatte zwar einen Anfang, aber das Ende sah man nicht; sie hatte eine Spitze, aber keine Grundlage, vielmehr wuchs sie nach unten in das Endlose. Dies kam, wie die Göttin erklärte, davon, dass es eine beste Welt unter allen giebt, sonst würde Gott sich nicht entschlossen haben, überhaupt eine zu erschaffen; aber von jeder gab es noch eine weniger vollkommene unter ihr und deshalb ging die Pyramide nach Unten ohne Ende fort. Als Theodorus in das höchste Gemach eintrat, gerieth er in Entzücken; die Göttin musste ihm beistehen und erst ein Tropfen von dem göttlichen Liquor, auf die Zunge gebracht liess ihn wieder zu sich selbst kommen. Er konnte sich vor Freude nicht lassen. Wir sind, sagte die Göttin, in der wahren, wirklichen Welt und Du bist an der Quelle des Glücks. Sieh hier, was Gott Dir bereitet, wenn Du ihn fernerhin treu dienst. Hier ist Sextus wie er ist, zu sehen, und wie er wirklich sein wird. Er geht voll Zorn aus dem Tempel und verachtet den Rath der Götter. Du siehst ihn auf dem Wege nach Rom, wo er alles in Unordnung bringt und der Frau seines Feindes Gewalt anthut. Hier siehst Du ihn mit seinem Vater verjagt, geschlagen, unglücklich. Hätte Jupiter hier einen Sextus gesetzt, der glücklich in Corinth war, oder König in Thracien, so wäre dies nicht mehr diese Welt gewesen. Und dennoch musste er diese Welt wählen, die in Vollkommenheit alle andern übertrifft und die Spitze der Pyramide bildet, denn sonst hätte Jupiter seiner Weisheit entsagt und mich, seine Tochter, verbannt. Du siehst, nicht mein Vater hat Sextus schlecht gemacht; er war es schon von aller Ewigkeit und er war es immer von freien Stücken; er hat ihm nur das Dasein bewilligt, welches er der Welt, in der er mit befasst war, nicht versagen konnte; er hat ihn nur aus der Region der möglichen Dinge zu der der wirklichen Wesen übergehen lassen. Auch dient das Verbrechen des Sextus zu grossen Dingen; es entspringt daraus demnächst ein grosses Reich mit grossen Männern. Allein dies ist noch nichts in Vergleich zu dem Werth dieser ganzen Welt, deren Schönheit Du bewunderst, da erst nach einem glücklichen Uebergange aus diesem sterblichen Zustande zu einem bessern die Götter Dich fähig machen werden, denselben zu erkennen.

417. In diesem Augenblick erwachte Theodorus; er dankt der Göttin; er erkennt die Gerechtigkeit des Jupiter und erfüllt von dem, was er gesehen und gehört, setzt er sein Amt als grosser Opferpriester mit all dem Eifer eines wahren Dieners seines Gottes fort und mit aller Freude, deren ein Sterblicher fähig ist.

Es scheint mir, dass diese Fortsetzung der Fabel die Schwierigkeit aufhellt, welche Valla nicht berühren wollte. Wenn Apoll das schauende Wissen Gottes gut dargestellt hat (welches das Daseiende befasst) so hoffe ich, dass auch Pallas die Rolle von dem gut durchgeführt hat, was man die einfache Erkenntniss nennt (welche alles Mögliche befasst) und wo man zuletzt die Quelle aller Dinge zu suchen hat.

Anhang I

Kurze Darstellung der Streitfrage, auf förmliche Schlüsse zurückgeführt

Einige einsichtige Personen wünschten, ich möchte diese Zugabe machen und ich habe dem um so mehr Statt gegeben, als ich dadurch Gelegenheit erhielt, einige Schwierigkeiten zu beseitigen und einige Bemerkungen beizufügen, die in dem vorstehenden Werke noch nicht genügend behandelt worden waren.

I. *Einwurf.* Jeder, welcher nicht den besten Theil ergreift, hat einen Mangel an Macht, oder an Wissen, oder an Güte.

Gott hat nicht den besten Theil erwählt, als er diese Welt geschaffen.

Also mangelt es Gott an Macht, oder an Wissen, oder an Güte.

Antwort. Ich leugne den Untersatz, d.h. den zweiten Vordersatz dieses Schlusses, und der Gegner beweist ihn durch folgenden

Prosyllogismus: Wer Dinge macht, die Uebles enthalten, während sie ohne Uebel hätten gemacht werden können, oder die gar nicht gemacht zu werden brauchten, erwählt nicht das beste Theil.

Gott hat eine Welt gemacht, wo es Uebel giebt, nämlich eine Welt, die entweder ohne alles Uebel gemacht werden konnte, oder deren Hervorbringung ganz unterbleiben konnte.

Also hat Gott nicht den besten Theil erwählt.

Antwort. Ich gestehe den Untersatz dieses Prosyllogismus zu, denn es ist richtig, dass Uebel in der von Gott geschaffenen Welt enthalten sind und auch dass es möglich ist, eine Welt ohne Uebel zu bilden und selbst möglich, gar keine Welt zu schaffen, weil die Schöpfung von dem freien Willen Gottes abgehangen hat; aber ich bestreite den Obersatz, d.h. den ersten der beiden Vordersätze dieses Schlusses und ich könnte mich begnügen, den Beweis dessen zu verlangen. Allein zur wahreren Aufklärung des Gegenstandes will ich dieses Bestreiten beweisen, indem ich zeige, dass der beste Theil nicht immer der ist, welcher das Uebel abzuwenden sucht, weil es möglich ist, dass das Uebel von einem grösseren Gute begleitet wird. So wird z.B. einem Feldherrn ein grösserer Sieg mit einer leichten Verwundung lieber sein, als ein Zustand ohne Sieg und ohne Verwundung. Ich habe dies ausführlich in diesem Werke dargelegt, indem ich selbst aus der Mathematik dafür Beispiele beigebracht und ausserdem gezeigt habe, dass die Unvollkommenheit eines Theiles für eine grössere Vollkommenheit im Ganzen erforderlich sein kann. Ich bin hier der Ansicht des Augustinns gefolgt, welcher vielemal gesagt hat, dass Gott das Uebel gestattet habe, um ein Gut daraus abzuleiten, d.h. ein grösseres Gut; und auch der Ansicht des Thomas von Aquino (in Buch 2, sent. Dictum 32, Frage 1, Artikel I), dass die Gestattung des Uebels das Beste des Universums bezweckt. Ich habe gezeigt, dass bei den Alten der Fall Adam's die *felix culpa* (die glückliche Schuld) genannt worden ist, weil sie durch einen unermesslichen Vortheil ausgeglichen worden ist, nämlich durch die Menschwerdung des Sohnes Gottes, welche dem Universum etwas Edleres gegeben hat, als alles, was ohne diese es sonst unter den Geschöpfen gegeben haben würde. Auch habe ich zum bessern Verständniss nach dem Vorgange mehrerer guten Schriftsteller hinzugefügt, dass es zur Ordnung und zum allgemeinem Guten gehörte, dass Gott gewissen Geschöpfen die Gelegenheit zur Hebung ihrer Freiheit gewähre, selbst dann, wenn er voraussah, dass sie sich dem Bösen zuwenden würden, was er ja so gut wieder ausgleichen konnte. Es passte nicht, dass Gott zur Verhinderung der Sünde immer in ausserordentlicher Weise gehandelt hätte. Zur Widerlegung des Einwurfs genügt also, wenn man zeigt, dass eine Welt mit dem Uebel besser sein kann, als eine Welt ohne Uebel; allein ich bin in meinem Werke noch weiter gegangen und habe selbst dargethan, dass diese wirkliche Welt besser sein muss, als alle andern möglichen Welten.

II. *Einwurf.* Wenn es in den verständigen Geschöpfen mehr Uebles als Gutes giebt, so giebt es mehr Uebles als Gutes in dem ganzen Werke Gottes.

Nun giebt es mehr Uebles als Gutes in den verständigen Geschöpfen.

Also giebt es mehr Uebles als Gutes in dem ganzen Werke Gottes.

Antwort. Ich bestreite den Ober- und den Unter-Satz dieses bedingten Schlusses. Den Obersatz gestehe ich nicht zu, weil diese vermeinte Folgerung vom Theile auf das Ganze stillschweigend und ohne Beweis voraussetzt, dass die unverständigen Geschöpfe mit den verständigen nicht in Vergleich und in Rechnung gestellt werden können. Weshalb sollte aber das Mehr an Gutem bei den unverständigen Geschöpfen in der Welt nicht das Mehr an Uebel in den vernünftigen Geschöpfen ausgleichen, ja selbst vielmal übertreffen können? Allerdings ist der Werth der letzteren grösser aber dafür sind der ersteren an Zahl unvergleichlich viel mehr und das Verhältniss der Zahl und der Menge kann das des Werthes und der Beschaffenheit übersteigen.

Auch den Untersatz kann ich nicht zugeben, nämlich, dass es mehr Uebles als Gutes bei den verständigen Geschöpfen gäbe. Man braucht nicht einmal zuzugestehen, dass es bei dem menschlichen Geschlecht mehr Uebles als Gutes gäbe, weil es möglich, ja selbst sehr vernünftig ist, dass der Ruhm und die Vollkommenheit der Seligen unvergleichlich grösser ist, als das Elend und die Unvollkommenheit der Verdammten und hier die Vortrefflichkeit des Guten in der kleinen Anzahl das ganze Ueble in der grössern Anzahl überwiegt. Die Seligen nähern sich der Gottheit durch die Vermittlung des Gott-Mittlers so weit, als es für sie passt und sie in dem Guten vorschreiten, während das Uebel der Verdammten nicht zunehmen kann, wenn sie sich auch der Natur der bösen Geister noch so sehr näherten. Gott ist ohne Schranken, aber jene Geister sind beschränkt. Das Gute kann gehen und geht in das Unendliche, während das Ueble seine Grenzen hat. Es ist deshalb möglich, ja glaublich, dass bei der Vergleichung der Seligen und Verdammten das Gegentheil von dem eintrifft, was, wie ich gesagt, bei der Vergleichung der verständigen Geschöpfe mit den unverständigen eintreffen kann, d.h. bei der Vergleichung der Glücklichen und Unglücklichen kann das Verhältniss des Grades das der Menge übertreffen und bei der Vergleichung der verständigen und unverständigen Geschöpfe kann das Verhältniss der Menge grösser sein, als das des Werthes. Nun ist man berechtigt, anzunehmen, dass etwas statthaben könne, so lange nicht dessen Unmöglichkeit bewiesen worden und es ist deshalb zulässig, selbst das hier Aufgestellte anzunehmen.

Aber selbst wenn man *zweitens* zugäbe, dass es mehr Uebel als Gutes beim menschlichen Geschlecht gäbe, so kann man noch mit Recht bestreiten, dass es mehr Uebel als Gutes in allen verständigen Geschöpfen gebe. Denn es giebt eine unfassbare Menge von Geistern und vielleicht auch von andern vernünftigen Geschöpfen und kein Gegner wird beweisen können, dass in dem ganzen Staat Gottes, welcher sich aus so viel Geistern, wie verständigen Wesen ohne Zahl und von unzähligen Arten zusammensetzt, das Uebel das Gute übersteige, und obgleich man bei der Beantwortung eines Einwurfs nicht zu beweisen braucht, dass eine Sache wirklich ist, wenn deren blose Möglichkeit genügt, so habe ich doch in diesem Werke gezeigt, dass es eine Folge der höchsten Vollkommenheit des Herrn des Universum's ist, dass das Reich Gottes das vollkommenste von allen möglichen Staaten und Regierungen ist und dass deshalb das wenige darin vorhandene Uebel zur Erreichung des unermesslichen darin befindlichen Guten erforderlich ist.

III. *Einwurf.* Wenn es immer unmöglich ist, nicht zu sündigen, so ist es immer ungerecht, zu strafen.

Nun ist es immer unmöglich, nicht zu sündigen, oder vielmehr, alle Sünde ist nothwendig.

Also ist es immer ungerecht, zu strafen. Man beweist davon den Untersatz so:

I. *Prosyllogismus.* Alles Vorausbestimmte ist nothwendig.

Jedes Ereigniss (und folglich auch die Sünde) ist nothwendig.

Auch dieser zweite Untersatz wird so bewiesen:

II. *Prosyllogismus.* Das, was zukünftig ist, was vorausgesehen wird, was in den Ursachen eingehüllt ist, ist vorausbestimmt.

Jedes Ereigniss ist solcher Art.

Also ist jedes Ereigniss vorausbestimmt.

Antwort. Ich räume in einem gewissen Sinne den Schlusssatz des zweiten Prosyllogismus ein, welcher den Untersatz für den ersten hergiebt; aber ich leugne den Obersatz des ersten, nämlich dass alles Vorausbestimmte nothwendig ist, indem darunter z.B. die Notwendigkeit zu sündigen verstanden wird, oder die Unmöglichkeit, nicht zu sündigen, oder eine gewisse Handlung nicht zu thun, also die Nothwendigkeit, welche eine wesentliche und unbedingte ist und die Moralität der Handlung, so wie die Gerechtigkeit der Strafe zerstört. Denn wenn jemand darunter eine andere Nothwendigkeit oder Unmöglichkeit verstände, d.h. nur eine moralische Nothwendigkeit oder eine nur hypothetische (die ich gleich erklären werde) so ist es klar, dass ich ihm dann den Obersatz des Einwurfs bestreiten würde. Damit könnte ich mich begnügen und den Beweis des bestrittenen Vordersatzes verlangen; allein ich will gern mein Vorgehen in diesem Werke rechtfertigen, um den Gegenstand mehr zu erklären und die ganze Materie mehr aufzuhellen. Deshalb erörtere ich die Nothwendigkeit, welche verworfen werden muss, und die Bestimmtheit, welche statt haben soll. Die Nothwendigkeit nämlich, welche der Moralität entgegensteht, muss vermieden werden; sie würde die Bestrafung zu einer ungerechten machen, weil sie so unüberwindlich ist, dass jede Entgegenstellung vergeblich sein würde, selbst wenn man alles Ernstes die nothwendige Handlung vermeiden wollte und alle möglichen Anstrengungen deshalb machen würde. Nun ist klar, dass diese Nothwendigkeit auf die Willenshandlungen nicht anwendbar ist, weil man sie nicht thun würde, wenn man nicht wirklich wollte. Auch die Voraussehung und Vorausbestimmung dieser Handlungen ist nicht eine unbedingte; sondern sie setzt den Willen voraus. Wenn es sicher ist, dass man etwas thun wird, so ist es auch eben so sicher, dass man wollen wird, es zu thun. Diese freiwilligen Handlungen und deren Folgen werden nicht etwa eintreten, gleichviel, was man auch thue, und ob man sie wolle oder nicht wolle; sondern deshalb, weil man handeln wird und weil man wollen wird, das zu thun, was dahin führt; dies ist in der Voraussehung und Vorausbestimmung enthalten und bildet selbst deren Grund. Die Nothwendigkeit solcher Ereignisse heisst die bedingte, hypothetische oder auch die Nothwendigkeit der Folge, weil sie den Willen voraussetzt und die übrigen *Erfordernisse*, während die Notwendigkeit, welche die Moralität zerstört und die Bestrafung zu einer ungerechten, und den Lohn zu einem nutzlosen macht, in den Dingen enthalten ist, welche eintreten werden, was man auch thue und was man auch thun wolle; mit *einem* Wort, diejenige Nothwendigkeit, welche in dem Wesentlichen enthalten ist. Das ist es, was man die unbedingte Nothwendigkeit nennt. Deshalb nützen in Bezug auf das unbedingt Nothwendige weder die Verbote, noch die Befehle etwas, so wenig wie die Strafen und Belohnungen, und so wenig wie der Tadel und das Lob; es wird deshalb nicht mehr und nicht weniger geschehen, während bei den freiwilligen Handlungen und in dem von ihnen Abhängigen, die Vorschriften, versehen mit der Macht zu strafen und zu belohnen, sehr oft nützen und in der Ordnung der Dinge, welche die Handlung zum Dasein bringen, einbegriffen sind. Aus diesem Grunde sind nicht blos die Sorgen und die Arbeiten, sondern auch die Gebote von Nutzen, da Gott auch diese Gebote mit in Sicht gehabt, ehe er die Dinge geregelt hat und darauf die passende Rücksicht bereits genommen hat. Deshalb gilt das Gebot, *bete und arbeite*, in seinem vollen Umfange und sowohl die, welche unter dem eiteln Verwände der Nothwendigkeit der Ereignisse behaupten, man könne die nöthige Sorgfalt bei den Geschäften vernachlässigen, wie die, welche gegen das Beten zu Gott streiten, verfallen in das, was schon die Alten das faule Sophisma nannten. So trägt gerade die Vorausbestimmung der Ereignisse durch ihre Ursachen zur Moralität bei, anstatt sie zu zerstören; die Ursachen reizen nur den Willen, aber zwingen ihn nicht. Deshalb ist die Bestimmung, um die es sich handelt, keine Nothwendigkeit. Es ist für den, der alles weiss, gewiss, dass die Wirkung diesem Reize folgen wird, allein diese Wirkung folgt daraus nicht vermöge einer nothwendigen Folge, d.h. nicht deshalb, weil ihr Gegentheil einen Widerspruch enthält; auch bestimmt sich der Wille in Folge einer solchen innern Neigung, ohne dass hier eine Nothwendigkeit besteht. Man setze, dass jemand die heftigste Leidenschaft von der Welt habe (z.B. einen grossen Durst) und man wird mir zugestehen, dass die Seele einen Grund finden kann, um ihr zu widerstehen, selbst wenn es nur der wäre, ihre Macht zu zeigen. Wenn man also auch niemals in einem vollkommenen Gleichgewicht des Wollens sich befindet und immer eine überragende Neigung für die Seite besteht, der man sich zuwendet, so macht dies doch den Entschluss, den man fasst, niemals zu einem nothwendigen.

IV. *Einwurf.* Wer die Sünde eines Andern verhindern kann und es nicht thut, vielmehr dazu mit beiträgt, obgleich er die genügende Kenntniss hat, ist ein Mitschuldiger.

Gott kann die Sünden der verständigen Geschöpfe hindern, er thut es aber nicht, vielmehr trägt er durch seine Mithilfe und durch die Gelegenheiten, die er entstehen lässt, mit dazu bei, obgleich er eine vollkommene Kenntniss dessen hat.

Also u.s.w.

Antwort. Ich bestreite den Obersatz dieses Schlusses; denn es kann sein, dass man die Sünde hindern kann, aber es nicht thun darf, weil man es nicht könnte, ohne selbst eine Sünde zu begehen, oder (wenn es sich um Gott handelt) ohne eine unvernünftige Handlung zu begehen. Ich habe Beispiele dazu gegeben und die Anwendung davon auf Gott selbst gemacht. Es kann auch kommen, dass man zum Uebel beiträgt und mitunter demselben sogar den Weg öffnet, indem man Dinge thut, zu denen man verpflichtet ist. Thut man nun seine Pflicht, oder (von Gott gesprochen) wird, alles wohl erwogen, nur das gethan, was die Vernunft erfordert, so ist man für die kommenden Ereignisse nicht verantwortlich, selbst wenn man sie voraussieht. Man will diese Uebel nicht, aber man will sie zulassen, um eines grösseren Guten willen, was man vernünftiger Weise vorziehen muss gegen andere Erwägungen. Dies ist der *nachfolgende* Wille, welcher aus *vorgehendem* Willen sich ergiebt, durch welche man das Gute will. Ich weiss, dass

Manche, wenn sie von dem vorgehenden und nachfolgenden Willen Gottes sprechen, unter ersterem den Willen verstehen, welcher will, dass alle Menschen errettet seien, und unter dem nachfolgenden den, welcher in Folge der hartnäckigen Sünde will, dass es auch Verdammte gebe. Allein dies sind nur Beispiele eines allgemeinem Begriffs und man muss aus demselben Grunde sagen, dass Gott vermöge seines vorgehenden Willens will, dass die Menschen nicht sündigen und dass er vermöge seines nachfolgenden, oder schliesslichen und entscheidenden Willens (welcher sich stets verwirklicht) gestatten will, dass die Menschen sündigen, da diese Gestaltung die Folge von höheren Gründen ist. Man kann deshalb mit Recht allgemein sagen, dass der vorgehende Wille Gottes auf die Hervorbringung des Guten und Verhinderung des Uebels gerichtet ist; jeder bittet für sich und gleichsam abgesondert (*particulariter et secundum quid* [im Besondern und je nachdem]; Thomas I, qu. 19, Art. 6), je nach dem Maasse des Grades jeder Gutes und Uebels; dass aber der nachfolgende, oder schliessliche und ganze Wille Gottes auf die Hervorbringung von so viel Gutem geht, als man zusammenfassen kann, welche Verbindung durch den entscheidenden Willen geschieht und welcher auch die Gestaltung einiger Uebel und den Ausschluss einiges Guten befasst, wie es der beste Plan des Universums verlangt. Arminius hat in seinem Antiperkinsus sehr gut dargelegt, dass der Wille Gottes ein nachfolgender genannt werden könne, nicht blos in Bezug auf das Handeln der Geschöpfe, welches durch den Verstand Gottes im Voraus erwogen worden, sondern auch in Bezug auf anderes vorgehende göttliche Wollen. Indess genügt die Erwägung der erwähnten Stelle bei Thomas von Aquino und der Stelle bei Scotus I. Dist. 46, qu. XI, um zu ersehen, dass Beide diese Unterscheidung so wie ich hier aufstellen. Will man indess diesen Gebrauch der Worte nicht gestatten, so setze man vorläufigen Willen statt vorgehenden und schliesslichen Willen oder entscheidenden statt nachfolgenden; denn ich will nicht über Worte streiten.

432

V. *Einwurf.* Der, welcher alles Reale in einer Sache hervorbringt, ist deren Ursache.

Gott bringt alles in der Sünde enthaltene Reale hervor.

Also ist Gott die Ursache der Sünde.

Antwort. Ich könnte mich mit der Verneinung des Obersatzes oder des Untersatzes begnügen, weil der Ausdruck: *Real* Bedeutungen hat, welche diese Sätze falsch machen können. Allein ich will hier unterscheiden, um mich deutlicher zu erklären. *Real* bedeutet entweder das, was nur positiv ist, oder auch das beraubende Seiende. Im erstem Sinne genommen, bestreite ich den Obersatz und räume den Untersatz ein; im andern Sinne genommen, thue ich das Entgegengesetzte. Damit könnte ich mich begnügen, allein ich gehe noch weiter, um diese Unterscheidung zu rechtfertigen. Man macht es sich sehr leicht, wenn man darlegt, dass jede rein positive oder unbedingte Realität eine Vollkommenheit sei und dass die Unvollkommenheit von der Beschränkung komme, d.h. von dem Beraubenden, denn Beschränken ist ein Weigern des Fortschrittes oder des Weitergehenden. Nun ist Gott die Ursache aller Vollkommenheiten und also auch von allen Realitäten, wenn man sie als rein positive nimmt. Die Beschränkungen kommen dagegen von der Unvollkommenheit der Geschöpfe, welche deren Empfänglichkeit beschränkt. Es ist, wie mit einen beladenem Schiffe, welches der Fluss mehr oder weniger langsam treibt, nach Massgabe seiner Ladung; so kommt seine Schnelligkeit vom Fluss, aber die Verlangsamung, welche diese Schnelligkeit beschränkt, kommt von der Ladung. So habe ich in meinem Werke auch gezeigt, dass das Geschöpf, wenn es die Sünde verursacht, eine ermangelnde Ursache ist und dass die Irrthümer und schlechten Neigungen von der Beraubung kommen und dass die Beraubung nur nebenbei wirkend ist; und ich habe die Ansicht des heiligen Augustinus gerechtfertigt (Buch I, an Simplicius, Frage 2), welcher darlegt z.B., wie Gott verhärtet, nicht etwa dadurch, dass er etwas Schlechtes der Seele einfügt, sondern weil die Wirkung seiner guten Eindrücke durch den Widerstand der Seele beschränkt wird, so wie durch die Umstände, welche zu diesem Widerstande beitragen und dass Gott so dem Geschöpfe nicht all das Gute gewährt, was seine Uebel übertreffen würde. Er sagt: *Nec ab illo erogatur aliquid, quo homo fit deterior, sed tantum, quo fit melior, non erogatur.* (Und von Gott geht nicht etwas aus, wodurch der Mensch schlechter wird, sondern es geht nur das nicht aus, wodurch er besser wird.) Hätte Gott hier mehr thun wollen, so hätte er entweder den Geschöpfen eine andere Natur geben müssen, oder andere Wunder thun, um deren Naturen zu ändern; was jedoch der beste Plan nicht gestattete. Dies wäre so, als wenn die Strömung des Flusses schneller sein sollte, als die Neigung seines Laufs gestattet, oder dass die Schiffe weniger beladen wären, wenn sie schneller gehen sollten. Die ursprüngliche Beschränkung oder Unvollkommenheit der Geschöpfe ist der Grund, dass der beste Plan des Universum's nicht frei von gewissen Uebeln sein kann die indess zu einem grössern Gute sich umwandeln. Es sind einige Unordnungen in den Theilen, welche aber die Schönheit des Ganzen wunderbar erhöhen, so wie gewisse richtig angebrachte Misstöne die Harmonie schöner machen. Dies hängt von dem ab, was ich bereits auf den ersten Einwurf geantwortet habe.

VI. *Einwurf.* Wer Diejenigen bestraft, die es so gut gemacht haben, als es ihnen möglich war, ist ungerecht.

Gott thut dies.

Also etc.

Antwort. Ich bestreite den Untersatz. Ich glaube, dass Gott immer die Hülfen und die Gnaden gewährt, welche für die genügen, welche den guten Willen haben, d.h. welche diese Gnaden nicht durch eine neue Sünde von sich weisen. Ich nehme deshalb die Verdammniss der ungetauft oder ausserhalb der Gemeinschaft der Kirche gestorbenen Kinder nicht an, und auch nicht die der Erwachsenen, welche nach dem von Gott ihnen gewährten Lichte gehandelt haben. Ich glaube, dass wenn Jemand diesem seinen Lichte gefolgt ist, er unzweifelhaft noch das grössere Licht, dessen er bedarf, erhalten wird, wie Herr Hülsemann, ein berühmter und tiefdenkender Professor in Leipzig, zum Theil dargelegt hat, und dass wenn ein solcher Mensch davon nicht genügend in seinem Leben gehabt hat, er dieses Licht wenigstens in der Stunde seines Todes erhalten wird.

VII. *Einwurf.* Wer nur Einigen und nicht Allen die Mittel gewährt, durch die sie wirklich den guten Willen und den schliesslichen heilbringenden Glauben haben, der hat nicht die nöthige Güte.

Gott gewährt die Mittel nicht.

Also etc.

Antwort. Ich bestreite den Obersatz. Es ist richtig, dass Gott selbst den grössten Widerstand des menschlichen Herzens überwinden kann und er thut dies auch manchmal, bald durch eine innere Gnade, bald durch äussere Umstände, welche viel über die Seele vermögen, aber er thut es nicht immer. Man wird sagen: Woher entnimmt man diese Unterscheidung und weshalb soll seine Güte beschränkt sein? Deshalb, weil es nicht in der Ordnung sein würde, immer in ausserordentlicher Weise zu handeln und die Verknüpfung der Dinge zu unterbrechen, wie ich schon in der Antwort auf den ersten Einwurf gesagt habe. Die

Gründe für diese Verknüpfung, wonach der Eine in eine günstigere Lage gestellt ist, als der Andere, sind in der Tiefe der göttlichen Weisheit verborgen und hängen von der allgemeinen Harmonie ab. Der beste Plan des Universum's, welchen Gott nicht umhin konnte, zu wählen, verlangte es so. Man erkennt dies durch den Vorgang selbst; da es Gott gemacht hat, so konnte es nicht besser gemacht werden. Anstatt dass dieses Verfahren der Güte entgegen wäre, ist es vielmehr die höchste Güte, welche ihn dahin gebracht hat. Dieser Einwurf mit seiner Lösung konnte aus dem zum ersten Einwurf Gesagten entnommen werden; indess schien es zweckmässig, denselben besonders zu verhandeln.

VIII. *Einwurf.* Wer nicht umhin kann, das Beste zu wählen, ist nicht frei.

Gott kann nicht umhin, das Beste zu wählen.

Also ist Gott nicht frei.

Antwort. Ich bestreite den Obersatz dieses Beweises; vielmehr ist es die wahre und vollkommenste Freiheit, seine Willensfreiheit aufs Beste zu gebrauchen und diese Macht immer zu üben, ohne davon weder durch äussere Gewalt, noch durch innere Leidenschaften sich abhalten zu lassen; denn die eine ist die Knechtschaft des Körpers und die andere die der Seele. Nichts ist weniger knechtisch, als sich immer zu dem Guten führen zu lassen und zwar immer durch seine eigne Neigung, ohne Zwang und ohne Missbehagen. Auch der Einwurf, dass Gott danach der äussern Dinge bedürfe, ist nur ein sophistischer. Er schafft die äussern Dinge in seiner Freiheit, aber da er sich ein Ziel gesetzt, nämlich seine Güte zu üben, so hat ihn seine Weisheit bestimmt, die passendsten Mittel für dieses Ziel zu wählen. Nennt man dies ein Bedürfniss, so wird dabei dieses Wort in dem ungewöhnlichen Sinne genommen, welcher es von aller Unvollkommenheit reinigt, wie man ohngefähr auch von dem Zorne Gottes so spricht.

Seneca sagt einmal, dass Gott nur einmal befohlen habe, aber dass er immer gehorche, weil er den Gesetzen gehorcht, die er sich vorzuschreiben gewollt hat; *semel jussit, semper paret.* (Einmal hat er befohlen und immer gehorcht er.) Allein er hätte besser gesagt, dass Gott immer befehle und immer gehorche; denn bei seinem Wollen folgt er immer der Neigung seiner eignen Natur und alles Uebrige folgt immer seinem Willen, und da dieser Wille immer derselbe ist, so kann man nicht sagen, dass er nur dem gehorche, was er einmal früher gewollt habe. Obgleich nun sein Wille immer unveränderlich ist und immer auf das Beste geht, so bleibt doch das Uebel oder das geringere Gute, was er zurückweist, an sich möglich; denn sonst wäre die Nothwendigkeit des Guten eine geometrische (um mich so auszudrücken) oder metaphysische Nothwendigkeit und völlig unbedingt; die Zufälligkeit der Dinge wäre dann vernichtet und es gäbe keine Wahl mehr. Jene Art von Nothwendigkeit, welche die Möglichkeit des Gegentheils nicht aufhebt, hat diesen Namen nur von der Aehnlichkeit; sie wird wirksam, nicht durch das blose Wesen der Dinge, sondern durch etwas ihnen Aeusserliches, was über ihnen steht, d.h. durch den Willen Gottes. Diese Nothwendigkeit heisst die moralische, weil bei dem Weisen das Nothwendige und das Schuldige gleichbedeutende Dinge sind; und wenn sie sich immer verwirklicht, wie es bei dem vollkommnen Weisen der Fall ist, d.h. bei Gott, so kann man sagen, dass sie eine glückliche Nothwendigkeit ist. Je mehr die Geschöpfe sich ihr nähern, desto mehr nähern sie sich der vollkommnen Glückseligkeit. Auch ist diese Art von Nothwendigkeit nicht die, welche man zu vermeiden sucht, und welche die Moralität, den Lohn und das Lob aufhebt; denn das, wozu sie treibt, geschieht nicht *trotz dem*, was man thue oder wolle, sondern weil man es richtig will. Ein Wille, dem die Wahl des Guten natürlich ist, verdient gerade das höchste Lob und er hat seinen Lohn in sich selbst, nämlich das höchste Glück. Da nun diese Verfassung der göttlichen Natur dem eine volle Befriedigung gewährt, der sie besitzt, so ist sie auch für die Geschöpfe die beste und wünschenswertheste, die ja alle von Gott abhängen. Hätte der Wille Gottes nicht den Grundsatz des Besten zur Regel, so würde er sich zum Bösen wenden, was schlimmer wäre, oder er wäre vielleicht für das Gute und Uebel in gewisser Weise gleichgültig und würde von dem Zufall geführt. Ein Wille aber, der sich immer nach dem Zufall gehen liesse, würde kaum besser für die Regierung der Welt sein, als das zufällige Zusammentreffen der Körperchen, ohne dass eine Gottheit dabei bestände. Selbst wenn Gott sich dem Zufall nur in einzelnen Fällen und in einer gewissen Art überliesse (wie es der Fall sein würde, wenn er nicht immer voll auf das Beste sich richtete) und wenn er fähig wäre, ein geringeres Gut einem grösseren vorzuziehen (d.h. ein Uebel einem Gute, weil das) was ein grösseres Gut verhindert, ein Uebel ist), so würde er unvollkommen sein, wie der Gegenstand seiner Wahl; er verdiente dann kein volles Vertrauen, er handelt in solchem

Falle ohne Vernunft und die Regierung der Welt würde dann jenen Kartenspielen gleichen, wo halb das Glück und halb die Vernunft entscheidet. Dies alles ergiebt, dass dieser Einwurf gegen die Wahl des Besten, die Begriffe der Freiheit und Nothwendigkeit verdreht und uns das Beste sogar als ein Schlechtes darstellt, was entweder boshaft oder lächerlich ist.

Anhang II

Betrachtungen über das Werk, welches Herr Hobbes im Englischen über die Freiheit, die Nothwendigkeit und den Zufall veröffentlicht hat

1. Da die Frage der Nothwendigkeit und der Freiheit, mit den von ihr abhängenden Fragen vormals zwischen dem berühmten Herrn Hobbes und dem Herrn Johann Bramhall, Bischof von Derry, in öffentlichen Schriften beiderseits verhandelt worden ist, so schien es mir passend, eine genaue Darstellung davon zu geben (obgleich ich derselben schon wiederholt erwähnt habe) und zwar um so mehr, als die Schriften des Herrn Hobbes bis jetzt nur englisch veröffentlicht sind, und da alles, was von diesem Manne kommt, in der Regel etwas gutes und sinnreiches enthält. Der Bischof von Derry und Herr Hobbes hatten sich 1646 in Paris bei dem Marquis, später Herzog von Newcastle getroffen und sie begannen da eine Verhandlung über diese Frage. Der Streit wurde mit vieler Mässigung geführt, allein der Erzbischof sandte ein wenig später eine Schrift an den Mylord Newcastle, mit der Bitte, Herrn Hobbes zu deren Beantwortung zu veranlassen. Herr Hobbes antwortete, aber mit der Bitte, seine Antwort nicht zu veröffentlichen, weil er fürchtete, dass mangelhaft unterrichtete Personen die Sätze darin als die seinigen auffassen möchten, so wahr sie auch sein möchten. Indess geschah es, dass Herr Hobbes selbst die Schrift einen ihm befreundeten Franzosen mittheilte und einem jungen Engländer die Uebersetzung derselben in das Französische für diesen Freund erlaubte. Dieser junge Mann behielt für sich eine Abschrift des englischen Originals und veröffentlichte es ohne Vorwissen des Verfassers in England. Der Erzbischof war dadurch genöthigt, darauf zu antworten und Herr Hobbes entgegnete diesem und veröffentlichte dann die sämmtlichen Schriftstücke in einem Buche von 348 Seiten, was im Jahre 1656 in London in Quart unter dem Titel gedruckt wurde: Die Frage über Freiheit, Notwendigkeit und Zufall, erläutert und erörtert zwischen dem Dr. Bramhall, Erzbischof von Derry und Thomas Hobbes von Malmesbury. Es giebt noch eine spätere Ausgabe von 1684, die in einem Werke von Hobbes: Der Tripolis (Der Dreifuss von Hobbes) enthalten ist und wo sich auch dessen Schrift über die menschliche Natur, seine Abhandlung über den politischen Körper und seine Abhandlung über die Freiheit und Nothwendigkeit befindet; allein es fehlt da die Entgegnung des Erzbischofs und die Antwort von Hobbes. Herr Hobbes bespricht den Gegenstand mit seinem bekannten Geist und Scharfsinn, allein es ist schade, dass man sich von beiden Seiten auf mancherlei kleine Kniffe einlässt, wie dies ja vorkommt, wenn man bei dem Spiel empfindlich wird. Der Erzbischof spricht sehr heftig und nimmt eine hohe Miene an. Herr Hobbes erspart ihm von seiner Seite nichts und zeigt ein wenig zu viel Verachtung der Theologie und der scholastischen Kunstworte, an die sich der Erzbischof heftet.

2. Allerdings findet sich in den Ansichten von Herrn Hobbes manches Sonderbare, was sich nicht aufrecht erhalten lässt. Nach ihm hängen die Lehren über die Gottheit gänzlich von der Bestimmung des Staatsoberhauptes ab und Gott ist weder von den guten noch schlechten Handlungen der Geschöpfe die Ursache. Alles was Gott thut, ist, nach Hobbes, gerecht, weil es Niemand über Gott giebt, welcher ihn strafen oder zwingen könnte. Mitunter spricht er so, als wären das, was man über Gott sage, nur Artigkeiten, d.h. Reden, durch die man ihn ehre, aber nicht erkenne. Es scheint ihm, dass die Strafen der Bösen durch deren Vernichtung aufhören müssen, ohngfähr wie die Socinianer es behaupten, nur geht Herr Hobbes wohl noch viel weiter. Seine Philosophie, nach welcher nur die Körper Substanzen sein sollen, scheint der Vorsehung Gottes und der Unsterblichkeit der Seele wenig günstig. Er sagt vielfach, über andere Gegenstände sehr vernünftige Dinge und zeigt ganz gut, dass nichts aus Zufall geschehe, sondern dass der Zufall nur die Unkenntniss der die Wirkung herbeiführenden Ursachen bedeute. Für jede Wirkung bedarf es eines Zusammentreffens aller zureichenden Bedingungen, welche dem Ereigniss vorhergehen; es dürfe also auch nicht eine fehlen, wenn das Ereigniss folgen soll, weil es eben Bedingungen seien. Ebenso trete das Ereigniss unausbleiblich ein, wenn alle Bedingungen vorhanden sind, weil es zureichende Bedingungen sind. Dies kommt auf das von mir so oft Gesagte hinaus, dass Alles aus bestimmenden Ursachen eintrete und dass, wenn wir diese kennten, wir auch gleichzeitig wissen würden, weshalb die Sache eingetreten und weshalb es nicht anders geschehen ist.

3. Indess verleitet den Verfasser seine Laune zu Sonderbarkeiten; er liebt es, den Andern zu widersprechen und er gelangt zu übertriebenen und hässlichen Folgerungen und Ausdrücken, als wenn alles in Folge einer unbedingten Nothwendigkeit sich ereigne, während der Erzbischof von Derry in seiner Antwort auf Artikel 35, S. 327 sehr richtig bemerkt, dass nur eine hypothetische Nothwendigkeit daraus folge, wie man sie den Ereignissen in Bezug auf das Vorauswissen Gottes zugesteht. Allein Herr Hobbes will, dass dieses Vorauswissen Gottes allein hinreiche, um eine unbedingte Nothwendigkeit der Ereignisse zu begründen. Dies war auch die Meinung von Wicleff und selbst von Luther, als er über das *servum arbitrium* (den unfreien Willen) schrieb; wenigstens sprachen beide so. Allein man sieht jetzt genügend ein, dass diese Art von Nothwendigkeit, welche man die hypothetische nennt, welche von dem Vorauswissen oder andern vorgehenden Gründen kommt, nichts beunruhigendes hat während es ganz anders sein würde, wenn die Sache an sich nothwendig wäre, so dass ihr Gegentheil einen Widerspruch enthielte. Herr Hobbes will auch deshalb von einer moralischen Nothwendigkeit nichts hören, weil alles aus physischen Ursachen erfolge. Allein man kann trotzdem sehr wohl die Nothwendigkeit, welche den Weisen verpflichtet, gut zu handeln und welche man die moralische nennt und die selbst in Bezug auf Gott statt hat, von der blinden Nothwendigkeit unterscheiden, durch welche nach Epikur, Strato, Spinoza und vielleicht auch nach Hobbes die Dinge ohne Einsicht und ohne Wahl bestehen und folglich auch ohne Gott, dessen man nach ihnen in Wahrheit nicht bedürfe, weil in Folge dieser Nothwendigkeit alles durch seine eigne Wesenheit bestehe, und zwar so nothwendig wie 2 und 3 zusammen 5 seien. Diese Nothwendigkeit solle eine unbedingte sein, weil alles, was sie mit sich führt, eintreten müsse, was man auch dagegen thue, während das durch eine hypothetische Nothwendigkeit Eintretende nur in Folge der Voraussetzung eintrete, dass dies oder jenes vorausgeschehen oder beschlossen, oder in Voraus gemacht worden, und dass die moralische Nothwendigkeit nur zu einer Nöthigung der Vernunft führe, welche auf den Weisen immer ihre Wirkung übe. Diese Art der Nothwendigkeit ist eine glückliche und wünschenswerthe, wenn man durch gute Gründe so zu handeln veranlasst wird, wie man es thut; dagegen würde die blinde und unbedingte Nothwendigkeit die Frömmigkeit und die Moral umstürzen.

4. Die Untersuchung des Herrn Hobbes ist da begründeter, wo er einräumt, dass unsere Handlungen in unserer Macht stellen, so dass wir das thun, was wir wollen, wenn wir die dazu nöthige Macht haben und kein Hinderniss besteht. Trotzdem behauptet Herr Hobbes, dass unser Wollen nicht so in unserer Macht stelle, dass wir uns ohne Schwierigkeit und nach unserem Belieben die Neigungen und die Verlangen geben könnten, die wir möchten. Der Erzbischof scheint auf diesen Gedanken nicht geachtet zu haben, den Herr Hobbes auch nicht genügend entwickelt. Die Wahrheit ist, dass wir auch über unsern Willen einige Macht besitzen, aber nur mittelbar, und nicht unbedingt und unterschiedslos. Ich habe dies an mehreren Orten in meinen Werke erläutert. Endlich zeigt Herr Hobbes, wie Andere vor ihm, dass die Gewissheit der Ereignisse und selbst deren Nothwendigkeit, wenn es eine solche gäbe, wonach unsere Handlungen von Ursachen abhängen, uns nicht in der Anwendung von Ueberlegungen, Ermahnungen, von Tadel und Lob, von Strafen und Belohnungen hindern würde, weil sie dazu dienen und die Menschen veranlassen, ihre Handlungen vorzunehmen oder deren sich zu enthalten. Wären daher die Handlungen der Menschen nothwendig, so würden sie es durch diese Mittel sein. – Allein die Wahrheit ist, dass diese Handlungen nicht unbedingt nothwendig sind, was man auch dagegen thue, vielmehr dienen diese Mittel nur dazu, diese Handlungen so zu beschliessen und gewiss zu machen, wie sie es wirklich sind, da ihre Natur zeigt, dass sie einer unbedingten Nothwendigkeit unfähig sind. Herr Hobbes giebt auch eine ganz gute Definition *von der Freiheit*, im allgemeinen Sinne genommen, wo sie den verständigen und den nicht verständigen Substanzen gemeinsam ist, indem er sagt, dass jedes Ding für frei gilt, wenn seine Macht nicht durch eine andere äussere Ursache gehindert wird. So hat das durch einen Damm aufgehaltene Wasser, die Macht sich zu verbreiten, aber nicht die Freiheit dazu; während es nicht die Macht hat, sich über den Damm zu erheben, obgleich dann Nichts es an seiner Verbreitung verhindern würde und selbst kein äusserlicher Gegenstand es hindert, so hoch zu steigen; vielmehr wäre dazu nöthig, dass es selbst höher steige oder dass es durch einen Zuwachs an Wasser so hoch stiege. Ebenso fehlt dem Gefangenen die Freiheit und dem Kranken die Macht, davon zu gehen.

5. In der Vorrede zählt Herr Hobbes die streitigen Punkte kurz auf; ich nehme diese hier auf und werde mein Urtheil beifügen. Er sagt:

Von einer Seite behauptet man, dass der Mensch gegenwärtig nicht die Macht habe denjenigen Willen sich zu wählen, den er haben soll. – Dies ist gut gesagt, hauptsächlich in Bezug auf den gegenwärtigen Willen: die Menschen wählen wohl die Gegenstände durch ihr Wollen, aber sie wählen nicht ihr gegenwärtiges Wollen; dies kommt von ihren Zuständen und Gründen. Indess ist es richtig, dass man neue Gründe aufsuchen kann und mit der Zeit sich auch einen andern Zustand geben kann und dadurch kann man sich auch ein anderes Wollen verschaffen, was man vorher nicht hatte und sich auch nicht auf der Stelle geben konnte. Es ist ebenso (um mich des von Herrn Hobbes selbst gebrauchten Vergleichs zu bedienen) wie mit dem Hunger und dem Durst. Für den Augenblick hängt es nicht von meinem Wollen ab Hunger zu haben oder nicht; allein es hängt von meinem Willen ab, zu essen oder nicht zu essen. Trotzdem hängt es für die kommende Zeit von mir ab, dass ich zur bestimmten Tagesstunde Hunger habe, oder dass ich zu dieser Zeit keinen habe, indem ich schon vorher esse. Auf diese Weise vermag man auch einem schlechten Willen vorzubeugen. Wenn nun auch Herr Hobbes in seiner Erwiederung No. 14 S. 138 sagt, die Gesetze lauteten: Du sollst dies thun, oder du sollst dies nicht thun und dass kein Gesetz laute: Du sollst dies wollen, oder nicht wollen, so täuscht er sich doch offenbar über das Gesetz Gottes, welches lautet: *Non concupisces*; du sollst nicht begehren, wenn auch dieses Verbot sich nicht auf die ersten Regungen bezieht, welche unwillkürlich eintreten. Herr Hobbes behauptet 2 *dass der Zufall (chance* im Englischen, *casus* im Lateinischen) *nichts hervorbringe.* – Das heisst ohne Ursache oder Grund. Ganz *recht*; ich trete bei, wenn man darunter einen wirklichen Zufall versteht; denn das Glück und der Zufall sind nur ein Schein, der von der Unkenntniss der Ursachen herkommt, oder daher, dass man von diesen Ursachen absieht. 3. *Alle Ereignisse sollen ihre nothwendigen Ursachen haben.* – Indess haben sie zwar ihre sie bestimmenden Ursachen, aus denen man Rechenschaft von ihnen geben kann, aber dies sind keine nothwendigen Ursachen; denn das Gegentheil könnte geschehen, ohne einen Widerspruch zu enthalten. 4. *Der Wille Gottes soll die Nothwendigkeit aller Dinge herbeiführen.* – Allein der Wille Gottes bringt nur zufällige Dinge hervor, die sich auch anders verhalten könnten, da die Zeit, der Raum und der Stoff jede Art von Gestillt und Bewegung in gleicher Weise aufzunehmen bereit sind.

6. Von der andern Seite behauptet man nach Herrn Hobbes 1. *dass nicht blos der Mensch* (unbedingt) *frei sei, um das zu wählen, was er thun will, sondern auch um das zu wählen, was er wollen will.* – Dies ist schlecht ausgedrückt; man ist nicht der unbedingte Herr über seinen Willen, so dass man ihn auf der Stelle ändern könnte, ohne dass man dazu ein Mittel oder eine Wendung brauchte. 2. *Wenn der Mensch eine gute Handlung will, so tritt der Wille Gottes mithelfend zu dem seinen, sonst nicht.* – Dies ist gut gesagt, nur muss man es so verstehen, dass Gott die schlechten Handlungen nicht will, obgleich er sie gestatten will, damit nicht etwas eintrete, was schlimmer als diese Sünde ist. 3. *Dass der Wille wählen kann, was er wollen und was er nicht wollen will.* – Dies ist falsch, in Bezug auf das gegenwärtige Wollen. 4. *Dass die Dinge ohne Nothwendigkeit und Zufall eintreten.* – Falsch; was ohne Nothwendigkeit eintritt, tritt deshalb nicht zufällig ein d.h. ohne Ursache und ohne Grund. 5. *Dass, trotzdem dass Gott das Eintreten eines Ereignisses voraussieht, es doch nicht nothwendig eintreten müsse, indem Gott die Dinge nicht als kommende oder wie in ihren Ursachen, sondern wie gegenwärtige voraussieht.* – Hier ist der Anfang gut, aber das Ende *schlecht*. Die Nothwendigkeit der Folge ist mit Grund anzuerkennen, aber man braucht deshalb nicht auf die Frage zurückzugehen, wie das Kommende Gott gegenwärtig sei, weil die Nothwendigkeit der Folge die Zufälligkeit des Ereignisses an sich oder der Folge nicht verhindert.

7. Herr Hobbes glaubt, dass die durch die Arminianer wiederangeregte Lehre, welche in England durch den Erzbischof Land und dem Hof begünstigt worden, indem die Besetzung der wichtigen geistigen Aemter nur durch Anhänger dieser Partei geschehen sei, zu der Revolution beigetragen habe, in Folge deren der Erzbischof von Derry und er selbst sich in ihrer Verbannung in Paris beim Lord Newcastle begegnet und in Streit gerathen seien. Nun möchte ich allerdings nicht alle Schritte des Erzbischofs Land billigen, trotz seiner Verdienste und seines guten Willens, denn er hat die Presbyterianer zu sehr begünstigt. Man kann wohl sagen, dass die Revolutionen sowohl in den Niederlanden, wie in Grossbritannien zum Theil von der grossen Intoleranz der Strenggläubigen veranlasst worden sind; auch dürften die Vertheidiger des unbedingten Beschlusses mindestens ebenso so streng, wie die übrigen gewesen sein, da sie in Holland ihre Gegner durch die Amtsgewalt des Prinzen Moritz unterdrückten und die Aufstände in

England gegen Karl I. genährt hatten. Dies sind eben die Fehler der Menschen und nicht der Lehren. Ihre Gegner sind auch nicht von solchen frei geblieben, wie die Strenge ergiebt, mit der man in Sachsen gegen Nicolaus Crellius verfahren ist und die Art, wie die Jesuiten gegen die Partei des Erzbischofs von Ypern verfahren sind.

8. Herr Hobbes erklärt nach Aristoteles, dass es zwei Quellen für die Beweise giebt, die Vernunft und die Autorität. Was die Vernunft anlangt, so lässt er die aus den Eigenschaften Gottes abgeleiteten Gründe gelten; er nennt sie beweisende, deren Begriffe begreiflich seien; aber es bestehen nach ihm auch andere, bei denen man nichts begreift und die nur Ausdrücke sind, durch welche wir Gott ehren wollen. Das verstehe ich nicht, wie man Gott durch Ausdrücke ehren kann, die nichts bedeuten. Vielleicht sind bei Herrn Hobbes, wie bei Spinoza, die Weisheit, Güte, Gerechtigkeit in Beziehung auf Gott und das Universum nur Einbildungen des Menschen, da nach ihnen die ursprüngliche Ursache in der Nothwendigkeit ihrer Macht und nicht durch die Wahl ihrer Weisheit wirkt; eine Ansicht, deren Falschheit ich genügend dargethan habe. Herr Hobbes hat anscheinend sich nicht genügend aussprechen wollen um den Leuten kein Aergerniss zu geben, was ja löblich ist. Deshalb hätte er auch, wie er selbst sagt, gewünscht, dass man die zwischen ihm und dem Erzbischof in Paris geschehenen Verhandlungen nicht veröffentlicht hätte. Er fügt hinzu, dass es nicht gut sei, zu sagen, dass eine von Gott nicht gewollte Handlung doch eintrete, weil damit in Wahrheit die Macht Gottes angegriffen werde. Allein er sagt gleichzeitig dass es auch ebenso wenig gut sei, das Gegentheil zu sagen und Gott beizulegen, dass er das Schlechte wolle, weil das sich nicht zieme und Gott dadurch anscheinend des Mangels an Güte beschuldigt werde. Er glaubt deshalb, dass es nicht gut sei, in diesen Dingen die Wahrheit zu sagen und er würde Recht haben, wenn die Wahrheit in den sonderbaren, von ihm vertheidigten Meinungen enthalten wäre. Denn es scheint allerdings, dass nach der Ansicht dieses Schriftstellers Gott keine Güte hat, oder vielmehr, dass was er Gott nennt nichts ist als die Natur, als ein blinder Haufe stofflicher Dinge, welcher nach mathematischen Regeln wirkt und einer unbedingten Nothwendigkeit, gleich den Atomen in dem System Epicurs, folgt. Wäre Gott, wie mitunter die Grossen hienieden, so wäre es nicht passend, alle Wahrheiten in Bezug auf ihn auszusprechen; allein Gott ist nicht wie ein Mensch, dessen Absichten und Handlungen man oft verheimlichen muss, während es immer erlaubt und vernünftig ist, wenn man die Rathschläge und Handlungen Gottes veröffentlicht, weil sie immer schön und lobenswerth sind. Deshalb ist es immer gut, die Gott betreffenden Wahrheiten auszusprechen, wenigstens was das vermeintliche Aergerniss betrifft und ich habe wohl auf eine die Vernunft befriedigende und die Frömmigkeit nicht verletzende Weise dargelegt, wie man es zu verstellen habe, dass der Wille Gottes seine Wirkung habe und in die Sünde eintrete, ohne dass seine Wahrheit und seine Güte dabei leiden.

9. Was die, aus der Heiligen Schrift entnommenen Beweisstellen anlangt, so theilt Herr Hobbes sie in drei Klassen, die eine, sagt Herr Hobbes, ist für mich, die zweite ist neutral und die dritte scheint für meinen Gegner zu sprechen. Die von ihm für seine Ansicht günstig gehaltenen Stellen sind die, welche die Ursache unseres Willens in Gott verlegen; so Genesis XLV. 5, wo Joseph zu seinen Brüdern sagt: »Betrübt euch nicht und bedauert es nicht, dass ihr mich verkauft und dass ihr damit hierher geführt worden seid, weil Gott mich zu Euch gesandt hat, um euch das Leben zu erhalten.« Ferner Vers 8: »Nicht ihr habt mich hierher gebracht, sondern Gott.« Auch Exodus VII. 3 sagt Gott: Ich werde das Herz des Pharao verhärten; und im V. Buch Moses II. 30. sagt Moses »aber Sihon, der König von Herbon wollte uns nicht durch sein Land ziehen lassen, denn der Ewige, Dein Gott, hatte seine Seele verhärtet und sein Herz verstockt, um Dich Deinen Feinden zu überlassen.« Auch Daniel sagt von Simëi 2. Sam. XVI. 10: »Er soll verfluchen, denn der Ewige hat ihm gesagt: Verfluche David; wer wird ihm nun sagen: Warum hast Du es gethan?« Ferner 1. Könige XII. 15: »Der König, (Robeam) hörte auf das Volk nicht, denn dies war so bestimmt durch den Ewigen.« Ferner Hiob XII. 16: »Sein ist, der irret und der da verführet« und Vers 17. »Er bringt die Richter von Sinnen« und Vers 24: »Er nimmt den Obersten des Volkes den Muth und er macht, dass sie sich in der Wüste verirren.« Vers 25: »Er macht sie schwanken, wie Betrunkene.« Esaias X. 6 sagt Gott von dem König der Assyrer: »Ich werde ihn gegen das Volk senden, damit er eine grosse Plünderung Vornehme und dass er sie zusammen schlägt, wie den Koth der Strasse.« Und Jeremias sagt: Jerem. X 23. »O Ewiger, ich weiss, dass die Wege des Menschen nicht von ihm abhängen, und dass es nicht in seiner Macht steht wenn er geht, seine Füsse zu lenken.« Und Ezechiel III. 20 sagt Gott: »Wenn der Gerechte sich von der Gerechtigkeit abwendet, und Ungerechtes begeht so wird er sterben, nachdem ich einen Stein des Anstosses vor ihn gelegt haben werde.« Und Johannis VI. 44 sagt der Erlöser: »Niemand kann zu mir kommen, wenn der Vater, welcher mich gesandt, ihn nicht hinführt.« Und der heilige Petrus sagt Apostelgeschichte II. 23: »Da Jesus durch den Beschluss und die Vorsehung Gottes hat überliefert werden sollen, so habt ihr ihn gefangen«, und Apostelgesch. IV. 27. 28: »Herodes und Pontius Pilatus haben sich mit den Heiden und dem Volke Israel versammelt, um alles das zu thun was Deine Hand und Dein Beschluss vorher bestimmt hatten, dass es ausgeführt werden solle.« Und der heilige Paulus sagt Römer IX. 16: »Es kommt nicht vom Wollen, noch vom Laufen, sondern von Gott der barmherzig macht.« Und Vers 18: »Er ist barmherzig mit dem, mit welchem er es will, und er verstocket den reichen er will.« Vers 19: »Aber Du wirst mir sagen: Weshalb beklagt er sich noch, denn wer kann dem Willen Gottes widerstehen?« Vers 20: »Aber vielmehr, wer bist Du, Mensch, der Du mit Gott streitest? Kann die Sache zu dem, der sie gemacht hat, sagen: Weshalb hast Du mich so gemacht?« Und I. Corinth. IV. 7: »Wer ist es, der Streit zwischen Dir und den Andern erregt, und was hast Du, das Du nicht von ihm empfangen hast?« Und I. Corinth. XII. G: »Es giebt verschiedene Handlungsweisen, aber es ist derselbe Gott, welcher in Allen alles vollführt.« Und Ephes. II. 10: »Wir sind sein Werk, da wir in Jesu Christo geschaffen sind zu guten Werken, welche Gott vorbereitet hat, damit wir in ihnen wandelten.« Und Philipp. II. 13: »Gott ist es, der in Dir das Wollen und Vollbringen hervorbringt, wie es ihm gefällt.« – Zu diesen Stellen kann man noch alle die nehmen, welche Gott zu dem Urheber aller Gnade und aller guten Neigungen machen und die, welche sagen, dass wir wie Todte in der Sünde seien.

10. Jetzt wollen wir die neutralen Stellen nach Hobbes betrachten. Es sind die, wo die heilige Schrift sagt, dass der Mensch die Wahl habe zu handeln, wenn er wolle und nicht zu handeln, wenn er nicht wolle. Z.B. Deuteronom. XXX. 19: »Ich nehme heute den Himmel und die Erde als Zeugen gegen euch, dass ich vor Dich das Leben und den Tod gestellt habe; wähle also das Leben, damit Du lebest, Du und Deine Nachkommenschaft.« Und Josua XXIV. 15: »Wählet heute, wem ihr dienen wollt.« Und 2. Sam. XXIV. 12, wo Gott zu dem Propheten Gad sagt: »Gehe, sage David: Also hat der Herr gesagt; ich lege drei Dinge vor Dich, wähle eines davon, damit ich es für Dich vollführe.« Und Esaias VII. 16: »So lange, bis das Kind weiss das Schlechte zu verwerfen und das Gute zu wählen.« – Endlich scheinen Herrn Hobbes alle die Stellen seiner Ansicht zu widersprechen, wo angedeutet wird, dass der Wille des Menschen mit dem Gottes nicht übereinstimme. So Esaias V. 4: »Was hatte ich noch in meinem Weinberg zu thun, was ich nicht schon gethan hatte? Weshalb hat er denn wilde Beeren gebracht, da ich wartete dass er Trauben brächte?« Und Jeremias XIX. 5: »Sie haben hohe Orte dem Baal erbaut, um ihre Söhne dem Baal zum Opfer zu verbrennen, solches habe ich nicht befohlen und ich habe nicht davon gesprochen und niemals daran gedacht.« Und Hosea XIII. 9: »O Israel, Dein Verderben kommt von Dir, aber Deine Hülfe stellt bei mir.« Und I. Timoth. II. 4: »Gott will, dass alle Menschen gerettet werden und dass sie zur Kenntniss der Wahrheit gelangen.« Herr Hobbes sagt, dass er auch viele andere Stellen nennen könne, namentlich solche, die sagen, dass Gott nicht die Ungerechtigkeit wolle, dass er das Heil des Sünders wolle und überhaupt alle die Stellen, welche sagen, Gott gebiete das Gute und verbiete das Böse.

11. Herr Hobbes entgegnet auf diese Stellen, dass Gott nicht immer das wolle, was er befehle, wie z.B. als er Abraham gebot, seinen Sohn zu opfern; und dass sein geoffenbarter Wille nicht immer sein voller Wille oder sein Beschluss sei, wie z.B. da, wo er dem Jonas eröffnete, dass Ninive in 40 Tagen untergehen werde. Herr Hobbes bemerkt auch, dass wenn es heisse, Gott wolle das Heil von Allen, dies nur bedeute, Gott gebiete, dass Alle das Nöthige zu ihrem Heile thun sollten; und wenn die heilige Schrift sage, dass Gott die Sünde nicht wolle, so bedeute dies nur, dass er sie strafen wolle, und im Uebrigen führt Herr Hobbes diese Reden auf die menschliche Art zu sprechen zurück. – Indess kann man ihm entgegnen, dass es Gottes unwürdig wäre, wenn sein geoffenbarter Wille nicht mit seinem wahren Willen übereinstimmte; dass das, was er den Niniviten durch Jonas sagen liess nur eine Drohung, keine Voraussagung war und der Ungehorsam als Bedingung gesetzt war; selbst die Niniviten verstanden es in diesem Sinne. Man kann auch sagen, dass Gott bei seinem Befehle an Abraham seinen Sohn zu opfern, nur den Gehorsam, aber nicht die That gewollt habe, die er hinderte, als er den Gehorsam erlangt hatte; denn diese Handlung war an sich keine, die gewollt zu werden verdiente; dies gelte aber nicht für solche Handlungen, die er wirklich haben wolle und die in Wahrheit würdige Gegenstände seines Willens seien. Dieser Art seien alle mitleidigen, wohlthuenden und tugendhaften Handlungen, welche Gott befehle; dieser Art sei die Unterlassung der Sünde, welche von der göttlichen Vollkommenheit ferner sei, als alles andere. Es ist deshalb unvergleichlich besser, den Willen Gottes so auszulegen, wie ich es in meinem Werke gethan habe und danach sage ich, dass Gott in Folge seiner höchsten Güte zunächst ernstlich geneigt ist, alles Gute hervorzubringen und zu sehen und zu bewirken, dass es hervorgebracht und jede löbliche Handlung gethan und alles Schlechte und jede schlechte Handlung verhindert werde und zu sehen und zu bewirken, dass es geschehe; aber dass er durch dieselbe Güte in Verbindung mit der höchsten Weisheit und durch das Zusammentreffen aller einzelnen vorgängigen Neigungen zu jedem Guten und für die Verhinderung jedes Schlechten bestimmt wird, den möglichst besten Plan der Dinge zu verwirklichen. Da nun dieser beste Plan so beschaffen ist, dass das Gute darin durch einiges Schlechte, gleich dem Lichte durch die Schatten, erhöht werden muss, welches Schlechte aber unvergleichlich geringer als das Gute ist, so konnte Gott das Schlechte nicht ausschliessen, und gewisse Güter in diesen Plan nicht einführen, ohne seine höchste Vollkommenheit zu schädigen. Aus diesem Grunde hat er die Sünde der Andern gestattet, da ohnedem Gott selbst eine Handlung begangen haben würde, die schlimmer als alle Sünden der Geschöpfe gewesen wäre.

12. Ich finde, dass der Erzbischof von Derry wenigstens mit Recht sagen kann (Artikel XV seiner Entgegnung, S. 153), dass die Ansicht seiner Gegner der Frömmigkeit entgegen sei, wenn sie alles nur auf die Macht Gottes zurückführen und dass Herr Hobbes die Verehrung und den Kultus nicht blos als ein Zeichen der Macht des Geehrten nehmen dürfe, weil man auch die Weisheit, die Güte, die Gerechtigkeit und andere Vollkommenheiten Gottes anerkennen und ehren könne und solle. *Magnos facile laudamus, bonos libenter.* (Die Grossen lobt man leicht, die Guten gern.) Eine Meinung, die Gott aller Güte und wahren Gerechtigkeit entkleidet, ihn als einen Tyrann darstellt, der seine Macht ohne Rücksicht auf Recht und Billigkeit gebraucht und Millionen von Geschöpfen erschafft, welche ewig unglücklich werden, und dies alles nur, um seine Macht zu zeigen, kann die Menschen sehr schlecht machen; würde sie angenommen, so brauchte es keines Teufels weiter in der Welt um die Menschen unter sich und mit Gott zu vereinigen, wie die Schlange es that, als sie die Eva überredete, dass Gott mit seinem Verbot, von der Frucht des Baumes zu essen, ihr Gutes nicht gewollt habe. Herr Hobbes sucht in seiner zweiten Antwort diesen Schlag von sich abzuwenden (S. 160), indem er die Güte Gottes für einen Theil seiner Macht erklärt, nämlich die Macht, sich liebenswerth zu machen; allein diese Ausflucht verdreht die Begriffe und vermengt, was zu trennen ist. Auch begreift man nicht, wie Gott sich liebenswerth machen kann, wenn er nicht das Wohl der verständigen Geschöpfe beabsichtigt und für seine Gerechtigkeit als Unterlage nur seine Macht nimmt, nach der er entweder alles willkürlich hervorbringt, wie der Zufall es will oder nothwendig alles, was er vermag, ohne eine auf das Gute gestützte Auswahl. Es ist dies also die Lehre von der blinden Macht oder von der willkürlichen Macht, welche die Frömmigkeit zerstört; denn erstere zerstört das verständige Prinzip oder die Vorsehung Gottes und das andere theilt ihm Handlungen zu, wie sie dem bösen Prinzip zukommen. Herr Hobbes sagt (S. 161): Die Gerechtigkeit Gottes ist nichts anderes, als seine Macht, welche er durch Vertheilung von Wohlthaten und Bedrängnissen übt. Diese Definition überrascht mich; nicht die Macht solche auszutheilen, sondern der Wille, sie vernünftig zu vertheilen, d.h. die durch die Weisheit geleitete Güte macht die Gerechtigkeit Gottes aus. Allein, sagt er, die Gerechtigkeit ist bei Gott nicht die gleiche, wie bei dem Menschen, welcher nur durch die Befolgung der von seinem Obern gegebenen Gesetze gerecht ist. Auch hier irrt sich Herr Hobbes ebenso wie Herr Pufendorf, der ihm gefolgt ist. *Die Gerechtigkeit* hängt nicht von den *willkürlichen* Gesetzen der Obern ab, sondern von den wahrhaft ewigen Gesetzen der Weisheit und Güte, sowohl für die Menschen, wie für Gott. An derselben Stelle behauptet Herr Hobbes, dass die Gott zugeschriebene Weisheit nicht in einer logischen Erwägung der Mittel in Bezug auf den Zweck, sondern in einer unbegreiflichen Eigenschaft bestehe, welche einem unbegreiflichen Wesen zu seiner Ehre zugetheilt worden sei. Er scheint sagen zu wollen, dass dies ein, ich weiss nicht was sei, welches einem, ich weiss nicht was zugetheilt worden, ja eine chimärische Eigenschaft die einer chimärischen Substanz zugetheilt sei, um die Völker in Furcht zu versetzen und zu vergnügen mittelst des, dieser Substanz geweihten Kultus. Im Grunde kann Herr Hobbes kaum eine andre Meinung von Gott und seiner Weisheit haben, weil er nur stoffliche Substanzen anerkennt.

Lebte Herr Hobbes noch, so hätte ich mich in Acht genommen, ihm Ansichten zuzuschreiben, die ihm schaden könnten, aber es ist schwer, ihn davon frei zu sprechen. Er hat vielleicht später sich anders besonnen, da er ein hohes Alter erreicht hat und ich hoffe daher, dass seine Irrthümer nicht verderblich für ihn geworden sind. Allein da sie es für Andere werden können, so wird es gut sein, wenn die Leser seiner Schriften davon unterrichtet werden, da deren Verfasser im Uebrigen voll Verdienste ist und man von ihm in vielen Dingen lernen kann. Es ist richtig, dass Gott im eigentlichen Sinne nicht überlegt und keine Zeit braucht, um, wie wir, von einer Wahrheit zu einer andern überzugehen; vielmehr befasst er alle Wahrheiten und alle deren Verknüpfungen mit *einem* Male; er kennt alle Folgen und er schliesst in eminenter Weise alle Begründungen in sich, die wir machen können. Gerade deshalb ist seine Weisheit eine vollkommene.

Anhang III

Bemerkungen zu der Schrift vom Ursprung des Uebels, welche vor kurzem in England erschienen ist

1. Es ist schade, dass Herr Bayle nur die Rezensionen von dieser schönen Schrift gesehen hat, welche in den Zeitschriften erschienen sind. Hätte er sie selbst gelesen und gehörig geprüft, so hätte dies für uns eine gute Gelegenheit abgegeben, um manche Schwierigkeiten aufzuklären, welche gleich den Köpfen der Hydra entstehen und wieder entstehen bei einem Gegenstand, wo man sich leicht verunreinigen kann, wenn man das ganze System nicht vor sich hat und wenn man nicht in strenger Fassung die Beweise bietet; da die Strenge der Beweise bei Gegenständen, welche das bildliche Vorstellen übersteigen, dasselbe ist, was die Figuren in der Geometrie sind, indem man immer eines Anhaltes bedarf, um die Aufmerksamkeit festzuhalten und die Verbindung zwischen den Erwägungen zu erhalten. Ich glaubte deshalb, als diese *lateinische Schrift* voller Gelehrsamkeit und Anmuth, die zuerst in London erschienen und dann in Bremen nachgedruckt worden ist, mir in die Hände fiel, dass die Wichtigkeit des Gegenstandes und das Verdienst des Verfassers alle Beachtung verdienen, und dass sogar die Leser derselben mich fragen könnten, weshalb ich dem Verfasser nur bis zur Hälfte seiner Schrift zustimme. Die Schrift enthält nämlich 5 Kapitel, von denen das fünfte mit seinem Anhang so stark ist, als die vier andern zusammen. Letztere handeln von dem Uebel überhaupt und von dem physischen insbesondere und entsprechen ganz meinen Ansichten (einige Stellen ausgenommen), ja sie behandeln mitunter in beredter Weise einige Punkte, die ich nur kurz berührt habe, weil Herr Bayle sie nicht hervorgehoben hatte. Das fünfte Kapitel dagegen behandelt in seinen Abschnitten (deren manche so gross, wie ein Kapitel sind) die Freiheit und das davon abhängige moralische Uebel und ist auf Grundsätzen errichtet, welche den meinigen ganz entgegengesetzt sind, und oft selbst denen des Herrn Bayle, wenn man letzterem feste Grundsätze zuschreiben könnte. Denn dieses fünfte Kapitel will zeigen (wenn dies möglich wäre), dass die wahre Freiheit von einem unbestimmten Gleichgewicht des Wollens ganz und unbedingt abhänge, so dass vor dem Entschlüsse noch kein Grund, sich zu entschliessen, bestehe und zwar weder in dem, der wählt, noch in dem Gegenstande und dass man nicht das wähle, was gefällt, sondern dass, indem man ohne Grund wählt, man bewirke, dass das gefallt, was man wählt.

2. Dieses Prinzip einer Wahl ohne Ursache und ohne Grund, einer Wahl, welche des Zieles der Weisheit und Güte beraubt ist, gilt für Viele als das grosse Vorrecht Gottes und der vernünftigen Geschöpfe und als die Quelle ihrer Freiheit, ihrer Befriedigung, ihrer Moral und des für sie geltenden Guten und Schlechten. Die Vorstellung, wonach man sich nicht blos von der Neigung, sondern selbst von der Vernunft im Innern und von dem Guten und Schlechten in der Aussenwelt unabhängig erklärt, wird mit so schönen Farben ausgemalt, dass man sie für das schönste Ding der Welt halten möchte. Allein sie ist trotzdem eine hohe Einbildung und eine Unterdrückung der Vernunft durch den Eigensinn, auf die man stolz ist. Was man verlangt, ist unmöglich, und wäre es wirklich, so wäre es nur schädlich. Dieser eingebildete Zustand passte allenfalls für irgend einen Don Juan an einem Petersfeste und irgend ein romantischer Mensch könnte dessen Aeusseres nachäffen und sich einbilden, jenen Zustand wahrhaft zu besitzen; aber in der Natur wird nie eine Wahl vorkommen, wo man nicht durch eine vorgehende Vorstellung eines Gutes oder Uebels und durch Reize oder Gründe bestimmt wird und ich habe immer die Vertheidiger dieser unbedingten Unentschiedenheit aufgefordert, mir ein Beispiel zu nennen. Während ich indess diese Wahl, wo man sich durch nichts entscheidet, als eine Einbildung behandle, bedenke ich nicht, dass ich damit die Vertheidiger dieser Ansicht und vor allem meinen gewandten Verfasser als chimärische Leute behandle. Die Peripatetiker lehren einige Ansichten solcher Art, aber es wäre höchst ungerecht, wenn man deshalb einen Occam, einen Suisset, einen Césalpin, einen Conring verachten wollte, die manche Ansichten der Scholastik noch vertheidigten, welche man heute verbessert hat.

3. Eine dieser Ansichten, welche durch die niederländische Schule in der Zeit der Chimären wieder hervorgeholt worden, ist die völlige Unbestimmtheit bei dem Wählen, oder die Einbildung, dass es einen Zufall gebe, den man in die Seelen verlegt, als wenn Nichte uns zu einer Neigung bestimmte, sofern man dies nicht deutlich bemerkt, und als wenn es eine Wirkung ohne Ursache dann geben könnte, wenn die Ursachen nicht bemerkbar sind. Es ist ungefähr so, wie Einige die unwahrnehmbaren Körperchen geleugnet haben, weil sie sie nicht sehen. Die neuem Philosophen haben diese scholastischen Ansichten berichtigt und gezeigt, dass nach den *Gesetzen der körperlichen Natur* ein Körper durch die Bewegung eines andern, der ihn stösst, bewegt werden kann; ebenso muss man annehmen, dass unsere Seelen (*vermöge der Gesetze der geistigen Natur*) nur durch irgend einen Grund des Guten oder Schlechten bewegt werden können, wenn auch die genaue Kenntniss derselben noch nicht herausgefunden worden ist, weil eine Unzahl kleiner Vorstellungen in uns eintreten, welche uns bald heiter, bald traurig, bald sonst wie gestimmt machen und eine Sache uns angenehmer als die andere empfinden lassen, ohne dass man sagen kann, weshalb. Plato, Aristoteles und selbst Thomas von Aquino, Durandus und andere sehr tüchtige Scholastiker urtheilen darüber, wie die Menge der Menschen und wie Leute ohne Vorurtheil es immer gethan haben. Sie verlegen die Freiheit in den Gebrauch der Vernunft und der Neigungen, welche die Dinge wählen oder zurückweisen lassen und sie nehmen an, dass unser Wille in seiner Wahl stets nur durch das Gute und Ueble bestimmt wird. Allein zuletzt haben einige, etwas zu spitzfindige Philosophen aus ihrem Destillirkolben den unerklärlichen Begriff einer durchaus von allem unabhängigen Wahl herausgezogen, welcher Wunder verrichten muss, um alle Schwierigkeiten zu lösen. Allein er selbst bietet gleich eines der schlimmsten, indem er das Prinzip der Vernunft erschüttert, wonach wir annehmen, dass nichts ohne hinreichende Ursache oder Grund geschieht. Die Scholastiker haben die Benutzung dieses Prinzips oft verabsäumt und gewisse ursprüngliche Qualitäten angenommen; man darf sich daher nicht wundern, wenn dieses Gebilde einer völligen Unbestimmtheit bei ihnen Beifall gefunden hat und selbst ausgezeichnete Männer davon angesteckt worden sind. Unser Verfasser, der sonst sich von vielen scholastischen Irrthümern befreit hat, hält dieses Gebilde noch fest, aber er ist jedenfalls der, welcher es noch am geschicktesten vertheidigt hat.

Si Pergama dextra
Defendi possent, etiam hac defensa fuissent.

(Hätte Troja mit der Rechten aufrecht erhalten werden können, so wäre es auch mit dieser hier geschehen.)

Er giebt ihm die möglichst beste Wendung und zeigt es nur von seiner besten Seite. Er beraubt die Freiwilligkeit und die Vernunft ihrer besten Vorzüge, um diese alle der völligen Unbestimmtheit zuzuwenden; nur durch diese soll man thätig sein, den Leidenschaften widerstehen, sich seiner Wahl erfreuen und glücklich sein und es scheint, dass man elend würde, wenn eine glückliche Notwendigkeit uns zur Wahl des Guten triebe. Der Verfasser hatte sich sehr gut über den Ursprung und die Gründe unsrer natürlichen Uebel ausgesprochen; er hätte nur dieselben Grundsätze auf das moralische Uebel auszudehnen gebraucht und zwar um so mehr, da er selbst sagt, das moralische Uebel durch die physischen Uebel, welche es verursacht oder zu verursachen strebt, ein Uebel werde. Aber ich weiss nicht, wie er zu der Meinung kommt, dass es Gott und den Menschen herabwürdige, wenn sie der Vernunft unterthan sein sollten; dass sie dadurch alle Thätigkeit verlören und nicht mehr mit sich selbst zufrieden sein würden; endlich dass die Menschen den von aussen ihnen zustossenden Uebeln nichts entgegenstellen könnten, wenn sie in sich nicht das schöne Vorrecht hätten, die Dinge durch ihre Wahl zu guten oder erträglichen zu machen, und mittelst der Berührung mit dieser wunderbaren Macht alles in Gold zu verwandeln.

4. Ich werde dies später noch genauer prüfen; vorher wird es gut sein, wenn ich die vortrefflichen Gedanken des Verfasser über die Natur der Dinge und die natürlichen Uebel berühre, zumal ich selbst an einigen Stellen noch weiter gehen würde. Wir werden damit auch die ganze Einrichtung seines Systems besser verstehen. Das *erste Kapitel* enthält die obersten Grundsätze. Der Verfasser nennt Substanz ein Ding, dessen Begriff nicht des Daseins eines andern bedarf. Ich weiss nicht, ob es solche Substanzen unter den geschaffenen Dingen giebt, da deren gegenseitige Verbindung dem entgegensteht. Das Beispiel des Lichtes einer Wachskerze ist so wenig das einer Substanz, wie das eines Bienenschwarms. Indessen kann man ja die Worte in einem weitem Sinne nehmen. Er sagt sehr richtig, dass trotz allen Veränderungen des Stoffes und trotz aller Eigenschaften, die man ihm entziehen kann, ihm die Ausdehnung, die Beweglichkeit, die Theilbarkeit und der Widerstand verbleibe. Er erklärt auch die Natur der Begriffe und giebt zu verstehen, dass die allgemeinen nur die zwischen den einzelnen Dingen bestehenden Aehnlichkeiten anzeigen; dass wir unter Vorstellungen nur das durch eine unmittelbare Empfindung Erkannte verstehen und dass alles Andere uns nur durch die Beziehungen auf diese Vorstellungen bekannt ist. Wenn er aber zugesteht, dass wir keine Vorstellung von Gott, von dem Geiste und von der Substanz haben, so scheint er nicht bemerkt zu haben, dass wir uns unmittelbar der Substanz und des Geistes bewusst werden, wenn wir uns selbst wahrnehmen und dass die Vorstellung Gottes in uns vermöge der Beseitigung der Grenzen unserer Vollkommenheiten entsteht, sowie die Ausdehnung, unbedingt aufgefasst, in der Vorstellung einer Kugel befasst ist. Er behauptet auch mit Recht, dass wenigstens einfache Vorstellungen uns angeboren sind; er verwirft die *ausgewischte Tafel* des Aristoteles und des Herrn Locke; allein ich kann ihm nicht zugestehen, dass wahre Vorstellungen kaum mehr Beziehung zu den Dingen haben, als die in die Luft gesprochenen Worte, oder die auf das Papier gebrachte Schrift Beziehung auf unsere Vorstellungen hat und dass die Beziehung der Empfindungen willkürlich und *ex instituto* seien (auf menschlicher Bestimmung beruhen) wie die Bedeutung der Worte. Ich habe schon anderwärts bemerkt, dass ich hierin mit den Cartesianern nicht übereinstimme.

5. Um zur ersten Ursache zu gelangen sucht der Verfasser nach einem Kriterien oder Kennzeichen der Wahrheit und er findet es in der Kraft, durch welche unsere inneren Aussprüche, wenn sie überzeugend sind, den Verstand nöthigen, denselben zuzustimmen. Deshalb vertrauen wir, sagt er, unseren Sinnen; er zeigt dass das Kennzeichen der Cartesianer, nämlich eine deutliche und klare Vorstellung eines weiteren Kennzeichens bedürfe um zu wissen was klar und deutlich sei, und das Zusammenstimmen oder Nicht-Zusammenstimmen der Vorstellungen (oder vielmehr der Worte, wie man sonst sagte) ebenfalls trügerisch sei, weil es ein wirkliches und ein anscheinendes Zusammenstimmen gebe. Er hätte auch zusetzen können, dass die innere Kraft selbst, welche uns nöthigt *zuzustimmen*, noch der Vorsicht bedürfe und auf eingewurzelte Vorurtheile sich stützen könne. Deshalb würde der, welcher ein anderes Kriterien gewährte, nach seiner Meinung etwas sehr nützliches für das menschliche Geschlecht leisten. Ich habe versucht, dieses Kriterien in einer kleinen Abhandlung über die Wahrheit und die Ideen, was 1684 veröffentlicht wurde, darzulegen, und obgleich ich mich keiner neuen Entdeckung rühmen will, glaube ich doch Dinge erläutert zu haben, die bisher nur verworren gekannt waren. Ich unterscheide zwischen Wahrheiten der Thatsache und

Wahrheiten der Vernunft. Die erstem können nur durch ihre Zusammenstellung mit letzteren ihre Beglaubigung erhalten und durch Zurückführung derselben auf unmittelbare Vorstellungen in uns, von denen der heilige Augustinus und Herr Descartes sehr wohl erkannt haben, dass man an ihnen nicht zweifeln kann, d.h. dass man nicht zweifeln kann, ob man denkt und selbst ob man dies oder jenes denkt. Aber um zu entscheiden, ob unsere innern Vorstellungen eine Wirklichkeit in den Dingen haben und um von den Gedanken zu den Gegenständen zu gelangen, muss man, nach meiner Ansicht, erwägen, ob unsere innern Vorstellungen wohl verbunden unter sich und mit andern sind, die wir gehabt haben, so dass die Regeln der Mathematik und andere Wahrheiten der Vernunft hier Geltung haben. Ist dies der Fall, so muss man sie dann für wirklich halten und ich glaube dass sie dadurch allein von den Einbildungen, Träumen und Visionen unterschieden werden können. Danach kann also die Wahrheit der Dinge ausser uns nur durch die Verknüpfung der Erscheinungen erkannt werden. Das *Kriterion* der Wahrheiten der Vernunft, oder der, die von *Conceptionen* kommen, besteht in einer sorgfältigen Benutzung der Regeln der Logik. Was die Vorstellungen oder Begriffe anlangt, so nenne ich alle diejenigen *wirkliche*, deren Möglichkeit gewiss ist. Die Definitionen, welche diese Möglichkeit nicht darlegen, sind nur Nominal-Definitionen. Die in der Analyse gut geübten Geometer kennen den Unterschied, welcher hierbei unter den Eigenschaften besteht, mittelst deren man eine Figur oder Linie definiren kann. Unser geschickter Verfasser ist vielleicht nicht so weit gegangen; indess erhellt aus allem, was ich von ihm bisher berichtet habe und was nachfolgen wird, dass es ihm nicht an tiefem Eindringen und sorgfältiger Erwägung fehlt.

6. Demnächst untersucht er, ob die Bewegung der Stoffe und der Raum in sich selbst bestehen und erwägt zu dem Ende, ob man sich vorstellen kann, dass sie nicht bestehen. Auch bemerkte er das Vorrecht bei Gott, dass sobald man annehme, er bestelle, man auch annehmen müsse, dass er nothwendig bestehe. Dies ist ein Folgesatz der Bemerkung, welche ich in der kleinen, eben erwähnten Abhandlung gemacht habe, nämlich, dass sobald man annimmt, Gott sei möglich, man auch zugestehen muss, dass er nothwendig bestehe. Nun giebt man zu, dass es möglich sei, sobald man zugiebt, dass Gott bestehe, also muss man, sobald man zugiebt, dass Gott bestehe, auch zugeben, dass er nothwendig bestehe. Indess gehört dieses Vor recht nicht den drei Dingen an, die hier genannt worden sind. Auch meint der Verfasser von der Bewegung im Besonderen, dass es nicht genüge, mit Herrn Hobbes zu sagen, die gegenwärtige Bewegung komme von einer frühern Bewegung und diese wieder von einer andern und so fort, ohne Ende. Denn wenn man auch noch so weit zurückgeht, ist man doch nicht zu dem Grunde gelangt, welcher bewirkt, dass es eine Bewegung in dem Stoffe giebt. Deshalb muss dieser Grund ausserhalb dieser Reihe liegen und wenn es eine ewige Bewegung geben soll, so bedarf es auch eines ewigen Bewegers, sowie die Strahlen der Sonne, wenn sie auch so ewig wie die Sonne sind, doch ihre ewige Ursache immer in der Sonne haben werden. Ich freue mich, diese Begründung des Verfassers mittheilen zu können, damit man einsehe, von welcher Wichtigkeit selbst nach ihm der *Grundsatz des zureichenden Grundes* ist. Denn wenn es gestattet ist, eine Sache anzunehmen, von der man anerkennt, es bestehe kein Grund für sie, so könnte ein Atheist leicht diesen Beweis umstossen und sagen, es sei nicht nothwendig, dass ein hinreichender Grund für das Bestehen der Bewegung vorhanden sei. – Ich will nicht in die Erörterung über die Wirklichkeit und Ewigkeit des Raums eintreten, weil ich mich leicht zu weit von meinem Gegenstand entfernen könnte. Es genüge, dass der Verfasser meint, der Raum könne durch die Macht Gottes vernichtet werden, aber nur im Ganzen, nicht im Einzelnen, und dass wir allein nicht mit Gott bestehen können, auch wenn es keinen Raum und keinen Stoff gäbe, weil wir in uns nicht den Begriff vom Dasein der äussern Dinge haben. Er giebt auch zu bedenken, dass in den Wahrnehmungen der Töne, der Gerüche und dem Geschmacke die Vorstellung des Raumes nicht enthalten ist. Indess mag man von dem Raum annehmen, was man wolle, so zeigt es, dass es einen Gott giebt, welcher die Ursache des Stoffes und der Bewegung und damit aller Dinge ist. Der Verfasser meint, wir könnten über Gott nur nachdenken, wie ein Blindgeborner über das Licht; aber ich meine, dass etwas Mehreres in uns ist, da unser Licht ein Strahl vom Lichte Gottes ist. Der Verfasser erkennt, nachdem er über einige Eigenschaften Gottes gesprochen, an, dass Gott nach einem Zwecke handle, welcher in der Mittheilung seiner Güte bestehe und dass seine Werke wohl gemacht seien. Endlich beschliesst er das Kapitel, wie es sich gehört, indem er sagt, dass Gott bei Erschaffung der Welt ihr die grösste Uebereinstimmung unter den Dingen gegeben habe, und das grösste Beilagen bei den mit Empfindung begabten Wesen, und die grösste Verträglichkeit der Begehrungen, wie sie nur eine unendliche Macht, Weisheit und Güte zusammen hätten hervorbringen können. Wenn trotzdem einiges Uebel geblichen sei, so müsse man annehmen, dass jene unendlichen Vollkommenheiten Gottes nicht vermocht haben (ich will lieber sagen, nicht durften) sie zu beseitigen.

7. *Das zweite Kapitel* zerlegt das Uebel. Es wird, wie von mir, in das metaphysische, physische und moralische eingetheilt. Das metaphysische ist das der Unvollkommenheiten; das physische besteht in den Schmerzen und ähnlichen Unannehmlichkeiten; das moralische in der Sünde. Alle diese Uebel finden sich in dem Werke Gottes und Lucian hat daraus geschlossen, dass es keine Vorsehung gebe und geleugnet, dass die Welt ein Werk der Gottheit sein könne:

Naturam rerum divinitus esse creatam

(Dass die Natur der Dinge eine göttliche Schöpfung sei)

weil es so viele Fehler in der Natur der Dinge gebe;

Quoniam tanta est praedita culpa.

(Weil sie mit so viel Mängeln begabt ist.)

Andere haben zwei Prinzipien angenommen ein gutes und ein böses, und Manche haben auch die Schwierigkeit für unlöslich gehalten, wobei unser Verfasser wohl an Herrn Bayle gedacht haben mag. Er hofft in seiner Schrift zu zeigen, dass es kein Gordischer Knoten sei, den man durchhauen müsse; er sagt mit Recht, dass die Macht, Weisheit und Güte Gottes nicht unendlich und vollkommen in ihrer Ausübung sein könnten, wenn diese Uebel verbannt wären. Er beginnt im *dritten Kapitel* mit dem Uebel der Unvollkommenheit und sagt mit dem heiligen Augustin, dass die Geschöpfe unvollkommen seien, weil sie aus Nichts geschaffen worden, während, wenn Gott eine vollkommene Substanz aus seinem eignen Gründe hervorgebracht hätte, er daraus einen Gott gemacht haben würde. Dies veranlasst ihn zu einer kleinen Abschweifung gegen die Socinianer. Indess könnte

Jemand fragen, weshalb hat Gott sich nicht der Schöpfung ganz enthalten, statt eine unvollkommene zu schaffen? Der Verfasser antwortet sehr gut, dass der Ueberfluss der Güte Gottes davon die Ursache sei. Er hat sich mittheilen wollen, selbst auf Kosten einer Empfindlichkeit, die wir in Gott annehmen, indem wir uns einbilden, dass die Unvollkommenheiten ihn stören. Deshalb war ihm das Unvollkommene lieber als das Nichts. Indess hätte hinzugefügt werden können, dass Gott allerdings das möglichst vollkommene Ganze geschaffen habe, mit dem er vollkommen zufrieden sein konnte, da die Unvollkommenheiten einzelner Theile zur grössern Vollkommenheit des Ganzen dienen. Auch bemerkt der Verfasser ein wenig später, dass gewisse Dinge wohl hätten besser gemacht werden können, aber nicht ohne neue Unbequemlichkeiten, die *vielleicht* noch grösser gewesen wären. Dieses »vielleicht« hätte wegbleiben können, zumal der Verfasser am Schlüsse des Kapitels als gewiss und mit Grund annimmt, dass es der unendlichen Güte eigen sei, das Beste zu wählen. Er konnte deshalb hieraus schon vorher folgern, dass die unvollkommenen Dinge mit den vollkommensten werden verbunden sein können, sofern sie nicht verhindern, dass es im Ganzen zuletzt so viel Vollkommenheiten giebt, als möglich ist. Deshalb sind auch Körper neben den Geistern geschaffen worden, weil das Eine kein Hinderniss für das Andere ist, die Schaffung des Stoffes ist des grossen Gottes nicht unwürdig gewesen, wie die alten Ketzer gemeint haben, welche dessen Erschaffung einem grossen Demogorgon zugetheilt haben.

8. *Im vierten Kapitel* wird über das physische Uebel gehandelt. Nachdem der berühmte Verfasser dargelegt hat, dass das metaphysische Uebel, d.h. die Unvollkommenheit aus dem Nichts herführe meint er, dass das physische Uebel, d.h. das Unangenehme von dem Stoffe herkomme, oder vielmehr von dessen Bewegung, da ohne diese der Stoff unnütz sein würde. Auch müsse es Gegensätze in diesen Bewegungen geben, da sonst, wenn alles nach einer Richtung ginge, es keine Mannichfaltigkeit und keine Erzeugung geben würde. Die Bewegungen nun, welche die Erzeugungen bewirken, verursachen auch die Verderbniss, da aus der Verschiedenheit der Bewegungen der Stoss der Körper entsteht, durch den sie oft zertheilt und zerstört werden. Um jedoch die Körper dauerhafter zu machen, hat der Schöpfer der Natur sie in *Systeme* eingetheilt, von denen die uns bekannten aus leuchtenden und dunklen Kugeln zusammengesetzt sind und zwar auf eine so schöne und passende Weise, um ihren Inhalt zu erkennen und zu bewundern, dass man nichts Besseres sich vorstellen könne. Der Gipfel des Werkes war aber der Bau der Thiere, damit es überall der Erkenntniss fähige erschöpfe gebe.

Ne regio foret ulla, suis animalibus orba.

(Damit keine Gegend ihrer lebenden Wesen beraubt sei.)

Der scharfsinnige Verfasser meint, dass die Luft und selbst der reinste Aether ihre Bewohner so gut haben, wie die Erde und das Wasser. Sollte es aber auch Orte ohne Thiere geben, so könnten diese Orte ihren Nutzen für die bewohnten Orte haben. So seien z.B. die Gebirge, welche unsere Erdoberfläche ungleich und mitunter auch wüst und unfruchtbar machen, nützlich für die Erzeugung der Flüsse und der Winde und wir könnten uns auch nicht über die sandigen Gegenden und die Moräste beklagen, da noch so viel andere Orte zur Bebauung vorhanden seien. Ueberdem dürfe man sich nicht einbilden, dass Alles nur für den Menschen gemacht sei; der Verfasser ist überzeugt, dass es nicht blos reine Geister giebt, sondern seiest unsterbliche Thiere, welche sich diesen Geistern nähern, d.h. Geschöpfe, deren Seelen mit einem ätherischen und unverderblichen Stoffe verbunden sind. Dies sei aber bei den Geschöpfen mit einem irdischen Körper nicht der Fall, der aus Röhren und Flüssigkeiten, welche darin fliessen, zusammengesetzt sei und dessen Bewegung aufhöre, wenn seine Gefässe zerbrochen werden. Deshalb würde nach der Meinung des Verfassers die dem Adam zugedachte Unsterblichkeit, im Fall er gehorsam geblieben wäre, nicht eine Folge seiner Natur, sondern eine Wirkung der göttlichen Gnade gewesen sein.

9. Es war ferner für die Erhaltung der verletzbaren Thiere nöthig, dass sie Zeichen hatten, an denen sie eine gegenwärtige Gefahr erkennen konnten und welche sie antrieben, diese zu vermeiden. Deshalb muss das was im Begriff ist, eine grosse Verletzung beizubringen, vorher einen Schmerz erregen, welcher das Thier zu Anstrengungen nöthigt, welche die schädliche Ursache zurückstossen oder sie fliehen lassen, damit sie so einem grossen Uebel vorbeugen. Auch die Furcht vor dem Tode dient zu dessen Vermeidung, da wenn der Tod nicht so hässlich wäre und die Auflösung des Zusammenhanges nicht so schmerzlich, die Thiere sich oft um ihren Untergang nicht kümmern würden, oder Theile ihres Körpers untergehen lassen würden, so dass selbst die stärksten kaum *einen* Tag bestehen würden.

Gott hat den Thieren auch den Hunger und den Durst verliehen, damit sie sich nähren und erhalten und das ersetzen, was verbraucht wird und unmerklich verschwindet. Diese Begierden veranlassen sie auch zur Arbeit, durch welche sie die ihrer Verfassung entsprechende und ihnen Kraft gebende Nahrung erlangen. Es hat sogar dem Schöpfer nöthig geschienen, dass oft ein Thier dem andern zur Nahrung diene; dadurch werden sie nicht unglücklicher, weil der durch Krankheiten verursachte Tod meist ebenso oder noch schmerzlicher ist, als ein gewaltsamer Tod. Auch haben die Thiere, welche andern zur Beute dienen, keine Voraussicht und sorgen sich nicht um die Zukunft; sie leben deshalb eben so ruhig, als wenn sie ausser aller Gefahr wären. Ebenso verhält es sich mit den Ueberschwemmungen und den Erdbeben, mit dem Einschlagen des Blitzes und andern Störungen; die unvernünftigen Thiere fürchten sie nicht, und die Menschen brauchen sie in der Regel nicht zu fürchten, weil nur Wenige darunter leiden.

10. Der Schöpfer hat diese und andere Uebel, die nur selten eintreten, durch tausend regelmässige und fortwährende Annehmlichkeiten ausgeglichen. Hunger und Durst steigern das Vergnügen bei der Aufnahme der Nahrung. Die massige Arbeit ist eine angenehme Hebung der Körperkräfte, und der Schlaf ist in einer ganz entgegengesetzten Weise angenehm, weil er durch die Ruhe die Kräfte wieder herstellt. Eines der lebhaftesten Vergnügen treibt die Thiere zur Fortpflanzung. Gott sorgt dafür, dass die Arten nicht untergehen, da die Einzelnen hienieden nicht unsterblich sind; deshalb hat er gewollt, dass die Thiere eine grosse Liebe für ihre Jungen haben, bis diese sich selbst forthelfen können.

Von dem Schmerz und der Lust kommen die Furcht und die Begierden und andere Leidenschaften, welche in der Regel nützlich sind, wenn sie auch manchmal Zinn Uebel ausschlagen. Dasselbe muss man von den Giften, den epidemischen Krankheiten und andern schädlichen Dingen sagen, denn sie sind die unvermeidlichen Folgen eines gut eingerichteten Systems. In Bezug auf Unwissenheit und Irrthtümer muss man bedenken, dass selbst die vollkommensten Geschöpfe unzweifelhaft vieles nicht wissen und dass in der Regel die Kenntnisse den Bedürfnissen entsprechen. Indess muss man unvorhergesehenen Unglücksfällen ausgesetzt bleiben und diese Arten von Zufällen sind unvermeidlich. Man muss sich oft in seinem Urtheile täuschen, weil man es oft nicht bis zu einer genauen Untersuchung zurückhalten kann. Diese Unannehmlichkeiten sind von dem Systeme der Dinge nicht zu trennen; letztere müssen sich in gewissen Lagen oft einander gleichen und so kann eines für das andere gehalten werden. Allein solche unvermeidliche Irrthtümer sind weder die häufigsten, noch die gefährlichsten. Die schlimmsten sind meist die Folgen unserer eignen Fehler. Deshalb handelt man verkehrt, wenn man wegen der natürlichen Uebel sich das Leben nimmt, weil die, welche es gethan haben, meist durch Uebel, die sie sich selbst zuzuschreiben hatten, dazu gebracht worden, sind.

11. Nach allem ergiebt sich, dass alle diese besprochenen Uebel nebensächliche Folgen guter Ursachen sind und nach allem, was wir kennen und nicht kennen, ist anzunehmen, dass sie nicht beseitigt werden konnten, ohne in grössere Unannehmlichkeiten zu gerathen. Um dies besser zu begreifen, räth der Verfasser uns, die Welt wie ein grosses Gebäude aufzufassen. Dazu sind nicht blos Zimmer, Säle, Galerien, Gärten, Grotten nöthig, sondern auch eine Küche, ein Keller, ein Viehhof, Ställe und Ausgüsse. Deshalb wäre es nicht passend gewesen, lauter Sonnen in der Welt einzurichten, oder eine Erde aus lauter Gold und Diamanten zu machen, die ja nicht bewohnbar gewesen wäre. Wäre der Mensch ganz Auge oder ganz Ohr, so würde er sich nicht ernähren können. Hätte Gott ihn ohne Leidenschaften geschaffen, so hätte er ihn dumm gemacht und wollte er ihn frei von allem Irrthume machen, so hätte er ihn der Sinne berauben, oder andere Organe zum Empfinden geben müssen, d.h. es hätte dann keine Menschen gegeben. Unser gelehrter Verfasser erwähnt hier eines Gedankens, welchen die heiligen und weltlichen Geschichten zu lehren scheinen, nämlich, dass die wilden Thiere, die giftigen Pflanzen und andere schädliche Dinge gegen uns wegen der Sünde eingerichtet worden seien; indess lässt er diese Lehren der Offenbarung bei Seite, da er nur nach den Grundsätzen der Vernunft hier seine Ansichten begründen will. Doch meint er, dass Adam nicht von den natürlichen Uebeln verschont geblieben sein würde (wenn er gehorsam geblieben wäre), als nur in Folge der göttlichen Gnade und eines mit Gott geschlossenen Vertrags und dass Moses ohngefähr nur sieben Folgen der Erbsünde aufzähle; nämlich:

1) den Widerruf des gnädigen Geschenks der Unsterblichkeit.

2) Die Unfruchtbarkeit der Erde, welche nicht mehr von selbst fruchtbar sein, sondern nur schlechtes und unnützes Kraut hervorbringen werde.

3) Die schwere Arbeit, die zur Ernährung nöthig wurde.

4) Die Unterwerfung der Frau unter den Willen des Mannes.

5) Die Schmerzen des Kindergebärens.

6) Die Feindschaft zwischen dem Menschen und der Schlange.

7) Die Verbannung des Menschen aus jenem herrlichen Orte, wo ihn Gott hingestellt hatte.

Er glaube jedoch, dass mehrere unsrer Uebel mit Notwendigkeit vom Stoffe kommen, namentlich seit der Zurückziehung der Gnade. Ueberdem meint der Verfasser, dass nach unserer Verbannung die Unsterblichkeit uns nur eine Last sein würde und dass es uns viel mehr zum Nutzen als zur Strafe gereiche, dass der Baum des Lebens für uns unzugänglich geworden sei. – Es liesse sich wohl hie und da etwas dagegen sagen, aber im Grunde ist die Abhandlung des Verfassers über den Ursprung der Uebel voll guter und gründlicher Gedanken, die man sich zu Nutze machen kann.

Jetzt komme ich nun zu der zwischen uns streitigen Frage, nämlich zur Erklärung der Natur der *Freiheit*.

12. Der gelehrte Verfasser, welcher den Ursprung des moralischen Uebels in dem fünften Kapitel darlegen will, was beinah die Hälfte der Schrift einnimmt, meint, dass dessen Ursache von der des physischen Uebels ganz verschieden sei. Letztere liege nur in der unvermeidlichen Unvollkommenheit der Geschöpfe; denn es scheint ihm, wie wir bald sehen werden, dass das moralische Uebel vielmehr von dem komme, was er eine Vollkommenheit nennt, welche nach ihm das Geschöpf mit dem Schöpfer gemein habe, nämlich von der Macht ohne Beweggrund und ohne Zweck und treibende Ursache zu wählen. Es ist dies eine höchst sonderbare Meinung, nämlich dass die grösste Unvollkommenheit, d.h. die Sünde von der Vollkommenheit selbst kommen solle; aber es ist nicht minder sonderbar, dass er die unvernünftigste Sache von der Welt, deren Nutzen darin bestände, gegen die Vernunft geschützt zu sein, für eine Vollkommenheit erklärt. Im Grunde zeigt der Verfasser damit nicht die Quelle des moralischen

Uebels auf, sondern er will zeigen, dass es gar kein solches gebe. Denn wenn der Wille sich entscheidet, ohne dass weder in der wählenden Person, noch in dem gewählten Gegenstände etwas enthalten ist, was ihn zur Wahl bestimmt, so fehlt für solche Wahl alle Ursache und aller Grund und da das moralische Uebel in dieser Wahl besteht, so erkennt er an, dass das moralische Uebel überhaupt keine Ursache habe, und dann müsste es nach den Regeln der Metaphysik gar kein moralisches Uebel in der Welt geben und aus demselben Grunde könnte es denn auch kein moralisch-Gutes geben und alle Moralität wäre vernichtet. Indess müssen wir den geschickten Verfasser selbst hören, welchen die Spitzfindigkeit einer Ansicht, die von berühmten Scholastikern vertheidigt worden und die Ausschmückungen, die er selbst mit seinem Geist und seiner Beredtsamkeit ihr hinzugefügt hat, die grossen Unzuträglichkeiten hat übersehen lassen, welche sie in sich enthält. Bei der Aufstellung des *Standes der Frage* theilt er die Schriftsteller in zwei Parteien. Die eine begnügt sich nach ihm mit der Entfesselung der Freiheit des Willens von allem äussern Zwange; die andere behauptet, dass sie auch keiner innern Nothwendigkeit unterliege. Diese Aufstellung genügt aber nicht, wenn man nicht wenigstens die unbedingte und der Moralität entgegengesetzte Nothwendigkeit von der bedingten und moralischen Nothwendigkeit unterscheidet, wie ich dies an mehreren Orten dargelegt habe.

13. *Der erste Abschnitt dieses Kapitels* soll die Natur des Wählens darlegen. Der Verfasser entwickelt zunächst die Ansicht derer, nach denen der Wille durch das Urtheil des Verstandes, oder durch die dem Begehren vorgehenden Neigungen getrieben wird, um sich für die Seite, die er ergreift, zu entscheiden. Indess vermengt er diese Männer mit denen, nach welchen der Wille durch eine unbedingte Nothwendigkeit zu seinem Entschluss geführt wird und nach denen die Person, welche will, durchaus keine Macht über ihr Wollen hat; er vermengt also die Thomisten mit den Spinozisten. Er benutzt die Geständnisse und die hässlichen Erklärungen des Herrn Hobbes und seines Gleichen, um sie denjenigen aufzubürden, die weit davon entfernt sind und sich viel Mühe geben, um sie zu widerlegen. Er thut es, weil sie, wie Herr Hobbes und wie alle Welt (mit Ausnahme einiger Gelehrten, die sich in ihre eignen Spitzfindigkeiten verwickeln) glauben, dass der Wille durch die Vorstellung des Guten und Schlechten bestimmt werde. Er meint deshalb, diese nähmen keine Zufälligkeit an, sondern alles sei durch eine unbedingte Nothwendigkeit verknüpft. Dies ist indess ein sehr eiliges Begründen; doch fügt er hinzu, dass es eigentlich keinen bösen Willen gebe, weil alles, was man dafür sagen könne, auf das Uebel sich stütze, was er veranlassen könne. Allein dies stimme, wie er sagt, nicht mit dem gewöhnlichen Begriffe, weil alle Welt die Schlechten nicht deshalb tadle, dass sie Schaden verursachen, sondern weil sie dies ohne Nothwendigkeit thun. Er behauptet also, dass die Schlechten nur unglücklich seien, aber keineswegs schuldig, indem es dann keinen Unterschied zwischen dem physischen und moralischen Uebel gäbe, weil der Mensch selbst dann nicht die wahre Ursache einer Handlung sei, wenn er sie nicht vermeiden könne. Die Schlechthandelnden dürften dann weder getadelt noch gemisshandelt werden, weil sie es verdienten, sondern nur, weil dies die Leute vom Bösen abhalten könne und nur aus diesem Gründe zürne man auf einen Dieb und nicht auf einen Kranken, weil die Vorwürfe und Drohungen den einen bessern, aber den andern nicht heilen könnten. Die Strafen hätten nach dieser Lehre nur die Verhinderung der zukünftigen Uebels zum Ziele und die blose Rücksicht auf das bereits geschehene Uebel würde zur Strafe nicht hinreichen. Selbst die Dankbarkeit hätte dann nur den Zweck, eine neue Wohlthat zu veranlassen, denn ohnedem würde die blose Erwägung der vergangenen Wohlthat keine genügende Ursache dafür sein. Endlich meint der Verfasser, dass wenn diese Lehre, welche den Entschluss des Willens aus der Vorstellung des Guten und Schlechten ableite, wahr wäre man an der menschlichen Glückseligkeit verzweifeln müsste, denn sie wäre dann nicht in unserer Gewalt und hinge nur von äusserlichen Dingen ab und da man nicht erwarten könne, dass die äusseren Dinge sich nach unsern Wünschen regeln und fügen, werde uns immer etwas fehlen und immer etwas zu viel sein. Alle diese Folgen gelten nach ihm auch gegen die, welche glauben, dass der Wille sich nach dem letzten Urtheil des Verstandes entscheide. Diese Meinung entkleide den Willen seines Rechts und mache die Seele ganz zu einer leidenden, und dieser Vorwurf trifft unzählige ernste und anerkannte Schriftsteller, welche hier in dieselbe Klasse mit Herrn Hobbes und Spinoza und einigen andern Schriftstellern gestellt werden, die man getadelt hat und deren Lehre für gehässig und unerträglich erklärt worden ist.

Was mich anlangt, so nöthige ich den Willen nicht immer, dem Urtheile des Verstandes zu folgen weil ich dieses Urtheil von den Beweggründen unterscheide, welche von unmerklichen Vorstellungen und Neigungen kommen. Allein ich behaupte, dass der Wille immer der vortheilhaftesten Vorstellung folgt, mag sie deutlich oder verworren, gut oder schlecht sein, welche als das Ergebniss aus den Gründen, Leidenschaften und Neigungen hervorgeht, obgleich der Wille auch Beweggründe zu finden vermag, um sein Urtheil aufzuhalten. Aber immer sind es Beweggründe, aus denen er handelt.

14. Ich habe zuvor auf diese gegen meine Ansicht gerichteten Einwürfe zu antworten, ehe ich zur Aufstellung der Ansicht des Verfassers übergehen kann. Das Missverständniss meiner Gegner kommt daher, dass man die Folge, welche mit einer unbedingten Nothwendigkeit sich ergiebt, indem das Gegentheil dieser Folge einen Widerspruch enthält, mit derjenigen Folge verwechselt, welche sich auf blos passliche Wahrheiten stützt und einzutreten nicht unterlässt. Das heisst, man verwechselt das, was von dem Grundsatz: des Widerspruches abhängt, welcher die Wahrheiten zu nothwendigen und unerlässlichen macht mit dem, was von dem Grundsatz des hinreichenden Grundes abhängt, der auch bei zufälligen Wahrheiten gilt. Ich habe diesen Satz schon anderwärts ausgesprochen, welcher einer der wichtigsten in der Philosophie ist, indem ich dargelegt habe, dass es *zwei grosse Grundsätze giebt*, nämlich *den der Identität* oder des Widerspruchs, welcher besagt, dass von zwei sich widersprechenden Aussagen die eine wahr, die andere falsch ist und den *des zureichenden Grundes*, welcher besagt, dass es keine wahre Aussage giebt, von welcher derjenige, welcher die nöthige Kenntniss besitzt, um sie vollkommen zu verstehen, nicht den Grund einsehen könnte. Der eine und der andere Grundsatz gilt nicht blos für die nothwendigen Wahrheiten, sondern auch für die zufälligen und es ist sogar nothwendig, dass das, was keinen genügenden Grund hat, nicht besteht. Denn man kann gewissermassen sagen, dass diese beiden Grundsätze in der Definition des *Wahren und Falschen* enthalten sind. Wenn man also bei der Auflösung einer vorgelegten Wahrheit ersieht dass sie von Wahrheiten abhängt, deren Gegentheil einen Widerspruch enthält, so ist sie eine unbedingt nothwendige. Wenn man aber bei der noch so weit fortgesetzten Auflösung derselben zu solchen Elementen der vorgelegten Wahrheit nicht gelangt, so gehört sie zu den zufälligen und entspringt aus einem überwiegenden Grunde, welcher bestimmt, ohne zu zwingen. Dies vorausgeschickt ersieht man, wie ich mit mehreren Philosophen und berühmten Theologen sagen kann, dass die denkende Substanz zu ihrem Entschluss durch die überwiegende Darstellung des Guten oder Schlechten gebracht wird, und zwar in gewisser und untrüglicher, aber nicht in nothwendiger Weise, d.h. durch Gründe, welche bestimmen, aber nicht zwingen. Deshalb bleibt das *zukünftige Zufällige,* was an sich selbst und durch seine Gründe *vorausgesehen ist,* zufällig und Gott ist zur Erschaffung der Welt untrüglich durch seine Weisheit und Güte mittelst seiner Macht bestimmt worden und hat ihr die möglichst beste Form gegeben, aber er ist nicht mit Nothwendigkeit dazu bestimmt worden und dies alles ist geschehen ohne Verminderung seiner vollkommenen und höchsten Freiheit. Auch glaube ich nicht, dass man ohne diese gegebene Auffassung im Stande sein wird, den gordischen Knoten der Zufälligkeit und der Freiheit zu lösen.

15. Durch diese Auseinandersetzung verschwinden alle Einwürfe des geschickten Verfassers. *Erstens* erhellt, dass die Zufälligkeit mit der Freiheit sich verträgt. *Zweitens* ist das schlechte Wollen schlecht, nicht blos weil es schadet, sondern auch weil es eine Quelle von schädlichen Dingen oder physischen Uebeln ist; ein schlechter Geist ist innerhalb des Gebietes seiner Thätigkeit das, was das böse Prinzip der Manichäer in der ganzen Welt sein würde. Auch bemerkt der Verfasser Kap. 4, Abschn. 4, § 8, dass die Weisheit Gottes in der Regel Handlungen verbiete, welche Unangenehmes verursachen, d.h. physische Uebel. Ich erkenne an, dass der, welcher Uebles aus Nothwendigkeit bewirkt, nicht strafbar ist, allein kein Gesetzgeber und kein Rechtsgelehrter versteht unter dieser Nothwendigkeit die Macht der Gründe des Guten und Schlechten, mag dasselbe ein wahres oder nur ein scheinbares sein, welche den Menschen zur schlechten That bestimmt haben; sonst wäre der, welcher eine grosse Summe Geldes stiehlt, oder einen angesehenen Mann tödtet, um zu einem hohem Posten zu gelangen, weniger strafbar, wie der, welcher einige Groschen zu einem Glas Bier stiehlt oder den Hund seines Nachbars aus Uebermuth tödtet, weil diese letzteren Personen weniger versucht worden sind. Vielmehr geschieht das gerade Gegentheil in der amtlichen Rechtspflege der ganzen Welt und je grösser die Versuchung der Sünde ist, desto mehr bedarf sie einer Zurückweisung durch die Furcht vor einer grossen Strafe. Uebrigens wird man auch finden, dass je mehr Berechnung in den Absichten eines Unrechthandelnden vorhanden ist, um so mehr auch seine Schlechtigkeit überlegt und um so grösser und strafbarer ist. Deshalb macht die fein berechnete Absicht das Vergehen zu dem schwereren, was Betrug genannt wird und der Betrüger wird ein Fälscher, wenn er das Geschick hat selbst die Grundlagen unserer Sicherheit in den Schriftstücken zu untergraben. Dagegen wird man für eine grosse Leidenschaft mehr Nachsicht haben, weil sie sich mehr dem Wahnsinn nähert. Deshalb belegten die Römer jene Priester des Gott Apis mit einer harten Strafe, welche die Unschuld eines vornehmen Mädchens einem Ritter, der toll in sie verliebt war, dadurch überliefert hatten, dass sie ihn für ihren Gott ausgegeben hatten, während man bei dem Liebhaber sich mit dessen Verbannung begnügte. Hätte aber jemand Schlechtes gethan, ohne anscheinenden Grund und ohne Anschein einer Leidenschaft, so würde der Richter ihn leicht für einen Narren halten, namentlich wenn sich finden sollte, dass er oft solche aussergewöhnliche Dinge thäte, und dies kann zur Verminderung der Strafe führen, aber ist durchaus nicht der wahre Grund von seiner schlechten That und seiner Bestrafung. So sehr entfernen sich also die Sätze meines Gegners von der Praxis der Gerichtshöfe und von der öffentlichen Meinung.

16. *Drittens* wird der Unterschied zwischen physischen und moralischen Uebel immer bleiben, wenn sie auch das mit einander gemein haben, dass beide ihre Gründe und Ursachen haben. Warum macht man sich auch immer neue Schwierigkeiten über den Ursprung des moralischen Uebels, da das Prinzip des Entschlusses für solche, welche die natürlichen Uebel haben entstehen lassen, auch hinreicht, um Rechenschaft für die freiwilligen Uebel zu geben? Das heisst, es genügt, wenn man zeigt, dass sich die Fähigkeit der Menschen zu Fehlern nicht beseitigen liess, ohne die Verfassung des besten Systems zu verändern oder ohne Anwendung von Wundern bei jeder Gelegenheit. Allerdings bildet die Sünde einen grossen Theil des menschlichen Elends und sogar den grössten, aber daraus folgt nicht, dass die Menschen nicht schlecht und strafbar seien, sonst müsste man auch die wirklichen Sünden der Nicht-Wiedergeborenen für entschuldbar halten, weil sie aus dem Prinzip unseres Elendes herkommen, welches die Erbsünde ist.

Viertens: Wenn man sagt, dass die Seele nur leidend und der Mensch nicht die wahre Ursache seiner Sünden sei, sofern er durch die Gegenstände zu seinen freiwilligen Handlungen gereizt werde, wie der Verfasser an vielen Orten behauptet, besonders im Kap. 5 Abschnitt I.

Unterabschnitt 3 §18, so heisst dies den Worten neue Begriffe beilegen. Wenn die Alten von dem sprechen, was *eph' hêmin* ist, oder wenn wir von dem sprechen, was von uns abhängt, von der Selbstthätigkeit, von dem innern Princip unserer Handlungen, so schliessen wir dabei die Vorstellung der äussern Gegenstände nicht aus; denn auch deren Vorstellungen sind in unserer Seele und sie bilden einen Theil der Modificationen des in uns befindlichen thätigen Princips. Es giebt keinen Handelnden, welcher handeln könnte ohne zu dem im Voraus geneigt zu sein, was die Handlung erfordert und die Gründe oder Reize, welche aus dem Guten oder Schlechten hervorgehen, sind die bestimmenden Momente, welche machen, dass die Seele sich zwischen Mehrerem, was zu wählen ist, entscheiden kann. Man will, dass der Wille allein das Thätige und Herrschende sei und man pflegt ihn wie einen König auf den Thron zu nehmen, dessen Staatsminister der Verstand ist, während die Leidenschaften die Höflinge oder die begünstigten Frauenzimmer darstellen, welche mit ihrem Entschluss oft den Rath des Ministers überwiegen. Man will dass der Verstand nur auf Befehl dieses Königs spreche und dass der König zwischen den Gründen des Ministers und den Einflüsterungen der Günstlinge abwägen und selbst beide abweisen könne, so dass er zuletzt sie schweigen oder sprechen, lässt, ihnen Audienz gewährt oder nicht, wie es ihm gutdünkt. Allein dies ist ein Gebilde oder eine Fiktion, die schlecht ersonnen ist. Wenn der Wille urtheilen oder Kenntniss von den Gründen und Wegen, welche der Verstand und die Sinne ihm bieten, nehmen soll, so müsste er noch einen Verstand in sich haben, um das zu verstehen, was man ihm vorstellt. In Wahrheit ist es die Seele, oder die Substanz, welche denkt, die Gründe versteht, die Reize empfindet und sich nach dem Uebergewicht der Vorstellungen bestimmt, welche ihre thätige Kraft modifiziren, um der Handlung ihre Besonderheit zu geben. Ich brauche hier nicht mein System der vorherbestimmten Harmonie zu benutzen, welches unsere Unabhängigkeit in ihrem vollen Glänze zeigt und uns von dem physischen Einflüsse der Gegenstände frei macht, da schon das Gesagte zur Widerlegung des Einwurfs hinreicht. Der Verfasser lässt zwar mit der gewönlichen Ansicht den physischen Einfluss der Gegenstände auf uns zu, aber entgegnet sehr sinnreich, dass die Körper oder die Gegenstände der Sinne der Seele weder die Vorstellungen noch die thätige Kraft geben und nur das enthalten, was in uns ist. So hat auch ohngefähr Descartes geglaubt, dass die Seele dem Körper zwar keine Kraft geben könne, aber doch einige Richtung. Es ist dies ein Mittelding zwischen der einen und der andern Ansicht, zwischen dem physischen Einfluss und der vorherbestimmten Harmonie.

17. Man erhebt *fünftens* den Einwurf gegen meine Lehre, dass danach die Sünde nicht getadelt und bestraft werde, weil sie es verdiene, sondern damit der Tadel und die Züchtigung neue Sünden verhindere, während die Menschen mehr verlangen, nämlich eine Genugthuung für das Vergehen, selbst wenn dieselbe nicht zur Schadloshaltung oder zur Abschreckung dienen kann, wie sie ja auch mit Recht verlangen dass die wahre Dankbarkeit aus einer wahren Erkenntlichkeit für die vergangene Wohlthat hervorgehe und nicht aus der eigennützigen Absicht, neue Wohlthaten zu erpressen. Dieser Einwurf enthält schöne und gute Gedanken, aber trifft mich nicht. Ich verlange dass man tugendhaft, dankbar, gerecht nicht blos aus Eigennutz, oder in Hoffnung, oder aus Furcht sei, sondern auch um des Vergnügens willen, was man an guten Handlungen finden soll; ohnedem ist man noch nicht zu der Stufe der Tugend gelangt, wohin man streben soll. Dies meint man unter der Liebe der Gerechtigkeit und Tugend um ihrer selbst willen, und dies habe ich erklärt, als ich über die uninteressirte Liebe kurz vorher meine Ansicht darlegte, ehe der Streit entstand, welcher so viel Lärm verursacht hat. Ebenso ist nach meiner Ansicht die Schlechtigkeit grösser, wenn sie mit Vergnügen geübt wird, z.B. wenn ein Strassenräuber der bisher die Menschen getödtet hat, weil sie Widerstand leisteten, oder weil er ihre Rache fürchtete, zuletzt grausam wird und Vergnügen in deren Tödtung findet oder gar an deren vorherigen Martern. Dieser Grad von Schlechtigkeit gilt für teuflisch, weil der davon erfüllte Mensch in dieser schändlichen Lust einen starken Grund für seine Mordthaten findet, als früher, wo sie nur aus Hoffnung oder Furcht geschahen. Auch in meiner Antwort auf die von Herrn Bayle erhobenen Schwierigkeiten habe ich gesagt, dass nach dem berühmten Herrn Conring die Justiz, welche nur mit medizinischen Strafen, so zu sagen, straft, d.h. nur um den Verbrecher zu bessern oder für Andere ein Beispiel zu geben, von Denen angenommen werden könne, welche die der Nothwendigkeit entledigte Freiheit vernichten; und dass die wahrhafte rächende Justiz, welche über die medizinischen Mittel hinausgeht, etwas Mehreres voraussetzt, nämlich die Einsicht und die Freiheit bei den, welcher sündigt, weil die Harmonie der Dinge eine Genugthuung verlange, oder ein Uebel im Erleiden, welches dem Geist seine Fehler empfinden lässt, nach dem Uebel des freiwilligen Handelns, zu dem er seine Zustimmung gegeben hat. Auch Herr Hobbes, welcher keine Freiheit gelten lässt, hat die rächende Gerechtigkeit verworfen; wie die Socinianer, welche von unsern Rechtsgelehrten widerlegt worden sind, obgleich letztere den Begriff der Freiheit zu übertreiben pflegen.

18. *Sechstens.* Man entgegnet endlich, dass die Menschen auf die Seligkeit nicht rechnen können, wenn der Wille nur durch die Vorstellung des Guten und Bösen bestimmt werden könne; aber dieser Einwurf scheint mir von allen nichtigen der nichtigste und man wird Mühe haben ihm seine richtige Bezeichnung zu geben. Auch ist die Begründung zu dem Behuf die sonderbarste von der Welt. Es soll nämlich unser Glück von den äussern Dingen abhängen, wenn es wirklich von der Vorstellung des Guten und Schlechten abhänge. Man sagt, das Glück sei dann nicht mehr in unserer Gewalt, denn wir könnten nicht hoffen, dass die Dinge sich nach unserm Vergnügen einrichten würden. Allein dieser Grund hinkt auf beiden Füssen. »Diese Folgerung hat keine Kraft; man könnte die Folgerung zugestehen; der Grund könnte gegen den Verfasser geltend gemacht werden.« Ich beginne mit dieser Geltendmachung, welche leicht ist. Denn werden die Menschen durch diese Mittel wohl glücklicher oder unabhängiger von den Schlägen des Schicksals, um deshalb, weil man ihnen den Vorzug zutheilt, dass sie ohne Grund wählen können? Werden sie deshalb weniger von den körperlichen Schmerzen leiden? Haben sie deshalb weniger Neigung für das wahre oder scheinbare Gute, weniger Furcht vor den wahren oder eingebildeten Uebeln. Sind sie deshalb weniger die Sclaven der Wollust, der Ehrsucht, des Geizes? weniger furchtsam? weniger neidisch? »Allerdings«, wird der gewandte Verfasser sagen: »ich werde es aus einer Art von Rechnung oder Abschätzung beweisen.« Allein ich hätte es lieber aus der Erfahrung bewiesen; indess wollen wir seine Rechnung hören. Gesetzt, ich gebe durch meine Wahl, welche nach dem Verfasser immer bewirkt, dass der gewählte Gegenstand in Bezug auf mich etwas Gutes erhält, dem gewählten Gegenstande sechs Grade der Güte, und gesetzt, dass er vorher zwei Grade des Uebels für meinen Zustand gehabt habe, so werde ich mit einem Schlage, ganz wie es mir behagt, glückliche denn es bleiben mir vier Grade Gutes übrig, oder vielmehr frei. – Dies ist allerdings ganz hübsch, aber leider unmöglich. Denn wie will man diese sechs Grade Gutes dem Gegenstand beibringen? Dazu gehörte dass wir die Macht hätten unsern Geschmack oder die Dinge nach unserm Belieben zu ändern. Dies wäre ungefähr so, als wenn ich zu dem Blei in wirksamer Weise sagen könnte: Du sollst Gold werden; zum Sterne: Du sollst ein Diamant werden oder: Du sollst wenigstens dieselbe Wirkung für mich haben. Oder es wäre so, wie man die Stelle bei Moses erklärt, welche zu sagen scheint, dass das Manna der Wüste den Israeliten gerade so geschmeckt habe, wie sie gewollt hätten. Sie hätten zu ihrem Gomor nur zu sagen brauchen, Du da sollst ein Capaun sein und Du da ein Rebhuhn. Und wenn es mir freistellt, dem Gegenstand sechs Grade an Güte zu verleihen, kann ich ihm da nicht auch noch mehr verleihen? Ich denke ja. Aber weshalb geben wir dann dem Gegenstand nicht alle mögliche Güte? Weshalb gehen wir du nicht bis zu den 24 Carat der Güte? Durch dieses Mittel wären wir ja immer ganz glücklich, trotz der Schläge des Schicksals. Mag der Wind brausen, mag es hageln oder schneien dies kümmert uns nicht; durch dieses schöne Mittel und Geheimniss sind wir für immer gegen alle Zufälle gestützt. Der Verfasser gesteht zu (in der Sektion I, des 5. Kapitels, Unterabschnitt 3, § 12), dass diese Macht alle natürlichen Begehren übertreffe und von keinem derselben übertroffen werden könne; er betrachtet sie (§ 20. 21. 22) als die festeste Grundlage unseres Glücks. Wenn es nichts giebt, was eine so unbestimmte Macht beschränken könnte, wie die, ohne Grund wählen zu können und jedem Gegenstand durch die Wahl eine gewisse Güte zu verleihen, so müsste allerdings diese Güte alle jene ohne Maass übertreffen, welche die natürlichen Begehren in den Dingen suchen; denn diese Begehren und diese Dinge sind beschränkt, während diese Macht ganz unabhängig ist, oder es muss wenigstens diese Güte, welche der Wille dem gewählten Gegenstande verleiht, willkürlich und so gross sein, wie man mag. Woher sollte man auch einen Grund für deren Beschränkung hernehmen, wenn der Gegenstand möglich ist, wenn er zu Händen dessen ist, welcher will und wenn der Wille ihm jede beliebige Güte verleihen kann ohne Rücksicht auf die Wirklichkeit und dem Schein? Dies genügt wohl, um eine so fragliche Hypothese zu beseitigen, die etwas Aehnliches, wie die Fabeln von den Feen enthält; *optantis isthaec sunt, non invenientis*. (Man wünscht wohl dergleichen, findet es aber nicht). Auch bleibt es nur zu wahr, dass jene schöne Fiktion uns nicht freier von den Uebeln machen würde und wir werden später seilen, dass wenn die Menschen über gewisse Begehrungen oder Verabscheuungen Herr werden, es durch andere Begehrungen geschieht, welche immer ihren Grund in der Vorstellung des Guten und des Schlechten haben. – Ich habe auch gesagt, dass man dem Schlusssatz des Beweises beistimmen könne, wonach es nicht unbedingt von uns abhängt, glücklich zu sein, wenigstens in dem Zustand des gegenwärtigen Lebens; denn unzweifelhaft sind wir vielen Zufällen ausgesetzt, welche die menschliche Klugheit nicht vermeiden kann. Wie könnte ich es z.B. verhindern, von einem Erdbeben verschlungen zu werden, sammt einer Stadt, wo ich wohne, wenn die Ordnung der Dinge der Art ist. – Ich kann endlich die Folgerichtigkeit in dem Beweise bestreiten, wonach es nicht von uns abhängt, glücklich zu sein, wenn der Wille nur durch die Vorstellung des Guten und Schlechten bewegt wird. Die Folgerung wäre richtig, wenn es keinen Gott gäbe, wenn alles nur nach blinden Ursachen ginge; allein Gott bewirkt es, dass um glücklich zu sein, es genügt, tugendhaft zu sein. Wenn daher die Seele der Vernunft und den von Gott gegebenen Verordnungen folgt, so kann sie ihres Glückes sicher sein, obgleich man dessen nicht genug in diesem Leben finden kann.

19. Nachdem der gewandte Verfasser das Unangemessene meiner Hypothese darzulegen versucht hat, entwickelt er die Vorzüge der seinigen. Er meint, dass sie allein unsere Freiheit retten könne, dass sie all unser Glück ausmache, unsere Güter vermehre und unsere Uebel mindere und dass wer diese Macht besitze, damit vollkommener sei. Diese Vorzüge habe ich beinah sämmtlich schon widerlegt. Ich habe gezeigt, dass, um frei zu sein, es genügt, wenn die Vorstellungen des Guten und Schlechten und andere innere und äussere Zustände uns reizen, ohne uns zu zwingen. Auch ist nicht einzusehen, wie die reine Unbestimmbarkeit zu unserm Glück beitragen kann; im Gegentheil wird man um so unempfindlicher und weniger fähig sein, die Güter zu geniessen, je mehr man gleichgültig ist. Ueberdem hat die Hypothese eine zu grosse Wirkung. Denn wenn eine unbestimmte Macht sich das Gefühl des Guten geben könnte, so könnte sie sich auch, wie ich schon gezeigt habe, das vollkommenste Glück gewähren, und es gäbe hier keine Schranke, denn diese würde sie aus dieser reinen Unbestimmbarkeit heraustreten lassen, aus der sie doch angeblich nur durch sich selbst herausschreitet, oder vielmehr, in welcher sie niemals gewesen ist. Endlich ersieht man nicht, in was die Vollkommenheit der reinen Unbestimmtheit bestehen soll, vielmehr giebt es nichts unvollkommneres, da sie das Wissen und die Güte unnütz machen und alles auf den Zufall zurückführen würde, ohne dass man für sein Handeln eine Regel oder einen Massstab hätte.

Indess bleiben noch einige Vortheile zu prüfen, die der Verfasser anführt und welche ich noch nicht besprochen habe. Er meint, nur vermöge dieser Macht wären wir die wahre Ursache unserer Handlungen, der sie zugerechnet werden könnten, weil wir ohnedem durch die äusseren Gegenstände gezwungen würden; auch könne man nur vermöge dieser Macht sich das Verdienst seines eignen Glückes zuschreiben und sich seiner selbst erfreuen. Allein ganz das Gegentheil findet statt; denn wenn man in eine Handlung durch eine unbedingt unbestimmte Erregung geräth und nicht in Folge ihrer guten und schlechten Eigenschaften, wäre dies dann nicht ebenso, als wenn man blind durch Zufall oder Loos hinein geriethe? Und wie könnte man sich dann noch einer guten Handlung rühmen oder wegen einer schlechten getadelt werden, wenn man nur dem Schicksal oder Zufall dafür zu danken, oder deshalb es anzuklagen hätte? Ich denke, man ist lobenswerther, wenn man die Handlung seinen guten Eigenschaften verdankt und in dem Maasse tadelnswerther, als man dazu wegen seiner schlechten Eigenschaften bereit gewesen ist. Ein Abschätzen der Handlungen ohne Abwägung der Eigenschaften, aus denen sie entstellen, ist ein Gerede in die Luft und ein eingebildetes »*ich weiss nicht was*« an die Stelle der Ursachen setzen. Wäre dieser Zufall oder dieses unbekannte Etwas die Ursache unserer Handlungen und wären unsere natürlichen oder erworbenen Eigenschaften, unsere Neigungen und Gewohnheiten davon ausgeschlossen, so könnte man von den Entschlüssen Anderer sich nichts versprechen, da ein Unbestimmbares sich nicht bestimmen lässt und man nicht weiss, auf welche Rhede das Schiff unseres Willens durch den unzuverlässigen Sturm einer übermässigen Unbestimmtheit geworfen werden würde.

20. Wir wollen jetzt die Vortheile und Nachtheile dieser Hypothese bei Seite lassen und sehen, wie unser gelehrter Verfasser seine Hypothese rechtfertigen wird, von welcher er sich so viel Nutzen verspricht. Er meint, dass nur Gott und die freien Geschöpfe in Wahrheit thätig seien und dass um thätig zu sein, man nur durch sich selbst bestimmt werden dürfe. Nun dürfe der, welcher sich selbst bestimmt, nicht durch die Gegenstände bestimmt werden und deshalb müsse die freie Substanz, als freie, in Bezug auf die Gegenstände sich gleichgültig verhalten und aus dieser Gleichgültigkeit nur durch ihre Wahl heraustreten, welche den Gegenstand ihr angenehm machen werde. Allein beinah alle Sätze dieser Begründung geben Anlass zu Bedenken. Nicht blos die freien Geschöpfe, sondern auch alle andern Substanzen, so wie die aus Substanzen zusammengesetzten Naturen sind thätig. Die Thiere sind nicht frei und doch haben sie thätige Seelen, man müsste dann mit den Cartesianern annehmen, dass sie reine Maschinen seien. Auch ist es, um thätig zu sein, nicht nöthig, dass man blos durch sich selbst bestimmt werde, da ein Gegenstand seine Richtung empfangen kann, ohne seine Kraft zu empfangen. In dieser Weise wird das Pferd von dem Reiter regiert und das Schiff von dem Steuerruder; auch Herr Descartes hat gemeint, dass der Körper seine Kraft in sich habe und von der Seele nur seine Richtung zum Theil erhalte. Also kann ein thätiges Ding von Aussen eine Bestimmung oder Richtung empfangen, wodurch es von der abgelenkt wird, die es ohnedem eingehalten hätte. Aber selbst wenn eine thätige Substanz nur von sich selbst bestimmt wird, folgt nicht, dass sie nicht durch die Gegenstände bewegt werde; denn die Vorstellung des Gegenstandes ist in ihm und diese trägt zur Bestimmung bei. Da nun diese nicht von Aussen kommt, so ist die Selbstbestimmung so ganz vollständig. Die Gegenstände wirken auf die verständigen Substanzen nicht wie wirkende und physische Ursachen, sondern wie Zweckursachen und moralische Ursachen. Wenn Gott nach seiner Weisheit handelt, so regelt er sich in Bezug auf die möglichen Gedanken, welche seine Gegenstände bilden, die aber noch keine Wirklichkeit ausserhalb seiner vor ihrer thatsächlichen Erschaffung haben. Deshalb ist diese Art von geistiger und moralischer Anregung, der Thätigkeit der Substanz nicht entgegengesetzt, und auch nicht der Selbstbestimmbarkeit ihres Handelns. Wäre endlich die freie Macht auch nicht durch die Gegenstände bestimmt, so könnte sie doch nie für die Handlung gleichgültig sein, wenn sie auf dem Punkte zu handeln steht, weil die Handlung da nothwendig aus einer Bereitwilligkeit zu handeln entstehen muss; ohnedem würde man alles aus allem thun, *quidvis ex quovis*, und man könnte selbst das Verkehrteste voraussetzen. Aber diese Bereitwilligkeit wird schon den Zauber der reinen Unbestimmtheit durchbrochen haben und wenn die Seele sich diese Bereitwilligkeit giebt, so bedarf es wieder einer andern Bereitwilligkeit für die Handlung, wodurch man jene sich giebt, und deshalb wird man, so weit man auch zurückgehen mag, in der Seele niemals eine reine Unentschiedenheit für die vorzunehmenden Handlungen antreffen. Es ist richtig, dass diese Zustände zur Handlung geneigt machen, aber sie zwingen nicht dazu; sie beziehen sich meist auf Gegenstände, allein es giebt auch welche, die in anderer Weise *a subjecto*, oder von der Seele selbst kommen und welche den einen Gegenstand angenehmer als den andern machen, oder es wird auch derselbe Gegenstand in verschiedenen Zeiten verschieden angenehm empfunden.

21. Der Verfasser versichert fortwährend, dass diese Hypothese wahr sei und er versucht zu zeigen, dass diese unbestimmte Macht auch in Gott enthalten sei, ja dass man sie ihm nothwendig zutheilen müsse. Denn für ihn, sagt der Verfasser, ist in den Geschöpfen nichts gut oder schlecht; er hat kein natürliches Begehren, welches durch den Genuss irgend einer Sache ausser ihm befriedigt wird, er ist vielmehr durchaus gleichgültig für alle äussern Dinge, da diese ihm weder helfen, noch ihn belästigen können; er muss daher sich entschliessen und sich gleichsam ein Begehren durch seine Wahl verschaffen. Nach der Wahl wird er dieselbe aufrecht erhalten ganz so, als wenn eine natürliche Neigung ihn dazu bestimmt hätte. So wird der göttliche Wille die Ursache von der Güte in den Wesen; d.h. die Gegenstände werden eine Güte haben, nicht vermöge ihrer Natur, sondern durch den Willen Gottes. Wird dieser bei Seite gestellt, so wird man weder Gutes noch Schlechtes an den Dingen antreffen. – Man kann schwer begreifen, wie verdienstvolle Schriftsteller sich an einen so sonderbaren Gedanken haben heften können, da der Grund, den man hier dafür anführen könnte, nicht das mindeste Gewicht hat. Es scheint, als wolle man diese Meinung darauf stützen, dass alles Geschaffene sein Dasein von Gott habe, und dass es deshalb keine Macht über ihn haben und ihn nicht bestimmen könne. Allein damit weicht man offenbar von der Sache ab. Wenn ich sage, dass eine verständige Substanz durch die Güte ihres Gegenstandes bestimmt werde, so braucht dieser Gegenstand nicht nothwendig ein Seiendes ausserhalb dieser Substanz zu sein: es genügt, dass der Gegenstand begreiflich ist; denn seine Vorstellung ist es, welche in der Substanz wirkt, oder die Substanz wirkt vielmehr auf sich selbst, je nachdem sie durch diese Vorstellung eine Richtung erhält oder angeregt wird.

Bei Gott ist es klar, dass sein Verstand die Vorstellungen von allen möglichen Sachen enthält, und deshalb ist in ihm alles in eminenter Weise enthalten. Diese Vorstellungen bieten ihm das Gute und das Schlechte, die Vollkommenheit und die Unvollkommenheit, die Ordnung und die Unordnung, die Uebereinstimmung und die Nicht-Uebereinstimmung der möglichen Gegenstände und seine überfliessende Güte lässt ihn das Vortheilhafteste wählen. Sonach bestimmt sich Gott durch sich selbst; sein Wille wird vermöge seiner Güte thätig, allein er wird in seinem Handeln genauer bestimmt und geleitet durch seinen von der Weisheit erfüllten Verstand. Da nun sein Verstand vollkommen, seine Gedanken immer gut sind, so thut er immer nur das beste, während wir durch den falschen Schein des Wahren und Guten getäuscht werden können. Wie kann man aber behaupten, dass in den Vorstellungen das Gute und Schlechte vor dem Willen Gottes nicht enthalten sei? Ist es denn der Wille Gottes, der die Vorstellungen in seinem Verstande bildet? Ich mag dem Verfasser einen so sonderbaren Gedanken nicht zuschreiben, welcher den Willen mit dem Verstande vermengt und den Gebrauch der Begriffe ganz zerstören würde. Wenn also die Vorstellungen von dem Willen unabhängig sind, so ist es auch die in demselben vorgestellte Vollkommenheit und Unvollkommenheit. Ist es z.B. der Wille Gottes oder nicht vielmehr die Natur der Zahlen, vermöge deren gewisse Zahlen mehr wie andere in verschiedener Weise genau getheilt werden können? Dass die einen mehr, als die andern Ordnungen bilden, Vielecke und andere regelmässige Figuren darstellen können? Dass die Zahl 6 den Vorzug hat, die kleinste von allen vollkommenen Zahlen zu sein; dass in der Ebene 6 gleiche Kreise einen siebenten berühren können, dass von allen gleich grossen Körpern die Kugel die kleinste Oberfläche hat? Dass gewisse Linien kein gemeinsames Maass haben und deshalb wenig zur Harmonie geeignet sind? Sieht man nicht, dass alle diese Vorzüge und Mängel aus der Vorstellung der Sache kommen und dass das Entgegengesetzte einen Widerspruch enthält? Glaubt man auch, dass der Schmerz und die Unbequemlichkeiten der fühlenden Geschöpfe, vor allem das Glück und Unglück verständiger Substanzen Gott gleichgültig sei?

Und was soll man dann von seiner Gerechtigkeit sagen? Ist sie auch etwas willkürliches und würde er weise und gerecht gehandelt haben, wenn er beschlossen hätte, die Unschuldigen zu verdammen? Ich weiss, dass manche schlecht berathene Schriftsteller eine so gefährliche Ansicht gehegt haben, welche alle Frömmigkeit zerstören muss; allein der Verfasser ist sicherlich weit davon entfernt. Dennoch dürfte diese Hypothese dahin führen, wenn alles in den Dingen für den Willen Gottes vor seiner Wahl gleichgeltend ist. Allerdings hat Gott keine Bedürfnisse, aber der Verfasser hat selbst sehr gut dargelegt, dass Gottes Güte und nicht sein Bedürfniss ihn zur Schöpfung der Geschöpfe veranlasst habe, und deshalb ging ein Grund seinem Entschlüsse vorher, und Gott hat diese Welt, wie ich so oft gesagt, weder aus Zufall, noch aus Nothwendigkeit geschaffen, sondern seine Neigung hat ihn dahin geführt und seine Neigung führt immer zu dem Besten. Es ist deshalb auffallend, dass der Verfasser hier behauptet (Kap. 5, Abschn. 1, Unterabschn. 4, § 5), dass es keinen Grund gebe, welcher den unbedingt vollkommenen und in sich glücklichen Gott zur Erschaffung von etwas ausser ihm habe veranlassen können, da der Verfasser doch selbst vorher (Kap. 1, Abschn. 3, § 8. 9.) gelehrt hat, dass Gott um eines Zweckes willen handle, und dieser Zweck in der Mittheilung seiner Güte bestehe. Zu erschaffen, oder nicht zu erschaffen war daher für Gott nicht durchaus gleichgültig und doch ist die Schöpfung eine freie That. Auch die Erschaffung dieser bestimmten Welt oder eines ewigen Chaos oder eines Systems voll Ordnung war ihm deshalb nicht gleichgültig. Deshalb haben die Beschaffenheiten der Dinge, welche in deren Vorstellungen mit befasst waren, den Grund zu seiner Wahl gegeben.

22. Der Verfasser, welcher vorher so viel Schönes über das Angenehme und die Schönheit von Gottes Werken gesagt hat, sucht eine Wendung, um dies mit seiner Hypothese zu vereinigen, welche Gott alle Rücksicht auf das Gute und das Angenehme bei den Geschöpfen zu nehmen scheint. Er sagt, die Gleichgültigkeit Gottes habe nur bei seinen ersten Wahlen bestanden; sobald aber Gott etwas erwählt habe, so habe er zugleich dem Vermögen nach auch alles erwählt, was nothwendig mit dem Ersten verbunden sei. Es gab nach unserm Verfasser unzählig viele mögliche vollkommene Menschen, die Auswahl von einigen aus denselben war durchaus willkürlich; aber nachdem Gott sie erwählt, so konnte er das nicht mehr wollen, was der menschlichen Natur widersprach. Bis hierher spricht der Verfasser in Uebereinstimmung mit seiner Hypothese; aber das Folgende geht viel weiter; denn er sagt, dass, nachdem Gott beschlossen, gewisse Geschöpfe zu erschaffen, er vermöge seiner schrankenlosen Güte auch beschlossen habe, denselben alles mögliche Behagen zu gewähren. Dies ist durchaus richtig, allein widerspricht auch durchaus der von ihm aufgestellten Hypothese und er sollte sie lieber verwerfen, als sie, mit Unangemessenem beladen, fortbestehen zu lassen, welches der Weisheit und Güte Gottes zuwider ist. Ich will hier darlegen, dass diese letzte Annahme sich offenbar mit dem, was ich eben berichtet, nicht verträgt. Die erste Frage würde sein: Wird Gott etwas erschaffen oder nicht, und weshalb? Nach dem Verfasser hat Gott es gethan, um seine Güte mitzutheilen. Also ist ihm das Erschaffen oder Nicht-Erschaffen nicht gleichgültig. Dann frage ich weiter: Wird Gott diese Sache erschaffen oder eine andere, und weshalb? Wollte man folgerichtig bleiben, so müsste man antworten, dass dieselbe Güte ihn das Beste habe wählen lassen und darauf kommt auch in der That der Verfasser in der Folge zurück; aber seiner Hypothese gemäss antwortet er, dass Gott diese Sache erschaffen werde, aber dass es kein *Warum* dafür gebe, weil Gott für die Geschöpfe durchaus gleichgültig sei, welche ihre Güte nur durch seine Wahl erlangen. Allerdings schwankt der Verfasser hier ein wenig, denn er sagt (Kap. 5, Abschn. 5, Unterabschn. 4, § 12), dass die Wahl unter gleich vollkommenen Menschen oder unter den gleich vollkommenen Arten von vernünftigen Geschöpfen für Gott rein gleichgültig sei. Also müsste er nach diesen Worten vielmehr die vollkommenste Art erschaffen und da die gleich vollkommenen Arten mehr oder weniger mit andern übereinstimmen, so wird Gott diejenigen wählen, welche am meisten mit einander stimmen; daher besteht bei ihm keine reine und unbedingte Gleichgültigkeit und so kommt der Verfasser auf meine Ansichten zurück.

Allein sprechen wir wie er es nach seiner Hypothese thut und nehmen wir also mit ihm an, dass Gott gewisse Geschöpfe erwählt, obgleich sie alle ihm völlig gleichgültig sind. Er wird also eben so leicht Geschöpfe erwählen, welche unregelmässig, schlecht gebaut, schlecht handelnd, unglücklich sind, ein ewiges Chaos, überall Ungeheuer, eine Erde, die nur von Verbrechern bewohnt wird, ein Universum, was nur von Teufeln erfüllt ist, wie ein gutes System, gut gebildete Arten, gute Menschen und Engel! Nein, wird der Verfasser sagen: Da Gott beschlossen, Menschen zu erschaffen, so hat er gleichzeitig beschlossen, ihnen alle Bequemlichkeiten zu gewähren, deren die Welt fähig war; und ebenso verhält es sich mit den übrigen Arten. Wären nun diese

Bequemlichkeiten nothwendig, mit der Natur der Menschen verknüpft gewesen, so würde der Verfasser folgerichtig sprechen, aber da diese Nothwendigkeit nicht besteht, so muss er einräumen, dass es eine neue Wahl ist, welche unabhängig von der ist, wonach er Menschen geschaffen hat, wenn Gott beschliesst, denselben alle möglichen Bequemlichkeiten zu gewähren. Woher kommt nun diese neue Wahl? Kommt sie auch von einer reinen Gleichgültigkeit? Ist dies der Fall, so treibt Nichts Gott, dass er das Gute für die Menschen aufsuche, und wenn es mitunter geschieht, so ist es zufällig. Allein der Verfasser will, dass Gott durch seine Güte dazu veranlasst worden, also ist das Gute und Schlimme der Geschöpfe ihm nicht gleichgültig und es giebt bei ihm ursprüngliche Wahlen, wo er von der Güte des Gegenstandes bestimmt wird. Er wählte nicht blos die Erschaffung der Menschen, sondern solcher, die so glücklich wären, als in diesem Systeme möglich war. Auch dann blieb er nicht in einer reinen Gleichgültigkeit, denn man kann dasselbe für die ganze Welt geltend machen, was für das menschliche Geschlecht gesagt worden ist. Gott hatte die Erschaffung einer Welt beschlossen, aber seine Güte führte ihn gleichzeitig zur Wahl einer solchen, welche die möglichst grösste Ordnung, Regelmässigkeit, die meiste Tugend und das meiste Glück enthielt. Denn ich sehe keinen Grund ab, weshalb Gott durch seine Güte zwar bestimmt worden, die Menschen, welche er schaffen wollte, so vollkommen zu machen, als dieses System gestattet, aber dass er nicht dieselbe gütige Absicht für das ganze Universum gehabt haben sollte. So sind wir wieder bei der Güte der Gegenstände angelangt und die reine Gleichgültigkeit, bei welcher Gott ohne Grund handeln würde, ist durch das eigne Verfahren unseres gewandten Verfassers gänzlich zerstört, bei welchem die Macht der Wahrheit da, wo man auf Thatsachen zurückgehen musste, eine speculative Hypothese überwogen hat, welche keine Anwendung auf wirkliche Thatsachen haben kann.

23. Wenn es sonach bei Gott nichts Gleichgültiges giebt, und wenn er alle Grade, alle Wirkungen, alle Beziehungen der Dinge kennt und mit einem Schlage in alle möglichen Verbindungen eindringt; so wollen wir nun sehen, ob wenigstens bei dem Menschen Gottes Unwissenheit und Unempfindlichkeit ihn bei einer Wahl durchaus gleichgültig machen konnte. Der Verfasser bewirthet uns mit dieser reinen Gleichgültigkeit, als wie mit dem schönsten Geschenk. Seine Beweise sind folgende: 1) Wir fühlen diese Gleichgültigkeit in uns. 2)

Wir erfahren in uns deren Zeichen und Eigenthümlichkeiten. 3) Wir können zeigen, dass Ursachen, die unsern Willen bestimmen könnten, unzureichend seien. – Bei dem *ersten Punkt* sollen wir also bei Empfindung unserer Freiheit gleichzeitig darin die reine Gleichgültigkeit *empfinden*. Allein ich kann nicht zugeben, dass wir eine solche Gleichgültigkeit empfinden und dass diese angebliche Empfindung der der Freiheit folge. Wir fühlen in der Regel in uns etwas, was uns zu unserer Wahl hinneigen macht. Selbst wenn es manchesmal vorkommt, dass man von allen seinen Neigungen nicht Rechenschaft geben kann, so lässt uns doch eine geringe Aufmerksamkeit erkennen, dass der Zustand unseres Körpers und der uns umgebenden Körper die gegenwärtige oder vorgehende Stimmung in unsrer Seele und eine Menge kleiner Dinge, welche in diesen grossen Dingen drin stecken, dazu beitragen können, dass uns die Gegenstände mehr oder weniger behagen und wir verschieden über sie zu verschiedenen Zeiten urtheilen.

Niemand schiebt dies auf eine reine Gleichgültigkeit oder auf irgend welche Kraft der Seele, welche bei den Dingen das bewirkt, was die Farben bei dem Chamäleon thun. Deshalb kann der Verfasser sich hier nicht auf das Urtheil der Menge berufen und sagen, dass diese in vielen Dingen besser urtheile als die Philosophen. Allerdings haben manche Philosophen Chimären zusammengesetzt und die reine Gleichgültigkeit dürfte auch zu den chimärischen Begriffen gehören; allein wenn jemand sagt, eine Sache bestehe nicht weil die Menge nichts davon merkt, so wird hier das Volk nicht für einen guten Richter gelten können, weil es nur nach seinen Sinnen entscheidet. Viele Leute halten die Luft für Nichts, wenn sie nicht durch den Wind bewegt wird. Die Meisten kennen diejenigen Körper nicht, welche nicht in die Sinne fallen; sie kennen das Fluidum nicht, welches die Schwere macht, auch die Federkraft und die magnetische Materie nicht; geschweige die Atome und andere untheilbare Substanzen. Sollen deshalb diese Dinge nicht bestehen, weil die Menge sie nicht kennt? Dann könnte man auch sagen, dass die Seele mitunter ohne alle jene Angelegtheit oder Neigung handelt, welche zu ihrem Handeln beiträgt, weil es viele solche Lagen und Neigungen giebt, welche von der Menge nicht genug bemerkt werden, indem sie nicht darauf achten und daran denken. Was aber *zweitens* die *Zeichen* der fraglichen Macht anlangt, so habe ich bereits den Vortheil widerlegt, den sie haben soll, weil sie uns thätig und zur wahren Ursache unserer Handlungen mache und dass man nur durch sie der Zurechnung und der Moralität fähig sei; dies wären keine guten Zeichen für deren Dasein. Dies gilt auch für ein anderes, von dem Verfasser angeführtes Zeichen, wonach wir in uns eine Macht haben, wodurch wir den natürlichen Begehren entgegentreten können, d.h. nicht blos den Sinnen, sondern auch der Vernunft; vielmehr habe ich schon gesagt, dass man sich den natürlichen Begehrungen durch andere natürliche Begehrungen entgegenstellt. Man erträgt mitunter Unangenehmes, ja mit Freuden, aber nur deshalb, weil eine Hoffnung oder eine Befriedigung mit dem Uebel verbunden ist, welche letzteres überwiegen; man erwartet davon ein Gut, oder findet es schon darin. Der Verfasser meint, dass wir durch diese, den Schein umwandelnde Macht, welche er auf den Schauplatz gebracht hat, dasjenige angenehm machen, was anfangs uns missfalle; allein offenbar sind es die Hinwendung und die Aufmerksamkeit auf den Gegenstand und die Gewohnheit, welche unsere Empfänglichkeit ändern und folglich auch unsere natürlichen Begehren. Die Gewöhnung ist es auch, welche uns einen beträchtlichen Grad von Kälte oder Hitze nicht mehr so beschwerlich sein lässt, als vorher, und Niemand schiebt diese Wirkung auf eine Kraft zu wählen. Auch bedarf diese Abhärtung einer gewissen Zeit oder vielmehr jener harten Haut, vermöge deren gewisse Arbeiter einen Grad von Hitze mit ihren Händen ertragen können, welche die unsrigen verbrennen würde. Die Menge, auf welche der Verfasser sich beruft, urtheilt ganz richtig über diese Wirkung, wenn sie auch sonst manchmal lächerliche Urtheile fällt. Als von zweien in der Küche befindlichen Mädchen die eine sich am Feuer verbrannt hatte, sagte die andere: Meine Liebe, wer wird das Fegefeuer ertragen können? worauf die andere antwortete: Du bist verrückt, meine Liebe, man gewöhnt sich an alles.

24. Allein, wird der Verfasser sagen, diese merkwürdige Macht, welche uns gegen alles gleichgültig macht, oder allem zuneigen macht, wie wir wollen, überwiegt selbst die Vernunft. Dies ist sein dritter Beweis, nämlich, man *würde seine eignen Handlungen nicht hinreichend erklären können*, wenn man diese Macht nicht zu Hülfe nähme. Tausende von Menschen, sagt er, verachten die Bitten ihrer Freunde, den Rath ihrer Angehörigen, die Vorwürfe ihres Gewissens, die Strafe, den Tod, den Zorn Gottes, selbst die Hölle, um Thorheiten nachzulaufen, welche nur durch ihre reine und freie Wahl etwas gutes und erträgli-

490

ches bekommen. In diesem Beweise ist alles gut, ausgenommen die letzten Worte. Denn wenn man ein Beispiel nimmt so wird man finden, dass Gründe und Ursachen vorhanden sind, welche den Menschen zu seiner Wahl geführt haben und dass sehr starke Bande ihn daran fest halten. So kommt eine Liebschaft niemals von einer reinen Gleichgültigkeit; eine Neigung oder Leidenschaft hat dabei ihr Spiel gehabt, aber Gewohnheit und Eigensinn bringen manche Naturen so weit, dass man sich lieber ruinirt, als davon frei macht. Ein anderes Beispiel bringt der Verfasser selbst herbei; ein Gottesleugner, Lucilio Vanini, (so nennen ihn die Meisten, während er selbst den vornehmen Namen, Giulio Cesare Vanini sich in seinen Werken giebt) wird lieber das lächerliche Märtyrerthum seiner Chimäre ertragen, als seiner Gottlosigkeit entsagen. Der Verfasser nennt nicht Vanini und dieser Mensch hat in Wahrheit seine schlechte Meinung widerrufen, als er überführt wurde, dass er Lehrsätze aufstelle und den Apostel der Atheisten mache. Als man ihn fragte, ob es einen Gott gebe, riss er einen Grashalm ab und sagte;

Et levis est cespes, qui probat, esse Deum.

(Ein leichter Grashalm beweist das Dasein Gottes).

Allein der General-Procurator bei dem Parlament zu Toulouse wollte den ersten Präsidenten desselben ärgern (wie man sagt) bei welchem Vanini viel Zutritt hatte und dessen Kinder er in der Philosophie unterrichtete, wenn er nicht gar sein Bedienter war; so wurde die Inquisition durch Strenge genöthigt und als Vanini sah, dass er auf keine Verzeihung mehr hoffen konnte, so erklärte er sterbend sich für das, was er war, nämlich für einen Atheisten, worin nichts so Außerordentliches gefunden werden kann. Selbst wenn ein Atheist sich freiwillig zur Bestrafung mit dem Tode anböte so könnte die Eitelkeit bei ihm eine ebenso stark wirkende Ursache sein, wie bei dem Gymnosophisten Calanus und bei dem Sophisten, der nach Lucian's Bericht sich freiwillig den Tod durch das Feuer gesucht hat. Der Verfasser glaubt indess, dass selbst solche Eitelkeit und solche Hartnäckigkeit und sonstige Auffassungen der Menschen, die im übrigen von ganz gesundem Verstande sich zeigen nicht durch jene Begehrungen sich erklären liessen, welche aus den Vorstellungen des Guten und Schlimmen entspringen und dass sie uns deshalb nöthigen, auf jene transscendentale Macht zurückzugreifen, welche das Gute in Schlimmes, das Schlimme in Gutes verwandelt und das Gleichgültige in Gutes oder Schlimmes. Allein man braucht nicht so weit zu gehen; die Ursachen unserer Irrthümer liegen offen da.

Man kann allerdings diese Umwandlung ausführen, aber nicht, wie bei den Feen, durch einem einfachen Akt dieser magischen Gewalt, sondern durch Verdunkelung und Unterdrückung der guten und schlechten Eigenschaften in seinen Gedanken, die mit gewissen Gegenständen in natürlicher Weise verbunden sind und dadurch dass man nur diejenigen Eigenschaften im Auge behält, welche unserm Geschmack oder unsern Vorurtheilen entsprechen; ja selbst dadurch, dass man durch gewaltsames Denken gewisse Eigenschaften damit verbindet, die sich nur zufällig oder durch unsere gewohnte Auffassung darin vorfinden. So widersteht mir z.B. ein gutes Nahrungsmittel, weil ich als Kind darin etwas ekelhaftes gefunden habe und dies einen starken Eindruck bei mir zurückgelassen hat. Umgekehrt kann mir ein grosser Fehler gefallen, weil er in mir etwas von dem Bilde der Person erweckt, die ich ehrte oder liebte. Ein junger Mensch kann von dem grossen Beifall berauscht worden sein, der ihn eine glücklich öffentliche Handlung eingebracht hat; der Eindruck dieser grossen Freude hat ihn ausserordentlich empfänglich für den Ruhm gemacht, er denkt Tag und Nacht nur an das, was diese Leidenschaft nährt und er wird selbst deshalb den Tod nicht scheuen, um sein Ziel zu erreichen. Denn wenn er gleichwohl weiss, dass er das nicht hören werde, was man von ihm nach seinem Tode sagen wird, so hat doch die Vorstellung die er sich davon im Voraus macht eine grosse Wirkung auf seinen Geist. Immer sind es dergleichen Gründe bei den Handlungen, welche denen völlig eitel und unvernünftig erscheinen, welche diese Gründe nicht beachten. Kurz, ein heftiger oder oft wiederholter Eindruck kann unsere Organe, unsere Einbildungkraft, unser Gedächtniss und selbst unsere Erwägungen erheblich umstimmen, und ein Mensch, der eine von ihm erfundene Lüge oft erzählt hat, kann zuletzt selbst daran glauben. Da man sich das Angenehme oft vorstellt, so wird seine Vorstellung leicht und man glaubt, sie auch so leicht verwirklichen zu können; deshalb hält man leicht das für wahr, was man wünscht.

Et qui amant ipsi sibi somnia fingunt.

(Die Verliebten machen sich selbst ihre Träume).

25. Die Irrthümer sind deshalb niemals willkürlich, im strengen Sinne, obgleich der Wille dabei oft mittelbar mit einwirkt, weil man gern gewissen Gedanken nachhängt, und vor andern eine Abscheu hat. Der gute Eindruck, welchen ein Buch macht, hilft dem Leser an dessen Inhalt glauben. Die Art und die Manieren in denen jemand spricht, nimmt die Zuhörer für ihn ein. Man verachtet leicht Lehren eines Menschen den man verachtet oder hasst oder die Lehren eines Andern, der jenem in einem auffallenden Stücke ähnelt. Ich habe schon gesagt, weshalb man das Mögliche und zugleich Angenehme gern glaubt und ich habe Personen gekannt, die zunächst ihre Religion aus weltlichen Rücksichten gewechselt haben, aber nachher überzeugt und fest überzeugt waren, dass sie den besten Theil ergriffen hätten. Die Hartnäckigkeit ist nicht blos das Aushalten bei einer schlechten Wahl, sondern auch eine Neigung, auszuhalten, weil man sich etwas Gutes dabei einbildet, oder etwas Uebles, wenn man seinen Sinn änderte. Die erste Wahl ist vielleicht leichtsinnig geschehen, aber der Wille dabei zu beharren kommt von starkem Gründen oder Eindrücken. Sogar manche Lehrer der Moral sagen, dass man die getroffene Wahl festhalten müsse, um nicht unbeständig zu sein, oder um es nicht zu scheinen. Allein das Beharren ist fehlerhaft, wenn man dabei die Warnungen der Vernunft verachtet, namentlich wenn der Gegenstand wegen seiner Wichtigkeit eine genaue Prüfung verlangt. Ist aber der Gedanke des Wechsels unangenehm, so wendet man leicht seine Aufmerksamkeit davon ab, und deshalb stemmt man sich meist dagegen. Der Verfasser, welcher die Hartnäckigkeit auf seine vermeintlich reine Gleichgültigkeit bezieht, hätte bedenken sollen, dass es noch etwas andern bedarf, um an einer Wahl festzuhalten, als die blose Wahl, oder eine reine Gleichgültigkeit, namentlich wenn die Wahl leichthin getroffen worden ist und dies geschieht um so mehr, mit je mehr Gleichgültigkeit sie erfolgt ist. Man kommt deshalb auch bald zu einer Aenderung derselben, wenn die Eitelkeit, die Gewohnheit, das Interesse oder sonst ein Grund uns nicht zu deren Festhalten bestimmen. Selbst die Rache ist nur angenehm, wenn ein Grund dafür da ist. Menschen mit lebhaftem Gefühl denken Tag und Nacht daran und sie können die Vorstellung des erlittnen Uebels oder der erlittenen Beleidigung schwer entfernen. Es scheint ihnen ein grosser Genuss, den Gedanken ihrer Verachtung los zu werden, der fortwährend zurückkehrt und deshalb ist für Menschen die Rache süsser, als selbst das Leben.

Queis vindicta bonum vita jucundius ipsa.

(Denen die Rache ein grösseres Gut ist, als selbst das Leben.)

Der Verfasser möchte uns überreden, dass, wenn unser Verlangen oder unser Verabscheuen auf einen Gegenstand sich bezieht, der dies nicht genügend verdient, man in der Regel ihm den Ueberschuss des empfundenen Guten oder Schlechten durch die vermeintliche Macht zu wählen verliehen habe, welche die Dinge gut oder schlecht erscheinen lässt, je nachdem man es wolle. Es sind 2 Grade Schlechtes vorhanden, man giebt 6 Grade künstliches Gutes durch die Macht hinzu, welche ohne Grund wählen kann und so bleiben 4 Grad Gutes frei (Kap. 5, Abschn. 2, § 7). Wenn dies ausführbar wäre, so vermöchte man viel, wie ich schon früher gesagt. Er meint, dass selbst die Ehrsucht, der Geiz, die Spielsucht und andere leichtsinnige Leidenschaften von dieser Macht ihre Gewalt entliehen (Kap. 5, Abschn. 5, Unterabschn. 6); allein es haftet ohnedem so viel falscher Schein an den Dingen, so viel Einbildung, welche die Dinge grösser oder kleiner macht, so viel schlechte Gründe in unsern Erwägungen, dass man die Hülfe dieser kleinen Zauberin nicht braucht, d.h. jener innern Macht, welche wie durch Verzauberung wirkt und welcher der Verfasser alle Unordnung zutheilt. Endlich habe ich schon oft gesagt, dass, wenn wir uns zu etwas Unvernünftigem entschliessen, wir durch einen andern, scheinbar stärkeren Grund dazu bestimmt werden, wie z.B. durch das Vergnügen, unabhängig zu scheinen, oder etwas Ausserordentliches zu vollbringen. Am Hofe von Osnabrück gab es einmal einen Lehrer der Pagen, welcher, wie ein zweiter Mutius Scävola, den Arm in die Flamme hielt und einen Brandschaden zu bekommen dachte, um zu zeigen, dass seine Geisteskraft grösser sei, als der heftigste Schmerz. Es werden wohl wenig Menschen es ihm nachmachen, und vielleicht wird sich auch nicht leicht ein Schriftsteller finden, der, wenn er eine Macht aufstellte, die ohne Grund, ja selbst gegen die Vernunft wählen kann, seine Lehre dadurch beweisen wollen wird, dass er auf ein gutes Einkommen oder eine schöne Stelle verzichtet, nur um die Uebermacht seines Willens über seine Vernunft zu zeigen. Ich bin sicher, dass wenigstens ein verständiger Mensch es nicht thun wird und dass er bald sehen wird, wie man sein Opfer nutzlos machen wird, indem man ihn belehrt, dass er nur dem Heliodorus, Bischof von Larissa, nachgeahmt habe, welchem sein Buch über Theagenes und Chariklea (wie man sagt) lieber war, als sein Bisthum, was nicht schwer ist, wenn er auch ohne Amt etwas zu leben hatte und er für seinen Ruhm sehr empfindlich war. Alle Tage trifft man ja auf Leute, welche ihren Vortheil ihrem Eigensinn zum Opfer bringen, d.h. wirkliche Güter den scheinbaren Gütern opfern.

26. Es würde zu weit führen, wenn ich Schritt für Schritt den Ausführungen des Verfassers folgen wollte, welcher oft auf das schon von mir geprüfte zurückkommt, aber meist mit einer feinen und sinnreichen Wendung vermehrt. Ich denke, dass es auch nicht nöthig sein wird, da ich wohl auf alle seine Gründe genügend geantwortet haben werde. Das Beste ist, dass die Praxis bei ihm die Theorie oft berichtigt und verbessert. Nachdem er in dem *zweiten Abschnitt* des 5. Kapitels aufgestellt hat, dass wir durch diese Macht, ohne Grund zu wählen, Gott ähnlich werden und dass diese Macht die edelste sei und deren Uebung uns am meisten glücklich machen kann, Behauptungen der sonderbarsten Art, da man Gott auch mehr durch die Vernunft nachahmt und unser Glück in deren Befolgung besteht, – also nach diesen Ausführungen bringt der Verfasser ein vortreffliches Ausbesserungsmittel herbei, indem er in Kap. 5 sehr richtig sagt, dass wir, um glücklich zu werden, unsere Wahl den Dingen anpassen müssen, da die Dinge kaum dazu angethan seien, sich uns anzupassen und dass dies in Wahrheit eine Anpassung an den göttlichen Willen sei. Dies ist unzweifelhaft gut gesagt, allein dies besagt zugleich, dass unser Wille sich möglichst nach der Wirklichkeit der Dinge regelt und nach den wahren Vorstellungen des Guten und Schlechten, und dass mithin die Beweggründe des Guten und Schlechten der Freiheit nicht entgegen sind, und dass die Macht, ohne Grund zu wählen, anstatt unserem Glück zu dienen, vielmehr unnütz, ja selbst sehr schädlich ist. Glücklicherweise ist sie auch nirgends zu finden; es ist ein vernünftelndes Vernunftgeschöpf, wie einige Scholastiker die Gebilde, welche nicht einmal möglich sind, nennen. Ich würde sie lieber *unvernünftige Ver-*

nunftgeschöpfe nennen. Der *dritte Abschnitt* (über die unrichtigen Wahlen) mag hingehen, weil man danach keine unmöglichen, unbeständigen, schädlichen Dinge wählen solle, und keine, die dem Willen Gottes entgegen oder von Andern schon in Besitz genommen sind. Auch sagt der Verfasser sehr richtig, dass wenn man dem Glücke Anderer Abbruch thue, man den Willen Gottes verletze, welcher verlange, dass Alle möglichst glücklich seien. Gleiches kann ich von dem *vierten Abschnitt* sagen, wo über die Quelle der unrechten Wahlen gehandelt wird. Diese sind der Irrthum oder die Unwissenheit, die Nachlässigkeit, der Leichtsinn in zu leichtem Wechsel der Wahl, die Hartnäckigkeit gar nicht zu wechseln und die schlechten Gewohnheiten; endlich die ungehörigen Begehren, welche oft in verkehrter Weise nach den äussern Dingen verlangen lassen. Der *fünfte Abschnitt* soll die schlechten Wahlen oder die Sünden mit der Macht und Güte Gottes versöhnen; der Abschnitt ist sehr ausführlich und deshalb in Unterabschnitte eingetheilt. Der Verfasser macht sich hier selbst einen grossen Einwurf ohne Noth; denn er behauptet, dass es ohne eine in der Wahl durchaus unbeschränkte Macht zu wählen, keine Sünde geben würde. Nun wäre es aber Gott sehr leicht gewesen, den Geschöpfen eine so wenig vernünftige Macht zu verweigern; es genügt, dass sie durch die Vorstellungen des Guten und Bösen bestimmt wurden; also hätte Gott leicht die Sünde nach der Hypothese des Verfassers verhindern können. Er weiss keinen andern Ausweg aus dieser Schwierigkeit, als die Behauptung, dass, wenn diese Macht durch die Dinge eingeschränkt worden wäre, die Welt dann eine rein leidende Maschine sein würde. Allein dies habe ich schon oft widerlegt. Wenn der Welt diese Macht fehlte, wie dies in der That der Fall ist, würde man sich kaum darüber beklagen. Die Seelen würden sehr gern sich an den Vorstellungen des Guten und Schlechten genügen lassen, um danach ihre Wahl zu treffen und die Welt würde so schön bleiben, wie jetzt. Der Verfasser kommt auf das Frühere zurück, wonach es ohne diese Macht kein Glück geben solle; allein ich habe darauf genügend geantwortet und diese Behauptung hat nicht den mindesten Schein für sich, so wenig wie einige andere auffallende Behauptungen, welche der Verfasser hier aufstellt, um seine sonderbaren Hauptsätze aufrecht zu erhalten.

27. Der Verfasser macht auch in dem Unterabschn. 4 einen kleinen Abstecher in Bezug auf das Gebet und sagt, dass die, welche zu Gott beten, auf eine Veränderung der natürlichen Ordnung hoffen, aber nach seiner Ansicht sich wohl täuschen. Im Grunde werden indess die Menschen zufrieden sein, wenn sie erhört werden, ohne sich darum zu kümmern, ob die Ordnung der Natur zu ihren Gunsten gestört worden ist, oder nicht. Sollte ihnen von den guten Engeln geholfen werden, so würde dies keine Aenderung der allgemeinen Ordnung der Dinge enthalten. Auch nimmt der Verfasser sehr richtig an, dass es sowohl ein System geistiger, wie körperlicher Substanzen gebe; und dass jene, wie diese, in Verkehr mit einander stehen. Gott benutzt die Engel zur Leitung der Menschen, ohne dass die Naturordnung darunter leidet. Indess kann man dergleichen leichter behaupten, als erklären, wenn man nicht auf mein System der Harmonie zurückgreifen will. Doch der Verfasser geht weiter. Nach ihm war die Sendung des heiligen Geistes im Anfange ein grosses Wunder, aber jetzt sei seine Wirksamkeit in uns eine natürliche. Ich überlasse ihm die Sorge, dies zu erklären und mit den andern Theologen sich zu vereinigen. Indess findet er den natürlichen Erfolg der Gebete in ihrer Kraft, die Seele zu bessern, die Leidenschaften zu besiegen und sich einen Grad neuer Gnade zu erwerben. Ich kann bei meiner Hypothese ziemlich das Gleiche sagen, wonach der Wille nur nach Beweggründen handelt und ich treffe daher da auf keine Schwierigkeiten, wo der Verfasser sich durch seine Macht, ohne Grund zu wählen, verwickelt hat. Auch das Vorauswissen Gottes macht ihn verlegen; denn wenn die Seele bei ihrer Wahl durchaus gleichgültig ist, wie könnte man da diese Wahl voraussehen und welchen vernünftigen Grund gäbe es, eine Sache zu kennen, wenn es keinen Grund für ihr Dasein giebt? Der Verfasser verweist die Lösung dieser Schwierigkeit an einen andern Ort, da sie nach ihm ein ganzes Werk verlangen dürfte. Uebrigens sagt er über das moralische Uebel manches Gute, was mit meinen Grundsätzen ganz übereinkommt. Z.B. sagt er (Unterabschnitt 6), dass die Laster und Verbrechen die Schönheit der Welt nicht mindern, sondern eher vermehren, so wie manche Misstöne das Ohr durch ihre Schärfe verletzen würden, wenn man sie allein hörte, während sie doch in der Mischung die Harmonie nur angenehmer machen. Er zeigt auch, wie manches Gute in dem Schlechten enthalten ist, z.B. der Nutzen von der Verschwendung der Reichen und von dem Geize bei den Armen. Dies hilft allerdings zur Blüthe der Künste. Auch sollen wir nicht nach unserer kleinen Erde das Urtheil über die Welt bemessen, so wie nicht blos nach dem, was wir kennen, da die Fehler und Flecken hier sehr wohl die Schönheit des Uebrigen erhöhen können; wie z.B. die Schönpflästerchen, welche an sich nichts schönes sind, doch bei dem schönen Geschlecht als eine Verschönerung des ganzen Gesichts gelten, obgleich sie die Stelle, welche sie bedecken, zu einer hässlichen machen. Cotta vergleicht bei Cicero die Vorsehung in ihrer Verleihung der Vernunft an den Menschen mit einem Arzt, welcher dem Kranken Wein verordnet, trotzdem, dass er voraussieht, derselbe werde einen schlechten Gebrauch davon auf Kosten seines Lebens machen. Der Verfasser antwortet, dass die Vorsehung thue, was ihre Weisheit und Güte erfordere und dass das daraus hervorgehende Gute grösser sei, als das Schlechte. Hätte Gott dem Menschen nicht die Vernunft gegeben, so hätte er überhaupt keine Menschen gehabt und Gott gliche dann einem Arzt, welcher jemanden tödtete, um ihn nicht krank werden zu lassen. Man kann hinzufügen, dass nicht die Vernunft an sich schädlich ist, sondern der Mangel der Vernunft, und wird von der Vernunft ein schlechter Gebrauch gemacht, so urtheilt man richtig über die Mittel, aber nicht genügend über den Zweck, oder über den schlechten Zweck, den man vor hat. Also ist es immer aus Mangel der Vernunft, dass man eine schlechte Handlung verübt. Er erwähnt auch den Einwurf Epikur's, welchen Lucrez in seiner Schrift über den Zorn Gottes erwähnt, die ungefähr so lautet: Entweder will Gott die Uebel beseitigen, aber kann damit nicht zum Ziele kommen, dann ist er schwach; oder er kann sie beseitigen, aber will es nicht, und dies würde Bosheit in ihm zeigen; oder es fehlt ihm sowohl der Wille, wie die Macht, und dann wäre er schwach und zugleich neidisch; oder endlich er kann und will es, wo man dann fragen muss, weshalb er das vorhandene Schlechte nicht beseitige? Nach dem Verfasser kann Gott das Schlechte nicht beseitigen, und will es auch nicht, und trotzdem sei er weder schwach noch boshaft. Ich hätte lieber gesagt, dass er es kann, aber nicht unbedingt will und zwar mit Recht, weil er das Gute zugleich mit beseitigen würde, und zwar mehr Gutes als Schlechtes.

Am Ende seines Werkes fügt der Verfasser ihm einen *Anhang* bei, wo er von den göttlichen Gesetzen spricht. Er theilt dieselben richtig in natürliche und positive ein. Die besondern Gesetze der Natur der lebenden Wesen müssen nach ihm denen der Körper überhaupt nahe stehen. Gott soll nicht eigentlich zornig sein, wenn seine Gesetze verletzt werden, allein die Ordnung habe gewollt, dass der Sündigende sich ein Uebel zuziehe und dass wer Andern Gewalt anthue, auch seinerseits welche erleide. Aber er meint, dass die positiven Gesetze Gottes das Uebel mehr anzeigen und voraussagen, als zufügen und dies veranlasst ihn, über die ewige Verdammniss der Bösen zu sprechen, welche nicht mehr zur Besserung, oder zur Abschreckung diene, aber der rächenden Gerechtigkeit Gottes Genüge leiste, obgleich die Bösen sich ihr Unglück selbst bereiten. Er vermuthet, dass diese Strafen der Bösen doch für die guten Menschen Nutzen haben mögen und er zweifelt auch, ob es nicht besser sei, verdammt, als Nichts zu sein; weil ja die Verdammten auch wahnsinnige Leute sein könnten, die auf dem Beharren in ihrem Elende aus einer Sonderbarkeit des Geistes bestehen könnten. Daher kommt es nach ihm, dass sie, mitten in ihrem Elende, sich zu ihren schlechten Ansichten noch Beifall klatschen und sich darin gefallen, den Willen Gottes zu kritisiren. Denn man sehe alltäglich betrübte, boshafte, neidische Menschen, die ein Vergnügen an der Betrachtung ihrer Uebel fänden und selbst sich zu betrüben suchten. – Diese Ansicht ist nicht zu verachten; und ich habe schon ähnliche Gedanken gehabt, aber ich mag nicht unbedingt darüber entscheiden. In § 275 der gegen Herrn Bayle gerichteten Versuche habe ich die Fabel von dem Teufel erwähnt, welcher die Verzeihung, die ihm ein Eremit von Seiten Gottes anbietet, ablehnt. Der Baron Andreas Taifel, ein österreichischer Herr, Gross-Ritter bei dem österreichischen Erzherzog Ferdinand, welcher nachher Kaiser unter dem Namen Ferdinand II. wurde, nahm in Anspielung an seinen Namen (welcher im Deutschen den Teufel zu bezeichnen scheint) als Symbol einen Teufel oder Satyr mit dem spanischen Ausspruch: *mas perdido, y menos arrependito* (je mehr verloren, desto weniger bereut), was eine Leidenschaft ohne Hoffnung andeutet, deren man sich aber nicht entschlagen kann. Dieser Spruch ist dann von dem spanischen Grafen von Villamediana aufgenommen worden, als man ihn für verliebt in die Königin hielt. – Was nie Frage anlangt, weshalb den Guten so oft Uebles, und den Bösen Gutes begegne, so meint der berühmte Verfasser, dass er sie genügend erledigt habe und kein Zweifel darüber mehr übrig bleibe. Nach ihm kann man indess oft zweifeln, ob die in dem Elend befindlichen Guten nicht durch ihr Unglück gerade gut gemacht worden seien und ob die Schlechten, aber Glücklichen nicht vielleicht erst durch ihr Glück verdorben worden seien. Er meint, wir seien schlechte Richter, wenn es sich nicht blos um das Kennenlernen eines guten, sondern auch eines glücklichen Menschen handle. Man ehre oft einen Heuchler und verachte den, dessen wahre Tugend sich nicht vordränge. Auch das Glück sei schwer zu erkennen und werde oft unter den Lumpen eines Armen, aber Zufriedenen verkannt, während man es in den Palästen der Grossen oft vergeblich suche. Endlich bestellt nach dem Verfasser das grösste Glück hienieden in der Hoffnung auf das zukünftige Glück, deshalb könne man sagen, dass den Schlechten nichts begegne, was nicht zu ihrer Besserung oder Züchtigung diene, und nichts den Guten, was nicht zu ihrem grösserem Wohle diene.

Dieser Schluss kommt ganz auf meine Ansichten zurück und für den Schluss eines Werkes wird man nichts besseres sagen können. 501

Anhang IV

Die Sache Gottes vertheidigt durch die Versöhnung seiner Gerechtigkeit mit seinen übrigen Vollkommenheiten und mit all seinen Handlungen

1. *Die Vertheidigung der Sache Gottes* gereicht nicht blos zum Ruhme Gottes, sondern auch zu unserem Nutzen, damit wir sowohl seine Grösse, d.h. seine Macht und seine Weisheit verehren, sowie auch seine Güte und das daraus Abfliessende, seine Gerechtigkeit und Heiligkeit lieben und so weit wir vermögen, diese nachahmen. Diese Abhandlung hat zwei Theile; der erste ist mehr vorbereitend und der andere ist der hauptsächliche. Der erstere behandelt die Grösse und die Güte, jede besonders, der zweite fasst beide zusammen; darin ist die Vorsehung für alle Geschöpfe und die Regierung über die vernünftigen enthalten, besonders in Betreff der Frömmigkeit und des Heils.

2. Die strengern Theologen haben mehr die Grösse Gottes als seine Güte berücksichtigt; dagegen galten den wahren Rechtgläubigen beide Vollkommenheiten von gleicher Wichtigkeit. Man könnte den Irrthum, welcher die Grösse Gottes erschüttert, Anthropomorphismus und den, welcher die Güte beseitigt, Despotismus nennen.

3. *Die Grösse Gottes* ist sorgfältig, besonders gegen die Socinianer und einige Halb-Socinianer zu schützen; *Conrad Vorstius* hat am meisten von ihnen dagegen gesündigt. Man kann die Grösse auf zwei Hauptkapitel zurückführen, auf die Allmacht und auf die Allwissenheit.

4. *Die Allmacht* befasst sowohl Gottes Unabhängigkeit von Andern, wie Aller Abhängigkeit von ihm.

5. *Die Unabhängigkeit* Gottes tritt im Dasein und im Handeln hervor. Im Dasein, insofern Gott nothwendig und ewig ist, und, wie man gemeiniglich sagt, ein Ding an sich. Daraus folgt auch, dass Gott unermesslich ist.

6. *Im Handeln* ist Gott in natürlicher und in moralischer Weise unabhängig. In natürlicher Weise, insofern er der freieste ist und nur von sich selbst zum Handeln bestimmt wird; in moralischer Weise, insofern er *anypeuthynos* (nicht unterwürfig) ist, oder keinen über sich hat.

7. *Die Abhängigkeit der Dinge von Gott* erstreckt sich sowohl auf alles Mögliche, oder auf das, was keinen Widersprach enthält, wie auch auf alles Wirkliche.

8. *Die Möglichkeit* der Dinge, die nicht wirklich bestehen, hat in dem göttlichen Dasein ihre begründete Wirklichkeit, denn wenn Gott nickt wäre, so würde es auch nichts Mögliches geben; das Mögliche ist daher von Ewigkeit in den Vorstellungen des göttlichen Verstandes enthalten.

9. *Das Wirkliche* hängt, in Rücksicht theils des Seins, theils des Handelns, von Gott ab, und zwar nicht blos von seinem Verstande, sondern auch von seinem Willen; nämlich in Rücksicht des Seins, insofern alle Dinge frei von Gott erschaffen sind und auch von Gott erhalten werden, und es ist keine falsche Lehre, dass die göttliche Erhaltung eine fortgehende Schöpfung sei, gleich dem Strahl, der stetig von der Sonne ausstrahlt, wenn auch die Geschöpfe nicht aus Gottes Wesen und auch nicht nothwendig hervorgehen.

10. Im *Handeln* hängen die Dinge von Gott ab, indem Gott zum Handeln der Dinge mitwirkt, insoweit in den Handlungen einige Vollkommenheit enthalten ist, welche allerdings von Gott herkommen muss.

11. *Die Mitwirkung* Gottes (auch die gewöhnliche und nicht wunderbare) ist zugleich eine unmittelbare und eine besondere; und zwar eine *unmittelbare*, indem die Wirkung nicht blos deshalb von Gott abhängt, weil dessen Ursache von Gott entstanden ist, sondern weil Gott nicht weniger, noch entfernter in Hervorbringung der Wirkung mitwirkt, als in Hervorbringung von dessen Ursache.

12. Eine *besondere* ist aber die Mitwirkung, weil sie nicht blos auf die Entstehung der Sache und der Handlung gerichtet ist, sondern auch auf die Art und die Eigenschaften des Seins, so weit ihnen etwas von Vollkommenheit einwohnt, was immer von Gott, dem Vater des Lichts und dem Geber alles Guten herkommt.

13. So viel von der Macht Gottes; jetzt ist von seiner Weisheit zu sprechen, welche von ihrer Unermesslichkeit die *Allwissenheit* genannt wird. Da diese selbst die vollkommenste ist (ebenso wie die Allmacht) so umfasst sie alles Vorstellen und alle Wahrheit, d.h. alles Einfache und Verbundene, was ein Gegenstand des Wissens sein kann und sie befasst sowohl das Mögliche, wie das Wirkliche.

14. Sie betrifft *das Mögliche*, wo sie das *Wissen der einfachen Einsicht* heisst und sie umfasst sowohl die Dinge, wie deren Verbindungen; beide sind entweder nothwendige oder zufällige.

15. Das *zufällige Mögliche* kann gewusst werden, theils als getrenntes, theils geordnet zu ganzen möglichen unzähligen Welten, deren jede Gott vollkommen bekannt ist, wenn auch von ihnen nur eine in das Sein übergeführt wird. Denn mehrere wirkliche Welten anzunehmen, hat keine Bedeutung, da die eine die ganze Gemeinschaft der Geschöpfe in allen Zeiten und Orten umfasst und in diesem Sinne das Wort Welt hier genommen wird.

16. Das Wissen des Wirklichen, oder der zum Dasein übergeführten Welt, und alles Vergangenen, Gegenwärtigen und Kommenden in ihr heisst das *schauende Wissen* und ist von dem Wissen der einfachen Einsicht dieser Welt, als einer möglichen aufgefasst, nicht weiter verschieden, als dass die rückbezügliche Kenntniss hinzukommt, wodurch Gott seinen Beschluss, die Welt zum Dasein überzuführen, kennt. Auch bedarf es keiner andern Grundlage für das göttliche *Vorauswissen*.

17. Das *Wissen*, welches gewöhnlich das mittlere genannt wird, ist unter dem Wissen der einfachen Einsicht in dessen, hier angegebenem Sinne enthalten. Will indess jemand ein mittleres Wissen zwischen dem Wissen der einfachen Einsicht und dem schauenden Wissen festhalten, so kann er das schauende und das mittlere Wissen anders fassen, als gewöhnlich geschieht, nämlich dass das mittlere nicht blos von den künftigen bedingten Dingen, sondern auch allgemein von dem möglichen Zufälligen verstanden wird. Dann wird das rissen der einfachen Einsicht enger gefasst, nämlich dass es nur von den möglichen und dabei nothwendigen Wahrheiten handelt, und das mittlere Wissen von den möglichen und dabei zufälligen Wahrheiten und das schauende Wissen von den zufälligen und dabei wirklichen Wahrheiten. Das mittlere Wissen wird dann mit dem erstem das gemeinsam haben, dass es von den möglichen Wahrheiten handelt und mit dem letztem, dass es von den zufälligen Wahrheiten handelt.

18. So viel von der göttlichen Grösse; nun werde ich von der *göttlichen Güte* handeln. So wie die Weisheit, oder das Wissen des Wahren eine Vollkommenheit des Verstandes ist, so ist die Güte, oder das Begehren des Guten eine Vollkommenheit des Willens. Jeder Wille hat zwar das Gute zum Gegenstande, wenigstens das anscheinende, aber der göttliche Wille hat nur das Gute und zugleich Wahre zum Gegenstande.

19. Ich werde also auch den Willen, und seinen Gegenstand, das Gute und Schlechte betrachten, so weit es einen Grund zum Wollen oder Nicht-Wollen darbietet. Beim *Willen* werde ich dessen Natur und dessen Arten betrachten.

20. Zur *Natur* des Willens gehört die *Freiheit*, welche darin besteht, dass die Willenshandlung aus ihm selbst hervorgeht und überlegt ist und also auch der Art dass sie die Notwendigkeit ausschliesst, welche die Ueberlegung aufhebt.

21. Es wird die *metaphysische Nothwendigkeit* ausgeschlossen, deren Gegentheil unmöglich ist oder einen Widerspruch enthält; aber nicht die moralische Notwendigkeit, deren Gegentheil das Unangemessene ist. Denn wenn auch Gott in seinem Wählen nicht irren kann, also immer das passendste wählt, so steht dies doch seiner Freiheit nicht entgegen, vielmehr macht es sie nur vollkommener. Es würde der Freiheit entgegen sein, wenn nur ein Gegenstand des Willens möglich wäre, oder wenn nur eine Gestalt der Dinge möglich wäre; in diesem Falle würde die Wahl wegfallen und die Weisheit und Güte des Handelnden könnte nicht gelobt werden.

22. Deshalb irren die, oder sprechen wenigstens sehr unpassend, welche nur das für möglich erklären, was wirklich geschieht oder was Gott gewählt hat. Hierin versah es der Stoiker *Diodorus* bei *Cicero* und unter den Christen *Abälard, Wicleff, Hobbes*. Unten wird mehr über die Freiheit gesagt werden, wo die menschliche zu schützen sein wird.

23. So viel über die Natur des Willens; es folgt die *Eintheilung des Willens*, welche für den gegenwärtigen Gebrauch hauptsächlich eine doppelte ist; nach der einen ist der Wille ein vorgehender und ein nachfolgender; nach der andern ein hervorbringender und ein erlaubender.

24. Die *erste Eintheilung* geht dahin, dass der Wille entweder ein vorgehender oder auch vorläufiger, oder ein nachfolgender oder schliesslicher ist, oder, was dasselbe ist, dass der Wille entweder ein sich hinneigender oder ein beschliessender ist. Jener ist weniger vollständig, dieser ist aber vollständig unbedingt. Allerdings pflegt diese Eintheilung dem ersten Ansehen nach von Einigen anders und dahin aufgefasst zu werden, dass der vorgehende Wille Gottes (z.B. alle

Menschen zu erretten) der Ueberlegung vorangehe und der nachfolgende (z.B. einige zu verdammen) der Ueberlegung folge. Allein jener geht auch andern einzelnen Willen Gottes vor und dieser folgt nach, du die Betrachtung der That der Geschöpfe selbst nicht blos gewissen einzelnen Wollen Gottes vorausgestellt wird, sondern dies auch mit gewissen Wollen Gottes geschieht, ohne welche eine That der Geschöpfe nicht vorausgesetzt werden kann. Deshalb nahmen Thomas und Scotus und Andere die Eintheilung in meinem Sinne, also, dass der vorgehende Wille zu einem an sich Guten treibt und zwar nach dessen jedesmaligen Grade; deshalb ist dieser Wille nur ein Wille auf Einzelnes; dagegen sieht der nachfolgende Wille auf das Ganze und enthält die schliessliche Entscheidung. Deshalb ist er unbedingt und beschliessend und wenn der göttliche Wille gemeint ist, ein solcher, welcher seine volle Wirkung hat. Uebrigens will ich, wenn jemand meine Erklärung nicht mag, über Worte nicht streiten und man mag dann statt des vorgehenden und nachfolgenden Willens die Worte vorläufig und schliesslich setzen.

25. Der *vorgehende Wille* ist überhaupt ernst und rein und nicht mit dem Wollen-mögen (wo jemand wollte, wenn er könnte und wo jemand können möchte) zu verwechseln, welches bei Gott nicht vorkommt; auch nicht mit dem bedingten Willen, über den hier nicht gehandelt wird. Der vorgehende Wille bei Gott strebt alles Gute zu gewähren und alles Schlechte abzuwenden, insoweit sie ein solches sind und nach Verhältniss des Grades, in welchem sie es sind. Wie ernst aber dieser Wille sei, hat Gott selbst erklärt, als er so ernstlich sagte, dass er den Tod des Sünders nicht wolle, dass er alle gerettet sehen wolle, und dass er die Sünde hasse.

26. Der *nachfolgende Wille* entstellt aus dem Zusammentreffen aller vorgehenden Willen, damit nämlich, wenn alle diese Willen nicht zugleich wirklich werden können, die möglichst grösste Wirkung erreicht werde, welche sich durch die Weisheit und Macht erreichen lässt. Dieser Wille pflegt auch der *Beschluss* genannt zu werden.

27. Hieraus erhellt, dass auch die vorgehenden Willen nicht ganz nutzlos sind und ihre Wirksamkeit haben, nur ist diese von ihnen erreichte Wirkung nicht immer eine volle, da sie durch das Zusammentreffen anderer Willen beschränkt wird. Allein der aus allen treibenden Willen hervorgehende beschliessende Wille, erlangt immer seine volle Wirkung, wenn die Macht dem Wollenden nicht fehlt, wie dies bei Gott sicherlich der Fall nicht sein kann. Nur bei dem beschliessenden Willen gilt der Satz: Wer es kann und will, der thut es; indem nämlich dadurch, dass selbstverständlich unter der Macht das zum Handeln nöthige Wissen mitverstanden wird, gesetzt wird, dass der Handlung innerlich und äusserlich nichts mehr fehlt. Auch geht dem Glück und der Vollkommenheit des wollenden Gottes nichts ab, wenn nicht jeder Wille von ihm einen vollen Erfolg hat; denn er will das Gute nur nach dem Grade der Güte, welche in jedwedem Dinge bestellt. Am meisten wird seinem Willen Genüge geleistet, wenn damit der beste Erfolg erreicht wird.

28. *Der nachfolgende Wille* wird eingetheilt in den *hervorbringenden* für die eignen Handlungen und in den *erlaubenden* für die fremden Handlungen. Manches kann auch erlaubt werden (d.h. nicht gehindert werden) was man nicht thun darf, z.B. die Sünden, über die gleich gesprochen werden wird. Der eigentliche Gegenstand des erlaubenden Willens ist nicht das, was erlaubt wird, sondern die Erlaubniss selbst.

29. So viel über den Willen, jetzt gehe ich über zum *Grunde des Willens*, oder zum Guten und *Uebeln*. Beides ist dreierlei Art; ein metaphysisches, ein physisches und ein moralisches.

30. Das *metaphysische* besteht allgemein in der Vollkommenheit oder Unvollkommenheit der Dinge, selbst der unbeseelten Dinge. Christus hat gesagt, dass der himmlische Vater auch für die Lilien auf dem Felde und für die Sperlinge Sorge trage und bei Jonas nimmt Gott selbst auf die wilden Thiere Rücksicht.

31. Das *physische* wird besonders bezogen auf das Angenehme und Unangenehme der verständigen Substanzen; hierher gehört das *Uebel der Strafe*.

32. Das *moralische* bezieht sich auf die tugendhaften und auf die schlechten Handlungen derselben; hierher gehört das *Uebel der Schuld*. Das physische Uebel pflegt in diesem Sinn aus dem moralischen zu entstehen, wenn auch nicht immer in denselben Personen, was jedoch, da es eine Abirrung zu sein scheinen könnte, durch den Erfolg verbessert wird, dass die Unschuldigen wünschen würden, nicht gelitten zu haben. Auch ist das später in § 55 Gesagte hinzuzunehmen.

33. Gott will vorgehend mindestens das Gute an sich; also sowohl die Vollkommenheit der Dinge überhaupt, als insbesondere das Glück und die Tugend aller verständigen Geschöpfe und zwar jedes Gut nach dem Grade seiner Güte, wie ich schon gesagt habe.

34. Die Uebel fallen zwar nicht in den vorgehenden Willen Gottes, als nur so, dass er auf deren Entfernung gerichtet ist; aber sie fallen mittelbar in den nachfolgenden Willen; weil wenn diese Uebel entfernt würden, mitunter grössere Güter nicht erlangt werden könnten, in welchem Falle die Entfernung der Uebel nicht zur Verwirklichung kommt und, wenn sie auch in dem vorgehenden Willen enthalten ist, doch nicht in den nachfolgenden eintritt. Deshalb sagte *Thomas von Aquino* nach *Augustinus* ganz passend, Gott erlaube dass manche Uebel eintreten, damit nicht vieles Gute gehemmt werde.

35. Die metaphysischen und physischen Uebel (wie die Unvollkommenheiten in den Dingen und das Uebel der Strafe bei den Personen) werden mitunter mittelbare Güter, als Mittel zu grösseren Gütern.

36. Dagegen hat das moralische Uebel oder das Uebel der Schuld niemals die Natur eines Mittels, denn (wie der Apostel erinnert) man darf nichts Böses thun, damit Gutes eintrete; allein mitunter hat es doch die Natur einer Bedingung, welche eine unumgängliche oder eine verbundene oder mitbegleitende Bedingung heisst; d.h. ohne welche das schuldige Gute nicht erlangt werden kann, wobei unter dem schuldigen Gute auch die schuldige Beraubung eines Uebels enthalten ist. Das Uebel wird aber nicht aus einem Grunde unbedingter Nothwendigkeit zugelassen sondern nach dem Princip der Angemessenheit. Denn es muss ein Grund da sein, weshalb Gott das Uebel zulässt und nicht vielmehr nicht zulässt und jeder Grund für den göttlichen Willen kann nur aus dem Guten entnommen werden.

37. Auch das Uebel der Schuld ist für Gott nie Gegenstand seines hervorbringenden Willens, sondern nur bisweilen des erlaubenden Willens, weil Gott nie eine Sünde begeht, sondern nur höchstens mitunter zulässt.

38. Die allgemeine Regel für die Gestattung der Sünde ist Gott und den Menschen gemeinsam; nämlich niemand darf eine fremde Sünde zulassen, er müsste denn durch deren Verhinderung selbst eine schlechte Handlung verüben. Mit einem Wort, die Sünde zu gestatten, ist *niemals erlaubt*, wenn man es nicht *schuldig* ist; über welchen Unterschied der § 66 handelt.

39. Gott hat daher unter den Gegenständen seines Willens das Beste, als letztes Ziel; ferner das Gute jeder Art, auch als einen untergeordneten Zweck; dagegen die gleichgültigen Dinge und auch das Uebel der Strafe oft als Mittel; aber das Uebel der Schuld als die unumgängliche Bedingung einer von anderwärts her schuldigen Sache, in dem Sinne, wie Christus sagt, es müsse Aergerniss bestellen.

40. Bis hierher habe ich von der Grösse und Güte Gottes getrennt das gesagt, was als Einleitung dieser Abhandlung angesehen werden kann; jetzt werde ich von dem sprechen, was ein Zubehör von beiden ist. Das Gemeinsame der Grösse und der Güte Gottes ist also hier das, was nicht aus der blosen Güte, sondern auch aus der Grösse (d.h. aus der Weisheit und Macht) hervorgeht, denn die Grösse macht dass die Güte ihre Wirkung erreicht. Die Güte bezieht sich entweder auf alle Geschöpfe überhaupt, oder im Besonderen auf die verständigen. In der ersten Weise bildet sie mit der Grösse die Vorsehung in Erschaffung und Regierung der Welt; in letzterer Weise die Gerechtigkeit in der besondern Regierung der mit Vernunft begabten Substanzen.

41. Da die gegen die Geschöpfe überhaupt sich äussernde Güte durch die Weisheit geleitet wird, so folgt, dass die *göttliche Vorsehung* sich in der ganzen Reihenfolge der Welt zeigt und man muss sagen, dass Gott aus den unzähligen möglichen Reihen der Dinge die beste gewählt habe und deshalb sei es die, welche wirklich besteht. Denn alles in der Welt stimmt mit einander überein und der Weiseste beschliesst erst wenn er alles geprüft hat und also nur über das Ganze. Für die Theile einzeln genommen, kann ein vorgängiger Wille bestehen, für das Ganze ist er als beschliessender Wille aufzufassen.

42. Deshalb bedarf es, genau gesprochen keiner Ordnung für die göttlichen Beschlüsse sondern man kann sagen, dass es nur *ein* Beschluss Gottes gewesen, wonach die jetzige Reihe der Dinge zum Dasein gelangen sollte, nachdem vorher das in dieser Reihe Enthaltene erwogen und mit dem in den andern Reihen Enthaltenen verglichen worden war.

43. Deshalb ist der Beschluss Gottes auch unveränderlich, weil alle Gründe, die ihm entgegengestellt werden können, schon in Betracht genommen worden sind; allein daraus entsteht keine andere *Nothwendigkeit*, als die der *Folge*, oder der sogenannten *bedingten*, nämlich aus der vorausgesetzten Voraussicht und Vorausordnung. Aber es bestellt keine *unbedingte Nothwendigkeit* oder eine Nothwendigkeit des *Folgenden*, weil auch eine andere Ordnung der Dinge möglich war, sowohl in den Theilen wie für das Ganze und Gott, indem er die Zufälligkeit der Dinge erwählte, deren Zufälligkeit nicht geändert hat.

44. Auch sind wegen der Gewissheit der Dinge die Gebete und die Arbeiten nicht vergeblich für die Erlangung des Zukünftigen, was wir wünschen. Denn in der Vorstellung Gottes von dieser Reihe der Dinge, als einer möglichen, bevor er nämlich seinen Beschluss fasste, waren (im Fall sie erreicht werden sollte) auch diese zukünftigen Gebete und andern Ursachen der in ihr zusammengefassten Wirkungen enthalten und haben zur Wahl dieser Reihe und also auch zu den in ihr befassten Ereignissen, wie billig, mit beigetragen. Das, was Gott jetzt zum Handeln und Gestatten bestimmt, hat ihn damals schon zu dem Beschlüsse von dem bestimmt, was er thun und erlauben werde.

45. Auch habe ich schon oben gesagt, dass durch das göttliche Vorauswissen und Voraussehen die Dinge nicht unbedingt bestimmt werden, also nicht so, dass es gleichgültig wäre, ob man deshalb etwas thue oder nicht, sondern dass sie durch ihre Ursachen und Gründe bestimmt werden. Wenn daher jemand die Gebete, oder den Fleiss und die Arbeit für nutzlos erklärt, so geräth er in den *Trugschluss*, welchen schon die Alten den *faulen* nannten. Man sehe § 106 107 unten.

46. Die unbeschränkte Weisheit des Allmächtigen hat verbunden mit seiner unermesslichen Güte bewirkt, dass nichts besseres werden konnte, als was von Gott geschehen ist, und dass so alles vollkommen harmonisch ist, und aufs Schönste mit einander übereinstimmt, ebenso die formalen Ursachen oder Seelen mit den stofflichen Ursachen, oder den Körpern, wie die wirkenden oder natürlichen Ursachen mit den Endursachen oder den moralischen und wie das Reich der Gnade mit dem Reiche der Natur.

47. Deshalb hat man, so oft etwas in dem Wirken Gottes als tadelnswerth erscheint, anzunehmen, dass es uns nicht genügend bekannt sei und dass der Weise, welcher es durchschauen könnte, urtheilen werde, dass es besser nicht einmal gewünscht werden könne.

48. Daraus folgt weiter, dass es nichts glücklicheres giebt, als einem so guten Gott zu dienen und daher Gott über alles zu lieben und ihm gänzlich zu vertrauen.

49. Der wichtigste Grund für die Erwählung der besten Reihe der Dinge (nämlich die vorhandene selbst) ist Christus, der Gottmensch gewesen, da derselbe, als das zur höchsten Stufe gelangte Geschöpf, in dieser vorzüglichsten Reihe der Dinge als ein Theil der erschaffenen Welt mit enthalten sein musste, ja als deren Haupt, dem endlich alle

Gewalt im Himmel und auf Erden verliehen worden, in dem alle Völker gesegnet werden sollen, durch den alle Geschöpfe von der Knechtschaft der Verderbniss zur Freiheit des Ruhmes der Kinder Gottes werden erlöst werden.

50. So viel von der allgemeinen Vorsehung. Ferner hat die Güte insbesondere in Bezug auf die verständigen Geschöpfe in Verbindung mit der Weisheit die *Gerechtigkeit* gebildet, deren höchster Grad die *Heiligkeit* ist; deshalb befasst die Gerechtigkeit in diesem weiten Sinne nicht blos das strenge Recht, sondern auch die Billigkeit und folglich auch die löbliche Barmherzigkeit.

51. Die allgemeine Gerechtigkeit kann aber eingetheilt werden in die Gerechtigkeit im engeren Sinne und in die Heiligkeit. Die *Gerechtigkeit im engern Sinne* bezieht sich auf das physische Gute und Ueble Anderer, nämlich verständiger Geschöpfe; die *Heiligkeit* aber auf das moralisch Gute und Böse.

52. Die physischen Güter und Uebel sind sowohl in diesem, wie in dem zukünftigen Leben vorhanden. In *diesem Leben* beklagen Viele im Allgemeinen, dass die menschliche Natur so vielen Uebeln ausgesetzt sei, ohne zu bedenken, dass ein grosser Theil derselben von der Schuld der Menschen herkommt und dass in Wahrheit wir die göttlichen ausgewählten Wohlthaten nicht dankbar genug anerkennen und mehr auf unser Uebel, wie auf unser Gutes achten.

53. Andern missfällt es vorzüglich, dass die physischen Uebel und Güter nicht nach den moralischen Uebeln und Gütern vertheilt seien, sondern dass es oft den Guten schlecht und den Schlechten gut gehe.

54. Auf diese Klagen ist zweierlei zu antworten; das eine stellt der Apostel auf, nämlich dass die Bedrängnisse dieser Zeit nicht zu vergleichen seien mit dem zukünftigen Ruhm, welcher uns offenbart werden wird; das zweite hat Christus durch sein schönes Gleichniss angedeutet, wonach, wenn das Korn, in die Erde gestreut, nicht stürbe, es keine neue Frucht tragen würde.

55. Deshalb werden die Leiden nicht blos reichlich ausgeglichen werden, sondern sie werden auch zur Vermehrung des Glückes beitragen und diese Uebel sind nicht blos nützlich, sondern auch nöthig. Man sehe § 32.

56. Bei dem *zukünftigen Leben* ist die Schwierigkeit noch grösser; es wird eingeworfen dass auch dort die Güter von den Uebeln weit übertroffen werden, weil nur Wenige erwählt seien. *Origenes* hat zwar die ewige Verdammniss überhaupt aufgehoben; einige Alte, unter denen *Prudentius* war, nahmen an, dass wenigstens nicht Viele in Ewigkeit verdammt seien; Andere, zu denen auch *Hieronymus* sich geneigt zu haben scheint, meinten, dass alle Christen zuletzt errettet werden würden.

57. Allein wir brauchen zu diesen verwerflichen Sonderbarkeiten unsere Zuflucht nicht zu nehmen; die richtige Antwort ist, dass der ganze Umfang des himmlischen Reichs nicht nach dem, was wir davon wissen, abzuschätzen ist; denn der Ruhm der Seligen im Anschauen der Gottheit kann so gross sein, dass die Uebel aller Verdammten damit nicht verglichen werden können; auch erkennt die Schrift unzählige selige Engel an und die grosse Mannigfaltigkeit der Geschöpfe zeigt die Natur uns selbst, wie die neu aufgefundenen dies bestätigen; deshalb können wir zuverlässiger als *Augustin* und andere Alten das Uebergewicht des Guten über das Uebel behaupten.

58. Unsere Erde ist nämlich nur der Begleiter der einen Sonne und der Sonnen giebt es so viele, als Fixsterne und wahrscheinlich befindet sich ein ungeheurer Raum zwischen den einzelnen Fixsternen; es können deshalb diese Sonnen oder vorzüglich die Gegenden jenseit der Sonnen von glücklichen Geschöpfen bewohnt werden, obgleich auch glückliche Planeten nach dem Vorbild des Paradieses sein oder werden können. In dem Hause unseres Vaters giebt es viele Wohnungen. Christus spricht im Besondern von dem Himmel der Seligen, welchen einige Theologen das Empyreum nennen und jenseit der Sterne oder Sonnen verlegen, wenn man auch nichts Gewisses über den Ort der Seligen behaupten kann. Einstweilen kann man als wahrscheinlich annehmen, dass es auch in der sichtbaren Welt viele Wohnungen vernünftiger Geschöpfe, geben werde, von denen die einen glücklicher sind, als die andern.

59. Deshalb ist der von der Menge der Verdammten entnommene Grund nur auf unsere Unwissenheit gestützt und wird durch die *eine*, oben angedeutete Antwort widerlegt; hätten wir Alles durchschaut, so würde sich zeigen, dass man es nicht einmal besser wünschen könne, als Gott es gemacht hat. Auch dauern die Strafen der Verdammten fort, weil sie in ihrer Bosheit verharren. Deshalb widerlegt ein ausgezeichneter Theolog, Johann Fechtius, in einem scharfsinnigen Buche über den Stand der Verdammten diejenigen gut, welche bestreiten, dass in dem zukünftigen Leben die Sünden eine Strafe verdienten, als wenn die Gott wesentliche Gerechtigkeit irgend einmal aufhören könnte.

60. Am stärksten sind endlich die Schwierigkeiten in Bezug auf die *Heiligkeit Gottes*, oder auf seine Vollkommenheit, wenn sie auf die moralischen Güter und Uebel der Andern bezogen wird, da diese Heiligkeit bewirkt, dass auch in Andern die Tugend geliebt und das Laster gehasst wird und da sie sich von allem Schmutz und aller Ansteckung der Sünde am meisten abwendet; und doch herrschen Verbrechen im Mitten des Reiches des mächtigsten Gottes. Allein wenn auch hier mancherlei Schwierigkeiten bestellen, so werden sie doch schon in diesem Leben mit Hülfe des göttlichen Lichts so weit überwunden, dass die Frommen und die welche Gott lieben, sich so weit es nöthig ist, beruhigen können.

61. Man wirft ein, dass Gott zu sehr bei der Sünde mitwirke und der Mensch nicht genug; Gott solle zu sehr physisch und moralisch *mitwirken zu dem moralischen Uebel*, indem sein Wille sowohl hervorbringend, wie erlaubend für die Sünde sei.

62. Man bemerkt, dass die moralische Mitwirkung stattfinde, da, wenn auch Gott durch Handeln nichts zur Sünde beitrage, er dieselbe doch erlaube, oder wenigstens nicht hindere, obgleich er es doch könne.

63. Gott wirke vielmehr in Wahrheit moralisch und physisch mit, weil er die Sündigenden nicht blos nicht hindere, sondern gewissermassen unterstütze, indem er ihnen die Kräfte und die Gelegenheiten gewähre. Daher finden sich in der heiligen Schrift Ausdrücke, wie dass Gott die Bösen verhärte und anreize.

64. Man wagt daraus zu folgern, dass Gott auf beide Arten, oder wenigstens auf eine von beiden, Mitschuldiger der Sünde, ja deren Urheber sei und stösst auf diese Weise die göttliche Heiligkeit, Gerechtigkeit und Güte um.

65. Andere wollen lieber die göttliche Allwissenheit und Allmacht, mit einem Worte, seine Grösse schwächen, indem er das Uebel nicht kenne und sich nicht darum kümmere, oder dem Strome der Uebel nicht sich entgegenstellen könne. Es war dies die Ansicht der Epikuräer und der Manichäer. Etwas ähnliches, wenn auch in milderer Weise, lehren die Socinianer, welche allerdings mit Recht sich hüten, die göttliche Heiligkeit zu beschmutzen, aber mit Unrecht andere Vollkommenheiten Gottes aufgeben.

66. Um zuerst in Bezug auf die *moralische Mitwirkung*, die in dem *Gestatten* enthalten sein soll, zu antworten, habe ich das früher Angefangene fortzuführen, wonach die Erlaubniss der Sünde zulässig ist (oder dass sie moralisch möglich ist) wenn sie als eine schuldige (oder als eine moralisch nothwendige) erfunden wird; nämlich wenn eine fremde Sünde nicht gehindert werden kann, ohne eignen Verstoss, d.h. ohne Verletzung dessen, was jemand Anderen oder sich selbst schuldig ist. So darf z.B. der auf einen Posten gestellte Soldat, namentlich in gefährlicher Zeit, denselben nicht verlassen, um zwei Freunde, die sich duelliren wollen, davon abzuhalten. Man nehme § 36 oben hinzu. Das schuldig-sein zu etwas darf indess bei Gott nicht in menschlicher Weise aufgefasst werden, sondern so, wie es sich bei Gott geziemt, nämlich insofern er andernfalls seinen Vollkommenheiten Abbruch thun würde.

67. Wenn ferner Gott die beste Folgeordnung der Welt (in welcher die Sünde sich mit einmengt) nicht erwählt hätte, so hätte er etwas Schlimmeres als alle Sünden der Geschöpfe sind, begangen; denn er hätte seiner eignen Vollkommenheit und folgeweise auch der Anderer Abbruch gethan, denn die göttliche Vollkommenheit darf von der besten Wahl nicht ablassen, weil das geringere Gute die Natur des Bösen hat. Und es würde dann Gott, es würde Alles aufgehoben, wenn Gott an einer Machtlosigkeit litte, oder in seinem Wissen irrte, oder es ihm am Willen fehlte.

68. Die *physische Mitwirkung Gottes zur Sünde* hat es veranlasst, dass Manche Gott zur Ursache und zum Urheber der Sünde gemacht haben; dann würde auch das Uebel der Schuld ein Gegenstand des hervorbringenden Willens von Gott sein. Am meisten verletzen hier die Epikuräer und Manichäer. Aber auch hier ist Gott, indem er den Sinn erleuchtet, sein eigner Rechtfertiger in der frommen und der Wahrheit ergebenen Seele. Ich werde also erklären, was es heisst, dass Gott bei der Sünde sachlich mitwirke, d.h. zu dem, was in dem Uebel gutes ist, aber dass er nicht formal dazu mitwirke.

69. Es ist nämlich zu antworten, dass in den Geschöpfen und in deren guten und bösen Handlungen nur das an rein positiver Vollkommenheit und Wirklichkeit enthalten ist, was sie Gott verdanken und dass die Unvollkommenheit der Handlung in einer Beraubung besteht und aus den ursprünglichen Schranken der Geschöpfe entspringt, welche sie schon in dem Stand der reinen Möglichkeit (d.h.

in dem Gebiete der ewigen Wahrheiten, oder in den Vorstellungen des göttlichen Verstandes) ihrem Wesen nach an sich haben; denn was von Schranken frei wäre, würde kein Geschöpf, sondern ein Gott sein. *Beschränkt* wird aber ein Geschöpf genannt, weil es Schranken oder Grenzen seiner Grösse, Macht, seines Wissens und jedweder Vollkommenheit hat. So ist die Grundlage des Uebels eine nothwendige, aber seine Entstellung ist dennoch zufällig, d.h. es ist nothwendig, dass die Uebel möglich sind, aber es ist zufällig, dass die Uebel wirklich sind; aber als ein nicht zufälliges geht es wegen der Harmonie der Dinge von der Möglichkeit zur Wirklichkeit über, weil es zu der besten Reihe der Dinge passt, von welcher es einen Theil ausmacht.

70. Was ich hier über die beraubende Natur des Uebels nach Augustinus, Thomas, Lubinus und andern alten und neuem Schriftstellern behaupte, werde ich, da es Vielen als eitel oder wenigstens als höchst dunkel erscheint, aus der Natur der Dinge selbst so erklären, dass nichts zuverlässiger erscheinen wird, indem ich dabei als Aehnlichkeit etwas Sinnliches und Stoffliches benutze, was auch in einer Beraubung besteht und dem der berühmte Naturforscher *Kepler* den Namen der *natürlichen Trägheit* der Körper gegeben hat.

71. Wenn nämlich (um ein leichtes Beispiel zu benutzen) der Fluss die Schiffe mit sich hinabführt, so drückt er ihnen eine Schnelligkeit ein, welche aber durch deren Trägheit beschränkt wird, so dass (wenn sonst die Umstände die gleichen sind) die schwereren langsamer sich bewegen. So geschieht es, dass die Schnelligkeit vom Flusse und die Langsamkeit von der Last kommt; das Positive von der Kraft des Stossenden, das Beraubende von der Trägheit des Gestossenen.

72. Ohngefähr in dieser Weise kann man sagen, dass auch Gott den Geschöpfen die Vollkommenheit zutheilt, welche aber durch deren Empfänglichkeit beschränkt wird; so kommt das Gute von der göttlichen Kraft und das Uebel von der Stumpfheit der Geschöpfe.

73. So wird aus Mangel an Aufmerksamkeit oft der Verstand irren und aus Mangel an Lebendigkeit oft der Wille zurückgedrängt werden; nämlich so oft der Geist, wenn er bis zu Gott oder bis zu dem höchsten Gut sich erheben soll, durch die Trägheit des Geschöpfes aufgehalten wird.

74. Bis hierher ist denen geantwortet worden, welche meinen, dass Gott zu viel bei dem Uebel mitwirke; jetzt werde ich denen antworten, welche meinen, der Mensch wirke dabei nicht genug mit, oder er sei

bei dem Sündigen nicht schuldig genug, so dass sie sonach die Anklage gegen Gott zurückwenden. Dies suchen nämlich die Gegner zu beweisen, theils aus der Schwachheit der menschlichen Natur, theils aus dem Mangel der göttlichen Gnade, die zur Unterstützung unserer Natur nöthig ist. Ich werde deshalb in der Natur des Menschen theils die Verderbniss betrachten, theils auch die Ueberbleibsel von dem göttlichen Ebenbilde, die aus dem Stande der Reinheit ihm geblieben sind.

75. Von der *menschlichen Verderbniss* werde ich ferner sowohl den Ursprung, wie auch deren Zustand betrachten. Der *Ursprung* kommt theils von dem Fall der zuerst Gefallenen, theils von der Fortpflanzung des ansteckenden Uebels her. Bei dem Falle ist dessen Ursache und dessen Natur zu untersuchen.

76. Die *Ursache des Falles*, weshalb nämlich der Mensch gefallen ist, während Gott es wüsste, erlaubte und mitwirkte, ist nicht in einer despotischen Gewalt Gottes zu suchen, als wenn die Gerechtigkeit und Heiligkeit keine Eigenschaften Gottes wären, was in der That richtig sein würde, wenn er keine Rücksicht auf Recht und Gerechtigkeit nähme.

77. Ebensowenig ist die Ursache des Sündenfalls in einer Gleichgültigkeit Gottes in Bezug auf Gutes und Uebles, auf Gerechtes und Ungerechtes zu suchen, als wenn er dieselben blos nach seinem Belieben gemacht hätte; denn aus solcher Annahme würde folgen, dass jedwedes von ihm mit gleichem Recht und Grund, d.h. überhaupt aus keinem Grunde hätte festgestellt werden können; denn auch dies würde alles Lob der Gerechtigkeit und Weisheit zu nichte machen, sofern nämlich Gott keine Auswahl bei seinen Handlungen träfe, oder keine Unterlage für seine Auswahl hätte.

78. Auch in keinen, gewissermassen Gott zugeschriebenen Willen, der nicht heilig und nicht liebenswerth wäre, ist die Ursache des Sündenfalls zu verlegen, als wenn er nur den Ruhm seiner Grösse im Auge gehabt und der Güte ledig, mit grausamer Barmherzigkeit Elende gemacht hätte, damit deren da wären, die er bemitleiden könne und als wenn er mit Verkehrung der Gerechtigkeit gewollt hätte, dass welche da wären, die er strafen könne; denn alles dies ist tyrannisch und von dem wahren Ruhme und der Vollkommenheit weit entfernt, deren Zierde nicht blos auf Gottes Grösse, sondern auch auf seine Güte bezogen wird.

79. Vielmehr liegt die wahre Wurzel des Sündenfalls in der ursprünglichen Unvollkommenheit, und Schwäche der Geschöpfe, welche bewirkte, dass die Sünde der möglichst besten Reihe der Dinge mit einwohnte, wie ich oben gezeigt habe. Daher ist es gekommen, dass der Sündenfall des Menschen trotz der göttlichen Tugend und Weisheit mit Recht gestattet worden, ja ohne Verletzung dieser Eigenschaften gestattet werden musste.

80. Die Natur des Sündenfalls ist mit *Baelius* nicht so zu fassen, als wenn Gott den Adam zur Strafe seiner Sünde zum ferneren Sündigen sammt seiner Nachkommenschaft verurtheilt hätte und ihm deshalb (zur Vollstreckung seines Spruches) die Sündhaftigkeit eingegeben hätte, vielmehr ist diese Sündhaftigkeit durch die Kraft der ersten Sünde, gleichsam mittelst einer physischen Verknüpfung gefolgt, so wie ja aus der Betrunkenheit auch viele Sünden entspringen.

81. Daran schliesst sich die *Fortpflanzung des ansteckenden Uebels*, was durch den Sündenfall der ersten Menschen entstanden ist und in die Seelen der Nachkommen übergeht. Diese Fortpflanzung wird nicht passender sich erklären lassen, als dass man annimmt, die Seelen der Nachkommen seien schon im *Adam* angesteckt worden. Um dies besser zu verstellen, muss man wissen, wie aus den Beobachtungen und Begründungen der Neuem erhellt, dass die Bildung der Thiere und Pflanzen nicht aus einer gewissen verworrenen Masse hervorgeht, sondern aus einem, im Samen bereits verhüllt enthaltenen, schon etwas vorgebildeten und schon längst beseelten Körper. Daraus folgt, dass kraft des ersten göttlichen Segens gewisse organische Anfänge alles Lebendigen (und in Bezug auf die Thiere die Form unvollkommner Thiere) und die Seelen gewissermassen schon selbst in dem ursprünglichen Bildungsstoffe jeder Gattung längst bestanden haben, welche dann mit der Zeit sich sämmtlich daraus entwickeln. Aber in Bezug auf die Seelen und das Lebendige im Saamen, die für die menschlichen Körper bestimmt waren, muss man annehmen, dass sie mit den übrigen Saamenthierchen, welche eine solche Bestimmung nicht hatten, blos innerhalb der Stufe der blos empfindenden Natur bestanden haben, bis sie durch die letzte Empfängniss von den übrigen sich trennten und zugleich deren organischer Körper zur menschlichen Gestalt eingerichtet und deren Seele zur Stufe der Vernünftigkeit erhoben wurde, wobei ich unbestimmt lasse, ob dies durch eine gewöhnliche oder aussergewöhnliche Wirksamkeit Gottes erfolgte.

82. Daraus erhellt auch, dass man zwar ein Vorherbestehen der Vernünftigkeit nicht annehmen kann, aber dass man doch dafür halten kann, wie in dem Vorherbestehenden göttlicherseits schon vorher festgestellt und vorbereitet worden, dass dereinst nicht blos ein menschlicher Körper daraus hervorgehe, sondern auch die Vernünftigkeit selbst, indem der bezeichnete Akt so zu sagen, der Ausübung vorhergeht. Zugleich ist auch die Verderbniss der Seele, wenn sie auch nicht die menschliche war, wie diese Verderbniss durch den Fall Adams herbeigeführt worden, unter späterm Hinzutritt des Grades der Vernünftigkeit in die Kraft einer ursprünglichen Sündhaftigkeit übergegangen. Uebrigens erhellt aus den neuesten Beobachtungen, dass blos von dein Vater das Belebende und die Seele kommt und dass von der Mutter bei der Empfängniss nur die Einkleidung die Form des Eies, wie man annimmt und das zur Vollkommenheit des neuen organischen Körpers nothwendige Wachsthum gegeben wird.

83. So lösen sich die zum Theil philosophischen Schwierigkeiten, über die Entstellung der Formen und der Seelen und über die Stofflosigkeit der Seele, folglich auch über ihre Untheilbarkeit, welche bewirkt, dass eine Seele aus einer andern nicht entstehen kann.

84. Ferner lösen sich damit auch die theologischen Bedenken in Betreff der Verderbniss der Seele, so dass man nicht sagen kann, dass von Gott eine reine vernünftige Seele, entweder als eine im Voraus bestellende, oder als eine neu erschaffene einer verdorbenen Masse eingefügt werde und sie dadurch selbst verderben müsse.

85. Es besteht also eine gewisse Ueberführung, aber eine solche die verständlicher ist, als die, welche Augustinus und andere ausgezeichnete Männer angenommen haben, nämlich eine Ueberführung nicht einer Seele aus einer andern Seele (welche von den Alten verworfen worden ist, wie aus Prudentius erhellt und welche der Natur der Dinge nicht entspricht), sondern eines Lebendigen aus einem Lebendigen.

86. So viel über die Ursache unserer Verderbniss und ich komme nun zur Natur und Verfassung derselben. Sie besteht in der ersten Sünde und in der abgeleiteten Sünde. Die erste Sünde hat nur die Macht, dass sie die Menschen im Natürlichen schwach und im Geistigen zu Todten vor der Wiedergeburt macht; sie haben dadurch ihren Verstand auf das Sinnliche und ihren Willen auf das Fleischliche gerichtet, so dass wir von Natur Kinder des Zornes sind.

87. Indess darf man den Baelius und andern Gegnern, welche die göttliche Güte bekämpfen oder wenigstens durch gewisse ihrer Einwürfe niederdrücken, nicht zugeben, dass die, welche blos der Erbsünde verfallen sind und ohne wirkliche Sünde noch vor dem hinlänglichen Gebrauche ihrer Vernunft sterben (wie die Kinder welche vor der Taufe und die welche ausserhalb der Kirche sterben) nothwendig den ewigen Flammen verfallen; vielmehr ist es besser, solche der Gnade des Schöpfers zu überlassen.

88. Deshalb lobe ich auch die Mässigung in dieser Sache von Johann Hülsemann, Johann Adam Osiander und einigen anderen angesehenen Theologen Augsburgischen Bekenntnisses, welche sich auch dieser Meinung zugeneigt haben.

89. Denn die Funken des göttlichen Ebenbildes sind nicht ganz erloschen, wie ich bald darlegen werde, vielmehr können sie durch die zuvorkommende Gnade Gottes auch im Geistigen wieder errettet werden; jedoch so, dass die blose Gnade die Bekehrung bewirkt.

90. Also hat auch die erste Sünde die verdorbene Masse des menschlichen Geschlechts nicht ganz der allgemeinen Güte Gottes entfremdet; vielmehr hat trotzdem Gott die Welt, wenn sie auch im Argen gelegen, so geliebt, dass er seinen eingebornen Sohn für die Menschen hingegeben hat.

91. *Die abgeleitete Sünde* ist eine zweifache, eine wirkliche und eine angewöhnte. In diesen beiden besteht die Uebung der Verderbniss, so dass sie nämlich in ihren Gründen und Modifikationen wechselt und in verschiedener Weise in Handlungen hervorbricht.

92. Die *wirkliche* besteht theils in blos innerlichen Handlungen, theils in Erwählungen, die aus innerlichen und äusserlichen Handlungen zusammengesetzt sind, und sie besteht bald in Begehrungen, bald in Unterlassungen und ist theils schuldbar aus natürlicher Schwachheit, theils auch absichtlich böse aus der Bosheit der Seele.

93. Die *gewohnheitsmässige* Sünde entsteht aus häufigen, oder wenigstens schweren bösen Handlungen in Folge der Menge oder Stärke der Eindrücke. So fügt die gewohnheitsmässige Bosheit der ursprünglichen Verdorbenheit noch etwas an Schlechtigkeit hinzu.

94. Indess ist diese Knechtschaft der Sünde, wenn sie sich auch über das ganze Leben des Nicht-Wiedergebornen ausdehnt, doch nicht so weit auszudehnen, dass durchaus keine Handlung der Nicht-Wiedergebornen eine wahrhaft tugendhafte und unschuldige sein könnte, und dass sie alle wirklich sündiger Art seien.

95. Denn auch die Nicht-Wiedergebornen können mitunter aus Liebe zur Tugend und für das öffentliche Wohl, getrieben von der rechten Vernunft, ja im Hinblick auf Gott handeln, ohne etwaige Beimischung schlechter ehrgeiziger Absichten, oder persönlicher Vortheile, oder fleischlicher Begierden.

96. Indess geht doch alles, was sie thun, aus einer nur angesteckten Wurzel hervor und es ist ihm etwas Böses (wenn auch mitunter nur das angewöhnte) beigemischt.

97. Uebrigens macht diese Verderbniss und menschliche Schlechtigkeit, wie gross sie auch sein mag, deshalb den Menschen nicht entschuldbar und befreit ihn nicht von der Zurechnung, als hätte er nicht genügend von sich selbst und freiwillig gehandelt; denn es sind in ihm *Spuren des göttlichen Ebenbildes* geblieben welche bewirken, dass die Gerechtigkeit Gottes bei Bestrafung der Sünder unversehrt bleibt.

98. Die Spuren des göttlichen Ebenbildes bestehen theils in dem eingebornen Lichte des Verstandes, theils in der miteingebornen Freiheit des Willens. Beides ist zur tugendhaften oder bösen Handlung nöthig, nämlich dass wir das, was wir thun, kennen und wollen, und dass wir auch von dieser Sünde, welche wir begehen, ablassen können, wenn wir nur den genügenden Eifer anwenden.

99. *Das eingeborne Licht* besteht theils in einfachen Vorstellungen, theils in den daraus entstehenden zusammengesetzten Kenntnissen. Dadurch ist Gott und das ewige Gesetz Gottes in unsere Herzen eingeschrieben, wenn sie auch durch die Nachlässigkeit der Menschen und die sinnlichen Affekte oft verdunkelt werden.

100. Bewiesen wird dieses Licht gegen einige neuere Schriftsteller theils aus der heiligen Schrift, welche bezeugt, dass in unserem Herzen das Gesetz Gottes eingeschrieben sei, theils aus der Vernunft, weil die nothwendigen Wahrheiten nur aus den, dem Geiste eingebornen Grundsätzen, und nicht aus der Ableitung von den Sinnen, bewiesen werden können. Denn die Ableitung aus dem Einzelnen führt nie zu einer allgemeinen Nothwendigkeit.

101. Auch die Freiheit bleibt trotz der noch so grossen menschlichen Verderbniss, unverletzt, so dass also der Mensch, wenn er auch unzweifelhaft sündigen wird, doch niemals aus Nothwendigkeit die sündige Handlung begeht, welche er begeht.

102. Die Freiheit ist sowohl der Nothwendigkeit, wie dem Zwange entnommen. *Die Nothwendigkeit* wird nicht durch das Zukünftig-sein der Wahrheiten, noch durch das Vorauswissen und die Vorausbestimmung Gottes und auch nicht durch die vorherige Einrichtung der Dinge herbeigeführt.

103. Nicht durch das *Zukünftig-Sein*; denn wenn auch die Wahrheit der zukünftigen zufälligen Dinge bestimmt ist, so darf doch die gegenständliche Gewissheit, oder die untrügliche Bestimmung der Wahrheit, welche jenem Zufälligen einwohnt, nicht mit der Nothwendigkeit verwechselt werden.

104. Auch das Vorauswissen und die Vorherbestimmung Gottes legt keine Nothwendigkeit auf, wenn sie selbst auch untrüglich ist. Denn Gott sieht die Dinge in der idealen Reihe des Möglichen, wie sie sein wird und in dieser sieht er den Menschen als einen, der frei sündigt und er hat dadurch, dass er das Dasein für diese Reihe beschloss, die Natur der Dinge nicht geändert, noch das Zufällige zu einem Nothwendigen gemacht.

105. Auch die Vorhereinrichtung der Dinge oder die Reihe der Ursachen schadet der Freiheit nicht. Denn wenn auch niemals etwas geschieht, wofür man keinen Grund angeben könnte und es niemals eine völlige Unbestimmtheit des Willens giebt, (als wenn in und ausserhalb einer freien Substanz alles nach den beiden entgegengesetzten Seiten sich völlig gleich verhielte) vielmehr immer einige Vorbereitungen in der handelnden Ursache und in dem nebenbei Einwirkenden bestehen, welche Andere die Vorherbestimmungen nennen, so sind diese bestimmenden Dinge doch nur treibende aber nicht zwingende, so dass immer einige Unbestimmtheit oder Zufälligkeit vorhanden bleibt. Auch ist in uns keine Erregung und kein Begehren so Gros, das daraus die Handlung mit Notwendigkeit hervorginge, denn so lange der Mensch seiner Sinne mächtig ist, kann er doch, auch wenn er noch so heftig vom Zorn, vom Durst oder einem ähnlichen Umstände getrieben wird, immer noch einen Grund für die Aufhaltung des Begehrens auffinden und mitunter genügt selbst der blose Gedanke, dass man seine Freiheit zeigen und ihre Macht über die Affekte darlegen wolle.

106. Deshalb ist die Vorherbestimmung oder Vorhereinrichtung aus Ursachen, wie ich sie genannt habe, weit entfernt eine Nothwendigkeit herbeizuführen, welche dem Zufall oder der Reinheit oder der

Moralität widerspricht. Gerade in diesem unterscheidet sich das Mahomedanische Schicksal von dem Christlichen und das Widersinnige von dem Vernünftigen, dass die Türken sich um die Ursachen nicht kümmern, dagegen die Christen und jedweder Verständige aus der Ursache die Wirkung ableiten.

107. Die Türken halten nämlich dafür, wie man sagt (obgleich ich nicht alle für so unverständig halte) dass man vergeblich der Pest und andern Uebeln entgehen könne, und zwar unter dem Vorwand, dass das Kommende oder Beschlossene eintreten werde, *was man auch thun oder nicht thun werde*; dies ist falsch, da die Vernunft lehrt, dass der, welcher gewiss an der Pest sterben wird, auch ganz gewiss die Ursachen der Pest nicht vermeiden werde; denn, wie ein deutsches Sprichwort richtig sagt, der Tod will seinen Grund haben und dasselbe gilt für alle andern Ereignisse. Man sehe auch § 15 oben.

108. Auch der *Zwang* ist bei den Willenshandlungen nicht vorhanden; denn wenn auch die Vorstellungen der äussern Dinge viel über unsern Geist vermögen, so bleiben doch immer die Aeusserungen unseres Willens solche, die von ihm ausgehen, da der Anfang derselben in ihm selbst enthalten ist. Dies erhellt deutlicher wie aus dem bisherigen, aus der Harmonie zwischen Körper und Seele, welche von Anfang ab von Gott vorausbestimmt worden ist.

109. Bis hier habe ich von der Schwäche der menschlichen Natur gehandelt; jetzt werde ich über die *Hilfe der göttlichen Gnade* sprechen, deren Mangelhaftigkeit die Gegner geltend machen und damit die Schuld wieder von dem Menschen auf Gott übertragen. Die Gnade kann in *zweifacher* Art aufgefasst werden; die eine ist hinlänglich für den Wollenden, die andere hilft, dass wir wollen.

110. Die zum Wollen hinreichende Gnade wird Niemandem versagt, wie man anerkennen muss. Es ist ein altes Wort, dass dem, der alles thut, was von ihm abhängt, die nöthige Gnade nicht fehlen werde und Gott verlässt nur den, welcher ihn verlässt, wie auch den altern Kirchenvätern auch selbst Augustinus anerkannt hat. Diese hinreichende Gnade ist theils eine ordentliche, durch das Wort und die Sakramente, theils eine ausserordentliche, wie Gott eine solche gegen Paulus geübt hat, und welche Gott überlassen werden muss.

111. Denn wenn auch viele Völker die Heilslehre Christi niemals empfangen haben und man nicht glauben kann, dass seine Predigt bei allen, denen sie nicht geworden ist, vergeblich gewesen sein würde, da Christus selbst von Sodom das Gegentheil ausgesprochen hat, so ist es doch nicht nothwendig, dass jemand ohne Christus gerettet oder verdammt werde, selbst wenn er alles geleistet haben sollte, was er vermochte. Denn es sind uns nicht alle Wege Gottes bekannt und wir wissen nicht, ob nicht die Gnade auf eine ausserordentliche Weise den Sterbenden gewährt wird. Denn es ist auch nach dem Beispiele des Cornelius als gewiss festzuhalten, dass, wenn man annimmt, die, denen das Licht gegeben wurde, haben desselben sich gut bedient, man auch annehmen kann, dass es auch denen, die es noch nicht erhalten haben, nach ihrem Bedarf gegeben werden werde, selbst wenn es ihnen auch erst in der Stunde des Todes gegeben werden sollte.

112. Denn so wie die Theologen des Augsburger Bekenntnisses auch in den getauften Kindern der Gläubigen einigen Glauben annehmen, wenn auch keine Spuren davon sich zeigen, so hindert nichts, dass Gott den erwähnten Personen, wenn sie auch bisher noch keine Christen gewesen, in dem Todeskampfe noch einiges nothwendige Licht auf ausserordentliche Weise zukommen lässt, was ihnen vorher durch ihr ganzes Leben gefehlt hatte.

113. Deshalb sind auch die ausserhalb Stehenden, denen allein die äussere Predigt versagt ist, der Gnade und Gerechtigkeit Gottes zu überlassen, wenn wir auch nicht wissen, welchen Personen, und durch welche Mittel er ihnen beistehen wird.

114. Da es indess gewiss ist, dass nicht Allen die Gnade des Willens gewährt wird, namentlich nicht die Gnade, welche mit einem glücklichen Ende gekrönt wird, so folgern schon hier die Gegner der Wahrheit einen Hass gegen die Menschen oder ein Uebersehen, was das Elend der Menschen nicht beachte und was nicht Alle errette, obgleich er dies doch könne, oder was wenigstens die nicht erwähle, welche es verdienten.

115. Und allerdings könnte, wenn Gott den grössten Theil der Menschen nur deshalb geschaffen hätte, um durch deren ewige Bosheit und Elend, sich den Ruhm der Gerechtigkeit zu erwerben, weder seine Güte, noch Weisheit, noch selbst seine Gerechtigkeit gelobt werden.

116. Auch entgegnet man vergeblich, dass wir bei ihm nicht mehr gelten, als ein Wurm bei uns, denn diese Entschuldigung würde die Härte nicht mindern, sondern erhöhen, da alle Menschenliebe beseitigt würde, wenn Gott für den Menschen nicht mehr Sorge trüge, als wie für den kleinsten Wurm, dem wir weder helfen können noch wollen, während der Vorsehung Gottes wegen ihrer Klarheit nichts verborgen bleibt und dieselbe durch die Menge der Wesen nicht gestört wird. Er ernährt die Sperlinge, und liebt die Menschen: bei jenen sorgt er für ihre Nahrung und diesen bereitet er, so weit es von ihm abhängt, das Glück.

117. Wenn jemand noch weiter ginge und behauptete, dass die Macht Gottes so von allem losgelöst, seine Regierung so aller Regel baar sei, dass er selbst den Unschuldigen, und zwar mit Recht verdamme, so ersieht man dann nicht mehr, was überhaupt die Gerechtigkeit bei Gott sein würde und wie ein solcher Leiter der Welt, dem mit Recht der Menschenhass und die Tyrannei beigelegt werden könnten, von dem mächtigen bösen Prinzip der Dinge sich unterschiede.

118. Denn es ist klar, dass ein solcher Gott zwar wegen seiner Grösse gefürchtet werden müsste, aber seiner Güte wegen nicht geliebt werden könnte. Sicher ist, dass tyrannische Handlungen keine Liebe, sondern Hass erwecken wie gross auch die Macht des Handelnden sein möchte, und zwar um so mehr, je grösser die Macht wäre, wenn auch die Zeichen des Hasses aus Furcht unterdrückt würden.

119. Auch würden die Menschen, welche einen solchen Gott verehrten, durch dessen Nachahmung, von der Liebe auch zur Härte und Grausamkeit verleitet werden. Deshalb hat man in unrichtiger Weise unter dem Verwände eines bei Gott vorhandenen unbeschränkten Rechtes dergleichen Handlungen ihm beigelegt; man müsste dann zugestehen, dass wenn ein Mensch so handelte, er ganz schlecht handle. In dieser Weise ist auch Manchem das Wort entfallen, das das, was bei Andern schlecht sei, es bei Gott nicht sei, weil ihm selbst kein Gesetz gegeben sei.

120. Indess gebieten uns die Vernunft, die Frömmigkeit, Gott selbst, ganz Anderes von ihm zu glauben. Seine höchste Weisheit in Verbindung mit seiner höchsten Güte bewirken, dass er im reichsten Maasse die Gesetze der Gerechtigkeit, der Billigkeit und der Tugend einhält, dass er für Alle sorgt, hauptsächlich für die vernünftigen Geschöpfe, die er nach seinem Ebenbilde geschaffen und dass er so viel an Glück und Tugend herbeiführt als das beste Einzelwesen der Welt fassen kann und dass er nur so weit Fehler und Elend zulässt, als in der besten Reihe der Dinge nicht vermieden werden konnte.

121. Und wenn wir auch vor dem unendlichen Gotte selbst als ein Nichts erscheinen so ist es doch das Vorrecht seiner unendlichen

Weisheit, dass er für die unendlich Kleinen durchaus vollkommen sorgen kann, denn wenn sie auch in keinem irgend angebbaren Verhältniss zu ihm stehen, so bewahren sie doch unter sich das Verhältniss und verlangen die Ordnung, welche Gott ihnen eingeflösst hat.

122. Hierin ahmen die Gedanken gleichsam Gott nach, indem sie durch die neue Analysis des Unendlichen aus der Vergleichung des unendlich Kleinen und nicht Angebbaren Grösseres und Nützlicheres als man glauben sollte, für die angebbaren Grössen ableiten.

123. Ich verwerfe deshalb jenen hässlichen Menschenhass und vertheidige mit Recht die höchste Menschenliebe bei Gott, welcher ernstlich gewollt hat, dass Alle zur Erkenntnis der Wahrheit gelangen, Alle von den Sünden zur Tugend bekehrt werden und Alle gerettet werden und welcher diesen Willen durch vielfache Hülfe der Gnade hat erkennen lassen. Wenn aber die Thaten hier nicht immer so sind, wie er gewollt hat, so trifft das die widerstrebende Bosheit der Menschen.

124. Allein, sagt man, seine höchste Macht konnte diese überwinden. Ich räume dies ein, aber Gott war dazu durch keine Pflicht genöthigt und die Vernunft gestattete dies im Uebrigen nicht.

125. Man wird einwenden, dass eine so grosse Güte, als man Gott mit Recht zuschreibt, über das, was er zu leisten schuldig war, hinausgegangen sein würde; ja der beste Gott sei zu den besten Leistungen verpflichtet wenigstens nach der Güte seiner eignen Natur.

126. Hier muss ich endlich zum Reichthum der höchsten Weisheit mit Paulus zurückgreifen, welche nicht gestattete, dass Gott der Ordnung der Dinge und den Naturen Gewalt ohne Gesetz und Maass anthue, so dass dadurch die allgemeine Harmonie gestört und eine andere als die beste Reihe der Dinge erwählt würde. In dieser war aber enthalten, dass Alle ihrer Freiheit, und also auch Einige ihrer Bosheit überlassen würden, was man auch daraus abnehmen kann dass es wirklich so geschehen ist. Man sehe § 142.

127. Einstweilen erhellt die allgemeine Menschenliebe Gottes, oder sein Wille Alle zu erretten aus den Hülfen selbst, welche Allen, selbst den Gottlosen genügend, ja sehr oft im Ueberfluss gewährt worden sind, wenn auch die Gnade nicht bei Allen Siegerin geblichen ist.

128. Uebrigens sehe ich nicht ein, weshalb die Gnade, wo sie die volle Wirkung erreicht, diese immer durch ihre Natur erreichen oder durch sich wirksam sein soll, da recht wohl derselbe Grad der Gnade bei dem Einen wegen seines Widerstandes oder der Umstände halber die Wirkung nicht erreicht, welche sie bei einem Andern erreicht. Auch dürfte weder aus der Vernunft, noch aus der Offenbarung sich beweisen lassen, dass die siegende Gnade immer so gross sein müsse, dass sie jedweden Widerstand und jede Ungunst der Umstände besiegen könne. Der Weise pflegt keine überflüssigen Kräfte anzuwenden.

129. Indess bestreite ich nicht, dass Gott mitunter jener triumphirenden Gnade sich gegen die grössten Hindernisse und den heftigsten Widerstand bedient, damit man niemals bei irgend Einem zu verzweifeln brauche, wenn auch daraus keine Regel gemacht werden darf.

130. Viel schwerer irren Diejenigen, welche nur bei den Erwählten die Gnade, den Glauben, die Rechtfertigung, die Wiedergeburt annehmen; als wenn (gegen die Erfahrung) die schon vorher Gläubigen alles Heuchler wären und weder von der Taufe, noch vom Abendmahl und überhaupt nicht von dem Worte und von den Sakramenten eine geistige Hülfe bekommen könnten, oder als wenn kein Erwählter und einmal wahrhaft Gerechtfertigter in das Verbrechen oder die Sünde durch seine eigne Wahl wieder zurückfallen könnte, oder wenn, wie Andere meinen, der Erwählte mitten in seinen Verbrechen die Gnade der Wiedergebornen nicht verlöre. Diese pflegen von dem Gläubigen die sicherste Ueberzeugung eines Glaubens bis an's Ende zu verlangen, indem sie entweder leugnen müssen, dass den Verworfenen der Glaube anbefohlen werde, oder annehmen müssen, dass denselben geboten werde, das Falsche zu glauben.

131. Allein diese strengere Lehre, die ganz willkürlich angenommen ist und auf keinen Grund sich stützt und von den alten Aussprüchen der Kirche und selbst von denen des Augustinus ganz abweicht, könnte auf das Handeln Einfluss erlangen und selbst bei dem Gottlosen die verwegene Ueberzeugung seines künftigen Heiles erzeugen oder selbst bei den Frommen den ängstlichen Zweifel über seine gegenwärtige Aufnahme in die Gnade veranlassen und zwar bei beiden nicht ohne die Gefahr zu grosse Sicherheit oder Verzweiflung zu erzeugen und deshalb möchte ich, nächst dem Despotismus, von dieser Art besondern Glaubens sehr abrathen.

132. Glücklicherweise massigen die Meisten die Strenge einer so grossen und so sonderbaren Neuerung, und die etwa noch vorhandenen Vertheidiger einer so schlüpfrigen Lehre halten sich nur innerhalb der reinen Theorie und enthalten sich der schlechten Folgerungen für die Praxis, da die Frommen unter ihnen, wie es nach der bessern Lehre billig ist, ihr Heil durch kindliche Furcht und volles Vertrauen auf die Liebe sich erwerben.

133. Wir können des Glaubens, der Gnade und der gegenwärtigen Rechtfertigung sicher sein, so weit wir uns dessen, was jetzt in uns geschieht, bewusst sind wir haben gute Hoffnung auf die spätere Ausdauer, aber sorgen uns deshalb nur massig, indem der Apostel ermahnt, dass der, welcher stellt, zusehe, dass er nicht falle. Dagegen dürfen wir wegen der Ueberzeugung, erwählt zu sein, um dem Bestreben nach Frömmigkeit nicht nachlassen und dürfen uns nicht auf die spätere Rene verlassen.

134. Dies wird gegen den, Gott zugeschriebenen Menschenhass genügen; jetzt habe ich zu zeigen, dass auch kein Ansehen der Person Gott mit Recht zur Last gelegt werden kann, als wenn nämlich seine Erwählung des Grundes entbehrte. Die Grundlage der Erwählung ist Christus, aber weil Einige weniger Christi theilhaftig sind, so ist deren eigne Bosheit die Ursache, welche Gott missbilligend voraussah.

135. Allein hier wird wieder gefragt, weshalb verschiedene Hülfen, innern oder wenigstens äussern Verschiedenen gewährt worden seien, welche bei dem Einen die Bosheit überwinden und bei dem Andern von dieser überwunden werden? Hier sind die Ansichten von einander abweichend. Manche meinen, Gott habe den weniger Schlechten oder wenigstens denen, welche weniger Widerstand leisten würden, mehr geholfen; nach Andern habe die gleiche Hülfe bei diesen mehr gewirkt und Andere wollen dagegen nicht, dass der Mensch bei Gott sich durch den Vorzug einer bessern, oder doch weniger schlechten Natur unterscheide.

136. Allerdings wird unzweifelhaft bei dem Weisen unter den Gründen seiner Wahl auch die Beschaffenheit des Gegenstandes mit in Betracht genommen; allein dennoch bestimmt die für sich genommene Vorzüglichkeit des Gegenstandes nicht immer die Auswahl, sondern es wird mehr das Passliche der Sache für einen bestimmten Zweck unter einer gewissen Voraussetzung der Dinge beachtet.

137. So kann es kommen, dass bei einem Bau oder bei einem Anzug nicht der schönste oder der kostbarste Stein gewählt wird, sondern der, welcher den leeren Platz am besten ausfüllt.

138. Am sichersten ist es jedoch, wenn man annimmt, dass alle Menschen, da sie geistig todt sind, gleich böse seien und nicht blos ähnlich böse. Sie mögen trotzdem in ihren schlechten Neigungen sich unterscheiden und so mag es kommen, dass diejenigen vorgezogen werden, welche in der Reihe der Dinge günstigen Umständen gegenüber gestellt worden, wo sie weniger Gelegenheit (wenigstens schliesslich) gefunden, ihre besondere Bosheit auszuüben und mehr Gelegenheit zum Empfang der Gnade.

139. So erkennen denn auch unsere Theologen, indem sie der Erfahrung folgen, einen bedeutenden Unterschied der Menschen, wenigstens in den äussern Hülfen der Gnade an, wenn auch die innere Gnade die gleiche sein sollte und in der Anordnung der äussern, uns erregenden Umstände nehmen sie ihre Zuflucht zu der Tiefe des Paulus, da die Menschen durch die Umstände bei der Geburt, durch Erziehung, durch Umgang, durch Lebensweise und mancherlei Zufälle oft verdorben oder gebessert werden.

140. So kommt es, dass ausser Christus und neben dem vorausgesehenen letzten Ausharren in dem heilsamen Zustande, welcher ihm anhängt, uns keine Grundlage für die Erwählung oder für die Verleihung des Glaubens bekannt ist und daher auch keine Regel aufgestellt werden kann, deren Anwendung wir gelten lassen müssten und durch welche die Menschen entweder sich schmeicheln oder über Andere erheben könnten.

141. Denn mitunter besiegt Gott eine ungewöhnlich grosse Schlechtigkeit und den höchsten hartnäckigen und beharrlichen Widerstand, damit Niemand an seinem Erbarmen verzweifle, was Paulus von sich selbst andeutet. Mitunter fallen die lange gut Gewesenen mitten in ihrem Laufe, damit Niemand sich zu sehr vertraue. Meist aber geniessen die, welche weniger in ihrer Schlechtigkeit Widerstand leisten und die einen grössern Eifer für das Wahre und Gute haben, die grössere Frucht der Gnade Gottes, damit Niemand denke, es sei für das Heil gleichgültig, wie die Menschen sich führen. Man siehe § 112.

142. Aber die Tiefe selbst in dem Schatz der göttlichen Weisheit, oder in dem verborgenen Gotte, oder (was auf dasselbe zurückkommt) in der allgemeinen Harmonie der Dinge ist uns verborgen, und sie hat es bewirkt, dass diese Reihe des Universum's, die verwickelten Ereignisse, welche wir anstaunen, die Entscheidungen, welche wir verehren, von Gott für die besten und allen vorzuziehenden gehalten wurden. Man sehe § 126.

143. Das Theater der körperlichen Welt zeigt uns mehr und mehr durch das Licht, der Natur selbst in diesem Leben seinen Glanz, seitdem die Systeme des Makrokosmus und Mikrokosmus sich durch die Erfindungen der Neuem aufzuthun beginnen.

144. Aber der schönste Theil der Dinge, der Staat Gottes, ist ein Schauspiel, dessen Schönheit zu erkennen wir dereinst, erleuchtet durch das Licht der göttlichen Gnade, näher werden zugelassen werden. Denn jetzt kann es nur mit den Augen des Glaubens, d.h. mit dem festen Vertrauen auf die göttliche Vollkommenheit erfasst werden. Je mehr wir hier nicht blos die Hebung der Macht und Weisheit, sondern auch die Güte des höchsten Geistes einsehen, desto mehr werden wir von der Liebe zu Gott erglühen und zu einer Art Nachahmung der göttlichen Güte und Gerechtigkeit begeistert werden.

Ende der Theodicee.

Biographie

1646 *1. Juli:* Gottfried Wilhelm Leibniz wird in Leipzig geboren. Sein Vater ist Professor für Moralphilosophie an der Leipziger Universität.
Der junge Leibniz besucht die Nicolaischule und erwirbt historische und philologische Kenntnisse, dann widmet er sich der Philosophie und vor allem der Logik. Er studiert Luthers Buch über die Sklaverei des Willens (»De servo arbitrio«) und andere theologische Schriften

1661 Leibniz nimmt das Studium der Rechtswissenschaft an der Universität Leipzig auf. Jedoch beschäftigt er sich hauptsächlich mit Philosophie: Platon, Aristoteles, Plotin, die Scholastiker. Besonders beeinflusst wird er durch seinen Professor Thomasius; bei ihm studiert er Geschichte der Philosophie und Mathematik.

1663 Mit der Dissertation »De principio individui« erwirbt Leibniz den untersten akademischen Grad. Auf den Rat von Strauch begibt er sich zu einem Kurzaufenthalt an die Jenaer Universität. Dort studiert er Mathematik unter der Leitung Weigels.

1664 Leibniz kehrt nach Leipzig zurück.
Mit der Abhandlung »Specimen difficultatum in jure seu quaestiones philosophicae amoeniores es jure collectae« erwirbt er den Magistergrad in der Philosophie. Außerdem schreibt er »Meditationes de cognitione, veritate et ideis«.

1666 *7. März:* Für die Berechtigung, in der philosophischen Fakultät einen Platz einzunehmen, qualifiziert sich Leibniz mit der Abhandlung »Disputatio arithmetica de complexionibus«. Es handelt sich hierbei um einen Teil des größeren Werkes »De arte combinatoria«.
Leibniz verläßt Leipzig, da er wohl auf Grund seines jugendlichen Alters auf Widerstände bei der Erlangung des Doktorgrades der Jurisprudenz stößt.
Er wechselt auf die Nürnbergische Universität Altdorf. Dort wird er zur Prüfung zugelassen und verteidigt seine Abhandlung »De casibus perplexis in iure« (Über verwickelte

Rechtsfälle).

Leibniz wird Doktor der Jurisprudenz. Ihm wird eine Professur an der Hochschule angeboten, die er aber ausschlägt.

1667 Begegnung mit dem Baron Johann Christian von Boineburg (ehemaliger Minister des Kurfürsten Johann Philipp von Mainz) in Nürnberg. Boineburg zieht Leibniz in kurmainzische Dienste und veranlaßt ihn, nach Frankfurt zu gehen. Die Schrift »Nova methodus discendae docendaeque iurisprudentiae« (Neue Methode, die Jurisprudenz zu lernen und zu lehren) wird dem Kurfürsten gewidmet. Leibniz bekleidet die Stelle eines Kurfürstlichen Rats in Mainz.

1670 Leibniz gibt die Schrift des Nizolius »De veris principiis et vera ratione philosophandi« von 1553 neu heraus.

1672 Leibniz reist nach Paris, um Ludwig XIV. den Plan eines Feldzugs der Franzosen nach Ägypten zu unterbreiten, um ihn von Holland und Deutschland abzulenken. Der Plan scheitert jedoch.

Er nimmt Kontakt zu den von Descartes beeinflußten Philosophen Malebranche, Arnauld u.a. und zu Mathematikern und Naturforschern auf.

Er vertieft sich in die durch Descartes, Pascal u.a. auf den Weg gebrachte höhere mathematische Analysis. Sein eigentlicher Lehrer in der Mathematik ist jedoch Huygens.

1673 Erste Reise nach London. Dort macht Leibniz Bekanntschaft mit Newton, Boyle, Oldenburg u.a. Er wird in die Royal Society aufgenommen.

Der Antrag seitens des Kurfürsten von Hannover Johann Friedrich, in seine Dienste zu treten, wird zunächst abgelehnt.

1675 Wieder in Paris betreibt Leibniz intensive Studien zur Infinitesimalrechnung.

Er konstruiert eine Rechenmaschine.

1676 Zum zweitenmal reist Leibniz nach England. Dort macht er die Bekanntschaft Collins.

Johann Friedrich erneuert seinen Vorschlag und macht Leibniz das berufliche Angebot eines Bibliothekars und Mitgliedes des Ratskollegiums. Dieser nimmt an und reist über Holland, wo er Spinoza in Den Haag aufsucht, nach

	Deutschland zurück. Ende des Jahres trifft Leibniz in Hannover ein.
1677	»Über das Hoheits- und Gesandtschaftsrecht der deutschen Fürsten«.
1678	Leibniz wird Hofrat, später Geheimer Justizrat.
1679	Kurfürst Johann Friedrich stirbt, Ernst August tritt die Regierung an. Während der nächsten Jahrzehnte arbeitet Leibniz an der Geschichte des Braunschweigischen Fürstenhauses.
1684	»Nova methodus pro maximis et minimis«.
1686	»Discours de métaphysique« (Metaphysische Abhandlung). »De geometria infinitorum«.
1687	Fast drei Jahre lang reist Leibniz durch Deutschland und Italien, um Quellenstudien zu treiben. In Rom macht er die Bekanntschaft des Missionars Grimaldi, der ihm später über die Philosophie der Chinesen reichliche Aufschlüsse zukommen läßt.
1688	In Wien wird ein kaiserliches Kriegsmanifest gegen Ludwig XIV. aufgesetzt.
1689	Leibniz besucht Neapel und begibt sich über Florenz und Bologna zum zweiten Mal nach Modena, wo er die Verwandtschaft zwischen dem welfischen Fürstenhaus und den Herzögen von Este in Urkunden entdeckt.
1690	Leibniz kehrt über Venedig und Wien nach Hannover zurück.
1691	Er wird Bibliothekar in Wolfenbüttel.
1692	Hannover wird zur neunten Kurwürde erhoben.
1693	Der erste Band der Urkundensammlung (»Codex gentium diplomaticus«) erscheint; es folgen die zwei Bände der »Historischen Zugaben« (»Accessiones historicae«). Zu Beginn des neuen Jahrhunderts erscheint die zweite Quellensammlung. Das Hauptwerk allerdings, die »Annales rerum Brunsvicensum« oder »Annales imperii occidentis Brunsvicensis«, ist nicht vollendet worden.
1695	»Système nouveau de la nature«.
1697	Leibniz beteiligt sich erfolglos an den Verhandlungen betreffs der Vereinigung der Lutheraner und der Reformierten. »De rerum originatione radicali«.

1698	Kurfürst Ernst August stirbt. Georg Ludwig, später Georg I. von Großbritannien, tritt die Regierung an. Über die seit 1684 mit dem Kurprinzen Friedrich von Brandenburg vermählte Prinzessin Sophie Charlotte nimmt Leibniz fortan Einfluß auf den preußischen Staat. »De ipsa natura«.
1700	Leibniz wird Präsident auf Lebenszeit bei der »Societät der Wissenschaften«, der nachherigen Akademie der Wissenschaften in Berlin, zu deren Gründung er maßgeblich beigetragen hat. L. ruft verschiedene Zeitschriften ins Leben, z.B. die »Acta eruditorum« in Leipzig und den »Monatlichen Auszug« in Hannover.
1704	»Nouveaux essais sur l'entendement humain« (Neue Abhandlungen über den menschlichen Verstand) entsteht als Gegenschrift zu Lockes Werk »An essay concerning human understanding« (Versuch über den menschlichen Verstand), wird aber erst 1765 gedruckt.
1705	Königin Sophie Charlotte stirbt. »Considérations sur le principe de la vie et sur les natures plastiques«.
1710	Es erscheinen »Miscellanea Berolinensia«, ein Sammelband gelehrter Abhandlungen, und »Essais de Théodicée«, die gegen Bayle gerichtet und aus den Gesprächen mit Sophie Charlotte hervorgegangen sind.
1711	Leibniz macht die Bekanntschaft Peters des Großen, des Zaren von Rußland. Er nimmt die Gründung einer Akademie in Rußland in Aussicht, welche später dann auch in Petersburg zustande kommt. Er verfaßt eine Reihe von Denkschriften, z.B. über die Reform der russischen Gerichtsordnung.
1712	Leibniz wird vom deutschen Kaiser zum Reichshofrat ernannt.
1712-14	Leibniz lebt in Wien.
1714	»La Monadologie« (»Monadologie«). »Principes de la nature et de la grace«, verfaßt für den Prinzen Eugen.

	Leibniz fällt beim Braunschweigischen Hof in Ungnade.
1716	*14. November:* Leibniz stirbt in Hannover.

Lektürehinweise

K. Müller, G. Krönert, Leben und Werk von Gottfried Wilhelm Leibniz. Eine Chronik, Frankfurt a.M. 1969.

H. Poser, Gottfried Wilhelm Leibniz, in: Klassiker der Philosophie, hg. v. O. Höffe, Bd. 1, München 1981.

Erzählungen aus dem Biedermeier

Biedermeier - das klingt in heutigen Ohren nach langweiligem Spießertum, nach geschmacklosen rosa Teetässchen in Wohnzimmern, die aussehen wie Puppenstuben und in denen es irgendwie nach »Omma« riecht.

Zu Recht. Aber nicht nur.

Biedermeier ist auch die Zeit einer zarten Literatur der Flucht ins Idyll, des Rückzuges ins private Glück und der Tugenden. Die Menschen im Europa nach Napoleon hatten die Nase voll von großen neuen Ideen, das aufstrebende Bürgertum forderte und entwickelte eine eigene Kunst und Kultur für sich, die unabhängig von feudaler Großmannssucht bestehen sollte.

Georg Büchner Lenz **Karl Gutzkow** Wally, die Zweiflerin **Annette von Droste-Hülshoff** Die Judenbuche **Friedrich Hebbel** Matteo **Jeremias Gotthelf** Elsi, die seltsame Magd **Georg Weerth** Fragment eines Romans **Franz Grillparzer** Der arme Spielmann **Eduard Mörike** Mozart auf der Reise nach Prag **Berthold Auerbach** Der Viereckig oder die amerikanische Kiste

ISBN 978-3-8430-1884-5, 444 Seiten, 29,80 €

Erzählungen aus dem Biedermeier II

Annette von Droste-Hülshoff Ledwina **Franz Grillparzer** Das Kloster bei Sendomir **Friedrich Hebbel** Schnock **Eduard Mörike** Der Schatz **Georg Weerth** Leben und Taten des berühmten Ritters Schnapphahnski **Jeremias Gotthelf** Das Erdbeerimareili **Berthold Auerbach** Lucifer

ISBN 978-3-8430-1885-2, 440 Seiten, 29,80 €

Erzählungen aus dem Biedermeier III

Eduard Mörike Lucie Gelmeroth **Annette von Droste-Hülshoff** Westfälische Schilderungen **Annette von Droste-Hülshoff** Bei uns zulande auf dem Lande **Berthold Auerbach** Brosi und Moni **Jeremias Gotthelf** Die schwarze Spinne **Friedrich Hebbel** Anna **Friedrich Hebbel** Die Kuh **Jeremias Gotthelf** Barthli der Korber **Berthold Auerbach** Barfüßele

ISBN 978-3-8430-1886-9, 452 Seiten, 29,80 €

Erzählungen der Frühromantik

1799 schreibt Novalis seinen Heinrich von Ofterdingen und schafft mit der blauen Blume, nach der der Jüngling sich sehnt, das Symbol einer der wirkungsmächtigsten Epochen unseres Kulturkreises. Ricarda Huch wird dazu viel später bemerken: »Die blaue Blume ist aber das, was jeder sucht, ohne es selbst zu wissen, nenne man es nun Gott, Ewigkeit oder Liebe.«

Tieck Peter Lebrecht **Günderrode** Geschichte eines Braminen **Novalis** Heinrich von Ofterdingen **Schlegel** Lucinde **Jean Paul** Des Luftschiffers Giannozzo Seebuch **Novalis** Die Lehrlinge zu Sais
ISBN 978-3-8430-1878-4, 416 Seiten, 29,80 €

Erzählungen der Hochromantik

Zwischen 1804 und 1815 ist Heidelberg das intellektuelle Zentrum einer Bewegung, die sich von dort aus in der Welt verbreitet. Individuelles Erleben von Idylle und Harmonie, die Innerlichkeit der Seele sind die zentralen Themen der Hochromantik als Gegenbewegung zur von der Antike inspirierten Klassik und der vernunftgetriebenen Aufklärung.

Chamisso Adelberts Fabel **Jean Paul** Des Feldpredigers Schmelzle Reise nach Flätz **Brentano** Aus der Chronika eines fahrenden Schülers **Motte Fouqué** Undine **Arnim** Isabella von Ägypten **Chamisso** Peter Schlemihls wundersame Geschichte **Hoffmann** Der Sandmann **Hoffmann** Der goldne Topf
ISBN 978-3-8430-1879-1, 408 Seiten, 29,80 €

Erzählungen der Spätromantik

Im nach dem Wiener Kongress neugeordneten Europa entsteht seit 1815 große Literatur der Sehnsucht und der Melancholie. Die Schattenseiten der menschlichen Seele, Leidenschaft und die Hinwendung zum Religiösen sind die Themen der Spätromantik.

Brentano Die drei Nüsse **Brentano** Geschichte vom braven Kasperl und dem schönen Annerl **Hoffmann** Das steinerne Herz **Eichendorff** Das Marmorbild **Arnim** Die Majoratsherren **Hoffmann** Das Fräulein von Scuderi **Tieck** Die Gemälde **Hauff** Phantasien im Bremer Ratskeller **Hauff** Jud Süss **Eichendorff** Viel Lärmen um Nichts **Eichendorff** Die Glücksritter
ISBN 978-3-8430-1880-7, 440 Seiten, 29,80 €

Dekadente Erzählungen

Im kulturellen Verfall des Fin de siècle wendet sich die Dekadenz ab von der Natur und dem realen Leben, hin zu raffinierten ästhetischen Empfindungen zwischen ausschweifender Lebenslust und fatalem Überdruss. Gegen Moral und Bürgertum frönt sie mit überfeinen Sinnen einem subtilen Schönheitskult, der die Kunst nichts anderem als ihr selbst verpflichtet sieht.

Rainer Maria Rilke Die Aufzeichnungen des Malte Laurids Brigge **Joris-Karl Huysmans** Gegen den Strich **Hermann Bahr** Die gute Schule **Hugo von Hofmannsthal** Das Märchen der 672. Nacht **Rainer Maria Rilke** Die Weise von Liebe und Tod des Cornets Christoph Rilke

ISBN 978-3-8430-1881-4, 412 Seiten, 29,80 €

Erzählungen aus dem Sturm und Drang

Zwischen 1765 und 1785 geht ein Ruck durch die deutsche Literatur. Sehr junge Autoren lehnen sich auf gegen den belehrenden Charakter der - die damalige Geisteskultur beherrschenden - Aufklärung. Mit Fantasie und Gemütskraft stürmen und drängen sie gegen die Moralvorstellungen des Feudalsystems, setzen Gefühl vor Verstand und fordern die Selbstständigkeit des Originalgenies.

Jakob Michael Reinhold Lenz Zerbin oder Die neuere Philosophie **Johann Karl Wezel** Silvans Bibliothek oder die gelehrten Abenteuer **Karl Philipp Moritz** Andreas Hartknopf. Eine Allegorie **Friedrich Schiller** Der Geisterseher **Johann Wolfgang Goethe** Die Leiden des jungen Werther **Friedrich Maximilian Klinger** Fausts Leben, Taten und Höllenfahrt

ISBN 978-3-8430-1882-1, 476 Seiten, 29,80 €

Erzählungen aus dem Sturm und Drang II

Johann Karl Wezel Kakerlak oder die Geschichte eines Rosenkreuzers **Gottfried August Bürger** Münchhausen **Friedrich Schiller** Der Verbrecher aus verlorener Ehre **Karl Philipp Moritz** Andreas Hartknopfs Predigerjahre **Jakob Michael Reinhold Lenz** Der Waldbruder **Friedrich Maximilian Klinger** Geschichte eines Teutschen der neusten Zeit

ISBN 978-3-8430-1883-8, 436 Seiten, 29,80 €